近代フランス刑事法における自由と安全の史的展開

平野泰樹
Yasuzi Hirano

現代人文社

近代フランス刑事法における自由と安全の史的展開

はしがき

フランスは、一七八九年の革命により、政治的大変革とともに、刑事法の構造にも一大変革をもたらした。フランス人権宣言が、それまでの刑事法の本質的なテーゼであった「社会的安全」に、新たに人権思想を母体とする「市民的自由」を加え、両者を刑事法の普遍的なテーゼとして確立したからである。

そして、フランス人権宣言は、自然権思想と一般意思論を基礎に据え、国家の役割を国民の享有する自然権保護にあるとし、「市民的自由」も「社会的安全」もこの自然権の保護を目的とするものとして両者を「市民的保護」として統一した。ここに、フランスにおける刑事法の近代化が始まる。

以後、フランス刑事法の展開は、「市民的自由」と「社会的安全」の対立と融合の歴史を刻む。その歴史展開が、刑事法の近代化の歴史である。また、「市民的自由」は、刑事権力の控制により実現される。その意味で、刑事法の近代化の歴史は、人権保障諸制度による刑事権力の近代化の歴史でもある。

犯罪現象の悪化による刑事権力の強化が続くかぎり、人権保障の強化の必要性も終息することがなく、人権宣言に始まった刑事法の近代化は終わることはない。こうした見地からは、あらゆる国の刑事法は、今日なお近代化の過程にあるといえる。本書でいう近代化とはそのような意味である。

フランス刑事法の研究は、刑法および刑事訴訟法において、すでに幾つもの優れた研究がなされており、本書はそれらの業績に負うところが大きい。しかしながら、あえていえば本書は、刑法および刑事訴訟法の両領域における通史的な見地から、その近代化の研究に取り組んだところに特徴がある。

フランス刑事法の折々の改正による展開は、歴史的な光をあてることによって、また、刑事権力の近代化過程の考察に「市民的自由」と「社会的安全」の視座を得ることによって、より明瞭にその意義を解析し読み取ることができるであろう。

今日、わが国の刑事法とフランス刑事法との体系は異なる。しかし、周知のとおり、フランス刑事法はわが国における近代刑事法の母法である。したがって、その近代化過程の研究は、わが国刑事法の史的研究に少なからず裨益するであろうし、また比較法的見地からも多くの有益な示唆を得ることができるであろう。

本書は、いわばそのための序章として、フランスにおける刑法および刑事訴訟法の両領域について、「市民的自由」と「社会的安全」の史的展開を研究するものである。むろん、本書は、フランス刑事法の近代化を刑事法の全域において描ききっているわけではない。その意味で、補うべきところは多々あるが、この点は今後の課題としたい。

本書は、大学院博士課程において澤登俊雄先生から与えられた研究テーマ（「フランス刑法理論史の研究」）を契機に、刑法においては主として刑罰論と責任論を、また刑事訴訟法においては予審制度を通史的に研究し、博士学位請求論文（二〇〇〇年三月授与）としてまとめたものである。拙いながらも、こうして一書にまとめることができたのは、先生の長年にわたる暖かい御指導の賜物である。先生の深い学恩に、心より感謝を捧げる次第である。

なお、本書は、平成一三年度科学研究費補助金（「研究成果公開促進費」）の交付を受けて公刊するものである。

最後に、本書の出版にあたっては、現代人文社の成澤壽信氏に大変お世話になった。ここに深甚の謝意を表する。

二〇〇一年一〇月三〇日

平野泰樹

序論　人権宣言における近代刑事法の源流

第一部　刑法における自由と安全の展開

終　章　刑事責任再検討の思潮と精神医学――245

第二部　刑事訴訟法における自由と安全の展開

第三章　治罪法典草案――382

序論

人権宣言における近代刑事法の源流

一　刑事権力と刑事法の近代化

国家もしくは社会は、本来的に社会統制の手段としての刑罰権を実施する刑事権力をもっている。いかなる国家・社会においても、その安寧にとって有害または不都合な行為を犯罪とし、これを行った犯人を探索し、証拠を集め、取調べ、裁きにかけ、そして刑罰を科すことを、また、これらを通じて犯罪の予防をはかることを国家の権力作用として行ってきた。その目的は、いうまでもなく国家的あるいは社会的安寧の保全（以下、「社会的安全」と呼ぶ）を実現することである。むろん、このような犯罪に対する権力作用は、国家の所有する広大な権力作用の一部にほかならない。これを他の権力作用と区別して刑事権力と呼ぶならば、刑事権力は、さらにその内容により、国家・社会に有害な行為を犯罪として禁圧し、発生した犯罪を鎮圧するための立法を行う刑事立法権力、発生した犯罪の鎮圧にあたる捜査機関や司法機関により行使される刑事司法権力、および刑罰を執行する行刑権力等に大別することができる。

この刑事権力は、冒頭に示したように、国家・社会の存立に不可欠な社会統制の作用を営んできたし、現在もなお作用し続けている。したがって、時代を問わず、また洋の東西を問わず、刑事権力は、犯罪抑圧機能、すなわち犯罪禁圧機能、犯罪鎮圧機能およびその延長線上の犯罪予防機能を、その本性とするものであるといってよい。この刑事権力をもっぱら法化したものが刑事法である。

この犯罪の抑圧機能を本件として享有する刑事権力の近代化が、刑事法の近代化にほかならない。では、刑事権力の近代化、または刑事法の近代化とはなにか[1]。この問題を考察するに当たり、国家権力の近代化をその指標の一つとしなければならないであろう。それというのも、法は不可避的に政治権力を前提として成立するからである。この政治権力を誰が担うかが主権の問題であり、誰が主権者かによりその国の政治体制が導かれる。なぜなら、国家の主体である主権者は、その望む国家の形成のために、法を定め、それを具現化する執行権力の装置を創設し、権力を作用させるからである。したがって、この政治権力の近代化の過程においてしか、法の近代化はありえないといえよう。

このように法の近代化とは、国家を形成する政治権力の近代化を前提とするものであり、したがって刑事法の近代化もその国の政治的近代化の一環としてとらえ理解しなければならない。そして、刑事法においても、主権原理は重要な意味をもつ。国家がいかなる主権原理を確立したのかによって近代化の内容が異なるのであるから、刑事法の近代化の意義および内容が国家の主権原理に直接関わるものであることは明白であり論理的必然である。

ところで、外国の刑事法に関する近代化の研究は、比較法的な視座から自由主義的かつ民主主義的刑事法の展望を将来に向かって切り開くためのものであるから、典型的な市民革命によって近代国家を形成した国を研究対象とすることがもっとも有益な成果をもたらしてくれるものと考えられる。そこで、本書は、もっとも典型的な市民革命を経て成立し、国民主権国家を構築したフランスを研究対象とすることにより、刑事法の近代化とはなにかという問題を刑事法の史的展開の中に探ろうとするものである。なお、フランスを対象とする理由はさらに二つある。一つは、一七八九年のフランス革命に始まった近代化の過程に、刑事法の近代化の表情が極めて鮮明に映し出されているということ、もう一つは、フランス刑事法がわが国における近代刑事法の母法であり、わが国刑事法の近代化の研究に比較法的視点を提供しうることにある。

前述したように、政治権力の近代化、換言すれば政治体制における国家の近代化は、主権原理の近代化を指標とする。フランスにおいては、一七八九年の「人および市民の権利宣言（Déclaration des droit de l'homme et du citoyen）」（以下、「人権宣言」と略す）における国民主権の宣言がその近代化の原点である。そして、刑事法が刑事権力を法化したものである以上、刑事法の近代化の意味するものは刑事権力の近代化である。フランスにおいて刑事権力の近代化は、それまで禁圧、鎮圧および予防をその本性としていた刑事権力に対して、自然権思想および一般意思論を基礎にした人権保障のありようを宣言したときに始まる。その意味で、人権宣言こそが刑事権力の近代化の、したがって刑事法の近代化の原点であり源流であるといいうる。

ここで重要なのは、刑事法の近代化という場合の「近代化」のより具体的な指標である。フランス革命がその初期に人権宣言に描いた近代国家とは、端的にいえば人が自然権を確保することのできる自由で平等な社会である[2]。そして、憲法およびその他の法律がかかる社会の実現に向けて展開するプロセスが、法の近代化の過程である。

人権宣言は、国民主権国家を宣言した。それは、「国王」から「国民」に主権の担い手が代わったことだけでなく、国家もしくは社会に、国民の自然権（自由、所有、安全および圧制への抵抗＝人権）を保全するという新たな使命が加わったことを意味する。そのことはさらに、自然権を享有する個人とその自然権を保護しなければならない国家との間に、それまでの刑事法の本来的テーゼであった「社会的安全」に加えて、「市民的自由」のテーゼを生み出し、「社会的安全」とともにその実現を刑事権力の使命として課したことを意味する。

いうまでもなく、権力と人権は緊張関係を生みだす[3]。近代化がもたらしたこの緊張関係故に、革命フランスは、「国家権力からの自由」のイデーの下に、革命の所産である刑事人権保障の理念とそれに基づくごく基本的な人権保障のありようを人権宣言において提示し、さらにこれを具現化するシステムを刑事法に組み込むことにしたのである。

右のような見地に立てば、人権保障規定を刑事法に組み込むことにより、威嚇主義に基づく犯罪の抑圧を本性としていた刑事権力を自然権保護のために制御することが、刑事権力の近代化であるといえる。したがって、フランスにおける刑事法の近代化とは、集権化していく国家が有する強大な刑事権力に対して、人権宣言が描いた自然権保障のシステムを構築し、拡充し、そして強化するプロセスであるといえる。

かくして、フランス革命は、刑事法が歴史的に享有する国家的・社会的「安全」（「社会的安全」）のテーゼに加え、革命の所産である市民的・個人的「自由」（「市民的自由」）のテーゼを、刑事法の新たな本質的テーゼとして確立したのである。人権宣言はこの「市民的自由」と「社会的安全」を自然権保護に統一可能なテーゼと捉えていたが、革命の進行とともに、そしてとりわけ国民主権の揺らぐナポレオン独裁の第一帝政期に、この「市民的自由」と「社会的安全」のテーゼは、両者の対抗的様相を鮮明にかつ色濃くしていくのである。

以下、この点をもう少し具体的に述べておく。

まず、フランス刑事法の近代化の原点が、ジャン・ジャック・ルソー（Jean-Jacques Rousseau）の自然権思想および一般意思論を基軸とする社会契約論を基底に据えた「人権宣言」にあることが極めて重要である。フランス革命は、所有権および圧制への抵抗権とともに、「自由」と「安全」を「人および市民（以下、市民と略す）」の自然権となし、その確保を宣言した。国家（人権宣言はアンシャン・レジームに対する反動から国家の語を用いないが、ここでは国家の語を用いる）は、その確保のために社会にとって有害な行為を禁ずる。有害な行為を犯罪化し、その行為者に対し刑事司法作用を加え、行刑を実施することによって、犯罪から社会の治安を回復しもって社会を保全し、他の市民の自然権を犯罪から守る。すなわち、犯罪を鎮圧し、将来の犯罪を予防する。これが、「社会的安全」の意味するものである。このように有害な行為を法律で犯罪化し、法定手続により犯罪行為者の処罰を実現することは、同時に、法律の定める有害なもの以外は犯罪ではなく、かつ法律の定める以外の手続で刑事司法の俎上に載せられないこと、換言すれば自然権保護を超える不当なもしくは不当に行使される国家権力からの「自由」を意味する。より端的にいえば、市民の享有する自然権の確保が、国家権力によって不当に妨げられないという意味での「自由」である。

こうして革命以降、法律により刑事権力の根拠と同時にその限界が定められるという仕組、すなわち法定主義が確立していく。前者の権力作用が「社会的安全」に結びつくものであり、後者の権力の制限が「市民的自由」に結びつくものである。これを「安全」の見地からみると、自然権の保護のためには「犯罪からの安全」と「国家権力からの安全」（国家権力から個人が不当に権利を侵害されないという意味での安全）の両方（「市民的保護」）が不可欠であって、前者は「社会的安全」を意味し、後者は権力からの「市民的自由」を意味する。なお、「市民的自由」は、単に身体の物理的な自由だけを内容とするものではなく、後述するように人間の尊厳を侵害する不当な扱いを権力から受けないということを内容とする。

ところで刑事法の近代化という場合、たとえば法律化・合理化・人道化がその指標に掲げられるが[4]、本書では右に述べた近代刑事法のテーゼである「市民的自由」と「社会的安全」を視座に近代化の過程を検討する。むろんこの「自由」と「安全」の視座は、法律化・合理化・人道化と不可分であり、これらと深く関わりながら刑事法の近代化の展開を誘導するものであることはいうまでもない。

以上を要するに、人権宣言の自然権思想に立脚して構築された刑事人権保障理念を近代化の原点として、その後のフランス刑事法が「自由」と「安全」の命題にどのような展開の軌跡を与えたのかを研究し、近代化の具体的な内容とその意義を考察することが本書の目的である。

むろん、「自由」と「安全」のテーゼを視座にした刑事法の近代化についての研究は、刑事法全般に視野を投じなければならないことはいうまでもないが、それは膨大な内容をもつものであり、ここに刑事法全域を対象とすることは到底できない。そこで、本書では、必要に応じてアンシャン・レジーム期の刑事法に触れながら、人権宣言においては、そこに見られる市民の自然権の保護に求められる刑事法のシステムを、刑法の領域においては、近代化の過程を罪刑法定主義、ナポレオン法典に見られる犯罪統制強化による重罰主義・厳罰主義、それを修正する学派である新古典主義の責任論と刑罰論、さらに新古典主義以後の学派の展開等を、また刑事訴訟法の領域においては、とりわけ「自由」と「安全」の相貌の変化が直接顕著にあらわれる予審制度を研究対象とする。刑法については、いわゆるナポレオン刑法典と呼ばれた旧刑法典までを、刑事訴訟法については、めまぐるしく予審の改正が行われた一九〇年代前半の改正までを対象とする。

なお、刑事法の近代化の指標として、民主国家における「市民的保護」を実現する刑事人権保障諸制度を想定するならば、フランスのみならず、すべての国がいまだに近代化の過程にあり、また将来も近代化の過程にあるといえるであろう。そこで、本書の用いる「近代化」の語については、現代にいたるまでのプロセスという広義のものとして理解されたい。

二　人権宣言における市民的自由と社会的安全

(一)　自然権思想による二つの安全の統一

フランス刑事法の近代化の過程を「自由」と「安全」の視座から考察するためには、刑事法の近代化の原点となった人権宣言における「自由」と「安全」の関係、言い換えれば刑事人権と刑事権力のありようが近代の原点であるので、まずもってその構造を理解することが必要である。ここで、「自由」とは基本的には「市民的自由」を、「安全」とは「社会的安全」を意味するものである。なお、「市民」という用語は、革命期の主権に参加できる資格を有する能動市民を意味するのではなく、国民一般ないしは市民一般の意味で用いる(5)。

以下、人権宣言における「自由」と「安全」の関係を析出する。

国家というものに象徴される人間の集団は、その歴史において常に社会統制手段として犯罪を禁圧し、鎮圧し、予防する刑事権力を享有した。やがて社会に人権の思想が登場し、この刑事権力の中に人権保障機構を組み込んだことが刑事法の近代化の始まりであった。ところで、近代化以前の刑事権力は、いうまでもなく特定の権力階級・支配階級が構築する統治体制および社会治安の保持保全のために犯罪を防遏することを目指した。たとえば、アンシャン・レジーム期における宗教犯罪（涜神罪）の立法や、国家に対する大逆罪に対する重罰立法はその例である。また、中世以降の拷問を用いての自白強要の審問や苛酷で残虐な刑罰の執行もその好例である。このように、刑事法の近代化以前における犯罪の抑圧は、あくまでもその支配階級の体制護持という意味での国家的あるいは体制的安全を追求するものであり、そこに近代化以前の刑事権力の本質があった。

そこには、人間の尊厳から導き出される近代的な意味での人権思想も、また人権概念も存在しなかったといいうる。絶対主義の下で国王より裁判権を委託された裁判官は、犯罪に対して定められた刑罰が重すぎるときには、裁量権を行使して刑を軽減したが、それは統治技術としての衡平の原則に基づくものであり、その限りで刑罰を受ける者の人権が部分的かつ間接的に保護された状態になったとしても、それは近代的意味での人権思想に基づく人権保障制度によるものではない。このように、革命以前における「安全」とは、王権秩序のための封建的体制の堅持を目的とした「国家的安全を確保するための治安」という性格をその内容としたといいうるであろう。

革命の時代にいたると、ルソー的社会契約論に立脚した、自然権保護の確保を目的とする新しい国家像が構想された。その国家構想は、それまでの国家の目的、性格および基本構造を根本的に刷新するものであった。そのことは、刑事権力による「安全」の性格も変容させることを意味する。なぜなら、後に詳述するように、新たに生まれた国民国家にとっては、国民の自然権保護（人権保護）および保障が国家の重要な任務となったからである。具体的にいえば、ルソー的社会契約思想の下では、国家という政治的集団の結成目的が国民の享有する自然権を確保することにあるから、その使命を果たすために国家は市民に対し次の二つの安全を確保することが要請される。一つは、犯罪が国民の自然権を侵害しないようにすること、換言すれば、犯罪から国民の自然権を守ること（「社会的安全」）である。(6)かくして、他者の自然権を侵害した者に対しては、その者の自然権を剥奪または制限して処罰を加えることが正当化される。もう一つは、国家は、刑事権力によって不当に国民の自然権を侵してはならないということである。換言すれば、「国家権力からの安全」、すなわち「個人的自由」にしくは「市民的自由」の保障である。

ここで留意しなければならない点が二つある。

第一は、自然権思想の下での「市民的自由」とは、国家が禁止した犯罪領域以外であれば自由であるということを単に形式的に表示したものではないという点である。人権宣言は、第四条で「自由は、他人を害しないすべてをなし得ることに存する」と規定し、他者の自然権を侵害しない限り自由であることを宣言している。ここには、他者の自然権を侵害する行為のみを犯罪となしうるとの「犯罪化最小主義」の原則が、明白に宣言されている。

第二は、「市民的自由」とは右に述べたように「国家権力からの安全」をその本質としているので、単に身体の自由を意味するばかりではなく、自然権を有する市民が権力の都合によって不当に犯罪者とされたり、不当な刑罰を科されたり、あるいは犯罪の捜査や裁判において市民としてふさわしくない非人間的な扱いをなされないということをも内容としている点である。たとえば、犯罪の嫌疑を掛けられた者であっても、あるいは有罪判決を受けた者であっても、人間の尊厳を踏み躙る扱いをされない権利を有するというのが「市民的自由」の内容である。ここでいう「市民的自由」とは、そのような概念を有する語として用いている。

右のことを要約すれば、国民国家は主権者である国民の自然権の確保を保障しなければならず、そのためには二つの安全、すなわち「犯罪からの安全（社会的安全）」と「権力からの安全（市民的自由）」を同時に確保することが必要になるということである。そのためには、この二つの安全を自然権思想で個人主義的に「市民的保護」として統一されなければならないそのような理解によって、人権宣言における刑事権力と刑事人権のありように示される「自由」と「安全」という二つのテーゼは、ともに自然権保護に向けて統一された体系的構造を形成しうるのである。

そして、国家による刑事権力の自己規制・自己抑制が自律的に可能になるのは、後に詳述するようにまさしくこの自然権思想によるものである。したがって、この刑事権力の自律作用をもたらす自然権思想の喪失は、それに代わるものがなければ刑事権力の適正な自律は望めず、暴走する危険性を常に孕むこととなる。現実に、一八〇八年の治罪法典や一八一〇年刑法典、いわゆるナポレオン法典制定時において、その最初の傾向が顕著にあらわれた。

以上のように、「自由」と「安全」は、人権宣言の下では自然権思想により緊密に体系化された構造を有するものであり、本書はこれを刑事法の近代化の原点もしくは源流とする。それはまた、本書における研究の重要な視座でもあるので、かかる近代化の起点をより正確に叙述しておく必要がある。そこで、次に、「人権宣言」における「自由」

と「安全」の関係およびその構造を、条文の分析を通してより具体的に考察することにする。

(二) 人権宣言の描く新しい国家（社会）像

刑事権力の近代化あるいは刑事法の近代化とはなにかという問題はそれ自体極めて大きな問題であるが、本書では、前述したように、「市民的自由」を保護する人権保障機構を刑事権力機構の中に創設し、人権宣言が描く「自由」と「安全」の理念的な「市民的保護」に統一する過程を近代化と考える。

アンシャン・レジームにおける古法と対比した場合の刑事法の近代性とは、犯罪抑圧機能（犯罪禁圧機能、犯罪鎮圧機能）を本性としてきた刑事権力に対して、後天的に刑事上の人権保障の装置を装填したことにその本質がある。そして、自然権思想の体系の中で、この刑事人権の保障のありようをいくつか例示して理念的に描いたのが、一七八九年の人権宣言である。したがって、これを刑事権力または刑事法の近代化の「原点」と位置づけることができる。これを原点として、実定法において近代化の起点となったのは、右の原点を具体化して刑事人権の保障装置を装填した革命期最初の刑法典であり刑事訴訟法（典）である。以後、刑事法の近代化の過程は、この人権保障機能と犯罪抑圧機能との対抗的展開を機軸にしながら、ときに後退をみせながらも人権保障の内容を豊饒化する方向で進展してきた。

あえていうまでもなく、「人権宣言」は実定法ではない。ジョルジュ・ルフェーヴル（George Lefebvre）によれば、「いわば人倫の諸規範に比されるべき」ものである。そして、人権宣言の定める人間の諸権利を「周囲の様々な状況に応じてどの程度まで行使されるべきかを規定する仕事は、諸状況に応じて変化する法律にまかされている」(7)のである。そこで次に、憲法および法律の指針とされる人権宣言において、自然権の保護のイデーとはどのようなものかを検討してみよう。

フランス革命は、周知のとおり、革命の前半には絶対王政と対峙しながらも王権との共存をはかり、後半には王権を共存できないものとして完全に打倒した。王権打倒の後、フランスは、昏迷の革命期を経て、ナポレオン帝政期にいたる。革命の期間は、この革命の勃発からナポレオン・ボナパルト（Napoléon Bonaparte）がクーデタにより政権を掌握するまでの期間、すなわち一七八九年から一七九九年までの一〇年間とされている。

もともとフランス革命は、王権が貴族の免税特権を廃止しようとしたことに端を発したとされている。そして、三身分（僧侶・貴族・平民）から合同会議の開催要求が出され、王権がこれを承認し、翌一七八九年五月に三部会が招集され、それが憲法制定議会（Assemblée constituante）となり、フランス革命という大政治改革を推進したのである[8]。

憲法制定議会は、一七八九年八月一七日から議論を開始し、二六日に「人および市民の権利宣言」いわゆる一七八九年の人権宣言を可決した。この憲法制定会議では第三身分（一般市民、農民）の代議士が支配的であったため、採択された人権宣言は、一八世紀の啓蒙思想家たちの啓蒙思想や哲学の影響を強く受けたものであり、個人主義的傾向と市民階級中心の傾向を表明するものであった[9]。換言すれば、啓蒙思想は、革命の能動的主体を得て「革命のための思想」へと転換し、国王の専制的体制たる旧制度を破壊し、革命の精神を「人権宣言」に結実せしめた。この人権宣言は、啓蒙思想家の中でもとりわけラジカルに王権封建制度を批判したルソーの思想と表現を用いて革命の理念を表明するものであり[10]、自由、所有権、安全、圧制に対する抵抗権を保障し、封建的特権階級を廃止し、そして自由で平等な市民社会を新たに建設すべき国家（社会）像として謳うものであった。

しかし、革命の主導権を握っていた第三身分の有力階層がブルジョアジーであったため、その性格は革命の所産としての人権宣言にも当然反映していたともいわれる[11]。すなわち、この第三身分は、単一的階層で構成された階級ではなく、特権階級以外の人々の総称であり、その中の有力な存在であったブルジョアジーもさらに小ブルジョアジーとの対立構造を抱えていた。端的にいえば、ブルジョアジー（地主ブルジョアジー・商業ブルジョアジー（分散マニュファクチャー経営者））とそれに搾取される小ブルジョアジーとの対抗関係が形成されており、革命のイニシアチブを握っていたのは前者のブルジョアジーであったとされるのである[12]。

そのことは、ブルジョア的性格が当然のことながら革命の所産である人権宣言に反映しており、さらには革命期に制定された憲法の性格に露呈することになったとの結論を導く。この点について、杉原泰雄教授は次のように指摘している。「ブルジョアジーは、革命を通じて、特権階級とその基盤を破壊すると同時に、小ブルジョア民衆の主張をも排除した。具体的には、封建的な所有制度、身分制度、君主主権を否定すると同時に、民衆の求める私有財産の積極的制限（ときにはその否定）と権力の徹底した民主化（『人民主権』）を排除して、資本主義的な私有財産制度、自由権を中心とする基本的人権の保障、『国民代表』に国政の基準となる一般意思の決定権を白紙委任することを内容とする『代表的委任論』と結合することによって民意による政治を外見的なものとしうる『国民主権』、および権力分立制を導入した。」これは「近代立憲主義型の市民憲法」の出現であり、フランスの一七八九年の人権宣言は、まさしくかかる市民憲法の基本原理を明示しているとするのである[13]。

さらに、モーリス・デュヴェルジェ（Maurice Duverger）は、「人権宣言」の起草者が、国民主権という巧妙な思想により直接民主制ではなく純粋代表制（主権が「国民」の代表により行使される制度）を定立し、もって選挙に権利の地を与えず普通選挙を回避することにより、絶対君主制の危険と純粋民主制の危険を回避したと指摘する[14]。ここで留意しなければならないのは、このブルジョアジーが小ブルジョアジーを排するということが、主権原理に「人民（民衆）主権」ではなく「国民（ブルジョア階層）主権」を付与したということであろう。

右のいわば通説的な考えに対して、一九五〇年代半ば以降、アンシャン・レジームについて社会史研究が進展する中で「ブルジョア革命論」が否定され始め、今日、フランス革命がブルジョア革命であることを否定する見解が有力に展開されている[15]。しかしながら、革命における権力闘争の過程でブルジョアジーが革命社会の上層部を形成していくので、憲法の中にブルジョア的要素が顕在化していき、同時に憲法によって形成される国家の刑事権力もブルジョア的資本主義社会の防衛に不可欠な機能と作用を発揮することになることは否定できないであろう。

したがって、ここで留意すべきは、革命当初の革命精神の具体的所産である人権宣言が、ブルジョア的要素をすでに抱え込んでいたかということよりも、右の国民主権の原理が主権者である国民の一般意思を立法として反映するものでありえたか否かということである。主権者たる国民の一般意思が法律に反映しなくなったとき、法律は市民の自然権から乖離し、国家権力による国民統治のための邪悪な道具と化しうるからである。それ故、ブルジョア的性格の有無はさておき、少なくとも「人権宣言」は、主権者たる国民の自然権を、その一般意思の表明である法律を通し保護することを国家の使命であると宣言している。したがって、ここでもっとも重要なことは、その論理的帰結として、人権宣言における刑事権力と刑事人権とのありようが階級的イデオロギーの影響を受けない極めて高邁純粋な理念として理解しうるかということである。

では、革命が人権宣言に理念的に描いた国家・社会像および刑事権力と刑事人権とのありようは、どのようなものであったのか。その骨子と論理をみてみよう。

一七八九年の「人権宣言」は、まずその前文において、人の自然権を譲渡不能かつ神聖なものであることを明記している。以下、参照の便宜のために関係条文を列挙しておく(16)。

第一条　人は、自由かつ権利において平等なものとして出生し、かつ生存する。社会的差別は、共同の利益の上にのみ設けることができる。

第二条　あらゆる政治的団結の目的は、人の消滅することのない自然権を保全することである。これらの権利は、自由・所有権・安全および圧制への抵抗である。

第三条　あらゆる主権の原理は、本質的に国民に存する。いずれの団体、いずれの個人も、国民から明示的に発するものでない権威を行い得ない。

第四条　自由は、他人を害しないすべてをなし得ることに存する。その結果各人の自然権の行使は、社会の他の構成員にこれら同種の権利の享有を確保すること以外の限界を持たない。これらの限界は、法によってのみ、規定することができる。

第五条　法は、社会に有害な行為でなければ、禁止する権利を持たない。法により禁止されないすべてのことは、妨げることができず、また何人も法の命じないことをなすように強制されることがない。

第六条　法は、総意の表明である。すべての市民は、自身でまたはその代表者を通じて、その作成に協力することができる。法は、保護を与える場合でも、処罰を加える場合でも、すべての者に同一でなければならない。すべての市民は、法の目から平等であるから、その能力にしたがい、かつその徳性および才能以外の差別をのぞいて平等にあらゆる公の位階、地位および職務に就任することができる。

第七条　何人も、法律により規定された場合でかつその命ずる形式によるのでなければ、訴追され、逮捕され、または拘禁され得ない。恣意的命令を請願し、発令し、執行し、または執行させる者は処罰されなければならない。然しながら法律により召喚されまたは逮捕された市民は、直ちにしたがわなければならない。その者は、抵抗により犯罪者となる。

第八条　法律は、厳格かつ明白に必要な刑罰のみを定めなければならず、何人も犯罪に先立って制定公布され、かつ適法に適用された法律によらなければ、処罰され得ない。

第九条　すべての者は、犯罪者と宣告されるまでは、無罪と推定されるものであるから、その逮捕が不可欠と判定されても、その身柄を確実にするため必要でないようなすべての強制処置は、法律により峻厳に抑圧されなければならない。

第一〇条　何人もその意見について、それが、たとえ宗教上のものであっても、その表明が法律の確定した公序を乱すものでないかぎり、これについて不安を持たないようにされなければならない。

第一一条　思想および意見の自由な伝達は、人の最も貴重な権利の一つである。したがってすべての市民は、自由に発言し、記述し、印刷することができる。ただし、法律により規定された場合におけるこの自由の濫用については、責任を負わなければならない。

第一二条　人および市民の権利の保障は、一の武力を必要とする。したがってこの武力は、すべての者の利益のため設けられるもので、それが委託される人々の特定の利益のため設けられるものではない。

第一六条　権利の保障が確保されず、権力の分立が規定されないすべての社会は、憲法をもつものではない。

第一七条　所有権は、一の神聖で不可侵の権利であるから、何人も適法に確認された公の必要性が明白にそれを要求する場合で、かつ事前の正当な補償の条件の下でなければ、これを奪われることがない。

右の人権宣言の特徴を、本書のテーマに関連して掲げると次のようになる。

第一に、人権宣言は、前文で自然権の譲渡不能性および不可侵性を宣言した後、第一条で封建的支配関係を否定すべく、人間を自由で平等のものと宣言する。

第二に、人権宣言は、社会（国家）の形成の目的について、あらゆる政治的団結の目的を、人の自然権、すなわち自由・所有権・安全および圧制への抵抗（二条）の権利を保全することにあるとして、社会契約論を社会・国家形成の基礎としている。そして、国の主権については、「あらゆる主権の原理は、本質的に国民に存する。いずれの団体、いずれの個人も、国民から明示的に発するものでない権威を行い得ない」（三条）として国民主権を宣言した。ただし、すべての主権は国民のうちに存すると規定していないところに、人権宣言の国民主権についての表現が単に国民から発する主権を想定せしめる余地があり、曖昧さを含んでいると指摘されている(17)。人権宣言の規定をめぐり、ブルジョア階級支配への色彩が塗り込められていたともいわれる所以であろう。その意味で、人権宣言が「人民（民衆）主権」ではなく、特定のブルジョア階級による「国民主権」に傾斜しているとみることもできる。ともあれ、この一応の国民主権をもって成立した国家は、人および市民の権利を保障するために、武力の保持とその行使を必要とすることになる（一二条）。

第三に、人権宣言は、所有権の神聖さと不可侵性とに対する強い思い入れを、最終条項で念入りに表明している（一七条）。同条を、なににもましてブルジョア的財産秩序を確立するものと解し、人権宣言のブルジョア的性格を論証する条文として性格づける論者もいる。

第四に、社会契約により形成された国家といえども、一度成立した政治権力を放置すれば淀み腐敗し、やがては市民の自然権を侵す危険が常に生ずるであろうから、人権宣言は各人の自由の範囲（限界）を他者の自然権の享有確保に求め、しかもその限界を規定するものは一般意思の表明たる「法律」のみであることを明記する（四条）。このように、自由の制約原理を他者の自然権の保護に求め、その制約原理による自由の限界を定めることができるのは国民全体の一般意思の表明である法律だけであるとすることの意義は、かかる一般意思論が国家権力の「市民的自由」に対する制約原理であるということにある。刑事権力についていえば、国家は他者の自然権を侵害しない限りその者の自然権を侵害してはならない、という刑事権力控制の原理を宣言するものである。

第五に、人権宣言は、権力（前文によれば、この権力は、立法権と執行権（後者は後に行政権と司法権に分離される））の分立を権力から市民の自然権を保護する安全装置として掲げる。「権利の保障が確保されず、権力の分立が規定されないすべての社会は、憲法を持つものではない」（一六条）として、近代憲法が権力の分立を不可欠のものであると宣言したのである。

第六に、人権宣言は、法は総意（一般意思）の表明であると宣言する。これは、選ばれた賢明な一部の立法者により私心なく制定された法律こそが国民の総意（ルソーのいう一般意思）の表明であると宣言することである（六条前段）。そして、法律が国民の総意であるということは、必然的帰結として他の権力（執行権＝行政権と司法権）に優越するという立法優越主義、換言すれば法律の至高性を強調する法律主義[18]を宣言することになる。法を国民の総意としていることからすれば、これは政治権力を統制する「法の支配」と呼ぶべきものであろう。少なくとも、人権宣言に描かれた法治主義とはそのように解すべきものといえよう。

第七に、人権宣言は、総意の表明である法が保護を与える場合でも、処罰を与える場合でも、すべての者に同一でなければならないとして法の平等性、そして能力や才能等による能力的差別を除き、公の位階・地位・職務に就任することができる法の下の平等を宣言する（六条後段）。

以上、人権宣言は「近代市民憲法の三要素」（財産権を中心とする基本的人権・国民主権・権力分立）を表明したものであるが[19]、その内容をより詳細に分析すると、自然権思想と一般意思論がその体系的基礎となっていることが読み取れる。

(三)　人権宣言における刑事人権の構想

右に示した人権宣言が構想する新しい国家像において、刑事人権保障システムの構図はどのようなものであろうか。人権宣言は刑法と刑事手続に関する規定をもうけているので、それを手掛かりに人権宣言が描いた構図を析出してみよう。

(1)　罪刑法定主義

人権宣言において、犯罪とは、個人の自然権やその個人の自然権を保護するために形成された社会に対する攻撃、すなわちそれらに対する侵害行為である。しかし、市民の享有する自然権の確保を目的として成立した社会においては、第一になにを犯罪としてこれを禁止するのか、第二に犯罪に対する刑罰はどのようなものにするのか、さらに第三に犯罪として禁止する権限はなにに由来するのかが問題となる。

第一の問題について、人権宣言は、自由の範囲を他者の享有する自然権の不可侵の範囲で認め、他者の自然権の侵害を自由の限界として画したが（四条）、かかる侵害行為をすべて犯罪化すべきとしているのではなく、その中でも社会に有害なものだけを法により禁じている（五条前段）。ここでいう社会的に有害な行為とは、他者の自然権確保を侵害するもののうちで、刑罰をもって対処しなければ、自然権確保を保障するために成立している社会自体の存立を危うくする行為であると解することができる。すなわち、国家は他者の自然権を侵害する行為をすべて犯罪化するものではなく、その中でも社会の存立に有害な行為だけを法律で禁止する権限を有するにすぎないということになる。この原理は、犯罪化を必要最小限度に画するものであるので、いわば「犯罪化最小主義」[20]と呼ぶことができる。これに加えて、ジャン・マリー・カルバッス（Jaen-Marie Carbasse）は、犯罪化について、人権宣言第四条および第五条が第一〇条および第一一条で補完されるべきであると主張する。すなわち、後二者の規定は信教の自由（liberte conscience）および言論の自由を宣言するものであるが、こうした自由を公秩序を理由にして制限するとしても、新しい刑法が宗教的犯罪や性道徳犯罪を立法するものではないし、あるいは言論の自由を犯罪とすることを宣言するものでもないと述べる[21]。さらに、人権宣言は、法により禁止されないすべてのことはこれを妨げることができず、また何人も法の命じないことをなすように強制されることもないとしている（五条後段）。

以上から、人権宣言第四条および第五条は、「犯罪化最小主義」による罪刑法定主義を宣言するものであるが、より具体的にいえば犯罪の内容が適正であることを要求するいわゆる実体的罪刑法定主義を宣言するものであるといえる。これについて、通説的見解は第八条のみをもって罪刑法定主義の規定と解するが、厳格に解するならば同規定は厳格性と明白性に基礎づけられた「刑罰最小主義」を宣言するものである。むろん、厳格性と明白性の解釈から実体的罪刑法定主義の結論を導くことも解釈上可能ではあるが、直接的に適切な「犯罪化」を規定するものではない。すなわち、人権宣言が描く罪刑法定主義は、自然権理論の必然的帰結である第四条、第五条および第八条により「犯罪化最小主義」と「刑罰最小主義」を内容とするものと理解することができ、これによって初めて適正な内容を有する実体的罪刑法定主義としての十分な根拠を与えられるのである。端的にいえば、人権宣言の描く罪刑法定主義は、明らかに自然権思想の帰結である「罪刑最小主義」に立脚するものである。

このように、人権宣言は、犯罪化の基準を自然権と社会的有害性の限界に求めると同時に、刑罰についても必要にして不可欠なものだけを法定すべきであることを宣言する。すなわち、第二の問題について、「法律は、厳格かつ明白に必要な刑罰のみを定めなければならず、何人も犯罪に先立って制定公布され、かつ適法に適用された法律によらなければ、処罰され得ない」（八条）と、ベッカリーア（Beccaria）調でその基本原則を表明している。前段は、刑罰の必要性を厳格性と明白性により担保することによって、刑罰の内容と程度についての適正さを要求するものである。人権宣言は、このような適正な内容の犯罪と刑罰を定めた法律によって初めて、裁かれる市民の自然権の剥奪、すなわち生命、自由または財産を剥奪することができるものとしたのである。

第三の問題については、人権宣言は、かくかくの行為を社会的に有害な犯罪として定め（五条前段）、かつ厳格にして明白に必要な刑罰を制定することができる（八条）のは、国民の総意（一般意思）の表明としての法律（六条）をもってしてのみであることを宣言している。この総意としての法律だけが、他者の自然権を侵害しないことを自由の限界として犯罪を創設することができるとする（四条）。したがって、ここで留意すべきは、人権宣言の罪刑法定主義が、立法の手続さえ踏めばどのような犯罪や刑罰でも創設できるという「形式的罪刑法定主義」を意味するものではない点である。本来、自然権保護の確保を使命とする立法者に、それを否定し侵害するような立法を行う権限は存しないというべきである。[22] 立法者は、その内容も適切であることが要求される「実体的罪刑法定主義」の範囲内で、犯罪の法定が可能となるのである。したがって、右の第六条の「法は総意の表明である」とは、犯罪と刑罰の制定に関していえば、立法者に第四条、第五条および第八条に基づく適正な内容の犯罪と刑罰を制定する義務を明示したものと解することができる。[23] そして、人権宣言は、罪刑法定主義の帰結として、刑罰不遡及の原則を表明する（八条後段）。

このように、人権宣言は、犯罪定立の権限を法律に拠らしめ、そこに「実体的罪刑法定主義」を描くことによって、同時に刑事立法権力の控制を宣言しているのである。

(2) 市民の身体的自由

人権宣言はその第一条で人の自由を宣言しているが、市民の身体的自由が刑事権力作用を直接受けてもっとも侵害されやすいのは捜査過程である。そこで、人権宣言は、「何人も、法律により規定された場合でかつその命ずる形式によるのでなければ、訴追され、逮捕され、または拘禁され得ない。恣意的命令を請願し、発令し、執行し、または執行させる者は処罰されなければならない。然しながら法律により召喚されまたは逮捕された市民は、直ちに従わなければならない。その者は、抵抗により犯罪者となる」(七条)と規定し、前段で、訴追、逮捕、拘禁の手続法定化により、訴追の濫用防止および公判前捜査段階における自由剥奪の濫用防止を宣言した。

さらに、人権宣言は、この逮捕に関連する強制処置を、身柄を確実にするために必要な限度のものに制限する。逮捕に際しての実力行使が、その内容および方法において適正であることを要求しているものといえよう。具体的には、たとえば暴力的実力行使などを認めない等の逮捕方法の適正さ、さらに身柄を拘束し続ける場合のその態様や期間の適正さ等を内容とするものと解される。そして、さらにその根拠を「無罪の推定」原則においている。人権宣言は、そのことにつき次のように表現している。「すべての者は、犯罪者と宣告されるまでは、無罪と推定されるものであるから、その逮捕が不可欠と判定されても、その身柄を確実にするため必要でないようなすべての強制処置は、法律により峻厳に抑圧されなければならない」(九条)。

ところで、この無罪の推定は、それが逮捕に関してのみ宣言されていることから、その意義を逮捕に限定すべきであろうか。カルバッスは、この原則が、すでに一三世紀以降の古い手続の基本原則の一つになっており、法定証拠制度においてすべての有罪(culpabilité)の宣告の前に完全な証拠を要求することを帰結するものであったこと、さらにアンシャン・レジームの全期間を通じ革命前まで要求されていたことを指摘する。しかし、古い手続での無罪の推定原則は、拷問の制度で変質しており、単なる明証性の主張(allégation d'une évidence)であることから、人権宣言が第九条に定めた新しい原則とは同じものではないと指摘する。ただし、カルバッスによれば、第九条は、逮捕の規則に関して付随的に援用されており、しかも他の論理的帰結の推測ももたらさない点が攻撃されている[24]。

さらに、カルバッスは、人権宣言が証拠法に関して沈黙していることで批判されている旨を指摘する[25]。これに関しては、アンシャン・レジームにおける法定証拠制度の下でもすでに実務において裁判官による自由心証主義に移行していたのであるが、一方で裁判官の裁量を排除するイデーにより、自由心証主義を採用した場合の証拠法則についていまだ具体的かつ詳細なイメージを形成しえていなかったのではないか、あるいは人権宣言は本質的には政治的作業であったことから証拠法則についてまで関心をもたなかったとも考えられる。人権宣言の成立過程において証拠法に関する議論の痕跡が見られないことから、右のような推測も許されるように思われる[26]。

いずれにせよ、カルバッスが示唆するように、人権宣言における無罪の推定原則は逮捕に限定されないより近代的な価値を有するものである。

この無罪の推定原則は、古法では、一定の重大な犯罪については正確な要件により実施されるとはいえ拷問を用いる審問と不可分のものであり、拷問によっても法定証拠が揃わないときに無罪が推定され、無罪の判決にいたる制度である。このような糾問的手続においては、無罪の推定は近代的な意義に必ずしも結びつかない。これに対して、人権宣言における無罪の推定は、同胞である市民が他者の自然権を侵害する社会的に有害な行為（犯罪）を犯したと疑われあるいは告発されても、有罪の判決が下されるまでは同じく自然権を享有する市民としてふさわしい扱いをすべきであるから、裁判のためにその身柄をどうしても拘束しなければならないとしても（逮捕の不可避性）、身柄を確実にするために必要でない身体の拘束方法を許さないという原則である。そのような不必要な強制処置（刑事権力の行使）を厳に抑制しているということは、総意（一般意思）の表明である法律自体が、このような強制処置を自由の不当な侵害として断じ、そこに刑事権力の限界を画そうとしたものと解することができる。

人権宣言第九条は、確かに逮捕に関する規定にだけ触れているのであるが、少なくとも犯罪者（有罪）と宣告されるまで無罪の推定が働くことを明言しており、被疑者の人権が捜査過程の身体拘束においてもっとも侵害されやすいことを予想し、その抑制をはかるためにとくに逮捕に関して「無罪の推定」を明示したと解することができよう。さらに、人権宣言の自然権思想およびそこから導かれる理論からすれば、無罪の推定は「疑わしきは被疑者・被告人に有利に」との帰結に、また人間としての尊厳を捜査（警察捜査、司法捜査）過程のみならず判決にいたるまでの全司法過程において踏み躙るような扱いを禁じるとの帰結にいたるものと解釈することができる。ロジエ・メルル（Roger Merle）＝アンドレ・ヴィチュ（André Vitu）によれば、無罪の推定の目的は、恣意専断に対する個人の安全の確保と同時に、訴追された個人についてシステマティクに有罪と信じ込むような誤りを避けつつ、正確な司法的真実の探求を刺激することにある(27)。この見地に立てば、無罪の推定は、逮捕の際の実力行使に関して限定されるものではなく「刑事権力からの安全」（「市民的自由」）と緊密に結びつくものであるといいうる。さらに、正確な司法的真実発見に寄与することにより、適切な「社会的安全」とも結びつくものであるということになる。そうであるならば、この無罪の推定は、刑事権力の抑制原理として極めて重要な帰結を導くものといえる。

(四)　人権宣言における市民的保護の原理

人権宣言は、本書のテーマと関わる「自由」と「安全」について規定している。まず、第二条は、自然権として自由、所有権、圧制への抵抗に並列して「安全」を掲げている。そして、すべての政治的団結の目的が、これらの権利を保全することであると宣言している。ここでいう「安全」とはどういう概念であろうか。一七八九年の人権宣言は「安全」の内容に関する固有の規定を設けていないが、その後の三つの権利宣言には「安全」についての固有の規定が設けられている。

一七九三年の「ジロンド憲法草案における権利宣言」（正式名称は「人々の市民的および政治的自然権の宣言の草案（Projet de Déclaration des droits naturels, civiles et politiques des hommes）」）は、「安全は、社会が各市民に対し、その一身、その財産、およびその権利の保全のため保護を与えることに存する」（一〇条）と規定する。一七九三年憲法に付された権利宣言（「山岳党憲法における権利宣言（Déclaration montagnarde）」）は、前者と多少表現を変えて、「安全は、社会がその構成員の各自に対し、その一身、その権利およびその所有権の保全のため、保護を与えることに存する」（八条）と規定する。一七九五年憲法（執政憲法＝共和暦第三年実月五日フランス共和国憲法）に付された「共和暦三年の権利義務の宣言」（正式名称は「人および市民の権利義務の宣言（Déclaration des droit et des devoirs de l'homme et du citoyen）」）では、「安全は、各人の権利を確保するためのすべての者の協力から派生する」（四条）との規定になった。この規定の変遷は、国家の国民に対する保護義務を後退させ、安全のための国民の協力義務もしくは負担義務の強調を表明している。あえていえば、この規定の転換は、一七八九年の人権宣言で創設された「自由」と「安全」のいわば個人主義的統一関係がいささかぶれ始めていることを感じさせる。

ともあれ、右にみたように「安全」の内容については、「ジロンド憲法草案における権利宣言」がかなり明確にその説明をしている。それによれば、「安全」とは、国民の享有する自然権としての諸権利に対する社会（国家）の保護である。すなわち、国家による自然権保全の保護が「安全」の内容である。これを本稿の視点で整理をすると、次のような構図があらわれる。

自然権の保護のための安全＝
- 犯罪からの安全（犯罪に対する自然権保護）
- 権力からの安全（不当な権力に対する自然権保護）

＝市民的安全＝市民的保護

人権宣言においては、政治的集団である国家（社会）は市民の自然権を保護することを目的として結成されるので、市民各人は国家に対して自己の自然権が保護された状態にあることを権利として要求することができる。それが、自然権としての「安全」の権利である。そのためには、次の二つの安全が不可欠である。一つは、市民が犯罪から守られなければならないという安全である。すなわち、自然権が犯罪により侵害されないという「犯罪からの安全」、言い換えれば「犯罪に対する自然権保護」である。第二は、権力からの安全である。国家は市民の自然権を保護するために存在するのであるから、その国家が市民の自然権を侵害することは当然のことながら許されない。したがって、人権宣言は直接には権力からの安全について言及していないが、この安全の中には理論的帰結として「国家権力からの安全」、換言すれば「不当な権力に対する自然権保護」も含まれている。むろん、自然権を侵害する権力行使も犯罪となりうる。人権宣言第七条は、訴追、逮捕および拘禁について、法律に基づかない恣意的命令の請願、発布、執行を処罰する旨を定めるが、不当な権力行使を犯罪として処罰する例示ともいえよう。

本書のテーマに関連していえば、国家は自然権（生命権・自由権・所有権等）保護の義務を果たすために、犯罪禁圧、犯罪鎮圧および犯罪予防を行わなければならない。そのためには、自然権を侵害する行為を法律で犯罪として禁圧し、発生した犯罪に対しては刑罰で鎮圧しなければならない。そこで、犯罪を捜査し、犯罪者を捕らえ、裁判をする機関を創設し、それらを機能させなければならない。また、刑罰を執行する施設を創設し行刑を実施しなければならない。このように、国家は、刑事権力を犯罪の禁圧・鎮圧・予防に向けて作用させる（刑事権力の犯罪抑圧機能）。しかし、同時に、国家は自ら国民の自然権を侵害してはならないのであるから、刑事権力の行使については自己抑制的もしくは謙抑的でなければならない。このように自己抑制の依拠すべき指針は自然権保護であるが、これをより具体的に補完するのが「自由」のイデーであろう。

「自由」について、一七八九年の人権宣言は、「自由」の限界を画することのできるのは国民の総意である法律だけであると規定する（四条）。そして、この「自由」の保全について、「ジロンド憲法草案における権利宣言」は前者の規定を少し具体化し、「自由の保全」に関する固有の規定を設けた。「自由の保全は、総意の表明である法への服従に依存する。法により禁止されないすべてのことは妨げることができず、また何人も法の命じないことをなすように強制され得ない」（三条）。さらに、「山岳党憲法における権利宣言」は次のように規定する。「自由は、他人の権利を害しないすべてをなし得る人の権利である。それは自然権を原理とし、正義を基準とし、法を擁護者とする。その道徳的限界は、『他人が自己になすことを欲しないことを他人になすな』という格律に存する」（六条）。

人権宣言は、各人の自由の範囲を他者の自然権の不可侵性をもって画することにより、自由のイデーの原理を定立した。この自由主義の原理は、国家の刑事権力に対する重要な原理でもある。なぜなら、この原理により、国家は他者の自然権を侵害しない（自由な）行為を犯罪として禁止することができないからである（自然権保護を超える不当な権力からの安全＝「市民的自由」）。自然権保護を超えた刑事権力の行使は、恣意専断の権力行使であり、自然権保護を目的として結成された国家の目的と権能を超えたもので許されないのは当然のことである。

このように「国家権力からの安全」は、自然権を核とする「自由」の原理によりその内容がより一層明瞭なものとなる。ただし、ここで留意しなければならないのは、身体的自由の保障だけでは「国家権力からの安全」を十分に実現できないことである。「国家権力からの安全」を真に実現するには、人間としての尊厳を踏み躙るような不当な扱いを排除することがその内容として不可欠である。人権宣言の規定の中には、直接市民の尊厳もしくは人間の尊厳に関わる文言はないが、たとえば無罪の推定規定や自然権としての圧制に対する抵抗の規定の中にそのイデーを推認することが可能であろう。しかし、この「人間の尊厳」のイデーは、自然権思想の精神の中にこそ存するものと考えるべきである。なぜなら、潜在的であれ人間の尊厳のイデーがあってこそ、初めて人権思想が生まれるからである。比喩的にいえば、「人間の尊厳」は「人権」の母体である。本書は「自由」と「安全」という視座に立つことから「市民的自由」の語を用いるが、前述のようにこれは「国家権力からの安全」を象徴的に表現する語であって、その内容は刑事権力によって人間としての尊厳を侵されるような不当な扱いをされないことなのである。

以上から、人権宣言の内容を本稿のテーマに則して再構築すると、次のようになる。

国家は、市民の自然権を保護することを目的とする。そして自然権の保護には、「犯罪からの安全」と「国家権力からの安全」が不可欠である。国家は、犯罪から自然権を守り「社会的安全」をはかるために、刑事権力を犯罪の禁圧・鎮圧・予防に向けて機能させる。他方、国家権力による自然権侵害を抑制するのが、他者の自然権侵害行為以外を自由とする個人的自由主義であり、その根底にある人間の尊厳に対する不可侵のイデーから、「国家権力からの安全」は不当な身体の自由に対する侵害のみならず刑事法全体における人間の尊厳に対する侵害禁止を内容とする。右の内容を象徴的に表現するものが「市民的自由」である。さらに、かかる「市民的自由」を実現するには市民の刑事人権を具体的に保障することが不可欠であり、そのために不当な刑事権力に対して人権保障諸規定を定立し、これを控制する。こうして、人権宣言は、「自由」と「安全」の関係を、市民の自然権保護の思想によって、自由主義的・個人主義的に「市民的保護」へと統一するものとして描いた、と理解しうる。主権者である国民は、刑事において自己の自然権保護の目的を達成するために、国家を形成しそのための権限すなわち刑事権力を付託したのである。

このように、人権宣言における自然権思想からは、「社会的安全」は刑事権力の根拠であり、そして「市民的自由」は刑事権力の限界であるといいうる。この刑事権力の根拠を示し、同時に自然権保護を逸脱して行使されることを控制すべくもっぱらその限界を法化するものが、刑法であり、刑事訴訟法である。刑事権力の控制についてより具体的に例示すれば、実体法であればたとえば罪刑法定主義であり、手続法であれば強制手続法定主義であり、あるいは不当に自然権を剥奪しないように刑事権力を控制する各種の人権保障規定である。

以上のように、自然権思想および一般意思論という共通項から導かれた「自由」と「安全」は、本来、対立するものではなく、国民が享有する自然権の保護にともに不可欠な車の両輪の如きものとして構想された。端的にいえば、「自由」も「安全」も、市民の自然権を不当な刑事権力と犯罪から保護するということにほかならない。この「自由」と「安全」の個人主義的自由主義的に統一された「市民的保護」こそが、人権宣言の描く刑事人権保障原理のマスタープランといいうるものである。

(五) 主権原理と市民的保護——憲法の主権原理にみられるブルジョア法への展開——

アンシャン・レジームの絶対王政と革命による政治体制との相違を単線で描くならば、王権神授説による宗教的理論武装をも駆使しながら国家権力（立法権・行政権・司法権）を一手に掌握した専制君主制国家（具体的には専制君主を中心とした貴族・僧侶らの特権階級による国政）と、これに対抗し打倒した振興市民階級による国民主権国家との相違といいうるであろう。佐藤功教授は、このことを次のように述べる。「フランス革命の思想的指導者というべきシエイエースが『第三身分はすべてである』といったのは、国家の政治権力が第三身分すなわち市民のみに属すべきであるという思想を表明したものであった。そこに、国民主権の原理が生まれる。すなわち、ここで『国民』とは実は第一身分（僧侶）・第二身分（貴族）を除外した第三身分のことであったのである。[28]」

しかし、ここでいう「国民主権」とは、先に述べたように第三身分（市民階級）の構成員全員を実質的な主権者とするものではなかった。第三身分は単一階層により構成された階級ではなく、僧侶・貴族らの特権階級を除いたすべての人々が組み込まれた階級である。その代表格が有産階級であるブルジョアであり、第三身分において革命をリードしその果実を手にしたのはこのブルジョア階層であった。フランス革命がブルジョア革命であるといわれる所以である。

さて、革命の主体は、革命後の国家の中心にあって、自ら新しい体制の主人を演じる仕組を当然に構想する。いかなる主権原理を有する国家を創るか、そしてそれを実効あるものとして稼動させる仕組をどのように創設するかを示すものが国家構想である。人権宣言は、「あらゆる主権の原理は、本質的に国民にある」（第三条）として、国民主権を宣言した。この国家構想の基本を具体的に成文で制定するものが憲法典である。したがって、杉原泰雄教授が指摘するように、ブルジョア革命とは、必然的に、「ブルジョア的（資本主義的）な所有制度を持つ憲法を樹立することだともいえる。」杉原教授は、また人権宣言についても「所有権を、自然権と規定したうえで、さらに『神聖で不可侵の権利』と宣言する一七八九年人権宣言は、そのことを典型的に示すものである[29]」として、人権宣言がブルジョア的性格を有するものであると分析する。さらに、杉原教授は、革命フランスにおいて、その本質を異にする二つの国家構想、すなわち「人民主権」構想と「国民主権」構想とが存在したことを説く。すなわち、杉原教授は、ブルジョアジー（商人資本家、地主を中心とした）とブルジョアジーにも収奪されていた民衆（賃金労働者に転落させられる前の小ブルジョア＝家内工業の親方・職人・徒弟、貧農、小農を中心とする）とを区別し、民衆が「人民主権」を構想したのに対し、ブルジョアは君主主権と人民主権を排する「国民主権」を構想し、結局は革命の主導権を握ったブルジョアが「国民主権」をあたかも「人民主権」の如く見せかけつつ憲法に国民主権を確立したとする。(30)

「人民主権」と「国民主権」との相違は、まずもって「国民（nation）」と「人民（peuple）の概念の質的相違に起因する。杉原教授は、そこから両主権原理を次のように説明する。「主権者としての『国民』は、『人民』とは異質の法概念で、典型的には『国籍保持者』（collection des nationaux）としての『全国民』（la nation entière）（中略）と規定される。このような『国民』は、それ自体としては自然的な意思決定能力・執行能力をもたない抽象的観念的存在である。それは、それ自体自然的な意思決定能力・執行能力をもつ『人民』と異なる。このような『国民』を主権の所有者とすることによって、『国民主権』は、アンシャン・レジームの君主主権を否定すると同時に、民衆の自覚的部分によって要求されかつ『人民』の多数意思による政治を必然的に帰結する『人民主権』をも否定しようとしたのである。(31)」この国民主権は、君主主権と人民主権を排除し、国民代表を任意に定めることのできるシステムであって、ブルジョア主権を可能にする主権原理であるとの主張であろう。(32)

人権宣言を制定した後、国民議会は憲法制定作業に着手し、約二年の審議の後、一七九一年九月三日にフランスで最初の成文憲法を制定した。この一七九一年憲法は、右の観点からすればまさしく「人民主権」を排除した「国民主権」の憲法であった。佐藤幸治教授は次のようにいう。「フランスでは、中道左派を多数とする国民議会が、一七八九年の人権宣言を前文とする憲法を一七九一年に成立せしめたが、この憲法では、人民大衆に対する警戒から、意識的にルソー流の『人民主権』を避けて『国民主権』とされ、主権者たる国民はただ『委任』によってのみその主権を行使することができるものとされた。この『委任』は包括的・集団的な代表委任であって、代表者を拘束するような国民の意思の存在は忌避され、代表者は国民の選挙によって選ばれることを不可決の要素としなかった（議会とともにに国王も代表者とされた)。英米でも フランスでも制限選挙制であった。(中略)一七八九年の『人および市民の権利宣言』には、ルソー的思想の影響が指摘されているが、一九七一年の憲法は、君主主権を否定すると同時に、ルソー流人民主権をも退けて、国民主権に与する姿勢を明確にした。『主権は、単一、不可分、不可譲で時効にかかることがない。主権は国民に属する』とされるが、『権力の唯一の淵源である国民は、委任によってのみその権力を行使しうる。フランスの国家体制は代表制である』と明言されている。つまり、主権者たる『国民(nation)』は抽象的観念的統一体としての国民であって、それ自体として具体的な意思・活動能力を備えた存在ではありえず、委任(包括的・集団的な代表委任)が不可避的に帰結されたのである。[33]」

人権宣言の国民主権構想がルソーの人民主権思想の影響を強く受けていたとすれば、人権宣言を前文としながらも、一七九一年憲法はルソー的主権原理を否定しブルジョア支配を実現する「国民主権」原理を確立したものといえる。人権宣言がすでにブルジョア的要素を抱えていたか否かはともかくとして、一七九一年憲法はいわばブルジョア法への展開を明示したことになる。

その後の革命期における憲法の改正動向は、「国民主権」と「人民主権」の葛藤・対立の中で展開した。ここで、注目すべきは、ブルジョアが民衆を取り込まなければ革命を推進しがたい状況があったことである。それが、「人民主権」の憲法の制定に結びついていった。すなわち、ブルジョアに対して、民衆勢力は「私有財産制の積極的制限(例えば、農地均分法の要求)や否定、広範な自由権と社会権の保障、全市民のしたがって民衆の政治参加を不可欠とする『人民主権』、全国家権力の『人民』への集中などを要求していた[34]」ので、ブルジョアは、反革命勢力に対抗し革命を推進するために、民衆のこれらの要求をかなりの部分で取り入れた一七九三年憲法を一七九三年六月二四日に国民公会(Convention nationale)で制定したのである。

一七九三年憲法は、急進的な民主主義原理に基づく「人民主権」に強く傾斜するものであった。前述の如く、ここでの「人民」は、「国民」とは異なり、それ自体活動能力を有する具体的に把握できる存在である。[35] 同憲法の前文として掲げられた権利宣言は、「社会の目的は、共同の幸福」であって「政府は、人にその自然で消滅することのない自然権を保障するために設けられ」（一条）ること、主権が人民に存すること（二五条）、「政府が人民の権利を侵害するときは、反乱は、人民」のもっとも神聖な権利であり、もっとも不可欠な義務であることを宣言する（三五条）。この前文たる権利宣言を受け、一七九三年憲法は、普通選挙、直接選挙制、人民集会に基礎をおく一院制議会、立法権の優位、リコール制などを定めた(36)。そして、執行権は、議会が選任した二四名の委員が行うものとされた(37)。

一七九三年憲法は国民投票により承認されたが、対外的な戦争の切迫と国内的な反革命勢力の動きに、国民公会は、革命的に構成された政府でなければ革命的法律を実施することが不可能であるとして、憲法の実施を延長し、結局、一七九五年四月四日にこれを廃止した。

代わりに、国民公会は、同年八月二二日に、より穏健で保守的な一七九五年憲法を制定した。憲法制定者の考えが、君主制への復帰と恐怖政治への復帰を回避するというものであったことから、一七九五年憲法は、個人による独裁でもなく、また議会による独裁でもないシステムを創り上げた(38)。同憲法は、間接選挙に基づく両院（立法部）をおき、立法部が選任する五名の執政官（Directoire）に執行権を委任した。二院と執政官に権力の分散を、すなわち一院により一院（国民公会）の独裁を抑止し、さらに立法権と執行権が相互に干渉しえない厳格な分立を打ち立てた。しかし、この執政官による行政も国内の不安定な状態により一七九五年一〇月のクーデタで終焉を迎え、立法部は新たに臨時統領委員会（Commission consulaire exécutive）を創設して、これに憲法改正の職務を委ね、同立法部により一七九九年一二月一三日に新しい憲法が制定された。同憲法は、それまで立法権を優位としていた権力構造を排し、執政官による執行権を優越させるものに変えた(39)。その背景には、革命左派（ジャコバン、モンターニュ派）の復活を恐れたブルジョアが、「ついに自らの政治的代表者たるブルジョア自由主義者と自己の政治的機関たるブルジョア議会を捨てて、ナポレオンの軍事独裁の中に身をゆだねてしまう（「ブリュメール一八日」一七九九年一一月）」過程があったのである(40)。

こうして、フランスは、革命の終焉を迎えることになった。

右の経緯で登場した帝政における執行権の優位が、人権宣言において自然権思想で緊密に構成されていた刑事人権保障のイデーとシステムを顕著に変容させることになるのである。ブルジョア社会（国家）において、執行権優位の国家制度は、人権意識の後退を不可避としていたからである。革命の終焉後、憲章や憲法の前文として掲げられた人権宣言の中から、自然権思想が消失していくのであるが（一八一四年憲章における権利宣言、一八四八年憲法の権利宣言）、理論的にいえば、この自然権思想の喪失が、刑事法の近代化過程の中に、「自由」と「安全」の明瞭な対抗関係を形成することを可能にするのである。

最後に、フランス革命をブルジョア革命であり、人権宣言にもブルジョア・イデオロギーが刷り込まれているという通説的見解に反対する説が注目される。いうまでもなく、マルクス的なブルジョア革命論は、フランス革命を、封建社会内における経済的振興勢力であるブルジョアジーと貴族階級との対立闘争という観点から描いた図式より生まれたものである。しかし、近時、フランス革命は「貴族とブルジョアジーの階級闘争によってではなく、自由主義的改革を目指したエリート層の内部的分裂によって発展した政治事件[41]」であるとの主張が有力に展開されている。沢登佳人教授は、人権宣言の制定過程の詳細な研究を踏まえて、この点を強調する。すなわち、フランス革命は、少なくとも自由主義的貴族・聖職者と進歩的ブルジョアの共闘により推進されたものであること、そして人権宣言の草案の発案・審議をリードしたのは、とくに啓蒙的自由主義貴族たるアドリアン・ジャン・フランソワ・デュポール（Adrien Jean François Duport）であったことから、人権宣言がルソー的自然権思想の精神を純化し体系化したものであると主張するのである[42]。

人権宣言が、ブルジョア的イデオロギーの衣をまとったものか否かの論争は、それ自体興味深いものであるが、そして近代刑事権力のありようにも重要な示唆をも与えてくれるであろうと推量しうるが、それを詳細に検証することは本書の任ではない。ここでは、既に述べたように人権宣言がルソー流の自然権思想および一般意思論をその体系化したものであるとの観点から、国民主権を宣言し、自然権思想から一般意思の表現である法律によってのみ、最小限の犯罪と刑罰しか規定することができず、犯罪捜査および刑事司法過程において自然権を享有する市民を「無罪の推定」原則のもとに不当な扱いをしないという普遍的な原理を宣言しているものと解する。その理念自体の普遍性は、たとえブルジョア的性格が人権宣言に刷り込まれていたとしても揺るぎのないものである。それ故に、刑事法の近代化にとって、人権宣言はまさにその成文的源流といいうるものなのである。

むしろ、ここで重要なのは、国民の総意（一般意思）を表明しうる主権原理であるか否かということになるであろう。もっとも留意すべきは、国民主権の原理がその実体を喪失したとき、一般意思と自然権との一体化が断ち切られるという現象が生じることである。

たとえば、ナポレオンによるクーデタの後の帝政における立法のプロセスには、法律が国民の総意として表明される機構が消失していた。法案提出権は、第一統領にのみ帰属し、法案はコンセイユ・デタ（Conseil d'État）によって起草された。法案は、護民院で審議され、最後に立法院でコンセイユ・デタと護民院の代表者の意見を聴いた上で審議せずに投票された。この三つの立法機関の議員は、いずれも直接国民の投票により選出された者ではない。コンセイユ・デタの議員は第一統領が任命し、護民院と立法院の議員は元老院により全国名簿の記載者の中から任命された。しかも、このように立法の三段階（法案作成・審議・投票）を三つの機関に分断することによって、事実上立法機関の弱体化がはかられていた(43)。

これに対して、執行府は第一統領に権限が集中し、事実上行政が法律を支配する構造となった。

これに符合するように、ナポレオン法典制定時には自然権思想が消失しており、刑法典および治罪法典は法定主義という革命の所産を残しつつも、人権宣言が描いた「市民的保護」と著しく乖離するものとなった。国民主権原理の麻痺という同様の現象は、一九四〇年に成立した独裁的ヴィシー政権下においてもみられるであろう。このように国民主権原理が国民の総意を反映しないものとなったとき、「市民的自由」は「社会（国家）的安全」に凌駕されうる。

に教えてくれるのである。

一七八九年の人権宣言の憲法価値は、その後の政治状況と新たに制定される憲法の性格により消滅と再生の紆余曲折を経るが、一九四六年からその憲法的価値を回復し、一九五八年の憲法においてそれが確認された[44]。人権宣言の憲法的価値の回復は、同時に自然権思想の回復でもある。そのことは本論で言及する第二次大戦後の人間の尊厳を配慮した刑事法の展開に反映していると見ることができるであろう。

(六)　権力分立における立法権と司法権の関係

人権宣言は、権力分立のないところに憲法の存在を否定し、憲法が権力を分立すべきものであることを明示した（一六条）。この時代、権力は立法権と執行権とに分別されていた。執行権は法律を執行する権限であり、行政と司法をその内容とした。既述のように、人権宣言はルソー流の社会契約論を理論的基礎としているので、そのような市民社会においては、一般意思の表明（国民総意の表明）として定立された法律を速やかにかつ歪曲されることなく執行することが不可欠である。したがって、国民総意の表明である法律を立法することは、執行権に優越するものであることを当然の帰結とする。

ところで、革命において厄介なのは、制度とその担い手を代えることによって改革それ自体を短期間に成し遂げることは可能であっても、革命期の裁判所に適した裁判官の養成だけは一朝一夕にできなかったことである。アンシャン・レジームのもとでは、「上級司法官職は貴族によって占められていた（富裕なブルジョアは当時行われていた『売官制』によって法服貴族に上昇しようとしていた）」ので、こうした特権階級により「革命の成果が裁判所を通じて阻止されるおそれがあった」ため、「裁判所が立法と行政に介入することを厳禁していた[45]。」そこで、一七九〇年八月一六日―二四日のデクレ（裁判所組織に関するデクレ（décret政令））は、裁判官を選挙で選出することを原則として被選挙資格を三〇歳以上、五年以上の経験のある裁判官または法律家であるとする一方で、裁判官が立法権の行使に参加すること、立法府のデクレを停止すること、行政機関の作用を妨害すること、さらに規範を制定することなどを禁じた（違憲審査の禁止、行政事件審理の禁止、規範制定の禁止）。最後の規範の制定禁止は、裁判官の解釈を禁ずるものであった。裁判官が法律を解釈する必要があるときは、立法府に申し出なければならないとされたのである。(46)

革命後に制定された最初の統一刑法典である一七九一年刑法典においても、いかなる犯罪規定に該当するかについて明白でないときは、裁判官は独自の解釈を封じ込められたのであるが、それはまさしく右に示した司法権に対する強い危惧の念に起因するものであった。さらにいうならば、後に詳述するように、同刑法典の固定刑制度（絶対的法定刑主義）自体が裁判官の恣意専断を封じ込めるものであり、同法典自体が刑事司法権の抑制の精神を体現するものであったといえるであろう。

三　人権宣言における刑事法近代化の指標

刑事法における近代化をどのように定義するかは、どのような要素をもって近代化の視点とするかにより異なるが、結局のところ、それは刑事権力のしたがって刑事法のありようということに深く結びつくものである。そこで、人権宣言から導き出される刑事法近代化の諸要素を具体的に確認しておくことにする。

人権宣言に描かれた刑事人権の理論的構造を分析すると、革命フランスが描いた近代フランスにおける刑事法のありようが明瞭に推測される。これに関して、まず人権宣言に表明されていることを確認しよう。

(1)　主権は国民にある（国民主権）。
(2)　国民の総意（一般意思）は法律で表現される（法律は一般意思の表明）。
(3)　人および市民（国民＝以下、「市民」と呼ぶ）は、自由、所有権、安全および圧制への抵抗権を自然権として享有する。

(4)　国家の目的は、市民の享有する自然権を保護し確保することである。

(5)　自由は、他者の自然権を害しない限り認められる。

(6)　安全とは、各市民に自然権保全のための保護を与えることである。

(7)　権利を保障するには権力を分立することが必要である。

次に、ここから、「自由」と「安全」に関して左のことが導き出される。

(1)　国家の目的と使命は、市民の自然権の保護・確保にある。国家は自然権保護のために権力を所有する（刑事権力の所有）。

(2)　他者の自然権を害する社会的に有害な行為だけを、法律が犯罪として禁止することができる。法律は、他者の自然権を侵害しない行為を犯罪として禁止をしてはならない。

(3)　各市民は、安全の権利として、自然権保全のための保護を付与される権利、すなわち犯罪から自然権を侵害されずに社会に暮らす権利（犯罪からの安全）がある。同時に、権力から自然権を侵害されない権利（権力からの安全）がある。この二つの安全（「社会的安全」と「個人的自由」＝「市民的安全」）が保障されてはじめて、市民の享有する自然権が保護される（「市民的保護」）。

(4)　被疑者・被告人の権利保障のために刑事司法権力機関の権限の分散が必要である。

これを、刑事権力による自然権保護の視座から再構成すると次のようになる。

(1)　犯罪からの安全＝犯罪の禁圧・鎮圧・予防による「社会的安全」の維持保全

①　刑事立法権力の行使＝主として刑事法の制定

②　刑事司法権力の行使＝捜査機関による犯罪捜査（警察捜査・司法捜査）および刑事司法機関による裁判

③　行刑機関による犯罪者に対する刑罰の執行

④　治安および治安感情の回復・犯罪の予防（一般予防・特別予防）

(2)　権力からの安全（刑事権力の控制）＝他者の自然権を侵害しない限り自由が保障されること（「市民的自由」）

①　国民主権原理による立法の民主化

②　自然権思想から導かれる罪刑の厳格性・明白性・必要性の原則および罪刑最小主義＝実体的罪刑法定主義

③　犯罪行為に不釣り合いな刑罰の禁止＝罪刑の均衡、残虐刑・不当な重罰刑の禁止

④　人間の尊厳のイデーと無罪の推定原則に基づく容疑者、被疑者および被告人に対する不当な扱いの抑制権限の分立（予審と訴追の分離・予審と判決の分離・予審の二審化・捜査と予審の分離）、防禦権の確立、判決までの自由の原則、最小限の自由の拘束、司法への市民参加による司法権力に対する監視・控制（陪審制度）等々

⑤　行刑における非人道的なあるいは人間の尊厳を侵害する不当な処遇の禁止

このように、人が享有する自然権を実現するためには、人は犯罪からも国家権力からも安全でなければならないというのが、人権宣言から導き出される刑事人権のイデーである。かかるイデーからは、なにを犯罪とするか、どのような刑罰を用いるのか、犯罪者にどのような性質のかつどの程度の刑罰を科すか、犯罪の捜査において市民をどのように扱えばよいのか、裁判において被告人にどのような権利を定立し保障すればよいのか、行刑においてはどのような処遇が適切なのか等々についての方向性はおのずから次のように明示しうる。

人権宣言は社会の目的が自然権の保護にあると明言しているが、社会契約論の見地からすればそのことは同時に社会が自然権の保護に不可欠な存在であるということを宣言するものでもある。社会の目的が自然権の保障にあることから、犯罪が当然他者の自然権侵害行為に限定されることは明白であるが、すべての自然権侵害の行為態様を犯罪とすることは煩雑を極め、かつ、市民の自由の幅を相当に狭める息苦しい社会を現出せしめるであろう。それを回避するためには、他者の自然権を侵害する行為態様をすべて犯罪化するのではなく、社会が自然権を保護するため必要に

して不可欠なものだけを自然権という法益に対する侵害として犯罪化することが要請されることになる。換言すれば、自然権を保護する社会の存立にとってゆゆしき侵害だけが、犯罪化の基準ということになる。そして、刑罰はその犯罪を予防するに足りる程度であればよく、それを極端に超える重罰は逆に犯罪者の自然権を侵害することになる。また、犯罪の嫌疑を掛けられた市民であっても無罪の推定が働くのであるから、その身体の自由の制約や剥奪は自然権を有する人間としての尊厳を踏み躙るものであってはならない。したがって、捜査や裁判のための身柄の拘束は必要不可欠な場合に限られ、身柄拘束された容疑者、被疑者および被告人の自由は可能な限り回復されなければならず、また彼等には十分な防禦権の保障がなされなければならない。行刑においても、受刑者の人としての尊厳を侵害するものであってはならず、また犯罪の特別予防という見地からは社会復帰を目指す処遇内容でなければならないであろう。

そこから抽出しうる基準を要約すれば、「社会的安全」のための刑事権力の行使は、不可避的に人（容疑者、被疑者、被告人、受刑者等）の自然権を侵襲するのであるから、他者の自然権保護という最小限度の範囲で行われなければならないという功利的最小主義である。刑事権力がこの最小主義を超えないように控制するのが、具体化された刑事人権保障の規定である。このように、刑事人権を法律で具体化することは、刑事権力を控制し刑事権力を近代化することであるから、かかる見地よりすれば、自然権保護のために「市民的自由」の保障を実践するシステムをいかに刑事権力の中に組み込み拡充していくかが、刑事法の近代化の具体的な指標ということになる。

以上から、人権宣言に、自然権確保のための「市民的自由（＝国家権力からの安全」）」と「社会的安全（＝犯罪からの安全」）」を統一する「市民の安全（＝市民的安全」）」の思想がプログラムされたことをもって、刑事法における近代化の原点もしくは源流とし、近代化とはこの「市民的安全」思想の実践の過程を意味するものと定義をする。ただし、「市民的安全」の用語は、現在では「市民的自由」に対置される市民社会における「社会的安全」の語として一般的に用いられていると思われるので(47)、本書では近代化の原点をあらわす語としての「市民的安全」の語は用いず、人の享有する自然権の保護という視点から「市民的保護」の語を用いることにする。なぜなら、本書でいう「社会的安全」は、市民社会を前提としない国家的、階級的あるいは独裁的な要素の濃厚なアンシャン・レジーム期や独裁的なナポレオン帝政における「安全」をも含むものとして用いているからである。

したがって、この「市民的保護」の概念は、ルソーの自然権思想に基づく社会契約論とベッカリーアの社会的功利主義思想とを基礎にしたところの、「社会の安全（治安）は市民の自然権の確保に不可欠なものであるが、『社会的安全』のために抑制される『市民的自由』は最小限度のものでなければならない（社会契約論の功利主義から導かれる最小主義）」という自由主義思想をその内容とするものである。これが、人権宣言によって描かれた刑事権力と刑事人権とのありようのマスタープランなのである。

かくして、革命当初、刑法および刑事訴訟法におけるこの自由主義思想は、「自由」と「安全」のテーゼを「市民的保護」に止揚しようとするものであった。すなわち、犯罪から自由が侵害されない（「犯罪からの安全」）と同時に、国家・社会の刑事権力から不当に自由が侵害されないこと（「刑事権力からの安全」）が、革命期最初の刑事法に描かれた「市民的自由」と「社会的安全」のありようのプログラムであった。しかし、一七八九年の人権宣言が描いた新しい国家・社会像が、その後の権利宣言において自然権思想と功利的最小主義を稀釈化していくのと軌を一にするかのように、憲法の主権原理においてブルジョア的変容もしくはよりブルジョア的様相が濃厚になっていき、刑事法においてもとくにナポレオン法典制定時に人権宣言の最小主義が喪失していくのである。ここに、「自由」と「安全」の「市民的保護」による統一が消失し、「市民的自由」と「社会的安全」の対抗関係が顕現することになる。そして、フランスにおいては現代にいたるまで、人権宣言を源流とする近代化の過程はときに大きな変革を伴いながらも続いている。

右に示した視座から、以下本論において、人権宣言の描いた近代刑事人権のマスタープランが、近年にいたるまでの刑事法の中に、どのようにその軌跡を描いたのかを分析し、近代化の意義を考察する。本論の構成は二部構成とし、まず第一部で「刑法における自由と安全の展開」を、次いで第二部で「刑事訴訟法における自由と安全の展開」を扱う。むろん、近代化以前のアンシャン・レジームにおける刑事制度にも必要な範囲で言及する。

なお、第一部では、そのテーマの性質上新古典主義についての分析と叙述に多くの紙幅を費やした。また第二部では、「自由」と「安全」の関係がもっとも顕著にその様相をあらわす予審制度を中心に論じるため、第一部の刑法に比して多くの紙幅を必要とした。中でもとりわけ、最終章の「一九五九年の刑事訴訟法典」は、革命から近年の改正にいたるまでの近代化された手続の集大成であるので、これに相当の紙幅を当てた。そのため、章によって紙幅にかなりの相違が生じたことをあらかじめお断りしておく。

（1）　たとえば、近代化の指標を「法化」「合理化」「人道化」に求めるものとして那須宗一編著『犯罪統制の近代化』（ぎょうせい、一九七六年）（所一彦執筆）七―一九頁、阿部純二・澤登俊雄・斉藤誠二・所一彦『刑事政策入門』（有斐閣、一九八二年）二―三頁（澤登執筆）がある。

（2）　コーイング（Coing）は、自由かつ平等な人々の社会が次の三つの段階を経て遂行されたと述べている。「一、古来の、法的に固定された身分（等族）制社会の解体と、私的・経済的分野における市民的平等の形成。二、法治国家の形成、すなわち、国家権力に対する個人のおよびその権利の保障。三、政治権力への市民の関与と、終局的には国民主権の形成、すなわち、最初は立憲君主制、その後には民主制の採用。」H・コーイング『近代法への歩み』（久保正幡・村上淳一訳・東京大学出版会、一九八一年）一二八―一二九頁。

（3）　樋口陽一教授は、この主権の移動について次のように述べている。「第一には、身分制原理を否定する国民主権によってはじめて、個人が解放され、人一般の権利としての人権が成立する論理的前提がもたらされたという意味での主権と人権の相互連関である。第二には、それまで諸個人の解放を妨げていた同時に保護の盾の役割を果していた身分制が否定されることによって、いわば裸の個人が国家に向きあうことになったところから生ずる、主権と人権間の緊張である」長谷川正安・渡辺洋三・藤田勇編『講座　革命と法』（第一巻　市民革命と法）三章一節（樋口陽一執筆）（日本評論社、一九八九年）一一七頁。樋口陽一『近代国民国家の憲法構造』（東京大学出版会、一九九四年）四八頁、一〇二頁。

（4）　この三つの要素の見地から刑事政策の近代化を描いたものとして、澤登俊雄「犯罪統制の近代化と刑事政策学（犯罪学）の現代的課題」柏木千秋先生喜寿記念論文集『近代刑事法の理念と現実―フランス革命二〇〇年を契機として―』（立花書房、一九九一年）参照。

（5）　樋口陽一「『近代国民国家』再考」法律時報七〇巻六号（一九九八年）九一頁参照。

（6）社会的安全は、「治安」の観念でも表現することができる。ただし、わが国での「治安」の語については多義的であることが指摘されており、たとえば「治安」を「住民相互間で自分の生命・身体・自由・財産が他の住民から侵されず、安全に守られていることを意味している」としながら、刑法は個人法益のほかに国家法益を保護法益としており、あえて「個人法益とは別個の独立した社会的法益・国家的法益の安全、すなわちこの意味での国家的、社会的秩序」を「治安」と観念するとして、区別するものも見られる。杉村敏正・中山研一・原野翹『治安と人権』（岩波書店、一九八四年）一―二頁。ただし、人権宣言にみられる「社会的安全」のイデーは社会的・国家的法益の安全という狭い観念と一致するものではない。

（7）G・ルフェーヴル『一七八九年―フランス革命序論』（高橋幸八郎・柴田三千雄・遅塚忠躬訳・岩波書店、一九九八年）三六三頁。

（8）ポール・ニコル『フランス革命』（金沢誠・山上正太郎共訳・白水社、一九八一年）五頁、河野健二『フランス革命二〇〇年』（朝日新聞社一九八九年）一四頁。フランス革命を階級的抗争として描いたものとして、カール・カウツキー著『フランス革命時代における階級対立』（堀江英一・山口和男訳・岩波書店、一九六五年）参照。

（9）高木八尺・末広三次・宮沢俊義編『人権宣言集』（岩波書店、一九八六年）一一九―一三〇頁。

（10）佐藤功『日本国憲法概説（全訂第五版）』（学陽書房、一九九七年）三七頁。

（11）デュヴェルジエは「人権宣言は本質的にブルジョワジーの作品」であるとする。モーリス・デュヴェルジエ『フランス憲法史』（時本義昭訳・みずき書房、一九九五年）五四頁。

（12）杉原泰雄『憲法1』（有斐閣、一九九一年）一八頁。

（13）杉原・前掲書一八頁。

（14）デュヴェルジエ・前掲書五五頁。

（15）当初革命をリードしたのは、自由主義的進歩的貴族とそれに共鳴した一部のブルジョア上層部であったということを、人権宣言の制定過程の詳細な研究を通して論証するものとして、沢登佳人「一七八九年人権宣言の罪刑法定主義は裁判官の罪刑専断を目的としていなかった・宣言の諸草案および議会審議録からの考察（第一部）」法政理論一八巻四号、一九巻一号、同二号（一九八六年）、同「デュポールの人権宣言および憲法原理草案（解説と訳文）」白鳳法学創刊号（一九九四年）、沢登佳人・谷口哲也「一七八九年フランス国民議会八月四日夜の会議議事録」法政理論二五巻一号（一九九二年）。沢登佳人「フランス革命と近代刑事法の理念」前傾『近代刑事法の理念と現実』一五頁以下。

（16）条文は、前掲『人権宣言集』より引用した。以下、本書における権利宣言の条文引用は同書による。

（17）主権の「根源」という表現について、次の指摘が重要である。「すべての主権の『根源』が国民の内に存すると主張することは、かならずしも主権の行使が直接にそういうものとしての国民から発すると主張することにならない」「もし国民が主権の根源しかもたないのなら、国民の主権とは別個の、たんに国民から発する主権（が存在することになるが、これ）は誤りでもあり、また危険でもあるのは明らかである」。フランソワ・フュレ・モナ・オズーフ『フランス革命辞典1』（河野健二・阪上孝・富永茂樹監訳・みすず書房、一九九五年）七〇一頁。

（18）樋口・前掲書一〇四頁。

（19）杉原・前掲書一八頁。

（20）Jean-Marie Carbasse, introduction historique au droit pénal, 1990, p.318.

（21）Carbasse, ibid., p.318.

（22）この点に関して、沢登佳人教授は、人権宣言をルソーの思想が純化して体系化されたものであって、「一般意思の表現たる法律は本質的に、自然権の行使が他の自然権を侵害する場合以外には、絶対に自然権を制限しえない」と指摘する。沢登佳人「一七八九年人権宣言の罪刑法定主義は裁判官の罪刑専断防止を目的としてはいなかった・宣言の諸草案および議会審議録からの考察　第三部　結論　罪刑法定主義の本旨と現代的意義」法政理論一九巻二号（一九八六年）八二―九〇頁。一般意思と自然権とをその骨格として人権宣言が構築されている以上、当然の結論といえよう。

（23）沢登佳人教授は、人権宣言八条前段の解釈を次のように示す。「（中略）これは絶対に刑罰法規の規定の形式に対する要請ではなく、犯罪と刑罰の内容・実体を制限する規定であることが、明らかである。すなわち、この規定は、第一に、『それを処罰する必要性が厳格（＝まぎれもなく確かで）かつ明白である（＝誰にもすぐわかる）行為しか、法律はこれを犯罪として定めてはならず、』第二に、『そのようにして定められた犯罪に対する刑罰も、厳格かつ必要な種類および重さのものしか、定めてはならない。』という趣旨の規定なのである。言い換えれば、『法律は、立法者の考え次第でどんな行為でも犯罪と定め、どんな刑罰でもこれに科すことができる。』『法律に定めさえすれば、どんな行為でも犯罪として、どんな刑罰でもこれに科すことができる』ということは絶対に許されず、『法律は、それを犯罪とすること科すことが厳格かつ明白に必要な行為および刑罰しか、犯罪とすること科すことはできない』ということなのである。」沢登佳人・前掲「一七八九年人権宣言の罪刑法定主義は裁判官の罪刑専断防止を目的としていなかった・宣言の諸草案および議会審議録からの考察　第三部」一三八頁。右の解釈の妥当性は、人権宣言五条をあわせて解することにより一層明瞭なものとなる。

（24）Carbasse, op.cit., p.317.

（25）Carbasse, ibid., p.318.

（26）人権宣言諸草案およびその人権カタログについて、沢登佳人「一七八九年人権宣言の罪刑法定主義は裁判官の罪刑専断を目的としてはいなかった・宣言の諸草案および議会審議録からの考察　第二部　諸草案および審議録の邦訳、提案者・発言者の列伝」（法政理

論一九巻一号、一九八六年）、前掲『講座 革命と法』三章二節（新倉修執筆）一八三—一八六頁参照。
(27) Roger Merle et André Vitu, Traité de droit criminel, T.I, Procédure pénale 4e ed., 1987, pp.155 à 157.
(28) 佐藤功・前掲書三五頁。
(29) 杉原・前掲書九七—九二頁。
(30) 杉原・前掲書一〇〇頁以下。
(31) 杉原・前掲書一二七頁。
(32) 杉原・前掲書一二九頁。
(33) 佐藤幸治『現代法律学講座5憲法』（青林書院新社、一九八四年）六—七頁。ところで、革命により人権宣言に登場した「市民」とはどういうものなのかについて触れておく。人権宣言における市民とは、「主権の行使に参加する諸個人として公的な存在」であり、一七九一年憲法および一七九三年憲法下においては、国籍保持者の一部であり、いずれも、「主権の行使に参加する諸個人として、国家意思の形成に関与する存在」を意味する。樋口・前掲書一四四頁。ルソーのいう、いわゆる能動市民と位置づけられた人々を指す。このような市民の定義づけからすれば、当然のことながら、人権宣言においても既にブルジョア階級が国家の主権を掌握するメカニズムが組み込まれていたということになる。
(34) 杉原・前掲書一九頁。
(35) 佐藤幸治・前掲書四八頁。
(36) 河野健二『フランス革命二〇〇年』（朝日新聞社、一九八九年）一六六頁。
(37) 宮本忠・石田栄仁郎・大越康夫・網中政機・西岡祝・西修・萩原直三『各国憲法論』（学陽書房、一九八二年）七七頁。しかしながら他方で、所有権の明確な保障がなされているため、同憲法の民主性も結局のところ、ブルジョア民主主義のものであるとの指摘もなされてもいる。デュヴェルジェ・前掲書六三—六四頁。
(38) デュヴェルジェ・前掲書六八頁。
(39) 宮本他・前掲『各国憲法論』七七—七八頁。
(40) 河野・前掲書一六九頁。
(41) 柴田三千雄・横山紘一・福井憲彦『世界歴史体系フランス史2』（山川出版、一九九六年）三三六—三三七頁。
(42) 沢登佳人「フランス革命と近代刑事法」法律時報六一巻八号（一九八九年）三六—三九頁参照。
(43) デュヴェルジェ・前掲書七七頁。
(44) ジャン・モランジュ著「人権の誕生—フランス人権宣言を読む—」（藤田久一・ジャクリーン訳、有信堂一九九〇年）一三七—一四一頁。
(45)　杉原・前掲書二四二頁。
(46)　杉原・前掲書二四二頁。裁判官に対する不信が、フランスにおける伝統的な違憲審査制不在の原因であることについて、和田英夫『大陸型違憲審査制』(有斐閣、一九七九年)九頁参照。
(47)　澤登俊雄「フランス刑事法の変遷と展望」ジュリスト九一九号(一九八八年)二四頁以下、同「市民的安全と市民的自由——フランスの苦悩」法律時報五八巻一二号(一九八六年)四四頁以下、新倉修「新しいフランス刑法の光りと影」法律時報五八巻一二号(一九八六年)四七頁。

第一部

刑法における自由と安全の展開

緒　言

近代刑事法の命題が「市民的自由」と「社会的安全」の保障・実現にある以上、刑事法はなんらかの形でこの命題に両者のありようをプログラムしているといえよう。

革命に端を発するこの「自由」と「安全」の関係は、実体法である刑法においては、政治的、哲学的、宗教的諸力が作用し、なにを犯罪とするか、どのような刑罰を課すのか、刑罰の目的はなにか、犯罪行為に対し刑罰の重さはどのように量定するのか等についてとくに顕著にあらわれる。

したがって、第一部では、アンシャン・レジームにおける刑罰の自由裁量、革命刑法典の固定刑制度、ナポレオン刑法典の相対的法定刑主義および厳罰主義・重罰主義、それを緩和する新古典主義の刑罰論・責任論・軽減事情制度、近代の実証主義、さらに現代の新社会防衛論と新々古典主義との相剋、および精神医学の発達による刑事責任再検討の思潮を対象とする。

第一章　古典主義刑法思想と刑法

第一節　アンシャン・レジーム

第一款　自然法と慣習法とに制限された裁判官の自由裁量権の意義

フランスにおいて、アンシャン・レジームの下では、王令（ordonnance royale）ないし法令（édits 告示）の中に刑罰規定は存在していたものの、統一的な法典も公的法律編纂集（recueil）も存在していなかった(1)。これらの刑罰規定は犯罪の名称を掲げていたものの、規定自体が不完全であり、刑の適用について裁判官の自由裁量が行われた。また、この時代を支配していた刑罰思想は、贖罪応報と一般的威嚇をその基本としていた。

右の基本的な性格から、アンシャン・レジームにおける刑罰制度に対しては、裁判官の恣意専断に満ちた過酷な刑罰を科すものとの理解がかつてわが国において一般的であった。たとえば、贖罪応報思想はキリスト教思想と結びつくことにより正義の名を獲得し、そこでは刑罰は重ければ重いほど将来に向けて贖罪の効果が大きいと考えられた。一般予防思想については、犯罪の予防効果がみせしめの威嚇力に求められ、刑罰の過酷さが犯罪の予防効果に大いに寄与するものと考えられた(2)。むろん、刑罰が公開の場で執行されたのは、こうした刑罰の威嚇力による一般予防の効果を上げんがためのものであった。

かくして、人権宣言が罪刑法定主義を採用した理由は、国王から広大な権限を委託されたアンシャン・レジーム期の裁判官の恣意専断を徹底的に封じ込め、抑止することにあったと理解されてきた(3)。しかし、すでにわが国では沢登佳人教授が指摘しているように(4)、また現在のフランスにおける研究においても、そのような理解がかなり歪曲されたものであることが明瞭となっている。そこで、アンシャン・レジームにおける裁判官の恣意専断と呼ばれていたものは存在したのか、また恣意専断と呼ばれたものの実態はどのようなものであったのかを検討する。

まず、恣意専断の用語についてであるが、arbitraire がその原語である。この語には、二つの意味がある。一つは、ほしいままにという恣意専断の意味と、もう一つは、自由な裁量という意味である。arbitraire をどちらの意味に理解するかは、この問題の本質を理解する上で極めて重要なことである。ラングゥイ（Laingui）＝ルビグル（Lebigre）によれば、arbitraire は司法上の観念（notion juridique）であり、中世の原則と同様にベッカリーア（Beccaria）の後継者たちの革命的経験にも対立するものである。両者とも固定刑（peine fixée）を採用していたが、中世の固定刑は領主が裁判官の自由裁量を封じる手段であり、裁判官にその権限の拡大を拒否するものとされていた[5]。

中世の犯罪の分類は、「重罪と非重罪」または後に「重罪と軽罪」の概念が用いられており、重罪とは死刑・切断刑・追放刑・晒刑・烙印刑といった重罰を科されるものであり、非重罪・軽罪とは財産刑を科されるものであった[6]。この時代、投獄刑はまだ稀で、牢獄は判決までの勾留施設あるいは債務履行を強制するためのものであった。重罪は、大逆、反逆、謀殺、毒殺、尊属殺、夫殺、故殺、重傷害、婦女略奪、強姦、去勢、獣姦、重婚、姦通、禁婚者相姦、放火、強盗、重窃盗現行犯、偽造、偽証、異端、魔法等とその範囲は広く、多くは死刑に処せられるものであった。財産刑は、財産の一部没収や全部没収あるいは個別に裁判官が額を決める罰金刑であった[7]。

中世の arbitraire は、初め例外的であったが、次第に顕著になり、一六世紀には完全に優位な存在となった。すなわち、裁判官は、国王の権威から、明示的または黙示的に刑を加減する権限または刑の一つを選択する権限を広く委ねられたのである。けれども、裁判官は、自分の職務を果すために刑を勝手に創造したわけではなく、学説や実務の要請に依拠した。依拠する法文がなければ、ローマ法に（たとえば、被告人が未成年の場合）、あるいは慣習法に（たとえば、肢体欠損者に対する手首の切断刑の代替刑について）解決策を求めなければならなかった。一六世紀には裁判官の裁量は、不可欠なものとなったが、むろんそれには限界があった。arbitraire は、この時代にあっても、裁判官の気紛れや病的想像力に開かれた方法ではなく、慣習法および判例といった厳格な典拠を明示することがなければ、裁判官は裁量を行使することはできないとされたのである。たとえば、一六世紀に、パルルマン（Parlement 高等法院）は、すでに廃止されていた溺死刑を宣告したシャトレル（Chatrelt）の判決を無効にし、国王のよき思し召しのあるまで不定期の拘束を行った。[8] また、カルバッス（Carbasse）は、裁判官の arbitraire についておおよそ次のように述べている。

一三世紀より刑罰制度は、刑事政策的配慮および正義の配慮により犯罪に見合った計算された制裁で処断することが正当化された。学説も、この裁判上の意図的裁量（arbitrim judicis）を正当であるとした。刑事王令（ordonnances pénals）に犯罪の条文があるときでも、しばしば適用される刑については不明確であったので、国王は裁判官に刑の選択について非常に広大な自由裁量（latitude）を委ねていた。精確な制裁が規定されている場合でも、国王は裁判官が衡平の名の下に軽減した刑を言い渡すことに寛大であった。ただし、裁判官の裁量権は国王の権限を侵すことができなかった。死刑について精確な条文が見出せないときは、裁判官には死刑を言い渡す権限はなく、それは国王だけにあった。国王だけが、死刑を可能とする犯罪類型の定立を行うことができたし、国王だけが赦免（remission）や恩赦（grâce）の権限を有していた。[9] さらに、広大な裁量権を委ねられていたといっても、裁判官は衡平の尊重を義務づける自然法と一般原則および詳細な規定を含む判例慣習法（coutume jurisprudentiel）とに服さなければならなかった。[10]

以上、カルバッスによれば、法定証拠制度の下で、裁判官は刑の選択に関しては右の範囲で相対的に自由であったということである。ここでは、裁判官の arbitraire は、恣意専断と理解されるものではなく、それとは反対に、犯罪（刑事責任）に見合った衡平な刑罰の言渡しのための適正な自由裁量（具体的にいえば、厳しすぎる刑の免除や緩和をはかる裁量権）を意味するものと理解されるべきものである。[11] その意味で、arbitraire は現在の軽減事情（circonstance atténuante）の機能を果すものであった。さらに、裁判官は、人道主義的または実際上の目的で、法律の文言を解釈することもできた。たとえば、火刑を定める犯罪について、火刑を回避するために絞首刑を言い渡し、絞首刑の後その遺体を焼いて灰にすることができたし、肢体欠損者にはガレー船漕役刑が適用不能であるため、これを追放刑に代えることができた。要するに、arbitraire は法律の評価の余地を裁判官に委ねているのであり、この意味で法律の尊重と結びついていたのである(12)。

右に見た裁判官の arbitraire のあり方は、アンシャン・レジームの終わりまで変わらなかった。学説は、フランスにおいてたとえ刑の大部分が arbitraire だとしても、裁判官は勝手に新たに刑を創設してはならないこと、オルドナンスまたは（オルドナンスがなければ）慣習法に従わなければならなかったことについては、常に一致していた。オルドナンス等の法律が存在する場合には、その法律の範囲内でしか自由裁量の余地がないことはいうまでもない(13)。

右のように、裁判の恣意専断は裁判官に存在するのではなく、むしろ国王の発する恣意的な赦免状（lettres de grace,de remission,de pardon）、手続廃止状（lettre d'abolition de procédure）、追放や不確定期限の監禁を命ずる封印状（lettres de cachet）に顕現していた(14)。このような国王の特権（privilege）が、一八世紀後半になると、アンシャン・レジームを批判する急先鋒の論者により arbitraire の語と同義のものとされ、arbitraire が一般化し裁判官の恣意専断の意味にすり変わっていった(15)。

そして、革命前の数年間に、急進的論客により、arbitaire の語は国王の特権にとどまらず一般化し、それまでの客観的かつ純粋に法律的な意味を喪失し、裁判官の裁量を気紛れまたは不正義と同義語のものとして国王の「思し召しのままに（bon plasiir）」と同様に憎むべきものとして広められた(16)。けれども、刑法典の立法過程においては、ルペルチェ（Le Pelletier）報告にもみられるように、立法者たちには自由裁量の意義が厳格すぎる刑罰を修正するものであったことは十分に認識されていた(17)。すなわち、アンシャン・レジームにおいて、一部類推解釈等に問題を抱えてはいたが（たとえば、いかなるオルドナンスにおいても霊的姦淫は規定されていないにもかかわらず、告解者と不正な関係を結んだ神父に対してなされた死刑判決の言渡し）、全般的に裁判官の刑罰に対する不条理に満ちた恣意専断の事実はなく、むしろ過酷な重罰刑を適正化するための裁量が行われていた。arbitraireとは、その意味での自由裁量をいうのである。

第二款　アンシャン・レジームの刑法における刑事責任

刑法理論が熟成していないアンシャン・レジーム期の刑事裁判において、裁判官が量刑を測定する重要な要素は、基本的には犯罪行為の重大さとそれに対する刑事責任であった。「古法は本質的に事情（circonstance）に関わる[18]」といわれることは、具体的な量刑においてとくに刑事責任が重要な意味をもつことを意味している。しかし、同時に、そのことは刑事責任に真の一般理論がいまだになかったことを示す。当時において、犯罪者の故意、動機の質、弁識（discernement）、性、年齢、社会的状態、さらには正当化のために主張された事実は事情に関するものであり、裁判官はこれらの全体を吟味し量刑を導き出したのである。[19] 以下、カルバッスの叙述[20]を中心に、必要に応じて補足をしながら、アンシャン・レジームにおける刑事責任の概要を掲げておく。

まず、一七七一年刊行のジュス（Jousse）の著書 *Traité des crimes* においては、たとえば故意（dol 悪意思）は刑の軽減事由（cause qui font diminuer la peine）のところで扱われた。いくつかの総則的考察が姿を現すのは、ミュヤル・ド・ヴグラン（Muyart de Vouglans）の著書 *Loi criminelle de la France dans ordre naturel* である。それとても、全八〇九頁中八九頁を占めるにすぎなかった。そして、刑事責任はこの総論の中ではまったく扱われず、もっぱら「犯罪を停止せしめる事由（causes qui font cesser le crime）」として扱われた。判例も学説も、その点では同じであった。現在のフランス刑法における責任概念の一つとして culpabilité という有責性（量的罪責）観念を表す用語がアカデミー・フランセーズ編纂の辞書（Dictionnaire de l'Académié）に登場するのは、一八三五年のことである（後に述べるように、一九世紀の新古典主義の時代に、この culpabilité が刑事責任の多様なニュアンスや諸事情を責任の量定に反映させる機能を有する）。

しかし、刑事責任に関わる問題が、まったく無原則であったわけではない。古法は、ローマ法とカノン法からいくつかの大原則を継承していた。その結果、古法は故意の要素（élément intentionnel）を考慮に入れて無答責任性＝責任の不存在（irresponsabilité）と責任減軽の概念をもつにいたり、心神喪失（démence）、低年齢（bas âge）、女性についての責任の軽減を認めた。中世以降、「重罪事件については、物理的結果ではなく、行為者の故意を考察しなければならない」という古典的な格言により、悪行の測定が故意に見出された。教会法学者は、「意図的でなければ、罪（péché）は存在しえない」として、本質的に「罪」というものを意図された行為と定義した。こうしたローマ法やカノン法に依拠して、世俗の法律家たちも故意の要素を行為の中央においたのである。このことは、未遂と既遂について、一六世紀に、両者を同一視し、同じ刑を科すべきだとの支配的学説を登場させた。しかし、裁判実務はそれに従わず、未遂は通常既遂の刑に応じて軽減された刑で処断された。ただし、残虐な重罪（謀殺（assassinat）または毒殺）はこの軽減を受けず、既遂と同じ死刑で処断された。

非故意の殺人については、当時、裁判官は殺人の刑事責任についてこれを軽減する権限を有していなかった。死刑が妥当でないという場合にも、裁判官には刑を軽減することは認められなかった。その場合、刑を減刑する権限は国王だけにあり、国王が死刑の執行の有無について判断を下した。国王は、死刑を判断しないときは、赦免状（lettres de rémission）を発付したのである。

無答責（責任不存在）と責任の減軽は、心神喪失、心神喪失に隣接する状態、未成年、女性および老齢について認められた。

一　心神喪失

ローマ法は、心神喪失者（dément）または狂人（fou furieux）らを精神錯乱者（insense）であるとして、彼らを刑事無答責（irresponsabilité）としていた。心神喪失者には犯罪行為を帰責することができないので、彼は犯罪を行うことができないという考えによるものであった。フランスの刑法学者らもこれを認めた。彼等の刑の免除を認める理由として、彼のその不幸な状態こそが既に刑罰そのものだと理解された。そのような考えは、刑の宣告後に精神錯乱が発生した場合の刑の執行放棄につながった。裁判中に精神錯乱が生じた場合には、自己弁護の不能性を理由に審理は中断された。しかしながら、刑の宣告や執行を受けないとされても、彼等は監獄（prison）に身体を拘束されたまま幽閉された。ただ、一定の場合には、犯罪に対する賠償をすることを条件に監視の義務を課して、家族の下に戻すこともなされた。例外として、大逆罪は責任の無答責任を認められなかった。

二　年齢

これもローマ法の伝統に従い、アンシャン・レジームの法は、七歳未満の者には責任はなく、七歳以上については婚姻不適年齢（男子は七歳以上一四歳未満、女子は七歳以上一二歳未満）の中で、区別がなされた。子供（enfance）に隣接した婚姻不適齢者は未成年者として有責でないとされ、そして婚姻最低年齢に隣接した者は二五歳までの未成年（mineurs de vingt-cinq ans）と同視され、有責であるがその責任は軽減された。一般的に、二五歳までの青少年は有責であっても、後に今日軽減事情と呼ぶところのものが適用された。ただし、残虐な重罪についてはその適用はなされなかった。

老齢については、学説は、老人は子供に戻り弁識能力を喪失する者と説明し、ほとんどの論者が責任の軽減の原則を認めた。これに対して、裁判官は、老人が弁識能力を有するときはとくに有利に扱わないが、そうでないときは老人を精神錯乱者と同視し個別にその弁識能力を判断した。さらに、身体に対する刑罰については、裁判官は高齢者の衰弱を考慮するし、犯した犯罪に比して重すぎる刑罰を避けた。

三　女性

学説は、女性は女性であるということをもって責任の軽減を認めた。その理由は、たとえば女性が男より悪を認識する弁識能力が乏しく悪に対する抵抗力が弱いので、男より厳しくなく処罰しなければならないというものであった。けれど、判例は女性だからといって完全に理性が奪われているわけではないとして、女性に対する責任の軽減の一般原則を認めなかった。女性に対しても、火刑、絞首刑、斬首刑、強制労働施設における労働（réclusion dans une maison de force）の刑は行われた。しかしながら、裁判官は、刑の選択については女性であることを考慮し、車刑、漕役刑、国外への終身追放刑（bannissement perpétuel）を言い渡すことはなかった。

四　正当防衛に対する宥恕

ローマ法は正当防衛と挑発とを区別したが、フランス古法は両者を長い間区別をしなかった（現行法では、正当防衛は犯罪を阻却する正当化事由であり、挑発を受けて行った行為は違法行為であって宥恕の対象となるにすぎない）。そして、ローマ法は正当防衛を自然法の原理として認めていたが、フランスでは一三世紀に慣習法でようやく明示的に認められた。やがて、慣習法は、正当防衛を本人の身体のほかに財産や婦人の名誉にまで広げた。

正当防衛は、その要件として、あくまでも防衛を理由とし、攻撃に比例することが求められた。財産の防衛については、慣習法は夜間の侵入窃盗に対し、家人が驚いて「泥棒」と叫んだ事実があれば、窃盗犯を殺害してもこれを宥恕した。その宥恕の理由として、生命に対する危険を危惧する権利（広い意味で生命を守ったと）の主張、あるいは（明白な生命に対する完全な危険がある場合を除いて）あくまでも財産自体の防衛のための適法な殺人であるとの主張がなされていた。また、学説は、正当防衛の要件として、反撃が攻撃時に直ちに行われることを主張したが、裁判官はこの要件を柔軟に解釈した。

なお、正当防衛においても、侵害者が殺害された場合、裁判官は犯人に刑を免除することはできなかった。殺人の場合と同様に、国王だけが犯人を宥恕できるので、行為者は恩赦状（lettres de grâce）を請願しなければならなかったのである。

五　女性の姦通　―挑発による宥恕―

女性の姦通については、ローマ法は、女性の父親に、彼女とその姦通相手を殺す権利を認めていた。すなわち、殺人自体を正当なものとしていた。これに対して、夫が殺した場合には、夫は刑が軽減される挑発の利益を受けるだけであった。フランスにおいては、地域の慣習法により異なるが、たとえば夫が妻の愛人・相姦者とみなされる人物に二度と会うなと厳命し、その後二人の密会を現場で押さえたときには、これを殺害しても夫は宥恕された。一六世紀には、判例はこの宥恕を容易に認めた。ただし、裁判官は、独自で宥恕することはできず、国王の恩赦状を得なければならなかった。

このように女性の姦通は、犯罪の成立を阻却する正当化事由としてではなく、あくまでも挑発による宥恕として刑が軽減されるのである。恩赦状の発付に、貧しい囚人に九〇〇リーブルを提供することを条件とした判例もある。

以上のように、この時代、責任（阻却）と正当防衛との区別も、宥恕と軽減事情との区別もいまだなかった。また、軽減事情があるだけではなく、反対に加重事情（circonstance aggravantes）も存在した。累犯、貴族の身分および重罪の残虐さが加重事情とされたが、ここでも加重を修正する場合が存した。

累犯に関して、フランスの学説は、一六世紀に「評判の悪い犯罪者（criminel diffamé）」（現在の常習犯（délinquant d'habitude））の観念をおき、社会秩序に重大な危険をもたらす常習犯人に対しもっとも厳しい刑罰で対処する必要性を説いた。一六七〇年の刑事大王令（ordonnance criminelle）は、一五六四年の勅令（édit）を繰り返し、公安長官（prévôts des marechaux）にすべての累犯者に対する管轄（裁判権）を与えた。一七二四年の窃盗に関する宣言（déclaration de 1724 sur le vol）は、累犯処罰を強化し、初犯については肩にV字の烙印を押し、窃盗の再犯（特別累犯）のみならず他の犯罪を行った（一般累犯）場合には、ガレー船での漕役刑に処した。女性の場合には、強制労働施設における重労働が科された。

次に、貴族の身分は、中世には加重事情であった。理由は、貴族が社会において庶民よりも優越する地位にあったため、権利と同時にその義務が強く認められ、その社会的責任の重さに比例して刑事責任も重いとされたのである。しかし、中世の終わりには、法律家たちは、それとは正反対に庶民より軽く処罰する根拠をローマ法の中に見出し、裁判実務でも貴族であることが加重事情とされることは例外となり、アンシャン・レジームの終わり頃にはむしろ寛大に扱われた。

最後に、犯罪の残虐さについてであるが、一七、一八世紀に、犯罪は残虐な犯罪とそうでない犯罪とに区分された。前者については、大逆罪や尊属殺人がそれ自体残虐とされ、他の犯罪はそれに伴う事情により残虐になりえた。

右に見たように、アンシャン・レジームにおける刑罰は、その実態において、決して裁判官の恣意専断に横溢していたわけではない。前述したように、むしろ犯罪規定の欠陥や不整備から生じる過酷な重罰を回避するために、裁判官は、正義と衡平の原則の下に、典拠となりうるローマ法、自然法あるいは判例慣習法の範囲内で、自由裁量を用いて犯罪に見合った刑の軽減や犯罪類型の解釈を行ったのである。したがって、裁判官の自由裁量といっても、犯罪行為について恣意的に解釈ができたとか、いかような刑罰でも科すことができたという意味での恣意専断ということからは程遠かったといえるのである。

本書のテーマに則していうならば、アンシャン・レジーム期における王権は一身で刑事立法権と刑事司法権を掌握するものであり、この立法権に基づく犯罪規定の不備・欠陥（文言の不正確さ、重罰性、法律の沈黙等々）を（裁判官を通しての）司法権が適正なものに是正するものであったという構図が透視できる。

法律が沈黙する場合、王権社会秩序の維持のために鎮圧が必要な場合であっても、処罰するには処罰の根拠を慣習法や判例に依拠しなければならなかったのであり、かように裁判官に一定の枠がはめられていた点が注目される。このような裁判官に対する抑制は、すべての権力の源泉は君主であるという絶対王政のシステムからの必然的な帰結といえよう。王の名において行う裁判において、裁判官の恣意専横は王権にとって望ましくないからである。

しかし、他方で、重罰に対する刑罰の適正な軽減は、寛大の精神から被告人の自由に対する配慮をなすものである。ただし、それは人間の尊厳を母体とする人権への配慮というよりも、重罰に対する民衆の強い反発への配慮であり、それ故に寛大さで対応するものであったといえよう。王権が裁判官にかなり幅広い裁量権を認めたのは、そのことも含めての裁判の弾力化を容認していたということであるように思われる。

その意味で、アンシャン・レジームにおける arbitraire は、直接的には立法権の重罰志向に対する司法権による是正機能を担なったものであるが、同時にそれは絶対的権限を有する王権の自己抑制・自己統制機能を果たすものであったといいうるであろう。

したがって、このとき、アンシャン・レジームの刑事権力は、近代的な意味での「市民的自由」と「社会的安全」との相剋をいまだ経験していないといえる。

（1）René Foignent et Emile Dupont, Manuel élémentaire de droit criminel, 1907, p.13. フランス刑法史に関する論文として、塙浩「フランス法史上の権力と刑事法」刑罰と国家権力（法制史学会創立一〇周年記念昭和三五年）、桜木澄和「初期市民刑法における自由と人権の諸規定」資本主義の形成と展開（1資本主義と営業の自由、東京大学出版会、一九七二年）、江口三角「フランス刑法小史」愛媛大学紀要第四部社会科学三巻一号（一九五八年）参照。

（2）江口三角・前掲三四頁。

（3）たとえば、木村亀二・刑事法講座一巻（有斐閣、一九五二年）三三頁、大谷實『刑法総論』（成文堂、一九九三年）五六頁。

（4）沢登佳人「一七八九年人権宣言の罪刑法定主義は裁判官の罪刑の専断防止を目的としていなかった・宣言の諸草案および議会審議録からの考察（第一部・第二部・第三部）」法政理論一八巻四号、一九巻一号、同二号（一九八六年）。

（5）André Laingui et Arlette Lebigre, Histoire du droit pénal 1, Le droit pénal, 1979, p.129.

（6）塙・前掲四七六頁。

（7）塙・前掲四七六—四七七頁。

（8）Laingui et Lebigre, op.cit., p.129 et 130.

（9）Jean-Marie Carbasse, introduction historique au droit pénal, 1990, p.182. 一六世紀には、鎮圧の目的から、残忍な重罪については、死刑の規定がなくても死刑の判決を下すことができるとの学説があり、判例は宗教犯罪についてこれを認めたことがあるが、しかしその後は条文なくして死刑の判決を下すことは許されなかった。Laingui et Lebigre, ibid., p.131.

（10）Carbasse, ibid., pp.182 et 183. 沢登論文は当時の慣習法について文献を引用しながら、法定証拠制度の下では細分化された犯罪種類ごとに、その罪体（構成要件）、罪状（故意・過失）および正当化事由を認定するための証拠が細かく定められているのであって、このような証拠法則を形成しているのが学説法や裁判慣習法であり、慣習法に委ねられているとはこのようなことを意味しているのだと解説している。沢登佳人・前掲「人権宣言……（第一部）」六〇—六二頁。ただし、公的に編纂された慣習法も地域ごとに異なり、また変化することもあった。滝沢正『フランス法』（三省堂、一九九七年）四六頁。

（11）G. Stefani et G. Levasseur. Droit pénal général, 1976, 9ᵉ ed., pp.68 et 70. G・ステファニ・G・ルヴァスール・B・ブーロック『フランス刑事法[刑法総論]』（澤登俊雄・澤登佳人・新倉修訳・成文堂、一九八一年）三二—三三頁。沢登・前掲『人権宣言……（第一部）』五六頁以下参照。

（12）Laingui et Lebigre, op.cit., p.131.

（13）Laingui et Lebigre, ibid., p.130.

（14）Stefani et Levasseur, op.cit, p.70. 前掲『フランス刑事法[刑法総論]』三三頁。沢登・前掲『人権宣言……（第一部）』五七頁以下参照。

（15）Carbasse, op.cit., p.315.

（16）Carbasse, ibid., p.304.

（17）沢登佳人校閲・藤夫彰訳「フランス一七九一年刑法典草案に関するルペルチエ報告」法政理論　八巻四号（一九八六年）一六〇頁。

（18）Carbasse, op.cit., p.184.

（19）Carbasse.ibid., p.184.

（20）Carbasse, ibid., pp.185 suiv.

第二節　古典学派

第一款　古典学派

いうまでもなく、古典学派（École classique）とは、絶対王政の刑事司法および刑法制度を批判し、啓蒙思想によって開明した新しい刑法学理すなわち古典主義刑法を形成した学派である。この古典学派の母体となったのは、後に革命の推進者たちにより革命の思想となる啓蒙思想である。

革命前の重要な変化は、すでに一八世紀の前半より始まっていた。(1) ドヌデュー・ド・ヴァーブル（H.Donnedieu de Vabres）によれば、革命前の変化は、第一にルイ一五世未成年時代（一七一五～一七二三年）における風俗（moeurs）の緩和に、第二にイギリスからの自由思想の政治的影響に、第三にディドロ（Denis Didero）を中心とする「百科全書派」の人々の力に起因するものとされている。(2) とくに、啓蒙思想は思想の面ではすでに革命を始めていたといえる。

啓蒙思想がまず批判を向けたのは、不寛容なカトリック教会とキリスト教に対してであったが、やがてそれは政治制度に向けられていった。一八世紀中頃、ヴォルテール（Voltaire）およびモンテスキュー（Montesquieu）が、一七世紀のイギリスに萌芽した政治的自由主義思想をフランスにおいて展開した。とりわけ、モンテスキューの思想は、後世の権力分立に大きな影響を与えるものであった。

モンテスキューは青年時より知的好奇心が強かったが、やがてとくに政治と法に強い関心を抱き、一二年の歳月をかけ精力を傾注して『法の精神（De l'esprit des lois）』を執筆し、一七四八年にそれを刊行した。彼は、当時のイギリスの議会制君主制にみられた政治権力配分（国王、貴族（上院）、平民（下院）への分散）による個人的自由の保障システムを称えたが、法服貴族である彼の政治思想は、貴族階級の勢力拡大（貴族、高等法院（parlement）、聖職者らの特権の擁護）により王権の絶対性に歯止めと制限を加え、王権と貴族の均衡の取れた政体を追求することに発想の原点があり、したがってその意味で絶対主義的専制政治を否定するものの、王政そのものを否定する革命的思想ではなかった(3)。むしろ、高等法院や聖職者らを中間団体とし、これに国王の権力の濫用から民衆を守ると同時に民衆の反抗から国王を守る防壁の役割を担わせることを意図した(4)。それだけに、彼のこの「中庸と寛容の偉大な意見(5)」は、賛否を巻き起こしながらも、この時代に深い影響をもたらし、彼の名声を高めた。

しかしながら、専制主義であった絶対王政は、モンテスキューの示した穏健な改革路線を自らの改革として受け入れることはなく、国際的には対外的危機、国内的には深刻な財政破綻の危機等により、階級間の関係を調整する能力を喪失していった。こうした自己改革の失敗が、進歩的上級貴族らの革命推進を喚起し、やがて自らの破綻にいたるのである。

モンテスキューも『法の精神』の中で絶対主義体制下の刑罰思想を批判したが、革命前後の刑事法の分野にとりわけ重要な影響を及ぼした思想家は、ジャン・ジャック・ルソー（Jean-Jacques Rousseau）、チェザーレ・ベッカリーア（Cesare Bonésana Beccaria）、そしてジェレミー・ベンサム（Jeremy Bentham）であった。ルソーは独自の社会契約論の立場から、ベッカリーアはルソーの社会契約論を基礎にした犯罪の一般予防および特別予防の立場から、またベンサムは功利主義の立場から、それぞれの刑罰思想を提示した。ヴァーブルはこれらの刑罰思想を総称して、社会的功利思想（idée d'utilité sociale）と呼んでいる(6)。

絶対王政のシステムに対して、思想的に破産宣告を告げたのはルソーであった。ルソー自身は暴力的革命を望まなかったが、『社会契約論（Du contrat social）』（一七六二年）で説く人民主権の政治体制はもはや主権を掌握する王政そのものと本質的に相容れないものであった。

ルソーは、イギリスの社会契約説の論者、すなわち社会契約説によって結果的に絶対王政を擁護する役割を果したトーマス・ホッブズ（Thomas Hobbes）や制限君主制を基礎づけたジョン・ロック（John Locke）と異なり、社会契約説の核心に一般意思を据えて徹底した人民主権を唱え、王権神授説を思想的背景とする絶対王政を否定した。このルソーの思想は、近代国家の成立に大きな収穫をもたらしたが、刑事法においても後述するように刑罰権の基礎に関する有力な学説すなわち「社会契約説」をもたらした。

ルソーの思想を特徴づける重要なものは「個人の人格の自由」であり、人間が私有財産社会の形成過程で喪失したその自由を蘇らせる方法を思索したのが『社会契約論』である。その要旨は、以下のようなものである。

ルソーはいう。自然の中で完全に自由であった人間は、しかし外的要因により不可避的に社会を形成しなければならなかったが、やがて財産の私有という社会への形成過程で、人は個人の自由を喪失した。国家は、財産の所有をめぐる闘争を終わらせるために形成されたが、かえって不平等を増大させた。

そこで、自由の回復のためにルソーが提示したのは、各人が自ら構成員となる共同体と契約を結ぶことにより、「個人の自然的権利を市民的権利に変質」させることができ、「市民的自由」を確保することができるとの理論である。社会契約により社会の構成員となった者を集合的には人民（peuple）、そして個々に主権に参加するものとしては市民（citoyens）と呼ぶ。市民は主権者であり、この主権は譲渡も分割もできないものである。その必然的帰結として、人民集会においてのみ主権を行使することができる直接民主制が導かれる。この人民集会で決定した法を執行するのが、人民集会が選出する政府である。ルソー自身の言葉を引用すれば、『『各構成員の身体と財産を、共同の力のすべてを上げて守り保護するような、結合の一形式を見出すこと。そうしてそれによって各人が、すべての人々と結びつきながら、しかし自分自身にしか服従せず、以前と同じように自由であること』これこそ根本的な問題であり、社会契約がそれに解決を与える」(7)のである。このような社会契約から導かれる人民主権国家が、絶対王政と全く相容れないものであることは明白である。

ルソーの社会契約論は、自然的権利を、「市民的自由」に象徴される市民的権利に孵化した。この「市民的自由」を国家の刑事権力から守るシステムを鮮烈に描いたのが、古典主義刑法学の先駆者であるイタリアの貴族ベッカリーアであった。刑法史に記念すべき一頁を記した彼の著書『犯罪と刑罰（Die delitti e delle pene）』は、アンシャン・レジームの刑罰および刑事手続に対する痛烈な風刺的批判を内容とするものであり、またたくまにヨーロッパに広く受け入れられた。とりわけフランスにおいては、フォスタン・エリ（Faustin Eelie）による仏訳書が非常なセンセーションを巻き起こしたといわれている。(8)なお、ベンサムの功利主義は、後述の如くフランスにおいては、むしろ一八一〇年刑法典に重要な意味をもつものであった。

以上のように、啓蒙思想は、王権と貴族階級との健全な権力均衡の回復を希求した穏健的改革論者モンテスキューから、急進的な社会契約論によって王権政体を否定しこれを脅かしたルソーを経て、これら啓蒙思想家たちの刑法思想を集大成したベッカリーアの斬新な刑法思想によって、アンシャン・レジームの終末期に古典主義を確立した。

啓蒙思想を揺籃として形成された古典主義は、アンシャン・レジームの応報的贖罪と威嚇による抑圧システムのくびきから市民を解放し、政治権力による刑法的圧制を排することを最大の目標としていた。それ故、古典主義の本質は「権力を法に従わせ、法を国家に対する市民の盾となし、大衆の教育政策の道具とすることによって、刑法の使用を刑の目的である厳格な必要性に均衡させること(9)」に求められる。古典主義が自由主義刑法を標榜する学理であるといわれる所以である。

さて、ルソーの社会契約論を基礎に近代刑事法の原型を描いたベッカリーアの刑罰思想は、おおよそ次のようなものである。

刑罰は過去の行為に応じて干渉を加えるが、その本当の目的は将来の害悪の回避に向けられるべきものである。すなわち、処罰は将来に向けられるべきものであり、刑罰は犯罪が生じたからという理由によって科せられるのではなく、新たな犯罪が将来に向けて繰り返されないため科されるのである。また、科せられる刑罰は行為によって惹起された侵害の重大性に従って量定されるものであるとして、アンシャン・レジームにおける恣意的な主観主義を批判し、客観主義の刑罰思想を唱える。さらに、刑罰を効果的な鎮圧の手段たらしめるものは、残虐さや過酷さではなく、その確実性であるとして、当時の刑罰制度を厳しく批判する。そして、確実性を確保するためには、刑罰の適用が迅速であって、さらに不可避であり、そして同種の犯罪について平等でなければならないとする[10]。

このような一般予防を基調とするベッカリーアの功利主義刑法思想は、ヒューマニズムの色調がまったくないものといわれる[11]。しかし、ベッカリーアの社会的功利による刑罰思想は、恣意専断、刑の残虐性および不平等性の排除等にその功利の意義を有するものであり[12]、その根底に人間の尊厳に対する人道的思索があることを認めなければならない。すなわち、人間の尊厳を求めるが故に、刑事権力の恣意性と結びつきやすい人間的要素を刑法から排除するものであって、その意味では刑事権力の主観性を排除する功利主義刑法思想であるといえる。

ベッカリーアのこのような思想から具体的に導かれるものは、死刑および苦しめの刑（peine afflictive 施体刑）の廃止（ただし、政治犯に対する死刑は存続）、恩赦権（droit de grâce）の廃止（恩赦はすべての正義は国王より発するとの思想に基づくものであって、アンシャン・レジーム下において大きな役割を果したものであるが、刑の確実性を著しく減弱するものであるとの理由による）、罪刑法定主義の肯定（裁判官は立法者ではないとしてその裁量権の廃止を明示する）等である。

ベッカリーアの刑法思想が、古典主義刑法理論として光彩を放つのは、ルソーの社会契約論を踏まえた刑事権力を抑制する社会的功利に由来する。その点が、ベンサムの功利主義と異なる点である。それは次のようにいえる。

ベッカリーアは、ルソーの社会契約論を基礎にして、侵害者から各人の自由が確保されるための必要性によって最小限さしだされた自由の総和に刑罰権の基礎をおき、この基礎を逸脱する刑罰権行使を刑罰権の濫用であり不正であるとする。その論理的帰結として、犯罪の定立を他者の自由を侵害する行為のみに限定し、刑罰の正当性を犯罪抑止に足る最小限の必要性に基礎づけ、その目的を各人の自由確保を目標とする再犯防止と法律の事前告知による一般予防におき、刑罰の程度もその目的達成のために必要な最小限度に限界づける。これは「犯罪と刑罰の最小主義（罪刑最小主義）」と呼びうるものであり、後にフランス人権宣言に反映した[13]。要するに、ベッカリーアは、刑事権力介入の唯一の正当性を集団にとっての有用性すなわち社会的功利に求め、この功利主義によってそれまでの応報的贖罪思想と手を切ったのである。(14)

このように社会契約に刑罰権の基礎をおくことから、ベッカリーアの功利主義には社会契約論の演繹的帰結である「各人の自由の確保」を根幹とする罪刑の必要最小主義が貫徹されているのであって、この必要最小主義こそが、ベッカリーアの、したがって初期古典主義の客観的功利主義の本質をなすものであり、アンシャン・レジーム期において古典主義を斬新な自由主義刑法たらしめたものである。

第二款　人権宣言における古典主義刑法の樹立

一七八九年八月二六日、憲法制定議会（assemblée constituante）は、社会契約論の本質をなす自然権思想と一般意思論を基礎にして革命の精神と理念を結実させた人権宣言を可決した。この人権宣言において、政治的結合すなわち社会の目的は市民の自然権（自由、所有、安全および圧制に対する抵抗の権利）の保全であるとされ、その理論的帰結として、人民の総意（一般意思）の表明である法律だけが自然権を害する行為のみを犯罪としこれを禁止しうるとの刑法原理が確立された。換言すれば、ルソーの社会契約思想を背景に、ベッカリーアによって明示された罪刑最小主義を内容とする功利主義で形成された古典主義刑法原理が、人権宣言草案の集約過程を経て、革命フランスの普遍的刑事法原理として宣言されたのである。

右のことから、フランス初期古典主義が、「自由」と「安全」の各テーゼを、社会を構成する各人の自然権確保を目的とした「市民的保護」としてとらえていることが分かる。すなわち、その内容は、市民の享有する自然権を犯罪から守る「社会的安全」、および国家から不当に自然権を侵害されないという「市民的自由」である。このような「市民的保護」の観念は、「社会的安全」も他者の自然権侵害に限界づけられているので、それから離れた国家独自の安全を目的とする犯罪化および刑罰の定立、あるいは「社会的安全」を優先するために同胞たる市民の人間としての尊厳を不当に侵害するような刑事司法制度や行刑を追求するものではない。ここから、古典主義は、「自由」と「安全」のテーゼを、「自然権確保のための『市民的自由』と『社会的安全』を『市民的保護』へと統一するもの」であったといえる。

刑法の分野において、まずもって刑事権力に対する「市民的自由」の城砦となるのが罪刑法定主義である。罪刑法定主義に関していえば、そこでの「市民的自由」は、国家権力の恣意専断から自由が侵害されないこと、および適切な刑罰の賦科ということを主たる内容とする。適切な刑罰とは、古典主義においては、最小限の功利主義に導かれる犯罪の重大性に応じた刑罰を意味する（後述の新古典主義においては、正義の思想に導かれる道徳的責任（responsabilité morale）の程度に応じた刑罰を意味する）。その当然の帰結として、各人の自然権保護にとって「厳格かつ明白に必要な」犯罪と刑罰の法定化を内容とする実体的罪刑法定主義と、「何人も犯罪に先立って公布され、かつ適法に適用された法律によらなければ、処罰され得ない」ことを内容とする形式的罪刑法定主義とが一体となった人権宣言の意図する罪刑法定主義が導かれるのである[15]。すなわち、この最小主義に基づく罪刑法定主義は、立法者の刑事立法権力を自然権保護の枠内に限界づけ、刑事権力を恣意専断に走らせないものとなるのである。

しかしながら、古典主義の基盤であった社会契約思想は、主権原理のブルジョア化にともない、自然権思想および一般意思論を喪失していき、刑事法の基礎から社会契約思想自体が希薄化し消失していく。一七九一年刑法典は、絶対的法定刑主義と刑罰の緩和とにより、古典主義の「市民的保護」の原理を実践しようとしたが、その社会契約論の精神は、社会契約思想の衰退とともに、一八一〇年刑法典の威嚇的重罰主義的功利思想を通して変形していくことになる。

（1）　河野健二『フランス革命小史』（岩波書店、一九六九年）三八頁。
（2）　H.Donnedieu de Vabres, Traité élémentaire de droit criminel et de législation pénale comparée, 2e ed., 1943, pp.19 et 20.
（3）　柴田三千雄・横山紘一・福井憲彦編『世界歴史大系　フランス史　2』（山川出版社、一九九六年）三二〇頁。モンテスキューの同書の訳本としては、『法の精神（世界の大思想二三）』（根岸国孝訳・河出書房、一九七六年）を参照。

（4）柴田他編・前掲書三二一頁。

（5）Vabres, op.cit., p.20.

（6）Vabres, ibid., p.20.

（7）ルソー『社会契約』（桑原武夫・前川貞次郎訳・岩波書店、一九七八年）二九頁。本文のルソーの要旨については、ルソー・前掲書二八頁以下、柴田三千雄・横山紘一・福井憲彦編『世界歴史大系　フランス史2』（山川出版社、一九九六年）三二三―三二五頁による。

（8）Vabres , op.cit., p.21.

（9）Roger Merle et André Vitu , Ttaité de droit criminel, T 1, 5e ed., 1984, pp.106 et 107.

（10）ベッカリーア『犯罪と刑罰』（風早八十二・風早二葉訳・岩波書店、一九七五年）八五頁以下。

（11）Jaques Borricand , Droit pénal, 1973, p.28.

（12）Vabres , op.cit., p.22.

（13）ベッカリーア・前掲書二四―二六、八五―八六、八八、九四―九五、一八八―一八九頁。刑罰最小主義については、同二七頁の風早の注記（2）参照。ベッカリーアの理論について、沢登佳人「フランス革命と近代刑事法の理念」『近代刑事法の理念と現実』柏木千秋先生喜寿記念論文集（立花書房、一九九一年）一二頁参照。

（14）Michèle-Laure Rassat , Droit pénal, 1987, pp.21 et 22. なお、フランス刑法に最初に功利主義を導入したのは、ベンサムではなくベッカリーアである。

（15）沢登佳人「一七八九年人権宣言の罪刑法定主義は裁判官の罪刑専断防止を目的としていなかった・宣言の諸草案および議会審議録からの考察（第三部　結論）」法政理論一九巻二号（一九八九年）一一二頁以下参照。同論文の主旨は、罪刑法定主義はアンシャン・レジームの裁判官の罪刑専断を防止するために導かれた原理ではなく、ルソー流の一般意思論と自然権理念から必然的に導かれた原理であるというものである。

第三節　一七九一年刑法典

第一款　一七九一年刑法典の制定とその特徴

一七九一年刑法典は、人権宣言における刑法原理を指導理念とし、初期古典主義思想をかなり忠実に体現しようとした革命の所産としての刑法典である。(1)同法典の特徴は、アンシャン・レジーム下の残虐・過酷な苦しめの刑（施体刑）を中心とする刑罰制度を、自由刑を中心とする刑罰制度に代えて大幅に刑罰の緩和をはかったこと、および、罪刑法定主義の精神を直截に投影した絶対的法定刑制度、すなわち同一類型の犯罪に対して質的・量的に平等な刑を配する固定刑制度（régime des peines fixés・système de peines fixés）を創設したことにある。

同法典の成立過程の概要は、おおよそ次のとおりである。

革命を遂行する新しい時代のもっとも主要な事業は、諸制度の創設に際して、法定の原則（法定主義）を確立することであった。刑法における法定原則は、序論で示したとおり人権宣言第八条の罪刑法定主義の実現という形で一七九一年刑法典に結実した。同法典は、罪刑法定主義を宣言する規定こそ設けなかったが、具体的には固定刑制度という徹底した罪刑法定主義の形態を採用した。

刑事法については、革命の当初より活発に立法が行われた。憲法制定議会は、まず一七九一年に三つの法律を制定した。すなわち、一七九一年七月一九日—二二日の都市犯罪および軽罪に関する刑罰、裁判所、訴訟手続を規定した法律（Organisation d'une police municipale et d'une police correctionnelle）、一七九一年九月一六日—二九日の治安警察、重罪司法および陪審の設置に関するデクレ（Décret concernant la policede sûreté, la justice criminelle et l'établissement des jures. 以下、一七九一年刑事訴訟法と呼ぶ）、そして一七九一年九月二五日—一〇月六日に制定された刑法典（革命刑法典）である。この刑法典は、その刑法典という一般名称にもかかわらず、苦しめの刑または辱めの刑（加辱刑 peine infamante）に相当した犯罪、すなわち重罪に適用される刑罰を定めるものであった[2]。

これらの法律は、憲法制定議会における憲法・刑法起草合同委員会で審議され、若干の事項を除いてほぼ容易に一致を見た。議論が対立した事項は、陪審制度の設置、死刑の存廃、死刑の執行方法および恩赦権の存廃に関するものであった。

陪審制度については、重罪にのみ適用されるという制限がもうけられたが、起訴陪審（jury d'accusation）と判決陪審（jury d'jugement）の二陪審制として設置された。

死刑の廃止については曲折を経ている。合同委員会では廃止論が優位であったが、憲法制定議会では廃止反対論が勝利した。かくして、死刑存置を前提になされた一七九一年刑法典の審議過程では、初めは殺人、紙幣偽造、放火、毒殺、祖国の敵（反逆）および大臣の背任行為の六つの犯罪について死刑を残す方向で議論が進んでいたが、やがて草案の修正が進むにつれ、死刑の対象となる犯罪は増加し、最終的に三二の犯罪に死刑が定められた[3]。なお、かのロベスピエール（Maximilien Robespierre）も、権力を掌握する以前には死刑廃止論者であった。彼は、死刑が基本的に不正義であること、死刑は犯罪を予防するどころか犯罪を増加させることを主張した。その彼が広範囲に政敵や反革命分子を処刑し恐怖政治を現出せしめたことは、死刑が政治権力と刑事権力の一体化を象徴するものとなりうることを示す好例として興味深い。

死刑の執行方法の問題は、平等の問題として論じられた。すなわち、アンシャン・レジームにおいては、貴族に対しては斬首をもって、平民に対しては絞首刑をもって処刑したが、議会は貴族と平民との区別なく斬首を採用し、すべての死刑囚に平等をもたらした。

なお、死刑の執行については、世論を反映して一七八九年の請願書がもっとも苦痛の少ない方法を求めていたことから、刑法典は第二条に「死刑は生命の単純な喪失であって、受刑者に対していかなる拷問的責め苦も加えてはならない」との規定をおいた。斬首の執行官の経験不足などが不要な苦痛を与えているのではとの懸念から、司法大臣デュポール（Adrien Jean Francois Duport）が議会に働きかけ、一七九二年三月二〇日にギロチンが採用された[4]。

最後に、国王の権限に関わる恩赦については、それが刑罰制度に恣意をもたらすものであることから、議会はその存続に異義を唱え重罪について恩赦を廃止した。当時の厳格な権力分立原則のイデーからすれば、行政の関与を排除することは当然の帰結であったといえよう。

このような審議過程を経て制定された一七九一年刑法典の性格は、第一に、アンシャン・レジームにおける刑の過酷さや施体刑などの残虐さに対する極めて明瞭な反動により、第二に、裁判官の自由裁量の排除によって特徴づけられる。前者については、全般にわたる刑の極端な緩和および残虐な施体刑の廃止が行われた。後者については、自由裁量刑制度（régime des peines arbitraires）が廃止され、これに代わって固定刑制度が創設された。また、死刑は存続させられることになったが、固定刑制度の設置の帰結として終身刑が姿を消した。また、固定刑制度により、裁判官は量刑につき行為の諸事情および行為者の諸状態を考慮することがなくなり、単なる「刑の自動分配者（distributeur automatique de la peine）」として純粋に機械的役割を果たすだけのものとなった[5]。

以上から、一七九一年刑法典は、古典主義の刑法思想を全般的な刑の緩和、残虐刑の廃止、および固定刑制度を具現化することにより、「国家権力からの安全」をはかる自由主義刑法として、近代市民刑法の先駆的性格を有するものであったといえる。

第二款　罪刑法定主義における固定刑制度

革命刑法典である一七九一年刑法典は、人権宣言の罪刑法定主義を受け、もっとも厳格な意味での罪刑法定主義、すなわち固定刑制度を創設した。これは、前述のように自由主義を刑法において具現化しようとするものであり、刑法における「自由」と「安全」の命題に直結する制度であるので、以下この制度について具体的に検討する。

本章第一節で指摘したように、従来のわが国の通説的見解は、アンシャン・レジーム期における国王の権力に一体化していた裁判官の罪刑専断を封殺するもの、端的にいえば裁判官の恣意専断を許す刑罰制度に対する反動として、罪刑法定主義が人権宣言において樹立されたと理解していた。しかし、実際には、前述の如く、むしろ裁判官は当時の犯罪に対して重すぎる刑罰を、慣習法の枠内で衡平と正義にかなう刑罰へと軽減するために自由裁量権を行使していたのである。したがって、罪刑法定主義は、アンシャン・レジームの現実の刑罰制度に対する直接の反動として生まれたものではない。

では、人権宣言が宣言した罪刑法定主義が、革命刑法典においてなぜ固定刑制度という絶対的法定刑主義となったのであろうか。これは、人権宣言におけるルソー的社会契約と自然権思想、ベッカリーア的功利主義による犯罪と刑罰観、そして陪審制度との関わりの帰結と考えられる。

一　啓蒙思想における功利主義的犯罪観・刑罰観の帰結としての罪刑法定主義・固定刑制度

啓蒙の改革者たちの刑罰学（pénologie）は、本質的に功利主義的なものである(6)。それを端的に示すのがベッカリーアである。

ベッカリーアの功利主義的な「犯罪と刑罰」論は、本章第二節で示したように次のようなものである。犯罪は社会の平穏または社会の安全に対する損害であり（犯罪とすべきものは、厳格かつ明白にその禁止が必要な他者の自然権を侵害する社会的有害行為）、鎮圧を受ける根拠は将来の犯罪を防ぐことにあるのであって、かつそのことのみに存するのであって、道徳的あやまちにあるのではない（正義に根拠を有するものではない）。したがって、刑罰は、もはや正義の要請ではなく、したがって応報的理論によるものではなく、犯罪を予防するという社会的有用性にのみその根拠が求められる。すなわち、犯人を処罰することにより、彼が再び犯罪を行わないように思いとどまらせ、かつ他者に犯罪を思いとどまらせることこそが、刑罰の意義と目的なのである（特別予防・一般予防）。したがって、刑罰は、人間の精神に、もっとも効果的に、かつ持続する、犯人の身体に残虐でない印象を生むことができるものでなければならない。処罰がそのような効果を生ずるには、処罰が犯罪から生じる利益に勝ることで十分である。

このような社会契約論的功利主義に基づく犯罪と刑罰の観念は、必然的に、犯罪類型の細分化を導き犯罪防止に見合う刑罰を必要とする。その究極の形式が、刑期と刑種とをあらかじめ法律により固定して定めておき、刑の適用に際して裁判官がこれらを恣意的に変更することを防止する固定刑制度である。そして、犯罪と刑罰の詳細な目録を内容とするこの固定刑制度は、ベッカリーアあるいはそれ以上にルソーの思想よりもたらされたものといわれている。(7)

二　啓蒙思想における刑の平等性の帰結としての罪刑法定主義と固定刑制度

右に加え、さらに「法は、保護を与える場合でも、処罰を加える場合でも、すべての者に同一でなければならない」という人権宣言における公平な刑罰への要請が、裁判官の刑罰の裁量を排除するシステムに向かわせたといえる。前述のように、裁判官の裁量は、アンシャン・レジーム期において重罰を緩和する刑罰の宣告に有効に機能したのであるが、啓蒙的改革者たちは、そもそもそれが刑罰法規の不整備に起因した副次的効果であって、本来裁判官はそのような裁量を行うべきではないとの考えを有していたと思われる。ルイ・ミシェル・ルペルチェ（Lois-Michel Le Pelletier）は、次のようにいう。「判事の好みのままになるすべての恣意的な刑罰がわれわれの法典から追放されなければならないとしますならば、私どもは、判決後に修正される余地のある刑罰を、さらに一層注意深くわれわれの法典から遠ざけるでしょう。有罪の言渡を受けた者に刑を科する者、この者の意向に従って、その性質上あるいは加重され、あるいは減軽され得るような刑罰は、いかなるものであれ、それは本質的に悪しき刑罰であります。刑罰は、あくまでも法の公正さが作り出したものであるべきであって、判決を執行する者の厳格さあるいは寛大さが、刑罰をあるいは加重し、あるいは減軽するといったことは、あってはならないことであります。(8)」

刑罰の公平さには、不可避的に犯罪のニュアンスの問題が関わってくる。ルペルチェも認めているように、犯罪にはニュアンスがある。アンシャン・レジームにおいては、裁判官がそうした変化に富むニュアンスを汲み取り塩梅をしてきた。そして、革命は、裁判官からこの裁量権を剥奪することを、刑法典制定の最重要テーマとした。裁判官の裁量権を廃絶すれば、犯罪のニュアンスを汲み取る代替のシステムが必要になる。そこで、同一の犯罪に対する公平な刑罰の課題と裁判官による裁量の封殺の課題とを充足せしめる方策として、必然的に犯罪のニュアンスを反映することができるように犯罪類型を細分化し、裁判官に裁量の余地を与えない固定した刑罰を創設することが導かれた。

ルペルチェは、固定刑制度の創設に関して次のように述べている。「犯罪のニュアンスは、人相のニュアンスと同様に変化に富んでおります。甘んじなければならない最善のこと、それは、従来最も、頻繁に述べられてきた諸特徴、背徳性または社会秩序に対する危険によって最も際立っている諸特徴を、犯罪のなかに捉えることであるように思えました。(9)」むろん、これは容易な作業ではなく、完璧になすことはほぼ不可能であろうが、ルペルチェはその不断の努力を立法者の責務としたのである。犯罪のニュアンスを犯罪類型の中に取り込むことが可能であるとしたところに、革命刑法典の発想の特徴があるのであるが、その特徴故に固定刑制度はやがて挫折を余儀なくされることになる。

三　陪審裁判と固定刑制度

すでに、一七九一年九月一六日―一九日に、刑法典に先立ち刑事訴訟法が公布されていた。そして、同法は、イギリスの影響を強く受けて、陪審制度を導入していた。議会は、司法の民主化を陪審制度で実現しようとしたのである。この点について、沢登佳人教授は、陪審制度と罪刑法定主義＝固定刑制度の必然的関係を、次のように分析している。「啓蒙思想家達が事実認定を陪審に委ねようとした裏には、裁判官をして、単に陪審が認定した事実に形式的に法律を適用する機械にすぎないものたらしめようとする意図があった。(10)」「裁判官が、陪審員の認定した有罪事実（中略）に対して自動機械的に刑罰法規を適用しながら、しかも刑罰が犯罪の実情にかなりよく適合しえて、苛酷に過ぎたり甘過ぎたり、異なる犯罪に対する刑罰相互間の不均衡をもたらしたりしないためには、自由裁量による修正を予定して初めて合理的たりえた従来の放埒な犯罪刑罰体系を全面的に放棄し、最初から犯罪構成要件を技術的に許される限り細分化して、その中にかなりの程度まで犯罪の個別的ニュアンスを盛り込んだ上で、その各犯罪構成要件に相応してかなり個別化された各刑罰を、異なる犯罪構成要件に対応する刑罰相互の均衡を十分に注意しながら、裁量の余地なき固定した形で、明確に法定しなければならない(11)。」このように、沢登教授は、陪審制度に着眼して、固定刑制度の不可避性を指摘している。

この問題を、少し視点を変えて検討してみよう。

実は、証拠制度と刑罰制度は、革命に向かってその方向を、まったく逆の方向に向かわせていた。アンシャン・レジームにおいては証拠法は法定証拠制度であり、犯罪の証明には客観的な一定の証拠の存在を必要とした。すなわち、証拠についての解釈の裁量を裁判官は有していなかった。これに対して、刑罰については、先程来述べているように、厳しすぎる刑罰に対する刑の緩和による適正化のために自然法と慣習法の範囲で自由裁量が許されていた。

しかし、法定証拠制度は、一六世紀から一七世紀にかけて次第に廃れていき、一八世紀には法定証拠制度の「十分な証明（probatio pena）」の要求は、「様々な抜け道により迂回され、それとともに裁判官は自分の心証（intime）と主観的確信を尊重する(12)」ようになった。それとは逆に、裁判官の刑の裁量の原則（le principe de l'arbitraire des peines）は、刑の平等を推奨する刑法の啓蒙的改革者たちにより問題とされ、ついに固定刑制度へといたるのである。すなわち、刑罰制度については、裁判官は法律の定める刑の機械的な適用にとどまり、反対に証拠制度については、自由裁量を得たのである。こうして、証拠の原則と刑の法則の原則とが入れ替わったのである(13)。そして、革命が導入した陪審制度は、陪審員の自由心証主義をその生命とするものであるから、法定証拠制度と本質的に相容れないものである(14)。

要するに、すでにアンシャン・レジームの終盤には法定証拠制度は崩壊し、裁判官の自由心証的裁量が行われていたのであるが、証拠におけるこの裁判官の自由心証主義を排除するのが陪審制度であり、犯罪類型の解釈および量刑における裁判官の自由裁量を排除するのが固定刑制度であった。とりわけ重罪事件に関して、革命刑事法の象徴的な陪審制度と固定刑制度は、刑事手続と刑法の分野から徹底して裁判官の裁量権を排除しようとするものであったことが明瞭に窺える。議会が「市民的自由」の保護のために裁判官から裁量権を徹底的に奪うことを追求する以上、この二つの制度は不可決のものであったといえる。換言すれば、裁量権の剥奪による裁判官の刑事司法権力の封じ込めがなされたのである。むろん、この裁量の徹底的排除は、刑事司法権力の恣意専断の可能性・危険性の排除を目的としている。

四　一般意思による自然権保護としての罪刑法定主義と固定刑制度

革命の推進者たちは、なぜこのように裁判官の恣意ではなく弾力的な裁量までかたくなに拒否し、排除しようとしたのであろうか。それが、固定刑制度に関する最後の疑問となる。

社会契約に基づく市民社会が法律を国民の総意（一般意思）の表明とする以上、司法権に対する立法権の優位は当然である（したがって、司法権が法律の合憲性を判定する違憲審査権は当然のごとく認められない）。しかしこの立法権の優位も、一般意思である法律により自然権の確保・保護を実現することに由来するのであるから、この立法権ですら自然権の保護を権利として享有する国民の総意に沿うものでなければならない。少なくとも、国民の総意に反する法律を制定することは許されない。そして、国民の総意たる法律（刑法）で定められた犯罪と刑罰は刑事司法において裁判官の裁量により変動されるべきものではない、というのが一般意思論の純粋な帰結といえよう。したがって、裁判官の裁量の介在をまったく認めない固定刑制度が、極端ではあるが一般意思論から導かれる純理的なモデルであるということは間違いないであろう。

以上を概括すると、次のようにいえる。

革命議会の最大の課題は、司法権と一体化していた執行権を国民の統制下におくことにあった。一般意思論は、法律の優位を理論づけ、法定主義を権威ある原則にした。革命が人権宣言に描いた新しい国民主権国家は、法定主義で構築すべく構想された。政治権力（執行権）は、国民の総意である法律で律するというものである。刑事権力については、刑事司法権力による法律の侵襲を防止することがとりわけ大きな課題であった。

しかし、このように自然権思想と一般意思論により国民主権国家を描いたものの、革命的市民社会においてもアンシャン・レジームの時代の上級裁判官たちを直ちに放逐することはできず、したがって重罪に関する刑事裁判が市民の権利の重大な侵害に直接作用するという強い懸念と警戒感があった。一般意思の表明たる法律により刑事司法権力を自然権保護の枠内に限界づけるにしても、それは徹底したものでなければならない。それ故に、国民の総意の担い手である立法者は、窮屈すぎる固定刑という「法定のコルセット（corset de légalité）[15]」を、刑事司法権力の担い手である裁判官にはめた。固定刑制度は、その意味で一般意思論の究極の帰結であると解しうる。

また裁判における事実認定および量刑に関して、裁判官による法律の侵襲を防止するには、裁判官の裁量の余地を完全に廃絶する必要があった。陪審制度と固定刑制度がその任務を担った。これらの制度は、刑事司法権力の担い手である裁判官もまた総意の源である「国民」の統制下に直接おくものである。

かくして、刑事司法権力による法律の侵襲を防止するために裁判官の裁量権の完全廃絶が不可欠とされ、それを担う制度として、刑事手続の領域で陪審制度に、そして刑法の領域で固定刑制度に結実したのである。そうした見地からは、一般意思の下におかれた刑事司法権力の担い手である裁判官は、市民の享有する自然権保護のためにもはやいかなる裁量もなすべきでない、というのが革命の追求すべき裁判官像であったといえるであろう。

（1）一七九一年刑法典草案について、沢登佳人校閲・藤尾彰訳「フランス一七九一年刑法典草案に関するルペルチェ報告」法制理論一八巻四号（一九八六年）、また同法典の邦訳として、内田博文・中村義孝共訳「資料フランス一七九一年刑法典」立命館法学九六号（一七九一年）がある。同刑法典の内容と性格については、桜木澄和「初期市民刑法における自由と人権の諸規定」（高柳・藤田編『資本主義法の形成と展開』１資本主義と営業の自由、東京大学出版会、一九七二年）、中村義孝「啓蒙時代と犯罪類型」立命館法学九二号（一九七〇年）、内田博文「フランス革命と刑法」愛媛法学六巻（一九七三年）、江口三角「フランス刑法小史」愛媛大学紀要第四部社会科学三巻一号（一九五六年）、同『三部会の陳情書における刑法思想』愛媛法学五巻（一九七三年）がある。
（2）J. Ortolan, Eléments de droit pénal, T.1, 4e ed., 1875, p.70. G. Stefani et G. Levasseur, Droit penal général, 9e ed., 1973, p.73.
（3）ジャン・アンベール『死刑制度の歴史』（吉原達也・波多野敏共訳・白水社、一九九七年）七五頁。
（4）ジャン・アンベール・前掲書七五—七六頁。
（5）George Vidal, Cours de droit criminel et de scince pénitentiaire, 3e ed., 1906, p.23.
（6）Jean-Marie Carbasse , introduction historique au droit pénal, 1990, p.307.
（7）H.Donnedieu de Vabres, Traité élémentaire de droit criminel et de législation pénal comparée, 2e ed., 1947 p.27.
（8）沢登佳人校閲・藤尾彰訳「フランス一七九一年刑法典草案に関するルペルチェ報告」法政理論一八巻四号（一九八六年）六一—一六二頁。
（9）沢登校閲・藤尾訳・前掲「フランス一七九一年刑法典草案に関するルペルチェ報告」一六一頁。
（10）沢登佳人「フランス革命と近代刑事法の理念」『近代刑事法の理念と現実—フランス革命二〇〇年を契機として』柏木千秋先生喜寿記念論文集（立花書房、一九九一年）一四頁。
（11）沢登佳人「一七八九年人権宣言の罪刑法定主義は裁判官の罪刑専断を目的としていなかった・宣言の諸草案および議会審議録からの考察（第一部本論）」法政理論一八巻四号（一九八六年）六五—六六頁。
（12）Carbasse, op.cit., p.183.
（13）Carbasse, ibid., 183.
（14）沢登佳人・前掲「フランス革命と近代刑事法の理念」一三頁。
（15）Roger Merle et André Vit, Traité de droit criminel, T.I, 5e ed.1984, p.106.

第二章　一八一〇年刑法典

第一節　一七九一年刑法典の挫折

刑罰の大幅な緩和と固定刑制度（système de peines fixés）は「市民的自由」の古典主義的な発露であるが、とりわけ固定刑制度は、古典主義の裁判官自由裁量排除の思想と人間の自由観および責任イデーとの演繹的結合として、「市民的自由」の精神の極端な高揚を象徴するものであった。一七九一年刑法典は、この固定刑制度を権力分立の徹底化による裁判官の法律解釈禁止の帰結とし、これをもって裁判官をもっぱら「刑の自動分配人」たらしめるとともに、アンシャン・レジーム期に強く信奉された刑罰の「威嚇の価値」を過大評価せず適正な範囲で制限する機能を営ませることによって[1]、刑法の自由主義化を貫徹しようとした。

しかし、この革命刑法典は、純粋に刑法の客観化をはかり、刑事司法権力（とくに裁判官の自由裁量権）による人権侵害を根絶しようとすることに極端でありすぎたために、主として三つの原因により現実を大きく踏み外す結果となった。

その第一の原因は、固定刑制度自体にあった。なぜなら、固定刑制度は、結果的に邪悪ともいうべき平等主義を不可避的に生み出し、それがために刑の個別化を不可能にし犠牲にしなければならなかったからである[2]。

こうした固定刑制度は、同法典の立法技術の未成熟に起因するところの多くの解釈を要する曖昧な犯罪規定に馴染まなかったばかりでなく、自らを支える古典主義の自由観とそれに基づく量的観念をもたない責任イデーによって破綻への道を余儀なくされた。さらに、恩赦権の廃止が固定刑制度の破綻を促進した。恩赦権の廃止により、有罪判決を受けた被告人は、たとえ刑法典に定められた刑が行為事情や犯情に照らして苛酷にすぎても、それに服するほかなかった。このように、行政の恣意の排除を目的とする恩赦権の廃止は、結果的に、固定刑制度の不都合を一層増大させたのである。(3) その結果、後に述べるように、固定刑制度は、陪審員の反発によって、裁判官の裁量に対する強力な反動の精神を貫徹することがやがて困難になっていった。

第二の原因は、アンシャン・レジーム下の刑と比較して極端な刑の緩和は、本質的に鎮圧および予防の効果を弱めるものと考えられたことにある。折しも革命の動揺による混乱期にあり、革命の全期間中、略奪の集団が徘徊し犯罪が多発したのであるが、(4) このことが革命刑法典に対する破産宣告につながっていくのである。

第三の原因は、一七九一年刑法典が導入した自由刑に対応する施設が欠如したこと、そして固定刑制度が犯罪者の責任まで固定していたということにある。具体的にいえば、次のようなことである。まず、固定刑制度は、この時代の立法者の人間観・犯罪者観が反映したものともいえる。当時の立法者は、一定の犯罪行為と結びつく犯罪者を、抽象的かつ一般化された類型的な合理的・理性的人間として把握していた。この合理的性質ということが、犯罪者の身体に苦痛を与える刑罰よりも自由を剥奪する刑罰が適しているとの考えを導き、(5) 自由刑の本格化への道をたどるのであるが、しかし当時はそれに対応するに必要な刑事施設がほとんど存在しなかった。そして、そのことが自由刑の導入を始めた一七九一年刑法典の失敗の一つであると指摘されている。(6) さらに、このような画一的類型的な犯罪者観は、同一犯罪を実行した者に対して同一責任の推定をもたらし、したがって同一の刑罰の賦課を妥当とし、また、犯罪者の特性を考慮することなく、同一の刑罰が同一犯罪の行為者に同一の懲治的改善効果を生ぜしめるとの確信をもたらし、(7) 裁判官の裁量を封殺する目的の下で抵抗感を抱かせることなく固定刑制度の設置に結びついたといえる。

やがて、固定刑制度は犯罪の鎮圧に関して機能不全を起こす。それは皮肉なことに、前述したように裁判官の裁量権を徹底的に排除する上で固定刑制度と不可分の関係にあった陪審制に起因するものであり、固定刑制度はまさしく陪審員によって破綻に追い込まれていった。すなわち、右に見た立法者の独断的犯罪者観は決して一般市民の意識に合致するものではなく、その齟齬は市民たる陪審員の評決に端的にあらわれたのである。判決陪審の任務は、もっぱら犯罪事実の存否および犯罪事実が存在する場合の犯罪者の有責性（culpabilité）についての判定に限定されており、適用条項に関する判断は、裁判官の専権に属するものであった。かくして、固定刑制度は定められた犯罪類型に適用すべき刑を実定法上より、また陪審制度は犯罪事実および有罪性の判断について裁判上より、裁判官の自由裁量を不能ならしめようとするものである。その意味では、裁判官の自由裁量を能く防止するものであったが、立法者たちが思いもかけなかった結果を招来することになった。先の立法者の独断的な類型的画一的犯罪者観に反して、市民である陪審員の犯罪者観はより現実的であり、より本質的な人間観察に基づくものであった。すなわち、彼等は同種の犯罪を実行した犯罪者も各人によってそれぞれその責任に差異があること、刑罰はその責任の程度に応じて量定すべきであること、そしてそれこそが正義であることを看取していたのである。その点では、まさに陪審員は立法者よりも適切な良識を備えていたといえよう。そして、このような犯罪と犯罪者の諸事情による責任との関係に基づく罪刑の均衡こそが正義であるとの意識は、陪審員に被告人と刑との関係についての考慮をなさしめることになり、その結果、陪審員がかの犯罪に対してかの刑罰（固定刑）は重すぎて過酷であると判断するとき、陪審は宥恕事由（fait excusable）を宣言した。けれども、法定の宥恕事由が存在しないときは、陪審はその義務を無視し、社会に重大な損害が生じていても、また被告人が真の犯人であるとの確信があっても、無罪の評決を下すようになった。こうして、固定刑制度は、人間の行為における無限の可変性を固定的な料金表（tarif fixé）で非難するというその不合理から、(8) いたずらに不処罰の原因となり、結果的に革命刑法典の適正な処罰による犯罪の鎮圧、および、かかる鎮圧を通しての一般予防という古典主義的功利主義の精神に背戻するものとなったのである。

こうした不都合を生ぜしめた固定刑制度は、形式的には一八一〇年刑法典により廃止されるまで存続したが、実質的にはそれ以前の立法における軽減事情（circonstances atténuantes）の展開により放棄される方向をたどることになる。そして後に、一八一〇刑法典は固定刑制度を死刑・無期刑等の一部を除き廃止するが、革命の所産である罪刑法定主義を放棄することなく、刑の上限と下限を設ける相対的法定刑の制度を採用し、部分的な適用範囲をもつ軽減事情の制度を創設するにいたる。

これを、啓蒙的古典主義との関係で要約すれば次のようにいえる。

古典主義は、人間を理性と善悪の弁別能力を備えた本来的に自由な存在として措定し、さらに犯罪者について、自由意思を悪しく行使することを故意に選択した社会契約に対する自覚的な違反者であると定義して、自由意思を中核概念とする応報原理（帰責原理）に責任を基礎づけた。しかしながら、人間の自由の観念が革命の伝統である平等主義の神秘性に支配され、同一類型の犯罪について人間は同じ程度に責任の量をもつものであり、かつ、刑罰の効果も同一であるとの平均的・均一的・画一的な人間観と刑罰観とを生成した。これに加えて、古典主義は、罪刑の均衡の基準を、犯罪行為のもたらす社会的損害においた。この古典主義の刑法思想を基礎とする革命刑法典は、犯罪者の動機などの主観面を斟酌することを裁判官の恣意専断につながるものと解し、犯罪と刑罰を「法定のコルセット」に押し込んで客観化することを最優先の課題としたため、犯罪者の主観面の考察を徹底して法の外に締め出してしまった。このように、古典主義的刑法観は固定刑制度という「法定のコルセット」を創出したのであるが、そのコルセットは窮屈にすぎて古典主義の理念とする体型に合わなかった。

右のような人間観および責任観念がリアリズムを欠くものであることを最初に看取したのは、無教養であるがより本質的な人間観をもった重罪裁判所の陪審員であった。彼等は、人間の責任が同一でないことを容易に見抜いたものの、「道徳的責任（responsabilité moral）の程度に応じた刑の公定価格」を採用する権限がなかったことから、犯罪に不釣り合いと判断する刑罰をともなう有罪の評決を回避し、「社会の秩序よりも個人の自由を配慮したのである。[1]」比喩的にいえば、自然権保護の目的を超えた刑罰（固定刑）が、市民の良識を反映する陪審制度を通して拒絶されたといえよう。こうして、一七九一年刑法典は、固定刑制度が同一責任イデーの破綻により陪審員に無罪評決を頻発せしめることによって、現実との乖離を紛れのないものにしていくのである。

結局、一七九一年刑法典の不成功は、アンシャン・レジーム期に比しての刑の大幅な緩和による鎮圧の無力化への強い懸念と、緩和したはずの固定刑制度から生じた陪審の無罪評決濫用による現実の鎮圧の無力さとに起因するものであった。かくして、同刑法典は、「市民的自由」と「社会的安全」を一応人権宣言的な「市民的保護」に統一しようとするものであったが、陪審制度を通して責任を超える刑罰を回避すべく、かえって犯人を無罪にする悪弊をもたらした。そこに「犯罪の鎮圧」の瓦解が始まり、犯罪から市民の自然権の安全を守る「社会的安全」を犠牲にするという歪が生じたといえる。刑事権力に対する「市民的自由」の保障を堅牢にしようとするあまり極端に走り、その結果、「市民的自由」と「社会的安全」との対抗的様相を浮かび上がらせてしまったといえる。それ故、その後の法改正がたどる軽減事情による固定刑制度の緩和と刑罰の強化は、「市民的自由」と「社会的安全」との対抗的歪を、後者に重心を傾けながら是正しようとするものであった。

（1）Georges Vidal, Cours de droit criminel et de science pénitentiaire, 3e ed., 1906, p.23. M.Frejaville et J-C.Soyer, Manuel de droit criminel, 1960, p.45.
（2）固定刑制度は、裁判官の裁量を封殺し、かつ刑の威嚇の価値を固定する利点を持つが、反面、不正義でその上に効果がないという不都合を生ぜしめる。その不都合の原因は、犯罪者の有罪性（culpabilite）およびその改善のチャンスに基づいて刑を決定することを許さないことにある。Frejaville et Soyer, ibid., p.45.
（3）Vidal, op.cit., p.23.
（4）Jacques Borricand, Droit pénal, 1973, p.28. H.Donnedieu de Vabres, Traité élémentaire de droit criminel et de législation pénal commparée, 2e ed., 1947, p.24.
（5）江口三角「フランス刑法小史」愛媛大学紀要第四部社会科学三巻一号（一九五八年）四二―四三頁。
（6）Vabres, op.cit., 24.
（7）江口・前掲四二頁。
（8）Jean-Marie Carbasse, introduction historique au droit pénal, 1990, p.332.
（9）Michèle-Laure Rassat, Droit pénal, 1987, p.28.

第二節　一八一〇年刑法典（ナポレオン刑法典）

第一款　ナポレオンの独裁

対外的には戦争、国内では王党派の反乱、恐怖政治に対する強い不安等々、一八世紀末葉のフランスは国家的危機を迎えていた。総裁政府は、もはやフランスを自律的国家として維持する能力を喪失していた。振興エリートたちは、平和と安定のある体制を希求した。改憲による強力な政府づくりを主張していたシエイエス（Sieyes）が、一七九九年五月一六日に総裁の一人に選出されていた。軍部支援によるクーデタを考えたシエイエスと国民から強い期待を寄せられていたナポレオン・ボナパルトとの間でクーデタの謀議が成立し、ナポレオンは軍事力を行使して新憲法を制定するまでの間議会を休会させ、その間の行政を担う機関として三人の臨時統領（consuls ナポレオン、シエイエスおよびデュコ）により構成される臨時政府をつくった。ここに、フランス革命はその幕を閉じた。しかし、その後のフランスは、共和制ではなく、ナポレオンの独裁を生み出した。革命の終わりは、軍事政権による帝政の始まりであった。そして、第一帝政は、極めて権威主義的で独裁的体制であった(1)。

臨時政府の下で、一七九九年一二月一三日に、新しい憲法が制定された（共和暦八年霜月二二日憲法）。同憲法は、法案提案権を第一統領だけに帰属させただけでなく、立法府諸議会（第一統領が名簿からメンバーを人選する法案作成機関のコンセイユ・デタ（Conseil d'État）、法案を審議・批判する護民院、前両者の意見を聞き審議なしで投票する立法院）のいずれにも重要な権限を与えなかった。行政府も第一統領だけが決定権を有する独裁的構造で、他の二人の統領には諮問的権限だけを認めるにすぎなかった。デュヴェルジェ（Duverger）によれば、「ボナパルトによって作られた憲法は、またボナパルトのために作られた憲法(2)」だったのである。この憲法は、国民の信任投票で圧倒的多数により承認された。

その後、ナポレオンは、国民の人気を背景に、一〇年の任期を一〇年延長する改正を行った（共和暦一〇年熱月一六日憲法＝一八〇二年八月四日憲法）。さらに、ナポレオンは終身統領となるための憲法改正を果したが、彼の権力への野望は果てしなく、ついに第一統領の終身独裁性を世襲君主制に変えるべく憲法を改正させた（共和暦一二年花月二八日憲法＝一八〇四年五月一八日憲法）。ここに、ナポレオン・ボナパルトは世襲制度の初代皇帝となった。

第二款　一八一〇年刑法典の特徴

革命の極度な無秩序の後、全般的に法体系の技術的な再編成が必要となり、その一環として権威主義的なナポレオン帝政下で刑法の全面改正が行われた。この時期は、革命の混乱から脱していたもののなお革命に対する反動が強く尾を引いており、またブルジョア国家体制がいまだその基盤を揺るぎないものとして確立していなかったために、新しい刑法典は、革命の寛容と自由の精神とを後退させて、犯罪統制のための強力な刑事政策の遂行を断行した。前述のように、啓蒙思想をその精神的母体とする一七九一年刑法典は、極端と考えられた刑の緩和、悪しき平等性、そしてその結果として無罪の濫用をもたらした固定刑制度のために、社会的秩序の保全の実践面において破綻的危機に直面するにいたった。したがって、一八一〇年刑法典にいたるまでの立法の特徴は、法定原則を維持しながら、「社会的安全」の見地から鎮圧を強化することを主眼とするものであった。

一八一〇年刑法典の起草者は、まず、一七九一年刑法典を制定した憲法制定議会が人間をかくあるものとしてではなく、かくあるべきものとしたことを過ちであると指摘し、そのような人間観や犯罪者観の是正を不可欠なものとした。したがって、犯罪者を刑罰で改善（amélioration）できるとすることは、単に希望であり、もはや幻想にすぎないとされた。そして、刑罰は犯罪者の改善を目的とするものではなく、刑罰の唯一の目的は他者の犯罪を予防する社会的効用（社会的功利utilité sociale）にあると考えられた。社会の維持は不可欠であるから、これを脅かす犯罪に対して速効性のある治療方法を処方すべきであり、刑の正当性はまさしくその必要性にあるのであって、犯人を苦しめることが目的ではない。そして、犯罪と刑罰を予告することが、この犯罪の予防に重要性を有するものとされたのである。(3) すなわち、犯罪に対して厳格な刑罰を科すことを予告することにより、犯罪の予防効果を期待するのである。そこで、有用なる理論として用いられたのがベンサム（Bentham）の功利思想であり、その帰結は身体刑の復活に象徴される犯罪抑圧のための手法を強化することであった。(4)

こうして新しい法典の起草者たちは、革命の遺産の幾つかを維持しつつも、同時にナポレオン帝政下のブルジョア社会の治安をはかるために犯罪抑圧の強化を押し進めた。罪刑法定主義（「市民的自由」の保障）を維持しながらも、全般的に刑罰を引上げて重罰化を遂行し、また新たな犯罪を創設し、さらに苛酷な身体刑を復活することにより威嚇による犯罪予防効果を高めること（「社会的安全」の強化）が、彼等の使命であった。こうした背景の下に制定された一八一〇年刑法典は、重罪の数を ・五倍に増加するなど犯罪化の網を広げる(5)とともに重罰化と刑の厳酷化をはかり、アンシャン・レジームの過酷さと革命刑法典の自由主義との間に、妥協的・中間的な折衷的制度を構築するものであった。

より具体的にいえば、同法典は次の三つの性格を明示する。まず第一は、革命の基本原理を確認するものであって、法定原則すなわち罪刑法定主義と（重罪・軽罪・違警罪の新たな名称を付与しての）犯罪三分類法とを維持し、自由刑をさらに拡大してこれを刑の中心にしたこと、第二は、古法への回帰を示すものであって、身体刑の復活および加重事情に象徴される全般的な重罰化をはかったこと、第三は法定原則の形態を修正したことである。後二者について、少し具体的に述べておく。まず、一八一〇年刑法典をもっとも特徴づけるものは、重罰化・厳罰化である。それは、同刑法典にいたる過程ですでに始まっていた。先に憲法制定会議で廃止されていた財産の全部没収（confiscation générale）が、一七九二年七月二九日および九月二日の法律によって復活したことに、その端緒を見ることができる。一八一〇年刑法典は、この全部没収を継承した。さらに重罰化・刑の厳酷化については、おおよそ次のものがあげられる。まず、死刑の適用対象が、放火や通貨偽造にまで拡大された。尊属殺人に対しては、斬首の前に右手首の切断を行った。また、終身刑が復活し、民事死（公権剥奪 mort civile）、烙印、鉄の首枷（carcan）による晒し等の刑がもうけられた[6]。さらに、国家の安全を脅かす陰謀・侵害を通報しなかった行為を懲役（réclusion）に処す規定ももうけられた[7]。

なお、重罰化・刑の厳酷化とは逆に、国家の安全を促進するものとして、免責宥恕（excuse absolutoire 絶対的免刑宥恕）がもうけられた。これは、国家の安全に対する侵害または通貨偽造の重罪に加担した者が、共犯者を教えた場合に、刑が免除されるというもっぱら政策的目的によるものであった。

次に、一八一〇年刑法典は、罪刑法定主義の形態について、すでに破綻していた固定刑制度を廃止し、原則として刑の上限と下限を定める相対的法定刑の制度を導入した[8]。「刑の自動分配人」たる裁判官を廃し、裁判官を古い伝統に則した知性的で責任を負うことのできる裁判官に復帰せしめたのである。ただし、もっとも重大な重罪については、死刑または終身徒刑（travaux forces pérpetuité）を定めて固定刑を維持した[9]。この刑については、いかなる刑の軽減もできなかった（こうした重罰化は、かつての固定刑制度の下で生じた逸脱を再び生ぜしめた。陪審が、非常に重すぎると考える刑を避けるために、頻繁に無罪の評決を下したのである[10]）。このように、ナポレオン刑法典は、犯罪の抑圧に非常に熱心であったため、法定刑の上限を超える加重事情（circonstances aggravantes）を多数規定した。しかし反対に、刑の軽減にはほとんど熱心ではなかった。法定刑の下限を下回る刑の軽減についても軽減宥恕（excuse atténuante）を、また部分的に軽減事情を定めたが、前者の適用はほとんど稀有であり、後者も被害額が二五フランを超えない軽罪に限定されて適用されるものであったので[11]、ほとんど実践的意味を欠くものであったといえよう。

結局、一八一〇年刑法典は、犯罪の抑圧に重きをおいたが、古典主義刑法と同様に、犯罪者そのものを考察しなかった。すなわち、いろいろな動機により動かされ、そして人格を有する血肉を備えた人間としてではなく、抽象的人間として考察されたのである。それ故、犯罪だけが考察され犯罪者に対する考察がみられず、責任は行為時について評価された。換言すれば、同刑法典は、犯罪者より犯罪を裁くことに重心をおいていた。犯罪の場所、時間、用いられた方法、関与者の数、被害の性質、生じた損害の程度等は定められたが、行為者の悔悟は考察の対象とならず、時間は犯罪が行われたときに停止した。つまり、責任の個別化の配慮がほとんどなされなかったのである。また、ナポレオン刑法典は、法律的構成においても極めて不完全なものであった。一つには、制裁の規定を犯罪総則の前においていること、また一つには、過失、錯誤、緊急避難等について総則的規定が整備されていなかったことである　心神喪失および強制は重罪と軽罪だけにこれを定め（したがって、違警罪については判例がこれを担った）、正当防衛と誘発による宥恕は殺人と殴打・傷害に限定されていた[12]。

様々な欠陥を抱え込みながらも、しかし一八一〇年刑法典は、古典主義的自由主義（罪刑法定主義による「市民的自由」の保障）の維持と断固たる犯罪の抑圧（犯罪化の拡大・重罰化・刑の厳酷化による「社会的安全」）という、革命の精神とアンシャン・レジームの精神との折衷主義が高く評価され、諸外国の刑事立法にも大きな影響を与えた[13]。

第三款　一八一〇年刑法典の功利主義と一七九一年刑法典の功利主義との相違

一八一〇年刑法典は、刑の厳酷化・重罰化および新たな犯罪の創設を除けば、おおむね革命によりもたらされた改正に忠実である[14]、あるいは一七九一年刑法典の精神を継承発展させるものといわれているが[15]、両法典を貫く功利主義思想は犯罪予防ということでは同じであっても、その手法についてのイデーの内容自体が極めて異質である。その違いは、また、「市民的自由」と「社会的安全」の関係においても異質の様相となるので、以下、この点について検討する。

一七九一年刑法典の母体である初期古典主義の刑法原理と対比するとき、一八一〇年刑法典の最大の特徴は、ベンサムの功利論をその思想的基盤に据えたところの、威嚇主義を基調とする重罰主義・厳罰主義に見出すことができる。同刑法典の刑法原理は、この重罰主義を理論的に基礎づけるために、なによりもまず初期古典主義の母体である自然権思想の演繹的帰結すなわち「罪刑最小主義」を、重罰政策の障害物として駆逐しなければならなかった。そこで、最小主義に貫かれたベッカリーア（Beccaria）の功利主義思想を放擲し、その理論的根拠をベンサムの「快楽と苦痛の法則」と「最大多数の最大幸福」とに基づく功利思想にすげ替え、刑罰権の基礎を、社会契約を基礎とする功利・効用から、その基礎を喪失した威嚇的な功利・効用におきかえた。こうして、同法典の刑法原理は、人権宣言における「罪刑最小主義」から犯罪と刑罰を解き放ち、犯罪化の拡大および重罰・厳罰政策を可能としたのである。

ところで、人権宣言において「市民的保護」に統一されていた「社会的安全」は、社会契約・自然権思想の基礎を喪失し、「市民的自由」に対抗する「社会的安全」の様相を色濃く呈し、さらにナポレオン帝権によるブルジョア国家体制の権威主義的強化と擁護とによって「国家的安全」の性格をも有するにいたる。いずれにせよ、一八一〇年刑法典における刑罰権は、「社会的安全」に資する刑罰の強力な威嚇を内容とする犯罪予防の功利・効用に直接基礎づくものとなる。

かくして、自然権思想の必然的帰結であった罪刑最小主義という刑事権力に対する抑制装置を失った功利主義は、威嚇主義を基調とする一般予防思想と緊密に結びつき、「社会的安全」の守護神の剣と化すことによって、古典主義の「市民的保護のための市民的自由と社会的安全」の原理を解体した。ここに、「社会的安全」が「市民的自由」を凌駕優越するものとして現出することになるのである。

右にみたように、ベッカリーアの功利主義と一八一〇年刑法典のベンサム的功利主義とはまったくその本質を異にするものであり、同法典の重罰に基づく威嚇主義的一般予防が、自由主義刑法を標榜する古典主義における功利主義の必然的帰結として考えてはならない。それは、古典主義の功利主義の精神に背戻するところの、功利主義そのものの変質に求められなければならない。それはまた、罪刑法定主義、一定の重罪に対する固定刑の維持、犯罪の三分類法、自由刑の導入等の形式面ではともかくとして、思想的には革命が宣言した自然権思想に立脚した刑法原理の明瞭な転換でもある。換言すれば、革命の精神の真髄を刑法思想から放逐した点で、そしてその意味においてナポレオン刑法典は真の意味で革命の精神を継承したものとは到底いえないのである。それ故、次に登場する新古典学派は、古典主義刑法原理そのものに対する批判の学理としてよりも、自然権思想という謙抑的抑制装置を欠如した一八一〇年刑法典の威嚇主義的功利主義を、正義の思想をもって批判・是正し、もって「市民的自由」を回復せしめようとする学理として登場するのである。この学派は、先取りしてその特徴の一つをいうならば、「罪刑最小主義」を導く自然権思想に代えて、新たに正義と功利の思想を罪刑の抑制原理とするものであった。

（1）柴田三千雄・横山紘一・福井憲彦『世界歴史大系　フランス史 2』（山川出版社、一九九六年）四〇二頁、モーリス・デュヴェルジェ『フランス憲法史』（時本義昭訳・みすず書房、一九九五年）七三頁。シエイエスについては、フランソア・フュレ・オズーフ『フランス革命辞典1』（河野健二・坂上孝・富永茂樹監訳・みすず書房、一九九五年）参照。
（2）柴田三千雄・横山紘一・福井憲彦・前掲書四〇二頁。モーリス・デュヴェルジェ・前掲『フランス憲法史』七三頁。
（3）Jean-Marie Carbasse , introduction historique au droit pénal, 1990, p.331.
（4）Carbasse, ibid., p.331.
（5）Michèle-Laure Rassat , Droit pénal, 1987, p.28.
（6）R.Garraud, Précis de droit criminel, 6e ed., 1898, p.44.
（7）H.Donnedieu de Varbres, Traité élémentaire de droit criminel et de législation pénale comparée, 2e ed., 1947, p.25.
（8）Rassat, op.cit., pp.29 a 32. Marc Ancel, La défense sociale (que sais-je), 1985, p.11.
（9）Carbasse, op.cit., p.332.
（10）G.Stefani, G.Levasseur, B.Bouloc, Droit pénal général, 12e ed., 1984, p.112. G・ステファニ・G・ルヴァスール・B・ブーロック『フランス刑事法［刑法総論］』（澤登俊雄・澤登佳人・新倉修訳・成文堂、一九八一年）二七頁。
（11）Vabres, op.cit., p.25.
（12）Jean Pradel, Droit pénal général, 11e ed., 1996, p.112.
（13）Vabres, op.cit., p.26.
（14）Stefani et Levasseur, Droit pénal générale, 9e ed., 1976, p.75. 前掲『フランス刑事法［刑法総論］』三六頁。
（15）江口三角「フランス刑法小史」愛媛大学紀要第四部社会科学三巻一号（一九五六年）五〇—五一頁。

第三章　新古典主義刑法学

ナポレオン帝政の崩壊後、フランスは、一八一四年にルイ一八世（Lois XVIII）の即位による第一次王政復古（Premier Restauration）、ナポレオンの百日天下（les Cent Joures）、ルイ一八世の復位による第二次王政復古、さらに一八三〇年の七月革命（Révolution de juillet）、そして七月王政（Monarchie de juillet）への道をたどり、旧支配階級にあった貴族たちの念願であった王政復古が実現する。(1)

この歴史のうねりは、刑法の領域にも大きな影響を与えた。反王政権力・反貴族権力強化に対する革命であった一八三〇年の七月革命を迎えると、自由主義が復活し、刑法思想にも新たな動向が生じて、刑法の発展に著しい影響を及ぼしたのである。この思想の動向は一八一〇年刑法典の「精神と字義」を修正するものであった。(2)

この新しい思想は、クーザン（Cousin）の刑法哲学を基礎として、重罰主義が政治権力と社会的功利との一体化から生ずるとしてこれを批判したギゾー（Guizot）に始まり、新古典主義刑法の理論化に礎石を築いたロッシ（Rossi）を、さらに偉大な新古典主義者と呼ばれたオルトラン（Ortolan）を得て、新古典学派（École néo-classique）と呼ばれる学派を形成し、一八三〇年代に新古典主義（Néo-classicisme）を確立した。この新古典主義刑法は、実証学派が台頭する一九世紀末葉までのフランス刑法学を支配した刑法学理である。(3)さらに、現代のフランスに新々古典主義刑法学をもたらす学理でもあるので、今日においてもフランス刑法学史において極めて重要な地位を占める学派といえる。

新古典主義は、「正義でなければ有用（功利）ではない（Pas puls qu'il n'est juste, pas puls qu'il n'est utile）」「処罰は正義でなければ功利（有用）ではない」（Punir ni plus qu'il n'est Juste, ni plus qu'il n'est utile）」との標語に見られるように、正義で功利を是正する正義と功利の折衷的刑罰論にその本質的特徴を有するものである。それ故に、新古典学派は、偉大な折衷主義（éclectisme）あるいは折衷学派（École éclетique）とも呼ばれている。そして、同学派は、この折衷的刑罰論を実践する理論として、犯罪者の責任の量を計測する新しい有責性（culpabilité）の概念を導き出した。そこで、以下第六章までの四章にわたり、新古典主義の折衷的刑罰論の形成と構造、責任理論の構造、責任と刑罰との関係を検討することにする。

（1）フランス革命後の近代社会を、「後天性原理」（革命後社会を財産所有や業績など後天的に獲得しうる資質を秩序原理とする）と「先天性原理」（支配的契機を含む法的特権の世襲化すなわち先天的な生まれを秩序原理とする）との対抗関係とし、一八一四年から一八五二年までを詳細に分析するものとして、小田中直樹『フランス近代社会』（木鐸社、一九九五年）参照。

（2）H. Donnedieu de Vabres, Traité élémentaire de droit criminel et de législation pénale comparée, 2e ed., 1964, pp.19 et 20. 七月革命および七月王政については、小田中・前掲書一四三頁以下、柴田三千雄・横山紘一・福井憲彦編『フランス史2』（山川出版社、一九九六年）四六三頁以下参照。

（3）王政復古の時に始まり七月王政の下で展開された新古典主義は、ギゾーの著書Traité de la peine de Mort en matière politique (1822)（『死刑と政治犯』）が一般にこの新しい学派の始まりとされている。この論文については、江口三角「ボワソナードと政治犯」岡山大学法学会雑誌二八巻三号、四号（一九七九年）がある。わが国の新古典学派の全体的な研究として、江口三角「フランス刑法学における犯罪論の体系（一）」岡山大学法学会雑誌三一巻四号（一九八二年）、同「フランス新古典学派の刑法思想」團藤重光博士古稀祝賀論文集一巻（有斐閣、一九八三年）、同「オルトランの刑法学」『変動期の刑事法学上巻』森下忠先生古稀祝賀（成文堂、一九九五年）の他、拙稿「フランス刑法における新旧両派の相剋」『近代刑事法の理念と現実—フランス革命二〇〇年を契機として—』柏木千秋先生喜寿記念論文集（立花書房、一九九一年）がある。

第一節　新古典主義の刑法学

第一款　帝政以降の学理の動向

新古典主義刑法学の基礎を形成する学理の動向として、まず取り上げなければならないのは、イマヌエル・カント（Immanuel Kant）の観念論哲学（philosophie spiritualiste）である。カントの主要な著作活動は、一七八〇年代であったが、フランスにおいては、一九世紀の初期にいたるまで刑法上では顧みられることがなかった(1)。

カントの刑罰思想の中心を占めるのは、いうまでもなく絶対的正義の学理（doctorine de la jusices absolue）である。それは、以下のように要約することができる。犯罪よって侵害された道徳秩序は、回復されなければならない。正義とは、この道徳秩序の回復である。そして、犯罪によって惹起された悪しき結果は、犯罪者に対し、苦痛を加えることによってしか償われない。刑罰とは、この苦痛のことである。したがって、刑罰とは犯罪によって侵害された道徳秩序を回復し、正義を実現するものである(2)。ここに、刑罰はそれ自体が目的であるという「刑罰の自己目的性」が主張される。その帰結として、カントは刑罰の一切の功利的価値を否定する。また、人格主義により、人格を他者のみせしめの道具として利用することを否定する。そして、国家の義務は犯罪に対する償いを確実なものにすることであると主張する。かくして、刑罰が侵害された道徳秩序を回復し正義を実現することのみを目的とする以上、犯罪が発生したときには、国家は必ず犯罪者を処罰しなければならないという必罰主義が刑法思想の前面にあらわれる。

刑罰権の基礎をこのような道徳法における正義に求めるカントの思想は、刑罰権から一切の功利的性格を排除するものであるのみならず、結果的に国家に刑罰権をもって道徳の領域にまで秩序の統制を行う絶対的権限の所有を認めるものである。それは、国家の刑罰権を不当に拡大するものとして、後に新古典学派から厳しい批判を浴びることになる(3)。

カントの絶対的正義の思想は、フランスにおいては、一八一五年に始まる王政復古の時代に、当時もっとも著名な思想家といわれたジョセフ・ド・メストル（Joseph de Maistre）の神学の教義と結びつき、宗教的・神学的な展開をみた。それは、おおよそ次のようなものである。

主権者は、神の付託によってのみその権限を行使し、正義を遂行するものである。換言すれば、主権者が刑罰を行使し刑罰的正義を実現するのは、神の付託の結果としてであり、その意味で主権者は地上における神の道具である。犯罪とはすなわち道徳的罪過であり、刑罰は罪過ある者に科せられる償いである。したがって、この罪過ある者に対して、神より付託された刑罰的正義を実現しなければならない。犯罪者は、かかる罪過を犯したという理由で処罰されるのである。たとえ自然の力の戯れによって、無実の者が処断されることがあったとしても、彼は過去になんらかの罪過を犯したことがあり、そのために処罰を受けたのである。さらに、かかる罪過は一代に限定されるものではなく、ある世代の罪過が次の世代に継承されうるものである。かくして、罪過なき世代にも、刑罰という正義が下されることになる。(4) まさに、贖罪の、しかも世代を超えた贖罪の思想と刑罰を結びつけるものであった。

このような犯罪観および刑罰観の下では、ドヌデュード・ヴァーブル（Donnedieu de Vabres）も指摘するように、刑罰は社会的道徳に対する侵害よりも、むしろ個人的かつ宗教的な道徳に対する侵害を構成する行為に適用されるべきものとなる。(5) メストルのかかる宗教的・神学的な絶対的正義の思想は、結局、神の名を借りた露骨な処罰欲求を表現したものといえるであろう。(6)

ところで、カントとメストルの学説はともに功利的刑罰に対する絶対的否定という点で一致し、形の上ではともに一八一〇年刑法典の威嚇主義に基づく功利主義を排撃するものであった。しかしながら、カントが観念論哲学者であり個人主義者であったのに対して、メストルを支配したのは権威主義的・独裁的精神であった点で、両者の思想の本質は根本的に異なるものであった。(7) フランス刑法における絶対的正義の思想に対する批判は、むろんカントの思想に対するものであったが、メストルの思想に端的にあらわれた宗教的・神学的処罰をもたらす危険性を有するものとして、カントの思想は非難されたといえる。

絶対的正義の学説は、立法にさほどの影響を与えなかった。わずかに、シャルル一〇世（Charles X）の統治下（一八二四—一八三〇年）で、聖涜禁止法（loi du sacrilège）やジャーナリストに対する封印状（lettres de cachet）のような若干のものが、メストルの影響を表現したものといわれているにすぎない。(8) しかしながら、カントの学説は、一八一〇年刑法典の威嚇主義に基づく厳罰主義的功利主義を是正する学理として、新古典学派の形成に極めて大きな影響をもたらすものであった。

一方、カントやメストルの思想とは無縁に、裁判においては、市民の正義の意識・感覚が、陪審制度を通じて、一八一〇年刑法典の厳罰・重罰に対する反動としてすでに表明されていた。それは、前にも触れたように、固定刑制度の下でみられたのと同様の現象である。起訴陪審員も判決陪審員も、被告人が重罪を犯したことについて有罪であると確信しても、法定刑の下限が非難される行為に比してなお重いと考えるとき、重罪に対する軽減事情の適用がないため、訴追の理由があるか、また有罪かの問に対して「ノン」の評決を頻発していた。一八〇八年の治罪法典(Code d'instruction criminelle)は、刑に関する考慮を裁判官の権限に委ねて、判決陪審員が有罪と評決しうるときには刑にこだわることを禁止したのであるが、それにもかかわらず陪審員はあえて無罪評決を下した。この現象は、革命に対する再度の反動期である王政復古の時代に顕著にあらわれた。

第二款　新古典主義の成立

政治変革は刑事法の改革に影響を及ぼす。とりわけフランスでは、それが歴史的に顕著に見られる。ナポレオン独裁政権の崩壊も、やはり新たな刑事法への模索の時代の到来を意味するものであった。もっとも、ナポレオン政権が崩壊して、フランスは王政復古の時代に入るが、革命刑法典の犯罪鎮圧の無力さに対する反動が尾を引いていたため、一八三〇年の七月王政まで、一八一〇年刑法典に対する重要な修正は行われなかった。

社会風俗が緩和され、自由思想が再び復活するにいたるのは一八三〇年である。この時代、刑事法改革の課題は、革命によって獲得した遺産を伝統として継承していく使命を担いながら、革命刑法典の失敗とナポレオン刑法典の重罰・厳罰による威嚇主義とを克服して、そこに新しい刑事法を展開することであった。こうした時代の要請の下で、刑罰権の基礎および刑罰の目的があらためて検討された。

その時代において、優勢を占めた意見は、もっぱら観念論的な正義の実現でもなく、またもっぱら権威主義的・威嚇主義的な功利主義による社会防衛でもない。それは、正義(justice)と功利(utilité 有用性)の思想をもって、罪刑を均衡のとれたものに制御しようとする折衷の意見であった(9)。また、威嚇主義によるみせしめの価値は、比較法の「光」により疑われるようになり(10)、その結果、功利性は、犯罪者とその仲間（犯罪傾向者）に向けられる威嚇のみではなく、道徳的見地における犯罪者の改善にもまた存在するものとして認識されるにいたった。それは、革命時代の楽観的で平面的・画一的な人間観の下に考えられたものとは異なるものである。ここに、犯罪者の改善の思想が、ようやく正面から認識されるにいたり、特別予防の見地に基礎を与えたのである。こうして、威嚇主義は、正義の思想と功利思想に対する視野の広がりとによって、威嚇的予防一辺倒の功利思想から離脱することになった。

　したがって、正義と功利の折衷が立法にもたらした影響は、単に一般的な刑の緩和および犯罪化の範囲の縮小（非犯罪化）にとどまらず、行刑的改善という新たな分野に及ぶものであった。すなわち、この行刑的改善は立法議会（Assemblée législative）の主要な案件となり、行刑学派（École pénitentiaire）の登場とともに、その成果の如何はともかくとして、一九世紀中頃より、犯罪者の改善と更生に関する諸立法として結実するのである。

（1）H.Donnedieu de Vabres, Traité élémentaire de droit criminel et de législation pénale comparée, 2e ed., 1964, p.26. Jacques Borricand, Droit pénal, 1973, p.29.
（2）Vabres, ibid., p.26.
（3）たとえば、ヴィダルは、「処罰に唯一の基礎として正義を与えるとき、人は道徳と法とを混同し、社会的権限を良心の領域にまで立ち入らせ、反道徳的悪および宗教的罪を（犯罪として）もうけることを正当化して自由を侵害するので」危険であると批判する。Georges Vidal, Cours de droit criminel et de science pénitenciaire, 3e ed., 1906, p.60.
（4）Vabres, op.cit., pp.27 et 28.
（5）Vabres, ibid., p.27.
（6）ボリカンは、メストルのこのような思想には償いのサディズムが存在すると批判する。Borricand, op.cit., p.29.
（7）Vabres.op.cit., pp.27 et 28.
（8）Borricand, op.cit., p.29.
（9）G.Stefani et G.Levasseur, Droit pénal général, 9e ed.1976, p.77. G・ステファニ・G・ルヴァスール・B・ブーロック著『フランス刑事

法〔刑法総論〕』（澤登俊雄・澤登佳人・新倉修訳・成文堂、一九八一年）三七頁。
(10) Stefani et Levasseur, ibid., p.77.

第二節　新古典学派の折衷的刑罰観

新古典学派は、クーザンの哲学を基礎にギゾーに始まり、ブログリー（Broglie）、ロッシ、ジュフロワ（Jouffroy）、ルカ（Lucas）らを経て、一九世紀の中期にいたり、オルトランにより理論的体系化が基礎づけられ、一九世期の後期にガロー（Garraud）を得て確立したといえる。偉大な折衷主義といわれた新古典主義を理解するためには、彼等がどのような形で正義と功利との折衷を試みたのかを知る必要がある。ここでは、クーザン、ギゾーおよびロッシの学説を見ておくことにする[1]。

クーザンは、次のように述べている。「秩序の第一の法は、徳（vertue）すなわち正義に忠実なことである。しかし、人がそれに従わないとき、秩序の第二の法がかかる罪過（faute）を償わしめる。その場合、人は処罰を受けることによってしか、罪過を償うことができない。著述家たちはさらに刑罰の基礎を探究する。大いなる政策を信奉する者は、刑罰がその威嚇による恐怖とその予防効果（vertu préventive）とによって犯罪を退ける刑罰の功利性の中に、その根拠を見出す。それが刑罰の効果であることは、まさしく事実である。しかし、それは刑罰の根拠となる基礎ではない。なぜなら、罪なき者を処断するときも、刑罰はまた同じくらいのあるいはそれ以上の恐怖を生み、かつ予防的でもあるからだ。また、ある者は、刑罰を受ける者にみられる功利（効用）にだけ、すなわちその改善効果（vertu corrective）にだけ、刑罰の正当性をみようとする。ここでも、それが刑罰の可能な効果の一つであることは真実である。しかし、やはりそれは刑罰の基礎ではない。なぜならば、刑罰が改善を行うためには、刑罰はまずもって正義として承認される必要があるからである。正義、それこそが刑罰の基礎となるものである。個人的および社会的功利性はその結果でしかない。すべての不正義な行為について、人は、行為者が罪過を犯したと考えかつそうとしか考えない、すなわち彼が刑罰を受けるべきであると考えかつそうとしか考えない。そのことは、争えない事実である。知性において刑罰のイデーと結びついたこの不正義のイデーにより、不正義がこの社会の領域に生じたとき、それに値する処罰が社会によって科せられなければならない。社会は、処罰すべきときにかぎって、処罰することができるのである。この権利は、ここでは義務、すなわらもっとも厳格な義務、もっとも明白な義務、そしてもっとも神聖な義務以外を源泉とするものではない。さもなくば、この要求される権利は権力のそれでしかない。すなわち、かような権力による権利がたとえ受刑者を道徳的利益の方向に導くとしても、また人々に対する有益なみせしめになるとしても、それは耐え難い不正義である。刑罰が予防もしくは改善効果を有するがために、刑罰は正義なのではない。しかし、刑罰は功利的であり、改善の手段であり、また予防手段である。なぜならば、刑罰は正義だからである。この刑罰理論は、著述家たちを分裂させている二つの理論（正義の理論と功利の理論）の虚偽性、そしてその不完全かつ排他的な性格を明らかにし、その二つの理論に中心と正当な根拠を与えるものである。[2]」

　功利性は、刑罰を正義たらしめるものではなく、また刑罰の基礎となるものでもない。しかし、刑罰が正義である以上、刑罰は当然にして功利的である。したがって、刑罰権の真の基礎は正義であり、刑罰の功利性（効用）は刑罰が正義であることの結果にすぎない。これが、クーリンの見解の趣旨である。

　次に、ギゾーの見解は、おおよそ以下のようなものである。この地上では、人間に対する処罰は、犯罪に関する場合にしか権利を持たない。いかなる公のあるいは特別の利益も、法律が処罰しないのに、社会が危険を予防するというだけの理由で、社会に刑罰を所有することを認めない。このことを是認した上でならば、社会的利益もまた犯罪と処罰の決定に関与する理由（motif）である。社会的利益は、第二のものである。社会は、罪がありかつ有害であり、同時にまた法律によって罰せられるべき性質をもつすべてのものを、禁止し処罰する権利を有する。道徳的犯罪性（criminalite morale）、社会的危険性（peril social）および刑罰の効果（eficacité pénale）が、刑事裁判＝刑事的正義

(jusutice criminelle) の三つの条件である。ここに、法的正義 (justice légale) の樹立する真の場所がある。そして、社会が刑罰権を行使するためには、単に社会が自分で道徳的に罪のある行為と認めるだけでは不十分であり、社会の存立を脅かしその平穏を紊乱するもの、すなわち社会秩序を侵害する罪過 (faute) および罪 (crime) だけを処罰し、すべての罪過を無差別に処罰しないことが必要である[3]。

新古典学派の第一の使命は、単に正義と功利を調和させることではなく、そこに社会刑罰権の基礎を学理として確立することであった。

刑罰は、正義でなければならない。しかし、ここでの正義は、論者によってその意味するところを異にするように思われる。クーザンの正義は、道徳的正義と一体か、もしくは一体となりうるものであった。その点で、正義に刑罰権の基礎をおく理論である。これに対して、ギゾーは、法的正義の概念を導き出して道徳的正義と一線を画し、この法的正義を新古典主義の折衷システムの正義として位置づけようとした。クーザンは、社会的功利を刑罰権の基礎でないといい、ギゾーは第二の基礎であると示唆する。この点について、フランク (AD. Franck) は、社会的利益（功利）は事実であって権利ではないと断じて、ギゾーの示す折衷のシステムを「権利と事実との、そして道徳的理想と政治的理性との妥協でしかない。すなわち、対抗する二つの原理が一致させられているというよりも、むしろ中和され弱められた中間的正義のシステム (système de justice milleu) である[4]」と批判した。

しかし、この中間的正義のシステムは、政治権力または道徳的思想によって、刑罰が過度に苛酷なものに、また重罰的なものにならないように抑制するものである。このギゾーの見解を足掛かりに、新古典主義はより理論的で実際的な学理の形成を目指していくのである。そこで、次に、一八二九年に *Traité de droit pénal* を著し、新古典主義を世に普及させたロッシの見解をみてみよう。

ロッシの主張は、おおよそ次のような内容である。

人は道徳的存在である。理性と自由という義務の前提能力に基づいて、人は果たすべき義務をもっている。この義務により自己の行為について責任を負うので、人は行為が善なるときには褒賞（mérite）を、悪なるときは不名誉を取得する。また、人は単に道徳的存在であるだけでなく、社会的存在でもある。社会は、人間の生存と安寧に必要な条件である以上に、人間の特性である。そして、この社会性は、道徳性に必要不可欠なものである。なぜなら、社会の外にあっては、人は義務の意識も感覚もさらにまた義務を遂行するいかなる方法ももちえないので、社会の外では道徳はその存在をやめてしまうからである。したがって、社会は、人間の本性とともに、その義務によって生ずるものである。社会で生存すること、社会秩序が基盤をおくところの諸法律を遵守することは、人間にとって他のすべての義務と同様に厳格な義務である。社会の安全を脅かすことにより、あるいは社会のある構成員の個人的権利を侵害することによって、社会秩序を擾乱する者、または社会が個人に保障しなければならない安全と自由を妨げる者は、この義務を怠る者である。彼はまさしく悪を為したのであり、彼は自分の犯した悪について道徳的秩序に直接背いた人間と同じくらい罪がある。道徳秩序が人間にとって実現可能である社会状態であるならば、道徳秩序と同じ原則、同じ法則が社会秩序にも適用される。すなわち、道徳的秩序のもっとも絶対的な法理の一つであるところの、善は善をもって悪は悪をもって報われるという「応報」の原則が、社会秩序においても適用される（人間社会に適用される道徳法の正義を社会的正義と呼ぶ）。したがって、処罰は二つの見地より考えることができる。すなわち、道徳的秩序ないし絶対的正義の見地と、社会秩序ないし相対的正義（justice relative）の見地からである。前者については、人間の能力でこれを完全に把握することはできない。なぜなら、それは単に処罰のみを内容とするものではなく、害悪からの完全な回復、罪ある者の完全な復聖をも内容とするものだからである。しかし、それを社会秩序の範囲に取り入れ、そこで処罰を償いの手段とするとともに、同時に鎮圧・予防の手段として考えるならば、処罰は単に可能であるばかりか完全に正当である。なぜなら、社会の保全に協力すること、あるいは社会の防衛に必要なすべてのこと、あるいはまた人が社会を攻撃したときそれに相応する苦痛を科すこと、それを社会が人に強いることなくして人は社会の中で生存することが到底かなわないからである。すなわち、人に対する社会のこの権利は、社会の存在にとって、必要にして欠くべからざる条件なのである。したがって、社会は他の諸種の権利と同様に、刑罰権を獲得するのである。刑罰権は、社会秩序および社会の他の権利と同様に、まったく正当である。その権利は、それらと同様に、人間に課せられた道徳法である。人間の正義（justice humaine）は、この世界において引力が物体を軌道に固定させる物理システムの法則であるのと同じく、自然法則（loi naturelle）であり、道徳システムの一要素である。(5)

ロッシの見解を約めればこういうことになる。人間は、道徳的存在であると同時に社会的存在でもあるから、道徳法の正義の原理（応報の原理）が社会においても適応される。道徳法の正義が社会で適用される場合、それは社会的正義（justice sociale）となる。他方、人間の生存に不可欠な社会は、自己保全・自己防衛（社会防衛）の権利を有するが故に犯罪行為に対し刑罰権を有するが、処罰は正義のこの応報による償いだけではなく、社会保全・防衛の効用が備わることによって完全に正当なものになる。したがって、社会的正義は功利を欠くところにとどまらなければならないとする。つまり、ロッシは刑罰権の正当根拠を正義に求め、功利をその刑罰権の範囲を限定する原理として位置づけた。(6)ロッシは、このような論理で、刑罰権の基礎に社会的正義と社会的功利（効用）の理論づけを試みたのである。

こうしてみると、新古典主義形成初期における考えは、正義に重心をおいた折衷説といえるであろう。真の折衷主義といわれるには、オルトランの出現を待たなければならなかった。

（1）　この三人の折衷に関する見解に関して原典に当たることができなかったので、AD.Franck, Philosophie de droit pénal, 1899. の叙述による。ロッシの見解については、江口三角「フランス刑法学における犯罪論の体系（一）」岡山大学法学会雑誌三一巻四号（一九八二年）三九七―四〇〇頁、同「フランス新古典学派の刑法思想」團藤重光博士古稀祝賀論文集一巻（有斐閣、一九八三年）六八―七二頁に詳しい。
（2）　Franck, ibid., pp.56 et 57.
（3）　Franck, ibid., pp.59 et 60.
（4）　Franck, ibid., p.60.

（5）　Franck, ibid., pp.75 à 77.

（6）　江口・前掲「フランス新古典学派の刑法思想」六八頁。

第三節　刑罰権の基礎に関する諸学説

新古典主義において、刑罰論こそが新古典主義の「新」古典主義たる所以である。とくに、刑罰権の基礎（正当化根拠）と刑罰の程度（量定）にその特徴を見出すことができる。

新古典主義刑法学の代表的理論家であるオルトラン（Ortolan）は、刑罰論の一般的構造に関して、歴史上の問題（problème d'histoire）、権利上の問題（problème d'droit）および有用（功利・利益）上の問題（probleme d'utilite）に分析し、これらを比較的詳細に論じている。

まず、歴史上の問題とは、私的復讐として発生した刑罰がやがて権力者の公的復讐へ変遷していく歴史的事実の問題のことである。しかし、この歴史的事実をもって、社会が権利として正当に刑罰権をもつことにはならない。なぜなら、事実は権利と異なるからである。次に、権利上の問題とは、処罰が最大多数の人々が一個人に対して実施するところの威力の濫用でないといいうるものか、もっとも権勢を有する者が非力な弱者に対して加えるところの暴虐でないといいうるものか、現世の権力よりもはるかに上位を占める神の賞罰権を略奪したものでないといいうるものか、一個の権利に基づくものであるか等を、すなわち処罰権の基礎を論考するものである。最後に、有用性の問題とは、実際上および法律上において現に科すべき刑はいかなる目的で執行されなければならないか、その執行においていかなる効果を得るべきかを論考するものである。オルトランは、これまでの刑法の原理論が混乱していたのは、この三つの問題が混同されていたことに起因すると指摘した[1]。第二と第三の問題が、その内容から刑罰権の正当な根拠すなわち刑罰権の基礎に関する論題と考えられる。

いうまでもなく、新古典主義は刑罰権の基礎をもっとも重視する。なぜなら、ガロー（Garraud）も指摘するように、刑罰権の根拠は、犯罪類型の定立（犯罪化 incrimination）および刑の真の目的を与えうるものであり、また社会刑罰権に必要な条件および社会刑罰権の限界を、さらに刑の有すべき性質をも律するものだからである[2]。なお、新古典主義刑法学の理論的完成者ともいえるガローは、刑罰権に関し、オルトランよりも明快に、「社会は刑罰権を有するか」「刑罰権を有するとすればその根拠はなにか」という二つの問題はともすれば混同されがちであるが、これらは明らかに異なるものであるとして両者を区別する。そして、前者は後者に比してさして重要でないと指摘し、その理由を「すべての人が、社会に、社会の存立と維持を阻害する一定の行為を処罰する権限を認めることに同意しているからである[3]」と説明している。端的にいえば、歴史的な学派の刑罰論における学説上の対立は、まさしくこの刑罰権の基礎をめぐり展開された側面を有するといってよい。新古典学派は、後述するように、刑罰権に精緻な理論的裏づけを試みたその最初の学派であるといえよう。

ところで、一八世紀から一九世紀の初頭にかけての刑罰権に関する学説を列挙するならば、おおよそ次の諸説があげられる。復讐説、社会契約説、賠償説、社会防衛説、功利説（利益説・効用説）、絶対的正義説（応報説）、正義と功利の折衷説等々である[4]。以下、本節では、社会契約説（théorie du contrat social）、社会防衛説（théorie du droit de conservation ou de légitime défense sociale 社会保存説）、功利説（théorie de l'utilité 利益説・有用説・効用説）、絶対的正義説（théorie de la justice absolue ou de la rémunération 応報説）を順次みていく。

第一款　社会契約説

社会契約の思想は、刑罰権に関して次のような説を展開した。ベルトールは、社会契約説を二つに分類して、次のように説明する。「其第一説に云く　初め各人自然の状態即ち不成社会の状態に在りしときは人々百般の攻撃に付き自ら防禦すべきの全権ありたるも其後協議結約し社会を成立し己れが権を以て社会権に託し　層自身を保護し闘争を避けんと欲し而して社会権の救援を待つべからざる危急の場合においてのみ直接に自ら防禦すべきの権を保有したりと　其第二説に云く　社会権の創立するは各人他人に対し保有する権の集合よりする者に非ず　其共同合併より受く可き所の利益と交換せし権に基づくなり　而して各人は社会の保護を受けるを以て其法律を犯すに於ては社会権に罰せらるべきを承諾したりと見做すべし(5)」と。

すなわち、第一説は、刑罰権の基礎を社会に付託された個々人の防衛権の集合体に求めるものであり、第二説は、自由権の一部放棄と社会による保護の利益との交換の権利をもって刑罰権の基礎とする。しかし、いずれの社会契約説に対しても、新古典学派の論者は批判を浴びせた。その批判は、歴史的観点からのものと、理論的観点からのものとに分けられる。

歴史的観点からは、次のように社会契約の存在自体が否定される。社会契約の基本的イデーは、社会成立の初めにおいて、人々が約束を結び、さらに子々孫々にいたるまでこの約束が黙諾されてきたことに社会権発生を基礎づけるものである。刑罰権もこの社会権の一種とされる。しかし、多数人の間に成立した合意が権利を発生させるものであっても、そもそも人間が相集まって社会をつくり社会に生活するのは約束をなした上でのことではなく、社会にあらねば生存していけないからであって、人はもとより社会に在る在らざるの自由を有するものではない。事実、かかる社会契約は、歴史的にも、また人々の伝承の中にさえも、その存在を窺わせるなんらの痕跡も見出すことはできず、また人間の本性にも背戻するものであって、まったく架空の設定の上に成立しており、歴史的真実に反するものである(6)。

社会契約説に対する理論的批判は、より意味がある。ガローも指摘するように、歴史的観点からの批判は単に社会契約が社会および刑罰権の歴史的原因でないことを示すだけであって、それが最も正しい形のものでないことを証明するものではない(7)。社会契約説に対する批判は、実質的な社会契約説のシステムそれ自体に向けられなければならない。ガローは、社会契約説を次のように批判する。

まず、第一説は、個人の防禦権の集合によって社会刑罰権を基礎づけようとするものであるが、これに対しては、個人の防禦の原則と刑罰の原則とを混同するものであるとの批判がなされている。第二説は、自己の権利の一部を割愛し、他の権利の享受に対して社会の保護を受けることに刑罰権の基礎をおくものであるが、これに対しては、人は何故に約束によって生命身体を殺傷することを承諾する権利をもつのかという批判が向けられている。その概要は、以下のようなものである。人間の約束は、すべての権利について、なんら差別もなく、またなんらの制限もなく、これを発生消滅させることはできない。それができるのは、ただ人が随意に処分することのできる権利および財産についてだけである。したがって、もし社会契約を刑罰権の基礎とするならば、社会は死刑のみならず人が自己の意思に基づいて処分することのできない権利を剥奪する刑を放棄せざるをえず、究極的には処罰は罰金および没収の範囲に限定されてしまう[(8)]。また、生命自体を毀損するような刑を社会契約によって認めようとするならば、社会の始まりにおいて結ばれた契約は万人がすべてこれに同意したものでなければならないが、そのような状態はいかにしても想定しがたい。そして、ガローは、社会契約説の誤りを、刑罰権に一般意思（volonté commune）以外の他の根拠を与えなかったことにあると指摘する[(9)]。

なお、この生と死の権利について、ルソー（Rousseau）は著書『社会契約論』の中ですでに次のような主張を用意している。「社会契約は、契約当事者の保存を目的とする。目的を欲する者はまた手段をも欲する。そして、これらの手段はいくらかの危険、さらには若干の損害と切りはなしては考えられない。他人の犠牲において自分の生命を保存しようとする人は、必要な場合には、また他人のためにその生命を投げ出さなければならない。さて、市民は、法によって危険に身をさらすことを求められたとき、その危険についてもはや云々することはできない。そして統治者が市民に向かって『おまえの死ぬことが国家に役立つのだ』というとき、市民は死なねばならぬ。なぜなら、この条件によってのみ彼は今日まで安全に生きてきたのであり、また彼の生命はたんに自然の恵みだけではもはやなく、国家からの条件つきの贈り物なのだから。犯罪人に課せられる死刑もほとんど同じ観点の下に考察されうる。刺客の犠牲にならないためにこそ、われわれは刺客になった場合には死刑になることを承諾しているのだ。（中略）さらに、社会的権利を侵害する悪人は、すべて、その犯罪ゆえに、祖国への反逆者、裏切者となるのだ。彼は法を犯すことによって、祖国の一員であることをやめ、さらに祖国に対して戦争をすることにさえなる。だから国家の保存と彼の保存とは、両立し得ないものとなる。二つのうち一つが、滅びなければならない(10)。」

右に見たように、刑罰権に関する社会契約説はかなり表層的レベルでの批判を受けているが、それは、社会契約論の精神の真髄である自然権思想に対する視点を欠いていることに起因していると思われる。社会は、社会自身のために刑罰権をもちこれを行使するのではない。ルソーの『社会契約論』は、あくまでも社会の構成員である市民の自然権を保護することを目的として社会に刑罰権を認めているのである。人権宣言は、「個人的自由」と「社会的安全」とを自然権思想と一般意思論で統一した「市民的保護」に刑事権力の根拠と制限の基礎を与えた。端的にいえば、人権宣言の「市民的保護」は、ルソーよりもさらにその理論を純化し、刑事権力最小主義に到達している。これに対して、刑罰権に関する社会契約説は、刑罰権の基礎に自然権を欠き、刑事権力最小主義を欠如している。ルソーにおいては、どうであろうか。なお、ルソーの社会契約論が刑事権力最小主義に到達するものであるとするならば、彼の死刑肯定論がそれに一致するものかを検討するためにも、死刑という刑罰は興味深い問題である。

若干の私見を述べれば、人は自己の自然権（生命、自由、財産、圧制に対する抵抗）を享有する。他者の自然権を害しない限り、制裁を受けることはない。では、他者の自然権たとえば生命を剥奪した者は、社会契約からその生命を剥奪することを承諾しているとして、その承諾に基づきその者の生命を剥奪することができるのだろうか。ルソーは、法を犯す犯罪者は社会を攻撃する者であるから、社会の保存のために滅ぶべきだとして死刑を肯定する。しかし、このように単純に社会の優位性を主張する論理のみでは、生命の毀損に対する契約の対象は処分権のあるものに限られるとの批判に十分に応えているとはいえない。なぜなら、死刑という刑罰がなければ社会が滅びる、という具体的な論拠が示されていないからである。それどころか、今日、死刑を廃止した国が犯罪の前に滅びた事実はないし、また死刑廃止国がすべて死刑を復活した事実もない。この問題については、犯罪者の自然権剥奪と社会の保全との関係に関する具体的な論証が必要であろう(11)。

第二款　社会保存説（社会正当防衛説）

人間の自己保存の本能は、古来一つの権利、すなわち正当防衛の権利として認められている。社会正当防衛説は、この個人の有する正当防衛権を社会刑罰権に援用する。つまり、自己保存の権利は、社会自体の自己保存についても人の場合と同様に認められるべきであって、社会が刑罰を行使するのはこの自己保存の権利を行使することにほかならないというものである。かくして、社会正当防衛説は、社会固有の正当防衛権を刑罰権の基礎とする(12)。

この説も、次のように批判された。社会正当防衛説は正当防衛の理論を根拠にしているが、しかし、社会正当防衛権の行使の理由を考えるとき、そこには正当防衛権と刑罰権との著しい混同が見られる。正当防衛権は、攻撃者による直接の侵害により生ずるものであり、かつ、その侵害時間内に存在するものであって、侵害が終了したときまたは侵害を退けた後にはこの権利は消滅してもはや存在しえない。これに対して、刑罰権は侵害の後永く存在するものであり、再び攻撃（犯罪）を行う危険性の有無を問わず、刑罰権は攻撃者（犯罪者）に対して行使される。すなわち、既往の犯罪については侵害行為はすでに終了しており、もはや発生してしまった犯罪自体に対して正当防衛の必要性は認められない。しかるに、社会が自己防衛をするのは、現在の犯人に対してではなく、将来の侵害者に対してであって、将来の犯罪予防のために正当防衛の理論はいかにしても援用しがたい(13)。

正当防衛がなんら制裁を旨とするものではなく、あくまでも自己保存の感性の直接的反動的表現であるのに対して、刑罰は応報であれ改善であれ制裁をその本性とするものであり、正当防衛の解釈を緩和しても本質の部分でなお交わりがたい深淵が存在するとの批判である。同じく正当防衛の名称を用いても、個人の正当防衛による反撃と社会の正当防衛のための刑罰権とはまったく質的に相違するものであり、この説はその相違を無視した論議であるというものであろう。

第三款　功利説

功利説（利益説・有用説・効用説）の基本的イデーは、次のように表現されている。いやしくも、益あるものを除いて善なるものはない。害となるものを除いて、悪なるものはない。すべて、権利の問題にして利益の問題でないものはない[14]。刑罰は、社会固有の防衛のために社会が用いる一手段であり、この刑罰を正当化するものは、社会の保護および安全という利益である[15]。社会保全の利益といっても、刑罰が追求する即時的かつ直接的効果にはいくつもの相貌がある。ガローは、これを次の四つに分類する[16]。

(1)　もっとも野蛮な威嚇のシステムに結びつくもの
(2)　予防効果に結びつくもの、すなわち一般予防または特別予防の理論・心理的強制による予防の理論
(3)　贖罪効果に結びつくもの、すなわち贖罪（応報）の理論
(4)　改善効果に結びつくもの、すなわち犯罪者の改善の理論

功利説は、社会保全という利益に刑罰権の基礎をおくが、社会保全のためにこれらの利益のいずれに重心をおくかによって、功利説は必然的に分派を生ずる。アンシャン・レジーム期およびそれ以前には、野蛮な威嚇システムに刑罰の利益をみたであろうし、一八一〇年刑法典の刑罰イデーは、威嚇による一般予防に刑罰の利益を求めたといえるであろう。この説は、その意味で利益という概念が漠然としすぎている。

また、刑罰の正当性（基礎）を一般予防という利益に求める功利説は、いきおい威嚇主義に走りやすく、行為者の悪性を、行為者個人の責任の如何を問わず、行為の客観的な重大性のみに着目して決定することになる[17]。それは、結局、犯罪と犯罪者の責任の関係において行為者の心意（道徳面）を無視した、結果責任に傾斜する傾向を必然的に有

することになる。

以上から、新古典主義からの批判は、第一に、功利説が刑罰権の問題を刑法および刑の目的（ないし効果）の問題と混同していること、第二に、犯罪と責任との関係について行為者の心意を全く考慮しない傾向を有することに向けられている。

これらの批判を通して、功利説の性格をもう少し具体的にみてみよう。ガローの説明によれば、これまで主張されている功利説は、刑の威嚇、一般予防、特別予防または犯罪者の改善効果等のいずれか一つをもって利益とし、これに刑罰権を基礎づけるものである(18)。しかし、犯罪者の人格や犯罪の性質、犯罪行為の態様によって、刑に期待する効果は一律ではありえない。このように刑の効果に多様性が要求される以上、それらの効果の一つに限定して、もって社会の保全を果たすものとしてこれを刑罰権の基礎とすることは、妥当性を欠くといえよう。

ところで、これらの効果のうち、社会防衛を実現するものとして最も期待されたのは、威嚇による犯罪の予防である。なぜなら、特別予防が犯罪者個人に対するものであるのに対して、一般予防は一般市民全体を対象とする警告であって、その効果の及ぶ範囲が特別予防と比較にならないと考えられたからである(19)。功利説が、一般的に、一般予防を基調としている学説として理解されている所以である。このような見地からは、最も厳酷な刑罰こそが法律の最も好むところとなる。さらに、一般予防を主たる利益とするとき、窃盗のような比較的軽罪ではあるが社会に頻発する犯罪ほど一般予防の必要性が高く重刑をもって処断すべきであり、尊属殺人のような希少な犯罪ほど一般予防の要請が弱く、したがって軽い刑で望むべきであるという結論にまで到達する(20)。このような結論は、むろん短絡的で極端にすぎるが、それでは、過激に膨張する可能性を内在する一般予防の要求を適切な範囲に抑止するものはなにか。先に見た古典主義における功利説の構造からすれば、それは犯罪の重大性というその限りでは客観的な基準であるといえる(21)。

しかし、ルソー的自然権思想を放棄して、一般予防の必要性への要求や評価がもっぱら公権力の価値観に委ねられるとき、はたしてこの基準はなおその客観性を維持しうるのであろうか。功利説が一般予防を強調する性向を有するかぎり必要性への枠を広げることになりはしないか、また、それは野蛮な威嚇主義への回帰を誘発する危険性を常に内在するのではないか。そして、そのような刑罰観が支配的なものとなれば、犯罪者の犠牲の上に社会が自己保存を主張することを許容する傾向が生じ、その結果、犯罪者に対する不当な重刑の賦課までが正当化されないか。功利説に対して、こうした懸念が投げ掛けられるのは必定であろう。ガローは、この危険性について、功利説を次のように批判した。「唯一の基礎として社会維持の必要性を与えるとき、人は行為が危険であるということのみによって、不正でない行為に対しても刑罰権を認める。また、より強力なみせしめをもたらそうとするため、刑の膨張を正当化する。結局、刑の適用によって社会全体を保護することを口実として、個人の権利を犠牲にするのである。[22]」

後者の問題点は、責任の見地から一層明白なものとなる。功利説の理論的帰結によれば、社会保全のために必要な限りの刑を科すことが認められる。必要である限り刑の正当性を認めることは、場合によっては犯罪者の責任を超過して科刑することを是認するものといえる。また、極端な場合には、狂人・心神喪失者についてもその認定に当たり処罰的欲求が優先することもありうるであろう。社会は犯罪者に不当な犠牲を強いてまでも、自己を保存する権利がある、とはたしていえるであろうか。これについて、フランスは、革命後、陪審制度を通して、犯罪に見合った刑罰を超過する刑罰に対し免訴評決または無罪評決を下すことによって否定的回答を表明している。後述するように、刑罰の基礎は、刑罰を行使する権力の一方的な論理によるものであってはならない。すなわち、公刑罰の正当性は、犯罪者に対しても、彼が刑に服することを合理的に説得しうる論理を構成するものでなければならない。しかし、(社会が自己保存の必要性を唯一の理由として刑罰権を基礎づけようとする）威嚇主義的な一般予防に基づく功利説には、そのような説得の論理が存在しないことは明らかである。

功利説の最も重大な欠陥は、オルトランも指摘するように、行為者の本性たる心意すなわち道徳的部分（partie moral de notre nature）を考慮しないことである[23]。換言すれば、責任の軽視である。この軽視が、威嚇による一般予防に絶対的な価値志向を与え、功利説に重罰化の性向を許すものといえる。しかも、ガローの指摘するように、社会の保全を名目に、犯罪化の領域を広げることにもなる。かくして、威嚇的功利説は刑罰から正義を剥離し、刑罰を暗黒の中に陥れ、刑法による社会統制を極めて危険な方向に導くものであるといえる。このように功利説は、刑事権力が「社会的安全」を優越的利益として「市民的自由」を脅かす構造を有するものであるといえよう。

事実、功利説に対するこのような危惧感は、ベンサム（Bentham）の功利主義のイデーが一八一〇年刑法典の威嚇主義の立法精神に結合したことから導かれているのである。自然権思想を喪失して、威嚇的功利主義の弊害に対し自己抑制する装置をもたなかった同刑法典に対し、新古典主義が刑罰論と刑事責任論の新しい展開をその特徴としたのは必然であった。

第四款　絶対的正義説（応報説）

社会保全という利益を刑罰権の基礎とする功利説の対極にあるのが、道徳法における絶対的正義を刑罰権の基礎とする絶対的正義の説である。功利説が功利思想に基づくものであるのに対して、絶対的正義の説はいうまでもなくカント（Kant）の思想に基づいている。端的にいえば、道徳的防衛だけを刑の唯一の正当な根拠とするものである。いうまでもなく、道徳法は、自由意思に基づいて、それを自ら立法し規律する自律的・理性的人格の尊厳を基調とする。この人格主義の核心をなすものは、人格の至高性および人格はそれ自体が目的であって決して手段となるべきでないという人格の自己目的性である。このような人格主義に基づく道徳法は、その義務の遂行を定限的命令法の形でわれわれに迫る。したがって、道徳法は自律的であると同時に、普遍的なものでなければならない。このような道徳法の実現こそが、正義とされるのである。

ところで、道徳法に基づく正義は応報によって実現される。善はまさに善をもって報ぜられなければならず、また、悪はまさに悪をもって報ぜられなければならないという応報の原理こそ、人間の理性が会得する無極の正理であり、絶対的正義の欲するところのものである。そして、この絶対的正義における応報は贖罪の原理として理解された。[24]悪を行った者は神に対する義務を怠り、道徳法に違反した者である。悪によって害された道徳法上の秩序は、回復されなければならない。それには、それに見合った害悪を違反者に与えることが必要である。その害悪の賦課によって、悪しき行為は否定され、犯痕は消滅する。この悪を行った者に報ずる害悪が、刑罰である。かくして、悪をなしたる者が刑をもって処罰され、その罪過が償われることこそが正義なのである。社会が刑罰権を有し処罰しなければならない所以は、この正義に満足を与えるためである。これが、応報による贖罪の理論である。

このイデーによれば、社会は、処罰の権利を有するのみならず、処罰の義務を負うことになる。ここに、社会が解散する直前であっても、刑罰を執行しなければならないという必罰の論理が導かれる。このように絶対的正義の思想は、必罰主義の刑罰観を形成するものである。

絶対的正義の思想の帰結は、功利説と真っ向から対立する。なぜなら、人格の自己目的性は功利説の威嚇によるみせしめという他者を利用した方法を「人格の手段化」として非難するし、また道徳法の普遍性は刑罰を定言的命令とし、利益や幸福といったものを超越したものでなければならないことを主張する。また、功利説が、「犯罪を罰するのは将来の犯罪を予防するためであって、その犯罪なるが故に罰するのではない」と論ずるのに対して、絶対的正義説は、「社会は犯罪があったために処罰しなければならないのであって、処罰は将来の犯罪を避けるために行うのではない[25]」と刑罰の自己目的性を主張する。

絶対的正義に対する批判は、善には善を悪には悪をという道徳法における絶対的応報の原理を、現実の社会にそのまま適用することに向けられる。ベルトールは、それを次のように批判する。絶対的正義のイデーは、およそ道徳上の悪について、社会を害するものとそうでないものとに区別せず、社会が悪しきものと確証する以上これを罰して秩序を回復させる責務を社会に負わせる。しかし、これは、社会が神の権利を有することを是認することによって、初めて可能となることである。刑罰権の根拠をそのように考えることは、刑罰権がむしろ人を処罰する義務であることを意味する。神に対する義務を犯し、自己に対する義務に背くような場合でも、刑を科さなければならない。刑罰権は、このようにして宗門権と社会権とを兼有し真の専制を施し、単に人の行為を罰するのみならず、人の心情までも処罰しなければならなくなる。[26]

以上のことから、絶対的正義説については、はたして社会は道徳法における原理を忠実に実現する責務を負うものか、また、はたしてそれが可能であるのか、さらに犯罪化（犯罪類型の定立）の限界についての問題が検討されなければならない。

まず犯罪化の問題についてこれを見れば、絶対的正義のシステムにより人の心意・心情までもが処罰対象となるとき、犯罪類型の増設という現象を引き起こし、無制約なイデオロギー的・主観的処罰を生ぜしめるであろう。カントは、タリオ（同害報復）の原理をもって、刑の程度に客観性を企図するが、これは犯罪行為と刑罰の関係を律するものであって、犯罪化の範囲を客観的に画するものではない。したがって、客観的限界を所有しないこの説の特徴として、宗教に対する犯罪を必然的に刑法上の犯罪として立法する傾向を指摘することができるであろう。事実、社会刑罰権を「神からの付託による害悪を処罰する権利」と定義したメストルの学説の影響により、絶対的正義のイデーが神学派（Ecole theocratique）と結びつくことによって、[27]そのような犯罪の立法に結びついたことは前述したとおりである。

次に、社会が道徳法の原理を実施する責務を負うものかについて、ガローはこれを次のように否定する。「社会は、――古代および中世において人々はそのように信じたものであるが――力によってこの地上に道徳秩序もしくは神の秩序を統治する職務・使命を負うものではない。社会は各人の権利を保護し、すべての人々の自由を保障する使命を負っている。したがって、処罰は、それ自体が正義であるために行われるのではなく、処罰を行う社会と相対的に関連して存在するがために、社会の保全もしくは防衛に必要な手段とされるのである。[28]」ベルトールも、次のように批判する。社会は社会を害さない心情の罪を罰すべきか。社会が命令する権を有するのは、社会に正当な利益がある場合に限られる。したがって、社会は神権を行うべきではない。社会に道徳上の諸行為を罰すべき職務があるとすれば、悪を罰すると同様に、善もまたこれを賞しなければならないが、社会にこのような職務を果たすことができないことは論をまたない(29)。オルトランも、絶対的正義説は、功利説とは反対に、人間の本質に属する物的部分を空虚にし、功利を少しも考慮しないことに欠陥があると批判する(30)。

以上、刑罰権に関する諸学説を概観してみたが、いずれも刑罰権を基礎づけるに十分な根拠とはいいがたい。社会契約説と社会正当防衛説は、その論理そのものが否定された。社会契約説が否定された背景には、自然権思想の欠落が遠因としてあったと考えられる。また、社会正当防衛説は、個人の正当防衛の理論を社会に援用しようとしたことに問題があった。

これに対して、功利説と絶対的正義説は、学理自体が根底から否定されたわけではない。正義か功利かという論拠の偏面性への固執と、両説の惹起する著しい弊害の故に、その妥当性が否定されたのである。説明を補足すれば、功利説は、社会がなぜ社会の利益のために犯罪者を処罰しうるのかについての十分な説明を欠き、絶対的正義説は社会の存在意義についての十分な認識を欠いているといえる。

さらに、刑罰権の基礎は、犯罪類型の定立、刑の程度および刑の目的ないし効果の問題に直結する。オルトランによれば、真に正当な刑罰権の基礎とは、右の問題に妥当な解決を導き出すことができるものでなければならない(31)。しかるに、これらの問題につき、とくに功利説と絶対的正義説は著しく妥当性を欠く。犯罪類型の定立（犯罪化）および刑の程度について、両説のシステムはそれぞれが犯罪化の拡張および重罰化を抑制なく促進するものである。また、刑の効果については、功利説のうち威嚇による一般予防効果を刑罰権の基礎とするものは、一般予防の必要がなければ犯罪者を不処罰としなければならず、特別予防効果を基礎とするものは、懲治、改善、教育等の効果をあげるまで犯罪者を処罰の対象としなければならない。絶対的正義説に従えば、刑罰は犯罪者に対し罪責を償わせるためにいかに苦痛を与えるかがその課題となる。

比喩的な表現を用いるならば、両説は、ともに刑罰の秤を一方にのみ傾けるものといえる。それは、秤自体に欠陥があるからである。すなわち、両説ともに、秤皿の片方を欠くものであった。そこで、新古典学派はその秤に正義と功利（効用・利益）を載せる秤皿をつけることにより、社会刑罰権の問題の解決をはかろうとしたのである。

（1）J. Ortolan , Éléments de droit pénal, T.1, 4e ed., 1875, pp.79 et suiv.
（2）R.Garraud, Précis de droit crimenel, 6e ed., 1898, p.8.
（3）Garraud, ibid., p.7.
（4）Ortolan, op.cit., p.81 et suiv. ベルトール『刑法詳説』（岡島真七翻刻、一八八三年）六二九頁。
（5）ベルトール・前掲書六二九頁。なお、原文の片仮名を平仮名に直して引用した。
（6）Garraud, op.cit., p.9. Georges Vidal, Cours de droit criminel et de science pénitentiaire, 3e ed., 1906, p.59.
（7）Garraud, ibid., pp.9 et suiv.
（8）Garraud, ibid., p.10.
（9）Garraud, ibid., p.10.
（10）ルソー『社会契約論』（桑原武夫・前川貞次郎訳・岩波書店、一九六六年）五四—五五頁。
（11）澤登俊雄教授は、法益論から次のように述べて死刑を否定する。死刑の保護法益は「生命の安全」であり、その保護法益の剥奪は生命を奪うことではなく「生命の安全」の剥奪であり、それはその者の生命を奪っても犯罪とならないことを意味するにすぎない。生命自体法によって与えられるものではなく、したがって法で奪うことはできない。それ故、「生命の安全」を剥奪するような刑罰は現代社会では存在しえない。澤登俊雄『新社会防衛論の展開』（大成出版社一九八六年）一四九—一五〇頁。自然権思想においても、こうした検討を要するであろう。
（12）Ortolan, op.cit., p.83. ベルトール・前掲書六二八頁。
（13）ベルトール・前掲書六三〇—六三一頁。Cf.Ortolan, ibid., p.83.
（14）Ortolan, ibid., p.83.
（15）Garraud, op.cit., p.11. ベルトール・前掲書六三四頁参照。
（16）Garraud, ibid., p.11.

(17) Garraud, ibid., p.11. ベルトール・前掲書六三四頁参照。
(18) Garraud, ibid., p.11.
(19) Cf.Ortolan, op.cit., p.90.
(20) ベルトール・前掲書六三三頁参照。
(21) 功利主義の立場からいう犯罪の重人性とは、行為の悪性よりも、行為が社会に与える結果の査定から導かれる。
(22) Garraud, op.cit., p.15.
(23) Ortolan, op.cit., p.85.
(24) Garraud, op.cit., p.12.
(25) Ortolan, op.cit., pp.84 et 85.
(26) ベルトール・前掲書六三四―六三五頁。
(27) Garraud, op.cit., p.12.
(28) Garraud, ibid., p.12.
(29) ベルトール・前掲書六三五―六三六頁。
(30) Ortolan, op.cit., p.85.
(31) Ortolan, ibid., pp.90 et suiv.

第四章　新古典主義刑法学の折衷的刑罰論

新古典学派の主張する刑罰の基礎に関する学説は、絶対的正義説と功利説とを折衷的に止揚するものであり、そこから折衷説と呼ばれている。新古典主義における正義とは、絶対的正義をそのまま継承したものではなく、これを社会的見地より刑法上の正義（justice pénale）として修正ないしは新たに構成し直したものである。また、功利の内容も、功利説のようにもっぱら一元的な利益・効用にのみ固執するのではなく、社会の保全・社会秩序の維持という刑法または刑の目的の見地より、多元的な方向に広げるものである。

ところで、一概に折衷といっても、その内容は必ずしも同一ではなく、折衷の構成の仕方によりいささかその内容を異にする。以下、刑罰権の基礎および刑の固有の目的・効果について、折衷説の実相を考察する。

第一節　刑罰権の基礎――折衷説の構造――

第一款　ロッシの学説

その第一のものは、折衷説の中でもっともカント（Kant）の立場に近いもので、先に論及したクーザン（Cousin）およびロッシ（Rossi）にみられる刑法上の正義をあくまで神の正義の一部であるとする見解である。

ロッシは、次のように述べる。「絶対的部分（正義）と相対的部分（功利）は、まさしく、刑法を組成するものである。しかし、功利は最上の原理ではないし、また、われわれの権利および義務を生ぜしめるところの本源でもない。それは単に一つの理由となるものでしかなく、社会にあって最上の本源（正義）より生ずる権限（刑罰権）を実行するに際してその程度となり、かつ、その程度となるべきものである。なぜなら、刑法の正義は、天地間における正義の一部であって、おのずからその限界があるからである。その限界とは、すなわち、社会秩序の維持である[1]。かくして、社会権は、社会および人々の要求があり、かつ、社会秩序の維持に有用なものを侵害するものでなければ、犯罪として定立することができないということになる。

このように、ロッシは、神の正義こそが刑罰権の本源であって、社会的功利は刑罰権の基礎ではなく、もっぱら神の人知を超えた絶対的正義の無限定な適用を制限するものであるとする。したがって、ロッシの見解の特徴は、基本的にはカントの説を継承して道徳法上の絶対的正義を刑罰権の基礎とし、この道徳上の正義が人間社会においては社会的功利によって制限を受けるとする点にある。社会的功利は、犯罪類型の定立および刑の程度を限定する機能を有するにすぎないのである。

第二款　アドルフとエリの学説

これに対して、第二のものは、ショーボー・アドルフ（Chauveau Adolphe）＝フォスタン・エリ（Faustin Hélie）にみられるように、むしろ社会的功利に刑罰権の基礎をおくものである。アドルフ＝エリ（以下、エリと略す）の見解は、以下に示すとおりである。

「刑法の真の基礎は、これらの説（復讐説、防衛説、利益説、応報説）の中にあるのではなく、事物の必要性それ自体（necessité meme des choses）の中にある。いやしくも、人は社会に生まれ、かつ社会のために生まれる。これは自然の形状である。そうである以上、社会は、その秩序を維持し、その社会の権利と各人の権利とを尊重するために必要な法律を施行しなければ到底成立しえない。人が群生するところには、必ずこれを維持保存する法（loi de conservation）が生ずるものである。したがって、各人の生活上必要な条件を保持する諸種の方法を正当とするところの保存の法が存在するのである。刑法上の正義は、その条件の一つであるが故に、かつこの保存に必要不可欠な要素の一つであるが故に、存在するのである。刑法的正義は、他の名称を借りてこれに付することを必要としない。また、その正当性は、社会の法において争うことのできないものである。刑法上の正義は、人々が不適切にいうように社会防衛の権利を行使するものではなく、純粋かつ単純に社会の維持保存の権利を実行するものである。この権利は他の諸種の権利に及ぶものであり、また、社会一般に利益を施すものである。したがって、必ず社会秩序を害する行為の防止を目的とする予防の措置と、当該行為の処罰を目的とする処置とを内包する。[2]」この刑法上の正義は、さらに特別予防と一般予防の目的を有する。これは、古来プラトン（Platon）などがしばしば説いてきたところのものである。[3]

このように、エリは、刑法の基礎が社会の必要性の中にこそ探究されるべきものであるとして、次に刑法上の正義に言及する。そして、刑法上の正義と道徳法上の正義との関係について、次のように述べる。「刑法上の正義は、道徳法を不可欠の要素として認める。しかし、それは刑法上の正義が生ずるところの本源としてではない。すなわち、道徳法は、これを刑法上の犯罪類型の定立および刑罰の制限要件とみることはできるが、刑法上の原則とすることはできない。なぜなら、刑法上の正義は、神法に照らして逐一制裁を科し、人間にその原則を遵守させる職責を担っていないし、もっぱら外形上の秩序および社会の利益を保存する以外に他の目的をもっておらず、かつ、他の目的をもつことができないからである。[4]」そして、エリは、刑法上の正義と道徳上の正義とを厳格に区別すべきであると主張し、その論旨を次のように説示する。この二つの正義は、同じく正義の名称をもち秩序の回復をその職分とする点で相似の目的をもつが、刑法上の正義はその範囲に制限があり、道徳上の正義を行う職分をもたず、その効用（功利・利益）はただ外形上有形の行為についてだけに限られるものである。なぜなら、人間は神明にはほど遠く、したがって、犯罪により道徳法のいずれの部分が犯されたのか、また、いかなる償いが要求されるべきなのかを正確に知ることができないからである。かように道徳法上の秩序の実相を十分に知ることができない以上、それを人間社会に適用することはその実用において必ず誤謬に陥る。[5]

右にみたように、エリは、ロッシとは反対に、道徳法上の正義と刑法上の正義とを峻別し、道徳法を社会的正義の制限要件にすぎないとし、道徳的正義を刑罰権の基礎とするものではないとする。そして、刑法の基礎は事物の必要性それ自体の中に存在すると断言していることから、刑法上の正義と刑罰権の基礎が刑の必要性・功利性を本源としていることを示している。

さて、この両者の見解は、はたして社会刑罰権の基礎を十分に論証しうるものであろうか。ロッシは、社会刑罰権の本源を道徳法上の正義に求め、神の正義は人間社会において実現されなければならないとする一方で、人間社会という限定された領域においては制限を受けるものとする。エリは、反対に、必要性という功利に刑法上の正義の本源を求め、道徳上の正義をその制限要件にしている。そのように解するならば、刑罰権の基礎は、ロッシにおいては神の絶対的正義であり、エリにおいては社会的功利ということになろう。では、刑の社会的功利（有用性・必要性）が神の正義を制限するとして、その社会的功利は何処を限界にとどまりうるのか、また同じく、神の正義が刑の社会的功利の制限要件となる場合、神の正義は何処をその限界としてとどまるのであろうか。両者の説には、その答えが十分とはいえない。

第三款　オルトランの学説

オルトラン（Ortolan）は、まず、人間と社会の関係について次のように論ずることから始める。

人はその本性において互いに結合するものなので、社会は人間にとってまさしく正当であるのみならず、欠くべからざるものである。人は物質と精神を有する存在である。したがって、人の集合体にほかならない社会もまた、物質と精神を有する存在である。それ故に、人および社会は、その行為・行動の規矩として正義と功利の両主義を有するものである[6]。

このように、社会が正義と功利の両主義を兼有すべき存在であることを説示したのち、オルトランは正義と功利の意義の解明を次のように試みる。

まず、オルトランは、正義とは絶対的正義を根拠とする応報の原理を指すものであって、応報の原理自体を正義と考える。この応報の原理は、具体的には犯罪事実に対する賞罰と行為者との帰責関係の原理である。

さらに、オルトランは、この応報の原理を次のような論旨で争いがたいものとして以下のように説く。この原理こそは、古今を問わず、また洋の東西を問わず、人間の理性が会得した定則であるばかりでなく、人の感情でもある。この定則が遵守されれば人はその精神に満足を覚えるし、これに反して遵守されないときはその精神に不満を生ずる。この理性と感情は絶対的正義を根拠とするものであり、そこに求められる応報の原理は、罪過をなす者がその罪過に対する罰を受けることの正当性を証明する。これについては、争う余地がない(7)。

このように、オルトランは、行為者と犯罪事実に対する正当な刑罰との帰責関係をもたらす応報の原理に正義を見出し、犯罪を行った行為者に刑罰を科すことの正当性の根拠をここにおく。しかし、この応報原理は、犯罪を行った行為者に対する刑罰の帰責性を正当化するだけのものであって、具体的な刑の実施者を示すものではない。刑を具体的に法定し、各事件において刑を量定し処断するのはだれか。そこで、オルトランは、犯罪者とこれを罰する社会との間に次のような問答を設定する(8)。

「なに故に、あなたはわたしを処断するのか」(犯罪者が社会に対して発した問い)

「それはおまえ自身が招いたことによる」(社会が犯罪者に対してなす回答)

「ではなぜ、あなたが自分の手で処断するのか?だれがあなたを裁判官にし行刑官にしたのか」

オルトランは、この質問に対して、社会がなすべき答えを以下のように示す。「この場合に、社会が『それはわたし自身の保存を図るためである』と答えれば、それで社会のために刑罰権が成立することは既に証明されたものといえる。『それはあなた自身が招いたことによる。それはわたし自身の保存を図るためである』という二つの言葉は、刑罰権の問題に過不足なく答えるものである。『それはわたし自身の保存を図るためだ』とは、いやしくも他人の権利を侵害するかぎりは社会が自ら干渉し自ら手を下す権利があるとの意味である。また、『それはあなた自身が招いたことによる』とは、『あなたはあなたの権利を害されること、および、わたしがあなたの権利を害してわたし自身を保存しようと図ることについて恨むことはできない』という意味である。ここに、社会は、自己のために刑罰権を有する正当性を証明して遺漏がない(9)。」

かくして、オルトランは、社会刑罰権の基礎について、左のような結論を掲げる。「絶対的正義説は犯罪者が刑罰を受けることの正当性を証明し、保存説（功利説）は自ら正義説に加わって社会がこの刑罰権を有することを証明するものである。一つは正義の思想に基づく説であり、他の一つは功利の思想に基づく説である。一つは、純粋無形の秩序に適応した説であり、他の一つは有形の秩序の必要に適応した説である。この両説を競合させることは、社会刑罰権の正当性を証明するために必要不可欠なことである。錯綜とした性質より生じた刑罰権は、また錯綜とした基礎をもたざるをえないのである(10)。」

このように、オルトランは、ロッシやエリがその一方に刑罰権の基礎を求めたのとは異なり、「正義の思想は、犯者が刑罰を受けなければならないことを証明する」ものであり、「必要（功利）すなわち公益の思想は、社会がその刑罰権を科する権利をもつことを証明する」ものであるとして、おのおのその職分を異にする正義（応報）の原理と功利の原理とがともに社会刑罰権の基礎であることを主張する。オルトランは、この説を二つの説を、集合した併合折衷の説ではなく、まさしく真実と適合する完全な説であると主張する(11)。

第四款　ガローの学説

オルトランの見解は、もっとも純粋な折衷の構造を示すものである。彼の折衷説はガロー（Garraud）に継承され、そこに新古典主義の刑罰論の確立をみたといえよう。

ガローは、社会刑罰権の問題を、社会的ないし客観的見地および個人的ないし主観的見地より考察する。前者の見地からは、社会が刑罰権を所有することの正当性を論じ、後者の見地からは、犯罪者に対して賦課される刑罰自体の正当性を論ずる(12)。前者はオルトランのいう功利に、また後者は正義に相当する。その限りで、オルトランと異なるところはない。しかし、ガローの見解で注目すべきは、社会刑罰権を責任の見地から解明しようとしたことである。彼はいう。「実に、われわれは、害悪は害悪によって、善は善によって報ぜられるべきであることを教示する本能を有する。それは、われわれのいわゆる良心から自然発生した本源的なイデーであり、指示である。われわれがそれを理性による考査に委ねるとき、われわれはその正しさを認める。人間は、自己の行為について責任がある。この責任は、二つの本源的なイデーの帰結である。すなわち、人間に課せられた義務の絶対的な原理と、その義務を果たすことを可能とする自由意思とがそれである。かくして、人間の道徳的責任は道徳的制裁を導く。この制裁は、人間が法律に従って行動するかしないかによって、褒賞となり刑となる。それ自体を考えてみると、罪ある行為に科せられる刑罰は正しい。それはまた必要である。良心というものは、自由に行為する人間のすべての行為が最終的に処罰か褒賞の結果にならなければ満足できないからである。こうして、簡潔に、刑とは罪過に対する苦痛の必要的結果であるといえるのである。[13]」要するに、ガローは、応報の原理が、行為者に対して賞罰を帰責せしめる正当性を、人間の義務と自由意思とに求める。すなわち、応報の原理が、義務の絶対的原理と自由意思の原理との帰結である道徳的責任を媒介として、道徳的制裁を導き、さらにこの道徳的制裁が犯罪に対して刑罰をもたらすというものであろう。

新古典主義の応報の原理と責任論との関係については後に具体的に述べるが、ここでも若干言及しておく。いうまでもなく、応報原理とは犯罪を行った行為者に刑罰を科す原理であるが、この応報の原理を支えるものは、結局のところ、人間は善をなすべきであって悪をなすべきでないという神命から生ずる義務の思想にほかならないとの考である。人間社会における犯罪は、道徳的義務違反であるばかりか社会的義務違反である。こうして、応報原理は犯罪行為者に対する刑罰の賦課の正当性を基礎づける。刑罰権の基礎に関する理論はここまでであるが、行為者に刑罰を科すには、発生した事実（犯罪事実）と行為者との帰責関係が不可欠である。つまり、犯罪がその行為者によるものでなければ、刑を科すことはできない。犯罪事実と行為者との帰責関係を結ぶ責任観念が帰責性（imputablité）であり、オルトランの用いる（狭義の）答責性（responsabilité）でもある。犯罪に対する非難およびその程度を受け入れる責任観念が有責性（culpabilité）であり、犯罪者に対して刑罰を受けさせる義務を根拠づける責任観念が広義の答責性（responsabilité）である。とりわけ、新古典主義は重罰化・厳罰化に対する刑罰の適正化理論として展開されたものであり、それ故に有責性の概念を重要かつ不可欠なものとして発展せしめた。すなわち、新古典主義の刑罰権の基礎に関する理論的帰結として、そうした責任論が当然のこととして展開されたといえよう。

次に、社会が刑罰権を有しそれを行使することの正当性について、ガローは次のように述べている。「しかし、刑罰の正当性についてのわれわれの論証は完全ではない。なぜなら、その適用において刑罰がなお正当であるためには、人が行為の責任を問う権利を認めるところの権威によって科せられなければならないからである。社会がその権利をもつことを明らかにすること、すなわち、道徳の見地より有責である人間が、社会的見地からも同様に有責であることが問題とされるのである。人間は社会においてのみ生存するものであり、かつ、社会においてしか生存できない。社会は人間の存在に必要であり、このことは自然の法則である。それ故に、人間は社会を維持していく権利をもつ。したがって、人は社会の維持に必要なすべての手段、少なくとも道徳に反しないあらゆる手段を用いる権利を有する。処罰はその手段である。したがって、刑罰が必要であり、かつ、刑罰が正義による正当性の範囲で行使されうるとすれば、すなわち刑罰は正当である。[14]」オルトランと同様の、必要（功利）と正義の折衷理論の主張である。

ここでは、社会的見地からの有責（culpable）について具体的に説明されていないが、この点についても若干補足が必要と思われる。社会が社会を維持するための諸手段を行使する権利を有するということは、同時に、社会の構成員が犯罪を行って社会の秩序を侵害してはならない義務を負っているということを内容としている。したがって、社会のある構成員が犯罪により社会秩序を侵害したとき、社会は彼に刑罰を科す権利を有すると同時に、彼は社会に対する義務違反を犯したがために社会から刑罰を受けなければならない。その意味で、社会的見地からの有責とは、社会に対する義務違反を内容とするのであり、帰責性の存在を前提に非難を引き受けなければならないことを内容とするものである。端的にいえば、社会は、もっぱら社会自身の利益のために刑罰を科すことができるのではなく、社会に対する義務違反（故意や過失といった主観的（道徳的）な義務違反）を条件として、それに対する非難の程度に応じた刑罰を適用しこれを執行することができるということである。有責性の概念が、新古典主義の下で生成した理由がここにあると考えられる。

ガローの刑罰論には、十分とはいえないまでも、不可分のものとしてこのような責任のイデーが認識されていると思われる。そして、この責任の新しい観念こそが、（自然権思想を喪失した）社会的功利による行過ぎた威嚇主義的抑圧を制約限定し、これを克服する機能を営むものとして、新古典主義の学理の中心を担うのである。その意味で、新古典主義は、明白に、「市民的自由」の見地から刑事権力抑制の原理を確立しようとした学理であったといいうる。かかる観点からいえば、新古典主義の「新」の本質的意義は、古典主義および人権宣言に「罪刑最小主義」を導いた自然権思想に代えて、新たに「正義と功利の折衷の思想」を刑事権力抑制の原理としたことにあるといえる。

（1） Chauveau Adolphe et Faustin Hélie, Théorie du code pénal, T.I, 4e ed., 1861, p.29.
（2） Adolphe et Hélie, ibid., pp.31 et 32.
（3） Adolphe et Hélie, ibid., p.23.
（4） Adolphe et Hélie, ibid., p.32.
（5） Adolphe et Hélie, ibid., pp.32 et 33.
（6） J.Ortolant, Élémentes de droit pénal, T.I, 4e ed., 1875, p.85.
（7） Ortolan, ibid., p.86.
（8） Ortolan, ibid., p.86.
（9） Ortolan, ibid., p.86.
（10） Ortolan, ibid., p.86.
（11） Ortolan, ibid., p.86.
（12） R. Garraud, Précis de droit pénal, 6e ed., 1875, p.14.
（13） Garraud, ibid., p.14.

（14）　Garraud, ibid., pp.14 et 15.

第二節　刑の目的・効果・程度

新古典主義刑法学は、適切な量刑を導くための理論構築を目指した学理である。したがって、刑の程度の問題が、より重要な理論的帰結として考察の対象とならなければならない。先に紹介したように、オルトラン（Orto an）は、刑の目的と効果の問題を刑罰の第三の論題すなわち功利上（有用性）の問題としている。そこから導き出される刑の量定システムこそが、新古典主義の学理的目的である。同時に、これは、各犯罪類型に規定する法定刑の程度の指標を提示するものでもありうる。

第一款　折衷のシステムと新たな刑罰思想の展開

一八一〇年刑法典制定下にあらわれた刑罰観は、峻厳な刑罰の恐怖を犯罪の抑止力とする威嚇主義的一般予防思想を基調とするものであった。このような威嚇主義は、刑法を、犯罪と権力からの「市民的保護（市民的安全）」を確保するという人権宣言のイデーから隔たる方向へと導き、必然的に犯罪と刑罰の比例原理を踏み越えて、重罰化、厳罰化を促進し、さらに犯罪化の膨張をもたらした。

新古典主義は、このような刑罰思想からの脱却をはかり、刑罰権の基礎に正義と功利の思想を据えることによって威嚇主義を排し、市民革命の人間解放の精神を再度刑法の平面において実現しようと志した。ここに、ナポレオン刑法典制定当初の重罰的威嚇主義思想は、正義の思想により排除されるにいたった。他方、重罰的威嚇主義に対する反動は、古くプラント（Platon）やセネカ（Seneca）らによって主張されていた刑罰による犯罪者の改善を、社会防衛の見地から特別予防思想の下で展開せしめる契機をもたらした。こうして、威嚇主義から脱却した刑罰思想は、新古典主義の展開とともに、一般予防と特別予防の二方向を同時に追求する刑罰論形成の過程をたどることになる。

刑罰権の基礎は、刑の目的およびその効果を指導する。新古典主義が刑罰権を正義と功利に基礎づけたことは、刑の目的および効果についても、正義と功利を追求し実現するものでなければならないということを意味している。

刑罰権の基礎としての正義は、前述のとおり行為者と刑罰との帰属関係に根拠を与えるものとしての応報の原理であるので、そのかぎりで正義の実現を目的とすれば犯罪を行った者は必ず処罰されなければならないという絶対的正義・絶対的応報にならざるをえない。しかし、新古典主義は刑罰権の基礎にもう一つ功利をおく。新古典主義の原理を「正義でなければ功利（有用）でない」と表現した標語は、オルトランの学説によればもし一方が欠如する場合には刑罰権が否定されることを意味する。このことは、罪を犯した者であっても、功利効用の見地から処罰する必要性がなければこれを処罰することはできず、また功利効用の見地から処罰の必要があってもそこに正義がなければこれを処罰することができないということであろう。これは罪刑の立法原理であると同時に、具体的な科刑の原理ともなりうるものといえよう。ただし、ここでの正義という概念は極めて抽象的である。この正義を応報の原理と厳格に解すれば、それは具体的には犯罪事実と行為者との帰責関係と有責性（culpabilité）概念にあらわれる責任の量定という責任論の問題となる。しかし、この正義は、後に論及するが、そのような厳格なものではなく、良識という程度の意味で使われているように思われる。いずれにせよ正義の概念がそうしたものである以上、直接、刑の目的や程度を導き出す実質的内容を導く原理とはいえない。それは、良識によって、功利効用の暴走を抑制するという意味合いのものである。そうであれば、刑の目的および効果は、正義のイデーからではなく、もっぱら功利効用の見地から導かれるものといえるであろう。

刑法および刑の目的（以下、刑の目的という）は、達成すべき対象により、これを刑の究極の目的（but final）と直接の目的とに分析することができる。刑の究極の目的とは社会の保全・社会秩序の維持を指し、直接の目的としては改善（道徳的改善・懲戒による心意上の改善）、儆悪防止（みせしめによる威嚇）、贖い等があげられる。後者は、究極の目的を実現するために刑が直接達成すべき固有の目的（but propre）である。[1] この固有の目的の達成のために作用する刑の具体的な機能の結果が、効果と呼ばれる。したがって、刑の固有の目的を論ずることは、同時に刑の効果を論ずることである。

第二款　ロッシの学説

ロッシは、刑の効果について比較的詳細な論述をしているので、彼の見解を具体的に見てみよう。

まず、ロッシは刑の効果を、法律による威嚇の範囲における効果と、効果的に科せられた刑による効果とに分類する。[2]

威嚇の効果は対象を一般人とするものであり、その効果としては教化教育（instruction）と恐れ（crainte 恐怖）とがあげられている。教化はさらに道徳的教示（enseignement moral）と予告（avertissement）の機能を営み、かかる効果をあげるものとされている。刑法は、道徳的秩序に向けての直接的かつ命令的表現として道徳的教示である。予告とは、実際に、かくかくの行為がさらに実定法で禁止されていることを、すべての人々にあらかじめ知らせることであり、警告の意味が込められている。

さらに、ロッシは、教示、予告および恐れの実際の対象となる人間像を次のように分析する。教育は、すべての人々、すなわち不道徳な行為を犯そうとする意図すらもっていない人々をも対象とする。予告は、正確には道徳的人間ではないが、しかし処罰の恐れによってのみならず政治的道徳によって常に法律に従おうとする人々に、より実際的に向けられる。恐怖は、政治的道徳性を喪失しているが、しかし彼自身の平穏を維持しようとする人々、したがって犯罪の快楽と刑の害悪とのバランスをはかろうとする人々に作用する。すなわち、威嚇である。

このように予告と教育とはともに予防効果を有するとし、ロッシはさらに恐れの予防効果について刑事制裁の害悪の見地よりさらに分析を重ねる。それによれば、刑事制裁は直接的害悪と間接的害悪による威嚇力を発揮する。直接的害悪は犯罪の行為者を処断するものであり、間接的害悪は犯罪行為者に親しい者たちにふりかかるものである。立法者は、間接的害悪が直接的害悪の必然的な帰結として生じる場合を除いて、立法の方法として間接的害悪を目論んではならず、これをできるだけ避けなければならない。恐れの予防効果は、まず直接的害悪より生ずる。この直接的害悪は、法律が犯罪者を威嚇する（法定された）物理的苦痛の範囲にのみ存するものではなく、さらに刑事裁判が犯罪者に対して作用せしめるすべての効果より構成される。すなわち、社会的非難、恥辱、商売・職業・計画の中断もしくは支障、習慣の中断、趣味や愛情に対する侵害、健康の衰弱などがそれである。かくして、犯罪者は、固有の刑のほかに、以上のいくつかの害悪をともに受ける可能性を有する。しかし、これらの付随的効果は、すべてのケースについて完全に確証されるものではないし、また、すべての人間に同じ強度を伴うものでもない。固有の刑それ自体ですら、すべての者に対して等しく予防的とはいえない。同様に、家族や親族に向けられる間接的効果も、犯罪を犯そうと意図している者がおかれている状況によって、やはり様々である。ロッシは、このように威嚇の実際的な様相を具体的に検討してみせる。

次に、効果的に科せられた害悪としての刑は、同じく、より強い教示、恐れ、そして犯罪者の改善をもたらすと指摘する。法律は一般的であるのに対して、裁判とそれを通じて行われる刑の執行は個別的事由である。すなわち、法律は一つの原則であり、裁判はその具体的適用である。したがって、法律それ自体は、多衆の注意を換気するための本質的な条件を欠く。その本質的条件とは、裁判とその執行によって構成される。換言すれば、裁判を通じて行われる個別具体的な処罰によるみせしめは、法律による威嚇よりも感銘的で、より顕著な教化をもたらすというものである。このみせしめは、さらに、一層の強度をもって恐れによる予防効果をもたらす(3)。

以上のように、ロッシは、刑の効果を具体的に考察することにより、刑の効果を論証しようとした。こうしてロッシは、法律上の威嚇と刑の実施による恐怖からの威嚇とにより刑は犯罪を抑止するものであり、恐れによる威嚇によっても犯罪の誘惑や衝動を阻止できない人間が存在するが、それでも法律が善きものであり十分に管理された正義であるならば、十中八九効果的であることを期待できるとしている。たとえ犯罪が行われた場合であっても、犯罪者が有罪判決を受け犯罪に相当する刑を科せられることにより、正義は満足し、社会秩序は維持されるとする。(4)

さらに犯罪者自身に対する刑の効果について、ロッシは、第一に、もっとも直接的かつ確実な効果として、自由刑については拘禁期間中の犯罪防止を上げる。すなわち、保安の効果である。これは犯罪者に対する物理的、身体的な効果である。第二の効果として、恐怖をあげる。この恐怖は、犯罪の誘惑や衝動に対していわば機械的な反動として作用するものであるが、その効果は日々弱まるものである。そして、その効果の衰退に従って、再び犯罪への誘惑や衝動が増長する。そこで、ロッシは、刑は犯罪者の道徳的改善に導くものでなければならないと主張し、次のように特別予防効果を説く。刑は犯罪者に対して改善をもたらさなければならない。犯罪者の改善すなわち道徳的再生（心意的改善）は可能であるが、しかし決して容易ではない。この道徳的改善は教育であり、本質的に個人的なものである。したがって、効果を上げるためには、犯罪者個人の必要性に一層従う必要がある。また、この道徳的改善は、法律と正義とを表明するものであり、法と正義に愛と尊敬をもたらすものである。そして、立法者は、道徳的改善を実現すべく配慮しなければならない義務を負う。(5)

このようにロッシは、刑の効果として、害悪としての予防効果と教育としての道徳的効果を論ずる。後者については立法者の義務であるとすら明言している。しかし、この教育による改善は、後に「人によって土地を、土地によって人を改良する」ことを目的とした多累犯者植民地配流刑であるルレガシオン（relégation）の立法にみられるように、当時は苦役による改善・懲治の傾向を強く示すものとしてあらわれた。

ところで、ロッシは、害悪としての一般予防と、教育としての改善効果とが抵触する場合を想定している。その場合に、いずれを犠牲にするかの選択の基準は、刑の究極の目的である社会秩序の保全にとってどちらがより重要であるかという比較衡量に求められている。その論旨は、次のようなものである。刑の究極の目的は社会秩序の保護および維持であり、社会的正義は刑の効果的な適用により実現される。刑の効果にそのような機能を見出せないならば、社会は犯罪を処罰することができないし、その権利を欠くものである。改善効果は、可能だが不確実であり、成功の蓋然性が低いのに対して、一般予防の効果は、個人差はあるものの改善効果に比較して極めて実効性が高く、したがって社会秩序の保持に不可欠のものである[6]。ロッシは、次のようにいう。「社会的正義のシステムにおいて、処罰の原理すなわち恐怖の作用（威嚇による犯罪予防）を受刑者の改善に対する誇張された希望のために犠牲にすることは、立法者のもっとも本質的な義務を怠ることである。（中略）少なくとも、われわれの知識および現在の状態において、刑の改善効果が、その確実性と一般性において、すでに提示したところの他の諸効果と比較できると信ずることは致命的である[7]。」

このように、ロッシは、刑の効果が持続するためにも罪者の改善を重要だとしながらも、刑の効果でなによりも優先すべきは刑の一般予防効果であるとし、この一般予防効果に対する信仰が極めて強固であり確信的であることを明示している。

一般予防効果と特別予防効果を論じた後に、ロッシはさらに二つのものを刑の効果として付け加える。社会意識の道徳的満足[8]（satisfaction moral de la conscience publique）およびその適用から生ずる安全感（sentiment de sécurité）がそれである。この二つの刑の効果について、ロッシは次のように説明する。「安全感については、だれもが認めるものであって、これを軽んずる者はいない。また、社会意識の道徳的満足は、目に見えなくて測定が容易でないとしても、やはり確たる事実である。社会の道徳的満足感は安全感とは別のものである。それは、一個人の感情（たとえば一個人の報復感情）ではない。それは、善への愛であり、犯罪者に刑を科すことによって人々があらわすす秩序の思想である。それは、惹起された種類の犯罪を恐れない者を、試練にかける感情である。道徳的感情はまた政治的価値をもつ。それは、法律の道徳力を裏づけ、国民一般に普及させるものである[9]。」そして、「刑のこの効果を考慮せず、もっとも適切な刑を選択することを怠る立法者は、社会秩序維持の要素をすべて認識し評価する者とはいえない[10]」このように、ロッシはその重要性を強く主張する。

社会意識の道徳的満足とは、犯罪者が処罰されることで、罰せられるべき者が罰せられることにより道徳的秩序が守られたと満足する、ということを意味するように思われる。だとすれば、これは、表現を変えれば、応報原理が実施されたことによる人々の満足をいうものであろう。また、安全感は、犯罪者が処罰されることによって、秩序ある社会または秩序が回復しうるもしくは回復した社会に生活しているという安心感であろう。刑罰にこの二つの効果があることは、たとえ実証的でないとしても、経験則的に認められる。それは、ロッシの指摘するように、刑罰の機能・効果を考究する上で、一般予防効果とともに重要な刑の効果であるといえる。

第三款　オルトランの学説

オルトランは、刑の目的について、次のように述べている。刑法が、元来権利を侵害する行為に対して制定されるものである以上、その目的は社会において人々に権利を尊敬させ、もって社会を保全することである。すなわち、刑法は、権利を侵害する者に対して苦痛すなわち刑を賦課して、その目的（究極の目的）を実現しようとするものである[11]。

そこでオルトランは、究極の目的を実現するものとして刑が具体的に達成しなければならない固有の目的および効果を、犯罪が社会に惹起する侵害の実態と態様を分析することによって考察する。オルトランは、その理由を、次のように説明する。「犯罪は、その性質として、被害者である者が被る個人的損害をもたらすほかに、社会の安寧もしくは保全を侵害する結果を生ずるものである。もし、刑がこの悪しき結果を消滅させるべくまたは修復すべく組織されるならば、その刑が最良最適のものであることは明白である。したがって、刑によってその獲得が追求されなければならない有益な結果（効果）、すなわち刑に企図されなければならない目的を決定しようとするならば、有害な犯罪が社会に生ぜしめる結果を考究しなければならない[12]。」こうして、オルトランは、犯罪が「社会の安寧もしくは保全を侵害するところに生じる結果」を次の三つに分析する。

（1）　国民の安心（sécurité）を擾乱し、また権利を侵害し、さらに官憲（autorité publique）に対する信用を喪失せしめること。この結果の重大性について、次のような趣旨の説明が付されている。犯罪が重大であればあるほど、また犯罪の場所に近接していればいるほど、人々の危惧の念はつのり、また犯罪の数が増加すれば増加するほどに人々の危惧感は強まり、やがては遠地に影響を及ぼし、ついには国中に及び、国民は常に自分が犯罪に逼迫し晒されているとの念を抱くにいたる。もし犯罪が摘発されないままに放置されたならば、人々は恐怖と狼狽とにより自由で健全な日常生活を営むことは到底できない。人々を保護できない官憲はもはや官憲としての意味をもたず、また、人々が自分の権利について常に不安の念を抱くような社会にはもはや社会としての意味はなく、外国人はこのような国を去り、国民もまた自国を去ろうという気持ちを高めるであろう。このような状況が続けば、社会は最後には崩壊する。[13]

こうして、オルトランは、まず、犯罪の放置が社会を崩壊せしめる結果をもたらすことを指摘し、その結果と緊密に関係するものとしてさらに犯罪から生ずる結果を左の如く提示する。

（2）　犯罪者が犯罪後さらに新たな犯罪を行う危険。

（3）　他人が犯罪者の行った犯罪行為を見てこれに倣う危険。

前者は再犯・累犯の危険であり、後者は犯罪誘発・模倣の危険である。

ところでオルトランは、国民の安心を擾乱し、権利を侵害し、官憲の信用を失墜させるのは、主として人々が再犯の危険および他者による倣悪の危険について恐怖の念を抱くためであると説く。[14]換言すれば、犯罪による社会の崩壊の危険性は、犯罪の直接の被害によるよりも、官憲あるいは社会により生命、身体、財産等が保護されているとの人々の安心感・安全感の喪失に起因するというものであろう。したがって、第一の社会の崩壊に対する危険性については、犯人を捕らえ刑罰を科すことによりその危険性は防止できるのであるから、結局のところ、刑の固有の目的は、再犯の防止と他者による倣悪の防止の二つに焦点が絞られる。そこで、刑は、その二つの目的を達成すべく、その効果を発揮するものでなければならないものとされる。

再犯の防止について、オルトランは二つの方法を論じる。一つは、再び罪過を犯すことができないように、犯罪者に身体的不能を施すことである。しかし、このような身体的不能を施す刑は、謗神者や性犯罪者に対しては一応可能であるとしても、そのような特別の場合を除いては可能でないばかりか適切でもない。たとえ無期の拘禁であっても、犯罪を不能にすることには不十分である。死刑だけが確実な方法であるが、これはみだりに使用すべきものではなく、例外にとどめておくべきものである。そこで、オルトランは、第二の方法として道徳上の不能をあげる。これは、犯罪者を矯正改善して心意・道徳において再生させる方法である。この道徳における改善は、極めて困難であるが決して不可能なことではなく、いかにしても道徳的改善（correction moral）がまったく不可能である場合にかぎって、第一の方法が例外的に用いられる。次に、傚悪誘発の防止については、従来迪り刑の苦痛に依存する。その苦痛により生ずる効果を、オルトランは「みせしめ（exemple）」と呼ぶ。刑のこの効果は、社会の保全に不可欠のものであるので、したがってそれが刑に必要不可欠の目的とされる[15]。

右にみたように、オルトランは、刑の固有（直接）の目的として、再犯の危険性に対しては矯正・改善を、傚悪誘発の危険性に対してはみせしめを掲げる。しかし、この二つの目的は、その性質上、相容れない相剋を生じる場合もある。すなわち、受刑者の矯正改善と苦痛による他者へのみせしめとが相容れないとき、たとえば犯罪者に刑の苦痛を科すことが一般予防の見地から望ましいが、犯罪者の改善にとってはむしろ不利益となる場合がある。その場合、みせしめか改善かの取捨選択が迫られる。執行猶予の制度や仮出獄の制度がないかあるいは不整備な時代にあっては、この相剋は妥協を許さない。オルトランにおいても、ロッシと同様に、その選択の基準を両者の効果の重要件に求める。したがって、その両者の効果の及ぶ範囲の大小が、選択の基準となる。「道徳的な矯正改善は、単一個人すなわち犯罪者に対してだけにその作用の範囲が限定される。それに対して、みせしめはすべての人々に対して作用する。また実際に、道徳的改善を必要としない場合があるが、みせしめの作用は常に存在する。二つの目的はともに必要なものであり、刑はこの二つの目的をともに達成する方法で組織されなければならない。しかし、みせしめの目的は、決して放棄されてはならない。[16]」

このような主張の注目すべき帰結の一つは、刑を科すことが犯罪者に好ましくない場合であっても、一般予防という社会的功利のためには刑を執行すべきであるという結論である。刑の目的・効果についての考察を刑罰論の中で展開しながらも、新古典主義の刑罰観の限界がそこに見受けられるからである。

第四款　刑の程度の限界

「正義でなければ功利（有用）でない」という標語は、新古典主義の刑罰権に関する思想的な原理を表明したものであるが、重要なことは、刑の程度に関する立法原理および裁判原理として、具体的にどのような帰結をもたらすかである。

オルトランは、刑罰権の基礎に正義と功利をおくことの帰結として、刑の程度について次の結論を導き出す。「社会権（pouvoir social）は、正義を満たす程度を超えて犯罪を処罰することはできない。たとえ、刑のより厳しい量定が社会の保全のために必要であると思われても、社会は他者の権利を害して自己の保存をはかる権利をもたない。また、社会権は、自己の保存もしくは安全に必要な程度を超えて、犯罪を罰することができない。たとえ、絶対的正義の要求から厳しい刑を望むことがあっても、社会は、自己の保存もしくは安全について既に満足しているときには、さらに刑を加重する権利を有しない。したがって、人間社会の刑罰には、刑の程度に関し、正義上の限界と功利（利益）上の限界とがある。社会権による刑は、この二つの展開をいずれも超過することができない。すなわち、決して正義に適する程度を超えてはならず、また必ず功利（利益）に十分な程度を超えてはならないのである。[17]」

いうまでもなく、その原則は、罪刑の立法原理であると同時に、具体的な裁判実務における刑罰の量定原理でもある。では、なぜ、刑は両者の限界の範囲内にとどまらなければならないのであろうか。

オルトランのイデーに則していうならば、社会が強力な公権力をもって犯罪を処罰するのは、単に個々の犯罪が個人法益を直接侵害することを防遏するだけの理由によるものではない。犯罪がそのまま放置され社会全体に蔓延した場合、必ず人心に擾乱が生じる。その結果、日常生活に安心感・安全感を喪失したならば、社会はもはや健全な営みを維持することができず、やがては社会の崩壊を招来する。オルトランは、この安心感・安全感の喪失を防止することを、犯罪処罰の主目的とする。その意味で、社会秩序は犯罪に対する公権力の直接的な効果として維持されるのではなく、公権力の作用によって社会構成員が抱く公的権力に対する信頼感、およびそれに基づく生活が守られているという安心感、安全感、換言すれば治安感情の満足に依拠するものであるといえる。つまり、刑罰の功利性は、こうした人心の信頼感、安心感の保護によって初めて得られるものといえる[18]。

しかし、留意しなければならないのは、どのような形であっても刑事権力が社会秩序を保全し犯罪からの市民的安全をはかりさえすればそれで人心が満足する、というものではないということである。社会秩序のために、刑罰が不当に重く賦課される場合、あるいは不当に犯罪類型の定立（犯罪化）が拡張される場合には、人々は公的権力に対する不信の念を抱き、また軽蔑・憎悪の念をつのらせ、その結果、犯罪を放置する場合と同様に人心は乱れ、社会の健全な営みと発展は阻害される。

すなわち、「社会的安全」は、犯罪者の処罰あるいはまたそれに付随する治安感情の満足によってのみ維持されるものではなく、さらにそれに加えて社会を構成する市民の正義の感情に対する満足感を必要とする。ここにいう正義とは、人知を超えた神の正義そのものではなく、世俗の社会生活において人々が日常感得する経験的なあるいは素朴な、その意味で社会という枠内に限定された社会的正義のことである。この正義の感情について、ジョルジュ・ヴィダル（Georges Vidal）は次のように述べている。「刑は、単に犯罪を防止する目的をもつだけではない。刑は、さらに社会の感情を表現する役割を果す。その存在は否定されるべきではない。そして、社会に反響をもたらした犯罪者の訴訟において、世論にあらわれるもっとも普遍的な感情は正義の感情である[19]。」

しかし、ここでも留意しなければならないのは、この人々の正義の感情が刑罰に二つの様相をもってあらわれることである。一つは、ヴィダルが指摘するように、社会的反響をもたらす事件に対する強い処罰欲求としてあらわれる様相である。そして、他の一つは、不当な重罰・厳罰に対する批判としてあらわれる様相である。[20] このように、正義の感情は、犯罪者に対する処罰欲求として表現される場合もあれば、不当な刑罰に対する批判としてもあらわれる。革命刑法典の固定刑制度の下で、またナポレオン刑法典の重罰主義・厳罰主義の下で、陪審員が被告人の有罪を確信しても刑罰が行為に対して重すぎることを理由に無罪評決を下したのは、まさしく後者の意味での正義の感情の発露であった。

刑罰が正義と功利の二つの限界を超えてはならない理由は、おおよそ右のように解して間違いないと思われる。しかし、正義が法定刑の限界や裁判での量刑の限界を画するとは、具体的にはどのような内容を意味するものであろうか。オルトランは、絶対的正義を次のように批判する。絶対的正義は、道徳上の義務に背戻するすべての悪徳や嫌悪すべき思想をも処罰対象とするが、他律的強制を本質とする社会の刑がこうした思想にまで介入すべきではない。また、絶対的正義は、刑の程度について絶対的正義を満足させるためにいささかも量刑に過不足がないことを要するが、社会刑にとってそのような厳密な衡量は不可能である。[21] 結局、オルトラン自身も認めるように、利益（功利）と正義とを測定する物理的な計測器は存在しないのであって、それらは人間の理性によって経験的に計られるものということになる。[22]

いずれにせよ、刑の程度に関しては、正義の観念は、極めて抽象的であって、具体的な基準を示す指標として機能するものではない。それは、要するに、正義の観念による理性、もしくは市民的良識を意味するもののように思われる。

第五款　相互抑制的折衷構造の帰結

以上のように、新古典主義の折衷的刑罰論は、犯罪類型の定立（犯罪化）と、刑の程度の領域においてその上限を画する機能を認める。より具体的に示せば、次のようになるであろう。

(1)　まず立法原理として、功利（必要性）の思想と正義の思想とが犯罪化の基準として機能する。すなわち、犯罪は、単に行為のもたらす社会的危険性の見地からのみならず、道徳法の許さざる行為であることを要する。要するに、社会の保全に真に必要なものだけを犯罪化すること（謙抑的犯罪化）が要請される。

(2)　刑罰については、不当な重罰化・厳罰化をもたらす威嚇主義的犯罪予防の見地が否定され、犯罪は応報原理が及ぶ範囲で、犯罪者に犯罪に見合った刑を科すべきことになる。すなわち、社会の保全に足り正義の思想を逸脱しないものでなければならない。したがって、身体に残酷でないものでなければならないし、人々が正義と感じる犯罪と均衡する刑罰（謙抑的刑罰）が要請される。

(3)　裁判での具体的な量刑（刑の程度）においても、いたずらに威嚇的な一般予防効果を追求してはならず、応報原理の及ぶ範囲内で、すなわち人々が正義と考える範囲で、犯罪行為に見合った均衡の取れた刑罰の賦課を行わなければならないし、もはや社会の保全にとって十分な刑罰であれば、道徳的な見地からそれ以上の刑の科すことはできない。

(4)　刑の目的として、犯罪の誘発防止・倣悪防止という一般予防効果と犯罪者の道徳的改善という特別予防効果とを掲げるが、一般予防効果がより重視される。

犯罪類型の定立について、若干の説明を補足しておく。折衷的刑罰論からは、正義と功利が犯罪類型定立の限界になるというのが当然の帰結である。このことは、ガローの次の主張に端的に示されている。刑法は本質的に人間の行為の道徳を宣言するものであり、道徳が敬うところのものを非難することはできない。すなわち、刑法は道徳が非難するところのものしか非難できない。しかし、道徳法が命じまたは禁止するものは、必ずしも刑法によって命じられまたは禁止されるべきものではない。また、非道徳的行為は、たとえ刑法が保護をする公共の秩序を侵害するものであっても、刑法はこれを刑の予防効果または鎮圧効果を理由として非難してはならない。刑罰は正義と功利の二つの範疇に制限される。正義を超えて功利効用はない、功利効用を超えて正義はない。刑罰の公式はかようなものである[23]。このように、新古典主義は、犯罪と道徳との関係を緊密にとらえており、反道徳的行為であると同時に社会的侵害行為のみを犯罪とすることを明解に示している[24]。

折衷的構造は、刑の程度についても、その上限を画する原理として機能する。しかし、正義は応報の原理をもって社会刑罰権の存在根拠を示しはしたが、刑の程度については、オルトランも指摘するように明確な原理を提示するものではない。結局、それは、人間の理性の問題に還元されている。しかも、さらにオルトランが指摘するように、人間の理性には個人差があり、決して一律不変のものではない[25]。したがって、正義に対する感性も一様ではない。それでも、理性は利益（功利）に関する事項についてよりも正義の本儀およびその程度についてよく会得することができるものである、とオルトランはいう[26]。

新古典主義における正義は、応報の原理を除いてかなり抽象的観念にとどまるものであるが、新古典主義が正義の思想を刑法学理に定立させようとした意図は、ナポレオン刑法典制定下の威嚇主義的一般予防の刑事政策に対する反動から、古典主義刑法思想の根底にみられた人道主義的および理性的精神を活性化することにあった。その意味で、新古典主義は、正義の思想を通して刑法に理性の覚醒を喚起する学理であり、そこに新古典主義の唱える正義の思想の意義があったといえる。

（1）　Cf.Rossi, Traité de droit pénal 1, 1872, p.231.
（2）　Rossi, ibid., p.234 et suiv.
（3）　Rossi, ibid., pp.236 et 273.
（4）　Rossi, ibid., p.239.
（5）　Rossi, ibid., pp.240 a 243.
（6）　Rossi, ibid., p.232.
（7）　Rossi, ibid., p.235.

（8）Rossi, ibid., pp.245 et 246.
（9）Rossi, ibid., p.246.
（10）Rossi, ibid., p.246.
（11）J.Ortolan, Éléments de droit pénal, T.1, 4e ed., 1875, p.87.
（12）Ortolan, ibid., p.88.
（13）Ortolan, ibid., p.88.
（14）Ortolan, ibid., p.89.
（15）Ortolan, ibid., p.89.
（16）Ortolan, ibid., p.90.
（17）Ortolan, ibid., p.93.
（18）Cf.Ortolan, ibid., p.88.
（19）Georges Vidal, Cours de droit criminel et de science pénitentiaire, 3e ed., 1906, p.62.
（20）Vidal, ibid., p.62.
（21）Ortolan, op.cit., pp.92 et 93.
（22）Ortolan, ibid., pp.93 et 94.
（23）R.Garraud, Précis de droit criminel, 6e ed., 1898, p.15.
（24）Ortolan, op.cit., p.92. ベルトール『刑法詳説』（岡島真七翻刻、一八八三年）六三九頁。
（25）Ortolan, ibid., p.98.
（26）Ortolan, ibid., p.98.

第五章　新古典主義の責任論

新古典主義は、刑罰の基礎に正義の思想と功利の思想をおくことで、ナポレオン刑法典における重罰刑・厳酷刑の緩和・修正を目指した刑法学理であるが、その実践として犯罪に見合った刑を導く理論が不可欠であることはいうまでもない。新古典主義は、その意味で、必然的に責任論に新たな展開をもたらすものであった。

本章では、この新古典主義の責任論の構造を、新古典主義の理論的体系化を果たしたといわれるオルトラン（Ortolan）の学説を中軸に据えてその概要をみることにする。(1)

（1）　オルトランの刑法学に関する邦文献として、澤登俊雄「刑法理論史の研究『フランス刑法継受の時代』」法律時報五〇巻四号（一九七八年）、同「刑法理論史の研究『宮城浩蔵の刑法理論（一）（二）』」法律時報五〇巻五号、六号（一九七八年）、江口三角「フランス新古典学派の刑法思想」團藤重光博士古稀祝賀論文集第一巻（有斐閣、一九八三年）、同「オルトランの刑法学」森下忠先生古稀祝賀上巻（成文堂、一九九五年）、拙稿、「フランスの刑事責任（一）―オルトランの責任論―」（國學院大学大学院紀要一〇揖一九七九年）、同「フランス刑法における新旧両派の相剋」『近代刑事法の理念と現実』柏木千秋先生喜寿記念論文集（立花書房、一九九一年）等がある。

第一節　帰責性・答責性・有責性の観念

新古典主義は、古典主義の哲学、とりわけ自由意思の思想と結びつくことによって成立した。すなわち、新古典主義は、古典主義と同様に、人間の自由を公準としている。(1) 新古典主義刑法学の理論的完成者と目されるオルトランの責任の理論を貫いているものも、まさしくこの自由の思想であり、相対的自由の観念に基づく個別責任のイデーである。

さて、責任を行為者について探究するとき、責任論の基本概念を構成するものとしてimputabilité、responsabilité およびculpabilité の三つの観念が用いられる。これらは、今日のフランスの刑事責任を構成する主要な観念であり、一八三五年にはすでに出揃っていた。

オルトランは、この三つの観念を次のように説明する。

(1) Imputabilité とは、ある事実をある者のせいにすることのできる可能性、すなわち彼が「結果発生の原因(cause efficiente) であることを肯定することのできる可能性である。(2) 訳語としては、帰責可能性または帰属可能性が適当と思われるが、「帰責性」の語を用いることにする。

(2) Responsabilité とは、単純にいえば帰せられた事実を受け入れろとの声に答える義務をいう。(3) ここでは、「答責性」の訳語を用いる。また、このresponsabilité は、今日では一般にimputabilité とculpabilité の存在を前提とする刑事責任 (responsabilité pénale) の意味に用いられている。

(3) Culpabilité とは、帰責された事実について、行為者にfaute (故意・過失の心理的要素を内容とする義務違反・罪過をあらわす語。これにより道徳的非難が生ずる) が存在することを内容とする。(4) 「罪責」が適する場合もあるが、ここでは非難を内容とする意味での「有責性」の訳語を用いる。

以下、この三つの観念によって、オルトランが責任論にどのように構築したのかをみてみよう。(5)

第一款　帰責性

人は違法行為が彼に帰せられる場合にしか、すなわち、その行為により惹起された事実を彼のせいにすることができる場合にしか、彼が犯した違法事実について有責であるとはいえない。したがって、人がある事実につき責任を問われうるためには、まず、帰責性の存在が必要とされる。そして、ある事実を誰それのせいにすることが正当とされるためには、その者が事実の「生産的原因 (cause productrice)」すなわち「結果発生の原因・作用因 (cause efficienté)」

でなければならない。もしそうでないとすれば、その事実が惹起されたということは彼のせいではなく、他人のせいによるものである。それ故に、ある事実をある者のせいにするには、まずもって彼が発生した事実の生産的原因、つまり「第一の原因（cause prèmiere）」であることが肯定されなければならない[6]。

ところで、この「結果発生の原因」・「第一の原因」を生み出すものは、自由から生ずる力（自由の力）であり、もし彼が自由でなかった場合、彼は発生した事実について「第一の原因」でもなく「結果発生の原因」でもない。換言すれば、他の力に抵抗しがたく従ったところの自由でない力は、「第一の原因」とはなりえず、そこに帰責性の問題は生じないということである。このように、オルトランは、帰責性を構成する第一の条件として、自由（liberté）を掲げる[7]。

第二款　帰責性と答責性の関係および帰責性の要件

さて、人はなにを目的としてある事実をその「事実発生の原因」である人物のせいにするのか、なに故に事実を彼に帰責するのかという観点から、答責性が論じられる。帰責の目的は、「結果発生の原因」とされる者にその勘定を支払わせるためである。善悪に関わらず、当然受けるべき結果を受けさせるためである。そこで、帰責性のイデーに、まず最初に「アダム、アダム、それを行った者はどこにいる」という類の声に答える義務として答責性のイデーが結びつくのである。この緊密に結びつく帰責性と答責性のイデーは、異なるニュアンスで分類されていても、事実を誰それのせいにするという一つの言葉を、別の表現で語るものに他ならない。事実はそれに応じなければならない場合にしか帰せられないし、それに答えなければならないということはその事実が帰せられなければならないということである。両者は、相互に理解されるものである。そして、帰責性の表現は、刑法においてもっともテクニカルなものとされている[8]。

ところで、答責性の観点からすると、自分の行為の道徳的善悪を知る状態になくして作用した力は、その行為について応答する義務はない。この力が応答しうるものであるためには、この力が知的なものでなければならない。かくして、答責性のために、したがって同時に帰責性のために必要なものは、道徳的な善悪の認識（弁識）（connaisance du bien ou mal moral）、すなわち行為の正義または不正義の認識である。それ故、事実を誰それのせいにする（imputer）ということは、彼が第一の原因・結果発生の原因であり、第二にその事実の正義または不正義に関しての「見識のある原因（cause éclairee）であることを認めることである。こうして、帰責性の条件として、第一の条件としての「自由」のほかに、第二の条件としての「道徳的理性（raison morale）」または行為の正義・不正義の認識（弁識）が導かれるのである。[9]

オルトランは直接明示していないが、帰責性・答責性のイデーが刑罰の基礎としての応報の原理に基礎づいていることは明らかである。彼によれば、いろいろな行為を開始させる計算（compte）は、賞賛されるに値する行為の場合には報酬の原則（réglement des récompense）に、損害を及ぼす行為の場合には剥奪された利益に対する当然の償い（réparation）に、あるいは公的な刑を喚起する行為の場合には処罰にふさわしく、第二の場合を民事といい、第三の場合を刑事という。[10] この応報の原理に基づく犯罪者への刑罰の賦課を合理的に理論化するものが責任論であり、オルトランは帰責性と答責性の条件に自由と是非善悪の弁識能力をその条件として明示したのである。

第三款　有責性

帰責性と答責性の構造およびその条件に次いで考えられなければならないのは、答責性の帰結の問題である。答責性が認められれば、それで必然的に事実について責任ありとして刑が結びつけられるわけではない。処罰に理由があるといいうるためには、帰せられた事実について、行為者に多少なりとも重大な義務違反（manquement plus ou moins grave à un devoire）の存在することが必要とされる。すなわち、行為者に罪過・義務違反（faute）があること、換言すれば有責性（culpabilité 罪責）があることが絶対に必要とされる。したがって、有責性は行為者が帰せられた事実について、行為者を非難することを可能とする観念である。前述したように、この culpabilité の語は一八三五年にアカーデミ・フランセーズの辞典に初めて登場する用語である。ラテン語の culpa にその語源を有する。なお、faute はドイツ語（fallen, fall）に由来するものとも推測されている[11]。

人が犯人として有責である（coupable）ということは、必然的に、彼に事実が帰せられ、かつ、誰がなしたのかを問う声に応ずる義務が存在することを前提として含んでいる。より具体的にいえば、帰責性と答責性の問題は、同時に、彼が結果発生の原因であるか、そして彼が善悪の弁別を行う知性をもっていたかという二つの論題を探究することである。これに対して、有責性の問題は、帰責された事実について、行為者に義務違反が存在したかを探究するものである。この両者が抱えている問題は、決して同じものではない[12]。

両者の相違は、まずもって、帰責性・答責性の問題が必ず存在するか否かという有無によって解決されるべき性質のものであるのに対し、有責性・義務違反性は有無のみならず程度を有する観念であるという点にあらわれる。すなわち、帰責性にあっては、事実は彼に帰せられるかそれとも帰せられないか、また、応ずべき義務があるか否かであって、その中間というものはありえない。ところが、有責性・義務違反性は肯定されるか否定されるかだけではなく、その間に、程度の多少が存在する[13]。帰責性の構成要素（「自由」および「道徳的善悪の弁別」）は、行為者の身体的能力（facultés physiques）および道徳的能力（facultés morales）において排他的に存在するものであるが、有責性の要素は多種多様であり、それらの複合により種々のニュアンスが織りなされている。オルトランは、有責性の要素として、以下のような広範囲のものをあげる。「それらの要素は、行為者自身の中にもしくは行為者以外に、行為者の身体的能力または道徳的（精神的）能力の中に、犯罪の被害者の中に、行為それ自体の中に、行為に付随した諸事情の中に、発見することができる[14]。」したがって、有責性の量定は、こうした種々様々な要素を考慮する作業を必要とする。

ところで、有責性（罪責）には、二つの様相があることに注意しなければならない。一つは、抽象的有責性（culpabilité abstraite 抽象的罪責）もしくは絶対的有責性（culpabilité absolue 絶対的罪責）である[15]。もう一つは、具体的・

相対的有責性（culpabilité concrète, relative）もしくは個別的有責性（culpabilité individuelle）である。絶対的有責性（罪責）とは、法のすべての違反について、抽象的な態様で評価されあらわされるものである。すなわち、一般的・抽象的な行為と行為者との関係で理解されるものである。たとえば、一般的な殺人と殺人犯、放火と放火犯、窃盗と窃盗犯というように、実定法の各条文にあらわれる抽象的な行為と行為者との間における有責性（罪責）である[16]。いわば、定型的な構成要件的罪責ともいうべきものであろう。同時に、法定刑も視野に入れるならば、犯罪類型の社会的侵害の重さに対し、行為者の責任の重さを法的刑で抽象的に表現したものともいえよう。

　しかし、有責性の実質は、個別責任の見地から、現実に生じた事実について評価・量定されることにある。行為者の責任は、個々のケースについて、個別具体的な判断に委ねられなければならないからである。この個別的有責性の必要性を、オルトランは次のように表現している。「それは犯されたかの殺人であり、かの窃盗である。それはもはや抽象的なものではなく、特定の事実と特定の行為者に関する問題である。同じ事実をなす者たちであっても、有責性の同じ程度でもってその事実をなすわけではない。有責性は、行為ごと、個人ごとに変化するのである[17]。」いうまでもなく、立法者は、犯罪と刑罰を抽象的・定型的に評価し、規定することしかできない。個々の事件ごとに、具体的な有責性を適切に評価して判断を下すのは裁判官であり、それは裁判官の重要な責務である。したがって「一般的に抽象的・絶対的有責性に基づき刑を決定する立法者が、裁判官に、事件ごとにその刑を適用するために活動できる多少の自由を、そして個別的有責性の種々の程度を考察するに十分な自由を委ねることが不可欠[18]」ということになる。

　若干付言すれば、帰責性も答責性も非難を表現する観念ではなく、もっぱら行為者と事実のとの帰属関係を肯定する観念であり、訳語として用いた「責」という語も非難を表すものではなく、帰属「すべき」または応答「すべき」という当為を表現するものであって、その意味においての責任である。したがって、imputabilité も狭義の respons-abilité も、非難性を表現するものではなく、非難性・有責性については無色の観念である。非難性の有無を表すのは、有責性すなわちculpabilitéの観念なのである。

現代の通説的見解も、基本的には変わらない。ステファニ（Stefani）＝ルヴァスール（Levasseur）は、有責性と帰責性を次のように説明する。「有責性は、犯罪の心理的要素をなす広義での罪過（faute故意によるものと軽率または懈怠によるもの）を冒したことを前提とする。この罪過がなければ有責性は存在せず、古典的な意味における犯罪は成立しない。したがって、責任の問題も、そもそも成立しない。次に、帰責性は、一九三〇年のイタリア刑法（八五条）によれば理解し意欲する能力と同一のものとされるが、罪過を行った者にその罪過を負わせる可能性を指すものである。したがって、帰責性は、認識と自由意思の存在を前提とする。心神喪失または強制がある場合（刑法六四条）にはありうべき帰責可能性は存在しないのであって、それ故、真の意味における刑事責任も存在しえないのである。言い換えると、有責性は犯罪の心理的要素をその内容としており、主体と行為との関係であるのに対し、帰責性は主体そのものの状態、資格（qualification）である。狭義における刑事責任が成立するためには、犯罪者が罪過を犯したこと（有責性）とこの罪過がその犯罪者に帰責しうること（帰責性）が必要である。[19]」

なお、有責性の前提もしくはその具体的な要素であるfauteは、故意または軽率もしくは懈怠による主観的な義務違反を表現する観念である。行為者に対する道徳的非難すなわち道徳的責任を導くものである。有責性はこのfauteの存在を不可欠の条件とするが、有責性はfaute以外の要素を含むものと理解しうる。オルトランが有責性の要素としてfaute以外のものを広く提示していることからも、そのことが推認できる。fauteの範疇に故意と区別される動機が含まれるのか、この点は不明である。動機は有責性（非難）の程度に影響を及ぼすものであることは明らかであるが、fauteとの関係は明らかでない。なぜなら、fauteの内容が故意・軽率・懈怠だけを内容とするのかについて、必ずしも明確ではないからである。むろん、fauteを故意・過失のみを内容とする観念とすれば、動機は含まれないと解すべきであろう。この問題については後述する。

また、オルトランの用いる答責性（responsabilité）の観念は、現在では、帰責性の観念に支配され、その意義は消失しているように思われる。ステファニ＝ルヴァスールも答責性の観念には言及していない[20]。ルヴァスール個人も、responsabilité はfaute に基づく culpabilité だけでは不十分で、さらにimputationが必要であるとし、結局、帰責性はある者に帰せられなければならないところの反社会的行為を必要とすると述べている[21]。ここでいうresponsabilité は、刑罰を受ける義務をあらわす刑事責任の意味である。ともあれ、オルトランが帰責性とともにあえて答責性の問題を論じたのは、それはやはり応報の原理を刑罰権の基礎として強く認識していたからであろうと思われる。

（１）　Pierre Bouzat et Jean Pinatel, Traité de droit pénal et de criminologie, T.I, Droit pénal général, 1970, p.108. H. Donnedieu de Vabres , Traité élémentaire de droit criminel et de législation pénal comparée, 2e ed., 1943, p.33. 三つの責任観念について、江口三角「オルトランの刑法学」森下忠先生古稀祝賀上巻（成文堂、一九九五年）七二一七四頁参照。
（２）　J.Ortolan, Éléments de droit pénal, T.I, 4e ed., 1875, p.102.
（３）　Ortolan, ibid., p.102.
（４）　Ortolan, ibid., p.102.
（５）　江口・前掲七二一七八頁が、オルトランの責任論を簡潔に概説している。
（６）　Ortolan, op.cit., p.100.
（７）　Ortolan, ibid., p.100.
（８）　Ortolan, ibid., p.100.
（９）　Ortolan, ibid., pp.100 et 101.
（10）　Ortolan, ibid., p.101.
（11）　Ortolan, ibid., pp.101 et 102.
（12）　Ortolan, ibid., p.102.
（13）　Cf.R.Garraud, Précis de droit criminel, 6e ed., 1898, p.150.
（14）　Ortolan, op.citi., p.103.
（15）　Ortolan, ibid., p.103.
（16）　Ortolan, ibid., p.103.
（17）　Ortolan, ibid., p.103.

（18）Ortolan, ibid., p.104.
（19）G.Stefani et G.Levasseur, Droit pénal général, 9e ed., 1976, p.291. G・ステファニ・G・ルヴァスール・B・ブーロック『フランス刑事法〔刑法総論〕』（澤登俊雄・澤登佳人・新倉修訳・成文堂、一九八一年）二四七頁。
（20）帰責性と咎責性の区別をしないものとして、M.Frejaville et J.C.Soyer, Manuel de droit criminel, 1960, p.20.
（21）Levasseur, L'imputabilité des infractions en droit français, Reveu de droit pénal et de criminologie, 1965, p.390.

第二節　行為者の精神的能力と責任

さて、重要なことは、責任に関する以上の三つの観念それ自体ではなく、行為者の有する種々の精神的能力（faculté de âme）およびその行使がなんらかの形で強い作用を受けた場合に、刑事責任にどのような影響を及ぼすかについての一般原則の確認である。

第一款　精神的能力

オルトランは、右の責任の問題を、心理学の助けを借りて次のように考究する。複雑な諸要素の集合体としてあらわれる人間の精神（moral）を心理学的に分析すれば、人間は、心理学的能力（facultés psychologique）として、感性（sensibilité）、知性（intelligence）および行動性（activité）の三つの能力を有している[1]。これらの三つの心理学的能力が、各々、帰責性（imputabilité）・咎責性（responsabilité）の構成条件に、あるいは有責性（culpabilité）の程度にどのような役割を果しているであろうか。これについて、オルトランは次のように分析している。

感性は感情（sensation）、感覚（sentiment）そして情熱（passion）の源泉であり、一般的に、行為または不行為の扇動者（agent provocateur）の役割を果す。しかし、この感性自体は自由でもなく、知識・経験を有するものでもないので（したがって、是非善悪の弁別能力とは無関係）、帰責性・答責性を構成する条件ではない[2]。

知性は、単純な能力として、また、事実の中に常に一つのものとしてあらわれるものではなく、極めて複合的で不均等・不規則な様相を呈するものである。知性は多くの異なる能力を含むものであるが、それらのうち帰責性・答責性の本質的な条件を形成するものは、道徳的理性（raison morale）ないし行為についての善悪の理解（connaissance du juste ou de l'injustice de ses action）であって、他の知的能力は有責性の程度に影響を及ぼすだけである。なぜなら、この理性は、感性が扇動者として行為にかりたてるとき、なそうとしている行為が道徳的に善か悪かを、また法に一致するか否かを判断し、知らせるために存在するものだからである。したがって、理性は帰責性の条件の一つを導くものである[3]。

この理性に基づいて、行為をなすかなさぬかを決定し、実行に必要な身体の動静を導く力があらわれ、かくして行動がなされる。そこで、行動における行為、不行為の決定力と実行のための身体の動静をなす力とが、帰責件の第二の条件となる。これらの力は、自由な選択・自由な決定を意味しており、いわば自由に源泉をもつ。したがって、事実が行為者に帰せられるためには、それらの力、すなわち自由の存在が必要とされ、自由が帰責性の第二の構成条件とされる[4]。

以上が、オルトランの示す行動と自由の関係、および帰責性との関係の概要である。

ここで、自由と意思（volonté）との関係が問題となる（volontéは、意思・意欲・意図を内容とするものであるが、それらはニュアンスをやや異にするところがあるので、適宜volontéの原語を交えて使用する）。身体の動静をなす精神的能力をあらわすのに、心理学的言語としてのvolontéを使用することがあるが、オルトランはこれには批判的であった。その理由は、volontéの言葉がその意義を十分に定めることに困難があり、自由とは別の意義を許すもので混同を生じやすいことにあるというものである。

しかしそうではあっても、オルトランも第一義的には、両者は同じイデーをあらわすものであることを次のように述べて認めている。「だが、精神の純粋な能力の意味に用いられるvolontéと自由とは一致する。なぜなら、神はわれわれに、行動するかしないかを決定するために、自由の力（force libre）、別の表現でいえば自由もしくはvolontéを与え給もうたからである。身体の諸器官に命令し行動を決定する力は、この自由の力もしくはvolontéの力であって、二つの言葉は第一義的には同じイデーをあらわすものである。(5)」結局、オルトランは、意思＝volontéを自由の意義の中に包摂し、volontéの表現を帰責性の問題としては用いない。

第二款　精神的能力に対する影響

右のように分析された行為者の精神的能力は、行動に常に備わっているものではないし、また、常に正常な状態にあるものでもない。

感性によってのみ行動がなされた場合、すなわち衝動のままに従う本能的、あるいは不可避的な行動は、そこに理性も意思（volonté）も介入する暇がないので、理性のある意思的な行為とはいえず、したがって帰責性の条件を欠如している(6)（恐怖、強度の挑発等）。

これに対して、感性が興奮・刺激のエネルギーにより理性の光りを曇らせ、自由の行使に障害を生じさせるような場合には、そのように扇動者としての役割を弱めた感性は単に有責性（culpabilité）の程度に影響を及ぼすだけである。ここには、理性の曇りまたは自由の行使に対する制限があるものの、理性および自由それ自体は存在するので帰責性は存在する。したがって、その影響を受けた有責性の程度（非難の程度）が考慮されなければならない(7)。

次に、知性と責任の関係を見ると、ここでも帰責性の条件に対する影響と有責性に対する影響とに分けることができる。理性は、知性の種々の能力のうちで帰責性に専属するものであり、存在すれば帰責性を構成するし、存在しなければ帰責性の条件を欠如することになる。ここには、極めて明瞭かつ正確な規則性が認められる。これに対して、それ以外の知性の諸能力は、帰責性とは関係せず、有責性の程度に関与するだけである(8)。

以上のことから、これらの精神的能力と帰責性・答責性の二つの構成条件（自由と理性）および有責性との関係を、次のように規則的なものとして認めることができる。

(1)　精神的能力のうち、理性と自由の行使を完全に途絶えさせるもの、または完全に妨げるものは、すべて帰責性・答責性を消滅させる。

(2)　理性と自由の行使を制限するものは、有責性を軽減・減弱する。ただし、複合的で変化に富んだ要素を内容とする有責性は、その性質から、先験的な判断の公式にはなじまないので、個別・具体的判断が必要である。

したがって、刑事責任の実際的な問題は、右の規則性に照らして、精神的能力の異常が帰責性と有責性にいかなる作用・影響を与えるか、また自由への圧迫が同様にいかなる作用・影響を及ぼすかということになる。

すなわち前者については、「精神の異常（altération mentale）により、行為者が行為において、道徳的理性または自由を奪われている場合、帰責性は存在しない。もし、この二つの能力が、それ自体消滅することなく、その行使において減弱させられていたならば、また、主として知性の他の部分あるいは行動の扇動者である感性にしか減弱が作用しなかったならば、帰責性は存在するが、有責性が減ずる。そして、この減弱は異常の程度に応ずるのである。(9)」したがって、理性または自由の能力を喪失した心神喪失が責任を阻却されるのは、帰責性の欠如による。

後者については、「圧迫（oppresicn）の結果、行為者に自由の欠如が見られるとき、帰責性は存在しない。自由が減少した場合、有責性が減少する。(10)」このように自由を行使する能力を奪う強制もまた、帰責性の欠如に責任阻却（irresponsabilité）の根拠を求めることができる。

（１）　J.Ortolan, Éléments de droit pénal, T I, 4e ed., 1875, p.104.
（２）　Ortolan, ibid., p.105.
（３）　Ortolan, ibid., pp.105 et 106.
（４）　Ortolan, ibid., p.106.

（5） Ortolan, ibid., p.106.
（6） Ortolan, ibid., p.107.
（7） Ortolan, ibid., p.107.
（8） Ortolan, ibid., p.108.
（9） Ortolan, ibid., p.231.
（10） Ortolan, ibid., p.233.

第三節　故意

第一款　故意と意思

前節で触れたように、自由と意思（volonté）とを区別するのがオルトランの見解である。さらに、故意とvolontéとの関係にも言及している。オルトランは、volontéの言葉の意義を心理学的用語と日常の用語との二つに分析する。心理学的には、volontéはvouloir（欲する）する力、あるいはvouloirしない力、すなわち精神的能力そのものを意味し、その限りではこれは自由と完全に一致する。

しかし、日常の用語としてのvolontéはvouloirした（欲した）という事実を指し、その意味においては、もはや精神的能力ではなく精神的能力の行使の事実を指すものである。[1] 前述のように、volontéに「意思」・「意図」・「意欲」といった訳語を当てることができるであろう。

オルトランは、日常的・一般的用語の意味でのvolontéが自由の意味と異なることを、非故意の行為を論ずることにより明示する。戯れに石を投げたところそれが人の傷害もしくは人の死を招いたケース、小さな火を燃やしたところ家が燃えてしまったケース等を例に挙げ、次のようにいう。「ここに、人が一般的に受け入れる表現がある。『私はそれ（結果）を volonté（意欲）することなしに行為した。私にとってそれは意に反したものである。』しかし、検討してみると（精神的能力としての volonté と、結果に対する意欲としての volonté とは）一致しない。行為自体については、それらの行為は明らかに意思的・意図的・意欲的であって、理性と自由を持った状態で行為者がなしたと考えられる。彼は、その行為を意欲・意図したのである。意欲・意図しなかったのは、つまり精神の中に抱いていなかったのは、その行為の侵害結果である。彼はいささかもその結果を心に抱かなかった。すなわち、その結果に向けて行為を導かなかったのである。」この場合、「行為において意欲・意思は存在したのである。欠けているのは、侵害結果に向けての操縦（direction）であり、それへ向けて力を作用させること（tendance）である。[2]」

このようにオルトランは、volonté で描けない結果に対する意欲、すなわち結果へ向けての行為の操縦が存在することを指摘するのである。それ故に、ここに第三の観念、刑法の専門用語でいうところの故意（intention）があらわれるのである。正確な表現でいえば、非故意の行為に欠けているのは volonté ではなく、この故意なのである。[3] ドヌデュード・ヴァーブル（Donnedieud de Vabres）も、volonté をすべての犯罪に必要欠くべからざる精神的要素としていることから明らかなように、volonté と故意とを区別している。[4]

第二款　故意と有責性

しかし今日、オルトランの指摘をよそに、故意は volonté の語を用いて定義されているといってよいであろう。[5] エミール・ギャルソン（Emile Garçon）によれば、「故意とは法律により定められた犯罪を行う行為者の volonté である。それは、犯罪者の法律の禁止に違反する意識である。[6]」また、ステファニ＝ルヴァスールによれば、「故意とは一定の目的に向けられた volonté（意思）である。したがって、刑法において刑事上の悪意思（dol criminelle）と呼ばれる犯罪の故意（intention criminelle）とは、刑法で禁止されている目的に意図的に向けられた意思（volonté）である。[7]」すなわち、一般的な行為意思（volonté）のうち犯罪結果を意欲したものを、故意として intention の語で表現しているのである。

さて、volonté の語を用いないオルトランの定義によると、故意とは犯罪を構成する侵害結果に向けて行為（作為）または不行為（不作為）を導くことである。[8] この故意は、犯罪に存在するかしないかのものである。

故意、すなわち intention の語は、一八一〇年刑法典およびそれ以降の法律にもほとんど見られず、故意をあらわすものとして、à dessein 、volontairement 、mechamment 、sciemment その他類似の表現が用いられていた。また、古い刑法学者はこの故意を示す語としてdol（悪意思）を用いた。この言葉は、ローマ法より借用されたもので、元来は民事上で用いられたものである。したがって、オルトランは、民事法からの借物である dol の表現を混乱したものであって適切なものでないと指摘をしているが、現在でも故意を表す語として intention と併用される場合がある。ただその場合、民事法のそれと区別するために dol criminel と呼ばれるのが一般的である。

ところで、フランス刑法で故意を語るとき、常に注意を要することは動機との区別である。動機とは、犯罪を実行することによって達成しようとする究極の目的（fin）であるが、古典主義および新古典主義はこれを故意と区別すべきであるという主張を終始一貫させている。その理由は、ステファニ＝ルヴァスールの次の見解に端的に示されている。「故意が違法行為を実行しようとする自覚のある意思であり常に同じものであるのに対して、動機は本質的に人および環境によって変化しやすいものである。古典的観念に固執して、フランスの刑法典は故意しか考慮しない。すなわち、動機についてのいかなる考慮も容れないのである。原則として、動機は犯罪の成立についても、犯罪の処罰についても無関係である。[9]」故意と動機に関する興味深い判例がある、いわゆる、メナール（Ménard）事件の判決である。二日以上何も食べることができず、子供を餓死させまいと店頭から一片のパンを盗んだメナール夫人に対して、アミアン控訴院（cour d'Amiens）はその動機を斟酌し彼女に故意はなかったとして無罪を言い渡した（一八九八年四月二二日）。これに対して、ステファニ＝ルヴァスールは故意と動機を混同した判決であると批判し、動機がたとえどのようなものであろうと、故意を消滅せしめるものではないと主張する。[10] オルトランも、刑法においては究極の目的は手段を正当化するものではないとして、故意と動機との区別を主張する。すなわち、彼においても、この究極の目的である動機は絶対的有責性を消滅させるものではなく、もっぱら個別的有責性の程度に影響を及ぼすものとして理解されているにすぎない[11]。ステファニ＝ルヴァスールも、動機は裁判上の量刑に影響を及ぼすものであるとしている[12]。このように、動機は犯罪構成要素の一つである心理的要素（道徳的要素）から除外されている（犯罪構成要素については後述する）。

では次に、故意と有責性との関係はどのようなものか。オルトランは、故意は義務違反（faut）に関わるものとして、有責性との関係を次のように述べている。行為者は、その理性によって自己の行為が善か悪かを、法に一致するものか否かを検討し、判断する義務を負う。理性を備えながら犯罪を行ったということは、まぎれもなく義務の問題を検討しなかったということである。すなわち、この理性と自由の悪しき行使をなさない可能性があるにもかかわらず、彼が故意をもって行動したということは、まさしく義務違反を犯したことにほかならないのである。そこで、オルトランは、故意と非故意との義務違反の程度を次のように比較する。「理性と自由の悪しき行使をなすことに存する義務違反、すなわち故意のあるケースに生じる義務違反は、理性の不行使に存する義務違反、すなわち故意のないケースに生じる義務違反よりも極めて重大である。後者は、事情に従って減弱し、もはや生じた侵害を回復する義務しか行為者に負わせない。この場合、帰責性または咎責性の条件は消滅しないが、有責性はもはや公刑罰の適用にメリットがないところまで減弱する[13]」。これが、故意が有責性の程度に重要な役割をもつ条件とされる理由である。むろん、非故意の行為であっても、社会に対する影響の重大性により、非故意の犯罪として犯罪の一カテゴリー（若干の軽罪、ほとんどの違警罪）の中に入れられることが認められる[14]。したがって、公刑罰の適用のメリットは、故意に専属するものではなく、非故意の犯罪についての義務違反内容である軽率や不注意にも存在する。

以上のように、故意は精神能力の行使に関わるだけのものであって、その意味で故意犯の有責性を構成する要素ではあるが、帰責性の条件ではないのである。そして、オルトランの論調からすれば、この故意は、個別的有責性に作用するものではなく、故意犯として定型的に規定された各犯罪類型の抽象的・絶対的有罪性を構成する要素であるといえよう。

（1）J.Ortolan, Éléments de droit pénal, T.I, 4e ed., 1875, pp.108 et 109.
（2）Ortolan, ibid., p.109.
（3）Cf.R.Garraud, Précis de droit criminel, 6e ed., 1898, pp.185 et 186.
（4）H.Donnedieu de Vabres, Traité élémentaire de droit criminel et de législation pénal comparée, 2e ed., 1943, p.70.
（5）Cf.Vabres, ibid., p.70.
（6）Emile Garçon, Code pénal annoté, 1952, p.8.
（7）G.Stefani et G.Levasseur, Droit pénal général, 9e ed., 1976, p.207. G・ステファニ・G・ルヴァスール・B・ブーロック『フランス刑事法［刑法総論］』（澤登俊雄・澤登佳人・新倉修訳・成文堂、一九八一年）一六六参照。
（8）Ortolan, op.cit., p.153.
（9）Stefani et Levasseur, op.cit., pp.208 et 209. 前掲『フランス刑事法［刑法総論］』一六八頁参照。
（10）Stefani et Levasseur, ibid., p.172. 前掲『フランス刑事法［刑法総論］』一三一頁。
（11）Ortolan, op.cit., p.154.
（12）Stefani et Levasseur, op.cit., p.211. 前掲『フランス刑事法［刑法総論］』一七〇頁。
（13）Ortolan, op.cit., p.110.
（14）Ortolan, ibid., p.110.

第四節　オルトランの刑罰論と責任論の連関

オルトランに見られる新古典主義の責任は、具体性をもつ自由のイデーと結びついた道徳的責任である。したがって、精神的能力に関する責任の量は、結局は、自由の量によって計測されるというものである。自由それ自体は存在するかしないかであるが、ここで自由の量とは、自由の存在を前提として自由の能力を正常に行使できる可能性の程度を意味する（理性の曇りも究極的には、この自由の正常な力を妨げるものとされる)。この自由の能力を正常な状態で行使できたか、あるいはなんらかの原因で制限されたか、それともまったく行使することがかなわなかったか、そうした程度に応じて、個別具体的に責任の量（したがって刑の量）が計測されるのである。すなわち、責任能力または限定責任能力の問題である。

さらに各具体的事件につき、この個別具体的な責任の量定を、したがって量刑を可能にするのが、前述の個別的有責性の観念である。新古典主義は、刑罰権の基礎に功利と正義（神の示す道徳的正義を源泉とするか、そこから派生する正義かはともかくとして、正義と道徳は密接に関わるものと認識されている）をおき、犯罪に見合った適切な刑罰を導くことをその学理の真髄とした。正義の観念は、少なくとも犯罪には制裁をという応報の原理を刑罰原理とし、さらにその刑罰原理から導かれる刑罰を、社会的有用性という功利の原理が適切な内容・程度のものに抑制をはかる。同時に、逆に、社会的功利の行き過ぎたイデーから重罰・厳罰が導かれることを抑制するために、正義の観念が抑制機能をもつ。これがオルトランの折衷的刑罰論であった。

そして、それを具体的に実践する理論として展開されたのが、行為者の各犯罪行為とそれに対する刑とを結びつけるところの、帰責性、答責性そして個別的有責性の観念による責任論である。とりわけ、様々な要素によって構成される個別的・具体的有責性の観念が、裁判官に量刑への裁量を理論的に可能にしたのである。かくして、新古典主義の刑罰論および責任論は、ナポレオン刑法典の重罰・厳罰主義に顕現した刑事権力に対する抑制の理論を有責性に託すものであった。その意味で、新古典主義は、近代刑法学に大きな足跡を残す刑法学理であった。

第六章　新古典主義における責任と刑の関係

一八一〇年刑法典に対する刑罰制度の改正は、先に示した一八一四年の憲章第六六条による一般（全部）没収の廃止に始まる。その後いくつかの改正をみるが、その中でも注目されるのは一八二四年六月二五日の法律による軽減事情（circonstance atténuante）の拡大である。しかしながら、この軽減事情の拡張は極めてためらいがちに立法されたものであった[1]。アドルフ（Adolphe）＝エリ（Hélie）は、このような臆病な手直しを改正とはいわないと手厳しく非難している[2]。

刑法典全体に対する全般的改正の要請は、政治的自由思想の復活と、折衷主義を普及させた一八二九年のロッシ（Rossi）の著した *Traité de droit pénal* の影響とにより生じた。具体的には、一八三二年四月二八日の法律により、刑法典は初めて全般的な修正の対象となり[3]、同法を契機に刑法典の本格的な改正作業が開始されたのである。この一八三二年法は一八〇八年の治罪法典の改正法でもあったが、実質的には刑罰制度の緩和をその重要な内容とするものであった。その意味で、同法は、ナポレオン刑法典の威嚇主義の精神を否定するものであり、改正法として重要な地位を占めるものである。

一八三二年法の起草者は、刑に関しては、人道性の思想（pensée d'humanité）により、功利主義に支配された過度の重罰性を批判し、道徳原理による刑と犯罪とのよりよい均衡の再建を実現するだけの改正にとどまり、犯罪化についてはほとんど手をつけなかった。刑の緩和だけで満足せざるをえなかった理由として、この時代の不安定な政治情勢下ではそれだけで精一杯だったことが指摘されている[4]。

同法の内容は、烙印等の残虐な身体刑の廃止、刑罰執行方法の変更、政治犯に対する固有の制度の創設、そして軽減事情の一般化である。さらに、新古典主義の立法への影響が、行刑制度の改革に顕著にあらわれた。

かくして実証主義の影響が波及する一八八〇年代にいたるまでの諸改正の中心は、刑罰の緩和、軽減事情の制度の確立および行刑制度の改革の三つに大別することができる。なお、刑罰の緩和について、これに関する法律およびデクレ（政令 décret）を左に掲げておく。

一八三二年四月二八日法　＝手首の切断・烙印刑の廃止、政治犯と普通犯との分類およびそれに伴う刑の分類

一八四八年四月一二日デクレ　＝政治犯の死刑の廃止、公衆面前への晒し刑（exposition publique）の廃止

一八五四年五月三一日法　＝民事死（mort civile）の廃止

一八六三年五月一三日法　＝六五ヶ条にわたり改正を施し、その多くは重罪を軽罪に変更するもの

以下、本章においては、刑を免除する免責宥恕（excuse absolutoire 免刑宥恕）、刑を軽減する軽減宥恕（excuse atténuante）、刑罰の緩和事由（causes de mitigation de peines）および刑を軽減する軽減事情（circonstance atténuantes）の諸制度が有責性とどのような理論的関係をもつものかを検討する。

（１）R.Garraude, Précis de droit criminel, 3e ed., 1898, p.145.
（２）Chauveau Adolphe et Fautin Hélie, Théorie du code pénal, T.1.2e ed., 1861, p.38.
（３）René Foignent et Emil Dupon, Manuel élémentaire de droit criminel, 1907, p.75.
（４）Adolphe et Hélie, op.cit., p.38.

第一節　有責性と宥恕および軽減事情制度

第一款　有責性の意義と機能

一　有責性の意義

一七九一年の革命刑法典下にあらわれた古典主義の考え方によれば、同法典のもっとも特徴的な固定刑制度からも

明らかなように、刑は犯罪の程度に相当するというのが基本的な公式であった。これに対して、新古典主義は刑がもっぱら犯罪者の責任に相応すべきことを主張し、個別責任の思想の展開と確立に道を開いた。ここでいう責任の実質は、有責性すなわち culpabilité を指す。したがって、刑は犯罪者の（心意的要素である）故意・過失を中心とした義務違反を内容とする culpabilité の程度に従うというのが、新古典主義によって確立された公式といえる。新古典主義が刑法の中に主観主義を導入することを主唱したといわれるのは、まさしくその意味においてである[1]。その意味で、culpabilité の観念は、固定刑制度に象徴される平面的で画一的・抽象的な古典主義の責任観から、新古典主義の個別具体的な量的責任観へと変容を遂げるために不可欠な責任観念であった。言い換えれば、責任の個別化をもたらすものである。

こうして、新古典主義は、culpabilité の観念の媒介を得て、個別的な犯罪者の具体的な状況に相応する個別的責任を理論的に裏づけすることを可能とした。この点につき、アッダ（Addad）＝ブヌゼク（Benezech）は次のように論じている。新古典主義は、罪過・義務違反（faute）の処罰または帰責不能の犯罪者の中和（不処罰）という裁判官が直面する二つの方法、すなわち制裁の二元的制度を練成することを可能にした。新古典主義の理論は、行為主体に一様ではない自由が存在することを認める。責任は犯罪者の行為に影響を与える多くの要素に依存しているので、責任はそれぞれの人によって異なる。そして、制裁は犯罪者の自由の部分に比例する。かくして、「新古典主義による犯罪の評価は、裁判官が客観的に評価する行為者の主観的な有責性（culpabilité）の程度による[2]」ものとなる。

ところで、第五章第一節で既に述べたように、culpabilité では主として故意・過失による義務違反（faute）が論じられているが、ガロー（Garraud）によればこれは次の理由による。「犯罪行為者が非難される行為につき、彼に罪過（故意・過失による義務違反）があるかどうかを探求することは、犯罪の道徳性＝心意（moralité）を研究することである。ここに、犯罪の道徳的（心理的）要素（élément moral）の名称で culpabilité のすべての条件を措定する習慣が生まれた[3]」のである。この faute の様々な程度が、culpabilité の程度および刑の強度を決定する[4]。オルトラン

（Ortolan）によれば、faute の実体は義務違反（manquement à un devoir）であるから、[5] 義務違反の程度が culpabilité の程度に作用し、ひいては刑の程度を決定する。他方で、オルトラン（Ortolan）は「culpabilité には、犯罪の中で遭遇するあらゆる事情を反映して、様々なニュアンスが刻み込まれる可能性がある」[6] として、さらに culpabilité の多くのニュアンスを量的に構成する諸要素は多種多様であって、「行為者自身の中にまたは行為者以外に、行為者の肉体的能力または精神的能力の中に、犯罪の被害者の中に、行為それ自体の中に、行為以前または行為に付随する事情の中に発見することができる」[7] と述べている。culpabilité と faute との関係については後述する。

さて、刑は責任、具体的にいえば culpabilité の程度に従うという右の公式の下で、有責性（culpabilité）の観念は、刑を加重する事情（circonstance aggravante）、刑を絶対的に免除する免責宥恕（excuse absolutoire 免刑宥恕）、絶対的に刑を軽減する軽減事情（circonstance absolutoire）（絶対的軽減事情の事由を法定化したものを excuse atténuante という）、および各訴訟において個別責任の判断が裁判官の裁量に委ねられた減刑を可能とする軽減事情（cirucnstance atténuante 酌量減軽）の基礎的観念になる。したがって、オルトランの見解においては、義務違反・罪過（faute）を内容とすることを通じて、culpabilité の観念が刑の加重減免全体の基礎に据えられているのである。

そこで、culpabilité の観念が刑罰の加重減免にどのような役割を果すものであったのか、すなわち culpabilité の諸相を見ることによって、とくに新古典主義の刑事権力抑制（重罰抑制）の刑罰論の具体的一面を析出してみたいと考える（なお、culpabilité の観念は、有責性と場合によっては有罪性の意味を併合するものであるので、ここでは適宜、訳語と原語をまじえて用いることにする）。

なお、これらの問題を検討する前に、フランス刑法の犯罪論における責任の位置づけを確認しておくことにする。まず、オルトランの犯罪論の体系は、第一編刑法の基礎理論（刑罰論）、第二編刑法総則第一部犯罪の行為者（責任、故意（intention）、正当防衛・誘発（provocation）法令に基づく行為を内容とする）、第二部犯罪の被害者、第三部犯罪（délit）という構成になっている。ここで留意しなければならないのは、わが国における構成要件理論を基礎に体系化された犯罪論とは異なり、責任は犯罪の構成要素ではないということである。オルトランの後、ガローは、犯罪を法律的要素（élément légal）、物理的要素（élément matériel）および道徳的要素（心理的要素 élément moral）に分類する今日のフランス刑法の通説的体系を確立する。オルトランは、刑罰、犯罪者そして犯罪行為の順に体系化しているのに対して、今日の通説的体系は犯罪行為、犯罪者そして刑罰（制裁）の順である。[8] それはともかくとして、いずれにしてもフランス刑法においては、責任は犯罪行為に対し刑罰を甘受する義務であり、犯罪行為が行為者に刑罰をもたらすその法律効果だということである。ステファニ（Stefani）＝ルヴァスール（Levasseur）は、そのことを次のように述べている。「責任（responsabilité）は、一般的に言えば、自己の行為の結果に報いるべき義務であるが、もっと正確に言えば、刑法において自己の犯罪行為に報い、その犯罪行為について法律が定めている刑罰を甘受すべき義務である。したがって、責任は犯罪の一要素ではなく、犯罪の法的な効果および帰結である。[9]」

二　Culpabilitéの二つのカテゴリーと刑の加重減免との関係

まず、culpabilitéと宥恕および軽減事情との関係を、オルトランの見解にしたがって解明しておく。

第五章第一節で述べたように、有責性は絶対的有責性（culpabilité absolue）と個別的有責性（culpabilité individuelle）とに分析された。絶対的有責性とは、繰り返して説明すれば、法のすべての違反について抽象的な態様で評価されあらわされるものである。たとえば、一般的な殺人と殺人犯、窃盗と窃盗犯といったように一般的抽象的な行為と行為者との関係で理解されるものである。これに対して、個別的有責性は、各訴訟における個々のケースについて個別具体的な判断に委ねられ評価・量定されるものである。

ガローもまた、オルトランと同様にculpabilitéを二つのカテゴリーに分類する。[10] ガローは、「刑は、処罰される行為の重大性と犯罪者のculpabilitéとに比例しなければならない」として、このculpabilitéの評価が次の二つの方法でなされることを指摘する。一つは、立法者が行う抽象的な方法であって、ガローはこの評価によるものを「法律上の有責性（culpabilité légal）」と呼ぶ。他の一つは、裁判官が行う個別・具体的な方法であって、これを「裁判上の有責性（culpabilité judiciare）」と命名する。そして、ガローは、フランスの立法は「culpabilité に刑を比例させるための自由裁量権が裁判官に認められているものと、裁判官にいささかも認められていないもの」、すなわち「人間の自由裁量権」と「法律の裁量権」とを複合するシステムを採用していると述べている[11]。ガローの析出した「法律上の有責性」がオルトランのいう絶対的有責性に、「裁判上の有責性」が個別的有責件に相当するものといえよう。

さて、オルトランのいうこの絶対的有責性に対して影響を与えるものは、あらかじめ特別に法律の規定の対象となりうる。すなわち、立法者は、あらかじめ刑の減免を一般的な方式で規定しておくことができる。その規定されたものが、宥恕（excuse）であり、これはさらに免責宥恕（excuse absolutoire）と絶対的軽減事情（circonstance absolutoire 実質的には軽減宥恕）とに分析される[12]。これに対して、個別的有責性に影響を与えるものが加重事情（circonstance aggravante）と軽減事情（circonstance atténuante）である。加重事情も、絶対的有責性に影響を与えるものと個別的有責性に影響を与えるものとがある。ここでは、免責宥恕（絶対的軽減宥恕）と軽減事情（任意の軽減事情）に限定して論ずる。

なお、オルトランは、宥恕事由を、自らの刑罰論の基礎である正義の思想と社会的功利の思想で分類した。正義の思想に基づくものとして掲げるのは、次のようなものである。未成年者の宥恕、誘発の宥恕、親子間・夫婦間の親族相盗の宥恕、教唆・扇動を受けての集団的略奪・破壊の宥恕等。社会的功利の思想に基づくものとしては、次の場合を掲げる。暴動の徒党あるいは手段による公務執行妨害に加わった者が、当局の初回の退去警告に従った場合、国家の安全を害する犯罪や通貨偽造につき、犯人を当局に通報しまたは逮捕させた場合、氏名の記載なくして配布された文書につき、これを通報した場合、不法逮捕監禁をした者が一定の期間内に被逮捕監禁者を解放した場合、誘拐した未成年の女子と婚姻した場合等[13]。オルトランは、この問題が刑罰の問題である以上、新古典主義の折衷主義刑罰理論との整合性を示そうとしたと思われる。

第二款　免責宥恕（免刑宥恕）

宥恕（excuse）とは、犯罪を行った者に対する刑を消滅もしくは軽減する性質をもつ事実である。[14] オルトランによれば、「宥恕は、ある culpabilité の実体を存続させているが、刑の軽減またはときとして刑の免除をとくに法律で定めた事実」であり、したがって宥恕は culpabilité の消滅をもたらす帰責性阻却事由（causes de non-imputabilité）とも正当化事由（causes de justification）とも異なるし、法律が裁判官または陪審の認定に委ねる軽減事情とも異なるものとする。[15]

そこで、宥恕は、刑に関する効果により、法律上二種類に分類される。すなわち、刑を絶対的に消滅させる効果を有する免責宥恕（excuses absolutoires）（今日では、成立した culpabilité を消滅させるものとされているので免責宥恕と訳す）と、刑を軽減する効果を有する軽減宥恕（excuses atténuantes）とがそれである。[16] いろいろな宥恕について、法律は、宥恕による刑の消滅もしくは軽減が犯罪の成否によるものか、責任の消滅によるものか、あるいは軽減によるものか、またはその他の理由による帰結なのかについては沈黙し、単に免責宥恕については刑を免除し、軽減宥恕についてはは宥恕すると規定するにとどめた。[17]

さて当時、免責宥恕と有責性阻却事由（causes de non-culpabilité）とは法理上区別されていなかったが、オルトランは次の点で両者を区別した。まず、責任不成立・責任阻却（irresponsabilité）には二種類あって、一つは行為主体に帰責性（imputabilité）を欠如する場合（心神喪失、強制）であり、他の一つは有責性不存在事由すなわち行為主体に行為の権利がある場合（正当防衛、法律の命令等の正当化事由）である。これに対して、宥恕にあっては犯罪行為は行為者に帰責されるべきであるし、また決して正当なものでもない。ただ法律は、親族相盗、損害の賠償、重大な事実の告知（暴露 révélations）等により、例外的にいかなる刑をも科さないことを命令するのである。[18] そのように、免責宥恕が有責性阻却や有責性不存在とは異なるものであるならば、免責宥恕の免刑の理由を有責性すなわち culpabilité の不存在に求めることはできない。そうであれば、免責宥恕が絶対的有責性に影響を与えるものとの論理は、成立しないことになる。その点で、オルトランの論旨は明瞭でないように思われる。

なお、実定法の見地からいえば、刑法典の有責性不存在・有責性不成立（non-culpabilité）の規定（六四条、三二七条および三二八条）は、「重罪も軽罪も存在しない（Il n'y a ni crim ni delit）」との文言が用いられているのに対して、免責宥恕の場合には重罪も軽罪も存在するのである。前者については、被告人は陪審により「犯人でない」とされ無罪となるが、後者については「犯人である」とされた上で刑を免除されるのである。(19)

免責宥恕事由として、一九世紀の一八一〇年刑法典は以下のものを定めた。

(1) 犯罪者が行った犯罪を鎮圧するために社会に協力する場合として、①国家の内的もしくは外的安全を侵害する陰謀またはその他の重罪の遂行もしくは未遂以前に、これを最初に政府機関もしくは官憲に通報した場合、あるいは訴追が始まった後でも当該犯罪の正犯や共犯の逮捕をもたらした場合、また、②通貨偽造または国璽もしくは銀行紙幣偽造、兇徒結社への加入、爆発物破裂について、犯罪や計画を事前に通報したり、訴追後でも他の犯人を逮捕させたときには、刑が免除される。なお、前者については後に、逮捕に協力した者に対する等についての軽減宥恕規定が設けられた。

(2) 犯罪の損害が消滅した場合にも、刑が免除される。もっぱら怠慢により囚人を脱走させた護送者や看守は、逃走のときから四カ月以内に脱走囚人が逮捕されまたは出頭してきたとき、かつ、その後に重罪もしくは軽罪を犯して逮捕されなかったときは、刑を免除される。また、未成年者略取誘拐について、誘拐者が被誘拐者と結婚したときは、刑が免除される。

(3) 暴動に参加した者が暴徒を鎮圧する官憲に抵抗せず、かつ、さしたる役割を果さなかった場合、刑が免除される。個人の自由を侵害したり権限を濫用した者が、上官の命令に従った場合も、刑が免除される。

一八一〇年刑法典の長い歴史の中で、削除されたものや新たに追加されたものがあり、また裁判所の裁量に委ねられるいくつかの免責宥恕事由が規定されている[20]。

免責宥恕は、ガローによれば、犯罪行為について裁判でcoupable（有責もしくは有罪）であると宣告された者の不処罰を確保する事実である[21]。すなわち、免責宥恕には刑の完全な消滅をもたらす効果があるものの、その不処罰の効果は犯罪者の刑事責任の不存在に由来するものではない。この点について、同様にヴァーブル（Vabres）も、この場合には犯罪者はあくまでも有責で、かつ、その責任に欠けるところはないとの見解を示す[22]。そのことが、この宥恕の認定に先立って、culpabilité の認定についての判断を必要とする理由である[23]。

オルトランは、免責宥恕を、絶対的有責性すなわち culpabilité absolue に影響を与えるものであると述べたが、これはオルトランも指摘するように non-culpabilité ではなく、一旦成立した culpabilité を免除することを意味する。したがって、これは causes de non-culpabilité ではないとする。

この点につき、ステファニ＝ルヴァスールは次のように述べる。「免責宥恕とは、ある者の culpabilité を認定しながらも、刑事責任を消滅せしむるものである。この免責の場合おいて、犯罪の行為者が通常に規定された刑を免れるのは、罪過の欠如によるものではなく、刑事政策ないし社会的有用性を考慮した結果によるものである[24]。」しかし、罪過（faute）の欠如なく、したがって culpabilité の消滅もなく、また帰責性（imputabilité）の要素にも影響を及ぼさない免責宥恕を、古典的かつ伝統的な三つの責任観念より構成される責任概念からみて、刑事責任を消滅せしめる事由といいうるだろうか。刑事責任の成立を阻却する事由を責任阻却事由とするなら、免責宥恕は明らかに責任阻却事由ではない。そこで、ステファニ＝ルヴァスールも、次のように説明を補足する。「刑事責任の厳密な意味において、有責者は無罪となるのではなく、罪を免れる（absous）のである[25]。」

culpabilité の成立を前提とする以上、無罪は生ぜず、したがって無罪の効果も発生しない。したがって、無罪と異なり、滞在禁止（interdiction de séjour）のような保安処分や損害賠償の民事責任または訴訟費用の出捐を排除しない。結論的にいえば、刑は culpabilité の程度に従うという公式において、免責宥恕は責任とは関わりない理由で、いったん成立した culpabilité を事後的に完全に不問に付す制度である。責任と関連づけていえば、免責宥恕はいったん成立した責任を特別の理由により不問に付すためにこれを免除するものであって、いわゆる責任阻却事由ではない。

第三款　軽減宥恕（減刑宥恕）

軽減宥恕（excuse atténuante）とは、法律によって制限列挙された、刑を軽減する事実である。軽減宥恕は、宥恕の一種であるので、法律による特別の規定に委ねられている。裁判官は、法律で制限列挙された軽減宥恕の事由の存在を認定したとき、通常の状態での犯罪に対して規定されている法定刑の下限よりもさらに刑を軽減しなければならない[26]。

軽減宥恕は、二種類に分類される。一つは、通常の刑事責任を生ぜしめるところの知性、自由または義務違反・罪過（faute）の正常な条件の変容によるものであり、他の一つは事後的行動により犯罪者が自らの犯罪の重大性を軽減することによるものである[27]。ルー（Roux）によれば、刑事責任の変容に由来する軽減宥恕は、責任の各条件の変容に対応する。知性の条件の変容に対応するのが未成年者（minorité）の宥恕、自由の条件の変容に対応するのが誘発（provocation）、そして罪過の条件の変容に対応するのが悔悟・後悔である。以下、その概要を見てみよう。

一　未成年者の軽減宥恕

一六歳未満の未成年者は刑を減軽される。一八一〇年刑法典は、犯罪を行った未成年者を二つのカテゴリーに分けた。そして、年齢の欠如により弁識を欠如した未成年者に対しては責任不存在（irresponsabilité 答責性阻却・刑事無答責）を認め、さらに弁識を有していた未成年者に対しては軽減宥恕（excuse de minorité）を認めた。後者については、未成年者は成人ほど自分の行為を理解しない、というのがその理由である。換言すれば、犯された罪過を減じる知性の減弱を未成年者についてとくに軽減宥恕として規定したのである[28]。これが、未成年者の軽減宥恕である。

一九〇六年四月一二日の法律は、成人年齢を一八歳に引上げたが、それまでの方法は変えなかった。一六歳以上一八歳未満の未成年者が、弁識をもって犯罪を行ったときは、成人と同様に扱われた。恐るべき強盗等を厳しく処罰しなければ、社会の安全（seculite publique）は大変危険な事態に陥ると考えられたからである。これに対して、一九一二年七月二二日の法律は、一三歳未満の未成年者に対して完全な責任不存在・刑事無答責任（irresponsabilité pénale）を認め、彼らに絶対的に刑を科さないことにした。

一三歳以上一八歳未満の未成年者が重罪院（cour d'assise）で裁判を受ける場合、右の二つの年齢についてそれぞれに質問することが義務づけられた。なお、未成年者の軽減宥恕は、重罪と軽罪に適用されるものであり、違警罪には適用されないものとされた[29]。

軽減宥恕の効果としては、重罪については、無期刑は一〇年以上二〇年以下の矯正院（colonie correctionnelle）での拘禁（emprisonnement）に軽減される。刑が自由剥奪刑で有期の場合、成人として言い渡すことのできる刑期の三分の一以上二分の一以下の期間で矯正院に収容される。刑が単なる自由の制限であるときは、一年以上五年以下の感化院（colonie pénitentiare）または矯正院への収容とされる。罰金刑（amende）または特別没収（confiscation spéciale）には減刑の効果はないとされた。また、軽罪に関しては、未成年者に言い渡される刑は、その者が一六歳の場合に言い渡すことのできる刑の二分の一を超えることはできないとされた。さらに、法律は軽減の下限を規定していないので、軽罪裁判所の裁判官は軽罪の最下限まで刑を減刑することができた。刑の軽減は、付加刑である没収にはその効果が及ばない。刑の時効または公訴時効は、成人について定められた期間が適用された[30]。

その後、一八一〇年刑法典における未成年者の軽減宥恕規定は、少年法に相当する一九四五年二月二日のオルドナンス等による幾度かの改正を経た。なお、一九六〇年六月四日のオルドナンスにより改正された規定を左に掲げておく。

第六六条　行為の事情と犯人の人格により、一三歳以上の少年が刑の言渡の対象となるべき旨の決定があったときは、刑の言渡は、次のように区別して行う。ただし、一六歳以上の少年については、場合により、少年に対する刑の軽減を行わない。

死刑、無期懲役又は無期禁錮に当たるときは、一〇年以上二〇年以下の拘禁に処する。

一〇年以上二〇年以下若しくは五年以上一〇年以下の有期懲役、又は一〇年以上二〇年以下若しくは五年以上一〇年以下の有期禁錮に当たるときは、その刑の期間の二分の一以下の拘禁に処する。

公民権はく奪又は追放の刑に当たるときは、二年以下の拘禁に処する。

第六七条　一三歳以上の少年の犯した罪が、一〇日以上の拘禁又は（一九七二年一二月二九日法律一二二六号第六二条）《六〇〇フラン》以上の罰金に当たる軽罪又は違警罪であるときは、第六六条の条件の下にその少年に対して言い渡すことのできる刑は、同条第一項ただし書きの場合を除いて、その者が一八歳であった場合に科せられるべき刑の二分の一を超えることはできない。

未成年者の軽減宥恕は、他の軽減宥恕と同様に未成年者に刑事責任が存在することを前提とする。先に述べたように、一九一二年の法律により一三歳未満の少年については、完全な無答責が確立され、刑事未成年者の年齢は、一三歳以上一八歳未満となった[31]。一三歳未満の少年は、保護処分（mesures de protection）または教育処分（mesures de éducation）の対象とされるにすぎない。したがって、軽減宥恕の対象となるのは、一三歳以上一八歳未満の未成年者に対してであるが、そのうち一三歳以上一六歳未満の少年には必要的軽減宥恕であり、一六歳以上一八歳未満の少年に対しては任意的軽減宥恕である。ただし、後者について軽減宥恕の利益を否定するときは、裁判官の特別に理由を付した決定（décision motivée）が必要とされた[32]。

この軽減宥恕事由と刑事責任との関係につき、ルーは、未成年者の軽減宥恕の理由を知性の減弱（diminution）で説明する[33]（彼は理性の代わりに知性（intelligence）を帰責性の要件とする）。より正確にいえば、知性の未発達による未熟ということであろう。

二　誘発による軽減宥恕

誘発（provocation）も、軽減宥恕事由である。誘発とは、被害者の攻撃が被告人の犯罪行為を引き起こしたことをいう。未成年者の軽減宥恕が総則に位置するのに対して、誘発は法律の定める一定の犯罪に対しだけ刑の軽減をもたらす。

誘発の要件は、ルーによれば、誘発されて攻撃が行われたこと、その攻撃が人に対するものでなければならないこと、攻撃が不正なものでなければならないこと、被告人の行為が誘発と同じ時間帯、少なくとも隣接した時間で行われることの四つである[34]。また、ジャン・プラデル（Jaen Pradel）は、適用される犯罪が法律により制限列挙されていること、誘発が不正なものであること（したがって、正当な権限を有する官憲に対する暴力行為は宥恕されない）、被告人の暴力行為が誘発の直後のものであること（さもないと、憤激によるものではなく計画的なものとされる）を挙げる[35]。

軽減宥恕も改正を経ている。ルーによれば、法律は次の場合に軽減宥恕を認めていた。重大な暴力を受けた場合の故殺（meurtre）、傷害（blessure）および殴打（coups）の場合の人に対する重大な暴力、夫婦の家で配偶者が姦通をした現場を押さえた場合の他方配偶者による配偶者および姦通相手の故殺、暴力的陵虐によって直接惹起された去勢、昼間に人の居住する家屋または家屋もしくはその付属物の囲いへの不法侵入を行った者に対する故殺、傷害または殴打（夜間の場合はこれらの攻撃は正当化される）、誘発された非公然の侮辱、やはり誘発された公然の口頭または書かれた侮辱[36]。

後の改正により、姦通および侮辱は宥恕対象から外され、殺害のときにその生命が危険に陥っている場合の他方配偶者に対する故殺が新たに宥恕事由として追加された。したがって、改正を経た一八一〇年刑法典の誘発による軽減宥恕の特徴は、宥恕される犯罪が常に身体の完全性に対する侵害であること、そして軽減の理由が攻撃者を憤激や恐怖に陥れた被害者の先行行為に求められていることにある(37)。

この軽減宥恕事由と刑事責任との関係につき、ルーは、誘発による軽減宥恕の理由を、興奮により誘発された激怒が自由を減弱させることに求める(38)。

責任の軽減は刑の軽減すなわち減刑の効果を有し、死刑または無期懲役刑は一年以上五年以下の拘禁に、有期重罪は六月以上二年以下の拘禁に、軽罪刑は六日以上六月以下の拘禁に減刑される(39)。減刑の程度は、一八一〇年刑法典において変わることはなかった。

三　悔悟反省等による軽減宥恕

ルーはさらに、軽減された刑事責任がさらに罪過の減少からも生じることを指摘する(40)。行為者は、有責性の減少した事情で犯罪を行うことがありうるという。以下に掲げるものがそれである。

通貨偽造に関し、取得した偽造通貨を偽造されたものと知った後にそれを行使した場合には、行使した金額の三倍以上六倍以下の罰金刑だけに処せられた。

集会または徒党を組んで行った略奪について、これに参加した者が教唆または勧誘により参加したことを証明したときは、徒刑（travaux forces）が五年以上一〇年以下の有期懲役刑（peine de la réclution）および罰金刑に軽減された。これは後に改正され、五年以上一〇年以下の有期懲役刑だけに減刑することができる任意的軽減宥恕に変更された。

犯罪者の事後的行動に由来する軽減宥恕として、次の積極的な悔悟（repentir actif）が挙げられている。

人を不法逮捕または監禁した者が、訴追をされる前に、一〇日以内にこれらの者を解放した場合、有期徒刑が二年以上五年以下の拘禁に減刑された。

著者、印刷者の氏名記載のない印刷物の配布について、これを知らせた配布人、著者を知らせた印刷人等には、当該軽罪が違警罪に減刑された。これは後に猥褻文書等に限定された条文に改正された。

以上の軽減宥恕が刑を軽減する理由は、刑事責任の減少によるものとされている。すでに指摘したようにルーは、未成年による軽減宥恕は知性の未熟・未発達に、誘発は自由の減弱に、その他の軽減宥恕は罪過（faute）の減少にその根拠を示した。他方、軽減宥恕すべてを概括して有責性＝culpabilitéの減少によると解説する者も多い。たとえば、ガローは、「軽減宥恕とは、culpabilitéを軽減することによって、刑を軽減する事実である」[41]といい、ジョルジュ・ヴィダル（Georges Vidal）もこれと同様の見解を示す[42]。また、ジャン・クロード・ソワイエ（Jean-Claude Soyer）は、軽減事情とともに軽減宥恕を、「刑事責任の存在は認められるものの、行為者を非難しうる罪過の程度を軽減する効果を有する事由[43]」と定義する。オルトランも、また、これをculpabilité absolue＝絶対的有責性の減少と位置づけている。その具体的説明はみられないが、オルトランの分析によれば、知性の発達も、誘発による自由の減弱も、悔悟によるものも、みなfauteの減少につながり得るものであるので、したがってculpabilitéの減弱に帰結するものといえる。ここでは、新古典主義の系譜の中で、個別責任に基づく量刑を支えるculpabilitéの概念が軽減宥恕と不可分であることを確認しておくにとどめておくる。

これに対して、近時、未成年者の宥恕と誘発による宥恕を責任の減少にその根拠を求めその他の宥恕については沈黙するもの[44]と、自らの学説を新々古典主義と自負するメルル（Merle）＝ヴィチュ（Vitu）のように、前二者の宥恕については責任の減少を認め、それ以外の軽減宥恕の根拠については刑事政策的解釈を示すものとに分かれる。

四　刑罰の緩和事由

刑の軽減宥恕と区別されるべきものとして、刑の緩和事由（causes de mitigation de peines）がある[45]。この刑の緩和事由は、一八一〇年刑法典および一九世紀の諸法律が、犯罪に定められた刑を厳格に適用するには適さない一定の犯罪者のために規定したものである。[46] 適さない理由は、犯罪者の性と年齢にある。すなわち、刑の緩和事由とは、「女性（sex féminin）」と「老齢（vieillesse）」である。この二つに対しては、刑の執行形式を通常のものとは変えてこれを緩和する。

一八一〇年刑法典の規定する緩和は、「女性」については以下のようなものである。

(1) 妊婦の死刑の執行が出産後に限られた。もっとも、女性に対する死刑の執行は、戦時中および政治的混乱期の一時期を除き、ほとんど実施されないことが慣行となっていた。[47] 一九八一年一〇月九日の法律が死刑を廃止したことで、これも削除された。[48]

(2) 長期自由刑を言い渡された女性は、女性だけを収容する中央刑務所（maison centrales）において服役し、短期の拘禁刑の場合には矯正監（maison de correction）の特別区で服役する。いずれの場合であっても、母親は、子供が一八カ月に達するまで子供を手元において保育することが許された（一九四六年四月二四日の通達[49]）。

(3) 一八八五年五月二七日の法律によって、女性はルレガシオン（多累犯者植民流配刑 relégation）に処せられることがなくなった。ただし、一九七〇年七月一七日の法律（人権保障強化法 Loi tendant à renforcer la garantie des droits individuals des citoyens）が、流刑に代えて刑事後見制度（tutelle pénal）の制度を設けると、女性も刑事後見に付されるようになった。その後、一九八一年二月二日の「安全（治安）と自由法（Loi no 81-82 du 2 février 1981 renforcant la securité et protegent la liberté des personnes）」により、刑事後見は廃止された。こうした状況から、メルルは、「女性はもはや刑の緩和事由ではない」とした。

「老齢」に対する緩和は、以下のようなものである。

(1) まず、七〇歳の老人に対して、徒刑（peine des travaux forces）および流刑（déportation）をそれぞれ同期間の懲役（réclution）と禁錮（detention）に代えた。

(2) 後の改正で、刑期の満了時に六〇歳を超える多累犯者（multirécidivistes）は、女性と同様、植民地流配刑に処せられることがなかった。

(3)　植民地配流刑廃止後においても、六五歳以上の者は刑事後見に付されることがなかった。

(4)　滞在禁止（interdiction de séjour）の刑も、六五歳に達した場合、その適用を終了した。

「女性」が刑の緩和事由とされた理由については、考え方が二通りある。

一つは、女性は男性よりも体力的にも精神的にも弱く、激しやすく、誘発や刺激に敏感で、それらに対する抵抗力が弱いという特性を有するものであり、このことは責任の軽減事由（cause de atténuation de la responsabilité）とされるべきであって、したがって一定の軽減（reducation）を与えなければならず、そこで女性であることは刑の緩和事由を構成するとの結論を導くものである。この見解は、結局のところ、女性に対する刑の緩和を責任の軽減に由来するものであると解する。[50]

これに対して、もう一つの見解は、女性であることが責任阻却事由どころか責任の軽減事由にすらならず、たとえ女性が右のような特性をもつにしても男性と同じ刑事責任が問われるのであって、ただ女性であることによって刑の執行について特別な扱いを受けると解するものである。[51] すなわち、女性であることは、その責任に何ら影響を及ぼすものではなく、単に刑の執行について緩和の利益を受けるにすぎないというものである。後者が通説といえる。

次に、「老齢」については、「女性」の場合と異なり見解は一致する。すなわち、老齢であることは責任に対して何ら軽減をもたらすものではなく、一定の厳しい刑に対して、軽減ではなく、緩和事由になるとされる。ルーは、刑法典が「老齢」を知的能力（facultés intellectuelles）衰退の推定に基礎をおく法律上の宥恕（excuse légale）としていないことを指摘し、その緩和を人道的感覚、すなわち体力の衰えに応じた懲罰の緩和によるものであると説明している。すなわち、老齢であっても、人には答責性と有責性は完全に存するとしている。[52] ヴィダルは、老齢は経験を豊富にし感情にも一層の平穏さを宿すのが通常であって、少なくとも老齢が若干の例外を除き一般的に知的能力および精神的能力を衰退させることは認められず、したがって老齢は刑事責任に対し軽減的影響をもたないとの見解を示す。[53] 老齢が知的能力や精神的能力を衰退させることがあれば、その場合は刑事責任の消滅事由の一つである心神喪失（démence）の範疇に属することについても見解の一致をみる(54)。

なお、メルル＝ヴィチュは、現代の行刑制度の発達により、性や年齢を刑の緩和事由とする利益の多くが奪い去られたと指摘する。とくに「老齢」について、彼は次の三点を指摘している。①一九六〇年六月四日のオルドナンスは、重罪刑の代置を命じていた一八一〇年刑法典の規定を廃止した。廃止後、次の規定が設けられた。②刑事訴訟法は、刑務所内における受刑者の分類につき、その刑種、年齢、健康向状態および人格を考慮して行うことを定めているが、老齢の受刑者は作業に適しない受刑者と一緒に医療刑務所（prison-hospice）に拘禁される。③言渡しのときに七〇歳以上であった者に対しては、罰金または訴訟費用を進んで納付しない場合の滞納留置（contrainte par corps）の言渡しをすることができない(55)。

以上から、刑の緩和事由は刑事責任と関わりがないというのが、大方の学説の一致するところである。たとえば、ガローは、「刑の緩和事由は、culpabilité の要素に何らの変更ももたらさない(56)」と両者の関係を否定する。ヴィダルもまた、「刑の緩和事由は culpabilité を変更しないし、科せられた刑の性質も変えず、もっぱら刑の執行形式（mode d'execution de la peine）を変えるだけである(57)」と説明する。要するに、刑の緩和事由は、刑事責任＝culpabilité とはまったく無関係であって、性や年齢という身体的に弱い状態を斟酌した場合に科される刑が苛酷に過ぎるとの理由で、刑の執行形式だけを変更するものである。したがって、当然のことながら、軽減宥恕にみられるような罪名の変更、それに関わる事項の問題は生じない。かくして、刑の緩和事由は、刑の軽減宥恕とは区別されるべきものといえる。

第四款　軽減事情（酌量減刑）

一　軽減事情制度の沿革

新古典主義の個別責任論の意義をもっとも実践的に担う制度が、軽減事情（circonstance atténuante）制度である。

軽減事情は、単純な状態での犯罪について規定された法定刑の最下限よりも、さらに刑を軽減する自由裁量権を、理由を述べる義務を課さずに裁判官または重罪院に与えるものである[58]。この制度の目的は、各訴訟における各被告人に対して、立法者が予定しなかった特別の罪過・義務違反に種々にあらわれるニュアンスを斟酌する方法を与えることであった。オルトランによれば、この制度もしくは同様の結果を意図する同類の制度は、すべてのよき制定法に必要不可欠のものであるとされている[59]。

フランス刑法における軽減事情の制度は、既述のように中世から次第に顕著になったアンシャン・レジーム期の裁判官の自由裁量（arbitraire）にその萌芽をみることができる。軽減事情が近代に入ってとりわけ意義をもって展開されたのは、ナポレオン刑法典の重罰・厳罰に対する緩和措置としてであった。ナポレオン政権崩壊後のフランスは、王政復古さらに七月革命を経て、新たな自由主義の風潮を満たす時代を迎えた。そして、その新しい時代に対応すべく、刑法典の改正を必要としていた。それは、社会が求めるものであった。

しかしながら、当時、刑法典全体の改正を企画することは時間的に極めて困難であったため、その作業を逐次の部分改正に委ねなければならなかった。軽減事情の制度は、そうした補充手段の一つとして用いられた[60]。当時の司法大臣の提出した理由書において、極めて微々たる細目にわたる刑罰緩和の改正を行うよりも、むしろすべての犯罪事件に法律の過激さを緩和する機能を有する制度を用いることが望ましく、軽減事情の制度がそのもっとも適切な方法であると述べられている。要するに、立法者は、本来的には自ら行うべきとされた職務を陪審および裁判官に委ねたのである[61]。このように、軽減事情の制度は、ナポレオン刑法典の後半期において、改正の必要性に対する一般的な薬石として提起されたものである。

軽減事情の沿革は、おおよそ次のような経緯をたどる。

一七八九年の革命後、憲法制定議会は、刑罰制度にアンシャン・レジーム期の裁判官の自由裁量権を認めなかった。すなわち、一七九一年七月一九日―二二日の違警罪と軽罪に関するデクレは、その多くの犯罪に上限のみを定める刑を規定し、上限と下限を定めるものが少なかった。したがって、裁判官は法律の許す範囲内で加重事情または軽減事情を認めることができた。重罪については、固定刑の制度を用いたので、裁判官に裁量の余地はなかった。そして、一七九一年の刑法典は、全般に固定刑制度を採用したため、同刑法典が規定する刑の軽減事情もしくは軽減宥恕事由 (excuse ou circonstance atténuante) 以外に、裁判官に軽減を行う権限は認められなかった。規定された軽減事情とは、一六歳未満の未成年に対する情状および故殺の場合の粗暴な誘発 (provocation violente) である。同刑法典は、後者について、宥恕または抗弁 (excuse ou exception) の名称を用いた(62)。このように、裁判官の裁量による一般的な軽減事情はいったん消失したのである。

　裁判官の軽減事情が再びあらわれるのは、軍法会議に関する共和暦四年の補足の法律第二〇条である。ここに軽減事情の規定がみられる。同条の内容は、「軍法会議は、第一四条に規定のないすべての犯罪について、陸軍刑法に規定した刑を言い渡さなければならない。但し、その犯罪の重大性を軽減する事情がある場合には、その刑を軽いものに換刑又は軽減することができる。本条は、これを決して濫用してはならない(63)」というものである。

　次に、共和暦四年（一七九五年）霧月三日の罪刑法典 (Code des délits et des peines) は、固定刑を中心とする一七九一年刑法典の制度に対して、次の第六四六条を定めた。「被告人の申し立てた宥恕事実 (le fait de l'excuse) が証明されたことを陪審が意見表明したときは、殺人 (meurtre 故殺) に関する場合には、重罪裁判所は刑法第二部第二編第一章第九条に規定されているところに従って宣告を行う。その他の犯罪の場合においては、重罪裁判所は法律が定める刑を軽罪刑に軽減する。ただし、いかなる場合といえども、二年の拘禁を超えることはできない(64)。」同規定は宥恕に関する規定であるが、ここでいう宥恕とは法定の事由ではなく実質的には軽減事情にほかならない(65)。むろん陪審が意見表明しないときは、裁判官は重罪につき定刑を科さなければならない。いずれにせよ、これは犯罪の重大性に比例した刑を裁判官に見出させる制度であった(66)。

　固有の意味での軽減事情（各訴訟において裁判官に一任された軽減事情）が刑法典の中に最初に規定されたのは、

一八一〇年刑法典においてである。同法典は、刑の上限と下限を定める相対的法定刑制度を違警罪および軽罪に広げ、さらに重罪の多くにも導入した(67)。そして、同法典の第四六三条は、軽減事情について、軽罪に限定して適用する旨を規定した。しかし、適用の対象となる軽罪は、被害額が二五フランを超過しないものに限定された。このように、同法典の軽減事情は極めて限定されたものであった。軽減事情の適用により、軽罪刑は違警罪刑に減軽された。軽減事情があると思料するときは、裁判所は禁錮を六日以下にまた罰金を一六フラン以下に軽減することができるものとされた。なお、軽減事情の存在の確認権は軽罪裁判所の裁判官に付与された(68)。

他方、一八一〇年刑法典は、重罪の多くに刑の上下限を有する相対的法定刑を規定したものの、なお死刑または無期等の固定の刑も少なくなく、これに対しては、個別的有責性（culpabilité individuelle）に影響のある事情を認めることができても、刑の減軽を行うことができなかった。ここに正義の精神は後退する。それ故、酌量すべき軽減事情がある場合、陪審は犯人であることを認識しながらも、無罪の評決を下すことがしばしば生じた。陪審は、重すぎる刑には協力しなかったのである。また、刑の上限と下限を定めている犯罪についても、軽減すべき事情の存在によりその下限でもなお重すぎるとされる場合があり(69)、この場合にも軽減事情の制度がない以上、下限を下回って減刑することはできなかった。

一八二四年六月二五日の法律は、軽減事情の利益を乞食、浮浪および累犯に、そしてさらに重罪にまで拡張するものであった。しかし、この法律は、重罪については拡張範囲を若干のものに限定するものであり、しかも軽減事情確認権をやはり裁判官に付与した。嬰児殺、二〇日以上労働を不能にする殴打または傷害、各種の加重窃盗等の一定の重罪については軽減事情の適用禁止も定められた。その結果、軽減事情の改革は極めて狭隘に陥ったといわれている(70)。

こうした軽減事情の利益に対する多くの制限は、ナポレオン刑法典の厳罰・重罰が再検討され始めた時代の社会を満足させなかった(71)。社会の要請に応え、軽減事情からそれまでの適用範囲の制限を取り除き、重罪、軽罪および違警罪のすべてにわたりその利益の適用を認めたのは、一八三二年四月二八日の法律である。その立法趣旨は、先に述べたとおり軽減事情が認められない状況下において、陪審員が有罪の確証を得ていても刑罰が重すぎると考える場合しばしば無罪の評決が下されており、その弊害を解消することにあった。同法により、軽罪・違警罪に関する軽減の権限は不可避的に裁判官に委ねられたが、必要的陪審事件である重罪については、軽減事情の存在を確認する権限すなわち申立権は陪審員に与えられた[72]。さらに、裁判官は、軽減事情を認めるに際してその理由を付す義務を取り除かれたため、被告人もしくは被告人の非難されるべき行為の法的道徳性（moralité juridique）を決定する裁量権を、犯罪の類別にかかわらず一般的に獲得することになった。

一八三二年法によるこの軽減事情適用の一般的拡張は、むろん重罰化・厳罰化の刑罰システムに対してなされた新古典主義による緩和政策の一翼を担うものであるが、あえていうならば、この大いなる改正は刑法の運用を　変するものであり[73]、新古典主義が個別責任論を展開する上で不可欠かつ極めて重要なものであった。

右の沿革を踏まえて、「自由」と「安全」の視点より軽減事情を検討してみよう。

一八一〇年刑法典における刑罰制度は、犯罪者の改善に関してはおよそ無関心であり[74]、もっぱら犯罪者を重罰もしくは峻厳な刑で処罰することに関心を向けていた。換言すれば、重罰と厳酷な刑とによる威嚇を強力な手段となす社会防衛を編成するものとして性格づけられる。固定刑制度廃止に代えて設置された相対的法定刑の制度は、威嚇主義と結合することによって犯罪者の罪責と刑罰との均衡を崩し、具体的な事情においては下限をもってしてもなお刑罰が重すぎると陪審員たちに感じさせる状況であった。したがって、相対的法定刑制度を採用したといっても、裁判官に法定刑内での重罰化・厳罰化・峻厳化を可能にするものであったし、その意味でも革命刑法典に対する反動的現象を体現するものであったといる。一八一〇年刑法典が軽減事情に極めて消極的だったのは、この威嚇主義的一般予防政策の故であったといえる。このような刑事政策の下で、犯罪の重大性は、犯罪者の行う悪性の行為ではなく、犯罪が惹き起こす危険性によってはかられた。威嚇主義的手法による社会防衛だけを目指す刑事政策の下で、犯罪行為が引き起こす危険性を刑罰の程度・量刑のはかりとすることは、道徳的責任に対する考慮を排除することを意味した。

これに対して、一八三二年法は、軽減事情の利益に対する法律上の制限を取り払うことによって、被告人の非難されるべき行為の法律上の道徳性（moralité juridique）を決定し、量刑に反映させることのできる裁量権を裁判官に与えた。これにより、有責性（culpabilité）を判定する裁判官は、犯罪とそれに適用される刑との間により適切な均衡を追求することが全般にわたり可能となったのである(75)。このことは、責任思想の空疎な威嚇主義を基調とする功利主義刑罰思想から、行為者の個別責任のイデーを中核とする新古典主義の刑罰思想・刑法理論への転換を意味するものであったといえる。犯罪を超過する刑罰を回避することが、まさに正義の思想からの発露によるものであり、人権の回復であったといえるのである。

このように軽減事情制度の一般化は、刑罰の基礎の一つである正義の観念に密接に関わるものである。とくに重罪について、陪審に軽減事情の確認権・表明権を認めたことは、量刑という陪審が本来関与すべきでないとされた領域に関与することを認めたことを意味する(76)。視点を変えれば、重罰政策を志向した刑事権力に対する控制を、刑事司法に参加した市民の良識に委ねたものといえる。

こうした市民による直接の刑事権力抑制制度の導入は、市民の自由に関わる刑事人権を保護する機能を有する反面、社会秩序の維持すなわち「社会的安全」の見地からの憂慮あるいは危惧の念を必然的に生ぜしめた。軽減事情の利用による短期自由刑の濫用といわれるものが、その典型例である。「自由」と「安全」の相剋の一場面である。

二　軽減事情の効果

軽減事情適用の効果は多様である。重罪については、陪審が評決で軽減事情を申し立てると、重罪院は義務的に刑を一等級引き下げなければならないとされた。さらに、任意で、一等級引き下げることができた。したがって、二等級まで引き下げることができた。

引き下げは、刑の等級順に規則的に行われる。一八六三年五月一三日法による改正では、死刑は無期徒刑または有期徒刑に、無期徒刑は有期徒刑または懲役刑に、隔離流刑は単純流刑または禁錮刑に、単純流刑は禁固刑または追放刑に軽減された。次いで、一九六〇年六月四日のオルドナンスによる改正では、死刑は三年の拘禁まで、無期刑は二年の拘禁まで、その他の場合は一年の拘禁まで軽減された。軽罪および違警罪については、軽減は裁判官の任意である。同オルドナンスの改正によって、拘禁または罰金については、拘禁を一月以下に、罰金を二〇〇〇フラン以下に軽減することができた。その後、一九八一年一〇月九日の法律により死刑が廃止され、その部分につき刑の等級に改正が加えられた。さらに、一九八三年六月一〇日の法律により、軽減事情の罰金の上限額が変更された。その結果、一八一〇年刑法典における最後の軽減事情の姿は、無期刑は二年の拘禁まで、その他の場合は一年の拘禁まで、拘禁刑または罰金刑は、拘禁を二月以下に、罰金を一〇、〇〇〇フラン以下に軽減することが可能となった。

なお、重罪に対する軽減事情の適用にはとくに下限の制限が設けられていたが、これは鎮圧の弱体化を懸念し、その弱体化を回避するためのものと説明されており、その考えは維持されたものと思われる[77]。

三　軽減事情と陪審制度

フランスの判決陪審（jury de jugement）は、陪審が事実審を行い、その陪審の答申に基づいて裁判所が法律審（juge du droit）として法律を適用する制度であったが、一連の法律（とくに一九四一年の法律）による改正で、陪審は単なる事実審の担い手から、重罪院の裁判官と一体になって事実と法律について共同して評議し、culpabilité（有責性・有罪性）の問題および刑の適用の問題を解決する役割を担う審判人（参審人）に変わった。かくして、陪審制度は参審制（échevinage）にその内容を変えたのである[78]。

こうした陪審制度の変容により、陪審員の専権であった重罪に関する軽減事情の確認権（中立権）が裁判官と参審員の一定の比率による多数決に委ねられることになった。すなわち、重罪院は、三名の職業裁判官と九名の参審員により構成されているが、被告人に不利益な評決は少なくとも八票の多数によるものと定められていた。これは、被告人に不利益な評決について、参審員の優位性を保障するための規定である。軽減事情の否決も被告人に不利益な評決に含まれるので、否決が八票に達しなければ、被告人は軽減事情の利益を享受できる。[79] このように軽減事情の確認権の所属は職業裁判官にも及んだが、八票の数は参審員の数が九名であることを考慮すれば、軽減事情に関しては陪審制度の精神を堅持したものといえる。

しかも、重罪院の評議において、被告人の有罪が認められたときは、加重事由に関するもの、法律上の宥恕に関するものについて順次投票を行った後、最後に必ず軽減事情についての設問に投票を下さなければならないと定められている。この点からも、フランス刑法における軽減事情の重要性が窺える。

四　軽減事情の実体および軽減事情制度の短所と利点

軽減事情が個別責任に基づく量刑にもっとも機能する所以は、その採用に際してなんら理由を付す必要がないこと、そしてなにを軽減事情とするかについて法律の制限を受けないことにある。軽罪裁判所および違警罪裁判所においては、「軽減事情が存在する」または「被告人に法律を軽減して適用する理由がある」と確認すればそれで十分であるとされている。重罪院においては、軽減事情の設問に対して「Oui」と答えるだけで足りた。[80]

それでは、具体的にどのようなものが軽減事情とされているのかをみてみよう。

アルフレッド・デュドネ（Alfred Dieudonne）は、飢餓、羞恥心、自白、後悔、賠償、教育の欠如、過去の善歴などを例示する。[81] ステファニ＝ルヴァスールは、犯罪の外部的事情として、損害が軽微なこと、単純な未遂であること、諸事情の不幸な競合、被害者に責めがあることなどを、また犯罪後の事情として損害の賠償を、あるいは犯人に一身的な心理的事情として気質、性格、教育、非難できない動機、悔悟、社会的適応の可能性を掲げる。[82] ソワイエは、犯罪に付随する客観的な事実、被告人の過去の行跡、彼が受けた悪しき教育、損害の軽微性、悔悟、損害賠償のための努力といったものを挙げている。[83] プラデルは、さらに広く解釈し、「裁判官は犯人の個人的事情とともに客観的事情を考慮するし、また犯罪の前または犯罪時に付随する事実および犯罪後の事実も考慮する」として、若年、人的または職業的境遇、健康状態または一時的な酩酊の状態、法律上の前歴、損害の平凡さ、被害者の不道徳性、悔悟、動機の純粋さなどを軽減事情として例示する[84]。また、メルル＝ヴィチュは、犯罪者の年齢（たとえば一八歳から二一歳の若年成人）、家族の状態または金銭的状態、犯人の異常な精神状態（constitution mental anormale）（これは、一八一〇年刑法典第六四条の意味での心神喪失（démence）と異なった精神病（psychopathie）である）、一過性の酩酊、惹起された侵害の無意味さ、影響の微弱性等を軽減事情とする[85]。

法律は、軽減事情の効果を規定することはできるが、犯罪者に有利なすべての事情を規定することはできず、結局、なにが軽減事情であるかは裁判官の自由裁量的評価に委ねざるをえない。軽減事情が無限であり、これを定義することができないのもその性質による。しかも、その確認についてなんら理由を付す必要がないことから、軽減事情は次のような批判の対象とされた[86]。

(1)　法律上の規制を受けないので、濫用されやすい。

(2)　短期自由刑が増加し、その弊害が拡大する。すなわち、短期自由刑にはほとんど威嚇力がなく、したがって予防効果がなく、また他の刑事処遇の適用を許さないので、受刑者とすることによりかえって犯罪者に悪しき効果を及ぼす。

(3)　刑の適用の厳格さは、裁判官（重罪については陪審も含まれる）により異なるので、裁判官が軽減事情を否決する上で不公平を生じる。これは、軽減事情の採否が裁判官の自由裁量に基づく以上、客観性を欠くことから当然予想される事態である。

他方で、軽減事情は、その歴史的展開の中で、争いがたい利点を提示してきた。

(1)　犯罪と刑罰とのバランスをはかるために、行為者の個人的事情を法定刑の幅にとらわれることなく考慮することができる。

(2)　鎮圧を確実なものにする。軽減事情は、有罪の心証がありながら刑が重すぎるという理由から生ずる陪審の無罪評決の弊害を解消し、犯罪の鎮圧を確実なものにする役割を果した。

(3)　立法の補充手段としても利点がある。

不公平と濫用の批判に対して、学者はいくつかの改善策を提示した。たとえば、軽減事情の理由について摘示する方法、あるいは陪審の軽減事情の確認権を裁判官に移す方法等である。これに対し、オルトランは、前者については、軽減事情の立法精神にそぐわないと批判する。また後者については、陪審の有罪性（罪過）の成立または不成立を表明する自由権が、その表明を緩和させる自由をも包含することを理由に、軽減事情の確認権を移動することがこの二つの自由を分離することになり不適切であると批判する。また、裁判官に確認権を委ねた場合、裁判官が確認権を行使せず結果的に厳罰の判決が下されることを危惧し、そのため陪審がかえって無罪の評決を下すおそれがあると指摘する。結論として、オルトランは、軽減事情の弊害を認めつつも、その制度の欠如がもたらす弊害と比べれば、前者の弊害の方が望ましいと主張する。(87)

軽減事情は、右の批判にもかかわらず、一八一〇年刑法典の終焉まで保持された。その後、軽減事情はその姿を消すことになるが、それは軽減事情を支えた精神の消滅を意味するものではない。以下、その点について言及しておく。まず、一九七八年の刑法改正草案が軽減事情制度を廃止した。(88)これは、軽減事情の存在意義を否定するものではなく、刑の下限を廃止することによって、裁判官に各犯罪者の固有のケースに適する量刑を選択できる権限を無制限に委ねたからである。(89)改正委員会は、裁判官の「経験と聡明さ」を信頼して格別に広い権限を与えたのである。(90)次いで、一九八三年の刑法改正草案も刑の上限のみを規定したため、軽減事情の制度を必要としなかった。そして、量刑基準についても、一九八三年草案は、一九七八年草案第六六条の「法律の定める限度において、裁判所は制裁を言渡し、犯罪の諸事情およびその行為者の人格に応じて制裁の制度を定める」(91)との規定を基本的に踏まえ、「法律に定める限度内において、裁判所は、犯罪の諸事情、犯人の人格および動機、ならびに犯行後の態度、とくに被害者に対する態度を考慮して、刑罰を言渡し、その執行制度を定める」[92]（第九一条）と規定した。犯人の動機、犯行後の態度、とくに被害者に対する態度が量刑の重要な基準として明示的に追加されたわけであるが、こうした要素を被告人に有利なものと判断とする場合、これらはまさに軽減事情というべきものでもある。

一九九二年の新刑法典において軽減事情制度が廃止されたが、それは、前記改正草案と同様、自由刑および罰金刑の下限が廃止されたため（重罪に関しては一部例外あり）、もはや軽減事情制度を必要としなくなったからである。新刑法典では、ナポレオン刑法典におけるよりも裁判官の裁量の幅が広がり、より裁量権が強化されたのである[93]。これにより軽減事情制度は姿を消したが、軽減事情の精神は、むしろより具体的に個別の事情に則した量刑が可能となったことで強化されたといえよう。

このように軽減事情の精神は、その重要性が強化されることはあっても、一度たりとも刑法改正の動向の中でその意義を否定されたことはない。とりわけ重罪については、ナポレオン刑法典の下で、軽減事情が陪審による刑事権力の是正という機能を担い続けた点が注目される。したがって、軽減事情制度は、陪審制度という市民による直接の刑事権力控制の制度を、量刑面でも実質的に機能させることを可能にした制度といえるであろう。

（1）　M.Addad et M.Benezech, L'irresponsabilité pénale des handicapés mentaux, 1978, p.20.
（2）　Addad et Benezech, ibid., 18 et 25.
（3）　R.Garraud, Précis de droit criminel 6e ed., 1898, p.112.
（4）　Georges Vidal, Cours de droit criminel et de science pénitentiaire 3e ed., 1906, p.161.
（5）　J.Ortolan, Éléments de droit pénal, T.I, 4e ed., 1875, p.102.
（6）　Ortolan, ibid., p.171.
（7）　Ortolan, ibid., p.103.
（8）　オルトランの体系の特異さについて、江口教授は、行為者を犯罪行為前におくオルトランの体系が具体的有責性の考え方を中心に据えた刑法理論を構築するためであったと分析する。江口三角「オルトランの刑法学」『変動期の刑事法学（上巻）』（森下忠先生古稀

祝賀・成文堂、一九九五年）七一―七二頁。

（9）G.Stefani et G.Levasseur, Droit pénal général, 9e ed., 1976, p.291. G・ステファニ・G・ルヴァスール・B・ブーロック『フランス刑事法［刑法総論］』（澤登俊雄・澤登佳人・新倉修訳・成文堂、一九八一年）二四七頁。

（10）R.Garraud , op, cit., p.293.

（11）Garraud , ibid., p.293.

（12）前者について、一八一〇年刑法典の立法者は宥恕の名称を免責宥恕にのみ使用しているものの、三二一条以下において、「宥恕すべき重罪と軽罪及び宥恕されえない場合（Crimes et délits excusables, et cas ou ils ne peuvent etre excuses）」の標題の下で、宥恕が刑の減軽をも意味するものとして使用されていることから、同刑法典においては宥恕には両義があるとされている。Ortolan, op.cit., p.488.

（13）Ortolan, ibid., pp.489 et 490.

（14）Garraud , op.cit., p.299.

（15）Ortolan, op.cit., p.489.

（16）Ortolan, ibid., pp.481 et 482.

（17）Vidal, op.cit., p.200.

（18）Ortolan, op.cit., p.481.

（19）Ortolan, ibid., p.488.

（20）本文の必要的免責宥恕の事由については、J.-A.Roux, Cours de droit criminel français, T.I, 2e ed, 1927, pp.213 et 214 による。

（21）Garraud, op.cit., p.299.

（22）H.Donnedieu de Vabres, Traité élémentaire de droit criminel et de législation pénal comparée, 2e ed., 1943, p.390.

（23）Jean-Claude Soyer, Droit pénal et procédure pénale, 5e ed., 1985, pp.154 et 155.

（24）Stefani et Levasseur, op.cit., p.437.前掲『フランス刑事法［刑法総論］』三五四頁参照。

（25）Stefani et Levasseur, ibid., pp.438 et 439. 前掲『フランス刑事法［刑法総論］』三五五頁。

（26）Vabres, op.cit., p.392.

（27）Roux, op.cit., p.229.

（28）Roux, ibid., p.230.

（29）Roux, ibid., , pp.231 et 232.

（30）Roux, ibid., pp.232 et 234.

（31）G.Stefani, G.Levasseur et R.Jambu-Merlin , Criminologie et science pénitentiaire, 5e ed., 1982, p.693.
（32）Roger Merle et André Vitu, Traité de droit criminel, T.1, 4e ed., 1981, p.892.
（33）Roux, op.cit., p.230.
（34）Roux, ibid., pp.235 à 237.
（35）Jean Pradel, Droit pénal, T.I, 3e ed., 1981, pp.608 et 609.
（36）Roux, op.cit., pp.239 et 240.
（37）Stefani et Levasseur, op.cit., p.445. 前掲『フランス刑事法［刑法総論］』三六〇頁。
（38）Roux, op.cit., p.234.
（39）Roux, ibid., p.240.
（40）Roux, ibid., p.242.
（41）Garraud, op.cit., p.299.
（42）Vidal, op.cit., p.201.
（43）Soyer, op.cit., p.152.
（44）Pradel.op.cit., pp.607 et 608.
（45）ヴァーブルは、刑の軽減宥恕と刑の緩和事由とを混同すべきでないと指摘する。Vabres, op.cit., p.392. ガローも、また同様である。Garraud, op.cit., p.301. この点については、今日ほとんど異論はないようである。
（46）Merle et Vitu, op.cit., p.904.
（47）Stefani et Luvasseur, op.cit., p.319. 前掲『フランス刑事法［刑法総論］』二七七頁。
（48）フランスの死刑廃止については、新倉修「フランスは死刑を廃止した」ジュリスト七九八号（一九八三年）参照。
（49）Stefani et Luvasseur, op.cit., p.319. 前掲『フランス刑事法［刑法総論］』二七七頁。
（50）Pierre Bouzat et Jean Pinatel, Traité droit pénal et de criminologie, T.I, Droit pénal général, 2e ed., 1970, p.318. ただし、ブーザ＝ピナテルは、この見解を支持しているのではなくむしろ批判している。
（51）Stefani et Lvassuer, op.cit., p319. 前掲『フランス刑事法［刑法総論］』二七七頁。
（52）Roux, op.cit., p.23.
（53）Vidal, op.cit., p.205.
（54）Vidal, ibid., p.205. Buzat et Pinatel, op.cit., pp.319 et 320 Stefani et Lvassuer, op.cit., p319. 前掲『フランス刑事法［刑法総論］』二七七頁。

(55) Merle et Vitu, op.cit., p.904.
(56) Garraude, op.cit., p.301.
(57) Vidal.op.cit., p.202. Vabres, op.cit., p.392.
(58) Vabres, op.cit., p.30. Roux, op.cit., p.252.
(59) Ortolan, op.cit., p.503.
(60) Ortolan, ibid., p.500.
(61) Ortolan, ibid., p.500.
(62) Ortolan, ibid., pp.484 et 485.
(63) Ortolan, ibid., p.495.
(64) Ortolan, ibid., p.486.沢登佳人・藤尾彰・鯰越溢弘「邦訳・第革命期フランスの刑事訴訟立法（その二）、罪刑法典（三完）（革命暦四年霧月三日）」法政理論一八巻二号（一九八五年）二三三頁参照。
(65) Ortolan, ibid., p.495.
(66) Ortolan, ibid., p.487.
(67) Roux, op.cit., p.246.
(68) Ortolan, op.cit., pp.495 et 496.
(69) Ortolan, ibid., p.494.
(70) Ortolan, ibid., p.496.刑法典以外の犯罪についても軽減事情を認めるべきかについては、軽罪および違警罪に関しては特別法に軽減事情の適用が明文化されているのが通例であるので、かかる規定がないかぎり適用されないと解されている。これに対して、重罪については、そのような制限はなく適用されると解されている。Ortolan, ibid., p.499.Roux, op.cit., pp.248 et 249.
(71) Roux, ibid., p.247.
(72) Ortolan, op.cit., p.496.
(73) Garraud, op.cit., p.45.
(74) Roux, op.cit., p.29.
(75) Garraud, op.cit., pp.45 et 46.
(76) 陪審は、それまでは事実の確認と被告人が犯人であるか否かを認定することを職務とされていたので、法律の定める刑の適否を考慮することは一八〇八年の治罪法典で禁止されていた。オルトランは、この点に関して、この治罪法典の規定は軽減事情の制度の実施にそぐわないものであって、軽減事情の制度を一般化した一八三二年法の精神において廃止されたものと解している。事実パリにおいては、陪審の評議室に掲げられていたその禁止の掲示が廃止された。Ortolan, op.cit., pp.500 et 501.

（77）Roux, op.cit., p.252.

（78）Stefani, Levasseur, Bouloc, Procédure pénale, 11e ed., 1980, p.644. G・ステファニ・G・ルヴァスール・B・ブーロック『フランス刑事法［刑事訴訟法］』（澤登佳人・澤登俊雄・新倉修訳・成文堂、一九八二年）五二二―五二四頁。森下忠「フランスの陪審制度（上）」ジュリスト三三一号（一九六五年）八六―八八頁。一九四一年法による改正については、森下忠「フランスの陪審制度（上）（下）」ジュリスト三三一号、三三二号（一九六五年）参照。

（79）Stefani, Levasseur, Bouloc, Procédure pénale, ibid., p.647. 前掲『フランス刑事法［刑事訴訟法］』五二六頁。

（80）Merle et Vitu, op.cit., p.895.

（81）Alfred Dieudonne, Répétitions de droit criminelle, 3e ed., 1887, p.235.

（82）Stefani et Levasseur, op.cit., Droit pénal général, p.449. 前掲『フランス刑事法［刑法総論］』三六二―三六三頁。

（83）Soyer, op.cit., p.155.

（84）Pradel, op.cit., p.611.

（85）Merle et Vitu, op.cit., p.895.

（86）Pradel, op.cit., p.611.

（87）Ortolan, op.cit., pp.501 et 502. プラデルもまた、この是正方法は、結局のところ、すべての意味を喪失する形式を生み出すにすぎないので空虚で意味がないと批判している。Pradel, ibid., p.611. なお、重罪および軽罪の犯人と認定された数に対する軽減事情の数は、以下のようなものである。Ortolant, ibid., p.503.

重罪について（年平均）

一八三三年から一八五〇年までは、百につき六八件
一八五一年から一八六〇年までは、百につき七〇件
一八六一年から一八六五年までは、百につき七一・八件

軽罪について（年平均）

一八二六年から一八三〇年までは、百につき三二件
一八三一年から一八五〇年までは、百につき四九件
一八五一年から一八六〇年までは、百につき五八・五件

一八六一年から一八六五年までは、百につき五六・七件

（88）Avant-projet, 1978, p.56.

（89）Merle et Vitu, op.cit., p.894.

（90）Avant-projet, op.cit., p.56.

（91）Avant-proje, ibid., p.132.新倉修「フランスの刑法改正委員会・一九七八年の刑法草案総則（確定稿）」國學院法学一七巻四号（一九八〇年）の訳を引用。

（92）新倉修「フランスの刑法改正委員会・一九八三年の刑法草案総則」國學院法学二一巻四号（一九八四年）の訳を引用。

（93）法務大臣官房司法法制調査部編『フランス新刑法典』（法曹会、一九九一年）四頁。

第二節　軽減宥恕・軽減事情と有責性の関係

第一款　軽減宥恕と刑事責任の関係

軽減宥恕と軽減事情は、刑事責任とどのような関係にあるのか。以下、この点について、まず誘発の宥恕および未成年者の宥恕とその他の宥恕とに分けて検討してみる。

一　誘発の宥恕と未成年者の宥恕

誘発による宥恕および未成年者の宥恕については、責任の減少に刑の軽減の根拠を求める見解が今日にいたるまで通説的見解である。しかし、オルトラン（Ortolan）の時代と異なり、culpabilité absolué およびculpabilité individuelle の観念区分がほとんど用いられなくなった今日では、責任減少の理由については、法律が行為者自身に発生した事情および特殊性を行為者の責任を減少させるものと推定して法定化したものという「軽減された責任の（法律上の）推

定（présomption〔légale〕de responsabilité atténuée）」の理論で説明されている。[1]

メルル＝ヴィチュによれば、誘発による軽減宥恕の立法趣旨は、誘発が被誘発者を憤激させ、被誘発者の自己統制力（self-contrôle）を減少させる効果があること、そして誘発という被害者の罪過・落ち度（faute）が犯罪者（被誘発者）の罪過を割り引くということにある。[2] 学説においても、右の立法理由は支持されている。たとえば、ソワイエは、立法趣旨にならって、誘発による軽減事情を次のように二通りで考える。「一つは、誘発を受けた者が憤激により錯乱し、そのため判断力が弱まり、したがって責任が減少するという考え方である。もう一つは、誘発者も被告人（被誘発者）を誘発する罪過を犯しており、これが被告人の非難される罪過を相殺するという考え方である。」すなわち、「罪過の相殺（compensation des fautes）」の存在が、行為者の culpabilité の減少の理由の一つとして上げられている。[3]

未成年者の宥恕は、無経験な若年であるという理由によって、やはりこれも「軽減された責任の推定」から生じたものとされている。[4] しかし、未成年者の宥恕は、他面、未成年者に刑事処分を適用する場合、通常の刑事処分の程度を緩和する必要性からも説明されている。[5] メルル＝ヴィチュのいう「軽減された責任の推定」における責任とは、道徳的責任（responsabilité morale）であるが、[6] 具体的には culpabilité を減少させるものと考えられる。これについては、軽減事情と責任のところで後述する。

二　その他の宥恕

オルトランは、軽減宥恕全体を culpabilité absolue の減少と位置づけたが、誘発および未成年者以外の軽減宥恕を「自己統制力、判断力の衰退」や「罪過の相殺」による責任の減少で説明することは困難である。[7] そこで、メルル＝ヴィチュは、これらの宥恕が犯罪前もしくは犯罪後の行為（通報、人質の解放等）による犯罪者の罪過の償いに対して認められるものであることから、責任の減少を根拠とする説明を放棄し、法律はこれらの軽減宥恕については責任の減少を推定しているわけではなく、むしろ犯罪に対する「積極的な悔悟（repentir actif）」を奨励するために刑事政策的に刑の軽減を規定していると説明する。[8]

このような二元的解釈によって、刑の軽減宥恕に刑事政策的根拠を認めるとするならば、誘発と未成年者以外の軽減宥恕はもはや culpabilité とは関わりがないものと解されることになる。この二元的解釈は、culpabilité の観念および実質的内容の曖昧さを露出せしめるとともに、culpabilité に対する新たな理解への模索の端緒となるものでもある。

第二款　軽減事情と刑事責任の関係

次に、軽減事情とculpabilité（有責性）との関係について、オルトランおよびその他の論者の見解の中に、両者の一般的な公式を読み取ることができるかを検討してみる。

一　オルトランの見解

オルトランは、軽減事情がculpabilité individuelle に影響を及ぼすものであるとしているが、とくにculpabilitéの減少に結びつくものとして説明されているものを取り上げてみよう。

まず、過剰防衛であるが、ナポレオン刑法典は、正当防衛の条件が不完全な場合である過剰防衛に関する規定をもたなかった。そこで、防衛行為に刑法上の culpabilité が行為者の責任に残存するような過剰がある場合、法定刑の下限よりも刑を軽減するには、軽減事情に依拠しなければならなかった。[9] ただし、過剰防衛行為が法定の軽減宥恕（誘発による宥恕）に該当するときは、行為者はまず軽減宥恕の利益を受けるものとされた。

次に、行為者の精神的能力の障害（altération des facultés de âme）および自由の圧迫（oppresion de liberté）であるが、これは帰責性の構成要素に直接関わるものである。第五章第二節で明示したように、オルトランの見解から導き出される精神能力と責任との関係の公式は以下のものであった。

(1)　精神的能力のうち、理性と自由の行使を完全に絶えさせるものまたは妨げるものは、すべて帰責性

(imputabilité 責任能力) したがって答責性 (responsabilité) をも消滅させる。

(2) 精神的能力のうち、理性と自由の行使を制限するものは、culpabilité を減少させる。ただし、複合的で変化に富んだ要素を内容とするculpabilité は、その性質上先験的な判断の公式になじまないので、個別具体的判断が必要である。

精神的能力の障害が、帰責性の基本的条件である自由 (liberté) または道徳的理性 (raison moral＝善悪の弁別能力) を完全に奪う場合、当然のことながら、帰責性を完全に消滅させる。したがって、責任阻却による責任不存在・刑事無答責である。このような精神的能力の障害に該当するものが、理性または自由の行使を完全に妨げる心神喪失であり、自由を圧迫し自由の行使を完全に妨げる強制である。オルトランは、一八一〇年刑法典第六四条 (「被告人が行為のときに心神喪失 (démence) の状態にあった場合又は抗拒不能の力によって犯行を強制された (contrainte) 場合は、重罪又は軽罪とならない。[10]」) の心神喪失の言葉は法医学に固有のものではなく、精神病、精神異常 (folie, alienation mentale) といった理性を欠如するケースをすべて含む一般的・日常的に受け入れられた言葉として理解すべきであるとし、したがって法医学において白痴 (idiotisme) や精神薄弱 (imbécillité) といった様々な名称で呼ばれている精神障害がこの一般的・日常的な心神喪失に含まれるばかりでなく、精神錯乱 (manie)、偏執狂 (monomanie)、妄想 (délire) といったすべての精神障害が、理性または自由の行使を奪う効果があったと立証された場合には、これらも心神喪失の範疇に入るものとした[11]。現在では、意思の病、夢遊病、酩酊などが心神喪失に隣接する状態 (états voisins de la démance) とされ、一定の要件の下で責任の消滅が認められている[12]。

そして、(2)の公式にしたがって、オルトランは、精神錯乱、偏執狂、妄想などが、理性または自由を完全に排除するものではなく、これらの行使を制限するものである場合には、culpabilité を減少させるとする。今日では、部分的心神喪失 (démence partille) と呼ばれているものがその領域をカバーしている。部分的心神喪失が認められるものとして、精神に欠陥のある者、半狂人、異常者 (一般的麻薬患者、音唖者、癲癇患者、ヒステリー患者) があげられているが、責任の見地からこれらは半責任（demi-responsabilité）または軽減された責任（responsabilité atténuée）と呼ばれている[13]。オルトランは、また強制についても、それが自由の行使を制限する場合には、culpabilité を減少させるものとしている[14]。

　ところで、これらの部分的心神喪失または自由の不完全な圧迫が認められても、一八一〇年刑法典は、責任にほとんど量的観念をもたなかった立法当時の起草者の責任観を反映させて、最後まで限定責任能力の規定をもたなかったため、法定刑の下限よりも刑を軽減するには、結局、軽減事情を適用する以外に方法がなく（強制についても同様）、この方法がしばしば用いられた[15]。

　以上のように、オルトランが精神的能力の行使における制限で不完全な責任と説明したものは、今日では「半責任」または「軽減された責任」の観念で、明白に責任を減少もしくは制限するものとして位置づけられている。なお、一九九二年の新刑法典は、限定責任能力の規定を新たに設けている（一二二条の一）。

　それでは、帰責性の基本的条件である理性（是非善悪の弁別能力）もしくは自由を減少させ、またはその行使を制限される精神的能力が、どのようなメカニズムで責任の減少をもたらすのであろうか。これについては、次のようにいいうるであろう。第五章第一節で述べたように、帰責性は存在するか否かの排他的観念であって、帰責性の減少ということはありえない。たとえ「半責任」であれ「軽減された責任」であれ、帰責性が存在するからこそ答責性も認められ、その効果として制裁が行為者に科せられるのである。そして、故意または過失があれば、行為者を道徳的に非難することができる。しかし、帰責性を消滅しない程度に理性の曇りや自由の減少がある場合、その分非難が減少する。それ故に、culpabilité の減少をもたらすのである。

二　軽減事情とculpabilitéとの関係

問題は、右のもの以外の軽減事情を、すべて個別的有責性（culpabilité individuelle）の減少を根拠に説明しうるかである。両者の関係に関する説明がみられないので、若干の検討を加えてみよう。

本章第一節の「有責性」の項で示したように、オルトランは、「culpabilité には、犯罪において遭遇するあらゆる事情を反映して、様々なニュアンスが刻み込まれる可能性がある」とし、そのニュアンスを量的に構成する諸要素が多種多様であって、「行為者自身の中にもしくは行為者以外に、行為者の身体的能力もしくは精神的能力の中に、犯罪の被害者の中に、行為それ自体の中に、または行為以前もしくは行為に付随する事情の中に発見することができる」と説明している(16)。したがって、culpabilité を量定するには、それらの種々多様な要素を考察しなければならない。

その考察のために、次の二つ事項を確認しておくことが必要である。

(1) 新古典主義の量刑の公式は、責任（culpabilité）に応じた量刑という「責任と刑の比例原則」である。

(2) culpabilité とは、故意または過失という心理的要素（faute 罪過・義務違反）をもって犯罪行為を行ったことに対して、道徳的非難が加えられる状態を意味するものとされている。

後者について、補足しておく。faute とは、心理的要素にみられる義務違反のことであり(17)、それがあれば道徳的に行為者を非難できる（非難可能性）とするのが新古典主義のいう道徳的責任の実質である。しかし、犯罪行為者に対する実際の非難（culpabilité）の程度は、心理的責任だけで理解しうるとするならばともかく、故意または過失という心理的要素だけでは計測することができない。故意または過失により犯罪を行った者に対する非難は、多様な要素により影響されるであろう。では、それが行為者の心意への非難をもたらすものは、すべて culpabilité の構成要素ということになると考えるべきなのであろうか。オルトランが示した culpabilité のニュアンスを構成する諸要素は、幅広く、必ずしも心理的要素に限定しているようでもない。他方、前述したように、ガローは次のようにいう。「犯罪行為者が非難される行為につき、彼に faute があるかどうかを探究することは、犯罪の道徳性（moralité）を研究することである。ここに、犯罪の道徳的要素（élément moral）（新古典主義においては、故意あるいは過失により犯罪を行うことは、当然道徳的に非難されることである。その意味で、これは道徳的要素であり、これに基づく責任は道徳的責任である。同時に、これは、行為者の心意の問題なので、その見地からは心意的要素あるいは心理的要素ともいうる（筆者注））の名称で culpabilité のすべての条件を措定する習慣が生まれた。[18]」新古典主義が、主観主義といわれた所以である。また、ステファニ＝ルヴァスールも、犯罪の心理的要素を有責性の内容としている。しかし、いずれにしても、faute と culpabilité との関係、それらと非難（責任）の程度との関係は必ずしもその実体が示されていないし、その関係を解き明かそうと試みる見解も見あたらない。このように、culpabilité の理解については、具体的な内容ということになると必ずしも明確に論じられていないのである。

では、すべての軽減事情は、「責任と刑の比例原則」の公式の中で、心理的要素と関わるものと考えられるであろうか。軽減事情の具体例として上げられているものは、論者によって異なるが、前述したように次のものが例示されている。飢餓、羞恥心、自白、後悔、損害賠償、損害賠償の努力、教育の欠如、過去の善歴、損害の軽微性、単純未遂、諸事情の不幸な競合、被害者に落ち度があること、気質、性格、非難できない動機、社会的適応の可能性、被告人の過去の行跡等。この中には、明らかに心理的要素として義務違反を軽減できるものとは関わりのない、犯罪の外部的行為等（損害の軽微性、単純未遂、諸事情の不幸な競合）あるいは犯罪につながる心理的要素とは関わりのない社会的適応性が含まれている。

ここで確認すべきことは、第一に、厳格に理解すれば、心意的要素と軽減事情の要素は一致しないということである。したがって、軽減事情をすべて心意的要素に起因する責任の減少で説明することはできない。第二に、責任の減少で説明できない軽減事情と「責任と刑の比例原則」とをどのように整合性をもたせればよいのかということである。

ところで、culpabilité の実質的問題は、故意または過失で犯罪を犯した行為者に対する実際の非難の程度の問題である。そして、行為者に対する非難を軽減するものが軽減事情であるのだから、結果の軽微性も結局は非難の程度を軽減しうるであろうし、不幸な事情の競合により結果が発生した場合も、当然に非難は軽減されるであろう。犯罪結果が重大であっても、強い後悔と反省を胸に抱いている者は更生の近道に立っており、その意味で被告人の社会的適応性も非難を和らげることもあるであろう。

以上の点を確認するならば、軽減事情と culpabilité との関係は次のように考えることができる。

犯罪行為につき、行為者への非難を可能にするのは faute（故意・過失による義務違反）の存在であるが、faute の存在によって導かれる culpabilité すなわち行為についての実際の非難は、故意・過失などの主観的要素（心意的要素）に限定されるものではなく、したがって culpabilité の評価を行為者に有利に作用せしめる要素もまた主観的要素に限定されるものではない。行為者に対する非難を軽減しうるものでとくに法定されていないものは、すべて軽減事情となる。

このように考えることによって、「責任と刑の比例原則」の公式において、culpabilité の減少をトータルに理解しうるものといえよう。したがって、非難とは関わりのない刑事政策的な免責宥恕や軽減事由は、culpabilité すなわち責任の減少とは本質的に関わりのないものである。それらは、別の理由による処罰阻却事由である。刑罰の緩和事由も然りである。

このようにフランスの新古典主義は、折衷的刑罰思想の下で、故意・過失という心理的な反道徳的要素に義務違反性・罪過（faute）を認め、行為者への非難（culpabilité）の原因とし、刑の重さは犯罪行為に応じたものであるとの古典主義の公式を、刑の重さは行為者の責任（culpabilité）の程度に応ずるとの公式に修正した。そして、行為者の主観的道徳的な要素に非難可能性の根拠を与え、実際の非難に応じた量刑（個別化された責任に応じた量刑）を導く責任論は、同時に、極めて広範囲な領域に及ぶ非難の消極的評価をも可能にした。それが軽減事情である。

かくして、新古典主義の culpabilité は、「責任と刑の比例原則」の公式の下で、非難すなわち責任に応じた刑を導くことを可能にする観念たりえたといえよう(19)。換言すれば、軽減事情は個別責任を担う culpabilité の理論的実践を名実ともに可能にする制度であった。その意味で、culpabilité は、軽減事情を通じて、重罰主義に傾斜した刑事権力を抑制する極めて重要な責任観念であったといえる。

（1）Rorge Merle et André Vitu, Traité de droit criminel, T.I, 4e ed., 1981, pp.891 et 892.プラデルは、未成年者の軽減宥恕についてのみ「軽減された責任の推定」の考えで説明している。Jean Pradel, Droit pénal, T.I, 3e ed., 1981, pp.607 à 609.

（2）Merle et Vitu, ibid., p.892.

（3）Jean-Claude Soyer, Droit pénal et procédure pénale, 5e ed., 1985, p.152.

（4）Merle et Vitu, op.cit., p.892. Cf.H.Donnedieu de Vabres, Traité élémentaire de droit criminel et de législation pénal comparée, 2e ed., 1943, p.392.

（5）Merle et Vitu, ibid., pp.892. Cf.Vabres, ibid., p.392.

（6）Merle et Vitu, ibid., p.891.

（7）Merle et Vitu, ibid., p.893.

（8）Merle et Vitu, ibid., p.893.

（9）J.Ortolan, Élémnents de droit pénal, T.I, 4e ed., 1875, p. 238.

（10）『フランス刑法典』（法務資料三四三号一九五六年）より引用。

（11）Ortolan, op.cit., pp, 231 et 232.

（12）G.Stefani et G, Levasseur, Droit pénal général, 9e ed., 1976, op.cit., pp.304 et suiv. G・ステファニ・G・ルヴァスール・B・ブーロック『フランス刑事法〔刑法総論〕』（澤登俊雄・澤登佳人・新倉修訳・成文堂、一九八一年）五八八頁。フランスの刑事責任能力に関しては、小西吉呂「フランスにおける刑事責任能力論　―責任能力基準の問題を中心として―」関西学院大学法政学会「法と政治」三三巻三号（一九八二年）、藤山公一郎「フランスにおける精神障害犯罪者の刑事責任（一）」九大法学五三号（一九八七年）参照。

（13）Stefani et Levasseur, ibid., p.303. 前掲『フランス刑事法〔刑法総論〕』二五九―二六一頁。

（14）Ortolan, ibid., pp.233 et 234.

（15）Stefani et Levasseur, op.cit., p.304. 前掲『フランス刑事法〔刑法総論〕』二六〇頁。

（16）Ortolan, ibid., p.103.

（17）faute の語は、現在では、一定の犯罪の心理的要素をいう。すなわち、軽率、不熟練、怠慢または規則の不遵守によって実在する場合、一定の違反行為の客観的事実から推定される場合（違警罪の責任）とがあると説明されている。中村紘一・新倉修・今関源成監訳『フランス法律用語辞典』（三省堂一九九六年）。

（18）R.Garraud, Précis de droit criminel, 6e ed., 1898, p.112.

(19)　「責任と刑の比例原則」と「責任の量定」に関連して、若干わが国の状況にも触れておく。かつてわが国においても、昭和三六年の改正刑法準備草案および昭和四九年の改正刑法草案における刑の適用基準の規定について、同様の責任概念の問題が提起されている。後者は、第四七条で次のように規定する。「1刑は、犯人の責任に応じて量定しなければならない。2刑の適用においては、犯人の年齢、性格、経歴及び環境、犯罪の動機、方法、結果及び社会的影響、犯罪後における犯人の態度その他の事情を考慮し、犯罪の抑制及び犯人の改善更生に役立つことを目的としなければならない。」これは、「責任の量定」と「刑の適用基準」を示す規定である。問題は、第一に「責任の量定」基準が明らかでないこと、第二に刑の適用基準とされている要素が行為者への非難すなわち責任の量定とまったく関わりがないのかということである。量刑に際して適用基準の要素もしくは事情を考慮することは、すでに裁判実務でなされていた。しかし、これらの中に含まれる様々な要素がすべて非難すなわち責任の軽重を規定する要素といいうるかについては、疑問視されている。なぜなら、これらの中にはむしろ違法要素に関わるものがあり、その場合行為の違法の程度が行為者の主観に反映し責任に還元されるのか、といった疑問が提起されているからである。佐伯千仭「刑の量刑基準」（日本刑法学会編『刑法講座』一巻）（有斐閣、一九六三年）一二二頁。犯罪論に違法と責任の領域を有するわが国において、「責任と刑の比例原則」を、犯罪論の体系の中で、理論的に違法性の程度と責任の程度とを明確に識別し、貫徹することは、フランスより困難を伴うのではなかろうか。澤登俊雄教授も、改正案の責任概念の曖昧さを指摘する。平場安治・平野龍一『刑法改正の研究一（概論・総則）』（東京大学出版会、一九七四年）（澤登俊雄「第六章　刑の適用」）二五四頁。

第三節　責任阻却の構造と CULPABILITÉ の訴訟上の観念

第一款　責任の三つの観念と責任阻却の構造

前述したようにフランス刑法学における犯罪論は、（1）犯罪（délit または infraction）、（2）犯罪者（agent du délit）、そして（3）刑（制裁）によって構成されるのが標準である。犯罪は、法律的要素（élément légal 法定要素）、物理的要素（élément matèriel）、および心理的要素（道徳的要素 élément moral）の三つの構成要素よりなる。犯罪の構成要素に違法要素（élément injusute）を加えるものもある。[1] しかし、その内容は、「行為が犯罪となるためには、行為が違法であって、法に対する侵害として実行されたものでなければならない。もし、行為者が権利の行使としてこれを行ったのならば、行為は違法ではない[2]」という言葉に端的に示されているように、正当化事由を法律的要素から独立させたものであって、違法論の展開にまでいたっているようには思えない。

このような立場に対して、ステファニ＝ルヴァスールも次のような批判を加えている。「フランスでは、正当化の法定事由が全く存在しない場合に違法要素があるとされている。確かに、犯罪はすべてそれ自体違法な行為である。しかし、ある行為が違法であるのは、それが法律によって禁止されているか、または法律によって許容されていないかのどちらかであるから、結局、違法要素は、法定要素に帰着し、これと区別できない[3]。」

また、今日、物理的要素と心理的要素の二つを犯罪論の構成要素として、従来法律的要素で扱われた犯罪の分類、罪刑法定主義、正当化事由等を、刑法の大原則あるいは犯罪の法的前提条件として犯罪論の最初に位置づけるものも有力となってきている[4]。物理的要素では、行為、結果、因果関係等を論じる。道徳的（精神的）要素では、故意・過失を論ずる。

右にみたように、フランス刑法では、違法性を独立した犯罪論の一分野として構成しない体系が一般的である。しかし、フランス刑法における犯罪論の極めて特徴的なものは責任の体系上の位置づけである。先に指摘したように、フランス刑法では、責任は犯罪の構成要素ではなく犯罪の法的効果もしくは帰結である。犯罪の成立を前提として、責任を論ずる体系である。ここに、責任阻却・責任消滅あるいは責任不存在と culpabilité との関係について、見解の分かれる素地がある。そして、この見解の相違は、culpabilité の意味するところのものに対する理解の相違の反映でもある。

ところでオルトラン（Ortolan）は、responsabilité の語に答責性の意義を与え、これを帰責性（imputabilité）と不可分の表裏一体のものとして説明した。しかし現在では、この responsabilité は、帰責性と有責性（culpabilité）の条件を満たした場合に、法的効果としての刑に答えるべきことを意味する広義の刑事責任をあらわす観念となっている[5]。

そうであれば結局のところ、責任の構成観念としては、imputabilité と culpabilité が実質的な意味をもつものといえる。そこで以下、その二つの観念と責任不存在・責任不成立との関係を図式化して、その構造を分析する。なお、もっとも広義で責任不存在をあらわす語は、irresponsabilité（無答責任・責任阻却）または non-responsabilité（責任不存在・責任不成立）である。有責性が成立する免責宥恕事由は、責任阻却事由とはいえず、一応ここでは除外しておく

以下、幾人かの論者の提示する構造を見てみよう。

(1)《オルトラン(6)》

irresponsabilité（無答責性・責任阻却）
- causes de non-imputabilité（帰責性阻却事由・帰責不能事由）
- causes de non-culpabilité ＝ faits justification（正当化事由）（有責性阻却事由・有責性不在事由）

オルトランは、右のような語を用いていないが、行為者の行為が正当化事由に該当する場合、当該行為にはいささかの culpabilité も存在しないとしているので、彼の見解を現代的な用語を用いてその構造を示すと右のようになると考えられる。有責性阻却事由の実質は正当化事由である。

論者の体系の構造および時代によって多少異なるが、今日、non-imputabilité で一般的に論じられるのは、心神喪失（démence）、心神喪失に隣接する状態（états voisoir de la démence）、強制（contrainte）、錯誤（erreur）、未成年者（mineures）などである。また、正当化事由では、正当防衛（légitime défense）、法令上の命令と権限ある官憲の指令（l'ordre de la loi et le commandement de l'autorité légitime）、緊急避難（état nécessité）、被害者の承諾（consentement de la victime）が論じられている。

錯誤については、これを culpabilité の中で扱う論者もいる[7]。ナポレオン刑法典では、正当防衛は殺人、傷害および殴打についてしかその適用を認めなかった（三二八条）。ピエール・ブーザ（Pierre Bouzat）＝ジャン・ピナテル（Jean Pinatel）は、これを立法者の誤りであると批判した[8]。緊急避難にいたっては、法律の明文すら欠いていた。しかし、学説の大勢は、すべての犯罪に適用される一般的な正当化事由として正当防衛を認める方向にあった。こうした学説の動向を得て、一九七八年の刑法改正草案は正当防衛の制限を取り除いて総則規定とした（四四条）。また、緊急避難も総則規定に加えられた[9]（四三条）。

現行の新刑法典では、第一巻第一部第一編第二章の「無答責任事由または責任軽減事由（des causes d'irresponsabilité ou d'atténuantion de la responsabilité）」の中に、責任無能力、限定責任能力、不可抗力、強制、法律の錯誤、法令上の命令、正当防衛、正当防衛の推定、緊急避難および未成年者を規定する。

(2)《ヴァーブル、メゾンヌーヴ[10]》

irresponsabilité ＝ causes de non-culpabilité ─┬─ causes de non-imputabilité
└─ faits justificatifs

(3)《ブーザ＝ピナテル[11]》

irresponsabilité ＝ causes de non-imputabilité ─┬─ causes de non-culpabilité
└─ faits justificatifs

＊causes de non-culpabilité の内容は、（1）および（2）における causes de non-imputabilité と同じである。

(4)《ステファニ＝ルヴァスール＝ブーロック[12]》

non-responsabilité ─┬─ faites justificatifs
　　　　　　　　　　└─ causes de non-imputabilité

(5)《ヴィダル[13]》

irresponsabilité = culpabilité の消滅事由 ─┬─ causes général de non-culpabilité
　　　　　　　　　　　　　　　　　　　　└─ causes spéciale de justification

ヴィダルのこの構造は、彼の次の言葉によって説明される。「causes de non-culpabilité または causes de justification の利益が存するときは、道徳的見地よりすればいささかも非難されないし、coupable（有罪）でもない。」

右の責任阻却・無答責性の多様な構造で、とくに注目されるのは、以下の点である。

第一に、(1)の causes de non-culpabilité は culpabilité の阻却事由であるから、実質的には faits justificatif すなわち正当化事由である。culpabilité の観点からは、正当化事由も責任の不存在・無答責事由である。第二に、(2)の causes de non-culpabilité が causes de non-imputabilité を包摂している点である。帰責性阻却事由も有責性阻却として位置づけられている。第三に、(3)の帰責性阻却事由が正当化事由と有責性阻却事由を包摂している点である。

第二款　正当化事由と帰責性阻却事由

(1)型の causes de non-culpabilité の実質的内容が正当化事由であるならば、責任不存在は、帰責性阻却事由と正当化事由により構成されることになる。

前款で示した正当化事由を責任の消極的要素とする体系にあっては、責任が犯罪の法的効果を意味する体系の特質上、結局、正当化事由は責任を問えない事由として位置づけられることになる。正当化事由の存在する場合、culpabilité が存在しないという考え方も、正当化事由に該当する行為には faute（罪過・義務違反）がない（たとえ、故意行為であっても義務違反ではなく非難されない）のであるから当然といえる。逆に、causes de non-imputabilité が causes de non-culpabilité を包摂するという考え方も、罪過・義務違反での有責性が阻却される行為を行為者にあえて帰責するに及ばないということで理解できる。ただ留意しなければならないのは、正当化事由と帰責性阻却事由とは同じ責任阻却に連なるものであるとしても、その性質には以下の隔たりがあるという点である。

帰責性阻却事由は、行為主体の固有の条件もしくは状態から生じるものであって、帰責性の消滅（すなわち自由または理性＝弁別能力の欠如または行使不能）による阻却事由であり、したがって責任の消滅は行為者に一身専属のものである（主観的性格）。これに対して、正当化事由は客観的事由であり、その存在により行為は法律により正当化される。この相違から、次の帰結が導かれる。帰責性阻却事由は、行為者以外にはその利益をもたらさない。したがって、共犯には適用されない。反対に、正当化事由は客観的性格を有するものであって、これによる犯罪行為の消滅を絶対的なものとすることから、関与したすべての者にその効果が及ぶ。

ステファニ＝ルヴァスールは、正当化事由と帰責性阻却事由の責任の消滅に関して次のように指摘している。この二つのものは、一見すると刑事責任を消滅する同一の結果をもたらすものの、その消滅のさせ方に差異がある。すなわち、正当化事由（彼らの言葉によれば「責任不存在の客観的事由」）は、むしろ犯罪要素を失わせるものであって、正当化事由に該当する場合には、もはや行為は（責任の消滅以前に）犯罪行為とはならないのである[14]。

以上のことから、正当化事由を責任消滅事由に位置づける体系について、一応の理解は可能である。しかし、そのような体系に必然性があったのであろうか。換言すれば、正当化事由が直接責任消滅・責任阻却をもたらすわけではないにもかかわらず、これを責任消滅のカテゴリーで扱う伝統が維持され続けた理由はなんであろうか。

第三款　culpabilitéの訴訟上の様相

一八一〇年刑法典は、帰責性阻却事由による責任不存在にも、正当化事由にも、すべて同じ表現を用いている。すなわち「il n'y a ni crime ni délite（重罪又は軽罪にならない）」の文言を用い（六四条、三二八条）、一様に犯罪の不成立を宣言している。したがって、犯罪の不成立が法定要素の消滅によるものか、それとも責任の消滅によるものかにとらわれずにすむ。そこで、責任を犯罪構成要件としないフランス刑法学は、責任不存在のカテゴリーに正当化事由を位置づける思考・体系を可能にした。これについて、ブーザ＝ピナテルは、刑法典の起草者は責任不存在の二種類を認識していたにもかかわらず同一の表現を用いたとして、強く批判している。さらに、刑法典の文言は、心神喪失などのいわゆる帰責性を消滅させるものに対するよりも、正当化事由に適する表現であると指摘している[15]。なお、一九九二年の新刑法典は、今度は明瞭に「N'est pas pénalement responsable（刑事責任を負わない）」として、正当化事由も帰責性阻却事由もすべて責任の不存在の体系化に位置づけることを明文化した（一二二条の一ないし一二二条の八）。

このような一八一〇年刑法典を背景に、正当化事由が責任阻却のカテゴリーに包摂された体系の由来につき、江口三角教授がトレビュシアン（Trebutien）の刑法体系の研究において考察している。その要旨は次のようなものである。culpabilité（有責性）は刑事訴訟で用いられるcoupableの語に由来するものであって、陪審員は、「被告人は……の事実を犯したことについて有責（coupable）であるか」という質問に対して、犯罪の物質的要素と精神的要素（道徳的要素のこと（筆者注））とを検討する任務があり、そこで「精神的要素が認められるためには、必然的にあらゆる犯罪阻却事由（faits justificatifs）が斥けられなければなら」ず、トレビュシアンはこの「有責性の質問に包含される犯罪阻却事由」を「すべて有責性を阻却する事由であると解している。[16]」すなわち、責任阻却が正当化事由を包摂する体系は、刑事訴訟における犯罪の認定手順からの要請に従って導かれたということである。

責任概念がそうした背景で形成されているならば、そしてそれが道徳的責任であれば、non-culpabilité の実質的内容である正当化事由を有責性阻却事由とすることは一つの論理的な帰結といえよう。さらには、有責性の存在が確認される免責宥恕も、最終的には有責性阻却事由に包摂されることにもなりうるであろう。そうであれば、訴訟法上でのculpabilitéは、責任観念である有責性よりも有罪性を内容とするものと考えるべきである。Culpabilitéが犯罪論・責任論の中で明確な姿を描けないほど複合的で複雑な観念である理由の解明が、その誕生に強く結びつく刑事訴訟法的意義によって、大きく前進したといえよう。

（1）たとえば、R.Garraud, Précis de droit criminel, 6e ed., 1898, p.191. René Foignet, Manuel élémentaire de droit criminel, 4e ed., 1948, p.115.Jean Larguier, Droit pénal général et procédure pénale, 9e ed., 1982, p.24. Michele-Laure Rassat, Droit pénal, 1987, pp.398 et suiv.

（2）Foignet, ibid., p.115.

（3）Stefani et Luvasseur, Droit pénal général, 9e ed., 1976, pp.104 et 105. G・ステファニ・G・ルヴァスール・B・ブーロック『フランス刑事法［刑法総論］』（澤登俊雄・澤登佳人・新倉修訳・成文堂、一九八一年）五八頁。

（4）たとえば、G.Stefani, G.Levassuer, B.Bouloc, Droit pénal général, 16e ed., 1997.J.Pradel, Droit pénal, T.I, 1981.

（5）たとえば、ヴィダルは次のようにいう。「ある者を responsable であるとすることは、彼が社会権に答えるべきことを認めることである。」George Vidal, Cours de droit criminel et science pénitentiaire, 3e ed., 1906, p.161. その意味で、respnsabilité は刑罰という結果を受けるべきことを表象する観念である。

（6）J.Ortolan, Éléments de droit pénal, T.I, 4e ed., 1875, p.172.

（7）Jean Pradel, Droit pénal, T.1, 3e ed., 1981, p.406.

（8）Pierre Bouzat et Jean Pinatel, Traité droit pénal et criminologie , T.I, Droit pénal général, 2e ed., 1970, p.321.

（9）Commission de Révision du Code Pénal, Avant-projet définitif de Code Pénal, Livre 1 Dispositions Générales, 1978, Paris, La Documentation

Françaises, p.123.

（10）H.Donnedieu de Vabres, Traité élémentaire de droit criminel et de législation pénal comparée, 2e ed., 1943, pp.165 et suiv. Maisonneuve, pp.70 et suiv. その他、René Foignet, op.cit., pp.79 et suiv.

（11）Bouzat et Pinatel, op.cit., pp.320 et suiv.

（12）G.Stefani, G.Luvasseur, B.Bouloc, Droit pénal général, 12e ed., 1984, pp.334 et suiv.

（13）Vidal, op.cit., pp.199 et suiv

（14）Stefani et Luvassuer, op.cit., pp.296 et 297. 前掲『フランス刑事法［刑法総論］』二六二頁。

（15）Bouzat et Pinatel, op.cit., p.321.

（16）江口三角「フランス刑法学における犯罪論の体系（一）」岡山大学法学会雑誌二一巻四号（一九八二年）四一六頁。

第四節　新々古典主義における CULPABILITÉ の様相

現代における新古典主義の代表的継承者の一人であるロジェ・メルル（Roger Merle）は、次のようにいう。裁判上の刑期の個別化により、法規に内在するみせしめ（exemplarité）の性格を損なうほどにその威嚇力を喪失しつつ、刑は犯罪の具体的な原因とはまったく無関係に責任（responsabilité）に基礎をおいた純粋な懲罰（chatiment）のままにとどまっている[1]、と。メルルのこの言葉は、新古典主義の「責任と刑の比例原則」を批判したものである。

メルルは、犯罪者の人格および彼固有の犯罪性に適した科学的処遇として、刑を科すべきであると主張する。そして、新古典主義の責任に比例した応報的刑罰制度では、もはやこうした科学的な刑事処遇による犯罪者の再社会化（resocialisation）に対応することができない、と批判するのである。それでは、人格と犯罪性に適した科学的処遇として刑を科すべきとのメルルの学説において、culpabilité はどのような様相を呈するのであろうか。

メルル（Merle）＝ヴィチュ（Vitu）（以下、メルルと略す）は、culpabilité の観念について次のように述べている。「語源を考えると、culpabilité は、犯罪者によって犯された故意または非故意の罪過（faute）、すなわち刑法に違反するとの認識（conscience）、刑法上の結果を惹起することを決意する意思（volonté）、軽率（imprudence）もしくは怠慢（négligence）といったものと混じりあうところの本質的に道徳的または心理学的な観念としてあらわれる。[2]」そして、ほとんどの刑法学者が考察するのは、こうした限定された意味においてであると指摘する。しかしこれに対して、メルルは、「罪びと（cupable）」とは物理的に罪を犯した者であり、「無辜の人（innocent）」とはまったく犯罪に加担しない者であるとの区別を示し、一般的な言語における culpabilité の観念がおのずと物理的（matèrielle）な意義へと拡張していくものであって、それ故に culapabilité が物理的様相（犯罪への身体的な関与 participation）と道徳的（知的）様相（過ちのある関与 participation fautive）とを含む複合的な観念であると説明する。[3]

メルルは、culpabilité をこのように二つの様相をもつものとして識別し、前者において犯罪行為への関与、因果関係を扱い、後者において犯罪の心理的（道徳的）要素（élément moral 故意・過失等の心意的要素）を論ずる。culpabilité のこの二つの様相を踏まえて、メルルは、知的様相において culpabilité を法律上の culpabilité（culpabilité légale）と犯罪学上の culpabilité（culpabilité criminologique）とに分け、さらに culpabilité のメカニズムを論じる。その概要は、おおよそ次のようなものである。

有罪判決を言い渡す前に、裁判官は、違法行為等を行った犯罪者の精神状態を、知的態度すなわち主観的な罪過（faute）をはっきりさせることによって、非難できるものに再構築しなければならない。そこで問題となるのは、物理的 culpabilité を客観的に条件づける関与および因果関係が、犯罪者の精神の中で企てられたことを認めることである。そのためには、社会的非難をもたらし処罰を正当化するところの知的行為をとくに対象として考える必要がある。このようにメルルは、行為者の知的行動の中に、物理的な犯罪行為に対して行為者の処罰を可能とする知的要素を探究する。メルルが摘示するその知的要素とは、犯罪の認識（conscience infractionelle）（非難されるべきものと認識して犯罪行為に関与した事実）、犯罪の認識をもちながら行為を行うことにあらわれる反社会的精神状態（mentalité dis-sociale）（刑法の保護する社会的価値に対する敵対行為または無関心。故意、過失にあらわれる）、犯罪意思（volonté infratctionelle)（帰責性の基本条件であるところの理解し意欲する能力を備え、行動と決定の自由をなんら破壊されていない状態で、行為への経過をもたらす意思）である。

メルルは、このように culpabilité の判断の対象となるものが行為者の心意における知的要素であることを指摘する。そして次に、法と人間諸科学との対立から、法律上の culpabilité と犯罪学上の culpabilité とを対置し、これをさらに culpabilité の知的メカニズム（mécanismes intellectuelle）と心理学的メカニズム（mécanismes psychologi-que）の見地から次のように説明する。

culpabilité の知的メカニズムを構成するものは、右の犯罪の認識、反社会的精神状態および犯罪意思であり、これらは法律と人間の行為とを一致させる要素である。すなわち、法と人間の行為との一致の価値判断のための要素である。これが認められると、法律上の culpabilité が認定される。その結果、行為者と法律上の犯罪者との同一化および行為者の行為に対する社会的非難が正当化される。つまり、この法律上の culpabilité とは、非難をもたらし処罰を正当化する知的要素を媒体として、法と行為者との一致についての価値判断を導くものである。換言すれば、右罪の前提条件としての culpabilité である。これに対して、culpabilité の心理学的メカニズムを構成するものは人格の精神的背景、行為の動機、克服すべき道徳的または社会的障害の認識、道徳的または社会的障害を克服する意思等であり、以上の要素の法律上の結果として、犯罪者の「刑罰能力（capacité pénal）」の司法的解釈、危険性に対する処分、制裁の個別化が導かれる。したがって、心理学的メカニズムとは、犯罪者の人格および彼固有の犯罪性に適した刑事処遇を導き出すものである。そして、このような culpabilité を確証するためには、結局、精神分析によらなければならないと示唆する。(4)

メルルは、culpabilité の知的メカニズムと心理学的メカニズムの一覧を左のごとく示している。

《culpabilité の知的メカニズム略図》

- 犯罪的意識
  - 犯罪の物理的要素を構成する事実の事情の認識……一般故意（dol général）
  - 行為の違法性の認識……一般故意
  - 犯罪とされる結果を惹起する故意……特別故意（dol spécial）
  - 行為から損害が生じうるかもしれないとの意識……非故意の落ち度（faute non intentionnelle）
- 犯罪意思
  - 行為の身体的または精神的（morale）自由……強制の不存在
  - 理解し意欲する能力……自由意思（libre arbitre）
- 反社会的精神状態
  - 犯罪化によって保護される社会的価値に対する攻撃……一般故意と特別故意
  - 犯罪化によって保護される社会的価値に対する無関心……非故意の落ち度　違警罪の落ち度

この三つの要素の帰結……行為者を法律上の犯人と一致させること。行為者の行為への社会的非難を加えること

《culpabilité の心理学的メカニズム略図》

- 責任の精神的背景
  - 「超自我」の変質
  - 不変の機能
  - 間主観性の混乱
  - 精神の異常　等々
- 行為の動機づけ
  - 動機
  - 追求された結果

克服すべき精神的または社会的障害のある意識	文化集団により確立した価値に対する非順応主義およびその放棄 残っている順応性および犯罪行動の自己正当化の過程
精神的または社会的障害を克服する意欲	表明された同意 矛盾する感情との闘い 心理学的危機の解決
これらの要素の帰結	犯罪者の「刑罰能力」の司法的評価 危険性に対する処分 制裁の個別化

右の分析を経て、メルルは culpabilité と制裁との問題は区別すべきであるとして、両者の関係が従来混乱している点を強く批判する。メルルによれば、culpabilité の発見段階ではもっぱら問題となるものは法律と人間の行為との一致に関する価値判断であって、この段階では culpabilité の心理学的な考察はまったく影響しない。これに対して、制裁すなわち再社会化処遇（traitement resocialisateur）の選択と量定の段階では、反対に、心理学的な考察が重要なものとなる。[5]

以上が、メルルが展開する culpabilité 論の概要である。

メルルは、責任の個別化およびその個別化に応じた量刑にとどまった新古典主義の責任と刑罰の理論（これを一応「責任主義」と呼んでおく）を、手厳しく批判した。そして、そのような桎梏から制裁を解放し、再社会化の刑事処遇のための制裁の個別化（individualisation de la sanction）を実施しうる新たな責任と制裁の理論の構築の必要性を唱えたのである。

このように、メルルは culpabilité の心理学的側面から再社会化を刑事処遇の質量の基準にするのであるが、再社会化という「目的主義」が新古典主義の「責任主義」を超えて刑事処遇の選択または量定を許すものだとすれば、それは犯罪に比して不当に自由を拘束しないという古典主義的保障、すなわち「市民的自由」を逸脱するものとなりうる。なぜなら、メルルは、現代の刑事責任とは刑罰に同化し刑罰から利益を得る能力であって、道徳的責任の程度に刑期を均衡させる必要はまったくなく、再社会化の処遇効果に必要な期間処遇を行うことができると主張しているからである。(6) こうしてみると、新しい新古典主義を標榜しながらもメルルにおいては、個別責任に応じた量刑の公式に「権力からの安全」すなわち人権保障機能を託した新古典主義のイデーは放棄されたものともいえる。

新古典主義は、功利と正義にかなった罪刑の均衡を求めて、個別責任の思想の下に責任主義を確立し、折衷的刑罰論の実践をはかった。しかし、人間諸科学のたゆみない発達はこのような一九世紀的理論にいつまでもとどまることを許さない、とメルルは主張しているのであろう。

メルルの責任論・刑罰論をめぐる見解には、自由意思の観念を用いないなど幾つかの問題が指摘されており、古典主義としての範疇に属するものか疑問視されている。(7) 彼の学説をどのように評価するかはともかくとして、刑罰を犯罪者の再社会化に適した処遇としてその達成をはかろうとするとき、もはやその処遇の選択・量定は道徳的な責任の程度に拘束される必然性を失うのであるから、一九世紀の前半以降理論上断ちがたく結びついていた責任と刑の連鎖が再社会化のための処遇という鏨によって分断されることになる。その意味で、メルルの学説においては、一九世紀の新古典主義の折衷的刑罰論および責任論は、脈動を止め、終息しているように思える。

一九世紀の新古典主義は、行刑学と一九世紀末葉の実証主義の所与を受け入れ特別予防も視野に入れたが、基本的には一般予防を刑事政策の機軸にしたものであった。これに対して、メルルの提唱する新々古典主義は、「社会的安全」のテーゼに対して、心理学的見地からの処遇による再社会化を提唱し、科学的手法による特別予防を重視した。しかし今日、刑事政策上、一般予防効果の飛躍的な向上は期待できない。とすれば結局のところ、「社会的安全」は犯罪者の再社会化に託されるほかない。その意味で、メルルの標榜する新々古典主義は、現代における新古典主義の新しい展開とみることができるであろう。

けれども、メルルが自分の理論になお「古典主義」の名称を冠するのであれば、責任を超えうる処遇の正当化根拠を新たに構築し、かつ、刑事権力の控制原理を提示しなければならないであろう。なぜなら、刑事権力の控制原理の実現こそが、自由思想に基づく古典主義の精神であり、新古典主義の「責任と刑の比例原則」はその新たな表現だったからである。すなわち、自己の学説を新古典主義の範疇に属するものとしながらも、新古典主義の「責任と刑の比例原則」を放棄するならば、それに代わる刑事権力の控制原理を確立し、再社会化が極端な社会的功利主義に傾斜して「市民的自由」を侵害しないよう図ることが不可欠ということである。古典主義の系譜に連なるとは、そういうことであろうと思われる。

（1）Roge Merle, Confrontation du droit pénal classique et de la défense social, le point de vue doctrinal, Revue de science criminel et de droit pénal comparé, 1964, p.728. 同論文の研究については、澤登俊雄『犯罪者処遇制度論（下）』（大成出版、一九七五年）四八頁以下がある。

（2）Roge Merle et André Vitu, Traité de droit criminel, T. I, 4e ed., 1981, p.590.

（3）Merle et Vitu, ibid., p.590.

（4）Merle et Vitu, ibid., p.650 à 655. なお、メルルの刑事責任論の概要と批判については、澤登俊雄・前掲書五六頁以下に詳しい。

（5）Merle et Vitu, op.cit., p.654.

（6）Merle, op.cit., p.735. 澤登俊雄・前掲書六一頁。

（7）澤登俊雄・前掲書七六―七七頁参照。

第五節　新古典主義と行刑制度

新古典主義の特徴の一つは、刑罰の目的および効果についての思索を、それまで現実の刑事政策の中で主流だった一般予防から、犯罪者の改善を追求する特別予防へと巡らせたことにある。その意味で、新古典主義の功利思想は、犯罪者の改善と社会復帰をも内容としうるものであったといえる(1)。

一八三七年に、未成年者のためにメトレイ再教育施設（maison de reéducation de Mettray）がトゥール（Tour）近郊に創られた。一八五〇年四月五日の法律は、「若年成人のための感化院（colonies pénitentiaires pour jeunes adultes)」を創設した。また、一八五四年五月三〇日の法律は、徒刑場（bagnes）を廃止し、徒刑（peine des travaux force）を植民地で行う制度を創設した（ただし、一八五一年のデクレですでに実施されていた）。この植民地徒刑制度は、当時の植民地政策と結びつき「土地によって人を改善し、人によって土地を改良する（d'ameliorerl'homme par la trre et la terre par l'homme)」という目的で行われた(2)。これは、刑は受刑者を改善する方法で執行されるべきである、少なくとも受刑者をさらに悪に転落させない方法で執行されるべきであるという行刑思想を反映したものである。

植民地徒刑が創設される以前、行刑制度の改革のために独居拘禁（emprisonnement celluaire）の構想が提起されたが、一八四八年より一八七〇年にいたる間、植民地徒刑支持の意見に圧殺された(3)。しかし、植民地徒刑は満足すべき結果をもたらさなかったため、再び国内での刑の執行を取り上げる意見が高まった。一八七五年六月五日の法律が、監獄制度を改革し、共同拘禁（emprisonnement en commun）を独居拘禁に代えたのは、そのような推移によるものであった。

以上のように、新古典主義刑法思想は一八七〇年代までの間、活発に刑法典に対する改正および新しい制度を創設する諸立法をもたらしたが、その刑事政策は、資本主義の発展に伴う犯罪の増加、とくに累犯の増加に対処できなかった。レイモン・シャルル（Raymond Charles）によれば、一八二六年から一八八〇年にかけて、犯罪は三倍に、累犯は五倍に増加した(4)。そのため偉大な折衷主義と呼ばれた新古典主義は、一方で個別責任による責任と刑との均衡をはかることによって刑事権力を控制する役割を果したが、他方で犯罪増加の現象に直面し刑事政策の面において「社会的安全」に対する機能不全を批判されるにいたった。批判は、新古典主義が度を過ごした理性主義（rationalism）によってもっぱら犯罪の研究に執着専念し、犯罪者の研究を犠牲にしたために、犯罪者を抽象的な概念の中に閉込めてしまったことに向けられた。

新古典主義の犯罪者観の中核をなすものは、自由を公準とする道徳的責任の思想である(5)。すなわち、犯罪者は理性と自由（新古典学派がなんら科学的立証の必要もないほど明白と断言する）を有する合理的かつ抽象的な人間として把握され、その有責性（culpabilité）は犯罪者個々人の実行した犯罪についての義務違反（faute 故意・過失を中心とする道徳的・心理的要素）の程度を基準として量定された。この道徳的責任の程度にしたがって刑の程度が決定されるのであるが、新古典主義の特別予防政策は植民地徒刑に象徴されるように基本的には労役による懲治的改善を目標とするものであって、その刑は犯罪者の個性に応じた積極的な社会復帰を達成すべく編成されたものではなかった。その意味で、近代的・科学的な刑事政策ではなく、なお古典的な刑罰政策にとどまっていたわけで、新古典主義の犯罪統制機能の限界もそこにあったといえる。

裁判官たちは、やがてこうした刑が受刑者の改善にとってむしろ弊害と考えるようになり、その弊害を回避するために新古典主義の刑罰緩和政策に呼応した。その結果、道徳的責任に応じた刑の期間の決定に際して軽減事情が濫用されたため、短期拘禁刑の濫用を誘発した(6)。こうした短期拘禁刑は、新古典主義が企図した道徳的改善にとって無価値であったばかりか、刑罰の威嚇的価値をも喪失せしめて犯罪の増加を招いたと考えられた。しかも、新古典主義の影響によりもたらされたこの新たな刑事政策は、刑法学の発展、統計学の登場により、その失敗が明らかにされたのである(7)。

このような新古典主義の無力な刑事政策に対して、「人間の自由は神話でしかない」と新古典主義を批判して、近代的な刑事政策という新しい分野を切り開いたのが、イタリアの実証学派であった。自由のイデーを否定し、決定論に基づいて犯罪の処罰を犯罪者の人格に基礎づけたイタリア実証主義は、一九世紀の末葉、諸外国の刑法の編成とその動向に大きな衝撃を与えた。フランスにおいても、同時期にその影響が強く感作し、刑罰制度の不十分さに起因している累犯について、初犯者と累犯者との分離以外に初犯者の累犯化を防止する有効で適切な解決を見出せないとの結論に到達し、初犯者と累犯者との分離による社会防衛政策の編成が試みられた。

まず、一八八五年五月二七日の累犯に関する法律（Loi du 27 mai 1885 sur les récidivistes）が、改善不能で危険な常習的累犯者に対する補充刑（peine complémentaire）として、ルレガシオン（relégation）を創設した。これは、完全に実証主義の思想を適用したものであるといわれている[8]。補充刑とされてはいたが、その実質は改善困難な常習犯を刑期終了後本国から植民地へ排斥する淘汰的隔離処分、すなわち改善処分をまったく含まない自由剥奪的保安処分であった[9]。その後第二次世界大戦により囚人の植民地への移送が事実上不可能になったため、ルレガシオンは本国の刑務所での仮の執行に切り替えられ、後にその執行方法が法的承認を受けることになった。そして、本国における執行のため、その終身的性格は緩和され、三年で仮釈放が、そして二〇年で終局的な釈放が認められるようになった。それにともない、改善的処遇内容をもたない排害刑（peine éliminatoire）としての性格から、受刑者の改善および社会復帰をはかる保安処分的性格への移行が要請された[10]。本国におけるルレガシオンの実質的性格は保安処分として位置づけられたが[11]、やがてルレガシオンは時代遅れのものとなり、一九七〇年七月一七日の人権保障強化法（Loi tendant a renforcer la garantie des droits individuels des citoyens）により、科学的な調査および分類に基づく再社会化のための改善処分である刑事後見（tutelle pénale）の制度に置き換えられた[12]。この制度は、後に廃止される。

一八八五年法は、また、出獄者の存在が社会的に危険であると思われる場所から、出獄者を遠ざける滞在禁止(interdiction de séjour）の制度を創設した。

次いで、一八八五年八月一四日の法律は、仮出獄制度を制定し、恩赦によることなしに、裁判官による宣告刑の執行期間を半分に短縮することを可能とした。

さらに、一八九一年三月二六日の法律（いわゆるベランジェ法 Loi Bérenger）は、執行猶予の制度を制定し、初犯者に対しては拘禁刑の執行を猶予することを可能にした一方で、累犯者に対してはたとえ犯罪の程度が軽微であっても刑を加重した。

また、一八九九年八月五日の法律および一九〇〇年七月一四日の法律は、前科簿（casier judiciaire）の規則を出獄者に対する不都合を減少させる方向で改正した。

しかしながら、新古典主義の保守的傾向の強かったフランスは、実証主義の主張するフジカルな保安処分一元主義を採用することなく、部分的に保安処分制度を導入する刑罰と保安処分の二元主義を支持した(13)。

以上を概括すれば、新古典主義は刑罰論および犯罪論の研究に大きな収穫をもたらすものであり、また一般予防とともに特別予防の見地を功利思想の中に取入れるものであったが、新古典主義それ自体は、特別予防の思想を、近代および現代の刑事政策へと十分に発展せしめる学理ではなかったといえる。端的にいえば、新古典主義が刑事権力控制理論としての刑法学の研究を重視した学理であって、犯罪者に対する研究への関心が極めて乏しかった、ということにその原因があるように思われる。

資本主義社会の発展は、有産階級と無産階級の階級分化を一層押し進め、貧富の差を拡大し、様々な社会的歪を生み出していく中、自由主義思想と単純な責任に応じた応報刑とで「社会的安全」を維持することがもはや困難であることを知らしめた。以後、刑法における「社会的安全」の主要なテーゼは、一般予防にではなく、犯罪者の排害的処遇、そして社会復帰・再社会化のための処遇に向けられていくことになる。同時にそれは、犯罪者の矯正による「社会的安全」と、権力から不当な扱いを受けないという「市民的自由」とが、犯罪者の処遇をめぐって新たな関係を展開することを意味する。

（1）G.Stefani et G.Levasseur, Droit pénal général, 9e ed., 1976, p.77. G・ステファニ・G・ルヴァスール・B・ブーロック『フランス刑事法［刑法総論］』（澤登俊雄・澤登佳人・新倉修・訳成文堂、一九八一年）三七頁。

（2）Jean Pradel, Droit pénal général, 11e ed., 1996, p.118.

（3）J.Ortolan, Éléments de droit pénal, T.1, 4e ed., 1875, p.77.

（4）Raymond Chaeles, Histoire du droit pénal, 1967, p.35. とりわけ、普仏戦争に破れた一八七〇年代以降のフランスは累犯や少年犯罪の著しい増加をみた。吉川経夫「フランスにおける保安処分」『保安処分の研究』（有斐閣、一九五八年）九八頁。

（5）Pierre Bouzat et Jean Pinatel, Traité de droit pénal et de criminologie T.I , Droit pénal général, 1970, p. 108. H. Donnedieu de Vabres , Traité élémentaire de droit criminel et de législation pénale comparée, 2e ed., 1943, p.33.

（6）Jacques Borricand, Droit pénal, 1973, p.30.

（7）Stefani et Levasseur, op.cit., p.78.前掲『フランス刑事法［刑法総論］』三八頁。

（8）Stefani et Levasseur, ibid., p.80. 前掲『フランス刑事法［刑法総論］』三九頁。

（9）吉川・前掲一〇九頁。平場安治・平野龍一編『刑法改正の研究1』（東京大学出版会、一九七四年）一二一頁（森下忠「フランス」）。

（10）吉川・前掲一〇七頁。

（11）Bouzat et Pinatel, op.cit., pp.688 et 689.

（12）刑事後見については、吉川・前掲論文のほか、拙稿「フランス刑法における刑事後見制度について」國學院大學大学院法研論叢四号（一九七七年）を参照されたい。

（13）吉川・前掲九八頁。

第七章　新古典主義以降の学派の対立

古典学派、一七九一年刑法典、中間法、一八一〇年刑法典および新古典学派の展開を辿ってきたが、ここまではいわゆる古典主義刑法学の系譜内における展開であり、「市民的自由」と「社会的安全」のテーゼを責任と刑罰の関係の見地から検討してきた。以後、フランス刑法の展開は、学派の多形成期に入り、異なる学派の対抗に発展していく。それは、実証主義の登場により科学的所与を享受し始めた近代的刑事政策の展開に起因する。実証主義は、「市民的自由」と「社会的安全」の問題がもはや刑法理論（犯罪論と刑罰論）の枠を超えているものであり、犯罪者とその処遇に光を当てた社会防衛へと刑事政策を展開させていく必要性を宣言するものであった。その意味で、以後の学派の対抗は、それぞれの学派の基礎とする刑事政策の思想と方法論の対立といってもよいであろう。本章では、現代にいたるまでの学派の対抗を概観し、「市民的自由」と「社会的安全」の様相をみていく。

なお、新古典主義について複数の観点から論じたためやや長大に及んだので、まず第一節で新古典主義を小括し、その他の学派との対抗を検討する便宜に供したい。

第一節　新古典学派

新古典学派（École néo-classique）による新古典主義刑法の本質は、「処罰は正義でなければ功利（有用）でない（Punir ni plus qu'il n'est juste, ni plus qu'il n'est utile）」との標語の下に、刑罰権を正義と功利の折衷に基礎づけることにより、一八一〇年刑法典の威嚇的功利主義に偏重した刑罰思想を改革・刷新するところにあった。それ故、新古典学派は折衷学派（École éclectique）とも呼ばれるのであるが、このことはさらに、同学派がその折衷的刑罰論に学理の基礎をおくことを如実に物語っている。なぜなら、ガロー（Garraud）も指摘するように、新古典学派にとって、刑罰権の基礎は犯罪類型の定立（犯罪化）、刑の目的・程度・性質・効果等を基礎づけるものだからである。[1] なお、一概に新古典主義といっても、論者によってその折衷の態様は異なるし、刑法理論にも相違が認められるが、ここではもっとも典型的な折衷主義を主張するオルトラン（Ortolan）に依拠する。[2]

オルトランにとって、刑罰権の基礎は、社会がなに故犯罪者に刑罰的干渉を加えることができるのか、また、犯罪者はなに故刑罰を受けなければならないのか、という二つの命題に答えるものでなければならなかった。前者の命題に対して、社会は自己保全の必要性（功利）から他人の権利を侵害したものに対して自ら手を下すことができると答え、後者の命題に対しては、犯罪者は犯罪を行うことによって自ら刑罰的干渉を受けるという結果を招いたからであると答える。このように、功利の思想は社会が刑罰を科す権利を有すること（社会刑罰権の成立）を、また正義の思想は犯罪者が刑罰を受けなければならないことを証明するので、功利の原理と正義の原理とはともに社会刑罰権の基礎でなければならない、とオルトランは主張する。[3] なお、ここでいう新古典主義の正義の原理とは、本来的には神の正義に由来するものであり、善行には褒賞を悪行には刑罰を導く応報の原理を意味する。ただし、神は人知を超えるので、正義はあくまでも社会的正義にとどまらざるをえない。犯罪者がこの原理に服して刑罰を受けることが、社会的正義とされるのである。

次に、刑罰の目的については、究極の目的として犯罪予防を掲げ、刑の達成すべき固有の目的として、犯罪者の心意の矯正・改善による特別予防と、苦痛・みせしめに依存する倣悪誘発防止（模倣防止）の一般予防とを併置する。したがって、刑の性質は、矯正・改善と苦痛の性質とを合わせもつものであることを要する。ただし、両者が対抗する場合には、いずれを第一義の目的とするかについては、刑の作用の広い苦痛に依拠したみせしめによる一般予防を優越させる。[4]

このような折衷の刑罰論を展開した新古典主義は、その主目的が現実に即した弾力的な量刑システムを創設することにあったことから、その実践のために、古典主義の同質的・均一的責任観念を克服し、応報原理の実質的内容である責任原理を刷新しなければならなかった。そこで、以下にみるように、個別的有責性（culpabilité individuelle）を中核観念とした責任の個別化イデーに基づく新古典主義の責任論が構築されるのである。

オルトランは、帰責性（imputabilité）、答責性（responsabilité）および有責性（culpabilité）の三つの観念を用いて、刑事責任を次のように構成した。帰責性は、行為者と事実（結果）とを結びつける帰属の観念であり、答責性は、帰責に応ずるべき義務の観念である。この表裏一体の帰責性と答責性は、単に行為者が帰責された事実につき応えなければならないことを示すにすぎない。これを非難としての刑罰に導くのが、帰責された事実についての行為者の道徳的・心理学的な義務違反すなわち故意または過失をあらわすfauteを前提とした有責性の観念である（なお、responsabilitéは、今日では帰責性と有責性を包括する刑事責任の観念とされている）。オルトランは、この有責性を抽象的有責性（culpabilité abstrait）と個別的有責性（culpabilité individuelle）とに分析する。前者は、罪刑の法定にあらわれる有責性であり、後者は、個々の事件に具体的・相体的にあらわれる有責性である[5]。

この個別的有責性によって、新古典主義は、古典主義の同一的責任観念から責任観念を解き放ち、行為者の心意にあらわれた反道徳的程度に応じうる非難の観念を明示した[6]。ここに、新古典主義の量的責任観念である道徳的責任（responsabilité morale）が導かれたのである。そして、この個別的有責性は、革命法典の固定刑制度の歪を是正するために創設され数次の改正を経て一般原則となった軽減事情と結びつくことによって、行為者に対する非難（責任）すなわち道徳的責任の量に応じた量刑を全般的に導き出すことに成功した。

こうして、新古典主義は、正義と功利による中庸を得た現実的な量刑システムを確立することによって、一八一〇年刑法典の重罰主義的で威嚇主義的な功利主義が侵害した「市民的自由」の回復を目指し、さらに犯罪理論の精密化の進展とあいまって偉大な折衷主義と呼ばれ、一九世紀末葉までの一時代を築くのである。

しかし、古典主義から新古典主義までの「市民的自由」と「社会的安全」との相克には、政治的な権力構造が不可分に関わっていた。

初期古典主義および人権宣言は、一般意思（総意）の表明である法律のみに人間の生来的自由（自然権）を制約する権能を与えたが、この一般意思のイデーはブルジョア支配体制の確立過程において階級支配の阻害物として放棄され、これに代わってブルジョア的特殊意思が法律として表明される一般意思に擬制された。かかる擬制によって、自然権確保のための「市民の自由と安全」すなわち「市民的保護」を守ることを本来の使命とした法律は、階級的被支配者である一般市民（都市労働者および農民）の自由を制約する道具と化し、社会契約の精神を喪失した法律万能主義を湧出せしめた。このブルジョア的特殊意思の表明に化体した法律は「ブルジョア的自由の専制」の盾となり、ここに、「市民的自由」と「ブルジョア国家体制としての社会の安全」との対抗関係が生ずるのである。一七九一年刑法典は人権宣言の精神をかなり忠実に継承し、「市民的自由」と「社会的安全」を市民の自然権の享有を確保する「市民的保護」に統一するものであったが、[7] これに対してナポレオン独裁時代の一八一〇年刑法典は両者を対抗関係にあるものとして顕在化させるものであった。

新古典主義は、一八一〇年刑法典の「市民的自由」を圧倒する功利主義の歪を、正義と功利の折衷思想で是正することをはかった。しかし、新古典主義は社会契約理論を継承しなかったため、犯罪化の基準から自然権思想が消失し、その折衷の思想を反映した正義、社会的倫理性、社会の保全、公共の福祉等の概念がその基準に取って代わった。しかし、それ故に、新古典主義は、究極的に個人の自然権確保のための「自由」と「安全」に還元されるべき、そしてそれのみに資する犯罪化を理念とするフランス古典主義の原理（「罪刑最小主義」）から隔たり、刑法におけるその集大成であった罪刑法定主義から、「市民的自由」のための「厳格かつ明白に必要な」犯罪と刑罰の法定を内容とする実体的法定主義が欠落していくのである。[8] 以後に生じる犯罪と刑罰のインフレーションは、その象徴の一つといえるであろう。

古典主義が、罪刑法定主義、責任論および刑罰論において、自然権保護を目的とする自由主義的統一原理（「市民的保護」）として築いた「自由」と「安全」のテーゼを、ナポレオン刑法典の立法者が「ブルジョア的自由のためのブルジョア国家体制の安全」へと再統合するものであったことは、これを修正する学理として登場した新古典主義の二つの側面を浮かびあがらせる。一つは、新古典主義が、威嚇主義に走った刑事権力を控制する学理として展開した面である。もう一つは、その後もなお刑法がブルジョア体制を防衛するという役割を担っていた以上、その学理から自由主義思想の真の礎であった自然権思想を喪失したままであったという面である。その意味で、新古典主義は、正義と功利を刑事権力抑制の原理として統合し、「市民的自由」の回復に大きな足跡を残したが、同時に自然権思想に基づく「市民的保護」への統一に回帰するにはいたらなかったといえる。けれども、少なくとも、正義と功利の統合による「市民的自由」の追求は、人権宣言における刑事権力の控制、すなわち刑事人権の理念にその指針を有するものであったことは否定できないであろう。

（1）　R.Garraud, Précis de droit criminel, 6e ed., 1898, p.8.
（2）　既述のように、オルトラン以外の折衷の形態には、ロッシに見られる正義を刑罰権の基礎とし功利をその制約条件にするものと、エリに見られる功利を基礎とし正義を制約条件にするものとがある。
（3）　J.Ortolan, Éléments de droit pénal, T.I, 4e ed., 1875, pp.85 et 86.
（4）　Ortolan, ibid., p.90.
（5）　Ortolan, ibid., pp.103 et 104.
（6）　Ortolan, ibid., pp.107 et 108, 231 à 233.
（7）　一九七一年刑法典がすでにブルジョア階級的性格を有するものであったことを強調して論ずるものとして、桜木澄和「初期市民刑法における自由と人権の諸規定」高柳・藤田編『資本主義法の形成と展開』1　資本主義と営業の自由（東京大学出版会、一九七二年）二五六頁以下参照。
（8）　この点については、沢登佳人「一七八九年人権宣言の罪刑法定主義は裁判官の罪刑専断を目的としていなかった・宣言の諸草案および議会審議録からの考察（第一部本論）」法政理論一八巻四号（一九八六年）一一七頁以下に詳しい。

第二節　新古典学派と実証学派との相剋

第一款　新古典主義の限界

古典主義は、自由主義刑法の標榜の下に法技術の発達を促進したが、その結果、右に述べたように法律万能主義をもたらした。そのため法技術の伝統的な道具である虚構と推定が増大し、それに比例して古典主義はリアリズムから乖離していくことになる。新古典主義は、この法律万能主義を抑制することができなかったばかりか、その応報の原理を支える個別責任のイデーにより、むしろその虚構と推定を強調する結果を招いた。なぜなら、新古典主義は個別責任による「刑と責任の等式」を「刑の分量測定の技術」とするものであり、この等式の使用は刑法における代数主義（algébrisme）を展開せしめたからである。このような代数主義は、道徳的責任および道徳的無答責のあらゆる要素を「刑と責任の等式」の中へ算入することに没頭するため、半責任・半無答責である精神病質者に対する短絡的な刑の軽減の公式、軽減事情による累犯加重に対する算術的相殺、あるいは短期自由刑の濫用に典型的に見られるように、犯罪者の研究およびそれに基づく適切な反作用の探求から目をそらすものであった。(1)

一方、新古典学派の傍に、その改善思想を助けるために、シャルル・ルカ（Charles Lucas）に代表される行刑学派（École pénitentiare）が誕生し、今日、刑罰学（pénologie）と呼ばれる行刑学を練成した。しかし、一九世紀の法律家は、監獄行刑が改心による累犯予防と威嚇による犯罪自体の予防とを可能にすると信じたルカと同様に、刑（の苦痛）と宗教的罰（苦痛）とを区別していなかったために、行刑学派の行刑的関心は今日の刑罰学の関心事とは異なっていた。(2)すなわち、行刑学派が意図した「治療的効果 efficacité thérapeutique」は、主として拘禁刑の執行による道徳的改善効果に関心を寄せるものであった。とくに、一九世紀における行刑の最大の問題が、独居拘禁か共同拘禁かという拘禁の形式にあったことから、同学派の立法への実際的な影響は大きいものではなかった。同学派の影響で注目されるものは、未成年犯罪者の矯正施設の創設であるが、これもその発想そのものは優れていたと評されるものの、その現実と結果は惨憺たるものであったといわれている(3)。

上述の如く、新古典主義は、「法と正義の女神テミス（Thémise）に秤と分銅と責任の測定(4)」を取り戻させたものの、法律万能主義の深みに陥り、はからずもその応報的処罰システムがもつ非人間的抽象性を湧出させた。その結果、刷新した刑罰思想により犯罪の予防と犯罪者の改善を実践しようとした新古典主義は、刑罰論と犯罪論の理論的深化により重罰主義を抑制したものの、一九世紀の産業構造の急速な変化と高度化に伴う著しい階級分化および都市化に起因する犯罪増加とくに累犯の激増に直面し、「鎮圧の大暴落 Krach de la répression(5)」を来した。その応報的処罰システムと楽観的・幻想的な苦痛による改善刑思想の実効性が問われたのである(6)。

かような新古典主義を批判する見地から、犯罪者の改善のために心理学的考察に基づく「刑の個別化 l'individualisation de la peine」を主張したのが、サレイユ（Saleilles）であった。こうして、「責任の個別化」による数量的「刑の個別化」から脱却すべく、真の意味での「刑の個別化」が主張され始めたのである。

新古典主義に対するこのような批判は、近代の刑法思想の改革を異なる二つの方向へと導いた。すなわち、実証学派によって奨励される完全に新しい刑事法システム構築の方向と、新古典主義の改革の方向とがそれである(7)。

第二款　実証学派

一九世紀に著しい発達をみた自然科学の光りを犯罪の研究に照射して、伝統的な古典主義刑法制度を非現実的なものと批判し、経験科学的な方法論を犯罪の実証的な研究の基礎に据えた新しい刑事法体系の確立を目指す実証学派（École positiviste）が、一九世紀の終わりにイタリアにおいて誕生した。イタリア学派とも呼ばれるこの実証学派は、犯罪は未開人に固有のものとの仮説に立って生来犯罪人論を提唱したロンブローゾ（Lombroso）、社会心理的な見地から犯罪を道徳的変質または精神的異常としてとらえるガロファロ（Garofolo）、および社会学的な研究により環境の影響を強調するフェリ（Ferri）により形成された。ロンブローゾは一八七六年に『犯罪人論（L'homme criminel）』を、フェリは一八八一年に『犯罪社会学（La Sociologie criminelle）（または刑法の新しい地平線 Le nouveaux horizons du droit pénal）』を、またガロファロは一八八五年に『犯罪学（La Criminologie）』を著しているが、彼らが目指したものは、人間の現実と実証科学（science positive）に基礎をおく刑法をつくることであった。

実証学派は、論者によりその主張は異なるものの、二つの公準にその基礎をおいている。第一の公準は、科学主義の標榜とその帰結である自由意思を否定する決定論である。すなわち、人間は道徳的に自由ではなく、反社会的行為については内的、生物学的、心理学的要因および外的要因（とくに社会的、経済的要因）、さらに犯罪に導いたすべての状況によって決定されており、それ故に責任を負わないものとされた(8)。第二の公準は、犯罪者は社会的に危険であり、社会集団は「社会的病原体（microbe social）」に対して「社会防衛」処分を行う義務を有するというものである(9)。

科学への意欲と科学的所与からの主張は、それまで表面的に個々の総和として考えられていた犯罪を科学的方法論で初めて現象として捕らえるところの犯罪学（criminologie）を創出せしめた。この最初の犯罪学は、犯罪の原因について生物学的因子を重視し、固い決定論を導き出した。犯罪者がその思考と行動において生物的組成および環境によって決定されているとの決定論は、必然的に、伝統的に支持されてきた自由意思を純粋に幻想であると攻撃した。こうして、「実証主義者たちは、自由主義の観念、道徳的責任の観念、有責性（culpabilité）の観念および懲罰の観念に基礎をおくすべての刑事政策を現実に反するものとして放棄する(10)」のである。

ガロファロは、古典主義の国家介入の基礎と基準である有責性の観念を危険性（temibilita）の観念に取り代え、フェリは、道徳的責任に取って代わる社会的責任を提唱した。この危険性の観念と社会的責任の観念とにより、実証学派は新しい刑事法システムの構築を企図した。まず、犯罪者は危険であり、それ故に社会は適切な手段によって犯罪者から自己を防衛する義務と権利とを有するとの理由から、犯罪者に対する刑事処分の基礎が犯罪者の危険性におかれた。ここに、犯罪者の危険性に対する社会防衛思想が、近代的刑事政策の萌芽として、実証学派において明示されたのである。(11)

この社会防衛の思想は、危険性を除去する刑事処分（再社会化のための保護的、除去的、治療的および教育的処分）を要請する。そのためには、犯罪者が示した危険性の性質および程度について判断し、予後の予測を立てなければならない。この危険性の測定を容易にするために、フェリは、犯罪者を生来的犯罪者、精神異常犯罪者、偶発犯、常習犯および激情犯の五つのカテゴリーに単純化する有名な犯罪者分類を提示するとともに、動機の探求を強く推奨した。(12)

危険性の測定に基づく刑事処分を、決定論によって自由意思を否定された犯罪者に科す根拠として、社会的責任が主張される。フェリは、人間が社会に存在し活動する（生活する）こと自体が社会に相応の反作用をもたらすものであるから、社会において生活することそのことのみで人は社会に対して責任を負うものであり、法的にも「すべての人間は、社会において生活しているが故に、またその限りで、彼の実行したすべての違法行為につき常に責任がある」(13)との社会的責任論を展開した。この社会的責任によって、犯罪者は刑事処分に服すことを義務づけられるのである。

実証学派による社会防衛のための刑事処分は、犯罪者の社会生活への再適合を可能とすることによって社会防衛に資する処分でなければならない。ここから、次の帰結が導かれる。刑事処分は、伝統的な刑罰に限定されない多様な防衛処分でなければならない。後に保安処分（mesures de sûreté）と呼ばれるこの処分の内容は、回復の処分（反法律的状況の廃絶、犯罪行為の損害賠償等）、除去的処分（死刑、収容施設への収容、終身的拘禁）、刑罰的処分（拘禁、罰金）、種々の社会的処分（特定の場所から遠ざける、一定の職業を禁止する、その他）等々非常に多様化していく。社会への再適合が不能な犯罪者は、除去処分に付されなければならない。さらに、刑事処分は、危険性が除去されるまで維持されなければならないので、その適用期間は不定期である。また論理的帰結として、前犯罪（ante delictum）的干渉が導かれる。(14)

新古典主義が鎮圧の対象として犯罪を重視したのに対して、実証主義は犯罪者に科学の光りを当てこれを重視した。

その意味で、一九世紀の新古典主義が犯罪を処罰したのに対して、実証主義は犯罪者を処分に付すものであった。

以上のように、イタリア実証学派は、犯罪学を生み出し、以後、ヨーロッパ大陸の刑事法の発展に大きく寄与するものであった。その成果を最初に取り入れたのが、カール・ストース（Carl Stooss）によるスイス刑法草案（一八九二—一八九三年）であるといわれている。スイスの刑事法学者であるジャン・グラヴァン（Jean Graven）は、ストース草案の原則を次のように説明している。「そこにみられる原則は、責任の基本的な観念は維持するが、道徳的法律の倫理的および哲学的問題と自由意思とを切り離すという単純ではあるが創意工夫に満ちたものであり、妥協を実現するものであった。その原則とは次のようなものである。『正常』と一言でいいうる犯罪者は自分の行為の影響力（portée）を理解し、そしてそれに従って決意する能力を十分に備えているが故に、社会が犯罪者に『応答する』ことを要求する、つまり彼に『責任がある』とみなすのである。犯罪者は処罰される。しかし、刑罰は、犯罪者に対し、伝統的な鎮圧的性格とは別に、現代の『刑事政策』において本質となった教育的、保護的および矯正的目的を有する。刑罰が犯罪者に対して効果がない場合（とりわけ常習累犯者の場合）、刑罰を適宜の『保安処分』に代える。そして、いくつかの有効な『他の処分』が必要な場合には、一般的にその処分をもって刑罰に代える。しかし、そうでない犯罪者は、生物学的および精神医学的状態に応じて、白痴（idiotie）、瘖唖者（surdi-mutité）、知恵遅れ（arriération mental）もしくは意識の重大な障害または精神病質もしくは他の欠陥を有するものとみなされる。あるいは、若年により、自分の行為の影響力を理解する能力もしくは意識に従って行動する能力を、完全にまたは部分的にしかもっていないものとみなされる。法律は、このような犯罪者を、もはや『道徳的に』ではなく、しばしばいわれるところの『生物—心理学的に（bio-psychologiquement）』『責任無能力』とみなすかまたは『限定責任能力（responsabilité restreinte）』を有するものとみなす。前者は処罰されないが、裁判官は保護処分またはいわゆる専門家による必要な治療を命じる。後者は、限定責任の範囲内で、自由裁量によって軽減された刑で処罰されるが、その状態に必要な保安処分または治療の対象ともなる。したがって、スイスの法の現状においては、刑事裁判官の不可欠な補助者となる者は、（中略）医師とくに精神科医さらに精神分析学者そして心理学者である。[15]」

実証主義はフランスにも急速に広がり浸透していくのであるが、[16] この学派が表明した社会防衛思想は、なによりもまず社会にとって有害な要素である犯罪的危険性の除去に専心するので、犯罪者の将来の行動に対する改善が二次的なものとなることから、結局、社会の保護を最優先するものであったといいうる。[17]

第三款　両学派と市民的自由・社会的安全

刑法が「自由」と「安全」をテーゼとする法である以上、そのシステムには、犯罪から社会を守る必要性すなわち功利・効用が常に不可欠のものである。しかし、この必要性に与えられる具体的な内容が刑事システムの本質をなすことは、すでに古典主義においてみたとおりである。それ故、ステファニ（Stefani）＝ルヴァスール＝（Levasseur）＝メルラン（Merlin）らが指摘するように、[18] その内容が重要なのである。

新古典主義は、罪刑法定主義により表明した自由主義を、正義に由来する応報原理によって自己完結しようとするものであった。したがって、新古典主義は、自由主義を基底に、社会の保全に効用を有するものとして道徳的責任に基づく処罰の威嚇および抑圧を功利の内容に与えた。これに対して、実証主義は、道徳的観点を捨て、その自己中心的な社会防衛思想を基底におき、社会防衛に有用な危険性除去をその内容とするものであった。このように異なる内容を功利・効用に与えて、自由主義を標榜する新古典主義が古典主義の本質である応報システムを練成したのに対し、科学主義を標榜する実証学派は、応報システムを処罰のための偽計として排撃し、社会が真に守られなければならないのは犯罪的危険性からであるとして、危険性を除去する処分システムを創設した。しかしながら、実証学派も、その主張においては自由を尊重するものであるので、その限りでは「自由」と「安全」を後者に重きをおきつつも科学的に再統合しようとするものであったといえるであろう。

以上から、両派の相剋を図式化するならば、新古典主義の自由主義的応報システムと実証主義の科学主義的処分システムとの対抗を軸に、功利思想の対立を、意思の自由と決定論、刑と処分、有責性と危険性、道徳的責任と社会的危険性の対抗座標点として描き出すものであったといえよう。

ともあれ、イタリア実証学派は、当時において極めてラジカルな社会防衛システムを提唱するものではあったが、それまでの刑法の威嚇・みせしめによる刑事政策を、科学的、人道的な見地から犯罪者の処遇を組織化する現代の刑事政策へと転換せしめる契機となった。そして、実証学派の影響は速やかに一九世紀末葉のフランスに及び、フランス法に、鎮圧の個別化への積極的イデーと一定の危険な犯罪者の排除とを広めた。すなわち、前述した改善不能で危険な累犯者に対する植民地配流刑のルレガシオン（補充刑であるが実質的には保安処分）の創設、四つの有罪判決でその刑期の合計が一八カ月を超えた場合の一定地域での滞在禁止（interdiction de séjour）、行状のよい場合の刑期を半分に短縮する仮出獄（liberation conditionnelle）、さらに初犯者に対する執行猶予等をもたらした(19)。

右のようにフランスにおける両学派の対抗は、現実的には、新古典主義が実証主義の成果を受容する形で刑事政策的諸立法を生み出し、そして二〇世紀を迎えるのである。

そして、とりわけ両学派の対立の重要性は、「実証学派」がもはや刑罰の威嚇や「責任と刑の比例原則」に拘束された応報刑では「社会の安全」は守れないということを提唱し、それによって二〇世紀の刑法における「社会的安全」の主要テーゼが犯罪者の処遇論であることを明らかにしたことにある。

（1）　Roger Merle et André Vitu, Traité de droit criminel, T.I, 5e ed., 1984, pp.115 et 116. Mark Ancel, La défens sociale nouvelle, 3e ed., 1981, pp.66 à 72.マルク・アンセル『新社会防衛論』（吉川経夫訳　一粒社　一九六八年）五六―六三頁参照。
（2）　Merle et Vitu, ibid., pp.110 a 112.
（3）　Michèle-Laure Rassat, Droit pénal, 1987, p.36.
（4）　Merle et Vitu, op.cit., p.116.
（5）　Merle et Vitu, ibid., p.117.
（6）　Cf.Jacques Borricand, Droit pénal, 1973, p.29.

（7）Merle et Vitu, op.cit., p.118.
（8）Jean Graven, L'évolution de la notion de《responsabilité pénale》et ses effets, Revue internationale de criminologie et de police technique, Vol.18 No 3, 1964, p.181. Jean Pradel, Droit pénal général, 11ᵉ éd., 1996, p.119.
（9）Rassat, op.cit., p.36. Cf.Merle et Vitu, op.cit., pp.119 a 122. アンセル・前掲『新社会防衛論』六六－七一頁参照。
（10）Merle et Vitu, ibid., p.121.
（11）ロンブローゾ、ガロファロおよびフェッリについて、恒光徹「資料　一九世紀ヨーロッパにおける犯罪学の誕生と展開」岡山大学法学会雑誌三八巻三号（一九八九年）一－一八頁参照。
（12）Merle=Vitu, op.cit., p.112.
（13）恒光・前掲一八頁。
（14）Cf.Merle et Vitu, op.cit., p.124.Cf.Rassat, op.cit., p.37.
（15）Graven, op.cit., p.182.
（16）Merle et Vitu, op.cit., p.123.
（17）Pradel, op.cit., p.119.
（18）G.Stefani et G.Levasseur, R.Jambu-Merlin, Criminologie et science pénitentiaire, 5ᵉ éd, 1982, p.9. G・ステファニ・G・ルヴァスール・R・ジャンビュメルラン『フランス刑事法［犯罪学・行刑学］』（澤登俊雄・新倉修訳・成文堂、一九八七年）六頁。
（19）Stefani et Levasseur, op.cit., pp, 80 et 81. G・ステファニ・G・ルヴァスール・B・ブーロック『フランス刑事法［刑法総論］』（澤登俊雄・澤登佳人・新倉修訳・成文堂、一九八一年）三九頁。

第三節　現代の新古典学派と新社会防衛学派との相剋

第一款　新々古典主義と新社会防衛論

二〇世紀初頭の刑法学者の関心は、新古典主義と実証主義の対抗的理論を止揚する一枚岩の理論を着想することにではなく、社会防衛の緊急の必要性に応ずるために十分に柔軟かつ現実的な刑事政策を促進することにあった。この刑事政策を推進する社会防衛の必要性は、批判的実証学派（École du positivisme critique）と呼ばれるイタリアのテルサ・スコラ（Terza Scuola）、スペインの実用学派（École pragmatique）、国際刑法連盟（Union internationale du droit pénal）およびその後身である国際刑法協会（Association internationle de droit pénal）によって表明されたように、諸学説を折衷の動向に導くものであった。(1)

この折衷の動向において注目すべきことは、実証主義において自覚された社会防衛思想がさらに幾人もの論者により体系化を展開したことである。

実証主義の偏狭さから社会防衛思想を解き放ち、最初に社会防衛思想を独立した体系へと導いたのは、ベルギーのアドルフ・プリンス（Adolphe Prince）であった。(2) しかし、プリンスの理論は決定論の公準を排除するものではあったが、その目的においては実証主義と軌を一にするものであり、国家および社会のために必要とあれば厳格な手段によって有害な危険性を終わらせようとするものであった。(3)

社会防衛思想を実証主義の排害イデーから再社会化イデーへと真に刷新したのは、イタリアのフィリッポ・グラマティカ（Filippo Gramatica）である。グラマティカは、刑法全体を放棄し、犯罪概念を廃止することを要求した。なぜなら、行為者の主観的判断が重要であるにもかかわらず、犯罪は損害の客観的な評価に基づくからである。そして、犯罪者の概念を社会的人間と反社会的人間とに区別し、後者に対しては、行為前であっても非常に個別化した「社会防衛処分」を不定期間適用することが必要だと主張した。すなわち、有責性（culpabilité）の観念を反社会性の観念に代え、これを予防的、治療的、教育的な主観的機能を営む社会防衛処分の基礎として、主観的反社会性（反社会的人格）の必要に応じて社会防衛処分を適用することにより、個人の改善をはかり、社会を防衛しようとしたのである。そのために、彼は、犯罪、犯罪者、刑罰および責任の観念を放棄し、刑法に取って代わる社会防衛処分を主張した。(4) このグラマティカの社会防衛論は、その主張において人間の尊厳および法律主義による自由を尊重しようとするものではあったが、その急進性故にフランスにおいては受容されなかった(5)。

社会防衛思想に人道主義を息づかせ、この思想を健全かつ現実的な科学的刑事政策を推進する理論として展開したのが、国際社会防衛学会（Société Internationale de Défense Sociale ）において初代会長グラマティカとともに社会防衛運動に取り組んだマルク・アンセル（Marc Ancel）である。アンセルの新社会防衛論（Défense sociale nouvelle）は、多くの支持者を得て、刑事訴訟法の改革および刑事政策諸立法を推進した(6)。

折衷の動向は、このように社会防衛思想を新社会防衛論へと導いただけではなく、他方で、新古典学派を現代の改革された新古典主義へと誘うものであった。こうして、二〇世紀後半のフランスに、現代の新古典学派（新々古典学派（Néo-classicisme nouveau））と新社会防衛学派との新た対抗関係が形成されるにいたるのである。以下、現代の新古典主義と新社会防衛論の特徴を概観する。

新古典学派の改革は、先に示したサレイユ（Saleilles）の心理学的考察による刑の個別化のプログラムに添った方向でなされ、ドヌデユード・ヴァーブル（Donnedieu De Vabres）のようなすぐれた刑法学者を生み出し、新古典学派の系譜を現代へとつないだ。ただ、現代の新古典学派あるいは現代の新古典主義といっても、とくに定義がなされているわけではなく、新社会防衛論との関わり方によっても相違が見られる。メルル（Merle）＝ヴィチュ（Vitu）（以下、メルルと略す）は、現代の改革された新古典主義を、新社会防衛論にならって新々古典主義（neo-classicisme nouveau ネオ新古典主義）と呼ぶ。その中でも、メルルの学説が、新社会防衛論に対置されるもっとも代表的なものの一つと思われる。そこで、メルルの提示する新々古典主義の基本的性格を通して、現代の新古典主義にあらわれる様相の一端を垣間見ることにする(7)。

メルルの新々古典主義（以下、新々古典主義と略す）は、公権力の恣意的介入の危険性から市民の自由を最大限保護することを主張すると同時に、法律万能主義の濫用および科学主義の行き過ぎの危険性を戒めつつ、科学と法との関係の慎重な概念の中に科学とりわけ犯罪学の所与を統合するとの姿勢にその基本的性格を示す(8)。新々古典主義が古典学派の系譜に属する所以は、責任と応報刑を基礎とする応報システムを維持することにある。応報のシステムを維持する理由として、応報のメカニズムが公権力の恣意を抑制するに適したものであること、そして応報刑による有罪判決が道徳的または市民的教育の機能を営むことに求められている。この点については、従前の新古典主義と基本的に変わりないといえよう。しかし、メルルは、従来の新古典主義が刑事責任を道徳的責任に、さらに道徳的責任を自由意思に不可分なものとして結びつけたことを批判し、自由意思を自身の体系内から退けた。そして、機械的応報刑および刑罰の苦痛にのみ依存した改善的行刑思想をあやまちとして批判し[9]、それまでの新古典主義の代数主義的道徳的責任を放棄して、犯罪者の人格・主体性に基づいた行刑的処遇の確立を推進すべく、犯罪学的視座を取り込んだ質的責任論を新たに展開する。それ故、新々古典主義は、一方で、以前の新古典主義との決別を宣言し、他方において、訴訟以後の段階では犯罪者の再社会化（resocialisation）を目指して社会防衛と通じることになる[10]。

次に、アンセルの社会防衛論は、グラマティカのように伝統的刑法全体を否定するものではなく、刑法による犯罪の定義をなお必要として、刑法の範囲の中で、判決を受けた各人に対して自由を回復させるべく非難と道徳的責任のイデーから解放された制裁を科すというものである。そして、この制裁は、なによりもまず、犯罪者の再社会化を目指すものでなければならないものである。

アンセルは、人間と社会とのありように彼の基礎的イデーを表明している。それは次のようなものである。

社会が人間にその存在根拠を有するものである以上、社会は人間に対して人間の向上のためのあらゆる便宜を供与する絶対的義務を有すると同時に、個人も社会的行動の規則を遵守しなければならず、もしこれに違反するときは法定の制裁に服する絶対的義務を負わなければならない。それ故、社会は犯罪に陥った者に再び自由を回復するための再社会化処遇を実施する義務を負い、また犯罪者は再社会化のための処遇を受ける義務と同時に権利を有する。しかし、人間は人間として神聖であるから、再社会化処遇は、人間としての尊厳を損なうものであってはならないし、社会共同体から排除するものであってもならない。新しい社会防衛は、犯罪者の処遇という動態的な観念を本質とするものであり、この新しい観念は人間的な内容と社会的正義に富むものである。再社会化のための処遇には科学的所与を不可欠とするが、科学もまた人間のためにこそ用いられるべきであって、人間性に反してこれを利用してはならない。それ故に、人間の尊重は、再社会化の過程および方法において必然的な限界をもたらす[11]。

　右にみた人間と社会との基本的なイデーの上に、新社会防衛論は、法律万能主義とともに科学偏重主義を克服するところの、人間と社会の現実に根ざした人道的、科学的、現実主義的な刑事政策を推進しようとする。新社会防衛論は、犯罪者の再社会化を目指すことによって社会の防衛を達成しようとすることから、個別的な再社会化処分の探究と発見がもっとも重要である。したがって、犯罪に陥った理由の究明とともに、犯罪者の性質（nature）を知るための人格調査が不可欠のものとなる。また、新社会防衛論の処分は、再社会化を目指すものであるので、刑の有用性を否定するものではなく、刑と保安処分を、最大限にこれを個別化する適宜な制裁単一システムに統合する。しかし、新社会防衛論の特徴は、少年刑法と同様に再教育の精神・援護の精神にあるので、機械的応報刑および非難を本質とする苦痛刑を排する。その必然的帰結として、道徳的責任の公準を批判する。さらに、新社会防衛論は、再社会化のためにほとんど必然的に自由を前提としており、また個人の自由の見地から刑法および罪刑法定主義を維持する[12]。ただし、自由意思については、刑法および刑事政策法の領域に無関係な形而上学の問題であるとしてこれを退ける[13]。そして、アンセルは、新しい社会防衛の実施のために、手続二分論を主張する。第一段階の手続は、有責性（罪責）を確認する従来の鎮圧に関する古典的手続である。この手続で有責性が確認されると、次に第二段階の手続（社会防衛の手続procès de défense sociale）に入り、人格調査を行い、再社会化のための制裁の適用を行う。この制裁の決定は、真の補助者である医師、心理学者、精神科医等の補助者の参与を得て司法裁判官が行う[14]。

　このような新社会防衛論は、プリンスの狭隘な社会防衛論、またグラマティカの急進的な社会防衛論を越える健全な社会防衛を目指すものとして、フランス内外に多くの支持を得ており、メルルによれば今日既に一つの学派すなわち新社会防衛学派（École de la défense sociale nouvelle）を形成するにいたっている[15]。

第二款　応報システムと新社会防衛システムとの対抗

こうしてみると、新々古典主義と新社会防衛論は、自由と科学の調和による法律万能主義および科学偏重主義の克服、刑法および罪刑法定主義の維持、自由意思をめぐる哲学的な問題の解消若しくは回避、犯罪者の社会性の回復等について、そのアプローチの方法は異なるものの、したがってニュアンスの相違はあるものの、概ね一致をみているので両者の距離はかなり接近しているといえよう。しかし、両者の基本となるシステムの本質部分については、なお交わり難い深淵が存在する。それは、とりわけ刑事責任の構成の方法、ならびに、刑および再社会化すなわち功利・効用についての見解の相違としてあらわれている。以下、それを概観してみよう。

メルルは、人格に基づく行刑的処遇を可能にするために、サレイユの心理学的分類を利用する刑の個別化イデーを発展させ、新古典主義の道徳的責任の刷新をはかった。サレイユの見解によれば、刑は、古典学派の原則である自由と責任に基づくが、とくに個人の心理学的価値を考慮してこれを適用しなければならない。すなわち、刑は、責任の程度に応じてではなく、懲罰（chatiment）を受けることから利益を引き出す受刑者の態度に応じて定められるべきものとする。責任が鎮圧の基礎だとしても、それを受ける受刑者の態度が制裁の基準となるというものである。そして、メルルの責任論の特徴は、前述のように有責性（clupabilité）をその知的メカニズムと心理学的メカニズムに分析し、その意義を基礎づけ、さらに帰責性（imputabilité）を「制裁能力 l'aputitude a la sanction」として理解するところにある。(16)

第六章第四節で示したようにメルルは、まず、有責性には物理的関与（身体的関与）と道徳（心理）的関与（罪過のある関与―故意・過失）との側面があるとし、(17)法律上の有責性を知的メカニズムによって次のように基礎づける。犯罪者の心理的状態を非難しうるものに再構成するには、物理的な有責性を基礎づける身体的関与が行為者の中で企てられたことを認めなければならず、そのために社会的非難をもたらし処罰を正当化する知的行為の中の知的要素が探求される。この知的要素とは、犯罪の認識（非難されるべきものであるとの認識を含む）、犯罪の認識がありながら、ら行為をなすことにあらわれる反社会的精神状態（mentalité dissociale）および犯罪意思（volonté infractionnelle 自由意思ではなく行動の意思）である。この知的要素によって、行為者と法律上の犯罪者との同一化および行為者の行為に対する社会的非難が正当化される。これが有責性の知的メカニズムであり、これによって法律上の有罪が確認されるのである。したがって、法律上の有責性とは、有罪判決の条件としての有責性である。このように、有責性の知的メカニズムは、知的要素によって構成されるものである。これに対して、有責性の心理学的メカニズムを構成するものは、人格の精神的背景、行為の動機、克服すべき道徳的または社会的障害の認識およびこれを克服する意思である。[18]

他方、メルルは、帰責性を、当然受けるべき制裁の理由が存在することの認識の可能性をあらわす観念、すなわち制裁を価値あるものとする能力であるとする。[19] さらに、制裁の適宜性から刑罰能力（capacité pénal）の観念を導き、自由意思を用いない両観念を相互補充的なものとする。[20] そして、帰責性の存在を前提として、先の有罪の心理学的メカニズムによって、刑罰能力の司法的解釈、危険性に対する処分、制裁の個別化を可能にすることができるとする。したがって、心理学的有責性とは、犯罪者の人格および彼に固有の犯罪性に適した刑事処遇を導き出すものである。既に述べたように、メルルは、このような有責性を確証するためには、結局、精神分析によらなければならない旨を示唆する。[21]

要するに、有責性の発見の段階でもっぱら問題となるのは、法律と人間の行為との一致に関する価値判断（法律的有責性の認定）であって、ここでは心理学的考察はまったく影響しない。これに対して、制裁すなわち再社会化処遇（traitement resocialisateur）の選択と量定の段階では心理学的な考察が重要なものとなる。[22] したがって、裁判官が帰責性および法律的有責性を確認して有罪判決を下したのちに、刑適用裁判官（juge de l'application des peines 行刑判事）が心理学的有責性すなわち有罪判決を受けた者の人格または彼の示す反応によって、処遇形式および処遇の修正を決定することになる。[23]

この新しい責任論に基づく応報刑により、法定刑の枠内における刑の言渡しと、処遇の成功にとって要求される期間とを抵触させることなく、犯罪者を再教育に必要な処遇状況におくことができるとするのがメルルの責任論である。[24]

次にアンセルであるが、彼は、新社会防衛論の刑事責任を、人間、社会および刑事政策の三層にまたがるものとして、以下のように説明する。

刑事責任は、人間的現実および社会的現実と直接結びつくものでなければならない。人間の現実とは、すべての人間は人間であることによって責任感覚（sentiment de responsabilité）を所有することである。このように理解される責任は、自己の人格（personalité）がその行為においてあらわれているものとの自覚として現われる。そして、人間は自分の責任を自覚するだけでなく、自分に責任を感ずるが故に他の人間にも責任があるものと考えるので、この人間の個人的責任感覚は集団的責任感覚を形成するものである。こうして、「この集団的な責任感覚、各人にその行為について勘定を要求するこの権利ならびに勘定を払う義務――進んで受け入れたものであれ押しつけられたものであれ、いずれにしても強く感ぜられる――は、責任の感覚の実体である心理的＝社会的現実と直接に結びついている」ものとして確認される。[25]

責任が人格の表現であるならば、責任はまた刑罰能力（capacité pénale）の尺度である。犯罪者の人格は、彼の危険性（périculosité）を包含するものである。この危険性は、刑罰能力の構成要素もしくは少なくとも態様の一つである。したがって、責任と危険性は、ともに人格の社会的表現であるから、このような人為的差異としての有責性（culpabilité）と危険性とはもはや対立するものではなくなるし、いずれも刑事裁判官の判断の対象となる。刑事裁判官は、責任を基礎としつつ危険性を考慮しなければならない。鑑定についていえば、真の医学的＝司法的協力を前提とする犯罪学的予測が要求される。こうして、刑事手続および刑事判決自体が処遇の決定を志向する。この処遇は、犯罪者に社会的な価値および社会的諸要求を意識させることを目的としているので、責任の再教育である。[26]

ところで、責任の再教育とは、犯罪者を以後責任ある人間として行動させることを目指すものであるので、責任は再社会化の出発点ではなく、再社会化の処遇の目的となる。[27] メルルから「責任の教育学（pédagogie de la responsabilité)」と呼ばれる所以である。(28) なお、アンセルの刑事責任については、次章でより具体的に述べる。

このように、人間的および社会的現実に基づく責任は、犯罪行動の個人的社会的評価の第一義的な要素となった後に、刑事政策の領域において再社会化の手段・方法として有効に用いられるものとなり、再社会化の原動力となる。(29)

以上が、アンセルの示す刑事責任の説明の概要であるが、ここには責任構造が具体的に開陳されていない。その意味で、アンセルの刑事責任は、いまひとつ不明瞭であることは否めない。したがって、メルルの刑事責任論と厳格に対比することはできない。また、アンセルが刑事政策の見地から唱える刑事責任は、メルルの分析する有責性と比較した場合、その実質的機能においてはそう異ならないようにもみえるが、しかしながらここに刑の効果と再社会化についての見解の相違を照射すると、その対抗が浮かび上がってくる。

メルルは、刑と保安処分とを包括して制裁（sanction）とし、刑について次のように述べている。

刑は、犯罪の報いとしての懲罰（châtiment）である。古典主義の刑法理論家は、刑事制裁の一般予防および特別予防の機能を強く主張する。刑は、まず集団的威嚇（intimidation collective）の機能を果たす。抽象的脅威の形式で法律に組み込まれた懲罰は、みせしめの価値を備えており、多くの市民の犯罪意思を威圧する。しかし、この威嚇については、今日、科学的考察および心理学的な面で争われている。統計では、ある犯罪について刑罰を引き下げても、当該犯罪は増加しないことが分かっている。犯罪学者の中には、処罰的制裁が社会の保護に存在しなければならないものではないと主張する者もいるが、この懲罰のみせしめ効果は社会の直接的な確信に属するものであって、その確信を根絶することは困難である。しかしながら、刑に威嚇の効果が明瞭である場合もある。執行猶予付き有罪判決の制度は、犯罪を重ねた場合具体的に処罰のおそれが確実であるため、また、いずれ執行猶予付き刑を免除される希望があるので、威嚇の効果は明瞭である。宣告された刑が執行されると、反対に刑の個人的予防機能は枯渇する。一九世紀の行刑科学における大テーマの一つであった応報的苦痛だけによる犯罪者の改善の信仰を、真に受けるわけにはいかない。処罰的制裁の効果的適用は、多くの場合、受刑者を真の犯罪者に変えるという悲惨な結果をもたらした。

懲罰の予防効果が不確かだとしても、刑が社会衛生の絶対的必要性（nécessité rigoureuse de l'hygiene sociale）によって押し付けられていることを自覚すべきである。哲学者フォコネ（Fauconnet）は、刑の有用性を、犯罪者への作用の中にでなく、社会そのものへの作用の中に認めた。この集団意識の不健全な要求を満たすことが、刑の正当化をもたらすのである。そのことは、現代の刑事政策の編成においても、懲罰の生来の要求を満足させることの方が、犯罪者の再社会化（resocialisation）のテクニックよりも勝ることを意味している。[30]

では、メルル自身の考えはどうであろうか。メルルは、刑の効用については、犯罪者自身に作用するものと、社会自体に作用するものとの両方を考えているようである。彼の叙述を要約すると、おおよそ次のようになる。

犯罪者に刑罰を科すことにより被害者もしくはその近親者の復讐の欲求を鎮静し制御するが、そこに刑の有する応報的性格および贖罪的性格（必然的に苦痛と不名誉の様相を呈す）の存在が認められる。さらに、刑罰は、社会的安定性を破砕する犯罪を排除することによって、犯罪に対する社会の感情を解消し社会を安心させる。こうした社会心理が厳然たる社会事実として存在していることにも、刑の応報的・贖罪的性格が認められる。それ故、再社会化の前提条件として、刑に非難の性格を維持する必要性を堅持し、非難の社会的宣言としての有罪判決に道徳的教育効果を確信することができる。したがって、本質的なことは、刑の内容に保安処分を備えつつも、なお処罰的なもので制裁を包み込むことにあるということになる。かくして、メルルは、懲罰の苦しめるという外見の下で、受刑者の人格に適した処遇を受けることを主張する。[31]

また、再社会化について、メルルはおおよそ次のように述べる。

再社会化は、その論理に押し流されるとき、古典主義の追求した「改善（amendement）」以上に思想の自由に対する不遜な企てとなりうるし、根本的に「再社会化を行う」刑事法は濫用されうるものである。犯罪者に社会的文化的価値を良きもの尊重しうるものとして認めさせ、これに適合するよう深層の心理作用において犯罪者を変えようとすることは論外である。社会心理的に要求されているのは、刑の贖罪的属性（苦痛と不名誉）なのである。[32]人々は、犯罪者が受刑により心底後悔し、二度と刑法を犯さないようになることを贖罪として求める。しかし、威嚇からもたらされているとみなされている不完全な悔悟（contrition)、すなわち衷心からの悔悟ではなく恐怖からの悔悟の類で甘んずるしかない。ともあれ、贖罪は贖罪者の意欲を要求する精神作用であって、それ故自由を尊重するのである(33)。

さらに、メルルは、古典主義刑法の人権保障について次のように述べている。診断の不確実性と人間観察技術の避けがたい職業的歪に犯罪者を委ねる「科学的」刑法（droit criminel《scientifique》）は、古典主義刑法よりも恐ろしい。これに対して古典主義刑法では、制裁は応報的メカニズムによって司法の段階で言い渡されるので恣意的になる機会はほとんどない(34)。

犯罪者に贖罪を求め、刑にその贖罪機能を肯定するメルルにとっては、刑による再社会化はその威嚇による贖罪をその本質的要素とするであろう。そうであれば、前章でみた彼のいう心理学的な考察による処遇とは、つきつめれば贖罪を引き出すその威嚇をいかに効果的になすかというものになる。そこには、贖罪的非難の性格を堅持する応報刑を基体として、現実と調和のとれた社会復帰もしくは再社会化を目指そうとする現代の応報刑思想を看取することができる。したがって、メルルの責任論も非難を内容とするものであり、この応報刑思想を体現する応報システムを支えるものとして理解しうるであろう。

アンセルもまた、科学偏重主義に基づく洗脳的再社会化を追求するものではないが、「責任感覚」の回復による再社会化を究極の目的とすることから、再社会化の有効な手段である範囲で刑を再社会化処分の一環に組み入れるにすぎず、より広い再社会化のための処遇方式を希求する。犯罪者に主体的に自由を回復させようとする再社会化にとって、非難はなんら有用なものではなく、むしろ弊害をもたらす（ただし、威嚇の観念は、社会心理学の本質的所与として認める(35)）。したがって、再社会化に有用である限りは応報刑の利用を否定しないが(36)、非難に対する応報は排除することになる。このような応報刑の利用は、もはや古典主義の応報システムから乖離したものである。その意味で、アンセルの刑事責任イデーは、再社会化のために幅広くより個別化された社会防衛処分を可能ならしめる処遇的責任イデーといえる。

メルルとアンセル、すなわち新々古典学派と新社会防学派は、実証学派と新古典学派との間に見られた多くの対抗点を接近または融和させ、同じ再社会化を目指しはしたが、応報システムと新社会防衛システムとの本質的な相剋を解消するものではない。多くの対抗点の接近ないし融和にもかかわらず、両派の相剋が各々のシステムの底流にある人権感覚、社会心理観、犯罪者観、刑罰観、犯罪者の処遇観、さらにいえば人間観の相違に帰着していることをあらためて窺い知ることができる。そして、この相違が、依然として両システムにおける「自由」と「安全」の再統合のありようの違いとしてあらわれ、両学派に相剋をもたらしているものと思われるのである。

（1）Roger Merle et André Vitu, Traité de droit criminel, T.I, 5e ed., 1984, p.126. Cf. Stefani et Levasseur, Droit pénal général, 9e ed., 1976, pp.86 à 92. G・ステファニ・G・ルヴァスール・B・ブーロック『フランス刑事法［刑法総論］』（澤登俊雄・澤登佳人・新倉修訳・成文堂、一九八一年）三九―四五頁参照。なお、アンセルは、従来の刑法史を社会防衛論の見地からその軌跡を分析している。いわば、社会防衛論史というべきものである。Marc Ancel, La déffense sociale nouvelle, 3e ed., 1981, p.39 à 123.マルク・アンセル『新社会防衛論』（吉川経夫訳・一粒社、一九六八年）二五―一一四頁。

（2）アンセル・前掲書七七頁。

（3）Merle et Vitu, op.cit., p.128.プリンスの社会防衛論については、アンセル・前掲書七七―八五頁。

（4）グラマティカは、一九三四年よりこのイデーを説明し始め、一九六〇年に *Principes de défense sociale* に集大成した。同書の邦訳書として、フィリッポ・グラマティカ『社会防衛原理』（森下忠編訳・成文堂、一九八〇年）参照。Cf.Merle et Vitu, ibid., 1984, pp.131 et 132. Cf.Michele-Laure Rassat, Droit pénal, 1987, p.41. Jean Pradel, Droit pénal général, 11e ed. 1996, pp.121 et 122.

（5）メルルは、グラマティカの社会防衛論を次のように批判する。「グラマティカの企図する刑法または刑事法の消滅は、安心からほど遠く、例外なくすべての市民にとって脅威に満ちている。」Merle et Vitu, ibid., p.132.

（6）新社会防衛論に関する主たる邦文献として、次のものがある。牧野英一「人道的社会防衛の理論」季刊刑政新二巻三号（一九五四年）、大塚郷二「新社会防衛論」季刊刑政新四巻一号（一九五五年）、木村亀二「あたらしい社会防衛論」法律時報二七巻四号（一九五五年）、団藤重光「あたらしい社会防衛論と人格責任論」木村還暦祝賀『刑事法学の基礎問題（上）』（有斐閣、一九五八年）、澤登俊雄『犯罪者処遇制度論（下）』（大成出版社、一九七五年）12「新社会防衛論の構想」、15「新社会防衛論の刑事政策」、補3「新社会防衛論と保護主義」、補4「新社会防衛論の特色」。また、社会防衛の動向に関する邦文献として、澤登俊雄『新社会防衛論の展開』（大成出版社、一九八六年）1「新社会防衛論の現状と課題」、2「社会防衛と社会的周縁化」、3「国際社会防衛学会の『最小限綱領追加議定書」、森下忠「新社会防衛論の最近の動き」（法律時報四八巻六号一九七六年）、小池一郎訳アンセル「現代ヨーロッパ刑事学概観」犯罪と非行三一号（一九七七年）、アンセル「フランスにおける社会防衛の最近の展開」森下忠訳・刑政九一巻九号（一九八〇年）、恒光徹「アンセル　現代の刑事改革運動における刑事政策の方向と指針」立命館法学三号（一九八六年）。

（7）　新々古典主義の名称については、Merle et Vitu, op.cit., p.137. 現代の新古典主義の詳細については、澤登俊雄・前掲『犯罪者処遇制度論（下）』13「現代のネオ古典主義」参照。

（8）　Merle et Vitu, ibid., p.137.

（9）　Roger Merle, Confrontation du droit pénal classique et de la défense sociale, le point de vue doctrinal, Revue de science criminelle et de droit pénal comparé, 1964, p.731. Merle et Vitu, ibid., pp.138 et 139.

（10）　Merle et Vitu, ibid., p.137.

（11）　アンセル・前掲書二七九―二八二頁。

（12）　アンセル・前掲書一八九頁以下、一七六頁以下参照。

（13）　アンセル・前掲書二七三頁参照。

（14）　アンセル・前掲書二二〇頁以下。

（15）　Merle et Vitu, op.cit., p.132.

（16）　Merle et Vitu, ibid., pp.723 suiv. Jean Pradel, Droit pénal général, 11e ed., 1996, p.126.

（17）　Merle et Vitu, ibid., p.608.

（18）　Merle et Vitu.ibid., pp.672 à 676.

（19）　Merle et Vitu, ibid., pp.722 à 724.

（20）　Merle et Vitu, ibid., p.726.

（21）　Merle et Vitu, ibid., p.675.

（22）　Merle et Vitu, ibid., pp.673 à 676.

（23）　Merle et Vitu, ibid., pp.141, 726 et 727. 刑適用判事とは、刑事裁判の執行を調整する大審裁判所の裁判官で、施設内での制裁については、行刑態様の決定、刑の軽減、外出許可、半自由等の付与および撤回、社会内制裁については、保護観察付き執行猶予処分の執行の監督を行う。以上は、『フランス法律用語辞典』（中村紘一・新倉修・今関源成監訳・三省堂、一九九六年）一七三―一七四頁による。

(24) Merle et Vitu, ibid., p.141.
(25) アンセル・前掲書二六六—二六七頁。
(26) アンセル・前掲書二六七—二七一頁。
(27) アンセルは、次の論文でより詳細な刑事責任の説明をしている。Marc Ancel, La responsabilité pénale : le point du juridique , Revue internationale de Criminologie et de Police technique, vo18, no4, 1964. 同論文の翻訳として、沢登佳人訳「アンセル『刑事責任・法的観点』」法政理論九巻一号（一九七六年）。現代の刑事責任において、「責任感覚」が刑事責任の法的観念を再考させる重要な意味を持つものとされている。なお、刑事責任の歴史を概観して、現代の刑事責任が袋小路に行き当っている点を指摘するものとして、P.Cornil, L'impasse de la responsabilité pénale, Revue de droit pénal et de criminologie, avril 1962, 1961-1962 no7.参照。
(28) Merle, op.cit., p.730.
(29) Ancel, ibid., p.273. 沢登訳・前掲「アンセル『刑事責任・法的観点』」一四一頁。なお、社会防衛論の責任能力について論ずるものとして、Christine Lazerges, Le concept d'imputabilité dans les doctrines de défense sociale, R.S.C., 1983.
(30) Merle et Vitu, op.cit., pp.767 et suiv.
(31) Merle et Vitu, ibid., pp.138 à 140 , 767 à 770.
(32) Merle et Vitu, ibid., p.143.
(33) Merle et Vitu, ibid., p.143.
(34) Merle et Vitu, ibid., p.143.
(35) アンセル・前掲書二六九頁。
(36) Cf.Ancel, op.cit., pp.275 et 276. 沢登訳・前掲「アンセル『刑事責任・法的観点』」前掲一四五—一四六頁参照。

終　章　刑事責任再検討の思潮と精神医学

第一節　刑事責任再検討の思潮

新古典主義と実証主義との間で、新たな展望が開けないまま停滞していた刑事責任が、一九五〇年代後半から一九六〇年代初頭にかけて、再び議論の場に登場した。オランダ、フランスおよびスイスにおいて、刑事責任をめぐる共同研究が相次いで行われた。そうした刑事責任再検討の思潮は、科学の発達に裏づけられた「社会的安全」を実現する新たな法の必要性から生じたものであった。

スイスの破毀院判事であり刑事法学者であったジャン・グラヴァン（Jean Graven）は、その経緯を次のように説明する(1)。

刑事責任は処罰法の発達を支配してきた。法は、正義の科学であると同時に功利効用の科学であり、真の正義の中で公の秩序を維持することを目指すものであるから、科学的および社会的により正しい「責任の」観念に到達するためには、刑事責任の進化の過程を振り返り、刑法が改正されるべきか否かを考える必要がある。

責任のイデーは、まず宗教的な神権政治に浸透した。神権政治の下においては、神の創造物である人間の法律は神の法律の反射とされ、したがって刑法上の犯罪は神と人間とに対する反逆であり、罪人の責任も無限のものとされた。そして、神権政治は、罪びとと罪過（faute）とに責任の概念をおき、処罰を応報的で威嚇的なものとした。

古法、とりわけ慣習法は、より具体的で功利的な概念、すなわち純粋に物理的な「客観的」責任の概念を展開した。それは、行為者の故意よりも、行為および行為の結果としての害悪を重視するもので、「行為は人を裁く（Die tat totet des Mann)」という慣習法の格言はそのことを意味している。そこに、物質的「償い」もしくは「示談」の制度が始まった。

「客観的」責任の概念は、やがてローマカトリック法の道徳的罪過による「主観的」責任、すなわち道徳的責任の概念へと変容していく。そこでは、処罰されるのは心であって、贖罪によって治療し、清め、立ち直らせるべきは心であると考えられたのである。

ルソー（Rousseau）や百科全書派の人々らは、法と宗教の分離、法律の非宗教化、道徳律と法律の区別、人間と社会とに基づく政治制度の実現を追求することにより、責任の基本的概念に影響を与えた。さらに、責任概念はベッカリーア（Beccaria）らのそれへと発展していった。次いで、啓蒙の時代および革命刑法典において、自由意思が人間の責任の基礎に大原則として根づいた。やがて、社会的イデー、すなわちより適切に組織された矯正のための行刑制度による犯罪者の改善という矯正のイデーが、一九世紀のすべての新古典主義刑法典に深く根づいた。そして、その後の変革の中にあっても、犯罪は犯罪者の自由で意図的な行為であり、刑罰はその犯罪の重大性に厳格に比例しなければならないとの「刑法の三段論法（syllogisme pénal）」の考え方が残った。

しかし、一世紀を経た古い刑事責任の概念は、人間諸科学とりわけ精神医学（médecine mentale et de la psychiatrie）の発達により、次いで人類学の発達により揺らぎ始めた。

実証学派の批判と提唱は、自由意思に関する不毛の議論をもたらしたが、ヨーロッパのほとんどすべての新しい刑法典に実証主義的性格を与えた。経験と観察の科学は、犯罪統計学の登場とともに、応報と威嚇の古典主義刑法が「破産」したこと、そして犯罪行為者が極めて懸念されるほどに増加したことを論証したからである。実証主義の影響の下で、保安処分や責任能力に関する法制度が創設・整備された。

けれども進化はとどまらないので、刑法と保安処分の「混合」のシステムも暫定的なものである。刑法の中心におくべきは、理論ではない「法律的実体（entités juridique）」としての「犯罪者」と「犯罪」である。刑法は、あくまでも、犯罪現象の展開に対する真に効果のある人間的で社会的な闘争の道具とみなされるべきものである。

そのような傾向は、大陸法において、異常犯罪者またはアルコール犯罪者の処遇を目的とする一九三六年のベルギー「社会防衛法」（Loi belge de《défense sociale》）に始まる。同法は、「社会的回復（récupération sociale）」を目指すものであって、刑法から処罰方法を取り去るものであった。それは、立法者および共同体の見地ならびに犯罪者の見地より、正義と社会的秩序の懸命な保護および人道性の理念としてあらわれたものである。

さて、そうした場合、最後の問題が提起される。その問題とは、このような社会的刑法または「再社会化をはかる（resocialisant）」刑法の概念が認められ普及した場合、「責任」の言葉そのものになお存在理由があるのかというものである。そこで、「社会防衛法草案（projet de Code de défense sociale）」（一九三六年）の起草者グラマティカ（Gramatica）の指導の下で、一九四七年よりジエノヴァ（Gênes）に始まった現代の「社会防衛」運動がどこまで進むのかが問われる。グラマティカは、「犯罪者の責任」の基準を訴追された「反社会性」の基準に代え、一世紀を経た「刑」の制度を予防的、教育的、治療的および後見的なもっぱら「社会的処分（mesures sociales）」の制度に代えた。しかし、グラマティカの示すこのような傾向もやはり絶対的なものではなく、一九五五年の国際社会防衛学会（Société internationle de Défense sociale）大会で採択された「最小限綱領（programme minimum）」が提示した内容に勝るものではない。

以上のグラヴァンの説明から明らかなように、科学に裏づけられた新しい社会防衛思想における犯罪者の処遇に適した刑法を模索するには、処罰法を支配する刑事責任の概念を人間諸科学を結集して再検討する必要があった。刑事責任再検討の思潮はそこから生まれたものである。

そして、伝統的な責任概念に依拠する責任能力に関する法制度を、臨床結果を踏まえて具体的に批判したのが、精神医学であった。この刑事責任再検討の思潮に、司法精神医学が極めて重要な役割を果したのである。

刑法における「自由」と「安全」のテーマを締めくくるものとして、この問題を扱うことにする。

（1）Jean Graven ,L'évolution de la notion de《responsabilité pénale》et ses effets ,Revue de internationale criminologie et de police technique,Octobre-Décembre 1964,Vol.18,No 4,pp.178 et suiv.

第二節　精神医学による刑事責任の観念の進化

責任無能力者は不処罰とし、限定責任能力者には軽減された刑を科す。

フランスの精神科医ピネル（Pinel）とその弟子エスキロール（Esqirol）により一八世紀末葉に創設され、一九世紀に発達を見た精神医学は、それまで忌み嫌うべき存在として監禁や虐待の対象として扱われていた精神病者を、治療の対象として扱うようになった。さらに、フランスの精神医学者たちは、精神病者の刑事責任能力に強い関心をもち、刑事責任に精神医学の所与を十分に利用するよう働きかけ、司法精神鑑定の意義が認識されるようになった。(1)

犯罪は犯罪者の自由意思で意図的に行われた行為であり、刑罰はその犯罪の重大性に厳格に比例しなければならない。これが古典主義刑法学の責任理論である。ところが、精神医学（médecine mentale et de la psychiatrie）は、精神能力である意識と意思を侵された処罰できない多くの犯罪者がいることを明らかにしたことにより、この古典主義の責任理論を揺がした。その結果、まずフランスが刑法典（六四条）の中に、次いでベルギー、オランダその他の国が刑法典の中に「責任無能力」不処罰規定を設けた。

一九世紀の中頃になると、精神鑑定医は、完全な刑事責任と責任無能力との間に責任を減少する精神疾患があることを発見し、中間的な刑事責任能力の領域が存在することを明らかにした。責任に様々なニュアンスをもたらすこの精神疾患の発見によって、精神医学は刑事責任の観念に限定責任能力の観念をもたらしたのである。(2)

この限定責任能力は、当時の新古典主義刑法を特徴づける「有責性（culpabilité）の程度に応じた刑」の定式によって当然刑の軽減対象となるものと考えられた。しかし、当時、刑法典は、限定責任能力の観念を知らず、したがって限定責任に関する規定をもっていなかったため、限定責任能力者に対する刑の軽減を軽減事情制度の適用によって実施した。こうして、精神医学は半責任（demi-responsabilité）または軽減された責任（responsabilité atténuante）の観念を生み出した。この点について、ベルギーのコルニル（P.Cornil）は、「二〇世紀の初頭、精神鑑定は、外部的要因または遺伝外の要因から得た軽減事情を、精神状態の領域に入れ替え、軽減された責任の概念を認めさせた。その理由は、刑の軽減的適用に助けを求めることにあった(3)」と述べている。

　このような精神医学の所与を受け入れ、新古典主義は「責任と刑の比例原則」の中に責任能力に関する定式を確立した。それが冒頭に示した定式である。精神障害が責任能力（自由および理性）に著しく作用する場合には、古典主義の自由意思論の必然的帰結として、国家は刑事権力をその者に行使しない、もしくはその行使を制限する、というのがその定式の意味するところである。

　他方、新古典主義の責任の個別化による刑の個別化は、軽減事情の中に限定責任能力を抱え込むことによって、短期自由刑の濫用を一層深刻なものにし、社会は犯罪の脅威をさらに深めていった(4)。そして、統計学の発達により、新古典主義の犯罪に対する無力さが統計学上からも裏づけられるようになると、一九世紀末葉のイタリアに新古典学派に対抗する学派として実証学派が生まれた。

　前述したように実証学派は、新古典主義の「刑罰制度の破産」や「鎮圧の瓦解」を宣言し、その失敗が犯罪者の道徳的責任を測定するという思い上がった要求に起因するものであると批判し、道徳的責任を攻撃した(5)。新古典主義の道徳的罪過に比例した応報的、懲罰的刑罰を科す道徳的責任に対して、実証主義は、犯罪が因果的に決定されたものであるとの決定論に立ち、刑罰を（犯罪の性質および成因と、効果的で同時に人間的な方法とを一致させて）社会を守る予防的かつ鎮圧的な処分の総体と考え、犯罪の危険性を有する者がこの社会防衛処分を甘受する義務こそ責任であるとする社会的責任論を展開し提唱した。

　社会的責任論においては、社会的危険性が責任の実質であり、処分の総体としての刑罰の尺度であり、責任能力は社会防衛処分としての刑罰に適応する性質、すなわち刑罰適応性もしくは刑罰能力と解された。この立場は、鎮圧の問題を、道徳的平面から実証的平面に移し替えるものであった。実証主義は、道徳的責任を否定し伝統的な刑法学を揺がしはしたが、自由意思に劣らず証明不能な人間に関する決定論を独断的に自明の理としていたため、新古典主義との間に実りのない論争を繰り広げるだけであった。両学派は刑事責任についての決定的な解決を得ることができないまま、やがて疲弊し、刑事責任の問題は次第に厄介な問題とされるようになった。そして、刑事責任をめぐる両学派の論争は、決定的な対立の様相から、たとえばベルギーのアドルフ・プリンス（Adolphe Prince）にみられるように、不可知論の立場を取りつつ、刑事責任を相対的な概念として社会防衛の原理に基礎づける方向へと様相を変えていった。このような実用主義的な妥協の方向は、国際刑法連盟（Uniopn Internationale de Droit Pénal）や国際社会防衛学会（Société internationale de défense sociale）の支援の下で一派をなしていった。

こうした思潮を背景に、刑事立法も、犯罪の増加に直面し、現実的で効果的な犯罪対策の必要性に迫られ、学理上の解決を見ない刑事責任の問題を脇におきやり、刑事学の領域に新生面を切り開いた実証主義の所与を導入しつつ、社会防衛を目指す立法または法改正へと向かった(6)。

実証主義的性格をもった最初のものはカール・ストース（Carl Stooss）の手による一八九三年のスイス刑法草案であるが、さらに典型的なものとして異常犯罪者またはアルコール犯罪者の処遇を目的としたベルギーの「社会防衛法（La loi belge de "défense sociale"）」やグラマティカ（Gramatica）の起草した一九二六年の「社会防衛法草案（Proje de code de défense social）」を挙げることができる。こうした社会防衛を目指す立法の動向は、犯罪者の処遇方法をとりあげさらにこれを拡大するものであり、したがってそこにおける刑事責任の観念は犯罪者の処遇との関わりにおいて把握されるようになる。

一九世紀の新古典主義刑法学の応報と鎮圧の破産は、実証主義の影響の下で、刑法の流れを社会防衛に向けていった。第一節でも示したが、ジャン・グラヴァン（Jean Gravan）は、次ぎのように述べている。「人間とその行為――

もはや理論的にではなく、『法律的実体（entités juridique）』としての『犯罪者』と『犯罪』――は、結局、それらが現実に存在するということによって、刑法の中心であり対象そのものであると考えられ、そして刑法は、あくまでも犯罪現象の展開に対する真に効果のある人間的で社会的な闘争の道具とみなされる。その結果、『犯罪的人格の理解（connaisance de la personalité criminelle）』と適切な『社会防衛』とのイデーは、『鎮圧』または『処罰』の本質的目的にそのイデーを付与するが故に、一世紀を経た「責任」の絶対的観念にとって代わる傾向にある。[7]」

こうして、実証主義によって袋小路に追い込まれ論争の外におき去られていた刑事責任の問題が、刑法の抽象的観念としてではなく、社会復帰に向けた犯罪者処遇を内容とする刑事政策の見地から検討されることになった。

発達を続けていた精神医学は、ここで再び刑事責任の概念に衝撃を与えた。

精神医学は、臨床結果を重ねていくうちに、それまでの単純に図式化されていた精神疾患の法的観念に満足することができなくなっていた。その結果、精神鑑定人は犯罪者の刑事責任について提起された質問に困惑するようになり、やがて精神医学と法律との間に齟齬をきたすようになった。なぜなら、刑事責任能力に関する法律上の質問が、精神医学上の概念およびその使命と対応しなくなったからである。

やがて、精神科医や精神分析医らは、犯罪者の適切な社会復帰・再社会化の処遇をめぐって、伝統的な道徳的責任が現実から遊離したものであるとしてこれを批判するようになった。

新しい社会防衛に展望を切り開く刑法をつくるための刑事責任再検討の思潮の中で、オランダのユトレヒト学派（École d'Utrecht）による共同研究が行われた。[8] 精神医学者バーン（Baan）は、医学的見地から再社会化処遇の新しい方向を示した。少なくとも、彼の報告は刑法学者のポンペ（Pompe）や犯罪学者のケンペ（Kempe）の志向する新しい犯罪科学の方向を、医学的に裏づけるものであると指摘されている。[9] 端的にいえば、現代の精神医学は、たとえ精神異常に侵されていたとしても、責任無能力者も含めて、ほとんどの人間には現実的に責任感覚（sentiment de responsabilité）が存在することを啓蒙する。したがって、精神科医や精神分析学者は、限定責任に従来の数量的な責任軽減による刑の軽減を結びつけることを適切な処遇とは考えていない。そこに、責任とは程度ではなく、様相(aspect)であるとの示唆を見出すことができる。こうして責任能力の問題が、具体的に、再社会化の処遇において再検討を要するものとされるにいたった。

かくして、かつて刑事責任の観念に責任無能力および限定責任の観念をもたらした精神医学は、新たに科学的な見地から、再び刑事責任の問題に光を当て、刑事責任再検討の必要性を喚起したのである。しかも、それは関連する人間諸科学の納得しうるものでなければならないとの見地から、人間諸科学の総合的な研究の形で行われることを不可欠の前提としたのである。

一九五〇年代後半にあらわれた刑事責任再検討の思潮は、一過性のものでも、単発のものでもなかった。そのことは、ユトレヒト学派の研究集会の他に、刑事責任の問題を歴史、宗教、法律、犯罪学といった総合的な見地から研究したストラスブール(Strasbourg)大学の「刑法哲学研究集会(Colloque de philosophie Pénal)」(一九五九年)、さらにジュネーブ医学―心理学―法律学研究グループが行った「刑事責任、その意味と進化(La responsabilité pénale.son sens et son évolution)」と題する研究集会(一九六〇―一九六一年)等に如実にあらわれている。とりわけ、ジュネーブの共同研究が、この刑事責任再検討の問題の本質をより鮮明に提示しているので、その報告を紹介し、精神医学と責任能力の問題を検討する。なお、前二者の研究集会については、既にその内容が紹介され検討されている。(10)

(1)　近代精神医学の確立について、橋本健一・所一彦・石田幸平共編『犯罪学』(新曜社、一九七九年)五―六頁参照。また、フランスの精神医学について、アンリ・バリュク『フランス精神医学の流れ――ピネルから現代へ』(中田修監修・影山任佐訳・東京大学出版会、一九八二年)参照。

(2)　フランス刑法における責任能力についての研究として、小西吉呂「フランス刑法における限定責任能力の変遷と限定責任能力問題――一九世紀を中心として」法と政治三六巻一号(一九八〇年)参照。

（3）P.Cornil, L'impasse de la responsabilité pénale, Revue (belge) de droit pénal et de criminologie , avil 1962 1961-62 No7, P.642.
（4）小西・前掲一六一頁。
（5）Cornil,op.cit.,p.643.
（6）Cornil,ibid.,p.644. 一九二〇年以降の諸外国の立法は、古典主義刑法体系に、精神異常者、未成年者、アルコール中毒者、常習犯等に対する保安処分を大幅に接合するものであった。G.Stefani., G.Levasseur, B.Bouloc, Droit pénal général,12e ed.,1984, p.90. G・ステファニ・G・ルヴァスール・B・ブーロック『フランス刑事法［刑法総論］』（澤登俊雄・澤登佳人・新倉修訳・成文堂、一九八一年）四〇頁。
（7）Jean Gravan, L'évolution de la notion de《responsabilité pénale》et ses effets,Revue internationale de criminologie et de police technique , Vol.18 No 3,1964,p.182.
（8）ユトレヒト学派の研究成果は、一九五二年に、Une nouvelle école de Science Criminelle, L'École d'Utrecht の書名で公刊された。同書は一九七七年に、La criminologie et la philosophie pénal de l'école d'Utrecht と書名を改めて公刊された。
（9）澤登・前掲書一一〇頁。
（10）ストラスブール大学の共同研究については、小野精一郎博士「フランス語刑法学における責任論（一）」ジュリスト二九八号（一九六四年）、「同（二）」ジュリスト二九九号（一九六四年）参照。ユトレヒト学派の研究については、澤登俊雄『犯罪者処遇制度論（下）』（大成出版、一九七五年）八五頁以下参照。

第三節　精神医学と刑事責任

本節では、精神医学と刑事責任の問題について、ジュネーブ医学―心理学―法律学研究グループによる共同研究のうちとくに重要なものを紹介する。

まず、ジュネーブ医学―心理学―法律学研究グループについて、若干の解説をしておく。同グループは、出獄者を援助するジュネーブの社会専門委員会の提案により、同委員会会長のコクラン（R.B.Kochlin）の推進のもとで、当時グラヴァンが副会長をつとめていたスイス犯罪学会の後援を受けて一九五五年一二月に創設されたものである。同研究グループの設立の目的は、重要な問題とりわけ精神病質の犯罪者（délinquants psychopathes）および彼等に必要な処遇と安全の確立、さらに新しいものとして「人格調書（dossier de personalité）」の制度に関する問題の多角的な研究を確立することにあった。同研究グループは、ジュネーブ医学—法律学研究委員会（Commission d'etudes medico-juridique de Genève）からなされた刑事責任の問題を取りあげるようにとの提案を採択し、ジュネーブ国際犯罪学研究センター（Center international d'études criminologies de Genève）および同センターの公的機関誌である *Revue internationale de criminology et de police technique* の支援を受け、一九六〇年から一九六一年にかけて、右センターの所長でもあったグラヴァンの指導の下で研究集会を行った。

研究報告は、まず、グラヴァンの「刑事責任の観念とその結果」と題する報告から始まり（第一節でその概要は紹介した）、続いて神学の見地からジュネーブ大学プロテスタント神学部無給講師ベルナール・モレル（Bernard Morel）牧師、同無給講師・エドモン・シャヴァズ（Edmond Chavaz）神父、哲学の見地から文学部哲学教授ジャンヌ・エルシュ（Jeanne Hersch）、社会学の見地から経済・社会学部社会学教授ロジェ・ジロー（Roger Giror）、精神科医の見地からシャルル・デュラン（Charles Durand）および医学部非常勤講師ミシェル・グレッソ（Michel Gressot）、社会防衛と法律の見地からフランス破毀院判事のマルク・アンセル（Marc Ancel）の報告がなされ、最後にグラヴァンが研究報告を概括した。

これらの報告は、充実した議論を喚起する目的で、その要旨が前記 *Revue internationale de criminologie et de police technique, Vol.18 No3,No4,1964.* に分割掲載された(1)。ここで紹介するのは、そのうちのデュラン報告、グレッソ報告、アンセル報告、そしてグラヴァンの総括である。

第一款　デュラン報告—精神科医および法医学者の若干の考察(2)—

デュランの報告の要旨は、次のようなものである。

鑑定人は、実際、「責任」を取り扱うものではない。責任は、医師にとって、哲学的概念でしかない。法律家にとって、責任は、善悪を知ること、自由に選択する能力およびその選択を実行し、行為を導く可能性を前提としている。しかし、その意味で、ある者が真に「有責である（responsable）」かどうかを知ることは極めて困難である。有責であるか否かということは、極端な単純化によって、犯罪者を「狂人（fous）」の場合には責任無能力、「正常」の場合には有責と分類することを要求することである。そこには、「意識の質（qualité de conscience）」と混同されてはならない動機が存在」し、そして深部にアプローチしようとすればするほど問題は複雑さを帯びてくる。「古典的な」鑑定は、それ故放棄または解体されるべきである。さらに、古典的鑑定は、鑑定人の対象者を司法の領域から精神医学の領域に移すことにより、彼等を不安の状態（état d'angoisse）に陥れるために、問題の所与を歪めてしまうのである。そして、鑑定による情報は、刑法上の論争について裁判所が利用するものであり、しかも被告人にとって不利益に利用されうるので、刑務所における鑑定のための対話は診察室や治療室でのようには正常に成立しない。そのような古典的鑑定は客観的なものとはいえない。したがって、すべてが台無しとなり、被鑑定人に対する鑑定人の立場は「大変に困難な」ものである。

しかも、責任の観念には議論の余地があり、この観念がほとんど解決されていないものであることから、有責であるか否かという単純で明確な帰責性（imputabilité 責任能力）の観念は、精神医学上の問題と対応していない。そのことはすでに確認されている。そうである以上、被告人が「責任を負うべきである」こと、したがって被告人が裁判所に属するものであって精神病院に属するものでないことを専ら宣告するのが鑑定人の役割であるとしても、鑑定人の役割はそれとは違ったものとなる。

裁判所が行為者および有責性（culpabilité）に関する判決を下した場合、鑑定人が真の有用かつ有益な役割を担って関与するのは、もっぱら適切な処遇（治療的または予防的）の決定の際なのである。その場合、それは医学的な任務となりうるし、そして裁判官と一体になることによって、同時に人間および社会の任務となりうるのである。そのような任務を果たすために、鑑定人は、犯罪者の過去、生活および前歴を調べることができ、これを裁判所に報告することができるのである。しかもそれは討論の場のような雰囲気のものではなく、穏やかで冷静な雰囲気におけるものであり、また犯罪者に責任を負わせようとする抑圧的な意味においてではなく、鑑定人の役割に応える治療的意味においてなされるものである。

デュランは、このように精神鑑定はもはや法律の要請に応えられるものではなく、鑑定人の目指す真の役割は、判決もしくは宣告、あるいは有罪宣告を受けた者に対する個別化された処遇の決定に際して精神医学の所与を提供することにあると主張する。

第二款　グレッソ報告—精神分析学者からみた刑事責任(3)—

グレッソは、次のようにいう。

鑑定人の鑑定報告は、司法官の願望に応えるために、責任または責任無能力の中に程度を創設するものと考えられているが、責任の観念が不都合なものであるとみなさない精神科医をみつけることはできないであろう。なぜなら、責任は、明白な事実ではないし、ましてや精神科医にとって臨床的事実でもないからである。責任は、医学的思考の職業的限界、すなわち鑑定人がとどまらなければならない精神の内側という限界を越えるものである。

したがって、鑑定人がやむなく責任について語ろうとする場合、裁判官と同じ言葉を使う必要があるし、責任について裁判官と同じ理解をなしうることが必要である。その場合、責任の観念は、もっとも日常的で実用的な語意で理解されるものであって、その他の法律的、科学的、哲学的定義を配慮すべきではない。しかしながら、あえていうが、医師はそれにも関わらず仕方なく右の助けを借りる。たとえば、スイス刑法典第一一条の「行為の違法性を弁識し、弁識に従って決定する(4)」という言葉は、責任の道徳的観念を、実際的な心理学の言葉に置き換えたものである。しかし、この言葉は、臨床の精神医学の具体的な所与にほとんど対応しない。

実際、鑑定人の仕事は型にはまった法律上の質問に直接応えないので、鑑定が法律家によって利用されうるためには、次の点を考慮し手直しをしなければならない。①犯罪者の人格と行動を、精神医学および医学・心理学的調査から得られた豊かな所与に基づいていかに理解するか、②犯罪者の人格およびその条件づけに関連して、犯罪の動機をいかに理解すべきか、③最後に、奨励すべき精神医学的処遇が存在しないケースについて、刑の心理学的効果がどれほどのものでありうるか。

この提案について、精神医学と犯罪学は一致する。刑法改正についても、両者は一致する。しかし、鑑定人と司法手続とは一致しない。なぜなら、司法手続から生起する関心事に、医学的判断を適用させようとするからである。精神科医は、彼に提起された法律上の質問について直ちに取り掛るのではなく、事例研究から着手し、次に提起された質問にいかなる結論を導き出しうるかを考える。その場合、往々にして、現実を少しも歪めることなく、人為的操作もせずに、法律上の質問に答えることは容易ではない。

鑑定結果を自由に表明しうるためには、物理的な有責性＝帰責性（責任能力）（culpabilité matérielles=imputabilité）が明らかにされてから、精神医学の助けを求めることが望ましい。鑑定の結果は、法の見地から犯罪者と宣告された人格に適用しうる適切な処遇の選択に、また法律が定める刑の心理的効果を予想することに役立って、初めて真に有効なものとなる。

精神科医は責任について精神医学判断を下す権能が与えられているが、犯罪者の道徳的感覚（sentiments moraux）に取りくむ。この道徳的感覚は、彼の社会的行動の中に含まれているからである。道徳的感覚の中でも、責任感覚は個人の社会化の過程がうまくいっている徴憑である。責任感覚は、自己中心主義からの脱却、適切な相対的見地、相互関係における他人の尊重、協力のための適切な能力、一個の人間としての十分な自律を前提としている。責任感覚は、それを育成する条件を必要とする。そして、個々人のそれぞれ異なる平衡点にいたらせるまでに、複雑な進展を経由する。

したがって、刑事処遇の見地から提起されるべき質問は、明らかに、「被告人は有責と感じているか」というべきものではなく、「被告人は有責なものとして回復するか」というものでなければならない。なぜなら、責任感覚は個人の発展にのみ機能するわけではなく、社会の発展にも機能するからである。責任感覚は、なによりも社会の創造またはその維持に寄与するものである。しかも、個人的および社会的責任感覚の構築を手助けすることが、刑を割り引く再教育の主たる効果の一つではないのか。当を得た有罪の言い渡しは、犯罪者を社会的により正常であると感じさせる手助けをし、社会的復帰を促進しうるのである。

精神分析の最終的な任務、すなわち精神療法（psychotherapie）の目的は、犯罪者に自分の行為の結果を予測することを手助けするために、彼が社会的圧力を感受しうるようにすることであり、刑罰に対し正常な態度を取るようにすることである。したがって、責任感覚の衰退による刑事上の責任無能力は、当然に不処罰をもたらすべきものではない。最初の犯行のときに処罰されていれば、犯罪を重ねることがなかった旨を悔やむ責任無能力者の事例は、実刑の言度しをしなければ精神療法の処置が一層困難となることを教えてくれる。

鑑定は、被鑑定者が自己決定を行う絶対的な自由を有していたか否かではなく、精神衛生および発達の程度という言葉で理解されている意味での自由を、社会的に十分といえるほどに有していたかどうかを調査すべきものである。それは、犯罪を惹起せしめた決定因子および犯罪の特別な動機づけの単なる復元ではなく、決定論が閉ざした領域、さらにいうならば行為のありのままの経過（histoire naturelle de l'acte）と、犯罪者の全人格との関係の復元である。解剖学的な、精神心理学的な、そして精神的な必然的かつ決定的条件は、常に、もっとも自由な選択の基礎部分にまさしく存在している。精神医学検査（examine psychiatrique）は、精神器官への条件づけがどの程度必然的にかつ全面的に行われているのか、または、どの程度意識的方向を可能にしているのかを調べる。要するに、強制的な決定論かまたは相対的決定論かが問題なのである。

完全に有責な犯罪者は、完全な自由という意味で、すなわち非決定の本当の自由という意味で、存在するのではない。こう主張することに背理はない。ともかく、鑑定人が答えるべき質問は、「犯罪者は正常な個人として処遇されうるのか」というものではなく、「犯罪者は医学的に処遇されるべきか、もしくは医学的に処遇されうるか、それとも刑法によって『処遇』されるべきか」というものである。後者の場合には、さらに「刑罰によってどのような（積極的または消極的）効果を期待しうるのか」というものである。それにしても、医学的判断を司法上の評価に適合させることは、常に容易ではない。いわんや、捕らわれ人の状況を、精神医学検査の条件に適合させることは容易ではない。精神医学検査における医学的明白さが、外科手術を決定する診断と比肩しうる程度に達しているとしても、この医学的明白さが司法上の評価に何ら決定的効果を提示しないことも稀ではない。それでも、精神医学的な視点があるのとないのとでは、責任に関する判断はまるで異なる。

このような困難が不可避であるとしても、法律家と医師がそれぞれもつ責任概念の内容を互いに説明しあい、理解を深めることによって、この難点を緩和していくことができる。相互の意見交換は、実現不能な空想、背理、懸念そして放棄についての自覚をもたらす。

すべての犯罪者を医学的に処遇すべき病者とみなすことは、現実を無視した空想である。なぜなら、健全な犯罪が存在しないとしても、それだけでは刑法のすべての領域を精神医学化するだけの十分な理由とはなり得ないからである。精神病質者を責任のある人間にすること、それを可能とする処遇方法を練成することが理想である。しかし、高価な代償を払わなければ、それはやはり理想の域を超えることはできない。ともかく、刑罰というものは、人々が往々にして想像する以上の権利と義務を保有するものである。

背理とは、犯罪者を更生させうる可能性からすれば、有責であるとして処遇される必要がもっともあるのは、しばしば限定責任に関わるケースであるということである。

懸念とは、刑事裁判と精神医学との隣接領域に存在するものであるが、刑事裁判の実施において人間の現実から遊離していないかとの不安である。しかし、人が極めて安直に鑑定人に対して、「残念なことだが、われわれが鑑定の領域に属していない以上、それをあなた方のなすべきものとして命じる」というならば、それは必ずや放棄を伴うであろう。

刑事責任の問題は、産業技術の問題や経済政策の問題のように解決しうるものではなく、犯罪者がわれわれの中に存在する以上、たえず問題提起を続けていくものである。刑法学者、犯罪学者および精神鑑定人らは、決して完成することない共通の仕事を共同して行わなければならない。現在の最善の解決を目指す不断の研究は、絶えず社会の義務である。

以上のように、グレッソは、刑事責任をめぐる医学の概念と法律の概念が異なることを指摘し、鑑定人がなすべきことは被告人が責任感覚を取り戻し有責な人間として回復するかを判断するために、医学的に処遇されるべきか刑法で処遇されるべきかを判定することであるし、責任無能力者や限定責任能力者であってもむしろ刑罰がそのために有効に作用することがあることを主張する。

第三款　アンセル報告―刑事責任・その法的観点(5)―

アンセルの新社会防衛論における刑事責任については、前章で簡単に触れているが、精神医学の提起する問題とアンセルの責任論とは呼応するところがあるので、今少しその見解に耳を傾ける必要がある。

アンセルの報告は、三章から構成されており、第一章では、刑事責任の問題を解決して公式化しようとした過去の貢献について、手短な叙述がなされ、第二章では、立法者または法の解釈者に提示される選択の範囲を提示することが試みられ、第三章では、その選択がなされたものと仮定して、刑法学者の見地からその選択の正確な全射程をはかりこれを熟慮するというものである。

第一章での要点は、以下のようなものである。

二〇世紀初頭の刑法学者の主要な作業は犯罪学的分析を法的平面で行うことであり、保安処分という新しい制度を創設し、刑罰の傍らにその地位を与え、有責性（culpabilité）の側に危険性を確定することに努力が費やされた。その努力は、具体的に、ストースの手による一八九二年の刑法草案、あるいは一九〇二年のノルウェー刑法典等にみられる。こうした努力や作業は、刑法学者が道徳的責任（responsabilité morale）の哲学的問題を回避するための慎重なる不可知論に逃避するものであるが、このような見地は刑事責任に新しい展望を切り開くものであった。この見地は、法律のドグマティズム、法形而上学からの脱却を探究する新生の犯罪科学（science criminologieque）によって固められている。この点で、精神分析学および深層心理学が、犯罪類型学や犯罪行動の動機について新しい視座を切り開き、それにともない犯罪の責任の量的調合を専門家に期待する諸理論が漸次放棄されだした。専門家が司法官の傍らに占める地位が、急速に拡大した。

第二章での要点は、次のようなものである。

人間諸科学は、自由意思と決定論との対立を過去のものにした。人間諸科学によって、古典主義刑法理論が支持してきたような完全な自由意思（libre arbitre intégral）の立場は、今日弁護できないものとなった。一九世紀における精神医学による責任能力の中間的存在の証明、二〇世紀の心理学により、同一人物につき責任能力が備わっていると同時に責任能力が認められない場合がありうるという事実が解明され、刑法の観点から、正常な人間と異常な人間とを区別することが徒労であるとの考えが導かれるようになった。

犯罪現象および犯罪者についての犯罪学的所与に関する知識が増大するにつれ、刑法学者と犯罪学者の極端な諸立場が放棄されることになるが、この変化は両者の絶対的な対立を緩和し、刑事責任の観念についてより具体的で新しい評価を可能ならしめる方向へと導くものであり、そして、新古典主義と同様に、先に述べた中間的もしくは不可知論に依拠する諸学説は、もはや刑事責任の根本的な問題に正面から取り組もうと欲する時代の要請に応えることができない。正常な個人と異常な個人とを対置して、これを公準に懲罰を内容とする刑罰と予防手段（保安処分）とを併合して適用するという中間的学説が創設した混合的体系は、刑事責任をめぐる論争に疲弊した一九三〇年代の幻想であり、一九六一年にはもはや存在しない。

こうしてアンセルは、立法者と法律家に課せられた新たな選択の指針を示すべく、以下のように責任に関する自説を開陳する。

刑事責任を考えるためには、具体的な人間に対する認識が必要である。人間の現実についてみると、すべての人間は人間であること自体によって責任感覚を所有する。現代の心理学および精神医学は、この責任感覚が捨像することのできない生得的なものであり、刑法の観点から責任能力がない（non-imputables）とされる個人であっても、程度の差こそあれ、この責任感覚を所有していることを教えてくれる。フォコネ（Fauconnet）がいうように、かように考察された責任はまさしく自由の結果ではなく、自由の条件（condition de la responsabilité）である。なぜなら人間が自由であると感じるのは、自分が責任を負うものだということを知っているからである。それ故、現代刑法の構成からこの個人的な責任感覚を捨像することは、人間の現実から乖離することを意味する。この個人的な責任感覚は、社会的現実において集団的責任感覚を形成する。

責任感覚は、もっぱら個人的な観点からのみ存在するものではなく、集団的な観点からもその存在が認められる。人間が個人として（personnellement）責任を負うものと感じるならば、人は当然他人についても責任を負うべきものと考える。フランスの思潮は、個人的責任の源泉またはその尺度としての個人の行為を、その個人の他人とのコミュニケーションにおける自己実現として考える方向にある。行為は意思作用を外化（extériorisation de la volition）するものであり、この外化は彼の落ち度のあるまたは犯罪的な性格の客観的な外的評価の契機になるものなので、個人の責任はこの行為による意思作用の外化を前提とするものである。それ故、責任の個人的な感覚に劣らない現実的な責任の集団的感覚が存在する。そうであるなら、刑事政策および刑法は、この二つの責任感覚を等しく考察すべきである。

このように考えるならば、責任とは、人格（personalité）が行為にあらわれる限りにおいて、彼の人格の自覚以外のなにものでもないので、刑事責任を人格の表現として考えなければならない。そして、この人格は、しばしば刑罰能力（capacité pénale）、すなわちその人格の持ち主に代価を請求しうるところの犯罪を行う能力と呼ばれているものの尺度である。人格を刑罰能力・犯罪能力の尺度とする見地からは、危険性と責任との対立はもはや絶対的なものではない。犯罪者の人格は必然的に彼の危険性を含むものであり、その危険性は――これは刑罰能力の構成要素の一つまたは少なくとも刑罰能力の様相の一つである――、刑事責任の基礎である犯罪者の行為についての自覚を排除しない。そのため刑事責任は、人格に関する裁判上の評価の本質的要素の一つになるのである。しかも、刑事責任は、有罪判決を起点とする再社会化（resocialisation）という裁判後の仕事の不可欠な原動力（ressort）となるべきである。社会防衛は、責任を捨像するのではなくむしろ責任を刑事政策の原理とし、この責任の確認の上に社会防衛の全体系を依拠させるのである。

続いて第三章で、アンセルは前章で考察した具体的な刑事責任を、刑事法の領域で、またいくつかの点で法解釈学の領域でも、実地に適用しうるものであることを明確にしようと試みる。

アンセルは、まず、社会防衛の刑事政策理論が、今日なお実定法上で支配的な新古典主義の体系と区別される理由および相違点を十分に認識することが重要であるとして、社会防衛の立場から新古典主義を次のように批判する。

新古典主義の体系は、法律家から刑事責任の具体的な諸現実を隠蔽する多くの虚構の上に構築されており、そのような虚構は、新古典主義の責任の抽象概念と現代の社会防衛が考える具体的な責任概念との間に隔壁をつくりだす。しかも、新古典主義の責任概念は、責任が必ず刑罰に結びつくというア・プリオリな公準をもたらす。この公準によれば、法的実体としての犯罪は、処罰（châtiment）が構成する別の実体に必然的に対応する。すなわち、新古典主義における有責性（culpabilité）は、有罪判決を通じて義務的に刑罰を包含する。ここに、新古典主義の犯罪－有責性－処罰という三段論法が構成されるが、これは応報と威嚇の要請にのみ応えるものである。しかし、それとてもモンテスキューがすでに強調しているように、制裁の本性によるものでなく、制裁の確実性によるものである。そのことを考えれば、新古典主義が応報と威嚇の要請に応えるということは、現実を離れた空論である。

このように、アンセルは、虚構の上に構築された刑事責任の概念が観念的にのみ応報と威嚇の要請に機能するものであり、新古典主義がもはや現代の刑事政策に対応しえないものであることを批判し、次のように社会防衛の立場を論述する。

現代の刑事政策の目的は、まさしくこの適切な制裁を適用することである。現代の刑事政策にとって、犯罪者が法に照らしてもっとも適切な制裁を科す裁判官の前に出頭することは、社会的に責任を表明することであり、そして裁判は責任の発現（manifestation）であり、結果であり、尺度である。しかし、その裁判の内容を犯罪の法的性質に依拠させることは空虚である。たとえば、執行猶予付きの懲役三月の刑が、治療または長期の保安処分のための強制収容より改善や威嚇の効果があると考えることはばかげたことである。

こうして、アンセルは、新古典主義の犯罪に見合った刑罰に有効性がなく正当なものでないとして、責任が必ず刑罰に結びつくというア・プリオリな公準をもたらす新古典主義の責任概念を否定し、刑事責任を犯罪にではなく犯罪者にふさわしいものとして提示すべく以下のように述べる。

新古典主義の論者の中には、短期自由刑が弊害をもたらすものであっても、純規範的な見地からはやはり法的制裁を肯定する者がいるが、その根底には刑罰の適用それ自体が犯罪行為によって侵害された抽象的法秩序を回復するとの考え方が見受けられる。したがって、そこでは犯罪者の人格にふさわしい、かつまた犯罪の社会的性質に適合した制裁の選択は問題とならない。このような考え方には、具体的な人間と現実の社会が根本的に欠落している。人間諸科学および刑罰学の発達は、このような見せかけの形式論理を許容しない。これに対して、具体的なプランの上で考察するならば、刑事責任は刑罰を要請するものではなく、裁判官の介入および処遇のある様式の適用を要請するものである。この処遇は、効果的で、処遇対象者の人格に適したものに限って、法的に正当化され、同時に道徳的にも社会的にも正当なものとなる。

かかる見地から、アンセルは限定責任能力に言及し、犯罪に対する現代的反作用の合理的な考えからすれば、「部分的」に有責とされる者に対し、刑を軽減する減少した責任（responsabilité diminuée）についての古典的理論を維持しえないものと主張する。そして、半世紀前の法律家が精神鑑定に求めた責任の数量化は、責任というものを人間全体について考察しなければならないものであることを忘却させるものであり、今日、とくにスイスで新しい研究対象となっている限定責任が、量的応報から脱却して、性質に見合った再社会化（resocialisation qualitative）の見地から再考される方向にあることを指摘する。アンセルによれば、このような研究対象としての限定責任は、伝統的な科刑および古典的な「犯罪―刑罰」の等値関係から抜け出て、個別化された処遇の領域に位置づけられるのである。

以上のように、アンセルは、新古典主義への批判を対極に示しながら、現代の刑事政策の目的が犯罪者にふさわしい処遇にあることを強調し、そうした処遇を実現するために、刑罰と保安処分との対立を克服して現行の刑事手続を改革しなければならない旨を次のように説く。

刑罰と保安処分との対立がもはや行刑の現実にそぐわないものであり、実定法のもっとも最近の制裁が、とくに若年成人または経済犯罪の行為者に対する制裁が、刑罰、保安処分および懲戒制裁の性格を同時に併せもつ本質的に混合的性格のものであることから明らかなように、立法の現実も両者の対立をますます否認する方向にある。現代の刑事政策が目指す処遇の様式は、犯罪予防（prophylaxie criminelle）のために戦前から強調されていた法と医学との協力を必要としており、結局こうした変革の動向が目指しているのは、今日の刑事訴訟手続を今なお形成している時代錯誤的で不十分な「裁判上の決闘（duel judiciaire）」を放棄し、刑事訴訟手続を改革することである。

こうしてアンセルは、結論に向けて、人間的および社会的現実からかくあるべしと論述してきた刑事責任の構想を、改革される刑事手続の中に集約してみせる。

まず、アンセルは、犯罪科学によって啓蒙された刑事政策が、反社会的な反動に対する有効な処遇を制度化することを目指すものであるので、改革される刑事手続の目的もかかる有効な処遇による社会復帰にあるものとする。しかし、それには犯罪者が社会復帰に応ずる必要があるので、刑事手続の中には当然責任の自認と再社会化に必要不可欠な諸結果の受諾とが含まれる。それ故に、改革される刑事手続は新しい責任原理を肯定するものである。かくしてアンセルは、社会防衛の刑事政策はすべての犯罪者を責任を負わない病人とみなすわけでもないし、刑の廃止を提唱するものでもなく、むしろ逆に人によってまた場合によっては、応報刑が最適の個別化された処遇形式であり、また、責任無能力者についても自覚によって人格的な責任が増大する限りにおいて再社会化の過程は有効であると主張し、限定責任および責任無能力に対する公式化された伝統的な刑の軽減や不処罰を否定する。

アンセルは、このような形で主張される刑が、もはや古い抽象的な機能や「有責性」の厳格な古典的観念とはかけ離れたものであり、犯罪に対する社会的反作用の表現と個別的な処遇形式としての価値とを具有するものであるという。そして、彼は、新古典主義者に対する批判を入念に繰り返し、新しい刑事政策の目指す刑事手続における責任の複合的な内容について次のように語る。

抑圧的な古典的または新古典主義刑法は、責任をそこから法律上の諸結果を引き出す原理以上のものとは認めていない。新古典主義の刑法学者にとって、責任とは単に体系の法的支柱にしかすぎず、彼らは責任が犯罪に対する社会的反作用の条件、尺度、正当化を内容とすることを決して理解しない。さらに、古典的な法によれば、責任の問題は刑事手続の際にしか生じず、しかも責任の存在についての判断を鑑定人に安直に任せている。これに対して、新しい刑事政策は、責任が常に現存する刑事手続をつくりあげようとする。すなわち、訴追の開始後または予審開始後の段階では、人格調査が責任を深い意味をもつものとして浮かび上がらせ、公判の段階では被告人と裁判官との対話の基礎をつくりあげるものとなり、最後の執行の段階では犯罪者の社会への再適応の基礎および手段となる。

アンセルは、これこそが責任に与えるにふさわしい地位であり、こうした見方こそが唯一犯罪者の人格の精確な理解と個人としての人間尊重とを確保するものであると断言する。

最後に、アンセルは、現代の刑事政策が、歴史によって証明された無益な処罰を退け、すべての文明社会が必ず具有する社会哲学の基礎として奉仕する道徳的価値の肯定と尊重とに基づく保護の法（droit de protection）へと向かうものであり、かような展望の下で刑事責任を再考するならば、刑事責任は人道的でさらに精神主義的でさえある観念としてあらわれ、明日の刑法の中に与えられるべき地位を占めるであろう、と結ぶ。

第四款　グランヴァンの総括―刑事責任・総括・現在の観念と将来の観念(6)―

グラヴァンは、アンセルの報告が終了した後、研究集会の総括をして、共同研究の成果を新社会防衛論の方向に添うものと評価し、現在および将来の観念に言及した。以下、その要旨を掲げて、刑事責任の新しい思潮が目指す方向とその意義についてみてみよう。

グラヴァンは、次のようにいう。

今回の研究集会によって明らかになったことは、発行と同時に古典となったマルク・アンセルの著書『新社会防衛論（La Défense Sociale Nouvelle）』が示すように、刑法が犯罪科学の研究と「現代の人道的な社会防衛」の運動とによって改革される方向にあるということである。それが、現在の法律家の示す傾向である。アンセルのイデーと提案は、われわれの結論を導き出す手助けとなる。医学的専門家との討論集会によって、フランス刑法第六四条が完全に時代遅れであること、スイス刑法典第一〇条および第一一条が批判によって部分改正されようとしていること、そして手続と判決の二分論（行為と帰責性に関する決定を導く第一段階と、鑑定医の協力による刑事処分（処遇）を導き出す第二段階）が好意的に奨励されているのみならず、すでに外国の実定法におけるシステムの中で実施されていることが明らかにされた。

われわれは、一九五九年の『スイス刑法雑誌（Revue pénale suisse）』において、「責任に関する鑑定医」について、スイスの学説および判例の研究において刑事裁判官の役割と権限についても検討したが、これもスイス刑法典の「責任」の基本的概念ならびに法律規定の決定・適用における鑑定医と裁判官との尊重すべき相補的な役割という観点からなされたものである。

これまで責任の問題は、極めて尊重されるべきものでありながら、科学的、実際的にはまったく時代遅れとなってしまった伝統によって誤って提起されており、法および刑事制度に関する現在の犯罪科学の発達が最後にはそのことを認めさせるであろうことを論証しようとつとめてきた。なぜなら、現行法の具体的かつ差し迫った問題は、もはや抽象的で完全な理論的所与を基礎として解決されるものではなく、犯罪者の状態、人格、欲求、犯罪を招いた原因、および可能な限り最善であるところの社会復帰の要求に応ずるものでなければならないからである。しかし実際に考察されるべき真の問題は、予審被告人の刑事責任ではなく、彼の生物学的―心理学的状態（état bio-psychologique）、すなわち結果にではなく原因に取り組む時代になったのである。換言すれば、刑事責任の「法律的問題」は、現代の「科学的所与」に応じて再検討され、解決されなければならないのである。

それこそが、われわれの共同研究集会が目指したものである。一九五八年四月から五月にかけてコペンハーゲンで世界保健機関によって招請された「犯罪者の精神医学的処遇に関する研究集会（colloque sur le traitement psychiatriques des délinquantes）」において、この領域における本質的な裁判官と鑑定人との協力の問題が検討された。ここでも、抽象的な様式とフィクションで満足する伝統的法律主義はもはや捨て去られており、重要点でわれわれの結論と一致する原則が考えられた。すなわち、犯罪者の処遇は、裁判官と精神科医との共同作業の結果に従って、選ばれなければならない。つまり、裁判官は、精神科医に対し、精神科医が科学的に答えることのできる質問を提起しなければならないし、精神科医は通常の患者と同じ条件の下で被告人を検査することができなければならない。精神科医は、もはや罪過についての責任を手に入れ理解しようとつとめる証人として扱われるべきではないのである。裁判官は、鑑定医を直接の協力者として彼に全幅の信頼を寄せなければならない。この研究集会で、アンセルは明晰かつ明快に次のように結論を下した。「鑑定人は、道徳的責任の分量を決めるため利用されるべきではなく、犯罪者の処遇の見地から彼の人格を研究するために利用されるべきである。」「これからは、立法者の立場に立って行為を抽象的に判断することが重要なのではなく、人間の行為が反社会的である理由を明瞭に宣言した後、自由な人間の共同体に行為者を復帰させることが重要なのである。この再社会化の積極的な政策は、個人を説明することができる者とその個人の境遇について判断を下すべき者とのより信頼のおける協力がなければ果たせない。このような積極的な再社会化政策は、好むと好まざるとにかかわらず、犯罪者の処遇の現代的で、豊かで、力動的な観念を必然的に含まざるをえない。」

実際、新しい社会防衛は、犯罪者に対して、これまでとはまったく異なった新しい態度を取ろうとつとめる。すなわち、犯罪者は、裁判官が贖罪的かつ応報的な制裁を下すために裁判所に呼び出す「哀れな罪人」ではなく、何らかの境遇の中で犯罪を余儀なくされた「責任のない者（un irresponsable）」または「病人」である。彼は、人間社会の一員であり、その人物、その行為および動機について理解されるべきである。そして、いかなる社会であれ、社会は、彼が再び「反社会的」存在になることを防ぐ義務を、あるいはその予防が失敗した場合には、彼に社会の中で生きる資格を新たに取り戻させる義務を負っているのである。したがって、犯罪者を保護する法は、社会を保護する法に一致する。

刑事責任をめぐる研究や研究集会が行われる理由は、古い責任観念にとらわれている立法者をも含む多くの人々を啓蒙することにある。その啓蒙は成功しているだろうか、あるいは半ば成功しているのだろうか。この点につき、スイス刑法典の改正案は学説の主張を論拠とし、「責任無能力」および「限定責任能力」の代わりに「異常な精神状態（l'étae mental anormal）」の文言を用いるが、それはもっぱら第一一条の限定責任には刑の減軽を、第一〇条の責任無能力には刑の排除を法律上宣告するために用いられる観念にとどまっている。それは、科学と人間の現実が法律の古い形式主義的理論のフィクションおよび抽象性に取って代わり、真実を実定法の中に根づかせるには、まだまだ控え目である。

続いて、グラヴァンは、精神医学からの報告についての見解を次のように提示する。

裁判官が責任能力または限定責任能力について、スイス刑法典第一〇条もしくは第一三条を良識的に適用しようとする場合、鑑定人に鑑定を求めるが、その良識的な適用に際して利用される鑑定人の任務は、犯罪者に関する「型にはまった質問」、すなわち「犯罪者の行為の違法性を評価する能力（完全にあるかあるいはまったくないか）と結果を決定する能力（完全にあるかあるいはまったくないか）」についての質問に答えることではない。確かに、その質問は責任の道徳的観念を心理学的言葉に置き換えることをめざしたものではあるが、しかし臨床心理学の所与には一致しないものである。

判定を求める裁判官の質問は、むしろ、すべからく医学―心理学検査（examens médico-psychiatrique）に基づいて、犯罪者の「人格」および「行動」を理解しようとするものでなければならない。したがって、犯罪の心理学的な動機を、次に犯罪者の状態が医学的（治療）処分（traitement médical）を必要とすべき病的状態であるのか、病的状態でないとすれば、制裁がもたらす積極的または消極的な心理学的効果が犯罪者にとってどのようなものであるかを判断することを目指すものでなければならない。それ故に、鑑定人が裁判官の質問に「人為的（不自然で無理な）結論」をもって答えないようにすることは、現状では困難と考えられる。

しかし、困難ではあるが、鑑定人がその役割を十分に果たしうるためには、鑑定人は行為についての鑑定で得られるべき所与を検察官、弁護人、裁判官らによって対立的解釈に利用されないように、最初に刑事有責（culpabilité pénale）および帰責性（imputabilité）が確定したものと考えることが望ましい。なぜなら、彼らの対立した解釈やそれに基づく利用が、鑑定人の本来の結論を押さえ込んでしまうと考えられているからである。また、これまで鑑定予備その検討から導かれる心理学的結論が、犯罪者に有害となりうることがこれまで指摘されてきた。鑑定人は、有責性の評価の前提である道徳的感覚（sentimentes moraux）をいささかでも過剰に表現するものであってはならない。

「責任感覚」は「責任の法律上の観念とはまったく区別される心理学的現実（realité psychologique）である。」したがって、広義での処遇の見地よりすれば、裁判官の質問は「被告人は（客観的に）有責であるか」というものであってはならず、「被告人は（主観的に）責任あるものとして回復するか」というものでなければならない。それは、刑が割り引かれる再教育における原則的効果の条件の一つである。かくして精神療法（psychotherapie）の目的は、グレッソ博士がいみじくも指摘したように、犯罪者が十分に自分の行為の結果を予測し、その結果を回避できるように、犯罪者を「社会的圧力（pression sociale）」を感受しうるようにすること、犯罪者に制裁に対して正常な態度を取らしめることである。したがって、責任感覚の衰退による刑事無答責（irresponsabilité pénale）は、不処罰をもたらすべきものではない。鑑定人が常に「犯罪者を宥恕する」傾向があるという考えが強くはびこり、今日、進歩主義的な法律家や犯罪学者に対してたえず非難が加えられている。それは、根拠のないものであり、さらにすべての犯罪者を心理学的に処遇すべき病人とみなすことは、「実現不可能な夢物語」である。刑法をすべて精神医学化（psychiatriser）する理由はない。精神科医は、逆説的であるが、力強く処遇され、さらに制裁の効果的な恐れと脅威によって心理学的に抑制される必要があるのは、いわゆる「限定責任能力」の犯罪者であることを警告している。その意味で、フォイエルバッハ（Feuerbach）の「心理強制」説が、現代刑法の機能に新しいかつ正しい方法を切り開いたといえる。

グラヴァンは、精神医学の所与を取り入れた新たな手続についてその必要性を次のように主張する。

アンセルの報告の後に行われた最終討議によって、修正された責任によって新たな手続を創造することは「新しい人道的な社会防衛」の「刑事政策」である、ということを十分に理解することができる。アンセルの言葉によれば、そのような手続によって「訴追が開始されるや、また予審が始まるや、人格「personalité」の調査が責任をその深い意味の中に浮かび上がらせるであろう。このような見方によってのみ、犯罪者の人格の正確な理解と同時に、個々の人間の尊重を確保することができるのである。」「人が望むと望まざるとに関わらず、歴史は懲罰が無用であることをますますもって証明」しており、時代は制裁の法から保護の法（un droit de protection）を目指している。さらに、この保護の法が、「すべての文明社会が必ず具有する社会哲学の基礎として寄与するところの道徳的諸価値を肯定し尊重することに基づいていることを忘れてはならない。」個人の自由と安全にとっての新しい様式であるいわゆる「危険性」について、いわゆる応報的で威嚇的な刑の必要性について、あるいはまた、いわゆる訴訟手続を二段階に分割することに（このような手続二分論はアングロ・サクソンの制度の中には存在しているし、スカンジナヴィア諸国においても地歩を固めている）について、法律家の伝統的なおきまりの非難が若干加えられているものの、最終討議はそのような調整に向かうものである。そして、とりわけ、鑑定医と社会福祉とを完全に一致させるというこの調整が、いかに感銘を与えるものであったかを、この討議は如実に物語っている。これらの新しい構想は、犯罪の増加と、柔軟さを持ち合わせない古い鎧のごとき古びた様式の中に閉じ込められた「刑法の破産」とを懸念する法律家達の間にも広まっており、ましてや開眼し批判的精神に溢れた現代の人々は、この新しい構想が理性を備えたものであり、もっともなものであり、そして有益なものであると考える。この新しい構想は、そのようなものであろうと欲し、かつ、実際にそのようなものである。

最後に、グラヴァンは、次のように結びの言葉を述べる。

こうした新しい構想の利益と必要性は、さらに、ストラスブール大学の刑事学・行刑学研究所（L'institut des science criminelle et pénitentiaires）が提唱するところでもある。同研究所は、一九五九年六月一二日から二一日にかけて開催された「刑法哲学研究集会（Colloque de philosophie pénale）」でやはり刑事責任を主題として取り上げ、広く哲学、法律および犯罪学の歴史的見地から共同研究を行った。ジュネーブとストラスブールの研究会は同じイデーから出発している。ストラスブールの研究所の所長であり研究集会の主催者であるレオーテ（Leaute）教授は、開会講演の中で、「人間諸科学の進歩が刑事責任の立脚する公準を揺がしているため、刑事責任は危機に直面して」おり、「道徳的責任」の原則とともに、古典主義刑法における「静的であり厳密に個人主義的であるという二つの性格の対立」が再び問題となっていることを指摘している。古典主義刑法の「老化」は、まさしく、犯罪科学の光によってのみならず、とりわけ物理や自然科学の発達以後の「より幅広い思考方法の発達」によって、また、法学や哲学といった道徳科学（sciences morales）そのものによって、いまや明白なものとなっている。われわれがこうした研究によって貢献しようと欲するところのものは、これらの「新しい所与」を尊重して、比較的ささやかな範囲ではあるが現代的な解決の手始めとすることである。こうした共同研究におけるテーマの符合は、刑法の伝統的原則および基礎を、新しい所与による知識と社会的・立法的義務の要求とに適合させることが、喫緊の課題であるばかりか、世界的な要請でもあるということを、なによりも如実に物語っている。

以上が、ジュネーブ医学─心理学─法律学研究グループによる共同研究の主要な報告内容である。

（1）共同研究の報告は、Revue internationale de criminologie et de police technique,Vol.18,No 3, No 4,1954. に掲載されている。この報告書の全体の概要については、拙稿「精神医学による刑事責任の新しい思潮（一）」國學院女子短期大学紀要五巻（一九八七年）、「同（二）」國學院女子短期大学紀要六巻（一九八八年）に掲載している。

（2）Ibid.,Vol.18,No 3,pp.198 et 199.

（3）Ibid.,Vol.18,No 3,pp.200 et suiv.

（4）スイス刑法一一条（限定責任能力）の全文は、以下のとおりである。「犯人が行為の当時、その精神の健康若しくはその意識に障害があったか又は精神的に発育不全であって、その結果、自己の行為の不法であることを弁識し又は行為を不法であるとする弁識に従って行為する能力が低下していたときは、裁判官は自由な裁量によって刑を減軽する。」『スイス刑法典』法務資料三八五号（一九六四年）四頁。スイスの精神障害者に対する処分については『吉川経夫作品集第三巻（保安処分立法の諸問題）』（法律文化社、二〇〇一年）一三〇頁以下参照。

（5）Op.cit.,Vol.18,No 3,pp.268 et suiv. アンセルの報告は、すでに沢登佳人教授により「訳者まえがき」を付され翻訳されている。マルク・アンセル「刑事責任・法的観点」沢登佳人訳・法政理論九巻一号（一九七六年）。本文でのアンセルの報告の要旨は、原文と沢登教授の訳文と基づき、とくに本章に関わりのある部分についてまとめたものである。なお、筆者は注（1）の拙稿を著す際に、同教授より右訳文をベースにしてアンセルの見解を要約することについて御了解を戴いている。なお、アンセルの刑事責任を分析したものとして、澤登俊雄『新社会防衛論の展開』（大成出版社、一九八六年）八一頁以下参照。

（6）Ibid.,Vol.18,No 4,pp.267 et suiv.

第四節　刑事責任の新しい思潮

第一款　精神医学の発達と責任無能力・限定責任能力観念の老化

まず、刑事責任再検討の思潮の原因を確認しておく。

この思潮を直接もたらした第一の原因は、犯罪的人格の理解（connaisance de la personalité criminelle）に基づく適切な社会防衛思想の下で、「再社会化」が求められるようになったことにある。そのような「再社会化」のイデーは、必然的に「再社会化」をはかる刑法を必要とする。そこで、「再社会化」刑法においてなお「責任」の観念が存在する意義があるかという問題意識が、新古典学派と実証学派との間で解決をみることなく長らく停滞していた刑事責任の問題を再び議論の場に引き出した。要するに、新しい刑事政策の地平線を切り開くために、人間諸科学を結集して、刑事責任の再検討を行う必要性が生じたのである。

第二の原因は、レオーテ教授の指摘するように、伝統的な刑事責任の公準を揺がした人間諸科学の発達である。なかでもとりわけ重要なのは、精神医学の発達であった。人間諸科学の中でもとくに精神医学は、刑事責任についてそれまでの法と精神医学との関わりを否定し、新たに問題を提起した。精神医学は、自由と理性はもはや公準たりうるものではないことを宣言したのである。

こうした原因を背景に醸成された刑事責任再検討の思潮を、人間諸科学を結集して、伝統的な刑事責任を見直し、新たな刑事責任への展望を切り開こうとしたのが、前述した複数の共同研究である。そして、刑事責任再検討の思潮の中で、精神医学の立場から、精神障害犯罪者の処遇を伝統的な責任原則から解放すべきであるとの重大な提唱がなされた。具体的にいえば、かつて責任無能力および限定責任能力の観念を刑事責任にもたらした精神医学は、集積した臨床研究の所与に基づき、精神障害犯罪者（触法精神障害者を含む語として使用する）を不処罰として刑法の領域から解き放ち精神病院に措置入院させる、あるいは軽減された刑で比較的短期間の自由剥奪の後社会に解き放つ、といった伝統的な法制度がもはや精神医学の現実と対応しないものであると批判したのである。そして、患者の治療を目的とする精神医学は、その本来の使命に立ち戻り、精神障害犯罪者の社会復帰のために責任感覚を取り戻させる処遇に手助けすべきであると自らの役割を新たに提唱した。アンセルやグラヴァンは、精神医学からの提言を科学的所与として受け入れ、法律家の見地から伝統的な犯罪者の処遇が法的観念に閉込められていることを批判した。

　前節で紹介した精神医学からの主張は、次のように要約することができる。

　精神医学が目指す犯罪者に対する精神療法の目的は、犯罪者に自分の行為の結果を十分に予測させ、その結果を回避させるべく犯罪者が社会的圧力を感受できるようにすること、制裁に対して正常な態度をとることができるようにすることである。しかし他方で、精神科医は、犯罪行為者の責任能力の有無・程度について、裁判官に判断資料を提供する任務を負わされてきた。やがて精神科医の本来の使命と法により担わされている職務との間に齟齬が生じ、精神医学と刑法上の責任観念とりわけ刑事責任の有無という単純にして明確な帰責性（責任能力）の観念がもはや対応しえないものとなり、その結果、精神医学は裁判官の「被告人は有責であるか」という型にはまった質問に直接答えられるものではなくなった。鑑定人の真の役割は、前述のように有罪性・帰責性判定後の精神障害犯罪者に対する適切な予防的または治療的処遇の選択に、医学的立場から裁判官に協力することだからである[1]。したがって、鑑定人に対する質問は、右の精神医学の目的に鑑み、「被告人は医学的に処遇されるべきか、もしくは医学的に処遇されうるか。それとも刑法によって処遇されるべきか、その場合、刑罰によってどのような効果が期待できるか」との見地から、「犯罪者は責任を回復しうるか」というものでなければならない。精神科医からのこのような批判は、むろん犯罪者がそのような処遇を受けていない現実への批判でもある。

　一方、精神医学は、臨床研究を通して、責任無能力とされる者にも「責任感覚」が存在することを認めるにいたった。[2] この「責任感覚」という法律上の観念とはまったく区別される心理学的現実を視点にして、精神医学は精神障害犯罪者の処遇について次のように語りかける。責任感覚は、人間に生得的なものであって、刑法の見地から責任無能力とされる人々にも程度の差こそあれ存在する。精神医学は、道徳的感覚、中でもとりわけ責任感覚を社会化の過程のメルクマールとしており、その意味で先に示した精神療法の目的は責任感覚の回復を具体的な目標とする。したがって、責任感覚の衰退による刑法上の責任無能力（irresponsabilité pénale）が当然のこととして不処罰をもたらすということは、妥当な帰結とはいえないということになる。このことは、場合によっては、責任無能力者に対しても刑事責任を問いうることを意味する。

そもそも、精神医学の知識の中には、法律上の観念である責任無能力に対応する要素が存在しない。この点につき、オランダにおけるユトレヒト学派（Ecole d'Utrecht）の共同研究において、バーン（Banne）は次のように述べている。「精神科医にとっても、刑事責任の法原理が基礎としている自由は生きた現実の問題である。しかるに、精神医学は、精神鑑定のために人格を調査するというとりわけ困難で、結論の重いものに関与するにすぎない。こうした限定された関与の中で、法律が求める精神医学の仕事を行うのである。（中略）こうした法律上の使命を負わされて、精神医学は被告人の刑事責任に関する意見を与えるよう要求されている。かかる任務を負わされながらも、精神医学は自分たちの専門知識の中に、責任の定義も、また責任について一般的に結論を下すことを可能とする本質的要素も発見していなかったので、法律が精神科医に意見を求めることは当てのないことであった。[3]」このように、既にバーンによって、刑事責任能力への精神医学的なアプローチの不適切さに対する批判がなされており、今日の精神医学においては、責任無能力には治療を、限定責任能力には軽減された刑をという公式が、後に論及する「責任化」の思潮からも窺えるように、精神医学的現実に反するものであるとの考えが通説化していると思われる。

こうした新たな精神医学の状況の下で、精神鑑定の専門家たちは、法の要求に応ずるために医学的現実から離れて責任能力の有無・程度について判断を行ってきたが、もはや医学的現実にそぐわないことに目をそらすことができなくなり、そうした任務から解放され、本来の治療としての精神医学の目的に戻るべきであると主張する。いうまでもなく、精神科医にとって、精神障害を有する者をいかに治療するかが本来の仕事であり、その仕事は患者の社会復帰という目的に支えられている。このことは、精神障害犯罪者に対しても変わらない。ただ、犯罪者であるという点で他の精神障害者と異なり、とくに制裁に対して正常な態度を取ることができるようにすることを実質的な目的とする「責任感覚」の回復を社会復帰の指標とするのである。その責任感覚の回復を果たすためには、刑法上責任無能力とされる者であっても、刑罰を科すことが適切である場合があるし、限定責任能力者に対しても刑罰の軽減が不適切になることがあるので、責任感覚の回復を社会復帰の日標として、犯罪者の処遇をはかろうとすれば、当然のことながら伝統的な法制度における公式が大きな妨げとなる。

精神障害犯罪者の責任感覚の回復をはかり、社会復帰を実効性のあるものにするには、犯罪者にとってもっとも適切な処遇の選択あるいはその決定に関与することが必要であり、精神医学の真の役割は精神鑑定によりそれに協力することである。

以上が、精神医学からの批判と提言の内容である。

さて、以上の精神医学の所与を受け入れ、この責任感覚を責任観念の核心とみなし、その回復を犯罪者全般の社会復帰に機能しうるものとして普遍化をはかったのがアンセルである。

アンセルの責任感覚についての叙述を要約すれば、次のようになる。人間は誰もが生得的に責任感覚を所有する(個人的「責任感覚(sentiment de la responsabilité)」)。個人が責任感覚を有するならば、人は他人に対しても彼が責任を負うべきものであると考える。こうして、個人的「責任感覚」は、犯罪行為に関する集団的「責任感覚」を形成する。責任とは、人格が行為にあらわれる限りにおいて人格そのものの自覚であり、この人格は、刑罰能力の、すなわち人格の所有者に対して、代価を請求しうる犯罪能力の尺度である。犯罪者の人格は必然的に危険性を含むが、この危険性は刑事責任の基礎である犯罪者の行為ついての自覚を排除しない。それ故、刑事責任は再社会化の原動力となるべきものである。

アンセルのいう責任と人格の自覚の関係および危険性と責任感覚との関係は、必ずしも明瞭に語られているとはいえないが、次のように考えることができるであろうか。犯罪者は犯罪という社会にとって危険な行為を行ったわけであるが、それは人格のあらわれである。犯罪者が犯罪を行うのは、彼の責任感覚（意識）が衰退もしくは未成熟で、自分の犯罪行為が他人や社会に対してどのような意味や危険性をもつのかその真の意味を十分に認識できなかったからである。そうであれば、犯罪者は、当然のことながら、自分の危険性を含んだ人格に対する自覚が欠落しているものといえる。だからこそ、人あるいは社会は犯罪者に自分の人格に潜んでいる危険性に目覚めよ、自覚せよ、そして再び社会の構成員の一人になれというのである。すなわち、責任とはそうした「人格の自覚」そのものである。換言すれば、回復した責任感覚の中には、危険性への自覚が存在するということになるであろう。責任感覚とは、このように自分の人格に含まれる危険性に対する自覚、さらにいえば自分が社会にとって危険な存在であってはならないという自覚を意味することになる。そして、危険を含む人格の持主であっても、自分の行動についての認識をもち理解することができるのであって、責任感覚を覚醒すれば自己の行為を自省し自分の危険性を統制し社会の一員となる努力をすることができる。アンセルの見解をそのように理解することができるならば、論理的に危険を含む「人格の自覚」を目指す責任感覚の回復が再社会化につながるものといえよう。そうであれば、アンセルのいうように、責任は犯罪に対する回顧的な非難ではなく犯罪者の再社会化への原動力ということになるし、実証主義と古典主義の対立点の一つであった危険性と責任はもはや対立するものではなくなる。

しかしながら、アンセルは、責任感覚を刑事責任の核心に据えながら、その十分な説明をしていない。それ故、その責任感覚の実体はどのようなものか、さらには責任感覚の回復とは具体的にどのような状態をいうのかについて、十分に理解することができない。また、人はだれしも責任感覚を生得しているとしながら、責任感覚を欠如する場合を想定している点で、アンセルの責任感覚の用語は曖昧であるともいえよう。これについて、澤登俊雄教授は、アンセルの責任を「責任感覚」と「責任意識」を含むものとして、次のように述べて両者を区別している。「新社会防衛論が問題とする『責任』は、人間に生来的な責任の観念であり、それは『責任感覚』と『責任の意識』とを含む。前者はすべての人間に存在するが、後者は必ずしもそうではなく、人によっては不確実で摩耗している。したがって、処遇の目的たりうる責任は、この『責任の意識』である。[4]」人間が生得的に「責任感覚」を所有しているとすれば、それは責任意識を感得する能力のことであろう。そうであるならば、回復すべきは「責任の意識」であると解すべきであろう。

ともあれ、精神医学は、かつて刑法に責任無能力および限定責任能力の観念を与え、その判定に自ら深く関わってきたが、現代の精神医学の発達は、新古典主義刑法の刑事責任のあり方がもはや「老化」していることを宣告する。そして、新社会防衛論の指導者であるアンセルは、精神医学の所与である「責任感覚」を自らの刑事政策における刑事責任の基礎におき、その独自の刑事責任のイデーに基づくところのもっとも適切な処遇による責任感覚の回復を再社会化として位置づけ、これをもって社会防衛の目標とした。

以上から、刑事責任再検討の思潮とその帰結は、次のように要約することができる。

現代の精神医学は、鑑定の仕事がもはや責任を扱いうるものでないことを、したがってすでに責任能力の判定に貢献しうるものではなくなっていることを明らかにしている。精神鑑定が関わるのは責任に関わる人間の状況ではなく、責任感覚についてである。精神分析の真の目的は責任感覚（責任の意識）を回復させることである。責任感覚は誰しもがもっており、責任無能力とされる者にも責任感覚はあるので、その意味で責任無能力者を当然のごとく不処罰にすべきではないし、限定責任能力者に刑の軽減が必ずしも適切であるとはいえない。科学的にすでに老化した責任無能力および限定責任能力の法的観念は、再社会化へ向けての最適な処遇方法の実施を妨げるだけである。精神医学のなすべき任務は、犯罪者の責任能力の判定ではなく犯罪者の適切な処遇の選択に寄与すべきものである。さらにアンセルは、犯罪者の社会復帰を社会の義務として最適の処遇方法を行うことを目指す新社会防衛論の立場から、精神医学からの主張が責任能力の問題に限られるものではなく犯罪者処遇全体に及ぶものとして、責任感覚の回復を新しい刑事責任のイデーの基礎におくことを提唱した。こうして、刑事責任再検討の思潮は、新社会防衛論の提唱する新しい刑事政策の潮流に合流した。端的にいえば、精神医学は新古典主義の責任概念に対して構造改革を迫ったのである。

さらに時を経て、今日の精神医学は、一つの方向として、責任無能力者とされる精神病者にも刑事責任を問いうる以上刑罰を科すべきであるとの「刑事責任化（respnsabilisation pénale）」の主張を有力に展開するにいたり、伝統的な責任原則を支える責任無能力および限定責任能力の観念およびそれに基づく法制度を一層強く批判している。

第二款　責任化の主張

右にみた刑事責任の新しい思潮の中で注目すべきは、「責任感覚」の存在についての見解の中に、責任無能力者にも刑事責任を問いうるとの主張の中にモデストな「責任化（responsabilisation）」の主張が存在することである。バーンは、多くの犯罪者に対する臨床上の詳細な観察の結果、責任感覚が精神障害犯罪者の中にも存在するとの事実を確証するにいたり、かくして不治とみなされた犯罪者に対して、これまで正当化されなかった刑または処分を適用することができるようになったと主張した[5]。そのような主張は、刑法的見地からいえば、責任無能力者に対し刑事責任の存在を肯定するものである。しかし、バーンは、責任感覚を有することをもって責任能力者といっているわけではない。また、そのような者に対して、積極的に責任能力を認めて刑罰で処断せよといっているわけでもない。刑罰も処遇の一形式たりうると示唆するにとどまっている。それゆえ、モデストという表現を用いたのである。

今日の精神医学は、刑罰適応能力の臨床研究を通して、精神病犯罪者の刑事責任の存在をますます確信するにいたったといわれている。そして、その確信が「精神病であっても、彼はその犯した罪について刑事責任を負担しうるし、また負担すべきである[6]」との「責任化」の主張をより鮮明に展開している。すなわち、「責任化」とは、触法精神障害者を（意思を欠如した）責任無能力者であるとして予審免訴または無罪とするところの責任無能力の法制度を批判する主張である。

ところで「責任化」といっても、その内容を見る限り、未だ理論的な体系を形成するにいたってはいない。近年の研究によれば、今日、精神医学者の間で議論が展開されている「責任化」の主張には二つの潮流がある。一つは、精神病者であっても犯罪行為を理解し意欲することが可能であり、したがって刑事責任を問いうるという、原理的、道徳的考察に基づく刑事法に固有の潮流である。ただし、刑事責任が問える以上は刑罰を科せという主張であるならば、バーンらの主張とは質的に相違する。責任化すなわちrsponsabilisationの語には、そうした積極的な「刑罰化」を求めるニュアンスが感じられる。

もう一つは、精神病院開放化、精神医療の非強制化の進展に伴ない、暴力的性向のある精神病者を無罪として入院措置に付すよりも刑罰に服させようとする、精神医療制度の発展と結びつく潮流である。この潮流には、精神病者を危険視して治安優先をはかるために、刑務所に隔離しようとする功利的、政策的な配慮が作用しており、「病者不在」の論理に終始するおそれがあると指摘されている。(7)

むろん、「責任化」の本来の意義からすれば、前者が「責任化」の思潮の本流である。しかし本流である「責任化」の主張においても、刑事責任を負担すべきであるとしながら、必ずしも正常な犯罪者と同一の刑罰を科すことを主張しているわけではなく、また、刑罰と（治療）処分の併科や処分一本化について反対する見解もみられる。(8)刑事責任を肯定しながらも、責任を問う方法として単純に通常の刑罰適用に結びつくことができないところに、「責任化」の主張の抱える困難さが窺える。(9)

前述のように、ユトレヒト学派の共同研究およびジュネーブの共同研究においては、精神医学の立場から「責任感覚」を刺激し、覚醒させ、開花させることによって、行為を法秩序に則らせる能力の回復が精神障害犯罪者（触法精神障害者を含む）の処遇の目標として掲げられていたが、これに対して「責任化」の主張は精神障害犯罪者に対してどのような処遇目標を設定しているのか直接明示されていないように思われる。「責任化」の主張は、制裁適応能力の研究を通して、もっぱら「精神病を刑事責任の排除事由」とすることにより精神病者から普通法上の地位を奪い取ることを批判の内容としている[10]。

この点につき、ポンセラ（Poncela）の主張が「責任化」についての考察の素材を提供してくれると思われる[11]。ポンセラは、精神病を刑事無答責任事由とすることに反対し、厳格な「責任化」を主張するが、彼の主張が従来の「責任化」の主張と異なる点は、精神医療においてそれまで顧みられなかった精神病者の声、すなわち「刑事責任を負担したい」との要求に基づく自己処分権を尊重し、精神病犯罪者の法的地位の基礎とすべきとすることにある[12]。

では、精神病者の自己処分権を「責任化」の法制化に結びつけようとすることの意味はなにか。ポンセラの主張をそこに加えて、「責任化」の内容を摘示すればおおよそ次のようなものになるであろう。

(1)　責任無能力制度は刑事司法の精神医学化によるものであるが、今日の精神医学は精神障害者が刑罰を負担する責任能力をもっていることを知っており、刑事司法は精神医学から離れるべきである。

(2)　精神障害犯罪者を刑事責任無能力とすることは、当の本人にとって人格そのものを否定されることに等しい。彼らにとって、責任無能力者とされることは、精神異常の烙印を押されることで耐えがたい。彼等は、精神障害者の人格を尊重するために、精神障害者でない者と同じように刑罰を科してほしいと望んでいる。

(3)　精神障害犯罪者も市民と同様に裁判を受ける権利がある。したがって、少なくとも予審免訴とすることなく裁判をして、彼らの言い分を聞いてやるべきである。彼らは、それを望んでいる。

(4)　保安処分は、司法上の収容を行うものであって、治療と制裁とを同一視させるのでこれを受け入れることはできない。

(5)　精神病者は、正義にかなった振る舞いができ、たとえ最重度の病者であっても自身の行為に対する非難を感受することができるので、科せられた刑罰から利益を引き出すことができる。

(6)　精神病を刑事責任の排除事由とみるべきではなく、ありのままの自分自身として非難を受け止めたい。それが人間らしくあることである[13]。

思うに、精神病犯罪者が精神医療を拒否し刑事責任の負担を望むのは、刑事責任を負担しえない責任無能力者のレッテルを張られることを人間として否定されることと受け止めそれに耐えがたさを感じるためか、あるいは医師の恣意から自己を防禦する術を奪われ、精神療法により心の深部にまで探りを入れる医学的な干渉によって人間の最後の財産である「人間の尊厳」を傷つけられまいとすることにその理由があると考えられる。このような刑事責任を負担したいと望む犯罪者に対しては、精神療法による治療効果は期待しがたいものとなる[14]。

人は自己の「人間としての尊厳」を自覚してこそ、他人に対しても同じ人間として尊重しようとする意識をもつことができる。そうだとすれば、自ら人間としての尊厳を守ろうとする自覚、意思、態度こそ、「責任感覚」（もしくは「責任の意識」）の回復が目指したところの刑罰に対して適切な行動を選択することのできる人間への回復に通じるものである。それはとりもなおさず、犯罪者を、一個の人格を有する人間として、人道的に取り扱おうとする刑事政策の目的である。しかし、「責任化」の主張は、刑罰から正義にかなった振る舞いという利益を引き出せるというが、「責任感覚」の回復までを視野に入れているかについては不明である。

精神病犯罪者の人間としての声を聞け、というポンセラの主張には強い共感を覚える。しかし、ポンセラの主張が「責任感覚」の回復までを視野に入れているものであるとしても、犯罪者の精神が深刻な状態で病んでいる場合、本人が望んだからといって通常の刑罰が治療的処遇に比べて責任感覚を回復する効果をより期待しうるのであろうか。この点に関して、現代の精神医学は、いまだ十分な臨床的研究成果を得ていないと思われる。それが、責任を認めながらも、単純に「刑罰化」に結びつくことで見解が一致しない理由であろう。言い換えれば、ポンセラの急進的な「責任化」の主張は、精神病犯罪者を人間として理解し、その処遇を刑罰に求め、人間として扱うことを提唱するものであるが、多くの精神障害犯罪者がそうした願望をもっているのか、また、そうした願望をもっている者に対してその自己処分権の意向に沿うことが再社会化にとって妥当であるのか、やはり疑問が残るのである。この点につき、臨床的・実証的な成果を積み重ねなければ、ラジカルな「責任化」の主張は伝統的な責任無能力制度を根底から揺るがすものとはならないであろう。

いずれにせよ、「責任化」のイデーは、少なくとも人間としての尊厳を損なうことなく再び犯罪を行わないように処遇し、「社会的安全」をはかろうとする目的と結びつくものでなければその意義は乏しいといえる。

ところで、前述のようにグレッソ（Gressot）は、有責者として処遇される必要性がもっとも高いのは限定責任についてであると指摘した。これに対して、「責任化」の主張は責任無能力者について論じられたものであり、限定責任能力については言及されていない。それでは、「責任化」は限定責任能力とどのような関係を結ぶのであろうか。限定責任能力が、責任能力のカテゴリーに属するものか責任無能力のカテゴリーに属するものかに関わらず[15]、精神医学の発達と「責任化」の主張を重ね合わせれば、「責任化」の見地から、限定責任能力者であるから刑罰を軽減するという論理的必然性を導き出すことはできないであろう。なぜなら、「責任化」のイデーの本質的な意義が、医学的な見地から刑罰によって責任感覚を回復させ「責任ある個人」の自覚をもたせることにあると考えるならば、「責任化」は責任無能力者に固有の問題ではなく、限定責任能力者にも深く関わるものであることはより明白だからである。すなわち、限定責任能力者として軽い制裁（例えば執行猶予付き自由刑）を受けることにより、責任感覚（もしくは「責任意識」）の回復がかえって妨げられ正義にかなった振る舞いができない場合もあるであろうし、あるいは不完全な責任能力しかもっていないとされることに対する拒否反応が社会復帰のために重大な心理的障害となりうる場合もあるであろうから、刑の軽減をもたらす限定責任などという法的観念は「責任化」の主張においては明らかに妨げになるであろう。さらに、「責任化」の主張が再社会化目的を有するものであるとするならば、その理論的帰結から限定責任能力者にも及ぶことはますます明白であろう。

ユトレヒト学派の共同研究やジュネーブの共同研究における刑事責任再検討の成果は、その後のヨーロッパの立法に決定的あるいは直接的な影響を与えるにはいたらなかったといえよう。しかし、スイス刑法典およびスウェーデン刑法典には、精神障害犯罪者の処遇と保安処分との関係について、古典主義的な責任観念からの脱却の工夫の一端が見受けられる。

まずスイス刑法典であるが、スイスは一九七一年に刑法典の改正を行った(16)。改正刑法典は、旧第一四条および第一五条の精神障害犯罪者に対する保安処分規定を第四三条に移しかえ内容に変更を加えた。第四三条第一項は、次のように規定する。「重懲役または軽懲役に処せられる行為を、一定の精神状態の下で行った犯罪人のその精神状態が、当該犯罪人が他の可罰的行為を行いそうな危険を除去もしくは緩和するための医学的治療あるいは特別の看護を必要とする場合には、裁判官は病院もしくは看護施設への移送を命ずることができる。犯罪人が、その精神状態のために公の安全が著しく危険にさらされ、他人が危険にさらされるのを防ぐために必要な場合には、裁判官は監置を命ずる。監置はそれに適した施設で行わなければならない。裁判官は犯罪人の肉体的精神的状態および監置、治療もしくは看護の必要性に関し、専門家の鑑定に依拠して、これらの決定を下す(17)。」改正刑法典は、主として精神病者を対象とする療護処分および精神病質者を対象とする監置処分という実質的な保安処分が責任能力の概念と結びついていたところの旧制度を修正し、保安処分から責任観念を切り離したのである(18)。こうして、なんらかの精神的異常性がありながらも、責任能力の存在が認められる犯罪者に対して、保安処分が可能となった。責任と刑の量定に影響を与えるだけの「責任能力は医療的、保安的処分の言渡しに影響しない(19)」ことが是認されたのである。

スウェーデンの一九六五年刑法典は、刑罰と処分の上位概念として「制裁」の概念を用い「制裁一元主義」を採用した。そして、第五章第五条が法律上も刑法理論上も、責任無能力、限定責任能力の観念を用いずに、「精神病、精神薄弱又は精神病と同視されなければならない深刻な精神異常状態の影響の下になされた行為については何人も責任を問われない」と規定する。その意味するところは、次のように説明されている。「責任能力の有無、その程度により刑罰か処分かを決定するという方法を排除し、医師による鑑定をまって精神病院又はその他の施設治療のいずれが社会の防衛と本人の治療・社会復帰に役立つかを判断することの出来るような方法を選んだ。それによって、実際的・人道的観点の下に立って刑法典によって適用しうる制裁のそれぞれについて、精神病者・精神薄弱者・精神病質者にどの限度で適用しうるかを、具体的に事案を検討した上で決定しうる途をつくった。そのためには、有能な精神医が裁判に参加することを必要とする。[20]」

むろん、この両法典にみられる刑罰からの離脱の方向は、前述の共同研究における「責任感覚」回復の主張と全面的に一致しているわけではないし、よりラジカルな刑罰化を主張する「責任化」の方向に対してむしろ逆行しているようにも見受けられるが、伝統的な新古典主義の責任観念とそれを基礎につくられた責任能力に関する制度から脱却するものであったことは明白である。

では、フランスではどうであろうか。フランスでは、一九九三年に、ナポレオン刑法典を全面的に改正した新刑法典が施行されたが、責任無能力規定および限定責任能力規定を現在なお維持している（一二二条の一）。

このように、今日、精神医学の一部では「責任化」の主張がなされるにいたっているが、フランスではそれが責任無能力制度へ直接影響を与えるにはいたっていない。

（1）ユトレヒトの共同研究において、バーン（P.A.Banne）も精神医学の役割について同旨の指摘をしている。「精神科医は、とりわけ犯罪者の処遇すなわち責任感覚が重要な観点となる処遇の際にも責任の問題を避けることができない。処遇の目的は、まさしく責任感覚の開花を刺激し、導くことに、または自己の存在を明示することを妨げている障害を取り除くことによって犯罪者に道を切り開いてやることにある」Une nouvelle école de science criminel –L'école d'Utrecht,1959, p.113.「行刑施設におけると同時に、医療施設において、とくに資格を有する人材の強力なチームが、犯罪者に責任感覚を覚醒させまたは引き出すことのできる処遇、したがって行為を法秩序に基づくものにさせる自己決定能力の回復を目指す処遇に専心しなければならない。鑑定の義務を負う精神科医は、また、鑑定の任に当たることのない精神科医も、おそらくこのような使命を果たすための準備をいまだ行ってはいないであろう。しかし、グレーフ（Greeff）教授は、パイオニアとして一、二世代のうちに明白となるであろうこの新しい方向を打ち出したのである」Ibid.,pp.114 et 115.

（2）Ibid.,p.115.

（3）Ibid.,p.109.

（4）澤登俊雄『犯罪者処遇制度論』（大成出版社、一九七五年）一二二頁。同『新社会防衛論の展開』（大成出版社、一九八六年）八三

頁参照。アンセルは、著書『新社会防衛論』の中で、セラノ（Sérano）が「責任の感覚」―これは小児にも病人にも存在しうる―と、再教育をなしうる「責任の意識」とを対立させていることに言及しているが、アンセル自身は両者の区別をしていない。

（5）Ibid., p.115.

（6）小西吉呂「フランスにおける精神病者の刑事『責任化（responsabilisation)』をめぐる動向―ポンセラ論文を契機として―」関西学院大学法政学会・法と政治三八巻一号（一九八二年）一六九頁。なお、同論文によれば、責任化の語は今のところ正確には定義されていない。同論文一六九頁。

（7）小西・前掲一七六頁。

（8）小西・前掲一七九頁。

（9）小西・前掲一七九頁。

（10）小西・前掲一七七頁参照。

（11）Pierrette Poncela, La droit pénal en folie ou l'impossible vérité, Revue de science criminelle et de droit pénal comparé, janvier-mars, 1986, p.61 et suiv. ポンセラ論文の内容については、小西・前掲一六九頁以下の紹介と論説に依拠する。

（12）小西・前掲一六九、一七四頁。

（13）小西・前掲一六九頁以下。この問題を展開するものとして、小西吉呂「『精神障害』者に対する刑事『責任化』について」沖大法学八号（一九八九年）、同「触法精神障害者の刑事責任能力に関する序論的考察」沖大法学一〇号（一九九一年）参照。

（14）平野龍一「精神医療と法」ジュリスト八八三号（一九八七年）一〇頁参照。同論文は、アメリカおよびイギリスの精神障害者に対する医療と法について論じたものである。

（15）限定責任能力が責任能力のカテゴリーに属するものか、それとも責任無能力のカテゴリーに属するものかについては、説の分かれるところである。この点につき、墨谷葵『責任能力基準の研究』（慶応通信、一九八〇年）二三一―二三三頁参照。

（16）スイス刑法典における保安処分について、吉川経夫「スイス刑法改正案における保安処分の問題」植松博士還暦祝賀『刑法と科学（法律編）』（有斐閣、一九七一年）四四五頁以下、宮沢浩一「外国の保安処分（一）」刑事政策講座三巻』（成文堂、一九七四年）三六頁以下参照。一九七一年の改正について、尾崎純里・丸山輝久「スイスにおける保安処分」泉博編『外国の保安処分制度』（日本評論社、一九八三年）一九五頁以下、平野龍一『犯罪者処遇法の諸問題』（有斐閣、一九八二年）一一八頁以下参照。

（17）条文の訳文は、尾崎・丸山・前掲（二〇〇頁）からの引用である。

（18）吉川・前掲四五一頁。尾崎・丸山・前掲二〇一―二〇二頁。

（19）吉川・前掲四五一頁。

(20)　宮沢・前掲四五―四六頁。同『刑事政策の源流と潮流』（成文堂、一九七七年）一六八頁。なお、坂田仁『犯罪者処遇の思想』（慶応通信、一九八四年）九七頁参照。

第五節　刑事責任再検討の思潮と社会的安全

刑事責任再検討の思潮は、一言でいうならば、伝統的な新古典主義の「責任と刑の比例原則」を解体し、犯罪者の社会復帰を第一に追及することができる「再社会化」処遇を可能にしようとするものである。したがって、それは必然的に新社会防衛論と呼応する。新社会防衛論は、犯罪者に責任感覚を回復させ社会に復帰させる法を制定することを求めるが、その法は制裁の法ではなく、犯罪者を保護する法であるとされる。そして、グラヴァンは、犯罪者を保護する法は社会を保護する法であると説く。

こうした潮流や新社会防衛論の示すものは、犯罪を伝統的な刑法理論で処罰をするだけでは、少なくともその処罰の範囲で特別予防をはかる刑事政策では、犯罪からの安全すなわち「社会的安全」の確保は十分な成果を上げることはできないというものである。こうした提唱は、実証学派が実現できなかった課題に再び挑戦するものであったといえる。なぜなら、一九世紀の新古典主義が一般予防を「社会的安全」の要にしていたのとは対照的に、実証学派は犯罪者の特別予防に「社会的安全」のテーゼを担わせたからである。

グラヴァンの表現を援用していえば、刑事権力はもはや処罰の権力ではなく保護の権力ということになる。前章で述べたように、新社会防衛論は、人間にその存在根拠を有する以上、社会には人間に対して人間の向上のためのあらゆる便宜を供与する絶対的義務があるので、社会は犯罪に陥った者に再び自由を回復するための再社会化処遇を実施する義務を負うものとしている。社会が犯罪者の再社会化処遇を義務として自らに課しているとの考え方は、それまでの古典主義および新古典主義刑法学のみならず実証主義の考えとも根本的に異なるものといえよう。それらの学理は、国家には犯罪者を処罰もしくは処分をする権利があり、犯罪者はそれを受ける義務があると主張してきた。ここに、特別予防による「社会的安全」に対する基本的イデーについての、いわばパラダイムの大転換がみて取れる。新社会防衛論における人道主義の根源がここにあるともいえよう。

しかし、保護の権力が保護に機能する保障をどこに求めるかが、「市民的自由」のテーゼとして依然として残る。その点で、新社会防衛論は、理念の明白さには傑出しているが、人権保障については必ずしも十分な配慮が示されているとはいえない[1]。アンセルの掲げる「責任感覚」（責任の意識）の回復は、再社会化にとって理想的であるが故にもっとも困難でもあろう。そのような目的を達成しようとすれば、犯罪行為に比して相当に長期の処遇期間が必要になる場合もあるであろうし、それこそ心の深部への介入もしくは侵入が不可避となる場合もあるであろう。そうしたことが必ずしも人道的な処遇といえるのか、また人道的処遇としてとどまれる保障をどこに見出すことができるのか、そのような処遇を受け入れることを義務化し強制するのか等々が危惧される。この点に関して、沢登佳人教授は、犯罪者にもっとも適した処遇が再社会化にある以上、社会や裁判官の価値観を植えつける実証主義と再社会化のための「洗脳的教育」との間に本質的な相違がどれほどあるのかという批判を加えている[2]。

しかし、そうではあっても、少なくとも思想においては、新社会防衛論の求める「社会的安全」は、人道主義もしくは人間の尊厳を前提としている点で、理念的には革命の「市民的保護」に接近する「社会的安全」のありようを提唱するものであるともいえる。新社会防衛論にとっては、かかる意味での「社会的安全」の実現のための処遇制度を具体化するとともに、そこに「市民的自由」すなわち国家権力から不当な扱いを受けないという権力控制のシステムを交配することが、二一世紀の「市民的自由」と「社会的安全」の課題ということになろうか。いずれにしても、新社会防衛論は「社会的安全」と「市民的自由」のテーゼに、「保護」と「人権」という新しい様相を描いたといえよう。ここでは、犯罪者の人間の尊厳に対する不可侵性を保持しながら、「侵害原理」「パターナリズム」「モラリズム」の自覚的調整と展開が「自由」と「安全」のテーゼにおける重要な主題となりうると思われる[3]。

（1）森本益之『行刑の現代的展開』（成文堂、一九八五年）一六頁。新社会防衛論を積極的に評価する立場からも、この点が指摘されている。澤登俊雄・前掲書一三八―一三九頁。
（2）沢登佳人・マルク・アンセル「刑事責任・法的観点」沢登佳人訳・法政理論九巻一号（一九七六年）一二七―一二九頁。
（3）この点については、澤登俊雄「犯罪統制の近代化と刑事政策学（犯罪学）の現代的課題」『近代刑事法の理念と現実』柏木千秋先生喜寿記念論文集（立花書房、一九九一年）二〇〇頁以下参照。

第二部　刑事訴訟法における自由と安全の展開

緒　言

刑事訴訟法は、より直接的に犯罪の鎮圧と人権に関わる法である。その意味で「自由」と「安全」の関係は、刑法以上に時代と政治の動静を敏感に反映する。それ故、刑事手続における人権保障と犯罪鎮圧への要請は、極めて動的な表情を「自由」と「安全」のテーゼに映し出すものといえる。

第二部では、刑事訴訟法における「自由」と「安全」の命題が、アンシャン・レジーム期から現代にいたる刑事手続の近代化の過程で、どのような諸制度を編成したのかを考察する。ただし、「自由」と「安全」の命題がもっとも動的な様相を見せるのは、とりわけ公判前手続においてであるので、革命刑事手続法、一八〇八年刑事訴訟法典(Code d'instruction criminelle)（以下、主として治罪法典の名称を用いる）および現行の一九五九年刑事訴訟法典(Code de procédure pénale) における公判前手続、主として証拠を収集し判決裁判の準備をする予審を中心に扱うことにする[1]。

右に示した如く、約二〇〇年間にわたる複数の刑事手続法を対象とするので、本書で用いる「予審」という用語について混同が生じないようあらかじめ若干の説明を加えておくことにする。公判前手続における証拠収集活動については、治罪法典より以前では instruction préalable の語がその説明に用いられており、治罪法典および現行刑訴法典ではこれに instruction préparatoire という固有の名称を与えている。通常「予審」の訳語は、このinstruction préparatoire を指すのが一般であるが、刑事手続法の歴史を叙述するに際して instruction préalable を含める場合がある。後者は、アンシャン・レジーム期の判決前および革命立法における公判前の証人調べや被告人尋問等の証拠収集（捜査）活動を指す場合に用いられているので、これを予備審理とでも訳して固有の意味での「予審」と区別をすることも考えられるが、本書では裁判官もしくは司法機関の捜査活動とその対象となる予審被告人との関係を重視するので、「予審」

の語を、両者を含むものとして用いることにする。なお、そのような広義での「予審」は、これを糺問的予審と弾劾的予審に分けることができる。いうまでもなく、前者はアンシャン・レジーム期、治罪法典および現行刑事訴訟法典に登場する予審形態であり、後者は革命時の刑事手続法典に登場した予審形態である。また、この「予審」の中には、（たとえば治安判事による）警察の予備的捜査（information préalable 予備審理）すなわち警察予審（略式予審とも呼ばれる）を含む場合がある。本書においても、必要な範囲で警察捜査を扱う。

ところで、人権宣言が描いた「市民的保護」の素描は、刑事手続においても、「社会的安全」のための犯罪鎮圧があくまで「市民的保護」のためのものでなければならないことを必然的な帰結とする。すなわち、「市民的保護」に不可欠でない犯罪鎮圧のために自由を抑圧してはならないし、たとえ鎮圧が不可欠であっても、被疑者や被告人に対して不当な扱いをすることは許されない。さらに、「市民的自由」の抑圧が不可欠であっても、その抑圧は一般般意思である法律により「市民的保護」に必要最小限度に押さえられなければならない（自由に対する最小主義）。かかる国家権力による「市民的自由」の侵害を抑制するものが、刑事司法の権力化否定のイデー、換言すれば刑事司法権力の抑制・控制のイデーである。

以下、人権宣言の「市民的保護」に始まる刑事訴訟法の近代化の過程で、「市民的自由」と「社会的安全」が理念と現実とを織り込んでどのような刑事権力抑制のシステムを具体化したかを検討する。

（1）「市民的自由」と「社会的安全」を視座に、治罪法典までの史的展開を素描したものとして、拙稿「近代フランス刑事訴訟法における『自由と安全』のプログラム」法政理論二五巻四号（一九九三年）がある。

第一章　糺問主義訴訟形態における予審の形成過程

予審の起源は、現在の予審判事の前身である陪審指導判事の、さらにその前身である大法官裁判管区刑事法官（le lieutenant criminel du bailliage）の名称を有する特別司法官（magistrat spéciale）の設置にみられる(1)。刑事法官を創設したのは、一五二二年一月一四日のフランソワ一世（François I）の布告（Déclaration）である。次いで、一五五一年五月および一五五四年一二月のアンリ二世（Henri II）の勅令（Edits）が刑事法官の権限を明記した。以後、この特別司法官の設置に起源を発する予審は、糺問主義訴訟形態の発達の過程で糺問手続の実体を体現するものとして制度的発展を遂げていく。なお、この糺問手続の名称は、手続の全過程を支配するところの取調べ enquête（糺問 inquisito）という形式に由来する(2)。

糺問主義手続の生成は、東ローマ帝国の特別裁判に由来し(3)、一二世紀の後半にローマ法皇イノセント三世（Innocent III）が教会裁判所にこの制度を導入しようと試みたことにその発達の歴史が始まる。次いで、一二一五年にラトラン（Latran）の宗教会議がこの実務を承認したことによって、中世に宗教的異端に対する厳しい糺問手続が宗教裁判所に確立した。その後、宗教裁判所で実施されていた糺問手続は、世俗の裁判所である国王の裁判所（juridiction royale）に採り入れられ、一三世紀から一六世紀にかけて発展する過程をたどった。

とりわけ、ルイ一二世統治下の一四九八年のオルドナンス（ordonnance王令）は、糺問手続制度の原型を形成するものであった(4)。同オルドナンスは、国王の文書の中でもっとも重要なオルドナンスの形式によって、刑事手続を最初に体系化し編纂したものである。それより以前の刑事立法の特徴は、それが王権の外で生成されたことにある。王権は、ときおり、学説および判例によって樹立された規則を確認または拒絶するにとどまっていた。やがて、一五世紀の末葉になると、王権が自ら刑事立法を行うようになった。すなわち、王権は、学説と判例によって樹立された規則を基礎として、オルドナンスの形式で法典の編纂を行うようになったのである。一四九八年のオルドナンスがその嚆矢である。その後、一五三九年のオルドナンスによって、糺問主義手続はほぼその骨格を完成するにいたる。

右の時代は、刑事手続がギリシアおよびローマの制度に由来する原初的弾劾主義から、糺問主義へと転回する過渡期であった。換言すれば、一四九八年のオルドナスが、糺問主義刑事手続の体系化への第一歩を踏み出すものであり、以後、糺問型訴訟形態は、着実な発展過程をたどり、一六七〇年のオルドナンスにおいて完成する。そして、先にも触れたように、この時代の刑事手続を本質的に糺問化したものは特別手続としての予審である。したがって、糺問型刑事訴訟の発達は、とりもなおさず予審の発達の歴史であるといってもよいであろう。以下、右の三つのオルドナンスをとおして、糺問主義訴訟形態における糺問的予審の形成過程およびその機能を概観する。

（1）　Cf.Pierre Chambon, Le juge d'instruction, 3e ed., 1985, p.3.
（2）　Gaston Stefani, Georges Levasseur, Bernard Bouloc, Procédure pénale, 13e ed., 1987, p.74. G・ステファニ・G・ルヴァスール・B・ブーロック『フランス刑事法［刑事訴訟法］』（澤登佳人・澤登俊雄・新倉修訳・成文堂、一九八二年）四二頁。
（3）　Pierre Bouzat et Jean Pinatel, Traité de droit pénal et de criminologie, T.II, Procédure pénale , 2e ed., 1970, p.896.
（4）　H.Donnedieu de Vabres, Traité élémentaire de droit criminel et de législation pénale comparée , 2e ed., 1943, p.515.

第一節　一四九八年のオルドナンス

第一款　通常手続と特別手続

ブロワ（Blois）のオルドナンスと呼ばれるルイ一二世（Louis XII）による一四九八年のオルドナンスは、判例および学説の所産を踏まえて手続の進行に関する規定を定めたものであるが、手続を通常手続（procédure oridinaire）と特別手続（procédurue extraordinaire）とに明瞭に区分した点でとくに注目される。[1]

同オルドナンスの手続進行の概要は、おおよそ次のようなものである。まず、裁判官はすべての者に対し証拠調べ（information）を行う。この証拠調べは、秘密で行うべきものであることが明文で定められている。証拠調べの後、「供述書（dicutumu）」が作成される。次に、証拠調べの後、被告人の尋問が行われる。被告人尋問への被告人の出頭を確保するために、必要とあれば身柄の拘束がなされる。尋問の結果は、検察官の前身である国王の代官（gens du Roi 国王の司法官、後に procureu du roi 国王の代官）に報告され、国王の代官はその報告に基づきその後の手続について請求（réquisitions）の申立てを行う。この申立てを受けて、裁判官は手続を通常手続によって継続するか あるいは特別手続に移行するかを選択する。

ところで今日、informationとは、証拠の探索・収集および収集の成果を意味する語である。広義においては 犯罪の証拠を確定し（établir）、行為者を発見するための行為全体を意味する。狭義では、予審司法官による右の行為の全体を意味する(2)。端的にいえば、information の語は、司法官による予審捜査（司法捜査・司法官捜査）を意味するものとして、またenquête の語は、警察官による捜査（警察捜査）について用いられている。司法官であり警察官の資格も付与されていた治安判事の捜査についてinformation の語が用いられているのも、司法捜査の範疇に位置づけているからであろう。この語を司法的機能の見地より表現すれば、予審審理の訳語が適切であろう。

なお、同オルドナンスは自白の権利を認めている。自白のある場合には、手続は迅速に行われ、自白した被告人には刑を減軽することができた。自白がない場合には、国王の代官の申立てに基づき、被告人は特別手続に委ねられた(3)。この特別手続は、糺問手続の原理に則って進められる手続であって、秘密性（secret）と拷問（torture）とによって特徴づけられていた(4)。

第二款　特別手続

手続の秘密性について、一四九八年のオルドナンスは、第一一〇条において、とりわけ強制的な文言で秘密を義務づけた。同規定によって、一四世紀および一五世紀初頭にかけてなお残存していた公開の痕跡は、法廷から決定的に排除された。ここに、手続の秘密性の原則が、初めて明文によって確立されたのである。この秘密性の原則は、単に裁判の公開性を完全に排除するのみならず、被告人に対する嫌疑の不告知をもその射程に納めるものであった。すなわち、被告人は、証人との対質（confrontation）のときまで、掛けられた嫌疑を知らされないままの状態におかれた(5)。弁護人の援助についてとくに規定はおかれていないが、慣習として、対質の後に弁護人の援助が認められていた(6)。

拷問の宣告は、厳重な審議に基づいてなされた。とくに有罪の新しい推定（présomption nouvelle）が生じないかぎり、繰り返すことが許されないものとなったので、実のところ一四九八年のオルドナンス以前よりも緩和されたものとなった。もっとも、この緩和は、同オルドナンスが規定する以前に、すでにパルルマン（parlement 高等法院）において慣習とされていた。また、保証人による保釈（mise en liberté sous caution）が認められたが、これは通常手続の場合のみに限定される措置であった(7)。

以上のように、一四九八年のオルドナンスは、特別手続における絶対的な秘密性の保持および自白採取のための拷問を規定した点で、刑事手続における近代以前の糺問主義の性格を明瞭に示すものであり、完成度は極めて低いもののその後の体系的な糺問主義手続法の萌芽としてフランスの刑事訴訟法史上に重要な意味をもつ。

（1）　Esmein, Histoire de la procédure criminelle en France, 1882, p.136. André Laingui et Arlette Lebigre, Histoire du droit pénal, 2, La procédure criminelle, 1979, p.81.
（2）　Gerard Cornu, Vocabulaire juridique, 1987, pp.417 et 418. 古い意味では、証人の供述を聴取する記録手続を指す。
（3）　Esmein, op.cit., p.137.
（4）　Laingui et Lebigre, op.cit., p.81.
（5）　Esmein, op.cit., p.138.
（6）　Laingui et Lebigre, op.cit., p.95.
（7）　Esmein, op.cit., p.139.

第二節　一五三九年のオルドナンス

第一款　糺問手続の基本構造の形成　―予審と判決の分離―

糺問主義刑事手続の体系的基礎を築いたオルドナンスが、フランソワ一世による一五三九年四月の裁判所および手続の短縮に関するオルドナンスである。同オルドナンスは、大法官ポイエ（Poyet）の手になるものであり、ヴィレ・コトレ（Villers-Cotterts）のオルドナンスとも呼ばれている。同オルドナンスは、後の糺問主義訴訟形態の集大成である一六七〇年のオルドナンスの基礎となるものであり、糺問手続の基本構造をより近代的な用語をもって構築したものである。(1) その意味で、同オルドナンスは、フランスにおける糺問主義刑事訴訟法の諸原則を決定的に確立するものであったといえる。(2) それと同時に、予審制度の形成にとっても非常に重要な意義を有するものでもあった。なぜなら、同オルドナンスによって、訴訟手続が成文上はじめて予審（instruction）(3) と判決（jugement）の二局面に区分されたからである。(4) ここに、予審と呼ばれる固有の手続段階が、しかも手続全体の大部分を占めるものとして、姿を現したのである。(5)

同オルドナンスにおける刑事手続のぬきんでた特徴として、次のことを掲げることができる。

(1)　訴訟当事者について、同オルドナンスは、国王の代官または領主の代官が手続の全過程における当事者であることを明示した。これにより、刑事手続に、二種類の司法官（magistrat）、すなわち予審を請求する代官と予審を行う裁判官とが存在することになり、両者の協力（concours）が明文化された。さらに、裁判官には、職権で事件を自発的に自己に係属させる権限が認められた。なお、損害賠償を請求する民事当事者である私訴原告人（partie civile）が当事者として認められたが、私訴原告人は代官と裁判官とに結合する当事者にすぎないものとされていた。[6] これは、訴追権が基本的に国王に発するとする糺問手続の構造によるものである。また、国王の代官には法制度上証人および犯人に対する証拠収集権すなわち捜査権は認められていなかった。これは、予審を行う裁判官の専権に属するものとされた。

(2)　同オルドナンスの最大の特徴は、既述のように「予審」と「判決」とに手続を二分化したことにある。しかも、証拠収集すなわち予審に関する規定が増大しており、刑事手続における予審の重要性を際立たせている。ところで、予審は証拠と犯人の発見のための全探索を含むものであるが、同オルドナンスの予審の内容は、大別して予審捜査（information　予審審理）の局面と被告人尋問（interrogatoire de l'accusé）の局面とに分けることができる。なお、証拠はすべて書き留められ、文書で書面化（書証化）された。

第二款　予審捜査

予審を行うのは単独の裁判官である。一五三九年のオルドナンスは、予審を行う裁判官を常に単数で「刑事裁判官（le juge criminel）」とのみ表記しているが、この刑事裁判官の任に当てられたのは、大法官裁判管区の刑事法官（le lieutenant criminel）または領主の裁判官であった。領主の裁判官は、革命立法により後にその姿を消す。予審の起源は、この刑事法官に由来するものとされている。[7] すなわち、「予審」と「判決」との二局化に伴って予審を担当する専門の裁判官が指定されたことにより、ここに特別司法官である刑事法官の単独の予審捜査（information）および被告人尋問を内容とする糺問的予審制度が確立したのである。

すべての刑事手続は、現行犯の場合を除き、予審官たる刑事法官による予審捜査から開始された。予審捜査の端緒は、告訴（plaints）ならびに予審官の職権による事件の自己係属である。告訴の主体は、民事原告たる私訴原告人（partie civile）と国王または領主の代官である。すなわち、予審官は、私訴原告人の告訴、または告発その他の方法によって犯罪を知った国王の代官もしくは領主の代官の告訴に基づいて、予審捜査を開始するのである。また、彼等の予審請求または告訴がなくても、刑事法官は、職権で、自発的に事件を自己に係属させて捜査を行うことができた。この自らに事件を係属させる権限は、一四九八年のオルドナンスの原則を維持したものである。なお、一五三九年のオルドナンスは、告訴と告発とを必ずしも明瞭に区別していない。両者を明瞭に区別したのは、一六七〇年のオルドナンスである。

このように、一五三九年のオルドナンスは、国王の代官および領主の代官を手続の全過程の当事者として明示し、彼等の予審請求権を明確にし、刑事法官の事件受理および職権による事件の自己係属を制度的に整備した。そして、「すべての裁判官は国王の代訴人である（Tout juge est procureur général）」というこの制度は、同オルドナンスから一六七〇年のオルドナンスへと継承されていく。

ここでの捜査（recherche）すなわちinformationの実質は、証人の聴問（audition）である。私訴原告人および公的当事者である代官は証人を召喚（召喚請求）することができたが、被告人には証人の召喚は許されなかった。召喚された証人は、個別にかつ秘密裏に、裁判官すなわち刑事法官、取調官（enquêteur）と呼ばれる特別官吏、あるいは国王の公証人（notaire royal）の単なる補佐官である法務官（sergent）によって聴問された(8)。聴問の多くは法務官によってなされたが、刑事法官以外の者に予審捜査を行わせることが予審の本来の機能に弊害をもたらすとされ、後に刑事法官以外の者による証人の聴問は廃止されることになる。

聴問の結果得られた証人の証言は、すべて書き留められなければならないとされた。

刑事法官は、予審捜査を終えるとこれを国王の代官に報告し、彼に申立て（conclution）の請求をしなければならない。国王の代官は、刑事法官に対して申立てを書面で行う。予審捜査については、私訴原告人には通知されない。国王の代官の申立てに従って、刑事法官は、事件を眠らせておくか、あるいは被告人に出頭命令を下す（一四五条）。この出頭を確保するために、判例上、身柄召喚命令（décret d'ajournement personnel）と身体拘束命令（décret de prise de corps）が認められていた。

こうした手続を経て、次に被告人に対する尋問が行われる。(9)

第三款　被告人尋問

予審官たる刑事法官は、出頭させられたあるいは身体を拘束された被告人を、「直ちにかつ迅速に」尋問しなければならない（一四六条）。この被告人尋問（interrogatoire de l'accusé）を特徴づけるものは、弁護人の援助の禁止、身柄の確保、検真（récolement 証言確認）、被告人に対する義務的宣誓、さらに拷問である。

一　通常手続または特別手続の選択

被告人は、刑事法官の尋問に対し、弁護人の援助すなわち弁護人の立会いのない状態で、かつ、証拠調べについての知識を与えられない状態で、尋問に答えなければならない（一四六条、一六二条）。しかも、被告人には真実を述べる旨の宣誓が義務づけられていた。

この義務的宣誓の手続は、法律の定めによるものではなく、古くからの慣習によるものであり、一五三九年オルドナンスでも維持されていた。(10)これを初めて明文で規定したのは、一六七〇年のオルドナンスである。尋問に対する答えは、書き留められ、供述書とされた。被告人が自白をした場合、その証拠書類である供述書は国王の代官に送達され、国王の代官は裁判を請求するか否かを検討する。証拠理論に従って重大な事件でないとの意見であれば、尋問について私訴原告人に通知する。両当事者は、それぞれの申立てを文書で提出する。その申立ては、被告人にも通知される。事件が重大でない場合には「もっぱら減軽の手続に従うので」、被告人は判決を受けるために出頭する必要がなくなる。(11)そうでない場合には、通常手続または特別手続に移行する。この選択は、先の当事者の申立てに基づき、単独の刑事法官による中間裁判（jugement interlocutoire）でなされる。

ところで、申立ては、一五三九年のオルドナンス以前には、被告人を含む三当事者が口頭または文書で行うことができたが、同オルドナンス以後は重罪被告人（accusé）の申立ては認められず、公的当事者および私訴原告人の申立てだけが文書で裁判官に受け入れられることになった。それでも、通常手続を選択する場合には、一四九八年のオルドナンスに従って、刑事法官は中間裁判を行うに際してあらかじめすべての当事者の言い分を聴かなければならなかった。(12)

二　特別手続

中間裁判で特別手続を選択する場合、刑事法官は、検真および対質（confrontation）の期日を定める。検真とは、証拠調べにおける証人の証言の真実性を確認する手続である。刑事法官は、検真のために証人を召喚し、真実であることを宣誓させる。

検真の後、直ちに、証人と被告人との対質が行われる。対質には、被告人に証人忌避（reproches）を主張する機会を与えることと、被告人に嫌疑と直接闘う機会を与えるという二つの目的がある。このような機会は、被告人にとって最初で最後のものである。(13)この対質の段階で、被告人は初めて自分にかけられた嫌疑を知らされる。ところで、特別手続における対質は、一五三九年のオルドナンスによって、以前よりも厳しいものとなった。なぜなら、忌避の主張をするにしても、被告人は、検真の対象となった証言が朗読される前に、したがってその証人が自分にとって有利なものか不利なものかを知ることなく、証人に対する忌避の主張をしなければならなかったからである。(14)なお、同オルドナンスは、検真で供述を変えなかった証人についてだけ対質を要求したようである。(15)

被告人は、証人の忌避までは、手続の中で受動的な役割を果たすにすぎなかったが、それが終わるとようやく公的当事者および私訴原告人がもたらした証人と論争することができた。けれども、被告人は、直接自分の無罪を証明することはできなかった。被告人は、自分が犯人でないことを証明するために、自分の証人を喚問することができなかったからである。純理論的には、被告人に有責性（culpabilité）を否定する消極的事由をも証明させるべきでないとされていた。なぜなら、事実の証明は、裁判官の確信によってではなく、あくまでも法定証拠理論（théorie des preuves légale）に依拠しなければならなかったからである[16]。

さて、事実が証人によって十分に証明されない場合、被告人に対する証拠はすべて無効とされた。これに対して、価値を認められた証拠が、被告人が犯人であることを示している場合、被告人はもっぱら証言の批判と正当化事由・無罪事由（fait justificatifs）の提示によってのみ証言を覆すことができた[17]。したがって、それだけが被告人の唯一の防禦手段といえた[18]。

刑事法官は、そこまでの手続のすべてを書面にして、国王の代官に報告しなければならない。報告を受けた国王の代官は、被告人が嫌疑の不存在もしくは無実の証明に十分な事実を、または証言に対する正当な反論を主張していない場合には、被告人に対し無実を証明してもらいたいと欲する証人を挙げるよう要求する。要求がなければ、拷問の申立てまたは刑の適用に向けての確定的な最終申立てをすることになる[19]。被告人が自己に有利な証人を指名した場合には、訴追人（poursuivnat）すなわち国王の代官がこの被告人に有利な調査を指揮する。この証人は忌避されることがない。この証拠調べの手続記録は、手続の「袋」に加えられる。

刑事法官は、国王の代官の最終申立てに基づいて、証言批判の論拠となる証拠または無罪事由の存在を認めるか、それとも拒絶するかの裁定を行う。

以上をもって予審は終結し、事件は評議部（siège assemble）に移送され、手続は判決手続へと移行する[20]。刑事法官は、評議部に対して手続を報告する。この報告の制度は、書面手続に不可欠のものである。なお、予審において、被告人が無罪事由等によって無実の証明をしても、あるいは嫌疑不十分であっても、手続は判決手続へと継続するので、予審免訴（non-lieu）は存在しない。

第四款　判決手続

判決手続は、刑事法官が評議部に予審手続についての報告を経て開始される。この報告制度は、書面手続にとって不可欠のものであり、一六七〇年のオルドナンスにも踏襲されるが、判決手続をほとんど形骸化せしめるものであった。国王の代官の申立てが、刑の適用ではなく、拷問を要求するものである場合、一五三九年のオルドナンスは、不服の申立てがないかぎり、直ちに拷問を行う旨を命じている(21)。この拷問は、予審官捜査における証拠の不十分さを被告人の自白で補強する目的で行われ、予備審問（question préparatoir）と呼ばれている。

判決は、評議部が被告人を出頭させて言渡す。評議部の裁判官は、手続によって文書化された証拠と被告人に対する尋問だけを明らかにするにすぎない。このように、完全な書面審理主義が採られているので、この手続段階では、被告人はなんら防禦の術をもちえなかった。また、判決時の被告人の出頭を除き、判決手続もいっさい秘密で行われた。

なお、被告人は、判決手続の全過程において身体を拘束された。一四世紀には、保証人による保釈が刑事法官の自由裁量で認められていたが、一五三九年のオルドナンスは通常手続の場合に限ってこの保釈をみとめた。これは、かつて経験したことのない厳格な規定といわれている(22)。

第五款　糺問主義訴訟形態と糺問的予審の確立

以上にみられるように、予審手続の絶対的な秘密原則の保持、慣習とはいえ被告人に課す義務的宣誓の維持、弁護人の援助の極端な制限、証人との対質における被告人の極めて不利な立場、被告人の証人喚問権の不存在、無罪事由に対する低い位置づけ、拷問による審問、保釈の厳しい制限、完全な書面主義の採用等を刑事手続の基本構成要素とする一五三九年のオルドナンスは、糺問主義訴訟形態の基礎を築くものであったが、同時に、一四九八年のオルドナンス以前に十分とはいえないまでも存在していた被告人の防御の保障を衰退させるものでもあった。そこには、被告人の防禦権が真実の発見および犯罪者の処罰を阻害するものである、とのイデーを明らかに読み取ることができる。

それ故、犯罪鎮圧を一層効果的たらしめる糺問化の促進は、必然的に、被告人の防御方法を剥奪もしくは無視することによって、予審の証拠収集機能を充実する方向をたどったといえる。かくして、中世末から絶対主義の台頭期にかけて、糺問型訴訟手続の原型、したがって予審の原型がほぼ完成した。そして、一六七〇年のオルドナンスによって、この糺問主義訴訟手続は集大成をみるのである。

（1） André Laingui et Arlette Lebigre, Histoire de droit pénal II, La procédure criminelle, 1979, p.82.
（2） Cf.Esmein, Histoire de la procédure criminelle en France, 1882, p.139.
（3） 刑事訴訟法においてinstructionとは、裁判官たる刑事法官が予審官として犯罪の行為者を特定し、人格を明らかにし、そして当該犯罪の諸事情および結果を確立するための探索・予審捜査（recherches）を行う刑事訴訟の段階を意味する。Gerard Cornu, Vocabulaire juridique, 1987, pp.425 et 426.
（4） Esmein, op.cit., p.140.
（5） 一五三九年のオルドナンスは、全条一九二条という当時としては膨大な内容をもつものであった。
（6） Esmein, op.cit., p.139.
（7） Pierre Chambon, Le juge d'instruction, 3e ed., 1985, p.3.
（8） 一五三九年のオルドナンスの文言によれば、「証拠探索を行うまたは行わせる」となっている。
（9） Esmein, op.cit., p.141.
（10） Esmein, ibid., p.141.
（11） Esmein, ibid., pp.141 à 143.なお、被告人の義務的宣誓について、エスマンは次のように述べる。「被告人は真実を述べる旨の宣誓を行う。しかし、この醜悪な形式はなんら法律によって課せられたものではなかった。けれども、それは、すでに確認したように、古くからの慣習から生じたものである。」Esmein, ibid., p.142.
（12） Esmein, ibid., p.144.
（13） Esmein, ibid., pp.144 et 145.
（14） しかし、狡猾な知性をそなえた被告人は、巧妙に忌避を通して証人に証言を要約させたり、矛盾を述べさせるようにしむけることができた。Esmein, ibid., p.146
（15） Esmein, ibid., p.146.

(16) Esmein, ibid., p.146.
(17) 無罪事由には二種類ある。一つは、直接ではないが、否定できない方法で被告人の無罪を証明するものである。アリバイ、死亡したと信じられていた人物の出現、真犯人にすでに有罪の判決を下している判決の提示といったものがそれである。もう一つは、手続で証明された事実を消滅させることなく、その行為の犯罪性を完全に消しさるものである。たとえば、正当防衛、行為時の精神病（folie）等である。Esmein, ibid., pp.146 et 147.
(18) Esmein, ibid., p.147.
(19) Esmein, ibid., pp.147 et 148.
(20) Esmein, ibid., p.148.
(21) Esmein, ibid., p.149.
(22) Esmein, ibid., p.152.

第三節　一六七〇年のオルドナンス

一四九八年のオルドナンスおよび一五三九年のオルドナンスは、強力な犯罪鎮圧の思想を背景にして、被告人に対する非常に厳しい糺問手続を体系化した。こうした厳格さに対する反動は、しかし、さほど強いものではなかった。一部の法学者が、厳しすぎる秘密性、予審官の強大な権限、弁護士を奪われた被告人の防禦の困難性、無罪事由の申立ての時期等について批判の声をあげたが、ほとんど効果をみるにはいたらなかった。その後も法学者達の沈黙は続いた(1)。

他方、民衆も概ねこの手続を厳しいものとして受け止めていたが、この厳格さを犯罪と闘う手段として、むしろそれを要求しそれに同意していた。それは、決して見かけだけのものではなく、非常に多くの刑法学者が共有するところのものであったといわれている(2)。

このような背景を得て、一六七〇年のオルドナンスは、一層厳格かつ詳細な内容をもつ糺問手続を集大成することができた。その意味で、刑事オルドナンスの歴史において、ルイ一四世の統治下で遂行されたこの偉大な法典編纂はもっとも重要なものである。以下、同オルドナンスの特徴を概観する。

第一款　公訴の始動

一六七〇年のオルドナンスは、公訴の始動について、これを明文化した点で重要な意義を有する。なぜなら、同オルドナンス以前には、それまで公訴に関する明文はなく、もっぱら判例によってもたらされた規則に従って公訴がなされていたからである。同オルドナンスは、この判例によって樹立された規則を整え、これを基礎として訴追に関する規定を確立した。[3]

まず、そこで注目されるのは、同オルドナンスが、真の訴追者（accusateur）が国王の代官と領主の代官だけであることを、さらに私訴原告人が単に損害賠償だけを請求しうる者であることを明記したことである。しかし、同オルドナンスは、古い弾劾制度の痕跡を完全に払拭したわけではなく、損害を受けた当事者と犯人との和解を認めた。[4]和解がなされた場合、公訴は停止もしくは消滅した（二五巻一九条）。ただし、和解は苦しめの刑（施体刑peine afflictive）に相当する犯罪については認められず、この場合には刑罰による鎮圧を優越させた。

さて、公訴は、告発（dénonciation）、告訴（plainte）および裁判官の職権による訴追（poursuite d'office）によって始動する。前に触れたように、一六七〇年のオルドナンスは告発と告訴とを初めて明瞭に区別した。[5]公訴を始動させる三つの方法は、具体的には以下のとおりである。

一　告発

告発は、発生した犯罪について、個人が国王の代官に告知する行為である。[6]告発人は、告発内容を記し署名した書面で、または告発者の面前で書記が書き記した書面で、国王の代官に告発を行う。告発者は、後に被告人が無罪放免とされたときは、中傷した者または軽率な者として有罪を言い渡される。糺問手続の秘密の原則により、告発者は審理そのものには加わることができなかった[7]。

二　告訴

告訴は、損害を受けた当事者、すなわち告訴人または公的当事者（国王の代官および税務代官 procureur fiscal）が、裁判官に対して、犯された犯罪を証明すること、またさらに、損害賠償を求めることを請求する行為であるとされた[8]。告訴は、告訴人によって提起された請求の形式、または、裁判官の面前で書記によって書き留められる記録手続（procès-verbal プロセ・ヴェルバル）の形式でなされる[9]。

このように、同オルドナンスは、告訴と私訴原告人となる申立ての手続を区別したが、この点も留意に値する。かつて、私訴原告人となることの申立ては告訴によって行われたため、告訴人と私訴原告人とが同じ状態におかれることになった。しかし、私訴原告人は訴訟費用を負担しなければならなかったので、告訴の活動が鈍り、人はむしろ国王の代官へ告発をする告発人となった。そこで、一六七〇年のオルドナンスは、告訴を活性化するために、「告訴人が告訴の手続でこれを表明したときは、告訴人はこれを私訴原告人とみなさない」（五条）との規定をもうけた[10]。

また、それまで私訴原告人となることの申立てが告訴によって行われていたことから、この申立ては手続が開始された後からでは認められなかったのであるが、一六七〇年のオルドナンスは告訴と私訴原告人となる申立てとを手続上分離したので、私訴原告人となる申立ては手続が開始されてからでも可能となった。

また、同オルドナンス第三章第八条は、次のように規定する。「私訴原告人が存在しないときは、訴訟手続はわが代官または領主の代官の名によって迅速に追行される。」この条文をみるかぎり、私訴原告人の次に検察官たる国王の代官または領主の代官が訴追権者として位置づけられている。しかし、エスマン（Esmein）は、この規定が訴追権者の順位を定めたものではないとしている。彼によれば、このような順位は根拠のない外形上のものである。このような位置づけの外見になにがしかの現実性を見出すとすれば、それは財政的な見地からであるとする。具体的にいえば、訴訟費用の問題である。私訴原告人が存在すれば、訴訟費用は私訴原告人が支払うことになり、そうでない場合には、裁判権を有する国王または領主が訴訟費用を負担することになるからである。したがって、この規定は訴追権者の順位を定めたものと解すべきでない、というのがエスマンの見解である(11)。私訴原告人が訴追権者の第一順位者であるか否かは、訴訟構造の性格の理解に重要な影響を及ぼすので、その意味でこの条文の解釈は重要なものといえるが(12)、ここではその指摘にとどめておく。

裁判官は、告訴がなされれば、これを受理しなければならない。私訴原告人は、損害を与えたすべての犯罪（délits）について、また公的当事者は、苦しめの刑および辱めの刑（peine infamante 加辱の刑）に相当する可能性のあるすべての重罪（crimes）について、告訴を行うことができる。告訴を行ったのが国王の代官である場合でも、被害者は私訴原告人となることができた(13)。

なお、私訴原告人は、二四時間以内であれば、私訴原告人となることの申立てを取り下げることができた。その場合、取下げ以後の訴訟費用は負担しなくてよい(14)。これは、私訴原告人に訴訟費用の負担をほとんどかけさせずに、訴追の始動を、換言すれば犯罪の処罰を、容易にしようとする意図によるものであると思われる。

三　裁判官の職権による訴追

フランスにおいて一四世紀の初頭にいたるまでは、裁判官自らが公訴を始動していたが、糺問手続の時代に入ると、国王の裁判所に国王の弁護人（avocat）と国王の代官という特別の司法官が導入された（特別司法官は、後に政府委員、皇帝の代官と名称を変え、さらに現在検察官と呼ばれるところの訴追を職務とする司法官である(15)）。しかし、他方で、糺問手続の下では、裁判官が職権で訴追を行った（糺問主義手続の時代が終わってなおしばらく、裁判官はこの職権による訴追の権限を有していた）。訴追を専門とする司法官が創設されたにもかかわらず、裁判官の訴追権は保持され、その職権による訴追権は、一六七〇年のオルドナンス以前より、幾度も繰り返し定められてきた（一五三六年八月のオルドナンス一二二条、一五三九年八月のヴィレ・コトレのオルドナンス一四五条、一五六〇年一月のオルレアンのオルドナンス六三条、六四条、一五六五年一〇月のシャトーブリアン（Chateaubriant）一四五条等）[16]。

一五三九年オルドナンスの注釈の中で、ブールダン（Bourdin）は次のように述べている。「フランスでは、公共に対する重罪（crime public）が問題となるとき、当事者となる訴追者の指示に従って、または訴追者の指示がないときは、裁判官の職権のみをもって訴追がなされた[17]。」したがって、この原則によれば、一八世紀では、裁判官が国王の代官と同様に公訴を提起することができた。さらに、一五六〇年一月のオルドナンスはこの規則を採用しただけではなく、裁判官に、事件の審問（instruction）期間中、国王の代官へ手続書類を送達することを義務づけた。一六七〇年のオルドナンスは、この原則を継承し、事前になんら請求がなくても訴追を開始する権限を裁判官に保持させるとともに、各手続段階で検察官たる国王の代官に訴訟記録を送達することを義務づけた[18]。こうして、訴追官である特別司法官によって、裁判官の職権訴追が監督・監視を受けることになった。

いずれにせよ、糺問主義手続の時代においては、裁判官と検察官たる特別司法官との権限の未分化の状態が、連綿と続いた。その理由は、基本的には犯罪鎮圧に遺漏を残さない糺問主義の特性と、国王の裁判権を行使する裁判官の統制とに由来するものといえよう。なお、一六七〇年のオルドナンスによれば、裁判官の職権による訴追は、死刑または苦しめの刑に相当する犯罪以外については、被害者と加害者との和解が成立しない場合にかぎって認められるものとされた[19]。

第二款　手続の三段階化

一六七〇年のオルドナンスの基本構造は、一五三九年のオルドナンスのそれを継承するものであるが、特徴的なのは、手続を、予審捜査（information）、本来の意味における予審（instruction proprement dite, instruction préparatoir）、および確定手続（instruction définitive）の三段階に分割したことである。

糺問手続はそもそも裁判官による広義の証拠収集すなわち予審捜査が訴訟の主要部分であり、その意味で証拠収集が訴訟を支配する訴訟形態であったが、一六七〇年オルドナンスより以前には、捜査と被告人尋問とが必ずしも明確に区分されていなかった。この点につき、一六七〇年のオルドナンスは、予審における捜査を準備（予備）手続（procédure préparatoire）として、そして被告人尋問を本来の予審として位置づけた[20]。このことから、糺問的予審の本質、ひいてはこの訴訟形態の本質が被告人尋問にあることが窺える。

以下、各手続段階の概要をみていく。

一　予審捜査の段階

第一段階の予審捜査では、犯罪の確認（constatation）および証拠の収集を行う。この証拠予審捜査は、手続の主要部分を占める。予審捜査を行うのは、大法官裁判所管区の刑事法官である。この手続の主体について、一六七〇年のオルドナンスは単に「裁判官」と定めているにすぎないが、この任に当たるのが単独の刑事法官である点は以前と同様である[21]。

予審捜査は準備手続として理解されており、それ故、この段階でとくに重要なものは、犯罪に関する証言を得るための証人やその他の者に対する聴問と、第二段階の本来の予審における被告人の尋問のための出頭の確保である。

㈠　証人の聴問

予審官たる刑事法官は、国王の代官、私訴原告人の申立てによりまたは職権により自己に係属させた事件につき、告発で明らかとなった証人および出頭させたすべての者の聴問を行う（六章一条）。一六七〇年のオルドナンス以前には、証人は公的当事者または私訴原告人の請求に基づき召喚され、裁判所の下級官吏（書記 greffier、法務官 ser-gent、執達吏 huissier 等）によって証人の聴問が行われていた。予審捜査は、既述のように準備手続でしかなく、証拠を確定する方法を確立する検真にすぎないと解されていた。このことが、一六七〇年のオルドナンスにいたるまでの長い間、予審捜査を裁判官の委任に基づいて下級官吏に委ねることを許した理由とされている[22]。これに対して、同オルドナンスでは予審捜査の重要性がさらに増大し、これに秘密の原則の厳格さが加わったことにより、同オルドナンスは証人の聴問に下級官吏を利用することを完全に廃止した[23]。以後、証言は、裁判官の面前で書記によって書き留められることになった（六章九条）。

こうして、証人の聴問は以前にもまして秘密裏にかつ個別に行われることになり、その秘密性が非公開を意味するのみならず私訴原告人や公的当事者に対する非開示にまで及んだ。とくに、公的当事者は、予審捜査後の証人尋問、検真および対質、さらには拷問や裁判の判決にすら立ち会うことができなかった。証人の聴問に出席することができるのは、書記のみであった[24]。むろん、書記は、秘密の原則に従い、証言内容を漏らしたり、手続書類（pièces du procès）を閲覧させることを禁じられていた（六章一五条）。

㈡　証言命令

証人の証言に関して、しばしば証言命令（monitoire）が利用された。証言命令とは、聴問された証人が十分な事実を提供できなかったときに、または証人が証言を拒否したときに、教区の住民に対し犯罪について知見したことを告白するよう記された教会の日曜説教で配布される文書である。事実を知っているにもかかわらずこれを知らせなかった者には、宗門からの破門の制裁が加えられた。証言命令の文書の中で、告発または嫌疑を受けている人物の名前を記載したり指摘することは禁じられている。そこで用いられる言葉は、「某（certain quidam）」である。この証言命令は、刑事法官の許可を必要とする。証言命令が発せられると、これに従わなければならなかった[25]。

㈢　被告人の出頭の確保

被告人の出頭は、「デクレ（décret）」（現在の予審判事が発する「令状（mandat）」に相当する「命令」）によって確保された。このデクレは、刑事法官の決定（ordonnance）によって発付されるが、その決定は常に国王の代官の申立て（conclution）に基づくものでなければならなかった[26]（一〇章一条）。被告人の出頭を確保するためのこのデクレには、身体拘束命令（décret de prise de corps）、身柄召喚命令（décret d'ajournement personnel）および聴取召喚命令（décret d'assigne pour être oui）の三種類がある。

身体拘束命令は、被告人の身体を拘束し拘禁する命令である。身柄召喚命令は、予審が行われる事実について、被告人を尋問するために被告人を出頭させる召喚命令である。聴取召喚命令も、予審が行われる事実について、被告人を尋問するための召喚命令である。このうち最後の聴取召喚命令は、一六七〇年のオルドナンスで初めて規定されたものであり、さして重大でない事件について用いられるものであった。同命令は身柄召喚命令よりも厳しいものではなく、身柄召喚命令のように被告人を連行するものではない[27]。なお、同命令は、現行犯などの一部を除き、それ以前に予審捜査が行われていることを条件とした[28]。

このように、刑事法官には「罪責、証拠および人物に照らして」（一〇章二条）命令を発する大幅な自由裁量権が委ねられていたが、その使用は十分に慎重でなければならず、訴訟当事者の意のままの利用を避けるためにも、軽々しく命令を発してはならないとされていた。このことが、予審判事がいとも簡単に未決勾留（détention provisoire）を利用できることを知っている現代の法律家を、驚かせずにはおかないであろうといわれている[29]。そうであるならば、この被告人の出頭を確保するための強制処分には、今日のこの種の強制処分に比較して、裁判官の自己抑制もしくは裁判官に対する抑制が相当に働いていたと推量することができる。

二　本来の意味での予審

本来の意味での予審（instruction préparatoire）においては、重罪被告人の尋問、証人に対する検真、被告人と証人との対質が行われる。この予審を指揮するのも、第一段階の予審捜査と同様に、大法官裁判管区の刑事法官である。

刑事法官は、召喚により出頭した被告人、または告発の対象になった事実につき身体拘束命令の執行によって身柄を拘束されている被告人を尋問する[30]。被告人の尋問は、もっとも重要な行為である。ほとんどの場合、自白がなければ一番重い刑を言い渡すことができないからである[31]。すなわち、自白が主たる役割を果たす手続においては、当然のことながら被告人尋問は本質的な行為とみなされる[32]。それ故、予審の任を負う裁判官は自ら尋問に当たらなければならないのである。

被告人の尋問も、やはり秘密裏に行われる。この秘密性は、証人の聴問と同様非公開を意味するばかりでなく、被告人に対する嫌疑の不告知をもその内容とする。しかも、尋問後においても、被告人には嫌疑（被疑事実）が告げられない。尋問後、刑事法官は、事件の重大性に鑑み、その後のとるべき手続が通常手続か特別手続かを決定する。

刑事法官が、犯罪をさほど重大なものではないと判断したときは、手続は、通常の手続、すなわち民事訴訟の通常の規則に従って継続される。反対に、犯罪が苦しめの刑および辱めの刑（peine afflictive et infamante）に相当する重大な犯罪であると判断したときは、特別の規則が用いられる。その場合には、予審は糺問手続の規則に則って次の手順と形式で行われる。

(一)　検真

まず、検真（récolement）が行われる。この検真は証人に対して行われるもので、証人は刑事法官により新たに聴問を受ける。その際、証人は宣誓して証言を行う。したがって、虚偽の証言を行った場合、証人は偽証罪で処罰される。被告人は、この証言に立ち会うことができない。この点は、一五三九年のオルドナンスと同じである。

しかし、一六七〇年のオルドナンスは、この検真の性格を変えた点で注目される。既述のように、同オルドナンスまでは、証人の聴問は実務上裁判所の下級官吏が行っていたため、彼らの聴取した証言には多くの誤りが含まれている可能性があった。それ故、同オルドナンスより以前の検真は、下級官吏によって聴問された証人の言葉を確認する目的で行われていた。これに対して、一六七〇年のオルドナンスは、刑事法官が自ら宣誓させた証人の聴問に当たっているので、検真は以前のような証言内容の確認を目的とするものではなく、裁判官の聴問した証言を不動のものとする方法として用いられたのである。したがって、検真の後に、たとえば対質の際に前言を取り消した場合、証人は偽証罪で処罰された(33)。

(二) 被告人尋問

次に、被告人に対する尋問が行われる。この尋問には、「被告人は宣誓しなければならない」、「被告人は弁護人（conseil）の立会いのない状態で尋問に答えなければならない」、「裁判官は詐術を用いて尋問を行ってはならない」という三つの規則が課されている(34)。前二者の「被告人の宣誓義務」および「弁護人援助の禁止」については、一六七〇年のオルドナンスが明文をもってこれを規定しているが、「詐術を用いる尋問の禁止」は規定によるものではなく判例および学説によって確立されたものである。とくに注目すべきは、「被告人の宣誓義務」と「弁護人の援助禁止」とが、一六七〇年のオルドナンスにおいてより一層厳格なものとなったことである。

(1) 被告人の宣誓義務　一六七〇年のオルドナンスは、尋問を始める前に被告人に真実を述べなければならない旨を宣誓させる規定をもうけた（一四章七条）。この被告人の宣誓は、前述のように一五三九年のオルドナンスまでは慣習として義務づけられていたのであるが、一六七〇年のオルドナンスはこの慣習を成文法規としたのである。これにより、宣誓は法律上の義務として被告人に課されることになった。

この被告人に宣誓を義務づける規定は、同オルドナンスの草案審議の際に、ラモワニョン（Lamoignon）から、次のような強い反対が表明された(35)。すなわち、被告人宣誓は、被告人を誓いに背くかそれとも犯罪を認めるかという非人間的な不可避性の中におき、自分の生命を保持したいとの至極自然な欲求と真実を偽ることを禁止する宗教との二者択一を迫るものであるというものである。こうした批判にもかかわらず、草案の被告人宣誓規定は削除されなかった。かくして、この宣誓の義務によって、被告人は自分の事件について証人とされることになった(36)。

(2) 弁護人援助の禁止　弁護人援助の禁止（prohibition des conseils）は、最初の尋問だけに適用されるのではなく、刑事法官の面前での審問の全過程に適用される。なお、評議部における審問についても同様である。さて、最初に弁護人の援助を禁止したのは、一五三九年のオルドナンスである。それ以前の一四九八年のオルドナンスは、弁護人の援助についてはなんら規定をもたず、単に予審の秘密性を明示したにとどまるものであった。この秘密は、傍聴人と被告人に及ぶものであった。すなわち、予審は民衆に非公開であるばかりでなく、被告人に対しても証拠書類(pièces 証拠)についての説明はまったくなされなかった。このような情況をさらに一歩進めて、一五三九年のオルドナンスは明文をもって弁護人の禁止を規定した(一六二条)。しかしそれでも、対質後にかぎってではあったが、被告人には裁判官の許可を得て弁護人と接見できるという慣習ができあがっていた。そもそも、弁護人の援助は、オルドナンス等の成文法規によって認められる法的な特権ではなく、すべての人為法よりも古い自然法によって獲得された権利として認められるものであったとされている(37)。したがって、糺問主義訴訟構造の基礎を築いた一五三九年オルドナンスにおいても、弁護人の援助はなお慣習としての地位を保持していたといえよう。これに対し、一六七〇年のオルドナンスは、この慣習を廃止し、被告人からその利益を完全に剥奪したのである。同オルドナンス第一四章第八条は次のように規定する。「被告人は、いかなる身分の者であれ、自らからの口で答弁しなければならない。弁護人(le ministère de conseils)は立ち会わない。弁護人は、対質の後においても与えられない。これはまったく慣習に反するものであるが、この慣習は廃止する。」かくして、一六七〇年オルドナンスは、弁護人援助の禁止を成文上の規則として確立したのである。

なお、弁護人援助の禁止は、一六七〇年のオルドナンスの草案をめぐって、もっとも激しい論争がなされたものの一つであった。やはりラモワニョンが、自然法を援用して弁護人援助の禁止に強く反対した。彼は、慣習によって与えられている弁護人援助がオルドナンスや法律によって認められる特権ではなく、弁護人の援助はあらゆる人為法よりもさらに古い自然法によって獲得されている自由であると主張した後、裁判官が被告人と弁護人との接見を許可するケースを限定すべきでないと批判した。そして、必要上弁護人の接見を制限する場合については、裁判官の慎重な配慮に委ねるべきであり、一五三九年のオルドナンス以後の厳格さを少しでも緩和すべきであると主張した。これに対して、ピュソール（Pussort）とタロン（Talon）が反対意見を表明した。彼らは、曖昧な立法が、すべての場合にかたくなに弁護人を拒否したり、反対にすべての事件に弁護人を認めたり、あるいは特定の場合のみ弁護人を認めるといった、不統一の運用を裁判官にもたらす弊害を主張した。かかる論争の後に、結局、一六七〇年のオルドナンスは、例外をもうけながらも、成文をもって弁護人の援助を禁止した(38)。こうして、弁護人援助に基づく被告人の防御権は、権利としての地位を完全に剥奪された。

(3)　弁護人援助の禁止の例外　弁護人援助の禁止については、二つの例外が第八条および第九条で定められている。この場合、裁判官は、尋問後、被告人に弁護人との接見を認めることができた。その第一の例外は、被告人が、公金消費（péculat）、公金横領（concussion）、破産詐欺、銀行に関して行われた窃盗、文書偽造、出産偽証（supposition de part）、および人の身分に関する犯罪に加担した場合である（八条）。第二の例外は、告発が、死刑（民事死mort civilも含む）を定めていない犯罪を対象としている場合である（九条）(39)。一見して、この例外は広範囲に及ぶものにみえるが、これらすべての場合に必ず弁護人の援助が期待できるわけではなく、実際に裁判官が弁護人の援助を認めるのは、多くは事実の入りくんだ重罪に限定されていた。したがって、規定上の例外は、実務の運用面でさらにその適用範囲が狭められていたといえる。なお、被告人は、監獄における弁護人との接見に際して、新たな尋問または対質について助言を受けることができず、また口頭弁論（plaidoyer）に備え防禦に関する質問をすることを禁止されていた(40)。このように、一六七〇年のオルドナンスは、「慣習」を廃止し、例外についても広範な接見許可裁量権を裁判官に掌握させており、さらに接見における援助内容の規制の厳格さを加えることにより弁護人援助を厳しく規制するものであった。ポチエ（Pothier）は、この手続がヨーロッパのいずれの国よりも厳しいものであると述べている(41)。こうした弁護人援助の禁止に関する規定の精神は、「真実の発見」と犯人の処罰による秩序維持（治安の回復）とを刑事手続の最優先目的とする刑事訴訟観の具現化にあったといえよう。そうであれば、糺問主義訴訟形態における「真実の発見」は、明らかに被告人の防御権を障害物とみなしていたといえるであろう(42)。

この点をもう少し具体的にみてみよう。「真実の発見」を最優先することの意味は、鎮圧の効果を狙うことにある。また同時に、「真実の発見」は、その解明の難易度とも密接に関連する。したがって、弁護人援助の禁止の例外もこの二つの側面から求めることができる。

鎮圧の必要性がもっとも顕著にあらわれるのは、死刑に相当する重大な犯罪である。いうまでもなく、死刑に相当する犯罪は、公的秩序に対する侵害の程度がもっとも高い犯罪であり、鎮圧を緊要とするからである。しかも、死刑に相当する犯罪については、被告人が行ったか否かだけが問題なので、行為の真実を認定するためには、いかなる弁護人も必要でないと考えられていた[43]。これに対して、死刑に相当しない犯罪は、鎮圧の必要性が死刑相当の犯罪よりも緊急でない。この場合、接見は例外的に許されうるが、しかし鎮圧の必要性が前者ほどではないにせよ強く求められていることに変わりない。それ故、鎮圧を緊要とする犯罪については、接見そのものを禁止し、また接見を許される例外の場合であっても、尋問前の接見は禁止される。その目的は、弁護人が被告人に入れ知恵することを防止することにある。そのことは、接見が許される場合においても、被告人と弁護人とが新たな尋問または対質に備えて相談することを禁止している点に如実に示されている。

真実の解明の難易度についていえば、第八条による例外は、とくにその事件の複雑さにある[44]。また、第九条の死刑に相当しない犯罪については、そのほとんどが書証に基づいて審問が行われるため、ときとして弁護人との接見が必要となる。その必要性が、接見を許す理由として解されている[45]。

こうしてみると、弁護人の援助が例外的にみとめられる場合であっても、それは被告人の防禦の利益をはかるための便宜ではなく、真実の発見を促進し、鎮圧を確保することを主目的としたものであるといえよう。

さて、被告人の尋問が終わると、その内容が公的当事者および私訴原告人に通知される。両当事者は、被告人が自白した場合、直接判決を要求することができた。この要求は権利として認められていた。ただし、これは、犯罪が死刑に相当しない場合に限られている。右の権利を要求する理由がないときは、両当事者は、特別手続の規則に被告人を委ねる申立てを提出することができた。被告人は、これに対抗して、通常手続を受けるための請願書を提出することが認められていた。しかしながら、この手続の民事化（civilisation）にも制限が付されており、犯罪（délit）が単に罰金刑に相当する場合にかぎってこの手続が認められたのである。(46) なお、死刑に相当する以外の犯罪については、自白がなされた場合、次の手続である対質が省略された。

㈢　対質

最後に、被告人と証人との対質（confrontation）が行われる。一五三九年のオルドナンスと同様に、対質は、被告人が告発によって自分に掛けられた嫌疑を知ることのできる最初の機会であり、ここで被告人は、初めて証人を忌避し、証言に対する裁判官の確信を減弱させる事実を主張することが許された。

ところで、一六七〇年オルドナンスより以前の対質には、被告人による証人忌避および証言をめぐる被告人と証人との論争という二つの意義があった。しかし、同オルドナンスは、この対質をほぼ内容のない空虚なものにしてしまった。というのも、既述のように同オルドナンスは、検真を予審官に義務づけ証人の証言を不動のものにするものに変えたのであるが、この新たな検真の性格が対質における証言をめぐる論争を事実上無用のものとしてしまったからである。(47) それ故、同オルドナンスは、証言の真実性を問う対質の本質的な意義そのものについて、あまり関心をもたなかったように思われる。それにもかかわらず、対質の規則を維持したのは、むしろ被告人からの書面による証人忌避の主張にもっぱら配慮したからであろう。(48)

検真と対質の結果は、書面に記載され、一件書類（chaiers du procès 一件記録）となる。

三　確定手続段階

予審捜査、尋問、検真および対質が終了すると、予審が終了したことになり、手続は予審を行った大法官裁判管区の刑事法官から報告判事の手に委ねられた。最後の段階である確定手続は、この報告判事（raporteur）と複数の陪席判事（assesseurs）とによって構成される評議部において展開された。

㈠ 国王の代官への一件書類送達

予審が終結すると、一件書類が直ちに国王の代官に委ねられた（二四章一条）。これは、国王の代官がそれまでの取調べの結果について終局的な申立てをするためになされる手続である。国王の代官は、刑の適用または拷問の適用の申立てあるいは無罪事由の是認をする。ただし、この申立てには、その根拠となる理由を記してはならないとされている（二四章三条）。その後、所定の手続を経て、国王の代官の申立書は封印され、一件書類とともに、手続が報告判事となる裁判官に戻される[49]。

㈡ 報告判事の報告・手続の臨検

報告判事は、手続を綿密に吟味し、評議部にその結果を報告する。報告は一件書類の朗読によって行われる。このように、確定手続は一件書類の朗読から開始されるのであるが、この朗読が「手続の臨検（visite procès）」と呼ばれるものである。ただし、各証言の朗読の前に、裁判所は、被告人が予審段階で証人の忌避を主張している場合には、その当否について検討しなければならない。忌避が正当なものと認められれば、当該証人の証言についての朗読は行わない。ドヌデュード・ヴァーブル（Donnedieu de Vabres）は、この特殊性を重要なものと述べている。その理由として、法定証拠の制度（régime des preuves légales）が糺問手続を支配していることを掲げている[50]。

㈢ 法定証拠の制度

この法定証拠主義は、裁判官がそれぞれの証拠に勝手に証明力を付与することを許さず、裁判官の確信を証拠の相場を定めた法律の規則に従わせるものである。「ただ一人の証人は無証人（testis unus, testis nullus）」という法格言がこの制度に結びつき、一人の証言だけでは事実の証明があったとみなすことが認められず、その証言がいかに信頼できるものであっても、それに基づいて死刑の言渡し（condamnation capitale）をすることは許されないものとされていた。反対に、法律が要求する証拠の要素が備わっている場合、裁判官の個人的な確信の如何を問わず、裁判官は事実が立証されたものとみなさなければならない。嫌疑（被疑事実）が法定証拠の制度により法律的に証明されると、被告人は単なる否認によってこの証拠を争うことができなかった。その場合、被告人は、嫌疑に対してアリバイを証明するなどの「無罪事由」を自ら明示しない限り、法定証拠の拘束から解放されなかった。法定証拠が不十分な場合、被告人尋問席（拷問台 sellette）での尋問が行われるのも灰色無罪を許容しない法定証拠制度の性格故であるといえよう。(51)

㈣　国王の代官の申立書の開披

報告判事の報告後、封印された国王の代官の申立書が開披される。報告後、評議部の判事は裁判を行うのであるが、国王の代官の申立てに基づいて最初に意見を述べるのは報告判事である。これは、すべての裁判所における不可侵の不文律とされていた。それは、報告判事が、他のいずれの判事よりも事件の手続の経過を熟知しているからという明快な理由によるものである。(52)

㈤　報告判事の選任

報告判事は判決への影響に深く関わるので、その選任は非常に重要な問題である。それにもかかわらず、一六七〇年オルドナンスは、その点に関してなんら規定をもうけていなかった。ところで、かつて、一五五三年の勅令（Edit）は、大法官裁判所管区の刑事法官に彼の手掛けた裁判の手続を報告する義務を与えていた。(53) そこで、実務は、この刑事法官を報告判事に選任することを慣習とした。ここで想起すべきは、この刑事法官は、すでに予審を行うためにもうけられた特別司法官に任命されている裁判官であるという点である。したがって、予審官をつとめた報告判事が事件をもっとも熟知する者であることから、事件を報告した後に国王の代官の申立てについて最初に意見を述べることが適切とされ、それが不可侵の不文律とされたのは糺問主義の性格からすれば当然のことであったといえよう。しかし、このことが意味するものは、判決への影響力が他の裁判官に比して圧倒的に強い予審官に、事実上判決に関与させるということであり、一六七〇年オルドナンスが予審段階と確定判決段階とに手続を区分したにもかかわらず、予審と判決とが実質的かつ緊密に連続していたということである。第一部第一章第三節第二款で述べた如く、アンシャン・レジーム期にあっても、法定証拠主義は次第に衰退し、拷問使用の削減により裁判官の自由心証主義へと傾斜していくのであるから、報告判事が実質的に判決に関わることは、捜査官が捜査した事件の判決に関わる弊害をさらに顕著なものにすることになるであろう。

既述のように、評議部は予審官である報告判事と陪席判事とによって構成されているので、一六七〇年のオルドナンスの下では、予審官たる刑事法官が手続全体にわたり強大な権限を有する存在となったといえるが、糺問手続においても、このことは決して好ましいことではなかったようである。前述の一四九八年オルドナンス（一三〇条）が、確定手続にまで権限を伸長した予審官の濫用を廃止する目的で、第一審または予審手続の検真、対質および手続の審理を行った者がパルルマン（高等法院）での報告判事となることを禁止したことは注目に値する。しかし、右オルドナンスは、もっぱら司法行政の詳細を定めることに専心するものであり、しかもこの禁止はパルルマンについてのみ規定されているものであったので、第一審の管轄内で裁判を行う裁判所には適用されなかった(61)。

(六) 評議部における被告人尋問

国王の代官も含め、裁判官以外の者は、手続の臨検および報告に立ち会うことができなかった。しかし、評議部は、判決に移行する前に、最後の尋問のために被告人を出廷させた。ここで、予審を担当した刑事法官以外の裁判官は、初めて被告人を見てその声を聞くことになる。

出廷させられた被告人は、犯罪に相当する刑罰の軽重により、法廷内における彼の位置する場所が異なった。国王の代官が苦しめの刑を申し立てている場合には、被告人は被告人尋問席（拷問台）に座らされた（一四章二一条）。それ以外の刑罰に相当する場合には、被告人は柵または囲い（parquet）の後ろに立って尋問を受けた。ただし、一六七〇年オルドナンスは、被告人尋問席における尋問のみを規定しているので、後者は実務上の慣習にすぎなかった。後者の苦しめの刑の申立てがない場合について問題となるのは、同オルドナンスの精神がいかなる場合においても自分の口で弁護を行う自然権まで決して奪うものでないにもかかわらず[55]、評議部の裁判官が被告人の言い分を聞こうとしない悪習が存在していたことである。この悪習は、一七〇三年のオルドナンスによって廃止されるまで続いた[56]。なお、判決手続においても、弁護人の援助は禁止されていた[57]。

手続の臨検および最終尋問の後、中間裁判（jugements interlocutoires）が行われる。これは、被告人に無罪事由、予備審問（拷問）、より詳細な証拠捜査等のためになされる裁判である[58]。

㈦　無罪事由

無罪事由（faits justification）の証拠について、証拠が単に被告人の請求を裏づけるものである場合、裁判官は被告人の正当性を立証することができるすべての事実を、すでに行われた尋問、検真および対質の中から引き出すよう職権で命ずることができた。これは、被告人の無実または罪責の正確さに対する配慮のためになされるものであり、裁判官の義務である。無罪事由について、オルドナンスは、被告人が願い出ることができるとしか規定しておらず、具体的にその性質を明記していない。その理由は、裁判官が無罪事由の章にあまり関心を抱かなかったことにあるようである。しかし、ジュース（Jousse）は、無罪事由として、アリバイ、犯罪についてすでになされた裁判所の裁定の存在、殺人についての被害者生存の証拠、犯罪時の心神喪失、正当防衛、誘惑による誘拐罪についての少女の放蕩、一定の場合の名誉毀損についての真実、違反の結果が被告人の善意によるとの証拠等々を掲げている[59]。

㈧　拷問

被告人に対する最終の尋問を終えた後、もし証拠が十分に獲得されていないならば、または被告人が犯人である疑いが濃厚であるにもかかわらず下さなければならない判決になお疑いが残っているならば、あるいは確信を得るにいたるには被告人自身の自白だけが不足していると思料するならば、裁判官は拷問を命じることができる。これに対して、最終尋問において、被告人が忌避の主張をしたり、また無実を完全に証明するに役立つ一定の事由を提示した結果、被告人にとって有利な疑いが生じたと思料するときは、裁判官は被告人の請求を受けまたは職権で特別の裁判によって調査（enquête）を命じなければならない[60]。要するに、被告人に対する判決に決め手がないときは、被告人に有罪の不利な疑いがあれば拷問が命じられ、反対に被告人に無罪の有利な疑いがあれば調査が命じられるのである。このように、判決に向けて決め手を欠くときには、裁判官は右のいずれかの処置を行うことになる。

(九)　拷問による証拠の補完と拷問の種類

法定証拠の制度は、証拠が法廷証拠として不完全である場合に、拷問を用いてこれを補完することを認めていた。すなわち、拷問の目的は、まさしく法定証拠制度を補完するために自白を引き出すことにあった[61]。一六七〇年オルドナンスは、拷問を行うことのできる条件として、罪体（corps du délit）が確認されていること、そしてすでに「相当の証拠（preuve considérable）」が存在することを規定している[62]。

ところで、拷問は、予備審問（question préparatoire）と先決審問（question préalable）の二種類が定められていた。これは、拷問の目的による区別である。予備審問は、法定証拠が不十分で有罪の確信がもてない場合に、被告人から犯罪についての証拠となる自白を引き出すためのものである。これに対して、先決審問は、すでに有罪判決を受けた被告人に共犯者の名前を白状させるものである。後者の拷問は、一六七〇年のオルドナンスが初めてもうけたものである。また、犯罪の重大性により、通常の拷問（question ordinaire）と特別の拷問（question extraordinaire）とに分けられているが、この区別は拷問の種類による相違にではなくその反復性によるものである。すなわち、特別の拷問の特徴は拷問の繰り返しにある。拷問を言い渡す判決（sentence）については、一五三九年のオルドナンスと同様に上訴することができた。

(一〇)　より詳細な証拠捜査

「より詳細な証拠捜査（le plus amplement informé）」は、有罪にするには十分な証拠はないが、無罪放免とする証拠も十分にない場合に、言い渡す判決である[63]。ただし、これは、拷問を行うことが許されない場合になされる[64]。この「より詳細な証拠捜査」には、証拠捜査の期限が限定された有期限のものと無期限のものとがある。前者の対象となるものは、残虐性がほとんどない犯罪、および嫌疑の徴憑が希薄な犯罪である。これに対して、後者の対象となるものは、重大な犯罪と嫌疑の徴憑が濃厚な犯罪である。(65) この証拠捜査に際して、ときとして裁判官は、一定期間、被告人を監獄に拘禁する命令を下す。期限が徒過した場合、通常、被告人は放免の請求を行う。その場合、裁判官は、放免することもできるし、また「より詳細な証拠捜査」の判決を下すこともできた。場合によっては、軽い刑で補填することもできた。その根拠は、「より詳細な証拠捜査」の判決の場合、証拠がまったくないわけではなく不十分ながら証拠が存在していることにあった。(66) このような「より詳細な証拠捜査」の判決は、公的当事者（国王の代官）が新しい証拠を発見した場合に、被告人の再度訴追をなさしめるものであるから、たとえ放免されてもそれは単なる仮の放免であって、被告人は嫌疑を受けたままの不安定な状態におかれることになる。(67)

半無罪（demi-acquittements）の判決は古くから一般的に存在したものであるが、(68) かかる判決の存在は、被告人の無罪を容易に認めず厳しく執拗に犯罪の立証を追求するものであり、糺問主義が犯罪の鎮圧を訴訟の優越的目的とすることの反射といえよう。

㈩　判決

大略、以上の手続を経た後、有罪の言渡し（condamnation）または放免の言渡し（absolution）の判決をもって、刑事手続は終了する。被告人が不十分な証拠で裁かれたときは、常に放免が言い渡される。この放免の内容には、「無罪」を意味する狭義の放免と、「法廷からの解放（la mise hors cour）」とがある。(69)

「無罪」は弾劾（accusation）の純粋かつ簡潔な却下であり、私訴原告人が存在すれば、被告人は彼から損害賠償を受ける権利を与えられている。いわゆる完全無罪を意味する。

「法廷からの解放」は完全な無罪ではない。被告人は単に法廷の外に置かれるだけで、無罪釈放されるわけではない。つまり、犯罪者としての嫌疑は残るが、証拠がないため有罪判決を免れた被告人に言い渡す判決である。この場合、被告人は、犯罪の嫌疑をぬぐうことができず、また私訴原告人に損害賠償を請求することもできない。なお、この種の判決は、下級裁判所においてしか認められていない。

ところで、一六七〇年オルドナンスの予審には、免訴に該当する制度は存在しない。刑事事件は、一定の条件の下で、民事手続の規則に則った通常手続か、それとも糾問手続の規則に則った特別手続かに振るい分けられ、特別手続が適用されると被告人は例外なく判決裁判所である評議部の判決を受けることになる。したがって、予審において、被告人は途中で裁判打ち切りの裁定により刑事裁判から解放されることはない。すなわち、予審段階における免訴の制度は存在する余地がなかった。強いていえば、「より詳細な証拠捜査」の判決が、後に姿をあらわす嫌疑不十分を理由とする予審免訴と多少類似するところがある。嫌疑不十分を理由とする免訴の場合、新証拠の発見により、再起訴が可能だからである。しかし、免訴の裁判は、新証拠発見のための証拠捜査を命ずるものではないし、また「より詳細な証拠捜査」の判決が予審段階での裁判ではなく確定判決の段階でなされる点で、さらに同判決が公訴権に対する抑制機能を有していない点で、本質的に異なるものと考えられる。ただ、同判決の性質が後の免訴に何らかの影響を与えるものであった、と推量することは可能であろう。

（1）André Laingui et Arlette Lebigre, Histoire de droit pénal II, La procédure criminelle, 1979, p.82. なお、エスマンは、法学者たちの批判が拷問について及んでいないことを指摘している。Esmein, Histoire de la procédure criminelle en France, 1882, p.167.
（2）Laingui et Lebigre, ibid., p.82.
（3）Esmein, op.cit., p.221.
（4）Esmein, ibid., p.221.
（5）Esmein, ibid., p.222.
（6）Laingui et Lebigre, op.cit., p.89.
（7）Esmein, op.cit., p.222.
（8）Laingui et Lebigre, op.cit., p.90.
（9）Esmein, op.cit., p.222. Procès-verbal は、「権限を有する機関が、口頭の告訴もしくは告発を受理し、直接に犯罪を確認し、または証拠を収集するために行われた活動の結果を記録する行為もしくはそれを記録した文書」のこと。『フランス法律用語辞典』（中村紘一・

新倉修・今関源成監訳・三省堂、一九九六年）二三八頁。右の二つの語義に従い、記録手続と調書の訳語がそれぞれに使い分けられる。本書では、後者については、手続過程の記録という意味で手続記録と調書の訳語を適宜用いることにする。

（10）　Cf.Esmein, ibid., p.222.

（11）　Esmein, ibid., p.222.

（12）　この条文の解釈について、沢登佳人教授は、この規定を文言通り解して、私訴原告人を第一訴追権者と解することにより、国王の代官の公訴を私人の訴追の補充として理解し、「わが国通常想像されている所に比し」、一六七〇年のオルドナンスにおける「国王の代官の刑事手続上の役割は実質上極めて小さくかつ消極的なものにすぎなかった」と指摘している。沢登佳人「フランス刑事訴訟法は、検察官と私訴原告人との協同による公衆訴追主義を採る」法政理論一六巻一号（一九八三年）一一七頁。ほぼ同旨のものとして、高内寿夫「フランス検察官の地位とその刑事手続上の機能（一）」国学院法研論叢一三号（一九八年）一四頁。

（13）　Laingui et Lebigre, op.cit., p.90.

（14）　Esmein, op.cit., p.223.

（15）　Pierre Bouzat et Jean Pinatel, Traité de droit pénal et de criminologie T.II, Procédure pénale , 2e ed., 1970, p.897. H.Donnedieu de Vabres, Traité élémentaire de droit criminel et de législation pénale comparée, 2e ed., 1943, p.517.

（16）　Esmein, op.cit., p.237.

（17）　Laingui et Lebigre, op.cit., p.90.

（18）　Laingui et Lebigre, ibid., pp.90 et 91.

（19）　沢登教授は、これを、私訴原告人の訴追優先とともに、王権と裁判所・裁判官貴族との独立性・敵対性から生じたところの国王の代官を通じてなされた裁判官の訴追権に対する制限の趣旨で理解されている。沢登・前掲「フランス刑事法は……」一一七頁。

（20）　予審が含む主要なものは次のものである。裁判官の記録手続（procès-velbaux）、医師および外科医の報告、証拠調べ、証言命令（monitoires）、デクレ（décrets 後の令状に相当する）、ならびに尋問。記録手続は、罪体（corps du délit）の確認および裁判官の権限（管轄）を確定するのに役立つものとしてすこぶる重要である。また、罪体、換言すれば犯罪の存在の根拠は、拷問を命令するような一定の重大な裁定には必要とされた。Laingu et Lebigre, op.cit., p.91.

（21）　Cf.Esmein, op.cit., p.234.

（22）　Laingui et Lebigre, op.cit., p.91.

（23）　Esmein, op.cit., p.223. Vabres, op.cit., p.517.

（24）　Laingui et Lebigre, op.cit., p.92.

(25) Laingui et Lebigre, ibid., p.92. Esmein, op.cit., p.224.
(26) Esmein, ibid., p.224. Laingui et Lebigre, ibid., p.92.
(27) Laingui et Lebigre, ibid., p.93.
(28) Esmein, op.cit., p.225. Laingui et Lebigre, ibid., p.93.
(29) Laingui et Lebigre, ibid., p.93.
(30) Laingui et Lebigre, ibid., p.93.
(31) Esmein, op.cit., p.228.
(32) Laingui et Lebigre, op.cit., p.93.
(33) Esmein, op.cit., p.235. Vabres, op.cit., p.518.
(34) Laingui et Lebigre, op.cit., p.93.
(35) Laingui et Lebigre, ibid., pp.93 et 94.
(36) Vabres, op.cit., p.518.
(37) Laingui et Lebigre, op.cit., p.94. Esmein, op.cit., p.231.
(38) Laingui et Lebigre, ibid., pp.95 et 96.
(39) Laingui et Lebigre, ibid., p.95. Esmein, op.cit., p.231.
(40) Esmein, ibid., p.231.
(41) Laingui et Lebigre, op.cit., p.95.
(42) ラングゥイ＝ルビグルは、尋問前の弁護人との接見の一般的な禁止の規定の精神が、弁護人に真実を偽る方法を示唆させないことにあったと指摘している。Laingui et Lebigre, ibid., p.95.
(43) Laingui et Lebigre, ibid., p.95.
(44) Vabres, op.cit., p.518.
(45) Laingui et Lebigre, op.cit., p.95.
(46) Esmein, op.cit., p.234.
(47) Esmein, ibid., p.235.
(48) Esmein, ibid., p.237.
(49) Esmein, ibid., p.237.

（50）　Vabres, op.cit., p.518.
（51）　Vabres, ibid., p.519.
（52）　Esmein, op.cit, .p.237.
（53）　Esmein, ibid., p.237.
（54）　Esmein, ibid., p.237.
（55）　一六七〇年のオルドナンスの精神につき、一七〇三年四月三日のオルドナンスは次のように表明している。「一六七〇年のオルドナンスの精神は、決して、被告人から、すべての場合に口頭による自己弁護の自然権を奪うものではなく、また特別手続で訴追された行為の諸事情を明らかにする方法を裁判官から奪うものでもない。」Laingui et Lebigre, op.cit., p.100.
（56）　Esmein, op., cit., p.239.
（57）　Vabres, op.cit., p.519.
（58）　Laingui et Lebigre, op.cit., p.100.
（59）　Laingui et Lebigre, ibid., pp.100 à 101.
（60）　Esmein, op.cit., p.239.
（61）　Vabres, op.cit., p.518. アンシャン・レジームの刑事司法司法制度について、長谷川正安・渡辺洋三・藤田勇『講座・革命と法（第一巻市民革命と法）』（日本評論社、一九八九年）一七八―一七九頁、高内寿夫「フランス刑事訴訟における予審の機能（一）」國學院法政論叢一二揖（一九九一年）八二―九三頁参照。
（62）　Esmein, op.cit., p.240.
（63）　Laingui et Lebigre, op.cit., p.101.
（64）　Laingui et Lebigre, ibid., p.102. Vabres, op.cit., p.520.
（65）　Laingui et Lebigre, ibid., p.102. Esmein, op.cit., p.245.
（66）　Laingui et Lebigre, ibid., p.102.
（67）　Vabres, op.cit., p.520. Esmein, op.ct., p.245.
（68）　Laingui et Lebigre, op.cit., p.102.
（69）　Esmein, op.cit., p.244. Vabres, op.cit., p.520.

第四節　糺問主義訴訟形態における予審の特徴

既述のように、利益効用面からとらえた糺問主義の特徴は、被疑者・被告人個人よりも犯罪鎮圧による治安維持・治安回復を優先利益とする訴訟形態である。さらに、それを性質面から解析すれば、糺問手続の特徴として次の三つをあげることができる(1)。

(1) 訴追の主導権が、個人にではなく、王権社会を代表する司法官に属していること。

(2) 裁判人が、公共のかつ恒久的な職務を遂行する職業裁判官であること。

(3) 手続が、被告人と社会の代表である司法官との闘争として構成されていること。

しかし、手続の実体からみた糺問手続の最大の特徴は、職業裁判官が強大な権限を発揮して、秘密の状態におかれほとんどの防禦権を奪われた被告人を取り調べ、最終的には判決手続において拷問を用いて尋問することができるという点にあったといえよう。治安維持という利益の追求のために犯罪の鎮圧を確実になし遂げることが刑事手続に課せられた使命であったことから、糺問主義の発達過程で被告人の防禦権は縮小の一途をたどり、手続の全過程は秘密とされ、対審および口頭弁論が排除され、そして書面主義が手続を支配した。とりわけ、嫌疑の不告知、弁護人援助の禁止、被告人に課せられた宣誓の義務、法廷証拠を補完するための拷問による自白の採取等は、糺問手続を支える支柱であった。端的にいえば、犯罪鎮圧の効率化をはかるため、糺問手続は、右の種々の制度を強化整備し、被告人の罪を立証する機会を最大限に裁判官に与えることに専心したのである。しかし、その結果は決して真実の発見に貢献するものではなく、秘密と非対審との性格が裁判官に与えた強大な権限を背景に、糺問手続はむしろ「誤判と濫用に門戸を開くもの(2)」となった。

糺問手続が、犯罪の鎮圧の効率化をはかるものであった以上、証拠収集活動、証人の聴問、被告人の尋問、すなわち捜査に圧倒的な比重をおくものであったことは必然といえる。法制度上、その捜査の中心が裁判官による証拠収集活動、すなわち予審におかれていた。最初の予審官であった大法官裁判管区の刑事法官による捜査が次第に重要性を増し、やがて予審は糺問主義訴訟の発展過程において肥大化し、ついには、糺問主義訴訟の発達の歴史は予審の発達の歴史そのものとなったといえる。そして、裁判官の職権による訴追権が、専門の訴追官の設置にもかかわらず依然として堅持されたのも、かかる犯罪鎮圧の効率化の一環として理解することができる。このような犯罪鎮圧の効率化による予審の発達とその重要性の増加は、予審の証拠収集機能・捜査機能を増強し、必然的に刑事手続の大部分を予審に費やす訴訟制度を形成していく過程をたどらざるをえなかったといえよう。

そして、とりわけ注目すべきは、被告人に真実の供述を強制する被告人宣誓、予審と判決手続とが一応区分されたにもかかわらず、予審の段階でたとえ無罪事由等の存在が明らかになった場合であっても手続は終了することがなく、有罪・無罪の実体判決にいたる最終段階まで手続が進められたこと（予審免訴の不存在）、確定手続の判決にもかかわらず証拠捜査を命じる「より詳細な証拠捜査」の判決が存在したこと、さらには、予審官たる刑事法官が報告判事となり判決段階に強い影響力をもって関与したことである。このような予審の強化は、予審と判決との緊密な連続性を意味している。

法定証拠主義は有罪証拠の価値を定型化するものであり、ブーザ（Bouzat）＝ピナテル（Pinatel）によれば累進上訴制度（système de la multiplicité degrés d'appel）とともに糺問手続を緩和する目的を有するものとされているが、[3] 予審官は糺問主義の犯罪鎮圧の使命を担っている以上いきおい被告人に不利な証拠に目を奪われ、有罪に結びつく証拠の探索に陥りやすいことは想像に難くない。前述のように、法定証拠主義がその硬直性の故に次第に自由心証主義へと傾斜していく過程で、一方では確かに法定証拠主義の是正につながるが、他方で自由裁量が有罪に傾斜する弊害も生じえたであろう。そうした状況にあっては、予審官が偏向した収集証拠に基づいて有罪の確信を抱いている場合、報告判事として判決に関与すれば、予審段階での有罪の推定が判決への予断となることは明らかである。しかも、判決を下す評議部に、予審に対する抑制機能は存在しなかった。それどころか、評議部に対しては、被告人の言い分にまともに耳を貸さないという悪弊が指摘されている。糺問手続が誤判の温床となったといわれるのも、右のことが大きな原因であったと考えられる。

以上、糺問主義訴訟形態における予審の形成過程をみるに、予審は嫌疑を掛けられた者を捜査の俎上に乗せ、彼を有罪に結びつける技術を練磨し制度化するものであったといえる。その意味で、糺問主義訴訟形態における予審の機能は、真実の発見に向けた証拠収集活動というよりも、嫌疑を掛けられた者に対する極めて不利な証拠収集過程に傾斜するものであり、その結果は判決の形成に強い影響を及ぼしたといいうる。端的にいえば、嫌疑を掛けられた者は、防禦の権利も術も認められないまま、捜査過程から判決にいたるまで強大な刑事司法権力に圧迫されていたのである。アンシャン・レジームにおける刑事訴訟形態が糺問主義と呼ばれる所以である。

こうした予審の弊害は、やがて被告人の人権を侵害する看過しえないものとして認識され批判されるにいたり、革命を契機に刑事訴訟制度の是正がはかられていくことになる。具体的には、糺問手続における報告判事の廃止、予審と判決の機能分離、訴追と予審との機能分離の促進、予審免訴の創設等々の制度的改革が行われていくのであるが、しかしその実現にはかなりの紆余曲折と時の経過が必要であった。

（1）　Pierre Bouzat et Jean Pinatel, Traité de droit pénal et de criminologie, T.II, Procédure pénale, 2e ed., 1970, p.895. なお、ステファニらは、糺問手続の特徴を、政治的および法的視点から述べている。詳しくは、G.Stefani, G.Levasseur, B.Bouloc, Procédure pénale, 13e ed., 1987, p.75. G・ステファニ・G・ルヴァスール・B・ブーロック『フランス刑事法［刑事訴訟法］』（澤登佳人・澤登俊雄・新倉修訳・成文堂、一九八二年）四三頁参照。

（2）　Bouzat et Pinatel, ibid., p.897.

（3）　Bouzat et Pinatel, ibid., p.896.ブーザー＝ピナテルは、この二つの制度を糺問手続の特徴に加えている。

第二章　革命期の弾劾主義訴訟形態における予審

革命以降、いわゆる近代法にいたるまでの中間法の時代における刑事手続諸立法は、弾劾主義訴訟形態の創造と、その後の二つの基本的な動向とによって特徴づけることができる。

一つは、革命期全般に蔓延した犯罪の多発化に対処するため、犯罪鎮圧を目的とした訴追の強化を促進することにより、予審を弾劾主義の形態から再び糺問主義の形態へ復帰させる過程をたどったことである。

もう一つは、権力分立の思想を基盤として、一旦廃止した公的訴追官を再び創設し、訴追と予審との機能分離を実現する過程を迂余曲折を経ながらたどったことである。しかし、この機能分離は、当初、必ずしも革命の精神の一つである個人の自由の尊重を直接目的としたわけではない。むしろ、この機能分離をもたらした公的訴追官再創設の直接の動機は、実のところ犯罪の訴追をさらに強化することにあった。換言すれば、訴追の強化と、訴追と予審との機能分離とは、かなり密接かつ錯綜とした関係にあったといえる。

そして、革命期における刑事立法の改革の過程は、革命の精神である個人の自由の尊重と犯罪鎮圧のための訴追の強化という当時においてとりわけ鋭く拮抗する二つのテーゼ、すなわち「市民的自由」と「社会的安全」のテーゼをいかに止揚し克服するかという課題に苦悩する道程であったといえる。その解決の模索の結果、一七九一年刑事訴訟法後の革命期の刑事訴訟立法は、起訴前手続をアンシャン・レジーム期の糺問手続に、公判手続を革命期の弾劾手続によって構成する折衷的刑事訴訟形態を生成する素地をつくりあげた。この折衷的刑事訴訟形態を法典化したものが、一八〇八年の治罪法典（Code d'instruction criminelle）であり、現行刑事訴訟法典（Code de procédure pénale）にいたるものである。この治罪法典への道程は曲折しており、その意味で近代刑事訴訟法への道程は決して平坦なものではなかったが、刑事訴訟法の発展史というマクロなパースペクティヴから革命期の刑事訴訟立法を俯瞰するならば、革命期の刑事訴訟立法は近代刑事訴訟法の礎えを概ね築くものであったと評価することができるであろう。

予審についていえば、中間法時代の刑事手続諸立法は、弾劾的予審を風化させながら糺問予審へ復帰していく傾向を示す。以下、本章おいて、一七九一年法、一七九五年の罪刑法典および一八〇一年法における予審の内容を必要な範囲で詳察し、予審の変遷と変容を検討する。なお、右の法律もしくは法典については、沢登佳人教授らにより精緻な邦訳がなされており、右の三法の内容の素描は概ねこれらの邦訳に基づいて行った(1)。それらの条文の引用も右の邦訳からのものであることをあらかじめお断りをしておく。

（1）一七九一年法については、沢登佳人「邦訳・大革命期フランスの刑事訴訟立法（その一）、治安警察、刑事司法および陪審員の設置に関するデクレ（一七九一年九月一六日―二九日）」法政理論一七巻一・二号（一九八四年、以下、沢登訳「一七九一年法」と略す）、罪刑法典については、沢登佳人・藤尾彰・越溢弘「邦訳・大革命期フランスの刑事訴訟立法（その二）、罪刑法典（一）（二）（三）（革命暦四年霧月三日）」法政理論一七巻四号、一八巻一号、二号（一九八五年、以下、沢登他訳「罪刑法典」と略す）、また一八〇一年法については、沢登佳人・藤尾彰・越溢弘「邦訳・大革命期フランスの刑事訴訟立法（その三）、重罪事件および軽罪事件における犯罪の訴追に関する法律（革命暦九年雨月七日）」法政理論一八巻三号（一九八五年、以下、沢登他訳「一八〇一年法」と略す）、人権宣言と一七九一年法については、沢登佳人「フランス革命と近代刑事法の理念」柏木千秋先生喜寿記念論文集『近代刑事法の理念と現実』（立花書房、一九八九年）、高内寿夫「フランス刑事司法の近代化」同『近代刑事法の理念と現実』、長谷川正安・渡辺洋三・藤田勇編『講座・革命と法（第一巻）』（日本評論社、一九八九年）一七七―一九八頁（新倉修執筆「第三節フランス人権宣言と刑事立法改革」）、梅田豊「近代刑事裁判における口頭弁論主義、自由心証主義、継続審理主義の意義と陪審制度（一）（二完）」法学五四巻三号・四号（一九九〇年）等参照。

第一節　一七九一年刑事訴訟法

第一款　一七九一年刑事訴訟法による改革と同法の特徴

一八世紀の中頃にいたると、社会風俗の緩和、イギリスの自由主義制度の影響、思想家の精力的な批判を基盤とした、糾問手続を攻撃する思潮があらわれた。このアンシャン・レジーム終末期に台頭した思潮は、カラ（Calas）事件が発端となった誤判事件をセンセーショナルに喧伝したヴォルテール（Voltaire）によって助長され、アンシャン・レジームの刑事司法制度に終止符を打つ方向へと邁進した。かかる思潮の動向の過程で、拷問は二つの勅令により廃止された(1)。

フランスは、革命を迎えると、啓蒙思想に支えられた近代化政策として、いち早く刑事立法の改革に着手した。革命期最初の刑事訴訟に関する立法は、憲法制定議会（Assemblée constituante）に上程された一七八九年一〇月八日―九日の法律（loi）に始まる。しかし、同法は基本的には、一六七〇年オルドナンスにおける糾問主義訴訟形態の刑事訴訟制度を踏襲するものであった。同法で特筆すべきものは、弁護人の援助を認めたことである。しかし、それ以外にはとりたてて見るべきものはなく、同法はためらいながらも右オルドナンスの基本構造を維持したものといわれている(2)。これは、新しい制度創設の準備期間がほとんどなかったことに起因するものと考えられる。

しかし、改革の作業は着々と進められ(3)、新しい刑事裁判所における訴訟について、一七九一年七月一九日―二二日の法律および一七九一年九月一六日―二九日の法律の二法が制定された(4)。前者は違警罪および軽罪に関する手続を、そして後者は重罪に関する手続を定めた法律である。

違警罪および軽罪裁判所における手続（la procédure devant les juridiction de police municipale et correctionnelle）では、審理（instruction）は極めて単純で、被告人の尋問、証人の聴問等は完全な公開の審問（audience）でなされ、攻撃と防禦が自由に行われた。

重罪事件は、常設の重罪裁判所（tribunal criminel）において、後者の法律によって行われた。イギリス法の影響を受けて制定された同法は、糾問主義訴訟形態を廃止し、これに代えて弾劾主義訴訟形態を導入した。同法の正式名称は、「治安警察、刑事司法および陪審員設置のデクレ（Décret concernant le police de sûreté, la justice criminelle et l'établissment des jures)」（以下、一七九一年刑事訴訟法もしくは一七九一年法と表記する）である。革命は、アンシャン・レジームに対する極端な反動的性格を有するものであり、それ故、一七九一年刑事訴訟法も一六七〇年オルドナンスに対する反動的性格を極端に示すものであり、フランス刑事訴訟手続の構造を糺問型から弾劾型に一変させるものであった。糺問主義訴訟形態を支えてきた予審についても、これを糺問主義から切り離し、その制度・内容を著しく変容させた。この変容の直接の契機となったものは、治安警察の設置、起訴陪審制度の創設および予審と公判との機能分離である。それにともない、予審の内容と機能にも必然的に本質的な変革が及んだ。

しかし、同法はその極端な反動的性格故に、社会状況の不安定な革命の時代に即応することに成功せず、程なく改正を受けることになった。そして、その後の刑事訴訟立法の課題は、このような極端な反動から抜け出て、弾劾手続と糺問手続という対立する性格の訴訟形態を止揚し、より現実的で調和の取れた制度をいかに創設するかにあった。

一七九一年刑事訴訟法は、革命期における刑事訴訟法の基礎を形成するものであるので、同法における予審について検討する前に、同法の性格を概観しておく。同法の本質的な性格は、いうまでもなく弾劾制度の導入によって特徴づけられている。この弾劾制度の導入は、次の三つの柱によって糺問主義手続を改革し、新しい刑事手続を創設した。

第一に、訴追の実行に関する新しい規則を創設したことである。訴追の主導権は、糺問主義手続において検察官の機能を果たした公的当事者たる国王の代官が廃止されたことにより彼の手を離れ、市民の掌中に委ねられた。すなわち、被害者の告訴または犯罪を知った市民に義務づけられた告発に委ねられ、市民主導の訴追形式が規則化された。ここに真の公衆訴追主義（un véritable accusation populaire）が樹立されたのであるが、その代償として公訴と私訴との区別が消失する結果となった[5]。

第二に、官吏でない単なる私人の審判者によって構成される陪審を設置したことである。陪審には、起訴陪審（jury d'accusation）と判決陪審（jury de jugement）の二つが設けられた。この陪審は重罪事件（matière criminelles）を対象とした。

第三に、導入された弾劾の制度が、個人に著しい保護を与えるものであった点である[6]。すなわち、予審の手続から、検真、被告人の宣誓、対質が姿を消し、その口頭性により、起訴陪審は被告人および証人の生の声を聞くことになった。こうして、起訴陪審手続により、被告人の保護は予審の期間から大幅に認められることになったが、確定手続の公開性、口頭性および対審性により、被告人の保護はさらに重層的に増大した(7)。確定手続は、常設の刑事裁判所で行われた。法定証拠の制度は廃止され、判決陪審はそれぞれの証拠に適切と判断する価値を与えることができた。また、確定判決の手続は、事実に関する問題を解決する職務を担う陪審と法律を適用し刑罰を確定する職業裁判官とによって、役割分担がなされた。裁判とは、あくまでも、市民が犯罪者を同胞として裁くものとされたのである。

第二款　一七九一年刑事訴訟法における予審の二段階化

一七九一年刑事訴訟法は、弾劾の精神に基づき新しい司法組織と訴訟秩序をもたらした。この改革は、手続全体に及ぶものであったが、とりわけ予審に関してその制度的内容を一変させるものであった。同法は、一六七〇年のオルドナンスにおいて一応異なる段階とされていた予審捜査（準備手続）と本来の意味での予審としての被告人尋問との区別を実質的に促進し、一応予審を二段階化した。

これにより予審は、カントン（canton 小郡）の司法官である治安判事（juge de paix）が主たる警察官となって行う第一段階と、起訴陪審指導判事と起訴陪審員が行う第二段階とに分けられた。第一段階の予審は実質的には予備捜査（警察捜査）を、第二段階の予審はこれを吟味して事件を公判に付すか否かの決定を主たる機能とした。この点につき、ラングゥイ（Laingui）＝ルビグル（Lebigre）は、第一段階の予審を予備予審捜査（information préliminaire）とし、第二段階の予審を起訴（弾劾）手続（procédure d'accusation）として、予審を区分している(8)。したがって、具体的には後述するが、この予審の二段階化は、証拠収集活動を主とする予審捜査機能とそれに基づく付公判可否決定を行う司法機能とを一応分離したものというのがその実体であるといえよう。このような予審の二段階化は、告発された事件を公判へ訴追（起訴）すべきかを、より慎重に吟味するために工夫されたものである。

一　第一段階の予審

㈠　治安警察の組織および予審二段階化の目的

右の予審二段階化の精神を担保するには、必然的にその予審を行う主体を異にしなければならない。そこで、同法は、治安警察を組織化し、第一段階の予審を行う主体を治安警察官とした。治安警察は、概略、次のように組織された。各カントンの治安判事が主たる警察官とされ、さらに一人または複数の官吏（fonctionnaires publics）すなわち憲兵隊（gendarmerie nationale）の隊長および副官（capitanes et lieutenants）が治安判事に協同して治安警察の職務を行う任を課された（「治安警察について」一編一条、一条、三条）。つまり、警察権を有する警察官は、治安判事とこれに協同する憲兵隊の士官（officiaires de gendarmeire）である。ただし、治安判事がおかれている町では、憲兵隊の士官は警察職務を行うことができないとされた（三条但書）。

治安判事は、選挙で選出される司法官である。この治安判事を主たる警察官としたのは、同胞たる市民が警察職務を遂行することが市民の信頼と協力を得られるとの配慮によるものである。かくして、治安判事を中核に据えて治安警察を組織化し、彼を予審の二段階化の重要な担い手としたのである。

しかし、強制捜査のための令状発付権を付与されているなど「治安警察の職務」は、本来は司法官に属する職務に重なるものであることからその性格が不明確なものとなり、その曖昧さは法律が治安判事の職務の遂行に際して与えた憲兵隊士官によって一層強められた。(9) この歪は、当時まだ警察権力と司法権力との権力分立が未成熟であったことに起因したものといえよう。

㈡　治安警察の強制捜査権

第一段階の予審の主体として治安警察を設置したことは、それまで単独の予審官であった刑事法官の手に掌握されていた予審権が、治安警察にも委ねられたことを意味する。主たる警察官である治安判事は、重罪または軽罪の被告人（prévenus 公判前被告人）[10]を出頭させる勾引状（mandat d'amener）を発し、被告人を引致することができた。さらに、引致した被告人を聴問した後、訴追する理由があると認める場合、ディストリクト（郡）（district、後にアロンディスマン arrondissement と改称）の裁判所（郡裁判所）の留置監（maison d'arrêt 未決監）に送致する命令を発した。この命令を、勾留状（mandat d'arrêt）という（二編一条ないし五条）。

㈢　警察官の一般的職務

なお、警察官の一般的職務は、殺人または死亡の原因が不明もしくは疑わしい死についての連絡を受けたときには、ただちに外科医等を伴ってその場所に赴き、死体とすべての情況について詳細な記録手続を行い、関係者を聴問し情報を収集することである。犯人または共犯者として訴えられた人物がいれば直ちにこれを捕えさせ、その陳述を受けた後に、必要とあれば勾留状を発し、郡裁判所の留置監（未決監）に送致させる。警察官は、また、請求を待つことなく、彼自身で追糺を開始し、そのための必要な令状を発することができる（三編一条ないし六条）。治安判事は、警察官であると同時に第一段階の予審官でもあるので、その意味で自ら進んで自己に事件を係属させる糺問的性格を有している。それが、治安判事が一種の糺問裁判官であるといわれる所以である[11]。

㈣　現行犯

現行犯については、警察官は、重大な犯罪が行われたことを聞知したときその場所を速やかに臨検し、有罪または無罪の心証形成に役立ちうるすべてのものについて詳細な記録手続を行い、記録を作成しなければならない（四編一条）。「現行犯の場合において、または公衆の轟々たる指弾に基づいて、警察官は、証人の陳述を待たずに、被告人を捕えさせて彼の面前に引致させる。被告人が捕えられなかった場合には、警察官は、彼の面前に被告人を出頭させるため、勾引状を発する。」（同二条）。要するに、治安判事は、現行犯については職権で事件を自己に係属させることができるのである。警察官は、被告人の弁解を聞き、それが嫌疑をはらすのに十分だと判断するならば、直ちに被告人の釈放を命ずる（同五条）。しからざる場合には、非現行犯の手続が適用される（同六条参照）。すなわち、犯罪地の郡裁判所の留置監に送致される（同一七条）。

㈤　第一段階の予審の内容と告訴・告発による新しい訴追形式

一七九一年法は、前述のように、弾劾の精神に基づき新しい司法組織と訴訟秩序をもたらしたが、とくに治安警察の設置により、訴追の実行と告発に新たな形式の規則をもたらした(12)。すなわち、弾劾制度の導入は、糺問的性格を払拭するために、公的当事者として訴追を遂行した国王の代官を廃止し、犯罪の追行を被害者の告訴または市民の義務としての告発に委ねた。これにより、予審請求の手続も弾劾化された。一七九一年法が訴追の新しい形式をもたらしたというのは、その意味においてである。

告訴・告発意向の手続は、以下のようなものである。

まず、被害者は、警察官に対して、告訴を文書で提出することができる（五編一条）。告訴を受理した警察官は、告訴人の提出する証人の供述を受け、あるいは一定の場合に記録手続の作成を命じた後、証拠に基づき被告人に勾引状を発し弁解を聞くことができる（同六条、七条）。次に、告発は市民の義務とされ、告発には自己の告発を確認するための署名が必要とされた（六編一条、二条）。告発が署名によって確認されると、警察官は告発人の指示する証人を出頭させ陳述させなければならない。証人の陳述に基づき、告発人は警察官に被告人に対する勾引状を請求することができる（同三条、四条）。告発人が自己の告発を署名によって確認することを拒否した場合、警察官はその告発を顧慮することを義務づけられてはいないが、職権で事実を調べ、証人を聴問し、被告人に対して勾引状および理由があれば勾留状を発することができる（同八条）。

告訴・告発により勾引状を発せられた被告人は、弁解が嫌疑をはらすに十分でない場合、犯罪が苦しめの刑（施体刑）および辱めの刑（加辱刑）に相当する性質のものであれば、勾留状が発せられる（五編一七条、一八条、八編六条）。ただし、後者については、保証金の支払と知人による監督を条件に勾留を免れる（五編一八条但書、六編六条）。弁解により嫌疑をはらすことができたときは、被告人は釈放される（五編一六条、六編六条）。警察官が勾引状または勾留状の発付を拒否したときは、告訴人および告発人は拒否の証明の発行を請求し（五編二〇条）、この証明書をもって直接犯罪地の郡裁判所の起訴陪審に訴追を提起することができる（「刑事裁判について、および陪審員の組織について」一編一二条）。

　このように、弾劾制度の導入により、告訴または告発が警察官になされ、これを受理した警察官は一定の条件の下で勾引状を発して予審捜査（証人の聴問、被告人の聴問）を行うことができた。また、警察官は、職権でこれを行うことができた。この予審捜査は、略式の予審（information sommaire）と呼ばれている。この略式予審の後、被告人の嫌疑がはれない場合には、勾留状を発して被告人を郡裁判所の留置監に勾留することになるが、この勾留状の発付が第二段階の予審の請求である。

　ところで、第一段階での予審捜査（information）は、警察官によるものとの見地からすれば、警察捜査・取調べの性質をもつものである。ここには、治安判事の司法官（予審官）と警察官との複合的な性格から、警察捜査と予審（司法）捜査が渾然一体となっている様が明瞭に窺える。したがって、主たる警察官である治安判事は、強制捜査権を有する警察捜査官でありかつ略式の予審捜査官であると同時に、被告人を予審裁判所（郡裁判所）の起訴陪審に訴追するか否かを判断する公的訴追官の役割を担う者でもあった。ただし、正確にいえば、警察官は、予審（起訴陪審）請求者ではあるが、訴権を行使する検察官ではない。なお、一七九一年法においては、警察官の予審請求は公訴の提起ではなく、公訴の提起は起訴陪審による付公判の判定（公判起訴）をもってなされる[13]。

　最後に、陪審指導判事は、一定の犯罪について、警察官の職務を行い、起訴状を作成して陪審に提出することができる（一二編一三条）。この点でも、訴追と予審との機能は未分離状態といえる。

二　第二段階の予審（起訴手続）

　被告人が勾留状により郡裁判所の留置監に収容されると、手続は第二段階の予審に移行し、事件が陪審指導判事に係属する。陪審指導判事は、引き渡された証拠物を調査し、そのために必要であれば被告人を聴問して、被告人の嫌疑が起訴陪審に付されるべき性質のものか否かを吟味する。

ところで、既述のように、一七九一年刑事訴訟法がイギリスの弾劾主義の導入により公的訴追官たる国王の代官を廃止したため、刑事訴追は、すべて告訴・告発を受けたあるいは職権に基づいた警察官の告発の形式によって、開始されることになった。

他方、公的当事者であった国王の代官の廃止は、公訴を追行する官吏の消失を招来することから、国王の代官に代って公訴に関わる新たな官吏を必要とした。そこで登場したのが、各デパルトマン（県 département）に設置された重罪裁判所（tribunal criminel）に付属する国王委員（commissaires du Roi）と公訴官（accusateur public）である。前者は、一七九〇年八月一六日—二四日のデクレによって設置された行政権の官吏である。この国王委員は、後の検察官の前身であるといわれているが、同デクレにおいては、公訴を提起（始動）する権能も、公訴を追行する権能も付与されておらず、もっぱら「提起され追行される総ての弾劾（accusation）に関して意見を述べることができるに過ない。彼の主たる任務といえば、審理の間、形式が正確に遵守されることを要求し、判決が下される前に法律の適用（刑の量定）について請求を行うことであった」[14]（同デクレ八章四条）。一七九一年刑事訴訟法はこの国王委員を維持した。後者の公訴官は、一七九一年刑事訴訟法において初めて設置された官吏である。同法は、「刑事裁判について、および陪審員の組織について」第四編第一条で、「公訴官は、最初の陪審員（起訴陪審の陪審員）によって認められた起訴状に基づき、その犯罪（délits）を追行する（poursuivre）任を課される。かつ、公訴官は裁判所に対して他の如何なる訴追（accusation）をも提起しえず、違反すれば涜職罪（forfaiture）の制裁を受ける」と規定する。すなわち、公訴官の任務は、国王委員のように裁判を監督するものでもなく、また訴追を提起するものでもなく、「市民によって提起された訴追を公判廷で維持することである。」[15] すなわち、公訴の追行が公訴官の任務とされたのである。ここで公判廷とは、いうまでもなく重罪裁判所の公判廷のことである。なお、公訴官は、デパルトマンの全警察官を監督する職務も担っていた（同三条）。

以上のように、一七九一年刑事訴訟法は、公訴の提起（始動）および追行から国王の代官を排除し（排除の理由は公訴の提起権および追行権をもっていた国王の代官が公訴権の濫用したことにあるとされている）、公訴に関わる新しい規則を創設したが、国王委員も公訴官もともに訴追権そのものを与えられておらず、予審へは国王委員のみが監督者として関わるにすぎなかった。そして、一七九一年法は、弾劾制度導入に際して起訴陪審を設置し、陪審事件については公訴の提起権（公判への起訴権）をこれに委ねた。こうして、起訴陪審による第二段階の予審が、以下の如く行われることになった。

㈠　起訴陪審

起訴陪審（jury d'accusation）の設置により、本来のもしくは正式の予審（治安判事の活動を「略式予審」と呼ぶならば起訴陪審による予審を「正式予審」と呼びうるであろう）は、それまでの予審官であった大法官裁判管区刑事法官の手から起訴陪審に移された。起訴陪審の職務は、予審被告人の起訴・不起訴を決定（付公判可否決定）することであった。

起訴陪審は、八人の市民からなる陪審員によって構成された。これら陪審員となる市民は、三〇人の市民を登録した名簿（選挙資格を有する市町村の市民の中から選ばれた）から抽選で選出された（一〇編四条）。そして、この起訴陪審の手続を進行させるのが、陪審指導判事である。同判事は、郡裁判所の裁判官の中から順番に選任された（「刑事裁判について、および陪審員の組織について」一編一条、二条）。

㈡　起訴陪審の手続

(1)　起訴状の作成

起訴陪審の手続は次のように行われる。まず、陪審指導判事は、警察官の告発を受けて郡裁判所の留置監に引き渡された被告人を、引渡しの査証を発行した後少なくとも二四時間以内に、被告人の嫌疑が起訴陪審に提出されるべき性質のものであるか否かを吟味するために、警察官から引き渡された証拠物を調査する。この調査のために、陪審指導判事は被告人を聴問することが認められている（同三条、四条）（陪審指導判事は、起訴陪審の手続における単なる進行係であって、被告人の聴問は進行係の職務の一つであるが、旧来の予審官としての予審行為すなわち糺問的な被告人尋問ではない）。その結果、陪審指導判事が、犯罪の性質により被告人の訴追を陪審に提出すべきであると判断したときは、陪審に提出する起訴状を作成するが（同七条）、起訴状の作成はすべての犯罪についてなされるのではなく、苦しめの刑または辱めの刑をもたらす犯罪に限定されている。換言すれば、かかる犯罪についてしか、起訴状を陪審に提出できない（同五条）。反対に、（告訴当事者または告発当事者が存在しない場合）陪審に対して提出すべきでないと認めたときは、二四時間以内に裁判所を召集しなければならない。裁判所は、国王委員の意見を聞いた後に、陪審指導判事による起訴状の提出の可否を宣告する（同六条）。裁判所が訴追の提起を認めたときは、陪審指導判事はその判断に従い起訴状を作成しなければならない。

起訴状の作成は、告訴当事者または告発当事者が存在する場合には、その協力が得られるならば、陪審指導判事と協議して作成されるが、事実あるいは訴追の性質に関して両者が合意に達しないときは、各々が別個に作成すること になる。陪審指導判事が犯罪の性質が陪審に提出されるべきものでないと認めた場合でも、右の当事者は単独で起訴状を作成することができる。当事者が所定の期間内に出頭して協力しないときは、陪審指導判事は、起訴陪審に訴追を提出すべきであると認める場合には単独で起訴状を作成するが、訴追すべきでないと認める場合には裁判所の判定に委ねる（同八条）。なお、告訴または告発を警察官に提出したにもかかわらず、警察官が勾留状または勾引状の発付を拒否した場合、告訴人または告発人は直接犯罪地の郡の起訴陪審に訴追を提起することができる（同九条ないし一二条）。

作成された起訴状は、陪審に提出される前に必ず国王委員に伝達され、提出するに妥当なものか否かの吟味を受ける。その結果、国王委員が起訴状の提出差し止めを表明した場合、その当否は郡裁判所の判断に委ねられ、裁判所は二四時間以内に決定を下す（一三条）。なお、陪審指導判事は、警察官の面前で陳述しなかった証人が彼の面前で証言した場合、あらかじめ書面に記録された証言を受理した後に、口頭で証人調べを行う（同一六条）。いずれにせよ、起訴状の作成について関与者の間で見解が分かれたときには、裁判所が最終的に結論を下すことになる。

このように、一七九一年刑事訴訟法は、起訴陪審に提出する起訴状の作成そのものについてすら、陪審指導判事、告訴・告発の当事者、国王委員、裁判所を関与させ、起訴状を陪審に提出するにあたり慎重を期して詳細な規定をもうけ、また起訴すべきか否かを起訴陪審の判断に委ねるといった極めて厳重なチェックの機構を創りあげている。これは、陪審指導判事という一司法官に起訴・不起訴の権限を委ねないシステムである。換言すれば、このシステムは、革命の刑事司法改革の要である司法官の権力化抑制のイデーを起訴に関して具体化したものである。

(2)　起訴陪審の面前での手続　次に、起訴状作成後の手続の概略は以下のとおりである。起訴状が起訴陪審に提出されると、陪審指導判事は所定の手続で陪審員を召集させる。陪審員が召集されると、陪審指導判事は、国王委員の立会の下に、陪審員にその義務の遵守を宣誓させた後、訴追の対象を示し、陪審員が果たすべき職務を簡明に説明する。そして、証人の陳述記録を除いて、証拠書類が陪審員に渡される（同一七条、一九条）。証人の陳述記録を除くのは、陪審に予断を与えないための配慮である。

証拠書類が渡されると、まずその朗読が行われ、次に証人が聴問される。告訴・告発の当事者の出席は認められている。その意味で、起訴陪審による予審は秘密ではない。証人の聴問が終わると、陪審指導判事は陪審員に「被告人を起訴すべきか」の質問をして退席し、その判定が陪審相互の評議に委ねられる（同二〇条）。陪審員は、最年長者を陪審長として評議を行い（同二一条）、訴追が許されるべきであると認めるときは、起訴状の下に「陪審の意見表明は、然り、理由あり（oui, il y a lieu）」との決まり文句を記す。これに対して、訴追が許されるべきでないと認めたときは、「陪審の意見表明は、否、理由なし（non, il n'y a pas lieu）である」と記す（同二二条）。この訴追に理由ありとする判定は、陪審員八名の多数決によらなければならない（二七条）。

起訴陪審が訴追に理由なしと宣告した場合には、被告人は釈放される。そして、新たな証拠（nouvelles charges）に基づき新たな起訴状が提出されない限り、同一の事実であるとの理由によりもはや訴追されることはない（同二八条）。また、陪審指導判事は、警察官の訴追または拘禁（détention）をやめさせるべく、判定結果を遅滞なく勾引状を発した警察官に通知する（同三五条）。ここに、（仮の）既判力を有する予審免訴の原型が生成されたと考えられる。

起訴陪審によって「訴追に理由あり」との判定が下されたときは、陪審指導判事は直ちに被告人に対して身体拘束命令を発する。辱めの刑（加辱刑）に相当する場合であって、以前に保釈を認められていなかった被告人は、保釈を請求することができる。被告人がすでに保釈を認められている場合には、（公判）手続の全場面に出頭すること、および公判を行う重罪裁判所の管轄地域内に居住することを命ずる。かくして、被告人には、身体拘束命令、または被告人が保釈中であれば、右の出頭命令の写しが起訴状の写しとともに与えられる（同三〇条、三一条、三三条）。

以上が、一七九一年刑事訴訟法における弾劾的予審の構造である。以下、この弾劾的予審の意義を検討する。

第三款　一七九一年刑事訴訟法における予審の意義および予審機能の変遷

一七九一年刑事訴訟法は、手続段階を、カントンごとに選任された治安判事の行う略式の予審捜査（略式予審）、郡裁判所における起訴陪審による予審審理、および各デパルトマンに設置された重罪裁判所での最終審理と判決の三つの局面に分割した。これにより、同法の予審は、異なる二つの機関に委ねられ、二段階に分けて行われることになった。第一段階における略式予審（予備の証拠収集）は、治安判事を主とする警察官に委ねられた。第二段階の予審は、公判への起訴・不起訴を判定する付公判可否決定権を付与された起訴陪審に委ねられた。

以下、右の観点から、一七九一年刑事訴訟法における予審の意義を具体的に検討してみる。

まず、一七九一年法は公訴権を行使する検察官を創設しなかった。その理由は、アンシャン・レジームにおける検察官であった国王の代官が公訴権を濫用したためとされている。いうまでもなく、公訴権は「社会的安全」を実現するために行使される刑事権力を象徴するものである。一七九一年法は、公訴権の濫用を廃絶するために、公訴権を掌握する検察官を創設しなかった。ここに、刑事権力の担い手である検察官に対する強い警戒感が読み取れる。こうしたイデーは、今日にいたるまで、検察官予審に対する強い警戒感に象徴されているように、検察官に対する抑制として続いていると考えられる。

ともあれ、国王の代官の廃止に代わる新たな訴追制度が必要となる。

一七九一年刑事訴訟法は、まず警察官訴追という新しい訴追形態をもたらした。同法が訴追者として警察官を設置したその趣旨は、同法草案の中心的な起草者であるアドリアン・ジャン・フランソワ・デュポール（Adrien Jean François Duport）が行った憲法制定議会における刑事手続改正法案の報告（一七九〇年一一月二七日）によれば、個人に対して直接働きかける日常的な警察権を市民と密接なものにして犯罪に対処することにあった。この日常的な警察権は団体によっては適切に行使されえず、経験的に個人に委託する方がよいと考えられていた。そのために、市民が選任した治安判事を警察官としたのである。より具体的にいえば、治安判事に市民の安全を見守らせ、市民の告訴を受理させ、犯罪者を捕えさせる権能を与え、さらに彼を紛争の一般的仲裁者とすることによって治安判事の段階でほとんどの事件を処理させて、裁判所の疲弊を防ぎ、かつ市民の信頼を獲得させようとしたのである。

デュポールは、このように治安判事と憲兵隊士官をその補助者とする警察官を設置し、これに強大な権力を与えることにかなり楽観的であったが、しかし他方で、逮捕期間を極力短いものにし、また、警察官の略式証拠調べが終わった後には速やかに起訴陪審に移送されるようにし、さらに起訴陪審にはこれまた速やかに逮捕された市民の弾劾の適否を判断・決定させる等の工夫を施して起訴前手続の迅速化をはかり、権力に対する警戒も怠らなかった[16]。ただし、この起訴陪審への移送は訴追であるので、治安判事は、警察捜査官であると同時に訴追権者であるばかりか、一定の令状を発付して被告人を召喚させたり勾留させることもできる司法官としての権限も兼ね備えていた。したがって、警察官である治安判事の職務は、捜査官、司法官および訴追官のそれぞれ異なる職務を混合したものとなり、そのため第一段階の略式予審（予備予審捜査 information préliminaireとも表現されている）の法的性格はかなり錯綜とし不明確なものであった。治安判事が一種の糺問裁判官といわれるのも、先に指摘した如く単に職権により事件を係属する権限があるからではなく、捜査、証拠の評価、それに基づく訴追権が一身に集中していることに由来していると理解すべきである(17)。これが、一七九一年刑事訴訟法が過渡的で不完全な弾劾主義訴訟法といわれる所以である。

次に、実質的に公訴を決定する権能を有する起訴陪審制度を創設した。公判への訴追権を市民の手に委ねることにより、刑事権力を控制する制度を導入したのである。さらに、デュポールは、起訴陪審を設置した重要な理由として、警察権力の制限を掲げる。その報告趣旨は以下のようなものである。治安判事の送監命令に基づく収監を必要とした理由は、被告人が監獄に留め置かれるべきか否かを判断するためであって、その判断を下すために、逮捕後できるだけ速やかにその判定を下す起訴陪審を必要とした。この迅速な起訴のための起訴陪審の設置により、「必要不可欠ではあるが容易に濫用される警察の力を狭め制限」することができるとしたのである。そして、デュポールは、「ある人に関する訴訟の審理の間彼からその自由を奪う権利をわれわれが与えたのは、治安判事にではなくて、抽選される八名の市民の判定にである(18)」と述べて、「市民的自由」の拘束権者が官憲ではなく同胞たる市民であることを強調している。要するに、手続の迅速性をはかるために、素人による訴追の可否の判定機能を起訴陪審に与え、起訴陪審制度を起訴陪審への訴追者でもある警察官の権限濫用を防止する制度として機能させようとしたのである。ここに、起訴陪審制度の意義と機能が端的に表明されているといえよう。

しかしながら、起訴手続の弾劾化をはかりながら、なぜ他方で司法権・警察権・訴追権を治安判事に集権して一種の糺問裁判官と後に呼ばれるような警察官憲を生み出したのか。それは、起訴手続が起訴陪審に委ねられたため、犯罪の初動捜査、証拠収集活動、起訴手続の準備、速やかな訴追等の強力な担い手が必要だったからであろうか。治安判事という司法官に警察権と訴追権とが付与されたのは、市民から選出された治安判事に対する信頼と期待によるものであり、当時においてもっとも警察権力・訴追権力の民主的担い手として考えられたものと推測しうる。しかし、その強力な集権化故に、それに対する警戒も、デュポールは怠らなかったのである。

以上から、デュポールは、「社会的安全」を市民と密着した治安判事に委ね、この警察官の活動を法律に厳格に服従せしめることによって「市民的自由」の保障を実現しようと試みたといいうるであろう。

第二段階の予審手続は陪審指導判事によって進行されるが、同判事は事件を陪審にかけるか否かの判断を下すために必要があれば被告人の聴問を行うにすぎない。すなわち、陪審指導判事は、一七九一年刑事訴訟法において、予審官としての地位と権限を与えられていなかった。また、起訴陪審は、提起された訴追を公判へ起訴すべきか否かを決定するために、被告人に対する「訴追の理由」の判定を下すことがその職務とされていた。ここには、糺問主義の手続にみられた予審の面影はない。かくして、予審の二段階化は、訴追の効率化をはかりつつ（デュポールの説明）、予審権を実質的に警察官と起訴陪審とに分割することにより、革命前の糺問手続にみられた予審官（刑事法官）への予審権の集中を防止し、同時に警察権を抑制しようと意図するものであったといえる。

このように、予審の改革の理由は、訴追の効率化と警察権力濫用の防止（とくに警察官訴追権の抑制）にあったから、革命の権力分立の理念に基づいた訴追権と予審権との純粋な機能分離[19]とまではいかなかったが、起訴陪審のための事前の証拠収集・証拠調べや被告人の身柄拘束を行う強力な、それ故に人権侵害に結びつきやすい警察捜査・警察訴追と、これをチェックするための起訴陪審とによる予審権の分割が必要であったといえよう[20]。それを実践するものが、一七九一年刑事訴訟法による予審の二段階化にほかならない。

警察官が、実質的な予審権を付与されて予審の舞台に不可避的に登場したのも、こうした予審の弾劾化によるものであるが、後に、治安判事は警察官の職を解かれ、警察官から独自に発動しうる強制権および訴追権が剥奪されて、警察訴追と予審とは分離されることになる。その後、警察捜査は、非公式捜査（enquête officieuse）としてその存続が黙認され、さらに予備捜査（enquêt preliminaire）として法制化されて予審を実質的に支えるものとなる[21]。以後、予備捜査の重要性は肥大化の一途をたどることになり、その肥大化は、ステファニ（Stefani）＝ルヴァスール

(Levasseur) によれば、今日もはや予審判事の数を増加しても解消しえないところまできているといわれている[22]。

他方、一七九一年刑事訴訟法は、予審官を報告判事に任命したことにより生じた糺問主義における予審と判決との直接的な連結性に起因する弊害を解決するために、予審と公判の機能分離をも目指すものであった[23]。口頭主義を採用する起訴陪審制度は、この予審と判決との手続上の緊密な連続性を断つことにも機能した。その結果、警察官による証拠収集機能は、実質的には、まず陪審指導判事による陪審への起訴状提出の可否決定判定資料の収集手段として、次いで起訴陪審による付公判可否決定（起訴・不起訴の判断）の判定資料の収集手段として位置づけられることになった。むろん、後者においては、陪審員への予断を排す意味から証人の陳述記録が除かれた。また、起訴陪審の面前での手続が口頭によるものであるので、警察官の収集した証拠に起訴陪審の判定は直接影響を受けるものではなかった。糺問的司法官を排除し弾劾主義化と口頭主義化した起訴陪審は、その職務遂行において、治安判事の警察官としての事前の証拠収集活動を必要不可欠としたが、同時に、それが起訴陪審の付公判可否判断に直接影響を与えないように工夫されていたのである。

以上のように、一七九一年刑事訴訟法は、予審を予備予審捜査と本来的な予審（予備予審捜査で作成された書類の朗読と口頭での証人・被告人に対する聴問）とに二段階化し、警察官でもある治安判事に略式予審権と訴追権を委ね、陪審指導判事（場合によっては、郡裁判所）には起訴状提出可否の吟味権を付与し（陪審指導判事には被告人に対する聴問権を認めているが、尋問権は認めていない）、さらに起訴陪審に事件を公判に送るか否かの付公判可否決定権を委ねた。このような幾重にも配備された慎重かつ厳重な訴追に対するチェック機構は、司法官に起訴・不起訴の判定権限を与えないという革命の固い決意を如実に物語っている。

かくして、起訴陪審は、警察官（治安判事）訴追を市民の監視下におき、その権限濫用防止をはかり、刑事司法権力に対する「市民的自由」の防壁となるものであった。そして、訴追権の濫用防止を具体的に宣告するのが、起訴陪審による「訴追の理由なし」の評決である。この起訴陪審の「訴追に理由なし」との不起訴の判定が、予審免訴の原型もしくは原初的な形態である。とすれば、弾劾的予審における免訴の本質は、不当な訴追の抑制や訴追権の濫用防止、すなわち刑事司法権力に対する市民的控制であるといえよう。

結論的にいえば、一七九一年刑事訴訟法は、予審の弾劾化をはかることによって、予審に二つの役割を担わせた。一つは、犯罪鎮圧のための予審捜査・証拠収集の役割（「社会的安全」の保持）、一つは、警察権力による不当な訴追の抑制（「市民的自由」の保障）である。すなわち、同法は人権宣言の「市民的保護」のイデーに従い、予審制度に「市民的自由」と「社会的安全」を統一的にプログラムしたのである。とりわけ、起訴陪審制度は、その統一においても個人の自由により重きをおくものであり、人権宣言における「市民的自由」を象徴する制度であったといえる。

（1） Pierre Bouzat et Jean Pinatel, Traité de droit pénal et de criminologie, T.II, Procédure pénale, 2e ed., 1970,pp.897 et 898. André Laingui et Arlette Lebigre, Histoire de droit pénal II, La procédure pénale, 1979, p.127. 拷問は、予備審問については一七八〇年一〇月二四日の勅令で、また先決審問については一七八八年五月一日の勅令で廃止された。

（2） H.Donnedieu de Vabres, Traité élémentaire de droit criminel et de législation pénale comparée, 2e ed., 1943, p.521.

（3） その経緯については、Laingui et Lebigre, op.cit., pp.133 a 136. に詳しい。なお、岩井昇二「フランスにおける刑事訴追（一）～その予審を中心とした歴史的考察」警察研究三五巻一二号（一九六四年）八一―八三頁参照。

（4） Laingui et Lebigre, ibid., p.136. なお、一七八九年の憲法制定議会（Constituante）は、司法組織を、違警罪のための市町村裁判所（le tribunal municipal）、軽罪のための軽罪裁判所（le tribunal correctionnel）、重罪のための重罪裁判所（le tribunal criminel）の三種類の裁判所によって構成することを認めていた。さらに、本文一七九一年七月一九日―二二日の法律、すなわち「市町村警察および軽罪警察の組織に関するデクレ（Décret relatif à l'organisation d'une police municipale et d'une police correctionnelle）」は、下級の犯罪について、裁判所と手続を定めると同時に、刑罰を定めた。これらの裁判所は刑事事件のみを管轄するので、ここにようやく刑事裁判と民事裁判との完全な分離が実現したのである。Vabres, ibid., p.522. また、違警罪・軽罪手続と重罪手続とがこのように異なる手続とされた理由については、重罪は国法秩序に違反するもの、違警罪・軽罪は地方当局により定立された法規範違反であると考えられたことに起因する。この点について具体的には、長谷川正安・渡辺洋三・藤田勇編『講座・革命と法（第一巻市民革命と法）』（日本評論社、一九八八年）一八八―一九〇頁（新倉修執筆）を参照されたい。

（5） Laingui et Lebigre, ibid., p.140.

（６）　Bouzat et Pinatel, op.cit., p.848.
（７）　Vabres, op.cit., p.522. Bouzat et Pinatel, ibid., p.899.
（８）　Laingui et Lebigre, op.cit., pp.137 et 138. この information préliminaire は、後の純然たる警察官による予備捜査（enquête préliminaire）の前身といえよう。一七九一年刑訴法が、予備審理、弾劾および判決手続の三層構造とすることについて、長谷川等編・前掲書一九一頁（新倉修執筆）参照。本稿では、治安判事による予備証拠調手続と起訴陪審による弾劾手続を弾劾的予審として理解する。
（９）　Laingui et Lebigre, ibid., p.137. なお、ラングゥイ＝ルビグルは、治安警察の職務が二つの区別される特性、すなわち、探索（証拠収集 recherche）、訴追（poursuite）および予審（instruction）に関わるものであるが、後二者については、古法において検察官の起訴がなくても裁判官の職権で事件を係属することができたので、立法者がはやる気持でこの原則を採用したものであると指摘している。
（10）　沢登佳人教授によれば、prévenu は公判前の被告人を意味し、これが公判に付されることが決定してから accusé と呼ばれる。同教授は、後者を「公判被告人と訳すのはしっくりしない」として、両者を特に区別せず共に被告人と訳されている。沢登佳人「邦訳・大革命期フランスの刑事訴訟立法（その一）、治安警察、刑事司法および陪審員の設置に関するデクレ（一七九一年九月一六―二九日法）」法政理論一七巻一・二号（一九八四年）二一五頁。
（11）　沢登佳人「フランス刑事訴訟法は、検察官と私訴原告人との協同による公衆訴追主義を採る」法政理論一六巻一号（一九八三年）一二五頁。
（12）　Cf.Vabres, op.cit., p.521. Bouzat et Pinatel, op.cit., p.898.
（13）　一七九一年法においては、むしろ公訴と私訴との区別を消滅させたので、公訴の文言は法文になくまた公訴の概念をあえて必要としなかったといえよう。公訴権の語が法文上初めて登場するのは、罪刑法典においてである。
（14）　高内寿夫「フランス検察官の地位とその刑事手続上の機能（一）」國學院法研論叢一三号（一九八五年）二〇頁。国王委員は国王により任命されるが、同時に罷免されることのない官吏である。高内・同論文二〇頁。
（15）　高内・前掲二〇頁。
（16）　沢登佳人「近代刑事訴訟法の真髄デュポール報告について―フランス一七九一年刑事訴訟法典提案趣旨説明の解説と全訳―」法政理論一七巻三号（一九八四年）九五頁。
（17）　沢登・前掲「フランス刑事訴訟法は、検察官と私訴原告人との協同による公衆訴追主義を採る」一二五頁参照。
（18）　沢登・前掲「デュポール報告」九〇―九一頁。
（19）　予審と訴追との機能分離については、沢登佳人「フランスの『人民代表訴追』とイギリスの『一般市民訴追』―捜査権強化と機能分離との調和」法政理論一六巻三号（一九八四年）に詳細に論じられている。

（20）デュポールは、市民との信頼関係を築きうると考えた治安判事に警察権を付与し犯罪の摘発・鎮圧の効率化をはかるとともに、起訴陪審手続の迅速化による権力の制限を主張しているが、これはまさしく警察捜査と予審との機能分離を意図したものにほかならない。

（21）Cf.G.Stefani, G.Levasseur, B.Bouloc, Procédure pénale, 13e ed., 1987, p.175. G・ステファニ・G・ルヴァスール・Bブーロック『フランス刑事法［刑事訴訟法］』（澤登佳人・澤登俊雄・新倉修訳・成文堂、一九八二年）一一五頁参照。予備捜査（enquêt preliminaire）とは、検事局の命令または職権に基づき警察官もしくは憲兵隊が行う犯罪の証拠を収集するための手続をいう。一九五九年まで「非公式捜査」と名づけられていた。なお、この手続は、現行犯には適用されない。以上は、Gerard Cornu, Vocabulaire juridique. p.308による。

（22）Stefani, Levasseur, Bouloc, ibid., p.401.

（23）予審と公判との機能分離については、沢登佳人「フランス刑事訴訟法における『判決手続と訴追・予審との機能分離の原則』と『陪審制度・自由心証主義および口頭弁論主義の一体不可分性』」法政理論一六巻二号（一九八四年）に詳論されている。

第二節　罪刑法典

第一款　罪刑法典の特徴

一七九一年刑事訴訟法は、革命により獲得した「市民的自由」を刑事訴訟の領域に確立しようとする一方で、犯罪の鎮圧に対応するため既述の如く治安判事に警察官としての地位と強制捜査権を与えかなり強力な警察を組織したが、デュポールの予想に反し訴追は非常に不活発で犯罪の鎮圧に有効な成果を上げることができなかった。

その原因として、一つには、革命の混乱による犯罪の増大と不慣れな治安判事の対処の不備が指摘されているが[1]、とくに強調されているのは、起訴陪審が犯罪の増加にもかかわらず十分にその機能を果たさなかったことである[2]。すなわち、起訴陪審員は、起訴を支えるための十分な嫌疑が存在するか否かを判定する職責に、必ずしも忠実ではなかった。そのため、起訴陪審員は、被告人が犯人であると確信しても、犯罪に比して刑罰が重すぎると考える場合に起訴を退けた。彼らは、その職責を超えていわば判決陪審の職責の領域に、すなわち事件の実体（le fond de l'affaire）

に介入し、判決裁判所（判決陪審）の権限を犯した。その理由は様々で、革命による寛容の精神が反映したこと、また革命期にはびこった略奪強盗集団に脅迫されたことなどが指摘されている。その傾向は、総裁政府時代（Directoire 一七九五年—一七九九年）の終わり頃にとりわけ顕著であったといわれている。(3)

かくして、犯罪鎮圧を促進するための訴追の強化が刑事訴訟法改革の最大の課題となり、その課題の解決を担って共和暦四年霧月三日（一七九五年一〇月二五日）に罪刑法典（Code des délits et des peines）が制定された。一七九一年刑事訴訟法は約四年間の短命に終わったが、同法の基本構造は革命期の刑事訴訟立法の基礎として維持された。このように、一七九一年法の精神を維持しつつ、訴追の活性化をはかることが罪刑法典の最大の課題であったため、罪刑法典は大幅な改正を行うものではなかった。罪刑法典が、若干の原則を新設したにすぎないといわれる所以である。(4)しかし、訴追の強化により、革命期の予審は、少なくとも部分的にではあるが、糺問制度への復帰の過程を歩み始め、後の検察官たる特別官吏が再設置される方向をたどることになる。(5)なお、「訴追の強化」の射程範囲については、訴追（poursuit）の概念とともに次の第三節で言及するが、それは単に警察官訴追の強化を指すばかりでなく、陪審指導判事の権限の拡大をも意味するものであったことをあらかじめ指摘しておく。

さて、多発する犯罪に対する訴追の不活発に直面しながらも、罪刑法典の立法者は革命の所産である起訴陪審制度を廃止することは毫も考えず、かかる不首尾を革命の精神を維持しつつ解決するために、一七九一年刑事訴訟法における訴追の機構を強化する方策をとった。その強化策として、立法者は、まず「警察官の法的権限を抑制」しながらも、「捜査能力を増大させ訴追を活発化する」ために警察機構を拡大強化し、(6)次いで起訴陪審における手続にいくつかの重要な修正を施した。以下、その点に関する罪刑法典の骨子について、とくに重要と思われるものを列挙する。

しかし、その前に、罪刑法典の行った数少ない原則の改正で、とくに注目すべき私訴（権）と公訴（権）との区別の復活について触れておく。これは、罪刑法典自体における訴追をとくに強化するものではなかったが、後の近代的弾劾主義刑事訴訟法への展開の基礎を提供するものであるので、罪刑法典の性格および歴史的な位置づけにとって極めて重要な原則である。

なお、罪刑法典は、つとに指摘されているように、その名称にもかかわらず裁判組織と手続の法典[7]である。

第二款　罪刑法典における予審の概要

一　私訴権と公訴権との区別

一七九一年刑事訴訟法は、真の公衆訴追主義（un véritable accusation populaire）を創設する代償として、私訴（action civile）と公訴（action publique）との区別を廃止したが、罪刑法典はこの区別を復活させた[8]（四条、五条）。ただし、私訴権の行使は、公訴権の始動（駆動）については告訴・告発と異なるものではなかった。その意味では、私訴原告人を私訴権の行使者として指定し明記しただけであった。しかも、罪刑法典は、告訴人・告発人と同様に、私訴原告人にも直接起訴陪審に訴追することを禁止し、陪審指導判事に訴追の申立てすることを認めるにとどめた。他方、罪刑法典は、公訴権が本質的に人民に属し、人民の名において特別に設置された官吏（fonctionnaires）がこれを行使することを法文上初めて明記した。

しかし、この官吏については検察官たる官吏を新たに創設したわけではなく、法文上とくに規定がないことから一応公訴官を指すものと考えられる[9]。そうであるとすれば、公訴官は従来通り公判訴追の後にしか介入することができず（二七八条）直接の訴追権を持たなかったので[10]、公訴権の規定そのものも犯罪の訴追の強化に直接結びつくものではなかった。そうではあっても、この規定は、一八〇一年法における真の検察官の設置に基礎を与えるものであった点で重要である。

ところで、罪刑法典は、治安判事による警察官訴追を維持していたので、訴追と予審との機能分離は依然として不完全のままであった。訴追と予審の機能分離を完成させたのは、事実上検察官を再設置した一八〇一年法である。

二　警察機構の整備・増強

罪刑法典は、警察についてその性格と組織を明確にし、警察を行政警察（police administrative）と司法警察（police judiciaire）とに区分して、それぞれの目的を定め、警察機構を整備した（一巻一六条―二〇条）。

罪刑法典は、まず司法警察権を行使する者として、一七九一年刑事訴訟法の警察官であった治安判事、憲兵隊の隊長およびその副官に、警察委員（commissaire de police）、田園および森林監視員（gardes champetres et forestiers）、陪審指導判事を新たに加えた。これらすべての司法警察官は、一七九一年法と同様に、公訴官の一般的監督権に服するものとされた。さらに、陪審指導判事に、その他の警察官を直接監督する権限を与えた（二三条）。そして、罪刑法典は、それぞれの警察官について詳細な規定をもうけ、きめの細かい警察機構をフランス全土に配備するとともに、彼らの権限を詳細な法の規制の下においた。こうして警察官のリストは拡張されたが、主たる警察官はやはり治安判事であった。一七九一年法は、令状の発付権者を単に警察官と規定していたにすぎなかったが、罪刑法典は令状発付権者が治安判事であることを明記した（第五編第一章五七条、六九条、七〇条）。

また、罪刑法典は、警察官の拡張に加え、さらに新たな形式の令状である出頭令状（mandat de comparution）を追加した。これは、一六七〇年のオルドナンスにおける事情聴取のための召喚状に類似するものであり、単純な呼出しのための令状である。ただし、これは陪審指導判事の面前へ出頭を命じる令状であり、しかもこの令状は適用範囲が極めて限定されており、「三労働日の価値を超える罰金によってのみ処罰される」犯罪に対してのみ適用しうるものであった。さらに、勾留状の適法性について、陪審指導判事は権限のない警察官の勾留状を無効にすることが認められた（二一七条）。

しかし、とくに注目すべきは、罪刑法典が、一定の犯罪について、陪審指導判事に司法警察官として直接訴追する権限を付与したことである（詳しくは、一七九一年刑事訴訟法一二編と罪刑法典七編とを比較参照されたい）。このように、陪審指導判事が司法警察官の地位と限定的ながら訴追権とを与えられたことにより、訴追と予審は一七九一年法よりもその機能が混じりあう結果となったといえよう。

三　陪審指導判事の選任

一七九一年刑事訴訟法において、陪審指導判事は郡裁判所の長を除く同裁判所の裁判官が六月ごとに順番で担当したが（同法「刑事裁判について、および陪審員の組織について」一編二条）、罪刑法典は、各デパルトマン（県）に複数の軽罪裁判所と同数の陪審指導判事をおき、軽罪裁判所の長を県内各アロンディスマン（郡arrondissement）の陪審指導判事とした（二一一条）。ただし、パリにおいては、起訴陪審は八名の陪審指導判事を有した（二一二条）。

四　陪審指導判事の被告人質問および証人の聴問

陪審指導判事は、被告人が留置監に引き渡されたときから二四時間以内に、被告人質問を行い、被告人の回答を覚書にとらせることが義務づけられた（二一六条）。このように罪刑法典は、一七九一年刑事訴訟法に比較して、被告人質問をなすまでの時間制限を短縮したのみならず、被告人質問を義務とした点が注目される。被告人質問の義務化は、予審の捜査・取調べ機能を実質的に陪審指導判事に認めるものである。

司法警察官によって聴問されていない新たな証人が存在する場合には、陪審指導判事は、当該証人を呼出し、秘密裏に証人の陳述を受け、書記に記録させる（二二五条）。新たな証人の聴問については、一七九一年刑事訴訟法と変わるところはないが、罪刑法典が特に秘密性を明文によって強調している点が特徴的である。この秘密性を明示した理由についてなんらの説明も見出せないが、この秘密性が陪審指導判事の役割を起訴陪審手続の進行係から予審官として証拠収集を担う者へ転化せしめる前兆を示すものであることは確かであろう。その意味で、罪刑法典は弾劾制度から遠ざかるものであった。そして、一八〇一年法により、予審は再び糺問主義化し、陪審指導判事は事実上予審官となり、そして予審は秘密の原則を復活していくのである。

さらに、罪刑法典は、予審手続において文書の役割が重要性を増す予兆をも示している(11)。

五　陪審指導判事の警察官訴追吟味権の廃止

一七九一年刑事訴訟法においては、陪審指導判事は警察官訴追が起訴陪審に到達する途中でその当否を吟味しチェックする権利を有していたが、罪刑法典は陪審指導判事からこの権利を取り去った。

この点に関して、罪刑法典第二四二条は、次のように規定する。「陪審指導判事は、その性質により苦しめの刑または辱めの刑をもたらすところの犯罪に関し司法警察官によってなされた手続の中で、その情況または証拠が訴追（起訴 accusation）と決定するのに十分なだけ重いか否かを、調べる権限をもたない。そして、陪審指導判事はそのことを口実にして、起訴状の起草を拒むことができない。」これは、重罪事件についての警察官訴追を直接起訴陪審に結びつけるものであり、警察官訴追をより強力にする目的によるものであろう。

こうして、罪刑法典においては、（警察官のリストは拡張されたが、主たる警察官は治安判事であることに変わりがないので）一七九一年法よりもさらに治安判事の予備予審捜査（略式予審）が予審において重要な地位を占めることになった。予審のもっとも重要な役割を演じたのは治安判事であった(12)、といわれる所以である。

六　告訴・告発に対して各種令状の発付が拒絶された場合の上訴

一七九一年刑事訴訟法は、告訴または告発を行った者が、警察官に勾引状または勾留状の発付を拒絶された場合の上訴の方法として、直接起訴陪審に訴追を提起することができたが、罪刑法典は、治安判事が勾引状、勾留状および出頭令状の発付を拒絶した場合についての上訴方法を変更し、直接起訴陪審への訴追の提起を廃止し、陪審指導判事への上訴に代えた。公衆訴追主義にとっては、これは少なくとも後退を意味するものであったといえる(13)。

七　陪審指導判事の勾留状の調査権、勾留状発付権、被告人釈放権

陪審指導判事は勾留状の法定要件を調査し、これが充足されていない場合には、警察官の勾留状をなかったものとし、必要があれば自ら直ちに新たな勾留状を発し、必要がなければ被告人を釈放する（二一七条）。罪刑法典は、このように、陪審指導判事に勾留状発付の権限を付与した。

八　陪審指導判事の仮釈放権

勾留状を発せられた犯罪が、苦しめの刑ではなく、辱めの刑以下の刑をもたらすにすぎない場合、陪審指導判事は、被告人の請求があるとき、裁判出頭を担保する保証金を提供させることによって、被告人を仮に釈放（保釈）することができた（二二二条）。仮釈放の規定はすでに一七九一年刑事訴訟法の定めるところであったが、罪刑法典は、一七九一年刑事訴訟法の定めた仮釈放請求権を被拘禁者の権利として明確化したところに特徴がある。なお、エスマン（Esmein）は、仮釈放に関する罪刑法典の規定により、陪審指導判事の権限が補完されかつ明確化されたと述べている。[14]

九　起訴状の作成

起訴状の作成については、概ね一七九一年刑事訴訟法と同様のシステムを採る（二二三条ないし二二九条）。起訴状は、起訴陪審に提出される前に必ず、行政権委員に伝達されなければならない。罪体を確認する記録手続によって記録が作成されている場合には、これを起訴状に添付しなければならない（二三二条）。起訴状が行政権委員によって査証されると、起訴状を許容するか、または却下するために陪審員が召集される（二三五条）。

行政権委員の起訴状の査証は起訴状の確認行為にすぎず、一七九一年刑事訴訟法における国王委員のように起訴状に対する権限の付与または起訴状の差し止めの権限はない。したがって、起訴状の作成をめぐるトラブルに対する裁

判所の最終決定は存在しなくなった。これによって、罪刑法典は、警察官訴追から起訴陪審にいたる過程で、陪審指導判事の吟味権の廃止および国王委員の起訴状の権限についての諾否という二つの障壁を取り除き、警察官訴追がその当否の判断を受けずに起訴陪審へ提出されることになった。その意味でも、警察官訴追は強化されたといえる。

一〇　起訴陪審の面前での手続

起訴陪審面前での手続は詳細かつ明確に規定されたが、その内容は一七九一年刑事訴訟法のものとほとんど変わるところはなかった。しかし、その中で注目すべきものは、陪審指導判事による陪審員の義務についての長い説示の内容が新たに規定されたことである（二三七条）。そこには、起訴陪審を設置した理由が「個人の自由に対する尊重」の念に基づくものである旨が明言されている。その内容は以下のとおりである。

「陪審員は、法律をして起訴陪審を設置することを決定せしめた理由を思い出すことによって、陪審員の職務の目的を、たやすく理解できるであろう。

それらの理由は、個人の自由に対する尊重（の念）の中に、その基礎を持っている。法律は、ある犯罪の被告人を勾留する（arrêter）権限を警察として活動している官吏（ministère actif de la police）に与えることによって、その権限を、勾留（arrestation）という単なる事実に制限した。

しかし、ある者を捕らえるために十分であった単なる嫌疑（prévention）では、訴訟の審理のために被告人の自由を奪うには、また刑事裁判という装置による苦痛を甘受させる（l'exposer a subir l'appareil d'une procédure criminelle）には、十分ではない。

法律は、ありえるかもしれない不都合（dangereux inconvenient）を予防している。すなわち、ある人が警察官に勾留されたまさにその瞬間に、もし、彼がある誤りもしくは悪意に基礎づけられた（mal fondes《訳注》それとも「まずく基礎づけられた」という意味か。）疑いの結果としてのみ自由を失ったか、または、彼の勾留が権力機関の陰謀、暴力もしくは（権限の）濫用の結果でしかない場合には、彼は、簡単かつ瞬時に、彼の自由を取り戻す手段を見出す。それ故に、人は（起訴陪審の公判に訴追するためには）被告人に対して重大な事実を結びつけなければならない。起訴状を認容する方向での陪審員の決定をひき起こすべきところのものは、もはや単なる疑惑（simples soupcons）、ではなくて、強い推定（de fortes présomptions）、決定的な証明の始まり（となるもの）（un commencement de preuves déterminantes）である。(15)」

右の説示は、次ぎの三点を内容としている。

第一に、起訴陪審は、個人の自由を尊重し擁護する制度である。

第二に、法律は、警察官に犯罪の被告人を勾留する権限を与えたが、警察官の誤りや悪意により、または権力機関の陰謀、暴力もしくは（権力の）濫用の結果として自由が奪われている場合には、起訴陪審により簡単かつ瞬時に自由を取り戻させる。

第三に、嫌疑が、逮捕・勾留の理由として十分であっても、それだけでは裁判のために自由を剥奪することはできない。すなわち、起訴を認めるには嫌疑に対する強度の推定が必要である。

このように、罪刑法典は、初めて説示規定を設け、不当な警察官訴追が正式裁判（公判）に結びつかないようにすることを起訴陪審員の果たす職務の一つとして明記した。換言すれば、起訴陪審制度は、不当な警察官訴追に対するチェック・抑制の制度であることが、法文で初めて明らかにされたのである。そして、それが警察官訴追の強化とともになされたことに、「市民的自由」の保護をなお継承しようとする精神を窺い知ることができる。

第三款　罪刑法典の予審の特徴

以上の改正から、罪刑法典における予審は、次のような特徴を有するものということができる。

罪刑法典は、一七九一年法が調和をとりつつ実現しようとした二つの課題における相剋、すなわち革命の精神の根幹である個人の自由の尊重と犯罪の鎮圧促進との相剋を解決すべく、犯罪鎮圧の促進のために予審における訴追の強化策を打ち出した。かくして、罪刑法典における予審は、治安判事による警察官予審（予備予審捜査・略式予審）と起訴陪審による予審との二段階構造を踏襲しつつ、警察官訴追と陪審指導判事の権限拡大による訴追の強化をはかるものであったが、同時に、それは予審の秘密化および書面化への復帰の前兆を示すものでもあった。

警察官訴追の強化は、単に警察機構の拡充による捜査能力の増強の面にとどまらず、警察官訴追に対する吟味権（証拠不十分を理由とする「起訴状の提出に理由なし」の判断）を陪審指導判事から取り去ることによってその実現がはかられた。このことは、警察官略式予審に基づく訴追が起訴陪審による予審と直結するものとなったことを、換言すれば陪審指導判事による警察官訴追に対する抑制装置が一つ取り去られたことを意味する。これにより、警察官訴追を支える第一段階の警察官予審（治安判事の略式予審）が予審全体の中で極めて重要なものとなったといえよう。

さらに、罪刑法典は、起訴状の作成について行政権委員の査証を課したが、行政権委員に対しては陪審指導判事の起草した起訴状につき諾否権を与えなかった。このように、罪刑法典は、警察官訴追から起訴陪審にいたる過程の中から、一七九一年刑事訴訟法における陪審指導判事の警察官訴追の吟味権に加え、起訴状の法的権限についての国王委員の諾否権というもう一つの障壁を取り除いたために、警察官訴追がその当否の判断を受けずに直接起訴陪審に提出されることになった。その意味でも、警察官訴追は強化されたといえるであろう。

しかし、この第一段階の略式予審における警察官訴追の強化は、犯罪の鎮圧の促進には十分に結びつかなかった。警察官訴追の強化を実効性のあるものにするには、犯罪の鎮圧に不可欠な公判への訴追（公判起訴）の障害となっていた起訴陪審を形骸化する必要があった。その実質的な実現をはかったのが一八〇一年法であるが、右の特徴を有する罪刑法典にその萌芽をみることができる。

警察官予審に対する吟味権は廃止されたものの、陪審指導判事の権限は拡大された。権限の拡大は、第一に、一定の犯罪について、明確に司法警察官としての地位と他の警察官への監督権が与えられたことに、さらに告訴・告発および職権による訴追権を明示的に付与されたことにみられる。一七九一年法においても、陪審指導判事はやはり一定の犯罪について、警察官の職務を果たすことが規定されていたが、これを明示することにより起訴陪審手続の進行係にとどめられていた陪審指導判事の地位を、特定の犯罪についてではあるが、事実上予審官たらしめたことを宣言したに等しいといえる。

その結果、一七九一年法が不十分ながら警察捜査・訴追と予審とを一応分離していたにもかかわらず、罪刑法典はむしろ両者の機能の混在もしくは結合を促進する結果をもたらした。罪刑法典は、権力分立の思想に基づく両者の分離よりも、陪審指導判事に訴追権を与え、さらにその対象となる犯罪の範囲を広げることによって訴追の強化をはかろうとしたのである。

さらに、陪審指導判事は、警察官である治安判事の発した勾留状の調査権、その勾留状を無効としたときの新たな勾留状発付権、被告人の仮釈放権、適切な管轄裁判所（軽罪裁判所または違警罪裁判所）への事件移送権等を付与された。

ヴァーブル（Vabres）は、罪刑法典における陪審指導判事の権限の拡大を指摘し、同判事が一八〇八年の治罪法典において予審判事となったことを「かつての大法官裁判管区刑事法官が蘇った[16]」と述べている。このように罪刑法典は、犯罪訴追の強化の代償として、一七九一年刑事訴訟法が築いた真の公衆訴追を基盤とする弾劾主義訴訟手続の中に、まぎれもなく糺問的予審官を萌芽せしめたといいうるであろう。

最後に、罪刑法典における起訴陪審の意義を知る上で、起訴陪審員に対する長文の説示の内容が極めて重要である。一七九一年法には説示の内容は明文化されていなかったが、罪刑法典はあえてこれを明文化した。この説示は、個人の自由に対する尊重の念に基づき、権力濫用による自由の拘束、すなわち不当な警察官訴追に対する救済を起訴陪審の使命とする旨を内容としている。この説示により、起訴陪審の果たすべき役割は、前述した如く、不当な警察官訴追が正式裁判（公判）に結びつかないようこれを防止すること、換言すれば、起訴陪審制度は不当な警察官訴追に対するチェック・抑制の制度であることが法文上明記されたのである。したがって、「訴追（起訴）の理由なし」との起訴陪審による（予審）免訴は、警察官に不当に訴追された被告人を刑事裁判（公判審理）の苦痛・負担から事前に解放する法的救済措置であり、機能的考察よりすれば、この予審免訴の機能は不当な訴追に対するチェックに他ならない。それはまた、革命以降の予審という制度の本質的役割の一つであることを如実に物語るものである。

端的にいえば、罪刑法典は警察官訴追を強力なものにしたが、これが強化されればされるほど個人の自由への侵害が懸念されるのであり、それ故にこそ、他方で、罪刑法典は、起訴陪審員に同じ市民を訴追することの重大性をより一層自覚せしめるために、起訴陪審の義務を個人の自由の尊重に基礎づけ、もってその義務が崇高なるものであることを明示する必要性があった。罪刑法典の説示の明記は、そういう意味を有するものと解することができる。「自由」と「安全」の見地からこれを表現すれば、刑事権力の強化をはかるとともに、「市民的自由」を強調することにより、人権宣言の「市民的保護」に向けて「市民的自由」と「社会的自由」との統合を保持しようとしたものといいうる。右のことから、罪刑法典は、その改正法である一八〇一年法とともに、予審の近代的意義を解析し明確化する上で、極めて重要な意義をもつものであることが分かる。そのことについては次節に委ねる。

なお、罪刑法典において明確化された予審免訴の意義は、一八〇八年の治罪法典（Code d'instruction criminelle）によって起訴陪審とともに起訴陪審免訴が廃止され、代って純然たる予審官すなわち予審判事による予審免訴として復活した後においても基本的には継承されていくが、そこには一七九一年刑事訴訟法および罪刑法典における起訴陪審にみられた「市民と権力との緊張関係」は消失し、これに代って「刑事司法権力機関相互の緊張関係」へと転化していくことに留意しなければならないであろう。

いずれにせよ、罪刑法典は、犯罪鎮圧強化のために、換言すれば「社会的安全」のために「市民的自由」を後退させる予審の糺問化に踏み出した。これを促進するのが、次にみる一八〇一年の法律である。同法は、検察官たる公的訴追官を設置し、陪審指導判事を事実上糺問的予審官に転化させ、さらに起訴陪審面前での手続を書面化することにより、起訴陪審の存在を形骸化するものである。罪刑法典がこの法律により改正されることによって、予審における「市民的自由」の防塁を象徴した起訴陪審はその終焉期を迎えることになる。

（1）沢登佳人・藤尾彰・鯰越溢弘訳「邦訳・第革命期フランスの刑事訴訟立法（その二）、罪刑法典（一）」〔訳者解説部分〕法政理論一七巻四号（一九八五年）一一〇頁。
（2）Pierre Bouzat et Jean Pinatel, Traité de droit pénal et de criminologie , T.II, Procédure pénale, 2e ed., 1970, p.899.
（3）Bouzat et Pinatel, ibid., p.889.
（4）André Laingui et Arlette Lebigre, Histoire de droit pénal II, La procédure pénale, 1979, p.140.
（5）Cf.Bouzat et Pinatel, op.cit., p.889.
（6）沢登他訳・前掲「罪刑法典（一）」（訳者解説）一一〇頁。
（7）H.Donnedieu de Vabres, Traité élémentaire de droit criminel et de législation pénale comparée, 2e ed., 1943, p.523.
（8）ラングゥイ＝ルビグルは、私訴と公訴との区別について、一六七〇年のオルドナンスの健全な原則への回帰とみている。ただ、この区別により、その代償として、私人の重要な権利が放棄されたと指摘している。Laingui et Lebigre, op.cit., p.140. これは、私人が告訴・告発したにもかかわらず、被告人に対する勾引状、勾留状または出頭令状の発付が警察官に拒否された場合、一七九一年刑事訴訟法のように直接起訴陪審に直接事件を係属させることができなくなったことを意味している。罪刑法典は、この場合、陪審指導判事に申し立てることができるものに改正したことは本文で述べたとおりである（九八条）。
（9）高内寿夫「フランス検察官の地位とその刑事手続上の機能（一）」國學院法研論叢一三号一九八五年）三四頁。同「フランス刑事訴訟における予審の機能（一）」（國學院法政論叢一二揖（一九九一年）一〇一頁。なお、罪刑法典に関して、高内・前掲「フランス刑事訴訟における予審の機能（一）」九八―一〇二頁参照
（10）沢登他訳・前掲「罪刑法典（一）」（エスマン「罪刑法典解説」）一三四―一三五頁。
（11）この点につき、具体的には、沢登他訳・前掲「罪刑法典（一）」（エスマン「罪刑法典解説」）一三二頁を参照されたい。
（12）沢登他訳・前掲「罪刑法典（一）」（エスマン「罪刑法典解説」）一三一頁。
（13）エスマンは、公訴と私訴との区別によって、一七九一年刑事訴訟法の定めていた種類の公衆訴追は消失したと述べている。沢登他訳・前掲「罪刑法典（一）」（エスマン「罪刑法典解説」）一三〇頁。エスマンのこの点に関する解説について、沢登教授の論評がなされているので参照されたい。同「罪刑法典（一）」一一三―一一四頁。
（14）沢登他訳・前掲「罪刑法典（一）」（エスマン「罪刑法典解説」）一三三―一三四頁。

（15）沢登他訳・前掲「罪刑法典（一）」一八六―一八七頁。
（16）Vabres, op.cit., p.523.

第三節　一八〇一年法

第一款　一八〇一年法による罪刑法典の改正

罪刑法典は、警察官訴追の強化と陪審指導判事の権限の拡大による予審の強化を実施したものの、なお犯罪の鎮圧には両者は弱体で不十分であった。[1] それ故、一八〇一年法（共和暦九年雨月七日の法律）は、そのさらなる強化をはかるために、罪刑法典が一七九一年刑事訴訟法に施した以上の大幅な修正を罪刑法典に施した。一八〇一年法の正式名称は、Loi relative à la poursuite des délits en matière criminelle et correctionnelle（重罪事件および軽罪事件における犯罪の訴追に関する法律）といい、その名称が示すようにもっぱら犯罪の訴追に関する制度を改正し、訴追の強化をはかった法律である。具体的にいえば、同法は、政府委員（commisaire du Gouvernement）に犯罪訴追権（公訴始動権）を与え、さらに陪審指導判事の予審権限を拡大し事実上予審官に転化することを主たる内容とする二六箇条よりなる法律である。

この法律の内容に入る前に、訴追（poursuite）の概念について若干言及しておく。フランス刑事訴訟法において、現在、poursuit の語は、「検察官が公訴権を実行し法律の適用を請求する行為、および、刑事犯罪の行為者を発見し、証拠と嫌疑を収集しこれを判決裁判所に移送するために予審判事が行う行為の全体を意味する。公訴権の実行以前の嫌疑を受けた者に対する（警察の）予備捜査は、本来の刑事訴追ではないが、慣習的に訴追の表現が用いられている」[2]と定義されている。思うに、一七九一年刑事訴訟法および罪刑法典の警察官訴追がその慣習を基礎づけたのであろう。

したがって、現在、本来の「訴追」の語は検察官訴追と予審判事訴追を含んでいるが、前者のみの訴追が狭義の訴追、両者の訴追を包括する場合を広義の訴追ということができる。訴追と予審の分離という場合、この訴追は検察官訴追を意味する。一八〇一年法がその名称に用いる「訴追」の語は、その内容から当然広義の訴追を意味することが明らかである。したがって、本節で「訴追の強化」という場合は、広義の訴追を指すものとする。

さて、一八〇一年法が大幅な改正を行ったのは、公訴権の実行（exercice de action pubique）、予備予審捜査（information préminaire）および起訴の実行（mise en accusation）の三つの部分に対してである(3)。なかでも、起訴の実行、すなわち起訴陪審機能の歪みによる弱体化が看過しえない状況に陥っていたため、その根本的修正を緊要の課題としていた。そして、その修正は、起訴陪審による予審を糺問化に導き、革命により弾劾化された予審（糺問的警察官と弾劾的起訴陪審とにより構築された二段階構造の予審）の終焉を告げるものであった。同時に、同法は、公訴の追行権（行使権）を与えられていた政府委員に、さらに公訴の始動権（提起権）を付与して検察官たる官吏を新たに創設した。これにより、訴追と予審の機能分離が形の上でほぼ完成したといえる(4)。

第二款　一八〇一年法による改正内容

一　公訴の始動権および公訴の追行権を掌握する公的訴追官の再設置

一七九一年法は、真の公衆訴追（accusation populaire）を制度化したが、公訴と私訴との区別を消しさるものであった。これに対して、罪刑法典は公訴と私訴の区別を再び呼び戻した。それ故、両者を区別するために、一七九一年法にはなかった公訴権の規定を第五条に、私訴権に関する規定を第四条および第六条にもうけた。その代償として、罪刑法典は、告訴・告発人から起訴陪審に直接事件を受理せしめる権利を取り除いた。

さて、罪刑法典第五条は、前述のように、私訴権と公訴権とを区別して、公訴権の人民帰属性(5)と特別に設置された官吏による公訴権行使を規定した。この官吏とは、公訴官と理解することができる。公訴官は、公判を維持する原告当事者として、すでに一七九一年法において設置されていた官吏である。同法および罪刑法典においては、公訴官は公訴の追行権、すなわち起訴陪審の認めた起訴状に基づいて犯罪を追糺する任務を与えられてはいたが、裁判所に対する公訴の始動権は付与されていなかった。このように、罪刑法典にも公訴の始動権および行使権をともに有する検察官たる官吏は存在しなかったが、しかし、罪刑法典は公訴権を法文上初めて明記し、その行使権者についての規定をもうけたことから、すでに検察官たる官吏に親しむ性格を呈していたといえる。(6)同法が一八七〇年のオルドナンスに回帰するものといわれる所以は、そこにあった。

そして、一八〇一年法は、訴追の強化のために、公訴の始動権と追行権の両者をすでに設置されていた政府委員に与え、政府委員を検察官たる新たな官吏としたのである。検察官の再設置とはこのことをいう。その経緯は、おおよそ次のとおりである。

罪刑法典は、先に詳述したように、訴追と予審とを治安判事と陪審指導判事の手に混在させていたため、一八〇一年法はこの錯綜・混然とした訴追と予審とを明確に分離することにより、訴追と予審の強化を実現しようとした。この点について、法案の起草者であるティス（Thiesse）は、法制審議院での報告の中で、「同法の草案を支配する思想は、それぞれの機能はきれいに分配されたところの訴追を行う公的当事者と予審判事の思想である」(7)と述べている。そのきれいな機能分配のために、略式予審官である治安判事および実質的に予審官となった陪審指導判事から訴追権を取り上げ、同時に訴追権（公訴始動権・公訴駆動権）と公訴追行権とを一手に掌握する公的訴追官を創設する必要があった。

そこで、一八〇一年法は、まず、治安判事と陪審指導判事から公訴を始動（mise en mouvement）させる公訴権駆動権を取り去り、これを政府委員に委ねた。政府委員はすでに共和暦八年霜月の憲法によって公訴権の行使（exercice）権（公訴追行権）を獲得しており、一八〇一年法が訴追権すなわち公訴始動権を与えたことにより、政府委員は公訴始動権と公訴追行権とを掌握することになった。ここに、実質的な検察官たる公的訴追官（accusateur public）が創設された[8]。

同法は、さらに、この政府委員に各アロンディスマンごとに代理を与えた。この政府委員代理は初めコンスール(Consul)と名づけられたが、この代理こそが真の共和国検事(procureur de la République)である[9]。政府委員代理(substitut du commissaire)の職務は探索(捜査 recherche)だけではなく、彼は重罪、軽罪および違警罪のすべてにわたり犯罪を訴追することが義務づけられた(一条)。また、政府委員代理は、告訴・告発を受理しなければならないことも義務とされた(三条)。治安判事および憲兵隊も同じくその権利を保有していたが、彼ら治安の警察官は政府委員代理の監督下におかれ、その単なる補助者でしかなくなった(四条)。すなわち、政府委員代理は、司法警察官に対する監督権をもつ司法官(マジストラmagistrat)でもあった。政府委員代理は、後に共和国検事の名称を与えられ、その役割が維持されることになる。

実質的な訴追権限を取り去られた治安判事は、政府委員代理の監督の下にその補助者となり、告訴・告発を受けてまたは職権で予備予審捜査(略式予審)を行う警察捜査官となった。治安判事の捜査で得られた情報は、すべて政府委員代理に報告され。政府委員は、代理から送付された情報に基づき、その代理を通じて予審官たる陪審指導判事に予審の請求(予審開始請求)をなして公訴を始動させ、さらに公訴を追行した。

このように一八〇一年法は、公訴権の実行権(始動権および行使権=追行権)をもつ公的訴追官(政府委員=後に検察官)をもうけ、「起訴前捜査—訴追—予審の三機能を、司法警察官—検察官(政府委員)—予審判事(陪審指導判事)の三主体に配分[10]」して、機能分離を実現した。

二　検察官勾留の新しい規則の創設

逮捕を命じられた官吏は、可能なかぎり速やかに政府委員代理の面前に、被告人を連行しなければならない。また、政府委員代理は、補助者である警察官が収集した証拠および記録手続を受け取る。しかし、もっとも注目すべきは、政府委員代理が、被告人を留置監に仮勾留（détention provisoire）するために、勾留状（mandat du depôt）を発する権限を獲得したことであろう（七条）。一八〇一年法は、これまで決して検察機能を有する公的当事者たる官吏がもつことのなかった勾留権を、政府委員代理に与えたのである。政府委員代理に勾留権を認めたことは、訴追と予審との機能分離の観点からいえば、決して「きれいな」分離ではない。エスマンは、これを「予審と訴追との間に築いたと宣言した障壁が、代理の面前で低められた[11]」と批判する。このように、同法は、訴追権の強化を、かつてみることのなかった方法で実施したのである。このいわゆる検察官勾留状は、同法の際立った特徴の一つであるが、しかし批判も強く、そのため時間的制約を付すことによってこの権限を緩和する措置を講じた。すなわち、政府委員代理は、勾留状を発した後、二四時間以内に、第一段階の予審裁判官となった陪審指導判事に事件を係属させなければならず、陪審指導判事はできる限り短期間の内に審理を行うことが義務づけられたのである（七条）。

三　陪審指導判事の予審および起訴陪審面前での手続

陪審指導判事は、手続行為および予審行為を行うにあたり、第一二条により、政府委員代理との協力が義務づけられた。すなわち、第一二条は次のように規定する。「いかなる手続行為も予審行為も、重罪裁判所付置の（政府）委員代理の意見を聞いた後でなければ、陪審指導判事によっては行われない。」検察官は請求者であり、予審官は予審を行う者であることから、両者は協力関係に置かれたのである。

ところで、一八〇一年法は、治安判事に予備予審捜査すなわち略式予審権を存置していた。強制処分としての身柄拘束権については、治安判事や憲兵隊士官は現行犯および公衆のごうごうたる非難に基づく場合には被告人を逮捕させる権限を有し（四条）、また、苦しめの刑に相当する犯罪についても、被告人に不利益な十分な徴憑がある場合に、被告人を政府委員代理の面前に勾引する権限を認められていた。

さて、一八〇一年法は、陪審指導判事の糾問的予審権を大幅に強化した。陪審指導判事は、証人を出頭させ、これを聴問し、被告人を勾引させて嫌疑を告知することなく尋問することができ、違警罪裁判所、軽罪裁判所もしくは起訴陪審に移送するため被告人を勾留する命令（勾留状）を発することができた。また、犯罪地の臨検もできるようになった（四条—一五条）。さらに、警察官の略式予審もやり直すことができた（四条—一五条）。こうして、同法は、略式予審権を警察官に残しながら、陪審指導判事に予審権を集中することにより純粋な予審官に近づけた。むろん、付公判可否決定権は、起訴陪審制度の必然的帰結として、起訴陪審がこれを維持した。

　これらの陪審指導判事による予審は、ほとんど古い法律の諸規則を蘇生させるものであった[12]。そのもっとも顕著なものが、予審の秘密性、書面主義および古い尋問の原則の復活である。証人は「個別に、かつ被告人の立会なしに」聴問されることになった（九条）。エスマンによれば、これは「一七八九年以来実施されてきた諸規則を激変させるものであった[13]。」被告人は、尋問が終了するまで、自分に掛けられた嫌疑を知らされなかった。ただし、古い糺問の法律と異なり、陪審指導判事は、被告人に対して、証人の供述を朗読して聞かせなければならなかった。そして、その後、被告人はもう一度新たに尋問するよう要求することが認められていた[14]（一〇条）。

　さらに、糺問主義への復活を端的に示すものとして、予審の書面化を指摘することができる。起訴陪審の面前では、もはや被告人の聴問も、証人の聴問も、告訴当事者の聴問もなく、起訴陪審は書面に書き留められた証拠（pièces écrites）に基づいてしか判定を下すことができなくなったのである[15]（二〇条および二一条）。こうして、起訴陪審による予審は、口頭主義を廃止し、完全に書面主義化された。理由は、その口頭審理が起訴陪審の本来の役割を逸脱させているとの懸念にあった。当時、起訴陪審が実際に実体判断に踏み込み免訴評決を頻繁に下していたことは、既に述べたとおりである。

四　陪審指導判事による予審後の手続

陪審指導判事の予審が終了すると、陪審指導判事は政府委員代理に報告をしなければならない。政府委員代理は、三日以内に、文書で請求を提出しなければならない。続いて、陪審指導判事は、「事件の相違、証拠の性質およびその重要性に従って、被告人を釈放するか、あるいは被告人を違警罪裁判所もしくは軽罪警察裁判所または起訴陪審の面前に移送する命令を発する。後者の場合には、命令は常に被告人に対する勾留状をもたらす。しかしながら、被告人は法律に定められた場合、法律に定められた形式に従って、仮に釈放されうる」（一五条）。前者の被告人の釈放は、理由なし（non-liue）の場合になされる命令であり、予審官による予審免訴（non-liue）の原形の一要素に該当する。[16]なお、移送の場合、それに伴って発せられる勾留状は、政府委員代理（検察官）の発する勾留状による仮勾留を正規の勾留とするものである。[17]

このように、陪審指導判事は、免訴か移送のいずれかの命令を下さなければならないが、しかし、陪審指導判事の命令は、政府委員代理の請求に従う必要はない。両者が一致しない場合、事件はアロンディスマンの裁判所の判定に委ねられる。当該裁判所は、政府委員および陪審指導判事の意見を聴いた後でなければ、その事件を裁判しない。裁判所の決定に、陪審指導判事が参加することはできない（一六条）。当該裁判後、二四時間以内に、政府委員代理は、適当と判断した場合には、訴訟関係物と共に、その裁判を政府委員に送る（一七条）。政府委員代理から訴訟関係物を受け取った政府委員は、裁判をすべきでないと判断する場合には、重罪裁判所の裁定を仰ぐ（一八条）。その裁定に対して、政府委員は破毀裁判所重罪部に破棄を申し立てることができる（一九条）。

陪審指導判事の決定は、政府委員の判断と異なる場合、累進上訴の制度に従うが、上訴は公的当事者すなわち政府委員にのみに認められていた。被告人に上訴権を認めていない点は、防禦権の観点から極めて問題となるところである。かかるシステムは、陪審指導判事の免訴および政府委員の不訴追を厳重にチェックするものといえよう。

第三款　一八〇一年法における予審の特徴

一八〇一年法は、実質的に検察官の機能を果たす公的訴追官を設置することによって、訴追と予審の機能分離を一応果たし、近代刑事訴訟法の素地を、具体的には治罪法典の予審に関わる素地をほぼつくり上げるものであったといえる。同時に、同法は、検察官たる政府委員の設置とともに、陪審指導判事の糺問的予審官化を基軸に訴追の強化を促進し、予審を秘密主義と書面主義によって糺問化し、予審における被告人の防禦権を、換言すれば「市民的自由」を後退させるものでもあった。このように、同法による検察官の設置と糺問的予審官化には、近代的刑事訴訟法への足跡と「市民的自由」の後退という二つの側面がある。それ故、どちらに観点をおくかにより、同法に対する評価も必然的に異なるものとなる。

最近のわが国の研究者による同法の評価は比較的に肯定的である。その評価には二つの見解がみられる。一つは、同法のもたらした訴追と予審の機能分離が、訴追の強化・促進と人権の確保を目的とするものであり、この両者をともにほぼ満足せしめるものであったとの見解であり(18)、もう一つは、さらに積極的な評価を与えるものであって、同法が公衆の代表である治安判事から訴追権、強制権に基づく予審権を剥奪したことを私人＝公衆訴追の後退であるとしながらも、治安判事を糺問裁判官の地位から外したことをもって、むしろ糺問手続から弾劾手続への完全な脱皮を示す画期的な進歩と評価する見解である(19)。後者の見解は、検察官設置による予審の糺問化も、歴史の弁証法的発展の一過程として把握する歴史観に支えられている(20)。これに対して、フランスでは、とくにエスマンが、糺問主義へ回帰するものとして批判的な論調を示しているものの、後世の代表的な学者は、概ね、同法の特徴を掲げ、同法が糺問主義への回帰と治罪法典への過渡的性格を示すものであると指摘するにとどめている(21)。

右の点について、本書が関心を寄せるところのものは、弁証法的な歴史観に基づく一八〇一年法の価値の主張にあるのではなく、また、単に糺問主義への復帰という事実の指摘にあるのでもなく、一八〇一年法における予審の内容と「市民的自由」および「社会的安全」のテーゼとの関わりである。かかる観点から、同法が治安判事に代えて陪審指導判事に予審官としての実質的地位を与え、彼による予審がかつての糺問主義下の予審にかなり共通点をもって復帰するものであったという点に鑑みれば、同法が被告人の人権を革命期の刑事訴訟立法の中でもっとも後退させたものである点を看過することはできない。たしかに、訴追と予審の結合は原告当事者と裁判官の結合であり、訴追権、証拠収集権、証拠評価権を一個の人間に集中することから様々な弊害が生じることは歴史の証明するところである。人権の侵害はその弊害の典型的なものである。けれども、一七九一年刑事訴訟法は、弾劾化した起訴陪審にこそ、この人権保障すなわち「市民的自由」の保障の任を担わせたのである。一八〇一年法の立法者が、被告人の防御権と訴追の正確性とを、訴追と予審との機能分離の基本的思想としていたと指摘されているが[22]、少なくとも、同法の機能分離のなされた予審の内容を見るかぎり、エスマンの強調するように、革命前の糾問主義への回帰の傾向を強く示すものであり、同法によって改正された予審制度は被告人の人権を確保する内容とはいいがたい諸要素によって構成されている。フォスタン・エリ（Faustin Hélie）は、同法の訴追と予審の分離についての立法者の思想がもっぱら「公訴権に一層有効な推進力を与えるために、公訴権を政府の手中におくことであった[23]」と指摘し、被告人の防御権の確保が同法の立法の基本思想であったとの解釈を批判している。

具体的にいえば、伝統を打ち破ってまで検察官（仮）勾留権を認めたこと、一七九一年法において起訴陪審の手続進行係にとどめられていた陪審指導判事を糾問的予審官に変えたこと、予審の秘密主義の復活により被告人の防御権を著しく後退させたこと、陪審指導判事の決定に対する上訴権が検察官にのみに与えられ被告人に認められなかったこと、さらに書面主義の復活により起訴陪審の機能が著しく形骸化したこと等、機能分離の結果は人権の確保の面をかなり後退させる内容をもつものであったといえる。この予審の実体が、当時にあって十分な人権の確保であるとの感覚に支えられていたならばともかく、一八〇一年法が草案の段階で、かなり激しい論争を巻き起こした点からしても、同法のもたらす「市民的自由」に対する後退の危惧感が相当に強いものであったことが窺える。この議論の様相をエスマンがかなり詳細に紹介しているので[24]、「市民的自由」の見地から同法の草案をめぐる議論の様相を紹介しておく。

まず、公的訴追官の創設については大方の賛同を得たものであるが、ガニル（Ganilh）は、テルールにおける政府の手先に委ねられた公的訴追の危険性を指摘し、一七九一年法の制度を精力的に擁護した。しかし、革命によって生じた無秩序の原因が、政府の不在や社会組織の脆弱さに起因するとの認識派が多く、これを放置しておくとあらゆる社会組織が崩壊するとの危惧感が、結局のところ公的訴追官設置による訴追強化の必要性を優越させた。

さらに強い抵抗にあったのが、検察官勾留である。これはまったく未体験のものであったところから、幾人かの発言者がこれを危惧し、警戒心を抱いた。そこで、少なくとも、この新しい令状の手続を厳格に定義することが要望された。検察官勾留については、ジレ（Gillet）が次のような趣旨の見解を展開しこれを擁護した。検察官（政府委員代理）の勾留状は罪刑法典おいて新しい言葉であるが、実のところそのもの自体はなにも新しいものではなく、被疑者が捕えられ警察官による勾留状が発せられる間、すなわち治安判事による予審の間、警察官は被疑者を仮に留置する命令を発していた。この命令が勾留状といいうるものである。この勾留状の発付権を検察官に委ねた理由は、警察官の勾留状による仮の勾留が留置監以外の様々な場所で行われ、被疑者を供述させている。これは正常な状態とはいえず、むしろ検察官に勾留状の発付権を認めることにより、被疑者は留置監に収容され、留置監以外で供述させられることがなくなる。つまり、治安判事の発する仮の留置命令よりも検察官の勾留状のほうがより不正常ではなく、かつ心配も少ないものとなる。要するに、警察官の曖昧で不正常な拘禁の現状を、検察官に勾留状の発付を委ねることにより改善しうるし、そうすべきであるとの見解である。しかし、放置された現状に法規制を加えることが、検察官の勾留権に結びつく必然性はない。訴追権を有する検察官に強制処分権を付与したことは、やはり訴追の強化策の一環として理解すべきである。のちに、一八〇八年の治罪法典が、権力分立に反するものとして、これを廃止した。

また、予審の秘密化についても、反対の意見表明がなされ、活発に議論された。これについても、ガニルは一七九一年法および罪刑法典の諸規則のみならず、一七八九年法おける原則の放棄であると力説し、この秘密で暗い手続を起訴陪審の決定の基礎におくことは大革命のもっとも偉大な恩恵を汚染するものであると精力的に反対した。これに対して、ティスは、真実を明らかにするには、証人の供述が被告人の立会いのない平穏な状態でなされることが必要性であること、訴追理由（嫌疑）告知前の被告人の供述についても、供述後に訴追理由を告知することが義務づけられていること、そして告知後に被告人の要求があれば再度供述する権利を与えていることをもって、真実を明らかにしうるものと主張した。すなわち、真実の発見を、予審の秘密化の根拠としたのである。一七八九年以来、観点はすでに変化を来しており、ここにいたり明瞭に訴追の利益（l'intérêt de la poursuit）が防禦権（les droits de la défer se）に優越したといってよいであろう。結局、予審の秘密性は刷新されながらも復活されたが、その理由は予審における証拠収集の効率化による犯罪の鎮圧にあったといえる。

もっとも激しい議論の対象となったのは、起訴陪審の面前での手続を書面手続に修正することについてであった。たとえば、シャボ（Chabot）は、書証を用いることになれば起訴陪審は存在しないに等しいものになると主張し、強く反対した。これに対して、当事者の平等性の見地から、また起訴陪審員を判決陪審員と錯覚させることを最小限に防止する理由から、起訴陪審面前での口頭性を廃止すべきであるとの主張がジレよりなされた。しかし、後述するように、起訴陪審面前での手続を書面手続に変えることは、シャボの指摘を待つまでもなく、起訴陪審による起訴の理念と意義を大きく侵食するものであったことは否定しがたいところである。

では、起訴陪審面前での手続の書面化がなぜ必要であったのか、また書面化が起訴陪審をいかに形骸化したかについて、今少し具体的に検討してみよう。

訴追の強化のために、検察官（政府委員）訴追を公判訴追に強力に連結するには、「市民的自由」の防塁であった起訴陪審の付公判可否決定を形骸化する必要があった。なぜなら、起訴陪審はその職責を全うしえない状況に恒常的にあり（政治的熱狂に取り憑かれたり、強盗の脅迫に屈したり、あるいは犯した犯罪に対して固定された刑罰が重すぎることにより不起訴の評決を下すことが頻発していた）、起訴陪審に付公判可否決定の実質を委ねているかぎり、起訴陪審の評決以前の訴追をいくら強化したところで、結局のところ訴追の強化の成果をあげることができないからである。

そこで、一八〇一年法は、起訴陪審の恣意的な判定から付公判可否決定を防衛するために、起訴陪審の面前での手続の書面主義化をはかった。むろん、エスマンの紹介する改正論議の中にはこのような主張を裏づける見解はみられないが、陪審の無軌道ぶりはすでに放置しえない状態に陥っていたことはつとに指摘されているところであり、それが公判訴追の弱体の元凶であると疑う者は多かった。しかし、革命の個人的自由主義を象徴する制度の一つであり、のちに憲法にその存在の必要性が明記されることになる程の意義を付与されていた起訴陪審そのものを排撃することは当時としては考えられず、結局、書面手続化することで起訴陪審の恣意的な判定を抑制する方策を打ち出したと考えられる。なぜなら、書面手続化することが起訴陪審の存在を根底から揺るがしこれを有名無実化しうることは、当然のことながら十分に予測しえたからである。

したがって、起訴陪審の有名無実化を主張するような見解は見受けられないものの、書面手続化の真の狙いは、起訴陪審の恣意的な不起訴評決の抑制というよりも、さらにこれを積極的に形骸化させることにあったと考えられる。そして、この書面手続化の真の目的を実現するには、予審における同判事の主導権を確立することが不可欠であった。そのためには、起訴陪審の面前での手続以前に、証拠および訴訟関係物を入念に準備し相当に不動なものとしてこれを書面化すると同時に、付公判可否決定すなわち公判への起訴・不起訴の実質的決定権を陪審指導判事が掌握する必要があった。このような観点からすれば、一八〇一年法が陪審指導判事に再び免訴権を認めたのも、訴追強化を目的とした陪審指導判事の糺問的予審権の拡大の一環として位置づけることができる。

現に、起訴陪審の面前での手続が書面手続となったことで、起訴陪審は書面化された証拠に基づいて付公判の可否を判定するというやっかいで過重な職務に追われ、それまでのようにその恣意性を縦横に発揮することができなくなった。ヴァーブル（Vabres）によれば、「この書面手続に専門でない陪審は、やっとのことで対応していた」[25]のである。そして、手続の書面化は、付公判決定の本来的機能を大きく侵食した。なぜなら、起訴陪審は、被告人や証人および告訴当事者の生の声を聞くことにより、初めて捜査の結果に予断を与えられることなく起訴理由の妥当性を判定することができたのであって、書証にのみ基づいて起訴の当否を問う手続では、治安判事や陪審指導判事の予審結果から一方的な予断を植えつけられる可能性が高く、起訴理由の妥当性の判定をかなり形骸化するものであることは疑いえないからである。「この書面手続に専門化でない陪審は、やっとのことで対応していた」という先のヴァーブルの言葉は、決して誇張ではないであろう。

このように、起訴陪審での手続を書面化することは、付公判可否決定の実質を起訴陪審の手から陪審指導判事の手に移すことを眼目していた。しかも、陪審指導判事に免訴権を与えその予審権を拡大する一方で、この免訴権の行使に手落ちがないように、また濫用を防止するために、免訴の決定に対する政府委員の上訴を制度化した。

かくして、被告人を弾劾すべきか否かを、刑事司法権力にではなく、市民の手に委ねた一七九一年法の訴追と予審のシステムは、罪刑法典を経て、一八〇一年法にいたり、陪審指導判事の糺問的予審官化と手続の書面化によって、その精神をほぼ消滅させられることになったのである。そして、この手続の書面化による起訴陪審の機能の形骸化は、刑事訴追における「市民と権力との緊張関係」をここに大きく後退せしめたといいうる。

こうしてみると、一八〇一年法が、刑事訴訟法発展史の見地から、近代刑事訴訟法への重要な基礎を提供するものであったことについて積極的な評価を下すことは正当であっても、同法の行った訴追と予審の機能分離がある程度の工夫を施したとはいえ、被告人の人権を確保するものであったと評価することは妥当ではない。とりわけ、刑事訴訟での人権は捜査・取調段階でもっとも侵害されやすいことから、予審での被告人の防禦権が十分に配慮されなければならないことはいうまでもない。しかるに、同法の予審の実体は、革命期の刑事訴訟法において被告人の防禦権をもっとも後退させるものであったことは、先に詳述したとおりである。結局、同法は、被告人を再び糺問的刑事司法権力の客体の地位に引き戻し、被告人の利益よりも訴追の利益を圧倒的に優先した法律であったと考えるべきであろう。換言すれば、「市民的自由」と「社会的安全」との対抗をより強く自覚し、「市民的自由」よりも「社会的安全」の重視を選択した法律であった。これをより強化するのが、近代的刑事訴訟法典といわれている一八〇八年の治罪法典である。

（1）Esmein, Histoire de la procédure criminelle en France, 1882, p.451.

（2）Gerard Cornu, Vocabulaire juridique, 1987, p.596.

（3）André Laingui et Arlette Lebigre, Histoire de droit pénal II, La procédure criminelle, 1979, p.141.

（4）沢登佳人教授は、訴追と予審との機能分離が検察官の勾留状（勾禁状）発付による身柄拘束権によって、未だ完全分離でないと指摘している。詳細については、沢登佳人・藤尾彰・鯰越溢弘訳「邦訳・大革命期フランスの刑事訴訟立法（その三）、重罪事件および軽罪事件における犯罪の訴追に関する法律（革命暦九年雨月七日）」［解説］法政理論一八巻三号（一九八五年）二一九頁を参照されたい。以下、同資料を、沢登他訳「一八〇一年法」と略す。

（5）公訴権の人民帰属性の宣言は、刑事訴訟における人民主権の宣言に他ならない。この公訴権人民帰属の規定は、治罪法典以後その姿を消すが、今日の学説において既得の原則として共通の理解を得ている。たとえば、公訴権の人民帰属は、検察官の公訴放棄の権限および和解の権限を否定する理由の根拠とされている。G.Stefani, G.Levasseur, B.Bouloc, Procédure pénale, 13e ed., 1987, p.119. G・ステファニ・G・ルヴァスール・B・ブーロック『フランス刑事法［刑事訴訟法］』（澤登佳人・澤登俊雄・新倉修訳・成文堂、一九八二年）六九頁。

（6）Laingui et Lebiger, op.cit., p.140.

（7）Esmein, op.cit., p.452.

（8）検察官の誕生の経緯については、沢登俊雄「フランス」（比較法研究三八　一九七七年）八〇頁以下、高内寿夫「フランス検察官の地位とその刑事手続上の機能（一）—同一体の原則と独立の原則に関する考察—」國学院法研論叢一三号（一九八五年）三二頁以下、また検察官の概念を歴史的な分析を踏まえながら詳論するものとして、北村一郎「フランスにおける公的補佐の概念」野田良之先生古稀記念『東西分化の比較と交流』（有斐閣、一九八三年）参照。革命期の刑事訴訟立法を訴追と予審の機能分離の経緯を詳論するものとして、沢登佳人「フランスの『人民代表訴追』とイギリスの『一般市民訴追』—捜査権強化と機能分離との調和」法政理論一六巻三号（一九八四年）一一六頁以下参照（以下、沢登佳人「フランスの『人民代表訴追』」と略す）。

（9）Esmein, op.cit., p.451. Laingui et Lebigre, op.cit., 141.

（10）沢登・前掲「フランスの『人民代表訴追』」一二〇頁。

（11）Esmein, op.cit., p.453. 沢登佳人「フランス刑事法は、検察官と私訴原告人との協同による公衆訴追主義を採る」法政理論一六巻一号（一九八三年）一二五頁参照（以下、沢登佳人「公衆訴追主義」と略す）。

（12）Esmein, ibid., p.453.

（13）Esmein, ibid., p.453.
（14）Esmein, ibid., p.453. Laingui et Lebigre, op.cit., p.141.
（15）Laingui et Lebigre, ibid., p.141. 二〇条は、次のように規定する。「起訴状は、重罪裁判所付置の（政府）委員代理によって作成される。陪審指導判事は、起訴状および起訴状に関する全ての訴訟関係物を出席している陪審員に対して読みて聞かせる。」さらに、二一条は次のように規定する。「告訴当事者または告発当事者は、起訴陪審の面前において聴問されえない。証人は起訴陪審にはもはや召喚されない。証人の供述は、起訴状を支える尋問記録および全て訴訟関係物と共に、起訴陪審に手渡される。」
（16）Esmein, op.cit., pp.453 et 454.
（17）Esmein, ibid., pp.453 et 454.
（18）高内・前掲四〇頁。
（19）沢登・前掲「公衆訴追主義を採る」一二四—一二五頁。
（20）沢登佳人・藤尾彰・鯰越溢弘訳「邦訳・大革命期フランス刑事訴訟立法（その二）、罪刑法典（一）（革命暦四年霧月三日）」法政理論一七巻四号（一九八五年）（訳者解説）一二〇頁。なお、沢登教授は、弁証法的歴史観に立脚して、エスマンには「糺問手続に対する造詣と特別の思い入れ」があるので、エスマンの一七九一年法以後の立法に対する糺問手続の影響力に関する批判的評価を「かなり割引して受け取る必要がある」と論評され、糺問手続の制度・法文の利用が即反動と退行を意味するものではなく、温故知新による法の進化の常道であると述べている。沢登・前掲「公衆訴追主義」一三三頁。同教授の一八〇一年法に対する評価は、次の叙述に端的に示されている。「（同法のもたらした）予審のかような変化は、明らかに刑事手続近代化への逆流である。そして、この逆流を必然とした時代の要請は、同時に、予審請求—公判維持—科刑請求—破棄申立を通じ一貫して訴訟原告たる真の近代検察官の創設による、訴追と予審との機能分離と当事者対等との推進・強化という刑事手続近代化を、必然のものとして創造した歴史的要因でもあった。ここに深い歴史の皮肉が潜む。」沢登他訳・前掲「一八〇一年法」（解説）二二〇頁。
（21）たとえば、ラングゥイ＝ルビグルは、「一八〇一年法は、以前の失敗を認めつつも、過去への際立った回帰と治罪法典の前兆を示すものである」と述べている。Laingui et Lebigre, op.cit., p.141.
（22）高内・前掲三九頁。
（23）高内・前掲三九—四〇頁。
（24）Esmein, op.cit., pp.455 à 458. 改正論議の詳細については、沢登他訳・前掲「一八〇一年法」（革命暦九年の諸法律・エスマン）二三二—二四〇頁の邦訳を参照されたい。
（25）Vabres, op.cit., p.523.

第三章　治罪法典草案

フランス革命後、一八世紀の刑事手続の改革は、司法権力に対する人権保障システムをいかに築くかということを課題としていた。革命立法である一七九一年法は、その解決策としてイギリスの陪審制度を基盤とする弾劾主義を導入した。公判前手続についても、起訴陪審による予審の弾劾化を実現した。しかし、起訴陪審員は、嫌疑（charge）と証拠（preuve）とを混同し、判決陪審の権限を侵食する形で、起訴陪審権を濫用した。その結果、民衆の手に委ねた犯罪の訴追は、革命期の混乱の中で統制を失い、機能不全を招来した。

訴追の機能不全に起因する犯罪鎮圧の無力さが次第に顕著になると、起訴陪審制度の下で訴追をいかに強化するかが、中間法時代の課題となった。近代的検察官制度の確立の基礎となった一八〇一年法は、中間法時代における訴追の強化策の到達点であった。ここにおいて、起訴陪審における手続が書面審理化し、それまで起訴手続の単なる進行役にすぎなかった陪審指導判事の役割が重視されることになった。同法による改革は、陪審指導判事を明瞭に糺問的予審官たらしめる最初の改革でもあった。

やがてナポレオン・ボナパルト（Napoléon Bonapart）がクーデタにより政権の座に着くと、刑事法の全面的な改正が企画され、準備作業が開始された。刑事手続については、革命の精神を堅持しようとするいわば革命派と革命以前の古い制度への回帰を熱望するいわば保守派との間に、激しい論争が展開された。革命における人権尊重の精神を維持しつつ、社会の安全を回復することが模索されたのである。その意味で、一九世紀初期の刑事手続の改革は、革命当初より次第に対抗的現象をみせ始めていた「市民的自由」と「社会的安全」の調和を、いかに再構成して制度化すべきかというものであった。一八〇八年の刑事訴訟法典である犯罪審理法典（Code d'instruction criminelle）（以下、治罪法典と呼ぶ）は、「社会的安全」を回復するための鎮圧機能を予審に託すべく予審を完全に糺問化し、刑事司法権力に対する「市民的自由」の保障機能を公判に託すべく公判については口頭・公開による弾劾主義を保持した。

この歴史的な過程から明らかなように、革命以後、予審という制度には刑事訴追を厳重かつ慎重に吟味するという人権保障機能と、真実を明らかにして犯罪を確実に訴追するという犯罪鎮圧機能とを見出すことができる。ここに、予審に「自由」と「安全」の対抗相反する力学が明瞭に生ずることになったといえる。

前者は、刑事被告人の自由権の制約を抑制し、かつ、防禦権の拡充を内容とする力学である。予審は公判準備活動として真実の発見を目的としているので、有罪の徴憑や証拠のみならず、無実の者が罰せられないために無罪の徴憑や証拠の収集にも同等に意を払わなければならないことは当然である[1]。この人権保障機能を予審の最大の役割としたのが、一七九一年刑事訴訟法であり、弾劾的予審制度はその帰結であった。

後者は、真実発見のために、捜査機能と公判訴追機能を拡充することを内容とする力学である。

予審は、別の視点から、さらに二つの機能に分析することができる。その二つの機能とは、捜査機能と裁判機能（司法的機能）である。治罪法典は、この予審の捜査機能と裁判機能とを区別した。すなわち、治罪法典は二部より構成されており、第一部の「司法警察およびこれを執行する警察官」との標題の下に捜査機能としての予審手続を規定し、第二部の「裁判権」の標題の下に予審の裁判機能に関わる規定を定めている。

捜査機能とは、検察官に訴追された事実を公判に付すべきか否かを判定するための証拠を収集する捜査・取調べ活動である。予審の内容を表すinformationは、もともとは古い制度における証人尋問を指す語であって、革命刑事訴訟法以降、証人の聴問や予審被告人の尋問を中心として行われるところの嫌疑の有無を判定するための情報収集活動を意味する。予審捜査、あるいは予審審理をその内容とする語である。

さらに、裁判機能は、これを二つに分析することができる。一つは、予審判事の予審について生じる付帯訴訟（incidents）の判定、すなわち先決問題の解決や、管轄違いあるいは未決勾留に関わる決定に対する抗告の裁判を行なう機能である（中間裁判機能）。もう一つは、収集した嫌疑に対する証拠を判断して、予審に与えるべき結果、すなわち訴追された事件を公判に付すべきか否かの判定機能である（付公判可否決定機能）。この機能は、とくに一七九一年刑事訴訟法の起訴陪審の「訴追の理由なし」の評決、すなわち不当な刑事訴追からの解放を意味する「予審免訴」に象徴されるように、不当な刑事訴追に対する人権保障機能と密接に結びつくものである。

このように、革命期の予審は基本的に人権保障機能と犯罪鎮圧機能をもつものであり、この予審にいずれの機能をより強く希求するかにより予審制度を導く具体的力学が導き出され、それが予審の構造を決めることになる。

治罪法典は、その立法過程においてすでに複雑な審議過程を経ており、また施行後もとくに予審について大きな改正を幾度も重ねてきた一五〇年の歴史をもつ法典である。[2]このような法典を、よしんば予審にかぎってみても、歴史的過程を踏まえながら全容を分析し検討することは極めて困難である。そこで、本章では刑事法典草案から治罪法典への軌跡を概観し、次章において「市民的自由」と「社会的安全」の見地から、必要な範囲で治罪法典における予審制度とその変遷を検討していくことにする。

なお、フランス刑事訴訟において、刑事訴追の対象となる人物の名称として、prévenu, accusé および inculpé の三つがある。この用語について一応の理解が必要であるので、以下、簡略ながら説明をしておく。prévenu については、たとえば*Lexique de termes juridiques (1993)* によれば、軽罪および違警罪に関し、判決裁判所で公訴提起の対象となっている者と定義されている。したがって、これによれば（軽罪・違警罪）の被告人ということになる。[3]また、Gerard =Cornu, *Vocabulaire juridique (1987)* によれば、「予備手続（予備捜査、現行犯捜査、予審）の終結後に、犯罪（軽罪）を裁判する刑事裁判所（違警罪裁判所、軽罪裁判所、軽罪控訴部）の面前に出頭したすべての者を指す」ものと定義されている。そして、この pérvenu は、inculpé（予審の期間訴追された者）、accusé（重罪院へ移送された者）および suspect（訴追はされていないが疑われている者）と区別され、「inculpé は、予審判事が移送の命令を下したとき prévenu となる」[4]と説明されている。わが国では、沢登佳人教授が、prévenu を公判前の被告人を意味するものであり、これが重罪事件として公判に付されることが決定してから accusé と呼ばれると説明している。

右のことから、prevenu を被告人、accusé を重罪被告人と呼ぶことが適切であろう。[5]inculpé については、被疑者の訳語も用いられているが、予審裁判所へ正式に刑事訴追をなされた者という点に留意し、これを予審被告人と呼ぶのが適切と考える。ただし、本書では前後の内容からどの被告人を指しているのか明らかである場合が多く、煩雑を避けるために、いずれについても概ね被告人の語を用いる。明示したほうがよい場合、あるいは紛らわしい場合に、それぞれの訳語を用いることにする。なお、suspect には、被疑者または場合によっては容疑者の訳語を用いる。

（1）　J.Ortolan, Éléments de droit pénal, T.II, 4e ed., 1875, pp.511 et 512.
（2）　治罪法典の予審については、岩井昇二「フランスにおける刑事手続（一）～（七）」（警察研究三六巻二号、四号、六号、七号、九号、一一号一九六五年）、高内寿夫「フランス刑事訴訟における予審の機能（一）～（四）」國學院法政論叢一三輯（一九九二年）、一四輯（一九九三年）、一五輯（一九九四年）参照。
（3）　同書の翻訳書『フランス法律用語辞典』（中村紘一・新倉修・今関源成監訳・三省堂、一九九六年）二三四頁。
（4）　Gerard Cornu, Vocabulaire juridique, 1987, p.610.
（5）　第二部第二章第一節の注（10）をみよ。

第一節　刑事法典草案

第一款　刑事法典起草準備委員会の設置と起草の指導原理

中間法から近代法への転換期の思潮は、一七九一年の諸法律によって衰弱させられた司法を、新しい立法で鍛え直すというものであった（1）。革命立法によって創設された陪審による弾劾的手続は、犯罪が多発する混乱の時代にそぐわず、革命の理念と革命のもたらした現実とが乖離の度合いを強めるとともに、「人権（市民的自由）」と「治安（社会的安全）」の関係は次第に対抗的関係をあらわに示すようになった。刑事裁判は「裁判官と陪審員の手中で弱体化（2）」したと非難され、刑事訴訟法を構成した二つの法律（一七九一年刑事訴訟法と一七九五年の罪刑法典）が、その原因を与えたものとして批判された。批判の内容は、両法が①司法活動を細分化し、不活発な担い手にばらばらに置くことによって、司法活動を不活発にした、②無益もしくは危険な形式の陪審員によってこの手続を複雑にした、③陪審の構成自体に欠陥のある基礎を与えた、というものである(3)。

こうした立法の欠陥、すなわち弾劾的訴追が犯罪の鎮圧を弱体化させ深刻な事態に陥らせている元凶であるとの認識は、刑事司法の活性化に向けて、前述のように一八〇一年の法律を制定せしめた。同法は、予備予審捜査・略式予審（information préliminaire）の行為を陪審指導判事に集中し、また、起訴陪審の面前での口頭審理（instruction orale）を廃止することによって、いくばくかの活力を刑事司法活動に回復させた。さらに、共和暦一〇年（一八〇一年）花月二三日の法律は、増加する重罪を多種類にわたって裁く特別裁判所（tribunaux spéciaux）を設立した。これは、陪審を介さずに重罪裁判を行う裁判所である。ここに、革命諸立法が堅持してきた陪審制度の一翼が瓦解した。

しかし、新たに政権を担う執政官政府（gouvenment consulaire）は、新しい刑事訴訟法典を不可欠と考え、共和暦九年芽月七日（一八〇一年三月二八日）のアレテ（arrête）により起草委員会を設置した。起草委員は、ヴィエイヤール（Vieillard）、タルジェ（Target）、ウダール（Oudart）、トレヤール（Treilhard）およびブロンデル（Blomdel）であり、委員長は司法大臣がつとめた。同委員会は、三カ月以内にその成果を提出することを義務づけられた。実際、同委員会は、定められた期限内に、Code criminel, correctionnel et de police の名称を持つ一一六九箇条からなる刑法と刑事手続法の二部構成の草案を起草した(4)。一般に Code criminel と呼ばれ、わが国では「刑事法典」と訳されている法典の草案である。

刑事法典草案自体は、短期間で起草されたものであるため、当時の現行制度をほとんど修正することなく保持した。刑事手続の全面的改正を必要としながら、この段階では、草案の基本方針はなおイギリス法を下地にした革命立法の基本的指導原理を継承するものであった(5)。たとえば、陪審制度についてはその構成およびその申立て（déclaration）の形式を修正したものの、その存続を堅持した。また、常設の重罪裁判所（tribunaux crimineles）を廃止し、新たに創設した法務官に管轄区域を巡回させて重罪裁判を行わせる制度を導入した。

新しい刑事訴訟法典の立法過程は、こうして刑事法典草案の起草から始まるが、途中の中断をはさみ、第一次審議と第二次審議とに分かれた。この中断を契機に、第一次審議と第二次審議の指導原理の方向が変容した。この中断は、一八〇一年法が目指した糺問的予審への最後のターニング・ポイントといえる。刑事法典草案そのものはさほど重要ではないが(6)、この中断こそが革命期の諸立法すなわち中間法から近代法への転換をもたらしたのである。したがって、第一次審議と第二次審議の討議内容を概観することによって、治罪法典における予審の性格の形成過程を窺い知ることができる。

第二款　裁判所の刑事法典草案に対する意見

一　控訴裁判所の意見

第一執政官ナポレオン・ボナパルトは、刑事法典草案が起草されると、その刊行と控訴裁判所（Tribunaux d'appele）への配布を望んだ。これは、各控訴裁判所に草案に関する討議をさせるためであった。刑事法典草案に対する控訴裁判所の意見は、全般的な傾向としては、総則的イデーについて検討するよりも、逐条ごとに現実の実務的な見地から細かい点を述べるにとどまった。しかし、いくつかの控訴裁判所は、討議の中で、経験と洞察に基づく学識のある批判を展開した。一般的に控訴裁判所の多くは、陪審制度に対する不信感を募らせており、刑事司法の弱体化の主因がまさしく陪審制度にあると考えていた。それ故、刑事法典草案に関する討議の最大の焦点は陪審制度にあった。すでに、多くの裁判所が陪審制度の停止を必要としており(7)、そして一六七〇年オルドナンスの諸規定への回帰を要求していた。

陪審制度に対する控訴裁判所の意見は、次の三つに分類することができる。陪審による手続に反対を表明したのは、一二の控訴裁判所である。これに対して、陪審制度を支持した控訴裁判所は五つであり、五つの控訴裁判所はこの問題には回答しなかった[8]。控訴裁判所の多数意見は、次の三点に集約することができる。①一七九一年の諸法律で衰弱させられた司法を新しい立法で鍛え直し、新しい保障を獲得することの必要性。②陪審に対する普遍的な不信感の表明。③陪審制度の停止と一六七〇年オルドナンスの諸規定への回帰[9]。

しかし、他方で、多くの重罪事件の不処罰をもたらしていた陪審制度は、重罪裁判所の意見にみられるように、なお根強い支持を得ていたのも事実のようである。

二　破毀院の意見

次に、破毀院（Cour de cassation）の意見であるが、破毀院は陪審制度に対する反動勢力のイニシアティブを取った。共和暦一〇年風月五日のアレテ（arrête）は、毎年破毀院からコンセイユ・デタ（Conseil d'État）と司法大臣とに代表団を派遣して、一年間の実務経験が教えてくれる立法の欠陥およびこれ対する望ましい修正を知らせることを定めていたが[10]、共和暦一一年補充三日目（一八〇三年九月二〇日）に、破毀院は陪審制度に次のような強い疑念を投じていた。陪審制度は理論上望ましいものであっても、ほとんどの重罪に対する不処罰の結果は、社会道徳を損ない、社会を脅かしており、もはや有害でしかない。差別もなく、封建制度もなく、特権もない国において、陪審制度が十分な現実的利益を提供するものかを検討しなければならない。さらに、重罪および重罪に様々なニュアンスをもたらす諸事情について言い渡しをするのに、良識と生来の知性で足りるとすることが正しいか、一七八九年のデクレによって修正された一六七〇年オルドナンスの方が、より現実的な保障と安全のより現実的なモチーフを提供しないかを検討すべきである[11]。

この一七八九年のデクレは、革命時の暫定的な措置として予審官の予審審理（information）につき予審官を監視する補佐人（adjoints）を設け、対質を公開にし、被告人の防禦の強化をはかるものであったが、一六七〇年のオルドナンスを信奉する者たちからは、古い形式の裁判を高度に完成せしめたと高く評価されていたものである。

破毀院の陪審制度に対する批判と修正された一六七〇年オルドナンスへの回帰願望とは、多数の控訴裁判所の意見を象徴するものであったが、破毀院が表明したことであらためて裁判所の間に大きな反響を与え、いくつかの控訴裁判所は勢いを得て陪審制度批判を繰り返した。ここには、外国の制度を直接フランスの中に取り入れたことに対する強い批判と、修正された一六七〇年オルドナンスが当時の法律家の英知を結集したほぼ完全なものであるとの認識が、すなわち手続に煩雑さがなく、したがって適用に困難がなく、また、秩序と裁判の保障を実現するものであるとの認識が、当時の多くの裁判官たちに依然として根強く残っていたといわれている[12]。

三　重罪裁判所の意見

刑事法典草案に存置されている陪審に対する重罪裁判所（tribunaux criminels）の意見は、賛否沈黙の比率については公訴裁判所とはやや様相を異にし、陪審反対が二六、賛成が二六、賛否を明示しないもの二三とほぼ均衡していた[13]。重罪裁判所では控訴裁判所より陪審の存続に好意的であったといえるが、同時に古法の書面審理手続への回帰を期待する主張も強かった。また、陪審制度自体ではなく、起訴陪審と判決陪審についてそれぞれ存廃の意見がなされている。判決陪審の存続だけを主張するものもあれば、起訴陪審の存続を望む意見も示されている。たとえば、起訴陪審に消極的なエヌ（Aisne）の重罪裁判所は、「経験からすれば、起訴陪審は陪審制度のもっとも重要な部分である。起訴陪審は刑事聖域の門（sanctuaire criminel）であるが、常時ふさがれているのであれば、これを閉鎖し、利点よりも不都合をより多くもたらす起訴陪審制度を放棄しなければならない[14]」と述べている。

このように、司法界の全体の空気としては、とりわけ起訴陪審の機能不全に対する強い危機感と、一六七〇年オルドナンスへの強い回帰志向が、革命精神を凌駕しつつあったといえよう。いうなれば、陪審制度の存廃をめぐる論争は、革命の精神と古法の精神とが激しく拮抗するものであった。そして、その後の立法過程での論争に如実にあらわれるように、この二つの精神の闘争こそが立法作業における中間法から近代法への過渡期の最大の特徴であった。

第三款　コンセイユ・デタにおける審議

刑事法典の準備作業は、裁判所レベルでの討議を終え、その調査結果とともにコンセイユ・デタの立法部（Section de législation du conseil d'État）に移された。当時の立法部は、部長のビゴ・プレアムヌ（Bigot-Préameneu）と五人の構成員すなわちベルリエ（Berlier）、ガリ（Galli）、レアル（Réal）、シメオン（Siméon）、トレヤール（Treilhard）により構成されていた。審議は、共和暦一二年牧月二日（一八〇四年五月二二日）に開始された(15)。

コンセイユ・デタにおける審議の議事を司るのはナポレオンであり、同日の第一回の審議会において、立法部に対して一五日以内に刑事法典草案の基本問題をまとめて提出することを命じた。ナポレオンは、同月九日の審議会で、草案に拘束されることなく審議会を運営すること、さらに草案を起草した委員が審議会に出席することを決定した(16)。こうして、準備が整い、審議に入るのであるが、コンセイユ・デタにおける審議は、共和暦一三年霜月二九日（一八〇四年一二月二〇日）に中断され、一八〇八年一月二三日に再開されるまで三年余の空白を余儀なくされた。しかし、この三年間の中断は、起訴陪審の存続から廃止への転換期であった。

そして、この起訴陪審の廃止こそが、中間法から近代法への転換を象徴するものであった。

なお、一八〇一年法による起訴陪審の書面審理化により、自由心証を形成することが困難になったとはいえ、起訴陪審は相変わらず不起訴すなわち免訴の評決を頻繁に下していた。このことは、後に示すナポレオンに対してなされた陪審の機能状況に関する報告からも窺い知ることができる。

以下、中断までの第一次審議における論点を掲げておく。

一　第一次審議の論点

共和暦一二年牧月一六日の審議会において、ビゴ・プレアムヌはナポレオンに命じられていた草案に対する基本問題を提出した。それは、次の八点に集約されていた(17)。

(1) 予審は維持されるべきか。

(2) 起訴陪審と判決陪審は存在すべきか。

(3) 陪審員はどのようにして任命されるか。いかなる階層(classe)から陪審員は任命名されるのか。だれが陪審員を任命するのか。

(4) 陪審員の忌避はどのように行われるべきか。

(5) 審理(instruction)は、純粋に口頭でなされるべきか、それとも口頭の部分と書かれた部分よりなるのか。

(6) 判決陪審に複数の質問を行うべきか。それとも、有罪であるか、という一つの質問だけを行うのか。

(7) 陪審員の評決は、全員一致によるべきか、それとも一定の多数決によるべきか。

(8) 県に設置された一つまたは複数の裁判所に、重罪裁判を行うことのできる司法官をおくべきか。

二　予審と陪審制度の存廃の議論

最初に審議されたのは、予審の存廃の問題であった。この点について、コンセイユ・デタにおける議論は賛否両論に分かれた。シメオンは陪審制度が科学の形成と立法の発達とによりその役割を終えており、確実な保障を提供する定住の裁判官による予審こそ維持すべき進歩であるとし、一七八九年のデクレにより改正された一六七〇年のオルドナンスへの回帰を強く主張した。ピゴ・プレアムヌとポルタリス(Portalis)がこれを支持した(18)。

大法官カンバセレス(archichancelier Cambacérès)は、一六七〇年オルドナンスの支持者であり、書き留められる手続(procédure par écrit)の擁護者であるが、この書面化手続が口頭手続の基礎になることを望み、いわば折衷論を展開した。すなわち、治安司法官(magistrat de sûreté 検察官)が最初の予審審理を行い、次に証人の検真を行う陪審指導判事に手続が移される。同判事の手続の後、手続のすべては、重罪被告人とともに重罪司法院(la cour de justice criminelle）に移送される。被告人には、勾留場所である獄舎（prison）に弁護人を呼ぶことを認め　公判の審理は、治安司法官および陪審指導判事が行った手続の朗読から開始される。被告人は、弁護人の援助を得て、召喚された証人の証言を非難し反論することができる。公判の記録手続（le procès-verbal）は、口頭弁論の詳細を書き留めないが、被告人の自白や証人の証言が変った場合には、記録を取り署名をさせる。審理の結果について、検事長と被告人は異義を申立てる権利を有する。これらは、すべて陪審の前で行われる[19]。

そして、カンバセレスは、旧法への回帰とこの陪審制度との融和につき、一六七〇年のオルドナンスが非難された所以は、手続の秘密（非公開のみならず予審被告人に嫌疑を知らせない状態におくこと）と防禦権の欠如にあるのであって、証人が証言を訂正する際の検真や、被告人に証人の忌避およびその証言を争うことを認める対質（confrontation）自体にあるのではないと指摘して、いくつかの修正を前提に陪審の原則を認めた。この書き留められる手続に対する愛着は、裁判官が被告人を無罪（acqittement）とした後になお「より詳細な証拠捜査（un plus ample informé）」の下におく権限もしくは警察の監視下におく権限を有すべしとの主張に端的に表明されている[20]。

このようにカンバセレスの構想は、予審権を検察官と予審官とに分配し、予審を書かれる手続に戻し、古い制度の欠陥を是正して陪審制度と融和させるというものであった[21]。

ピゴ・プレアムヌ、ポルタリスおよび各種裁判所の意見に表明された陪審廃止論に対しては、ベルリエ、ルニョー（Regnaud）、クルッテ（Cretet）、トレヤール、フォフショ（Fofchot）、ベランジェ（Bérenger）らがこれに強く反対し、陪審制度をその形式は修正できても廃止することのできない革命の神聖なる所産としてこれを擁護した[22]。その論拠は、陪審による手続が公平で保護の性格を有するというものであった。そして、彼等は、不処罰の濫用による刑事司法の弱体化をもたらしている現状の陪審そのものよりも、真に自由心証主義（la théorie des preuves morales）と結びついた陪審の実現に大きな期待を寄せいていた。なぜなら、陪審制度こそ、唯一自由心証主義と結びつくことのできるものであると考えていたからである。それ故、彼らはとりわけ、陪審制度がフランスにおいていまだ正常な条件の下で機能したことがない点を強調した(23)。

ナポレオンは、刑事法典草案の審議過程に積極的に関与しており、陪審制度の存廃についても自ら裁定を下した。ナポレオンは当初より陪審制度に好意をもっておらず、職業裁判官よりもむしろ陪審の力が専制的政府と危険な形で結合するものであり、裁判官により構成される裁判所こそが恣意的な有罪判決に対する防壁となると述べて陪審制を批判していた(24)。しかし、その廃止を最初から決定し強引に押し進めようとしていたわけではなく、極めて慎重にこの問題に注意を払っていたことが窺える。ナポレオンは、陪審制度に対する賛否両論を予断なく受け止め、議論が陪審存続に有利に展開するのを見て、現時点で陪審制度を廃止すれば禍根を残すとの判断にいたったと思われる(25)。

コンセイユ・デタは、審議に指導力を発揮するナポレオンの裁定により、陪審制度の存続を採択した。こうして、第一次審議においては、陪審制度の擁護派が勝利を収めた(26)。しかし、その代償として、過渡的措置としてまたは恒久的な措置として、もっとも危険な犯罪（住所不定者の犯罪、徒党を組んで行う犯罪）に対する例外裁判所（tribunaux d'exception）の設置が決定されたのである。これはシメオンの提唱によるものであるが、ナポレオンはこれを支持し、陪審支持者たちも替同した(27)。

続いて、第二の問題である起訴陪審と判決陪審の存続について審議されたが、陪審存続の結論が出たことから、トレヤールらの短い意見に基づき、論争なく肯定の方向で結論を得た(28)。

三　書面審理主義と口頭弁論主義の混合に関する議論

また、予審の手続について、ナポレオンは、前述の予審審理の謄本を起訴陪審の閲覧に付すとのカンバセレスの提案を受け容れた。ただし、警察によって行われた予備予審捜査（略式予審）の記録を陪審に閲覧させることには反対をした。その理由として、警察というものはすべての犯人および犯罪の諸事情を発見しようとの観点から予備の予審捜査を行うために、その活動はおのずと潜行的活動にならざるをえず、これに対して、予審判事は事実についての真実に到達するという観点だけを有する点を指摘している。結局、警察の予備予審捜査（略式予審）記録を陪審に閲覧させない、というナポレオンの修正案が採用された[29]。

四　裁判所組織

裁判所組織についても議論が分かれた。いずれの裁判所にも所属しない重罪裁判を行う複数の司法官の創設が提案されたが、巡回の制度は採択されず、常設の刑事裁判所が採択された。さらに、刑事裁判の活性化のために民事裁判所と刑事裁判所との統合および司法官大組織体（grands corps magistrateur）の創設が提案され、陪審制度反対論者や古いパルルマン（parlement高等法院）に未練をもつ者たちによって支持され、ナポレオンがこれを採択した。その草案が起草されたが、法院の制度、陪審の集会、裁判所と犯罪現場との距離の問題等々困難な問題に直面し、不毛な議論が費やされた[30]。

コンセイユ・デタは、結局、民事裁判と刑事裁判とが引き続き異なる裁判所で行われることを決定した。この裁判所組織については、第二次審議で統合されることになる。

その他、コンセイユ・デタ立法部の基本事項についての審議が終わってから、条文の具体的な検討に入り、共和暦一二年実月から一三年の霜月にわたりその審議が行われた。この第一次審議期間において二五回の審議会が行われたところで、突然、作業が中断された。その具体的な理由を、エスマン（Esmein）やフォスタン・エリ（Faustin Hélie）の叙述の中に見出すことができない。ただ、エスマンはこの中断について、ナポレオンはすでに陪審廃止の決定を内心決意していたが、時期が悪く、陪審制度への共感が消えるまでしばらく時をおこうとしたのではないかと示唆している[31]。

（1）　Faustin Hélie,Traité de l'instruction criminelle ou théorie du code d'instruction criminelle ,T. I,4e ed.,1863,p.182. 本書は、フランス版と内容

を同じくする三巻よりなるブリュッセル版である。

（２）Hélie,ibid.,p.182.

（３）Hélie,ibid.,p.182.

（４）Hélie,ibid.,p.182. 治罪法典までの立法経緯については、高内寿夫「フランス刑事訴訟における予審の機能（二）」國學院法政論叢一三輯（一九九二年）七〇―一一二頁参照。

（５）Esmein ,Histoire de la procédure criminelle en France, 1882, p.484.

（６）Hélie, op.cit., p.182.

（７）Hélie, op.cit., p.182.

（８）Esmein, op.cit., p.487.

（９）Hélie, op.cit., p.182.

（10）Esmein, op.cit., p.485.

（11）Hélie, op.cit., p.183.

（12）Hélie, ibid., p.183.

（13）Esmein, op.cit., p.493.ただし、注記に掲げられた裁判所名の数とは一致しない。

（14）Esmein,ibid, pp.497 et 498.

（15）Esmein, ibid., p.505. Hélie,op.cit., p.183. 新倉修・青木人志「重罪裁判所判事ルクーブルの『陪審による重罪手続に関する意見書―カンバセレス文書から』」國學院大学図書館紀要四号（一九九二年）五―六頁参照。

（16）Esmein, ibid., p.505.

（17）Hélie, op.cit., p.183. 岩井昇二「フランスにおける刑事手続（二）」警察研究三六巻二号（一九六五年）九七頁。

（18）Hélie, ibid.,p.183.

（19）Esmein, op.cit., pp.513 et 514.

（20）Hélie,op.cit., p.184.

（21）なお、一六七〇年オルドナンスの基盤の一つであった法定証拠主義（la théorie des preuves légale）については、同オルドナンスの支持者であったカンバセレスもこれには完全に反対した。しかし、他方で、ポルタリスのように、重罪被告人に有利な方向でのみこれを採用すべきとの主張も見られた。

（22）Hélie,op.cit., p.184. Esmein,op.cit., pp.508 et 509.

（23）Esmein, ibid., p.509.
（24）Esmein, ibid., p.512.
（25）Esmein, ibid., p.520.
（26）第一次審議におけるこの勝利は、陪審だけが自由心証主義と両立しうることを論証したことによるとされている。Esmein, ibid., p.509.
（27）Esmein, ibid., p.510. Hélie, op.cit., p.183
（28）Esmein, ibid., p.512.
（29）Esmein, ibid., p.513.
（30）Hélie, op.cit., p.184.
（31）Esmein, op.cit., p.521.

第二節　治罪法典草案

第一款　第二次審議

約三年間の中断の後、一八〇八年一月二三日に作業が再開された。同日の第一回審議会において、ナポレオンは立法部に対して治罪法典（Code d'instruction criminelle）に関する立法作業の状況の報告と、解決すべき重要な問題を確定するよう命じた。当時、コンセイユ・デタ（Conseil d'État）立法部は、トレヤール（Treilhard）を長にイビソン（Hibisson）、ベルリエ（Berlier）、フォール（Faure）、レアル（Réal）で構成されており、これに破毀院長マレール（Maraire）と破毀院付検事長メルラン（Merlin）が加えられた。

ナポレオンの命により、トレヤールが報告を行い、解決されるべき問題として第一次審議において論議された一連の問題点を再度提示した。これらの問題は、初めて提出されたものとして、かつまた第一次審議における論議を考慮に入れないという前提で、審議が再開された[1]。

こうして、刑事手続に関する立法作業は、刑事法典草案から「刑事手続の部」を分離し、治罪法典という独立した刑事訴訟法典作成へ向けて開始された。したがって、作業の内容は、右のように刑事法典の刑事手続部分の再検討と、必要に応じて個別になされた新草案の提出とその検討ということであった。

第一款　起訴陪審の廃止

第一次審議の結論に拘束されないことから、ここで再び陪審の問題が再燃した。ナポレオンはこの三年来陪審がどうであったかを尋ね、これに対し「全般的に、陪審は大変弱々しく職務を果たしており、不処罰により重罪を助長している[2]」との回答がなされた。陪審制度を取り巻く状況はなんら好転しておらず、相変わらず正常な条件が整わないままであった。

陪審制度を巡る議論は、ますます力量を増したナポレオンと、陪審制度の歪を是正する適切な手段を見出せないことを認めながらも陪審制度の熱烈な擁護者であったトレヤールとの間で、白熱した。

トレヤールの主張は、草案がもっとも重大な保障である審理の公開を損なうものであり、秘密の手続ほど災いを招くものはないと主張した。これに対して、ナポレオンは秘密の手続を再建することを問題としているのではないと反論したが、トレヤールは問題が必ずそこにいたると断言し譲らなかった。コンセイユ・デタは、再度、原則として陪審制度を存続することを決定し、さらにいくつかの犯罪（délit）を特別裁判所（tribunaux particuliers）に委ねることにした[3]。

この問題は決着し、もはや繰り返されないと思われたが、次の一八〇八年二月二日の審議会で、陪審制度に対する断固とした反対者であるジョベール（Jaubert）の陪審廃止論から、またもや蒸し返された[4]。そして、この審議会を境に、改正の基本原則の中でも最も重要な課題であった燃制度と裁判所組織についての方向が、確定的に打ち出された。

陪審制度については、起訴陪審が廃止されることになった。トレヤールは、共和暦一三年霜月二二日の憲法が起訴陪審の存置を保障していること、そして不正なあるいは軽率な訴追に対して裁判官が与えることのできない安全を市民が起訴陪審に見出しているので起訴陪審廃止の発議は無効であると主張した。しかし、ジョベールの「社会は、起訴陪審によってもはや保障されない[5]」との反論に象徴されるように、すでに大勢は起訴陪審を司法制度のすべての無気力の根源であり、かつ、政府の活動を阻害するものとみなす方向で決していた。そして、ナポレオンは、起訴陪審が果たすべき職務を遂行するには不適切であると表明し、その廃止を裁定した[6]。起訴陪審制度の廃止は明らかに革命の立法精神に反するものであったが、コンセイ・デタは革命の精神の重要な一部を放棄することを遺憾とは考えなかった。

こうして、起訴陪審制度は、嫌疑の有無について判定する職域を越えていたこと、そして手続を書面化したことによる適切な心証形成が不能となったことを理由に、その廃止が決定された。

第三款　裁判所組織

裁判所組織については、これも長い論争の対象であった。具体的には、民事司法と刑事司法の結合と重罪裁判所の設置とが懸案となっていた。前者については、民事司法と刑事司法を結合することが決定された。後者については、常設の重罪裁判所（tribunal criminel）に代えて、重罪院（cour d'assies）の設置が決められた。重罪院の裁判長は帝国法院（cours impériales 控訴院に与えられた呼称）の裁判官から選任される。したがって、重罪院は帝国法院の指揮下におかれた[7]。さらに、裁判長をつとめる帝国法院の裁判官は、帝国法院または第一審裁判所の裁判官の中から採用された陪席裁判官を選任した。なお、この重罪院は、県庁所在地の裁判所内におかれ、各デパルトマン（県）の判決陪審員はここに集まることが決定された[8]。軽罪は、第一審裁判所に属することとされた。

ところで、裁判所の構成および名称に関する法令が、革命期より種々出されているので、その概要を掲げておく。

まず、控訴裁判所（tribunaux d'appel）の設置を定めたのは、共和暦八年風月二九日の法律（一条）である。控訴裁判所の設置数は、当初は二九であったが、後に領土の削減にともない二六に減少した。また、共和暦一二年花月二八日の元老院（Senatus）決議により、破毀裁判所（tribunal de cassation）が破毀院（cour de cassation）に、控訴裁判所が控訴院（cours d'appel）に、重罪裁判所（tribunaux criminels）が重罪司法院（cours de justice criminelle）に改称された。さらに、法院（cour）の判決（jugement）をアレ（arrêts）と呼称することを定めた。以後、上級裁判所の判決をアレと呼ぶことになる。

一八一〇年四月二〇日の法律は、第一条で控訴院を帝国法院と呼称し、同法院の裁判長および裁判官を陛下の評定官（conseillers）となし、以後これが上級裁判所裁判官の呼称となる。また、同法第三条で、重罪司法院を廃止した。同法院は個々に孤立して各デパルトマンに設置されていたが、重罪院の開廷によりその職務を終えた。第四条では、帝国法院の裁判官の定数が定められ、パリにおいては四〇名以上六〇名以下に、その他においては二〇名以上四〇名以下とされた。

一八一〇年七月六日のデクレ（Décret）は、帝国法院の評定官の定数を改定した。そして、第二条で、二四名以上の評定官で構成される帝国法院は、民事を管轄する部、重罪起訴を管轄する部および軽罪の控訴を管轄する部の三部を設置することが義務づけられた。また、後二者の部が、五名以上の裁判官で構成されることも同条により定められた。このうち重罪の起訴を管轄する部が、実務上「重罪起訴部（chambres des mise en accusation）」と呼称されている部である。軽罪控訴部の定数については、一八二七年九月二四日―一〇月一日のオルドナンス（一条）がこれを改定し、裁判長を含め少なくとも七名とした[9]。

右にみたとおり、裁判所組織の中で、控訴院はフランス司法における中核的裁判所である。このとから、政治制度の変遷とともに帝国法院、王政復古後に王国法院、そしてその後再び控訴院とその名称が変えられた。本書では、本章の審議過程の叙述においては帝国法院の名称を使用するが、それ以外は原則として控訴院の名称を用いることにする。

第四款　起訴の方式および評議部の設置

起訴陪審の廃止が決定されたため、起訴（accusation）の実行について模索がなされた。コンセイユ・デタ立法部は、帝国検事（procureur impérial）と予審判事とに起訴の決定を下させることを考えた。つまり、この二人の司法官の意見が一致した場合、被告人（prévenu）は重罪裁判所に起訴されるものとし、意見が対立するときは帝国法院に一任するというものであった。しかし、これはかなり異常なことであったので、一八〇八年二月七日の新しい草案は、新たな解決を提示した。すなわち、評議部（chambre du conseil）の創設がそれである。[10] 換言すれば、起訴権が市民の手から司法官へ委譲されることに対する一つの安全弁として、評議部が設置されることになったのである。

一　評議部の設置

評議部は三人の裁判官で構成される。そのうちの一人が、検察官の請求により当該事件を裁定した予審判事である。三人の裁判官のうち一人の主張で、帝国法院重罪部（la section criminelle）に証拠（pièces 書証）を送ることができた。[11] このように、評議部は、起訴を確定的に決定すに等しい権能をもつ予審機関である。なお、重罪部の決定に対して、破毀法院への上訴（recours 不服申立て）は許されない。起訴状は、検事長が提出するものとされた。

この評議部は、全く新しい制度ではなく、既述のように、一五三九年のオルドナンスにすでに登場する制度（siège assemblé）に萌芽し、さらに一六七〇年オルドナンスの特別手続において制度化されていたものである。したがって、評議部の創設は、そのこと自体からすれば、一六七〇年オルドナンスへの回帰を示すものといえる。エスマンによれば、この新しい起訴の制度は、古い法律の原則と近時の法律の原則との全体的な統合と融合を果したということになる。[12]

こうして、立法部は、評議部を創設することによって、予審と帝国法院の重罪部との間に、訴追のチェック機関を設けた。予審判事も評議部も重罪について直接起訴を行う機関ではなく[13]、この帝国法院重罪部が起訴権を有するのであって、それ故実務上「重罪起訴部」と呼ばれたのである。この重罪起訴部は、現行法において重罪公訴部（chambre d'accusation重罪弾劾部）となる。

二　憲法上の起訴陪審存続要請と起訴陪審廃止との整合性

起訴陪審の廃止に残された最後の問題は、起訴陪審の廃止が憲法上認めうるかというものであった。すなわち、共和暦一三年の憲法はいわゆる個別化を目的として重罪裁判所の存在を規定しており[14]、起訴陪審および判決陪審の関与を明記していたことから、この起訴陪審の要請に抵触するその廃止をどのように正当化するかというものであった。この点で、コンセイユ・デタにおいて多数の支持を得た論理は、憲法は起訴陪審の存在を命じているが、起訴陪審を裁判所の中におくことを禁止してはいないというものであった[15]。また、憲法は控訴院と重罪院の存在を欲しているものの、これらの法院が同一裁判官により構成されない旨を表明していないことを根拠に、控訴院（帝国法院）の裁判官が重罪院の裁判長をつとめることも認めた。

さて、憲法的存在である起訴陪審の重大な修正は、手続的には元老院の議決が必要であるというのがナポレオンの主張であった。一八〇八年三月五日の審議会に元老院の草案が提出された。これに対して、トレヤールは、起訴陪審の廃止に反対したが、その意見は無視された[16]。

起訴陪審に対する敵意は、もはや革命の理念や精神で押しとどめることができない状態にあった。ジャン・プラデル（Jean Pradel）は起訴陪審に対する敵意の理由として、①司法官のほとんどがアンシャン・レジーム期の人間であること、②革命の数年間のイギリスかぶれに対する極度のイギリス嫌い、③起訴陪審の機能不全を掲げる。このうち、とりわけ起訴陪審の機能不全が主因であると示唆されている。すなわち、不起訴評決すなわち予審免訴の濫用である[17]。

約三年間の改正作業の中断期間を経てなお正常化の兆しがみられず、革命の理念と現実との相剋が深まる中で、ついに起訴陪審の廃止という現実的な選択がなされた。したがって、起訴陪審の廃止は、刑事手続の立法精神を革命の理念（「市民的自由の保障」）から社会的現実（「社会的安全」）へと転換させるものであったといえよう。

かくして、公判前手続において革命の精神を象徴的に担ってきた市民の手による起訴陪審は廃止され、憲法上の存続要請から起訴陪審はその実体を変容させて、以後、起訴権は控訴院の司法官の手に委ねられることが決定づけられたのである。すなわち、重罪起訴部が、起訴陪審の代替機関として創設されたのであるが、それが陪審の範疇に入るとするのは、起訴陪審の市民の手による「市民的自由」保護の精神に照らせば、その実質を無視した相当に強引な解釈といわざるをえない。

第五款　治罪法典草案の可決および公布

これらの一般原則は、一八〇八年三月の一カ月で確定的に決定されたので、引き続きコンセイユ・デタの立法部は治罪法典の草案に取り組み、新しいシステムとの調和をはかりつつこれに修正を加えた。さらに、コンセイユ・デタでの修正を受け、立法機関付属の立法委員会に送付され、最後に正式に立法機関に移された。立法機関では立法部の意見を聞いた後、投票が行われ、草案の可決にいたった[18]。ただし、約三分の一が否決票であったことから、治罪法典は最後の段階まで難産であったといえよう。

可決された治罪法典は、一八〇八年一一月一七日の法律および一二月一六日の法律により公布された。しかし、新刑法典の公布がまだなされておらず、また新しい裁判組織をもっていなかったことから、一八〇九年二月二日のデクレで、その施行までの移行措置が一八一〇年一月一日までと定められた。さらに、予定の期間内に整備されなかったことから（刑法典は一八一〇年二月二〇日に完成、裁判所組織（d'organisation judiciare）法は一八一〇年四月に公布、さらに帝国法院は一八一一年一月一日以降にしか設置できなかった）、再度一八〇九年 月一七日のデクレで一八一一年一月一日までその施行が延期された(19)。

（1） Faustin Hélie, Traité de l'instruction criminelle ou théorie du code d'instruction criminelle, T.I 1863, pp.184 et 185.
（2） Esmein, Histoire de la procédure criminelle en France, 1882, p.521.
（3） Esmein, ibid.,pp.522 et 523.
（4） Esmein, ibid.,p.523.
（5） Esmein, ibid.,p.524. Hélie, op.cit.,p.185.
（6） Esmein, ibid.,p.524. Hélie, ibid.,p.185.
（7） Hélie, ibid., p.185.
（8） Esmein, op.cit.,p.524
（9） 以上、裁判所組織および名称の変遷については、J.Ortolan, Éléments de droit pénal. T.I, 4e ed., 1875.による。
（10） Esmein,op.cit.,p.525.
（11） Jean Pradel,L'instruction préparatoire 1990, p.24. Esmein, ibid., p.525.
（12） Esmein, ibid.,p.525.
（13） Pradel, op.cit.,p.24.
（14） 共和暦一三年の憲法六二条は、次のように規定する。「苦しめの刑または辱しめの刑に相当する犯罪については、最初の陪審が起訴を認めるか若しくは却下する。起訴が認められたときは、第二の陪審が事実を認定する。重罪裁判所を構成する裁判官は刑罰を適用する。当該裁判はこれを控訴することができない。」
（15） André Laingui et Arlette Lebigre, Histoire de droit pénal II La procédure criminelle, 1979, pp.144 et 145.
（16） Esmein, op.cit.,p .526. Laingui et Lebigre, ibid.,p.145.
（17） Pradel, op.cit., p.26.
（18） Hélie, op.cit.,p.185.
（19） Hélie, ibid., p.185.

第四章　治罪法典

治罪法典（Code d'instruction criminelle）が予審を古い糺問主義の形態に回帰させたため、予審は、再び秘密で、非対審的で、書き留められる手続となった。(1)

秘密は、審理の非公開と予審被告人への嫌疑の不告知の二つを内容とする。非公開という点では、予審は秘密であり続けた。一般市民に対し公開しないだけではなく、対質がなされなかった証人、当該手続とは関係のない私訴原告人に対しても、秘密とされた。予審被告人は自分に掛けられた嫌疑をあらかじめ知らされないので、嫌疑を吟味することも、またどのような嫌疑がかけられているのかを調べることもできなかった。被告人は、身に覚えのない嫌疑について有用と考える陳述書（mémoires）を提出する権利だけが認められていた（二一七条）。嫌疑の不告知は、一八九七年一二月八日の法律まで約九〇年間続いた。

非対審とされた予審は、「犯人を発見すべく経験を積んだ司法官と、防禦においては無能で勾留により意気消沈し危険な告白をなさんとしている個人との継続的な差し向いにおいて展開した。(2)」尋問に弁護士の立会いが認められるようになるまで、やはり九〇年ほどの歳月を要した。

被告人の尋問および証人の証言は、記録手続により調書（procès-verbaux 手続記録）に書き留められ収集される。この予審調書は、重罪起訴部の監視の下で移動した。

以下、この古法に回帰し糺問化した予審について、とくに予審被告人の「市民的自由」に関わるものをみていく。

（1）　R.Garraud, Précis de droit criminel, 7e ed., 1901, p.606.

（2）　本章における治罪法典の条文については、オルトラン、その他の論者の原著書、司法資料二〇六号「佛国刑事訴訟法」（秋山晴夫訳司法証調査課、一九三六年）、法務資料三五八号『フランス刑事訴訟法典』吉川経夫訳・法務大臣官房司法法制調査部（一九五九年）等を引用または参照した。

第一節　訴追と予審の分離

第一款　司法警察官・検察官・裁判所

一　司法警察官

予審とは、裁判官が、犯罪についての真実を顕現せしめるために行う予審官による証拠収集活動（inforomation予審審理）である。その捜査機能に着眼すれば、警察捜査に対して、これを司法（官）捜査と呼びうる。しかし、革命当初、警察官が犯罪を捜査し、証人や被疑者に対して聴問や尋問を行い、必要に応じて身柄の拘束を行い起訴陪審の準備をする制度がもっとも現実的であるとして、一七九一年刑事訴訟法は警察官捜査と警察官訴追の制度を創設した。そして、同法は、既述の如く、警察官に右の職責を果たさせるために、逮捕・勾留権等の強制捜査権を行使して証人聴問や被疑者尋問等を行う権限を与えた。したがって、予審は警察官予審と起訴陪審予審との二段階で構成された。後に、警察官から予審権が取り去られるが、しかし予審制度を支えるには初動捜査を担い犯罪の確認等の捜査を行う警察捜査が不可欠である。そうした警察官の捜査が、かつての警察官予審の名残からか、現在においても「略式予審（information sommaire）」と呼ばれるようになるのである。プラデル（Pradel）は、警察官捜査（enquête）は予審捜査・予審審理（information）ではないが、捜査およびそれに基づく検察官送致の判定を略式予審であるとしている(1)。

治安判事を主とする警察官は、一八〇一年法により、起訴陪審への訴追権を失い、その予審権も例外はあるものの その大方を失い、陪審指導判事が代わって予審権を掌握することになった。そして、治罪法典が専門の予審官として予審判事（juge d'instruction）をもうけ、予審捜査を確立したことにより、制度上警察官捜査は予審と切り離され、証拠捜索を行う予審審理と区別されることになった（ただし、予審判事は司法警察官の資格を付与されていた）。これにより、警察官の予審は禁じられ、警察官の捜査活動は法制度上予審の性格を喪失したことで、左の如くその活動は限定されたものとなった。

司法警察官の職務は、通報・告発・告訴を受理し、調書を作成し、これを検察官に送致することであり、その職務は裁判所が訴えを受理したときに終了する。現行犯等の一定の場合を除き、証人や被疑者を呼び出し、聴問や尋問を行うことが許されないものとされた。すなわち、警察官は予審審理（information）を行う者ではないのである。もっぱら右の受理をし、本当に犯罪が生じたかどうかを捜査し、犯罪を確認するだけの任を負うものとなった。その職務を逸脱すると、その行為は無効の制裁を受け、無効とされた。(2) ただし、違警罪については、証拠調べの権限を有していた。

このように治罪法典は、司法警察官から予審の権限を取り上げたが、検察官の訴追準備活動としての重要性が薄れたわけではない。犯罪捜査における警察権限の重要性は、その歴史とともに増大していくのであるが、これについては後述する。

さて、一七九五年の罪刑法典において、警察は司法警察と行政警察とに分けられた。「司法警察（police judiciaire）は、重罪、軽罪および違警罪を捜査し（rechercher）、その証拠（preuve）を集め、犯人（auteur）をその処罰の任に当たる裁判所に引き渡すものとする」（八条）。治罪法典おいて、司法警察官の職を担う者は、森林監視員（garde forestier）、田園監視員（garde champetre）、警部（commisaires de police）、市長、助役、検事（procueurs）、検事代理、治安判事、警視（commisaires généraux de police）、憲兵隊士官（officies de gendarmerie）および予審判事である。このうち、予審判事が主たる警察官の資格を有するものである。(3) 司法警察官は、その種類により土地管轄が区分されている。予審判事と検事は、郡（アロンディスマン）を管轄する（九条）。治安判事、憲兵隊士官、市長、助役、および警部は、始審裁判所検事（後の帝国検事）の補助官（auxiliaires）とされた。

警察捜査の結果は、検事局（parquet）に集められ、訴追の可否を判定する資料となる。検事は、公訴を相当と考える場合、予審請求を行い、強制捜査権を有する予審判事に公訴の適否を裁定させる。

司法警察官は、控訴院検事長の監督を受ける（二七九条、二八二条）。予審判事も、司法警察官としては検事長の監督に服さなければならなかった。ただし、検事長の警察官に対する監督の内容を細かく規定する条項はない。

このように、予審判事は、法制度上、司法官でありながら、同時に主たる司法警察官として警察捜査を行う。予審判事として活動を行うのは、検事からの予審開始請求があってからである。この段階で、予審捜査官となる。そして、当時においては、司法警察活動と予審活動の境界が混然としていたため、この警察捜査官と予審捜査官との明瞭な区別が熟成しておらず、したがって捜査と予審はその主体を、訴追と予審の分離のように、完全に分離すべきとのイデーは存在していなかったといえる。

二　検察官

治罪法典における検察官の構成は、次のようなものである[4]。

各控訴院付属検事長（procurer général prés la cour d'appel）は、各控訴院の全管轄区域の検察官の長である。控訴院検事長は、管轄区域内の重罪および軽罪について控訴権（上訴権）行使の全権を有し、違警罪については控訴権こそ有しないが指揮権を有する。検事長以外の検察官たる司法官（magistrat）は、すべて検事長の部下である。その構成は左のとおりである。

控訴院には、控訴院検事（avocats généraux）および検事局の事務（services）を行うその代理（substitut）がおかれた。

郡裁判所（tribunaux d'arrondissement）には、検事長代理の呼称をもつ検事とその代理がおかれた。この検事長代理には、法律で検事長の資格を付与された。検事長代理検事は、始審裁判所（tribuaux de premiere instance）の検事である。この検事は、当初は、軽罪について犯罪の探索（recherche）および訴追（poursuite）を任務とした。

違警罪裁判所（tribunaux de simple police）管轄の事件について、検察官の職務を果たすのは裁判所所在地の警視である。したがって、違警罪については、検事およびその代理は控訴や上告（破毀の申立て）などその管轄が制限された。

重罪院については、検察官の職務のために法廷に出廷するのは、検事長または控訴院検事の一名もしくは検事局の検事代理の一名である。なお、治罪法典は、当初重罪に関しては、帝国検事（procurecr impériaux）の名称をもつ検事長代理検事を設けていたが、これは一八一五年一二月二五日の法律により廃止された。爾後、始審裁判所の検事長代理検事（共和国検事 procureur de la République）が重罪について検察官の職務を行うことになった。

こうして、共和国検事は、郡裁判所のすべての軽罪およびすべての重罪の訴追につき、公訴権の行使を委ねられたのである。

なお、司法警察の職務と起訴の職務とは両立し難いが、始審裁判所検事およびその代理を警察官にしたのは、現行犯およびそれに準じる重罪について迅速に必要な予審の行為をさせるためだといわれている。[5] 一八六三年五月二〇日の法律は、重罪に加えて軽罪の現行犯についても共和国検事にその権限を付与した。

三　裁判所の構成

公判を行う裁判所は、犯罪の三分類に由来する裁判権に従って構成された。すなわち、違警罪（contravention）について裁判権を行使する違警罪裁判所（tribunaux de simple police）、軽罪（delits de police correctionnelle）について裁判権を行使する軽罪裁判所（tribunaux de police correctionnelle）、および重罪（crimi）について裁判権を行使する重罪院（cours d'assises）である。

(一)　違警罪裁判所

違警罪裁判所は、単独の裁判官により構成され、民事については治安裁判所（justice de paix）の名称をもった。裁判官は、違警罪裁判所として裁判を行うときは違警罪裁判官（juge de simple police）と称した。治安判事は、各小郡（カントン）の小郡庁所在地におかれた。さらに、小郡庁所在地以外の市町村（commure）においては、市町村長を裁判官として違警罪裁判所を構成することができた。すなわち、一七九〇年八月一六日―二四日の裁判所組織（organisation judiciaire）に関するデクレ（一条）が各小群に治安判事をおいていたのであるが、治罪法典は違警罪裁判所の裁判権をこの治安判事と市町村長に与えたのである（一三八条）。

しかし、市町村長という官憲が、一方で警察の条例（arrêtes police）を制定し、他方でその条例で違警罪を裁判するというほとんど両立しない二つの権限を有することは、権力分立の原則に反するものであったため、一八七三年一月二七日の法律は治安判事にだけに違警罪の裁判権を委ねた。

違警罪裁判所の控訴審は、軽罪裁判所である。

(二) 軽罪裁判所

郡庁所在地におかれた郡裁判所は、民事裁判所として、また刑事裁判所としてその職務を行うものとされた。同裁判所は、三人未満の裁判官では裁判を行うことができなかった（一八〇条）。したがって、複数の部を構成するだけの裁判官がいない郡裁判所では、同一の裁判官が民事裁判官と軽罪裁判官を兼務した。複数の部を有する場合は、軽罪裁判は一つの部または二つの部で担当し、裁判官は民事と刑事を兼務せず、年ごとに所属する部の配置替えが行われた[6]。

歴史的にいえば、共和暦八年風月二七日の法律が、各郡に始審裁判所を設置し、この裁判所に民事の初審または終審の裁判権を付与するとともに、軽罪事件を管轄する権限および違警罪の控訴審としての権限を与えていた。治罪法典は、この民事の名称であった始審裁判所の名称を用いる場合があるが、これは軽罪裁判所、郡裁判所を指す。したがって、始審裁判所検事は、郡裁判所に属する検事であった。

(三) 重罪院

重罪院は、控訴院重罪起訴部より移審された被告人を裁判する裁判所である（二五一条）。常設の裁判所ではなく、三ヶ月ごとに開廷される定期の裁判機関である（二五九条）。重罪院を構成するのは、有罪・無罪を判定する判決陪審と、法律を適用する裁判官である。しかし、法律の条文または習慣において、重罪院というときはとくに陪審と区別して用いられる(7)。重罪院は各県庁所在地において開廷されるが、これを開廷するのは控訴院である（二五七条、二七八条）。当初、治罪法典は、重罪院の裁判官を五名の控訴院判事（評定官）としたが、一八三一年三月四日の法律により三名に改正した。さらに、一九〇一年二月二五日の法律により、裁判長以外の二名の陪席については、重罪裁判開廷地の始審裁判所の所長もしくは判事の中から選任できるようになった。

事件を重罪院へ移審することを決定した控訴院判事は、重罪院の裁判長または陪席判事となることができず、これに違反した場合、裁判は無効とされた。これは、予審判事についても同様である（二五七条）。

第二款　訴追と予審の分離―検察官と予審判事の権限の分割―

一　訴追と予審の分離

訴追と予審、少し表現を変えていえば訴追（poursuite）と付公判決定・公判起訴（accusation）との分離は、危険な訴追を抑止するという目的からすでに革命立法において原則として確立したかにみえたが、一八〇一年の法律により検察官勾留権が認められた辺りから、予審権をむしろ検察官に与えるべしとの主張がみられるようなった。そして、刑事法典草案の最初の構想は、まさに検察官予審を正面から認めるものであった。これに対して、意見は激しく対立し、訴追と予審の分離原則は今日にいたるまで維持されることになるが、しかし刑事法典草案以後も検察官予審構想はヴァーブル（Vabres）草案にもあらわれるなど、度々再燃化している。

この問題は予審構造を左右する問題なので、刑事法典草案の審議において「検察官予審」から「訴追と予審の分離原則の維持」に転換した過程のあらましを掲げておく。

なお、訴追の概念について、あらためて言及しておく。poursuiteは、一般に検察官の訴追を指し、予審事件では予審請求に始まる。accusationは、起訴陪審制度の下では起訴陪審の重罪裁判所への移送決定を、起訴陪審廃止後は予審判事または評議部（一八五六年七月一七日法により廃止）の付公判決定を経た重罪起訴部の重罪院移送の決定を指すものといえよう。ただし、起訴状作成権は控訴法院検事長に付与されていた。重罪につき、予審判事および評議部には公判への起訴権はなく、訴追を吟味する権限をもつにすぎない。しかし、両者の活動についてはpoursuiteやaccusationが用いられ、必ずしも訴追と起訴との区別に納まっていないようである。両者を区別するならば、訴追を狭義と広義に分け、前者を検察官訴追を表すものとし、後者を検察官訴追に予審判事、評議部および重罪起訴部（後に重罪公訴部）の活動を含めるべきかと思う。

二　検察官予審権の構想

刑事法典草案の予審制度は、当初、おおよそ次の構造をもつものであった。

各郡（アロンデスマン）の郡庁に治安司法官（magistrat de sûreté 検察官）と予審判事をおく。この治安司法官は一八〇一年の法律により、政府委員代理（substituts de commissaire du gouvernement）として創設されたものである。同法は、治安判事の不活発に対応すべく、治安判事の権限を削減し、彼を治安司法官に服従せしめた[8]。しかし、刑事法典草案では、治安司法官の職務は以前と異なり、訴追だけでなく、予審まで行うというものであった。この点で、一八〇一年法（共和暦九年の法律）を上回った[9]。

具体的には、治安司法官は、司法警察職員とみなされ、①告発および告訴を受理し、②犯罪の痕跡を記録手続により確認し、③証人の聴問（被告人の尋問を含む）を行い、④家宅捜索（visites domiciliaire）と押収（saisies）を行い、⑤被告人（prévenus）に対して存在する徴憑（incidences状況証拠）と証拠（preuves）を収集し、⑥令状発付権（勾引状（mandats d'amener）、召喚状（mandats de comparution）および勾留状（mandats de dépôt）の発付。勾留状については逮捕前置主義が明示された。ただし、勾引勾留状発付権はない）を有し、⑦勾留状または召喚状の発付のときから二四時間以内に、すべての証拠（pièces）を評価して予審判事に通知した後、起訴することを任務とした。(10)

三　予審判事の権限

治罪法典において初めて予審判事（juge d'instruction）の名称をもつ司法官が登場するが、(11)その直接の前身は一八〇一年の法律で事実上予審官となった陪審指導判事である。

当初の刑事法典草案では、予審判事は治安司法官からの通報を受けて初めて関与することになっていた。予審判事は、治安司法官の手続を補充し、必要であればやり直す。ただし、その場合、必ず治安司法官にその旨を連絡しなければならない。予審判事は、新たに被告人（prévenu）を尋問しなければならないし、また、嫌疑を認めたときには一八〇一年法に従い、必要とあれば勾引勾留状（mandat d'arrêt）を発付する。最後に、予審判事は、移送（renvoi移審）または免訴（non-lieu）の決定を下す。予審判事が検察官の請求を容れないときは、法の問題は、事実の問題と同様、評議部の中の重罪司法院（Cour de justice criminelle）の裁定に委ねられなければならず、検事長は、その決定に対して、二四時間以内に、破毀院（Cour de cassation）に特別抗告をすることができるものとされた。(12)

条文審議の第一回目は、以上のような内容で審議が経過したが、共和暦一三年霜月二二日、二七日、二九日の審議会で異議が生じ、新しい草案は、治安司法官の権限を、皇帝の代理官である帝国検事（procureurs impériaux）に、帝国検事がいない場合にはその代理に付与することを提案した。しかし、この問題は検察官の訴追権と予審判事の予審権との分離の問題を根本的に解決するものでなかったので、意見は対立した。草案に対する反対論者の見解は、一人の司法官が公的当事者（la partie publique訴追官）と予審判事の二つの職務を合わせもつことを危惧するという明快なものであった。一八〇一年法は訴追と予審の分離の原則を確立するために、治安判事と陪審指導判事から警察官訴追権を取り上げ、これを付与する公的訴追官（検察官）を創設したのであるが、しかし同法は他方で検察官に被告人勾留権を付与するものであった。したがって、同一の司法官が告訴・告発を受理し、証人を聴問し、そして被告人の自由を意のままにすることは現行の制度に立ち戻ることであり、このような権限の集中は被告人の人権保障を損なうものとして反対されたのである。こうして、新しい草案は、意見の一致をみなかった。[13]

四　第二次審議における修正

結局、この問題は、一八〇八年の審議の再開までもち越されることになった。審議が再開されたとき、この問題について、古い手続の支持者と革命立法および中間法時代の手続の支持者とが対立したが、ここでは前者が非常に精力的に検察官予審構想に対する反論を展開した。その骨子は、①帝国検事は都市を震撼させる小専制君主となる、②訴追権を有する検察官の予審権は正義に反する、③草案は不幸な被告人（prévenu）に長い期間正義への入り口を閉ざしてしまうといったものである。[14] すなわち、訴追権と予審権をそれぞれ異なる司法官に委ねる古い制度こそ、被告人の人権保障に適しているというものである。ジョベール（Jaubert）の次の見解が、草案に対する批判を端的に表明している。「帝国検事は、記録手続を行い、調書を単独で作成し、証人を聴問し、被告人本人を専有する。そして、被告人が検事の手中にある間、被告人にはなんらかの権威に救済を求めることが不可能である。（中略）非常に騒ぎ立てられたが、古い立法がこの点につきフランスの安全を脅かすというのはまったく正反対である。[15]」

これに対して、革命立法の擁護者であったトレヤール（Treilhard）を筆頭に、メルラン（Merlin）、ルニョー（Regnaud）らは草案支持派であった。検察官は、訴追のために、事実を知りうることが必要であり、それが一八〇一年法によって創設された制度であり、古い規則は今日ではもはや通用しない、というのが支持派の主張であった。

具体的な問題として、手続の時間的問題が取り上げられた。草案では、検察官は最初の事実確認のときから二四時間以内に事件を予審判事に届けることになっているが、訴追権と予審権とをまったく異なる司法官にそれぞれ分割すると、検察官の請求を通して予審を行うことになり予審の緩慢さをもたらすというものであり、これが検察官予審支持派による反対論の根拠の一つとして掲げられた[16]。

この草案支持派の主張を退けたのが、次の批判であった。すなわち、現行犯については、帝国検事が予審権をもっても、公的な保障（garantie publique）はなんら弛緩することはないが、非現行犯については、糺問的な暴君を誕生させることになる[17]、という批判であった。

こうした審議過程を経て、一八〇八年六月一八日および二一日の審議会で、第四章および第五章の新しい草案が提出された[18]。この新しい草案において、予審権は予審判事に集中した。すなわち、治安司法官から帝国検事に譲渡されようとしていた証人の聴問権、証拠の探索（recherche）権、令状の発付権等が予審判事の権限に帰属したのである。また、告訴、告発の手続も古い法の伝統に立ち返り、告訴は予審判事に、告発は検察官にすることが定められた。ただし、検察官に対しても告訴をすることができ、その場合、検察官は請求をもって予審判事に告訴を移送する。検察官と予審判事の権限の分化は、予審制度のアンシャン・レジーム期法制度への回帰を通して実施された。しかし、被告人の人権保障を謳いながら押し進められた訴追権と予審権の分離ではあったが、これをもたらした古い伝統的な原則は予審にその過酷さを再び現出せしめ、「予審に厳格な形式とほとんど自由を認めない諸規則[19]」を定立していくことになるのである。

このように、検察官予審の構想は、予審権を与えると検察官は暴君となり、被疑者・被告人の人権を侵害するおそれがあるとの理由で、実現をみなかった。ところで、治罪法典の制定過程において、権力の集中による人権侵害の危惧感が検察官予審を排斥したことは極めて興味深い。なぜなら、治罪法典は、予審を糺問化することにより、むしろ人権侵害の方向に歩み始めるからである。

五　治罪法典における訴追と予審の分離

訴追と予審の分離は、捜査面での人権保障機能を間接的ながら表明するものである。なぜなら、先に示した検察官予審構想でも明らかなように、訴追権者と予審権者が一体となれば、そこに強大な刑事司法権力を掌握する司法官が生まれ、市民の人権侵害につながるおそれを生ぜしめるからである。オルトラン（Ortolan）は次のようにいう。「検察官の職務は予審行為とまったく抵触しない。なぜなら、各当事者が証拠の探索をし、収集することは自然なことだからである。しかし、刑事においては、証拠の探索について、社会と被訴追者の立場の公平を確実にするために、立法者はこの二つの職務を分離し、それぞれ職務の異なる者に実行させることを望んだのである[20]。」

訴追と予審の分離は、また、間接的ながら次のような効果も有する。予審判事は、常に検察官の請求によって、予審を開始しその終結を行わなければならない。すなわち、予審判事は自分で事件を自己に係属させることができず、検察官の請求があって初めて強制力を伴う司法捜査活動に着手することができるのである。このように「訴追と予審の分離原則」は、予審判事の捜査権の発動に検察官の訴追を要件としているのであるから、同原則は安易に被疑者が被告人として予審判事の司法捜査権に晒されないようにという保障を表明するものでもある。

しかしながら、この分離による保障は必ずしも厳格ではなかった。治罪法典は、例外的ながら、検察官の捜査行為を認めていた（二二条）。これは、司法警察官が不在のため、眼前にあって容易に採取できる証拠が消失してしまう場合に認められたものである[21]。このような緊急の場合には、右の保障よりも証拠の保全の方が優越するものとされたのである。

さらに、訴追と予審の分離の精神からすれば、予審判事は検察官から独立した存在であることが要請されるはずであるが、治罪法典では予審判事は司法警察官の資格が与えられており、警察官として控訴院検事長の監督に服するものであったばかりでなく、予審判事が複数いる場合には、帝国検事（のちには検事長）が事件を担当する予審判事を訴訟記録（dossiers）の配分の形式をとりながら実質的に指名した。これは、訴追と予審の分離の精神を形骸化するものであったといえるであろう。

いずれにしても、訴追と予審の分離原則は、強大な権力をもった予審官を生み出さないという人権保障のイデーによるものであったが、オルトランの見解にみられるように当初は必ずしも厳格に考えられていたわけでなかった。

（1）　Jean Pradel, instruction préparatoir, 1990, p.7. なお、仏法においては instruction préparatoire と information とを無差別に使用しているので両者は同義であるが、ベルギーでは information　は警察捜査を、instruction préparatoire が予審を表す語として用いられている。Pradel, ibid., p.7.

（2）　J.Ortolan, Eléments de droit pénal, T.II, 4ᵉ ed., 1875, p.387.高内寿夫「フランス刑事訴訟における予審の機能（三）」國學院法政論叢一四輯（一九九三年）一一七頁参照。

（3）　Ortolan, ibid., p.427.

（4）　フランスの検察官については、澤登俊雄「フランス」比較法研究三八（一九七七年）、北村一郎「フランスにおける公的補佐（ministère public いわゆる検察官）の概念」野田良之先生古稀記念『東西文化の比較と交流』（有斐閣、一九八三年）、高内寿夫「フランス検察官の地位と刑事手続上の機能（一）」國學院法研論叢一三号（一九八五年年）、同「（二）」（同一四号一九八六年）参照。

（5）　Ortolan, op.cit., p.428.

（6）　Ortolan, ibid., pp.396 et 397.

（7）　Ortolan, ibid., pp.401 et 402.

（8）　Faustin Hélie, Traité de l'instruction criminelle ou théorie du code d'insturuction criminelle, T.II, 1865, p.9.

（9）　Esmein, Histoire de la procédure criminelle en France, 1882, p.527.

（10）　Esmein, ibid., p.528.

（11）　Jean Pradel, op.cit., p.24.

（12）　Esmein, op.cit., pp.528 et 529.

（13）　Esmein, ibid., p.529.

（14）　Esmein, ibid., p.530.

（15）　Esmein, ibid., p.530.

（16）　Esmein, ibid., pp.530 et 531.

（17）　Esmein, ibid., p.531.

（18）　Esmein, ibid., p.532.

（19）　Esmein, ibid., p.532.

(20) Ortolan, op.cit., p.387.
(21) Ortolan, ibid., p.387.

第二節　予審の二審制と予審機関

第一款　予審の二審制と予審機関

起訴陪審は廃止されることになったが、憲法上起訴陪審の存在が要請されていたので、控訴院（Cour d'appel）にその代替機関が設置されることになった。いわゆる重罪起訴部（chambres des mise en accusation）と呼ばれる特別部がそれである。これにより、重罪の予審は二審制を採ることになった。

また、予審判事に予審権が集中することを避け、訴追をより客観的に審査する目的で、第一審の予審に新たに評議部（chambre du conseil）が設置された。したがって、治罪法典の当初の予審機関は、第一審の予審裁判所を構成する予審判事と評議部、それに第二審の予審裁判所を構成する控訴院重罪起訴部であった。そして、第一審の予審において、予審の二つの機能すなわち捜査機能（証拠収集機能）と裁判機能（未決勾留等に関する裁判、重罪起訴部への訴追の可否決定（付公判可否決定）等の裁判機能）が二つの機関に分割された。

後に、一八五六年七月一七日の法律により評議部が廃止されると、評議部の職務は予審判事に委譲され、予審は予審判事による第一審の予審と重罪起訴部の第二審の予審に簡素化された。しかし、この簡素化は単に実質的に不要な一予審機関を廃止したという合理化の実施にとどまらず、革命立法の精神のさらなる風化を意味するものでもあったと考えられる。その意味で、評議部の設置とその廃止の意義は、治罪法典の変遷を理解する上で重要である。

第二款　予審判事

第一審の予審裁判所（juridiction d'instruction）を構成するのは、まず予審判事（juge de instruction）である。この予審判事は、民事裁判所の裁判官の中から三年の任期で皇帝により選任される。この選任は、更新を妨げない（治罪法典五五条）。

治罪法典は、予審判事に主たる司法警察官の資格を与えた。この予審判事の職務と司法警察の職務（オルトランはこれを予審活動（operation d'instruction）と呼ぶ）とが抵触しないかが問題となるが、この点についてオルトランは次のように述べている。「両者は抵触しない。なぜなら、裁判官が自ら証拠を捜索し、収集し、現場を臨検し、証人を取り調べることができるとするならば、その予審は一層完全なものとなるからである。[1]」このように、予審官が司法警察官であることは、当時、当然視されていた向きがある。

これに対して、予審判事の職務と判決裁判所の職務とが抵触するものとされ、そこに予審と公判との分離原則が定立した。その理由は明白である。司法警察官の職務において得た嫌疑の証拠やそれに基づいて形成された心証を、予審活動を行った者がそのまま公判に伴っていくならば、弁護の自由と公開の下での対審的弁論が認められていても、公判の裁判が予審の予断に侵害されるおそれがあるからである。[2] それ故、両者の分離のために、予審判事は判決裁判所に対して独立したものでなければならないとされた。

第三款　評議部

評議部（chambre du conseil）とは、「予審を行う義務を負う裁判官が配属された裁判所であり、予審判事がその一員となる部である。[3]」評議部は、予審を行った予審判事を含む三人の司法官により構成された。

カンバセレス（Cambacérès）は、評議部設置の必要性を検察官の訴追の強権性から導き出した。すなわち、彼は、検察官は訴追により予審を余儀なくなさしめる当事者であり、小さな専制君主であるので、予審判事の傍らに被告人と対立する当事者ではない完全に公正を維持できる司法官を設置すべきであると主張した[4]。彼の見解に従えば、評議部は、検察官によって提起された訴追の適否を公正に判定する機関ということになる。視点を変えれば、予審の捜査機能と裁判機能とを分割し別個の機関に委ねることにより、不正なあるいは軽率な検察官訴追が予審判事を経て公判にいたるのを防ごうとしたのである。そこには、予審判事が司法警察官であり、彼の予審行為が被告人にとって必ずしも公正でないという含みがあるように思われる。

プラデル（Pradel）は、このことを次のように述べている。「予審判事は捜査官（enquêteur）であり、評議部は予審の裁判所的様相を確実にする[5]。」すなわち、予審判事は予審の捜査機能を、評議部は予審の裁判機能を担うものであって、それ故、評議部の本質は、未決勾留（détention préventive 予防拘禁、後にdétention provisoire未決勾留の名称に変更される。本書では、便宜上、前者にも未決勾留の語を用いる）に関する事項および第一段階の予審終結を裁定することにある[6]。ただし、重罪についての免訴決定は、重罪起訴部に服さなければならない。したがって、評議部は、起訴陪審の権限をすべて委譲された起訴陪審機関ではない。しかし、カンバセレスの指摘にあるように、評議部の設置が、予審の機能を異なる刑事司法権力の担い手に分割して、不当なあるいは軽率な訴追から「市民的自由」を防禦するものである以上、それは明らかに刑事司法権力控制のイデーに基づいているといえる[7]。起訴陪審廃止の完全な代替措置でないにしても、起訴陪審廃止によって喪失した機能の一翼を担うものと解して間違いはないであろう。

以上のように、治罪法典は、当初、予審判事という単独の裁判官に、被告人を直接重罪起訴部に訴追する権限を与えなかった。それは、「市民的自由」が検察官の訴追によって侵害されないようにするには、検察官訴追の評価を司法警察官でもある予審判事にではなく評議部に委ねる方が望ましいと考えたからである[8]。

検察官として事件に関わった司法官（マジストラ）は、当然、評議部の構成員とはなれない。訴追と予審の分離原則から当然のことである。

第四款　重罪起訴部

第一審の予審を経た重罪事件は、その公判起訴に慎重を期すために起訴陪審に代わる予審機関の予審を受けなければならない。この第二審の予審機関が、重罪起訴部（chambre de mise en accusation）である。重罪起訴部は、控訴院に設けられた特別部であり、治罪法典においては格別の名称を与えられておらず、単に法院「cour」（二一七条）あるいは「un "section de la cour impérialement formée（帝国法院の特別に構成された部門）」（二一八条）と呼ばれていた。重罪起訴部という呼称は、実務において用いられたものである。むろん、その呼称は、事件を重罪院への移送を決定する機関であることに由来している[9]。重罪起訴部は五人の裁判官で構成され、部長が毎年その中から任命された。

重罪起訴部の職務は、被告人に対して法律が重罪と規定する事実の証拠または徴憑（indices）があるか否か、さらにその証拠または徴憑が重罪起訴（mise en accusation）の言渡しをするに足る重大なものであるか否かを審査することにある（二二一条）。重罪起訴部は、予審判事の決定に対する控訴裁判所でもあり、予審権全般を掌握する予審機関である。

このように、重罪起訴部は、起訴に対するあらゆる影響を制御し、起訴権のすべての濫用を抑制するには十分に高度な裁判権でなければならないとのイデーから、起訴陪審の代替機関として創設されたのもである。

（1） J.Ortolan, Éléments de droit pénal, T.II, 4e ed., 1875, p.388.
（2） Ortolan, ibid., p.388.沢登佳人「フランス刑事訴訟法における『判決手続と訴追・予審との機能分離の原則』と『陪審制度・自由心証主義および口頭弁論主義の一体不可分性』」法政理論一六巻二号（一九八四年）一二五—一二六頁参照。
（3） Faustin Hélié, Traité de l'instruction criminelle ou théorie du code d'instruction criminelle, T. II, 1865, p.480.
（4） Jean Pradel, L'instruction préparatoire, 1990, p.24. Esmein, Histoire de la procédure criminelle en France, 1882, pp.530 et 531.
（5） Pradel, ibid., p.24.
（6） Pradel, ibid., p.24.

（7）この点について、プラデルは「一八〇八年の起草者が予審判事の裁判機能をとりわけ終局決定（règlement）の機能を予審判事にではなく評議部に与えたのは、陪審指導判事が嫌疑に関して裁定を行った従前の制度に大いなる不都合を看取したからである」と指摘する。Pradel, ibid., p.31.

（8）Cf.Hélie, op.cit., pp.194, 480 et 481.

（9）Pradel, op.cit., 27.

第三節　第一審予審（予審判事による予審）

予審判事による予審は、一八五六年七月一七日の法律により評議部が廃止される以前においては、もっぱら捜査機能を有するものであったが、評議部廃止後は評議部が有していた裁判機能を全面的に付与され、予審判事の呼称に適した権限を有するにいたった。予審判事の予審行為は、犯罪現場の臨検、証人の聴問、家宅捜索、押収、被告人の尋問[1]、鑑定、令状発付等である。令状発付については、これを予審行為（actes d'instruction）とみるか、それとも裁判所の行為と解するかは見解が分かれるところであるが（後述）、本書が論じるのは、予審という手続においてみられる「市民的自由」と「社会的安全」の様相であるので、右の議論に深く関わることは避ける。

第一款　予審判事への事件の係属

予審判事が事件を係属させられるのは、⑴検事から書面による予審請求がなされたとき、⑵現行犯の場合、または⑶私訴原告人となる申立て（constitution de partie civile）によってである。予審判事は、裁判官としては自ら事件を自己に係属させることはできないものとされた。事件を自己に係属させることは、訴追の権利を行使をすることであり、訴追権[2]の侵害に当たるからである。訴訟事件につき私訴原告人が存在するとき、予審判事は公訴権と私訴権によって事件係属させられる。この二つの訴権は、予審判事に予審の職務を遂行せしめることで共通している[3]。

予審判事は告発された事実について事件を係属させられるのであって、検事の告発の中で指摘されたかくかくの個人に対する訴訟を受理するのではない。すなわち、予審は物に対して（in rem）行うのであって、人に対して（in personam）行うのではない。予審判事は、（狭義の）訴追権をもたないので、告発された事実と関連がある新しい別の事実について自ら予審を拡張することができないが、犯罪の加重事情を構成する一切の犯罪につき、またすべての正犯および共犯に対して予審を拡張することができた(4)。

事件の係属について、予審判事は検事の予審請求を拒絶できるかという問題がある。この予審請求の拒絶は、検事の訴追すなわち公訴権の行使になんら権利がないものと宣言することである。この点につき、評議部を廃止する一八五六年七月一七日法までは、予審判事は検察官訴追に対する適否の吟味権を有していなかったので、予審請求を拒絶することはできなかった。しかし、同法以後は、評議部の裁判所の権限を付託されたので、予審判事は訴追吟味についての権利を取得し、手続の中でなされた種々の抗弁（exception）について自身で決定を下すことができるようになった。

かくして、予審判事は、評議部廃止後名実ともに予審官としての実権を掌握し、告発された事実が重罪、軽罪または違警罪を構成しない場合、公訴が先決すべき問題（question préjudicielle）によって中断される場合、公訴が必要な告訴の欠如によって中断される場合、公訴権が時効によって消滅する場合、予審判事は予審を行わない(5)。すなわち、免訴の決定を言い渡すのである。この予審請求拒絶に対しては、検事は重罪起訴部に抗告することができた。

以上のように、一八五六年法により、検事の予審請求と予審判事の免訴の決定とは、公訴権と表裏の関係にあるものとなった。以後、予審免訴が公訴権消滅または公訴権停止の理論と密接な関係を結ぶ所以である。

第二款　証人の聴問

予審判事は、告発・告訴または他の方法で指名された人物を呼び出させることができる。証人の聴問（audition）

も、これを召喚して行う（七一条）。証人の聴問は、一人一人秘密で行われ、被告人（inculpé）がこれに立ち会うことはできない（一七九一年刑事訴訟法が被告人の立会いの下で証人の聴問を行ったのとは正反対である）。これに関する治罪法典第七一条ないし第八六条は、一六七〇年のオルドナンスを概ね原文通り再現したものといわれている。(6)

証人の聴問で重要なのは、被告人に証人を指名する権利があるかについてであるが、指名した者を証人として聴問するかしないかは、予審判事の裁量に任されていた。したがって、被告人は直接証人を呼び出させることも、また予審判事に証人の聴問をさせることもできなかった。この点については、草案の審議過程でほとんど議論のなかったところである。(7) 証人の提出権が認められなかったことは、被告人の防御権の弱体を意味する。

証人の調書について、行間への書入れ、承認のない削除および欄外記入は無効とされる（七八条）。

証人が予審判事の管轄郡外に居住するとき、当該予審判事はその地の予審判事に共助の嘱託（commission rogatoire）を行うことが認められていた。

第三款　捜索および押収

捜索（perquisitions）および押収（saisies）については、被告人が逮捕されている場合には被告人の立会いの下で行われること、被告人は釈明（explication）することができる等、いくつかの保障を成文化した。これらの保障は、罪刑法典（一二五条―一三一条）からのものである。

予審判事は、捜索すべき書類および物件が自分の管轄外にあるときは、やはりその地の予審判事に共助の嘱託を行うことができた。一九三五年三月二五日法は、この権限を予審判事以外のすべての司法警察官に広げた。受託した予審判事（または司法警察官）は、共助の嘱託の範囲で、嘱託予審判事の一切の権限を行使できた（九〇条）。なお、共助の嘱託は、検察官の請求を必要としない。

第四款　鑑定および法医学鑑定

法医学鑑定（expertise médico-légales）およびその他の鑑定（expertises）については、いかなる反論（contradiction）も被告人には認められなかった。弁護側は、裁判官の行う鑑定人の選任についても争う権利を認められておらず、また反対鑑定（contre-expertise再鑑定）を行わせることも認められなかった。(8)

第五款　被告人尋問

一　尋問の性格と制約

被告人に対し予審を行う予審判事は、被告人を尋問（interrogatoire）しなければならない。召喚状（mandat de comparution）により出頭した被告人については直ちに尋問を行わなければならず、勾引状（mandat d'amener）により出頭させたときは、遅くとも二四時間以内に尋問をしなければならないことが義務づけられた。一八六三年五月二〇日の法律は、緊急を要する現行犯について、例外的に検事に令状に基づく被告人尋問権を付与した（四〇条）。

予審判事は、公判への訴追の適否を判断するために被告人を嫌疑について尋問する。しかし、この糾問的尋問の性格は、一六七〇年オルドナンスにおける尋問の性格とは異なる。エリ（Hélie）は、この尋問が防禦の方法にして審査（吟味）の方法であるとして、この尋問の性格を次のように指摘している。「尋問の主意は、被告人に陳述をさせ、被告人の弁解または自白を書き留め、その陳述の中に事実を求めるものであり、また尋問は被告人が自ら自分を保護する方法である。この尋問をもって、審理の本質的な方式と見なさなければならない。したがって、被告人の尋問を行わずして終結した審理を無効とせざるをえないのである（一八三五年二月一二日、一八四九年一一月一六日破毀院判決）。(9)」

治罪法典は、尋問の具体的方法についての規定をもうけていない。そこで、エリによれば、右の尋問の性格は尋問の方法について次のような制約をもたらす。予審判事は、良心より生じる質問を温和にかつ明瞭になさなければならず、アンシャン・レジームにみられたような被告人に対する虚偽の質問をしてはならず、また自供を引き出すために詐術や計略を用いることも禁じられている。ただし、被告人に真実を供述させるために、巧みな質問をすることは許されている。さらに、予審判事は、尋問につき被告人に論駁することが禁じられている。その理由は、弱い立場のものは必ず強い立場のものに論駁されてしまうというものである[(10)]。要するに、理論上、予審判事は、虚偽の質問をしたり、偽計や計略を用いたり、論駁をしてはならないのである。その制約は、予審判事の職務が犯人を裁くものではなく、真実を探求するものであることからも、必然的に導かれるものと思われる。

二　最初の尋問

被告人の最初の尋問は、前述のように召喚状による場合は直ちに、勾引状による場合には遅くとも二四時間以内に行わなければならないと規定しており、この期間を延長することは法律上許されない。たとえ、被告人が自分に掛けられた嫌疑（罪状）を知るまで尋問が延長されることを望んだとしても、それは認められない。むろん被告人は、予審判事の質問に対して供述を拒否することを認められていた。

最初の尋問は、実質的な尋問ではなく、予審審理の期日を指定するために行われる。エスマン（Esmein）は、この期間が被告人に対する唯一の保障であると指摘している[(11)]。

三　尋問の方式

被告人の尋問の方式について、前述したように法律はとくに規定をもうけていないので、証人の聴問に関する規定や検察官の現行犯に関する規定を準用することになる。

尋問は、書記のみを立ち会わせて秘密に行われる。被告人は、弁護人を立ち会わせることができない。ただし、被告人が聾唖であったり通訳を要するときには、通訳を伴うことが許される。被告人が複数いるときも、各人ごとに尋問をすることが原則であるが、複数の被告人の場合これを対質させることができた。

尋問は、まず、身元確認から行い、次に過去の諸状況および現在の地位を質問し、その後犯罪に関する質問を行うべきとされている。既述のように、被告人には答弁を拒むことが認められていた(12)。

四　尋問調書の書式

尋問調書は、裁判官の質問と被告人の答弁を書記がそのまま書き取ってつくる。被告人が自分の供述を自ら陳述するときは、一人称を用いて書き取る。被告人の尋問調書については、証人の聴問の規定が適用されているので、証拠物がある場合には、証拠物を提示する。被告人はそれを認めたとき署名をしなければならない（現行犯の場合に関する三五条―三九条）。また、供述調書は必ず被告人に朗読して聞かせ、相違のない旨を申し立てた場合、予審判事、書記および被告人はこれに署名しなければならない（証人の証言に関する規定七六条）。調書自体に対する規制としては、行間への書入が禁止されており、削除および欄外に記入の場合は、予審判事および書記ならびに被告人（証人）の承認した上での署名が義務づけられている（七八条）。被告人が調書への署名を拒むときは、その旨記載しなければならない（七六条）。

五　自白のある場合

尋問は、被告人にその防御の方法を知らしめ、または自白をさせるためのものでもある。被告人が犯行を認めた場合、自白は証拠とはなりうるが、自白があったからといって予審判事はこれで予審を終えてしまうのではなく、自白を十分に吟味して、心証の基礎とならないものはこれを除去することができる。尋問調書の自白は、公判廷裁判において繰り返されなければその効力がないものとされた(13)。

第六款　現行犯逮捕

逮捕は、仮逮捕と確定逮捕とに分けられる。仮逮捕とは、現行犯人を捕まえたとき、犯人を検事の面前に引致する権利に基づくものである。したがって、この権利は、即時に検察官の下に連行するのに必要な時間だけ犯人を拘束することを正当化要件とする。それ以上の拘束は、不当逮捕となる。第一〇六条は、現行犯および現行犯と同視すべき犯罪について、それが苦しめの刑または辱めの刑に相当する犯罪（重罪）である場合、検察官に引致すべき旨を規定している。

第七款　令状

「何人も、法律の命令がなければ逮捕または勾留されない」との原則は、フランス公法の基本であり、一七八九年に確認され、一八五二年の憲法により承認されたものである。令状主義の宣言である。予審の必要上、個人の自由権を制限するものは、法律の規定に従って発付された令状（mandat）である[14]。

治罪法典は、一七九一年刑事訴訟法、罪刑法典および一八〇一年法により創設された四つの令状、すなわち召喚状（mandats de comparution）、勾引状（mandat d'amener）、勾留状（mandat de dépôt）および勾引勾留状（mandat d'arrêt）のすべてを継承し、その基本的性格も保持した。もちろん、この令状は、法律の規定する方式によらなければ、発付することができない。

一　召喚状

召喚状は、予審被告人（inculpé）に嫌疑についての説明を行わせるために、指定した日時に予審判事の面前に出頭させる命令である。この召喚状には強制力はなく、また勾留を伴わない。被告人は任意で出頭する。出頭後、直ちに被告人を尋問しなければならない（九一条および九三条）。予審判事は、重罪事件または軽罪事件については、まず、この召喚状を発付することしかできない。召喚状に従わないときに、次に勾引状を発付することができる。すなわち、被告人の尋問については、召喚状による任意の出頭を前提にしているのである。したがって、違警罪には令状を用いることができない。

二　勾引状

召喚に対して出頭を拒んだときに発せられるのが、勾引状である。勾引状は被告人を勾引する命令を含むもので、被告人が抵抗することなく令状に従うときは公力（force publique 警察力）を行使する必要はないが、これに従わない場合には強制の手段および短期勾留の処分を行うことができる（九九条）。勾引状による場合は、被告人到着後、遅くとも二四時間以内に尋問しなければならない（九三条）。このように、勾引状は身柄拘束を伴う場合があるため、右の時間的制限が付されたのである。したがって、この勾留は、他の勾留が行われないかぎり、尋問後直ちに終了する。

次の勾留状および勾引勾留状は、勾引状を発した後でなければ発付することができない。いわば、勾引状前置主義である。これは、尋問を経た後でなければ被告人を勾留すべきでないとの原則によるものである(15)。

三　勾留状

治罪法典第九四条第一項（一八六五年七月一四日の法律により改正された規定）は、「尋問後又は被告人が逃亡した場合において、事件が拘禁又はそれ以上の刑に当たるものであるときは、予審判事は勾留状または勾引勾留状を発することができる」と規定している。

両令状は、異なる名称で異なる規則を有しながら、しかし効果は同じである。両令状とも、強制の手段および未決勾留（détention préventive予防拘禁）をもたらす令状である。勾留の場所は、留置監すなわち軽罪裁判所付属の未決監（maison d'arrêt）である（一一〇条）。

勾留すなわちdépôtの意味は、「仮に預ける」の意味である。罪刑法典では、治安判事が、陪審指導判事のおかれている地の未決監に被告人を連行させるための命令を勾留状と名付けた（罪刑法典七〇条）。これに加えて、一八〇一年法は、検察官に、被告人を未決監へ仮勾留するための勾留状の発付権を認めた（七条）。したがって、この勾留はまさしく仮の勾留であった[16]。

治罪法典は、現行犯の場合を除いて、検察官に予審権を与えなかったので、原則として勾留状の発付権は予審判事の権限に属した。ただし、被告人に対して勾引状を強制的に執行できない場合で、被告人をその発見した郡の検事に引致しなければならないときは、引致を受けた検事は、例外的に、被告人を軽罪裁判所付属未決監に勾留するための勾留状を発することが認められていた。こうして、一種類の勾留状が存在した。

また、令状の取消しについて、予審判事は、予審期間中、検事の同意があるときは、勾留状を取り消すことができたが、一八六五年七月一四日の法律はその取消権を勾引勾留状にまで拡大した。この意味でも、勾留は仮の拘禁（détention provisoire）なのである。ただし、両令状の取消には、「被告人が、要求のあったときに直ちに出頭して、すべての訴訟手続に応じ、かつ判決の執行を受けること」を条件としている（九四条二項）。

四　勾引勾留状

勾引勾留状については、検事の意見を聴いた上でなければ発付することができないという制約があるものの、勾留状と名称こそ違え、広義においては互いに同じものであると考えられていた。オルトランは、勾留状の名称のみが適切であって、勾引勾留状について定められている多くの規定を勾留状に移して勾引勾留状を廃止してもなんら支障はないし、勾留状には勾引勾留状と異なり被疑事件の性質および法律の適条を記載しなくてよいので被告人の苦痛が少ないという利益があると主張している(17)。

一八六五年七月一四日法により、予審判事は、被告人が住居を定めていると否とに関わらず、また軽罪事件か重罪事件かを問わず、召喚状だけを発して他の令状を発しないことができるようになった。したがって、たとえ重罪事件であっても、予審判事が未決勾留をしないことを適当と認め、検察官の異義申立（opposition）がなければ、または検察官の異義申立てがあっても上級の裁判権によって予審判事の命令が修正されないかぎり、当該事件は未決勾留がなされることなく起訴（mise en accusation）にいたり、事件を終結させる身柄拘束命令（ordonnance de prise de corps）がなされるまで未決勾留がなされないことも可能となった。

五　勾留状および勾引勾留状の取消権

治罪法典は、当初、両令状の取消権すなわち勾留の取消権について規定をもうけていなかったが、勾留状については一八五五年四月四日の法律により、また勾引勾留状については一八六五年七月一四日の法律で、予審判事が予審の途中で令状を必要としないとの確証を得たとき、検察官の同意と、要求したときに出頭するとの条件の下に、当該令状を取り消す権限を予審判事に付与した(18)。なお、被告人には取消請求権はなく、この取消権はあくまでも予審判事の裁量権であった。

予審判事の取消権は、検察官の同意を必要とした。その同意が得られない場合には、被告人は釈放請求を行うことができた。そして、予審判事は、この請求を裁定し、一定の条件で釈放を認めることができた。この場合も、予審判事は検察官の意見を聴かなければならないが、検察官の同意を必要とするものではない（一三三条一項）。

六　令状の適用期限

各令状の有効期限については、召喚状の場合には直ちに、勾引状の場合には遅くとも二四時間以内に、被告人を尋問しなければならないとの制限が明示されているので、エリーによれば、二四時間後には勾引状の効力は失われるし、破毀院の判決も同旨であるとされている(19)。勾留状および勾引勾留状の場合については、法律は期限を定めていない。しかし、この二つの令状についても、その適用期限を制限しなければならないとされた(20)。

七　令状発付の要件

令状は、法律の定める方式に従って、初めて発付することができる。令状を発付する裁判官は、身分と署名、日付、発付の対象とされる被告人の可能な特定、犯罪事実と罪名の記載を行わなければならない。しかし、もっとも重要な要件は、有罪についての重大な徴憑がなければならないという要件である（四〇条参照）。

勾引状は、①被告人が住所不定のとき、②被告人が召喚状に従わないとき、または③事件が重大でかつ被告人に逃亡のおそれがあるときに発付することができる。住所を有する者に対しては、告発状だけでは勾引状を発するに十分な推定とはされず、有罪の重大な嫌疑を必要とした。

この嫌疑について、召喚状、勾引状および勾留状・勾引勾留状は同程度を要するものではなく、召喚状よりは勾引状、勾引状よりは勾留状・勾引勾留状の方がより重大なものでなければならないとされた(21)。

第八款　未決勾留（予防拘禁）

未決勾留（détention préventive 予防拘禁）は、嫌疑を掛けられた者の身柄を長期にわたり拘束する制度なので、身体の自由の剥奪自体、剥奪の期間、その間の防禦権のありよう、自由の回復等々、「市民的自由」にもっとも直結するものといえる。

「捕らえることより始めなければ、悪人を取り逃がしてしまう（Qui ne commence à la capture perdra son malfaiteur）」というのが、古い糺問主義手続の格言である。治罪法典もまた、刑事訴追が被告人の勾留を伴うべきもの、少なくとも伴うことができるものと考えていた[22]。

治罪法典は、予審被告人を確定判決まで無期限で勾留する権限を予審判事に与えたが、勾留状発付についての必要性・理由の要件を規定しなかった。その意味で、嫌疑の掛かった者に対する自由の剥奪を犯罪鎮圧のために当然視し、彼の「市民的自由」に対する配慮は乏しかった。端的にいえば、治罪法典は未決勾留をいわば原則的な扱いとしたといえる。

次章において、未決勾留の歴史と問題点を具体的に取り上げるので、ここでは治罪法典における未決勾留のあらましを叙述するにとどめておく。なお、détention préventive は、正確には予防拘禁の訳語をあてるのが適切である。現行刑事訴訟法典の一時期まで予防拘禁（détention préventive）の名称が用いられ、その後、勾留が原則から例外に改正され、それとともに détention provisoire すなわち「仮の拘禁」に改称される。叙述の便宜上、両者について「未決勾留」の訳語を用いることにする。

一　未決勾留の正当化根拠と未決勾留の弊害削減の課題

刑罰による拘禁は、害悪であるが、正義である。これに対して、未決勾留は、いまだ裁判がなされていない者に対して行われるのであるから、害悪であり、しかも犠牲である。オルトランによれば、個人を犠牲にするこの未決勾留を正当化する根拠は、唯一、社会にとって必要な害悪であることに求められている[23]。したがって、未決勾留の不可欠の要件はその必要性であり、勾留の必要がない場合に令状を発付し勾留を行うのは圧制である。問題は、この必要性を有する害悪をいかに削減すべきかである。

この課題を実践するために、オルトランは次の三点を掲げる。すなわち、①未決勾留の適用を制限すること、②勾留期限を短縮すること、③被勾留者の法的地位に関する制度を整備することである[24]。

前二者についての、オルトランの主張は以下の如くである。

未決勾留の適用制限については、人を裁判するために捕まえ監獄に勾留する必要性を過大視しないこと、勾留の利用に無感覚にならないこと（慣用の自制）、利便性のイデーを必要性のイデーにすり替えないことを主張する。つまり、裁判についても、執行についても、裁判所の行為に対して逃亡しないとの保障があれば、手続の期間、その自由を奪うべきでないというものである(25)。立法的には、一八六五年七月一四日の法律が釈放（保釈）すなわち仮の自由（mise en liberté provisoire）に関する規定を改正したことが注目される。

勾留期限の短縮については、必要な保障を犠牲にしないかぎり訴訟手続は迅速でなければならないとする。裁判官の手続が迅速なものでなければならないのはもちろんであるが、裁判官が手続行為を行っていない時間は勾留された人間にとってはまさに苦痛の時間であるので、この点を猛省せよとオルトランは主張する(26)。すなわち、勾留期限の短縮の課題を解決するには、手続を迅速化することが必要であり、その内容は手続行為の迅速化と手続の停滞の解消である。

手続の迅速化については、一八五六年七月一七日法が第一審の予審機関であった評議部を廃止したことにより、また一八六三年五月二〇日の法律が現行犯の規定を改正して検事に現行犯の予審権（令状発付権および被告人尋問権・証人聴問権）を付与したことにより多少前進した。

二　未決勾留の理由

治罪法典は、未決勾留の理由について規定をもうけていなかったが、一般的に、被告人の逃亡防止と、証拠隠滅の防止とが理由とされていた。

逃亡の防止について、オルトランは次のようにいう。未決勾留の理由は、まずもって、被告人が裁判（justice）から逃亡することを防止することにある。人はすべて起訴（accusation）に対して応える義務があるのであって、被告人が逃亡すれば、裁判も刑罰も空虚な存在となる。そこで、オルトランは、この未決勾留を「監視の拘禁 emprisonnement de garde）[27]」と呼ぶ。被告人を裁判にかけることが制度上担保されなければ、刑事裁判がその実体を喪失することは必定である。それ故、オルトランも、未決勾留なくして被告人が刑事手続に従うかについては極めて懐疑的であるとして、逃亡防止を理由とする未決勾留の必要性を積極的に是認している[28]。

　証拠隠滅の防止について、エーロ（Ayrault）が、友人や下僕あるいは家族を使っての証拠隠滅を防止できる監獄はなく、また彼等が自然な情愛や義務感で証拠隠滅に関与する能力や力を封殺しようとすることは圧制であり、過酷であると批判している[29]。オルトランは、エーロとは別に、次の二つの理由で、証拠隠滅による未決勾留を認めない立場を主張している。その一つは、証拠隠滅などという理由で未決勾留を認めるならば、すべての未決勾留をその理由で包括してしまうことができ、未決勾留から免れる被告人などいなくなるというものである。もう一つは、刑事裁判の基礎である嫌疑についての証拠が、訴訟手続に出頭し裁判に応えようとする者までも未決監に繋ぎその隠滅の防止をしなければならないほど脆弱なものかという批判である。端的にいえば、隠滅されて困る程度にしか証拠を収集できずに刑事裁判にかけようとする、その安易さを批判するものである。オルトランは、証拠隠滅防止の利益をまったく否定するものではないが、そのような理由で人の自由を剥奪することの危険性の大きさを批判するのである[30]。

　以上のように、オルトランは、古典主義の伝統である自由主義的見地から、未決勾留の正当な理由を被告人の逃亡防止のみに限定した。しかし、現実には、証拠隠滅防止の利益が未決勾留の理由として偏重されており、オルトランはこれを慨嘆した[31]。

三　未決勾留の施設と密室拘禁

　治罪法典は、未決勾留の施設として二種類の未決監を定めている。一つは軽罪裁判所に設置された留置監で、これを maison d'arrêt と称する。この軽罪裁判所未決監は、すべての予審の手続期間における勾留と軽罪裁判所への移送の後の勾留とを行う施設である。この場合の被告人を prévenu と呼ぶ。

他の一つは、重罪院に設置された留置監で、これをmaisoin d'justiceと称する。予審被告人が重罪起訴部の裁定を通じて重罪院に移送されると、accusé（重罪被告人）と称せられ、各郡に一つずつ設置されたこの重罪院未決監へ収容されるのである。

治罪法典は勾留を外部との交通を遮断する密室拘禁（mise au secre）の方法をもって実施するが（六一三条、六一八条）、これは旧来の糺問手続の遺産の一つであり、証拠隠滅を防止する必要性をその根拠とした。したがって、裁判所の召喚に応じる被告人であっても、それを理由にして勾留することができた。しかし、現実には、このような勾留は、自白を強要するために用いられるという至極当然の結果に到達する。その象徴的事件が、尊属殺人の嫌疑で妊娠中に勾留され、独房での厳しい処遇を免れるために自白し、後に無罪が判明したガルダン大人（Gardin）の事件であった。オルトランは、ガルダン事件を例に挙げ、このような理由による勾留が本来の監視のための勾留とはまったく隔たったものであると強く批判した(32)。

四　接見交通禁止

密室拘禁は別に接見交通禁止（défense de communiquer）の名で呼ばれるが、予審判事は接見のみならず文通および言語による交通をも禁止または制限することができた。禁止するときは、検事長に報告をしなければならない。一八六五年七月一四日の法律により、この接見交通の禁止は一〇日を超えないものと定められたが、その更新が認められた（六一三条）。

この密室拘禁についての危険性は治罪法典の当初より問題視されており、一八一九年の司法大臣通達（circulaire）は、その適法性を認めつつも、その特別の性格に留意して、共謀・陰謀による重罪については必要であるが、すべての被告人に対して使用すること、またその期間の延長をすることは、適切な司法行政および人権に反するものであり、予審判事が極力この使用に慎重でなければならないとその使用制限を指示した(33)。

しかし、その通達は遵守されず、密室拘禁は予審の習慣となり、自白強要の温床となることが大いに危惧された。のちに、一八九七年一二月八日の法律が、予審段階から被告人の尋問に弁護人の立会いを認める改正を行うが、このような予審段階での防御権の拡充はかかる身柄を拘束した上での密室予審の弊害を是正する趣旨のものであった。少なくとも、同法による改正への機運が高まったということは、その弊害が看過しえない状況にまでいたったということであろう。

被告人が重罪院において未決勾留に付された場合、弁護士は、重罪起訴部での被告人尋問が終了して初めて被告人と接見する権利が認められた（三〇二条）。換言すれば、第二審の予審においてすら、その重要な過程で、被告人は弁護人との接見を禁止されていた。

五　保証による釈放（保釈）

治罪法典は、当初、軽罪刑を受けるべき被告人が住所を有しかつ保証人を立てるときだけに、釈放（liberté provisoire sous caution）を認めるにとどまっていた[34]。また、すべての重罪の被告人および住所不定者で、釈放（保釈）された後再度勾留された者については、予審判事は釈放する権限をもたなかった。しかし、先の一八五五年四月四日の法律および一八六五年七月一四日の法律は、この予審判事の釈放権を一般化し、被告人の自由の拡大をはかった[35]。

改正の主要点は、以下のようなものである。

まず、釈放の対象をすべての犯罪に拡張した。この釈放の改正は、治罪法典の改正の中でも大改革と評された。これにより、いかに重大な犯罪の被告人であれ、再犯者であれ、あるいは住所をもたない者であれ、例外なく釈放の対象となりえたのである。ただし、被告人は釈放を請求することはできるが、釈放は予審判事の裁量によることを原則とし、一部の犯罪について例外的に権利釈放が認められていたにすぎなかった。釈放が予審判事の裁量権である、といわれた所以である[36]。

保証についても、原則と例外が入れ替わった。かつては釈放には保証を付けることが原則とされていたが、保証金の下限を廃止した一八四三年三月二三日のデクレにより事実上保証を免れるようになり、やがて保証なき釈放が原則となった。一八六五年七月一四日法の改正による第一一四条は、権利釈放以外の釈放については保証を立てることを条件としているが、この規定は保証を義務化したものではなく、予審判事に保証を課す権限がある旨を表明したものにすぎないと解された(37)。

保証は、保証金によるものと保証人によるものとがある。保証金については、一八六五年法により保証金の上限が廃止されたため、その金額は予審判事の裁量に委ねられるようになった。保証人による保証は、資力のある者が被告人の保証人となることを約束することによる保証であり、一八五五年四月四日の法律によるものである。保証人は裁判所の命令に応じて被告人を出頭させる義務を負い、出頭しない場合には予審判事の定めた金額を支払わなければならない義務を負わされた（一二〇条二項）。予審判事は、裁量による釈放において、被告人の誓約だけでは足りないと思料するときは、さらに保証を提出させることができた。

権利釈放の対象となるものは、法定刑の上限が二年の拘禁を超えない軽罪事件であって、住所を有する被告人は、最初の出頭における尋問から五日を経過した後、釈放を受ける権利を有した。権利釈放には保証を立てる義務はないが、要求されたときは直ちに予審の手続に出頭し、かつ裁判言い渡しの執行を受けるために出席する旨を誓約することが条件とされている。なお、重罪の前科のある者、一年以上の拘禁（後に三月以上に改正）の言い渡しを受けた者は除かれた（一一三条）。

被告人は、確定の裁判または重罪院が起訴を受理するまでは、予審期間中いつでも釈放を重罪起訴部に請求することができる。予審判事の下した釈放の決定に対しては、検察官、私訴原告人および被告人は重罪起訴部に不服を申し立てることができる。

以上のように、一八六五年七月一四日の法律は、自由化に向けて釈放に関する全体を大幅に改正した。同法の改正の精神は、逃亡の危険性がない被告人に対して、司法官に未決勾留の弊害を避けさせる可能性もしくは停止させる可能性を与えることにあった[38]。この改正により短期間での釈放が期待されたものの、現実にはその数は極めて少なく（たとえば一八六九年には四二人、一八七二年には八三人[39]）、釈放についての改正の精神が予審判事になかなか浸透しなかった様子を推測しうる。同法によって釈放の対象が広げられはしたが、なお、勾留が原則であることには変わりなかったのである。

第九款　評議部による予審

予審判事の予審が終了すると、手続は評議部（chambre du conseil）に移される。

評議部は一五〇〇年に及ぶ治罪法の歴史の中でその約三分の一の期間に存続したが、一八五六年七月一七日の法律により廃止された。それは、治罪法典の最初の大きな改革といえる。

評議部（およびそれに類する機関）は、その後、予審制度の改正動向の中でその再興が近年にいたるまで幾度も論議され、数次にわたり制度化が試みられた。とくに、後世のものは、勾留制度の歪を是正するものと期待されてのことである。今後も、評議部の再興議論が再燃化する可能性もありうるので、治罪法典の立法に際してそもそも評議部に期待されたものがなにかを理解することは必要である。

以下、まず評議部のある予審手続を概観する。

一　予審判事の報告

予審判事は、予審を完了すると、評議部においてこれをすべて報告しなければならない（一二七条《本款における括弧内条数は、評議部存在当時のものである》）。

予審判事の報告の制度は、一六七〇年のオルドナンスに習うもので、同オルドナンスにおいては予審官が慣習的に報告判事を任命されていたが、治罪法典においては明文で予審判事に報告の職務を担わせた。

評議部の審理は非公開であるので、当然その報告も非公開であるが、これは予審の秘密の原則によるものにすぎない。したがって、被告人も私訴原告人もこの報告に接することはない。また、評議部の裁定は、当事者も証人も不在のまま書面審理で行われるので、評議部の裁定も非公開である。一八四九年七月二七日の法律は、公開の禁止に罰則をもうけ非公開をさらに強化した(40)。

二　評議部の審理対象

予審判事の報告が終ると、評議部は直ちに手続の審理を始める。解決しなければならない問題は複数あるが、評議部は「予審判事が行った予審における嫌疑の評価」以外対象としないという基本的見地を常に保持しなければならない。したがって、予審において嫌疑が収集されるためになされた処分（mesure）の評価は、評議部の審理の対象外ということになる。すなわち、評議部は、「法律上の結果を推論」するために手続に専心するのであって、予審行為の統制（監督）のために手続を行うのではない(41)。それ故、評議部は予審判事の予審について監督する権限がないばかりでなく、予審行為を命じる権限も、また、自らこれを行う権限ももっていないのである。

予審判事は、予審を行った事件のすべてを評議部に報告し、事件を評議部に委ねるのであるから、直接付公判可否決定を下す権限がなく、その意味で予審の機能をすべてもっているわけではなく、証拠の収集活動権（捜査機能）に限定されていた。これに対して、評議部は反対に捜査機能をもたない。したがって、評議部は、予審判事が行った予審の結果について、審査をするだけの裁判機能をもった予審機関である。

評議部の決定は、一般的には、票決をもって多数決原理に従ってなされる(42)。票が割れた場合には、被告人にもっとも有利な意見が優越するものとされていた(43)。ただし、重罪事件については、後述のごとく、例外規定が設けられていた。

三　評議部の一般的権限

評議部が予審判事の報告に基づいて決定すべきは、告発された事件につき、次の三つの事項についてである（一二七条）。①事実が重罪、軽罪または違警罪を構成するかについて（事実の罪質・罪名決定に関して）。②手続が継続されるために十分な嫌疑が被告人に存在するかについて（被告人の勾留（釈放）に関して）。③訴追する理由がある場合、どの判決裁判所が裁判を行うかについて（管轄についての裁定に関して）。

評議部は、予審判事の証拠収集活動が完全になされた後に訴追の適否を裁定する機関として設置されたので、自ら予審行為を行うことができないばかりでなく、予審審理（予審捜査）および予審審理の補充についての命令権をもたなかった。より具体的にいえば、①評議部は、訴追対象外の予審審理命令権をもたない。②予審判事の予審が不完全で評議部に決定を下すに足る要素を提出しなかった場合でも、評議部には予審の補充命令権はない。法文で禁止されていたわけではないが、仮に補充の命令を出したとしても、その命令により予審判事の職務に干渉することはできなかった。③評議部は、新しい予審審理の命令権ももたない。なぜなら、評議部が命じる処置が新たな予審審理を命じるにいたる場合、それは予審判事の裁判権ではなく重罪起訴部の裁判権を侵害することになるからである。新しい予審審理を命ずる権利は、重罪起訴部の専権であった（二二八条）。

四　予審が不完全な場合の手続

法は、予審が完全なものになったときに評議部への報告を義務づけているので、法律の前提としては、評議部へ報告された予審は一応完全なものであることが本来要求されている。しかしながら、現実には、報告された内容では評議部が裁定できない場合もある。それ故、評議部には予審手続の状態が完全なものであるか否かを確かめる義務が、その職務の遂行の前提としてある。しかし、前述のように、評議部は新しい予審はおろか予審の補充を命じる権限をもたない。そこで、予審が不完全な場合には、すなわち裁定のために十分な要素を見出せない場合には、評議部には裁定を延期する権利が与えられていた。

この裁定延期の権利は、予審行為を修正するものでも、予審判事にあれこれの処分を命ずるものでもなく、したがってなんら予審の方向に干渉するものでもないので、予審判事の権限を侵害するものではない。評議部は、証拠の現状からは裁定を言い渡すことが不可能であり、予審の補充が必要と思われることを言い渡し、欠陥を確認するにとどまる。この場合、手続を完全にするための行為を行うのは、あくまでも予審判事の役目である。そして、法律上は、補充の予審で得られた新しい証拠が評議部での手続に含まれるので、その収集活動は新しい予審審理ではないとしている。(44)

五　抗告裁定権および個別の予審命令権の不存在

評議部は、予審判事の決定に対する抗告（opposition）を裁定する権限をもたない。というのも、評議部には予審行為を命じる権限がないからである。評議部は、予審手続が完全な場合にその手続について裁定するものであって、いかなる場合にも予審審理の処置について関与しない。これについては、なんら争いがないものとされている。(45) また、評議部は、個々の予審行為についてもこれを命じることができなかった。たとえば、逮捕されていない被告人に対して勾留状や勾引勾留状を発付させることはできなかった。これら令状の発付は、「予審判事の独占的・排他的権限の掌中に(46)」あったからである。

六　評議部の決定

評議部の予審終結決定は、免訴の決定と管轄・移送決定である。

(一)　免訴の決定

治罪法典は、「事実が重罪、軽罪若しくは違警罪としての罪質を有しない場合、又は未決勾留に付すことを認めるに足るだけの十分な嫌疑がない場合、評議部は『訴追に理由なし』と言い渡す。被告人が勾留されている場合には、釈放される」（二二八条）と規定し、第一審予審における予審免訴の決定権を評議部に与えた。

かくして、評議部は、事実が重罪も軽罪もまた違警罪も提示しないとの意見を有するとき、または被告人に対する嫌疑について勾留するに足る十分な証拠（charge）が存在しないとの意見を有するときは、訴追する理由がない（il n'y à pas lieu à suivre）と言い渡さなければならない[47]。このように、治罪法典は、その免訴事由として訴追された事実の犯罪不構成と嫌疑についての証拠の不在とを規定した。これが、評議部廃止後の治罪法典における、したがって現行刑事訴訟法典における予審免訴制度の原型となる。

免訴の決定には、理由を付さなければならない。その理由は、各免訴事由に応じて異なる。事実が犯罪を構成せず不可罰であると言い渡された場合には、その事実の状況を残らず入念に確認しなければならない[48]。なぜなら、この免訴決定は、重罪については常に重罪起訴部の審査に服さなければならないし、また軽罪および違警罪については抗告のある場合にやはり同部の審査に服さなければならないので、免訴の決定を基礎づける諸要素が正確でなければならないからである。重罪起訴部の予審は、書面審理であることから、右の記載が不可欠である。さらに、既判力の面からも、このことは要請される。事実が行為を構成するすべての事情をもって表現されていない場合、告発された行為を既判力で覆うことができないからである[49]。いずれにせよ、犯罪の不構成とするだけでは免訴決定の理由とならないし、同決定の適法性（légalité）を評価することも不可能である。

免訴が証拠不十分にもとづくときは、その決定には証拠を正確に詳らかにしなければならない。なぜなら、免訴の決定には仮の既判力が形成され、予審を再開するには嫌疑について新証拠が必要とされており、この新証拠により免訴と評価した事実を確認する必要性があるからである。免訴の決定の権威を停止するためには、免訴の決定が裁定したものを判別しなければならないことはいうまでもない。そのためには、免訴の証拠が詳細にかつ正確に記載されることが要求されるのである。

評議部の予審免訴の制度で留意すべきは、事実が重罪に該当する場合と、軽罪・違警罪に該当する場合とで異なる点である。軽罪・違警罪に当たるときは、評議部は免訴の決定により自ら予審を終結することができた。すなわち、この予審の終結決定は、控訴（抗告）がなければ、重罪起訴部に服することがなかった。これに対して、事実が重罪に当たるときは、評議部は自ら予審を終結する権限をもたず、必ず重罪起訴部の第二審の予審の審査に服さなければならなかった。これは、重罪の訴追について、公訴不受理の最終判定権者を評議部よりも控訴法院の上級裁判官に委ねることを適切と考えたからである。換言すれば、重罪のような重大な犯罪については、公訴不受理のようなデリケートな問題を評議部に委ねることは望ましくないということであろう。

なお、予審終結にともなう被告人の釈放は、重罪起訴部の免訴決定まで効力を発しない。

(二)　管轄・移送（移審）決定

免訴の言渡しの場合とは逆に、事実が刑法の罪名の一つに当たるとき、また、被告人の未決勾留を理由づける十分な嫌疑がある場合、評議部は法定の罪名を確定し、未決勾留を言い渡し、管轄裁判所を指定する。その手続は、犯罪の三分類に応じて、次のように分かれる。

評議部の裁定が「単なる違警罪（contravention de police）との意見であるときは、被告人は、違警罪裁判所（tribunal de police警察裁判所）に移送され、勾留されている場合には釈放される。」（一二九条）

次に、「犯罪（délit）が懲治刑（軽罪刑）で処断される性質のものであれば、被告人は軽罪裁判所（tribunal de police correctionlle）に移送される。」（一三〇条）

最後に、重罪の移送の手続は、次のようなものである。「評議部の複数又は一人の裁判官が、予審判事の報告に基づいて、事実の性質が苦しめの刑又は辱しめの刑で処罰されるものであり、且つ、被告人に対する勾留が十分行なえると思料するとき、予審における証拠物（pièces）及び心証形成に役立つ証拠の状態を確認する（記録手続による）調書が帝国検事から検事長に速やかに移送される」（一三三条）。

重罪事件に相当する場合には、評議部の決定の方式に例外が適用されることに留意しなければならない。すなわち、重罪については多数決の票決方式が適用されず、一人の裁判官が重罪であるとの認定をすることにより、重罪裁判の手続に事件を乗せることができるのである。これは犯罪の鎮圧という見地から、重罪事件について訴追への扉を開けやすいものにすべく慎重な取り扱いを配慮したものといえよう。

なお、評議部は、重罪院へ事件を直接移送するのではなく、帝国検事を通して検事長へ予審の証拠と予審調書を移送するにとどまる。重罪と想定される事実については、評議部は初審としてしか裁定しえないからである(50)。事件を第二審の予審である重罪起訴部に受理させるのは、検事長である(51)。

以上から、評議部の手続は次のように要約できる。訴追された事実が違警罪または軽罪の性格のものである場合、評議部は自ら予審を終結することができる。すなわち、訴追すべき理由の有無を決定し、事実の罪質を決定し、また、管轄裁判所を決定する。評議部のこれらの決定は、自ら予審を終結するものであって、控訴がないかぎり重罪起訴部の審査に服する必要はない(52)。

事件が重罪の性格を有するものについては、評議部の決定は免訴の決定も含め重罪起訴部に服する。重罪起訴部は、重罪予審の終審として、事実の罪質について、および被告人を未決勾留に付すことについて言渡しを行う予審機関だからである。したがって、重罪起訴部だけが、重罪院（cuor d'assises）への被告人（prévenu）移送を命じる権限を有する(53)。

第一〇款　評議部の廃止

一　評議部の機能

治罪法典は、立法当初、一人の司法官に予審の二つの機能すなわち捜査機能と裁判機能の両者を付与せず、前者を予審判事に、後者を評議部に委ねた。評議部は、前述したように、起訴陪審制度の廃止により、その機能の一部を代替させるために創設された予審機関である。

評議部創設の具体的理由は、次のようなものである。起訴陪審は、職務である嫌疑有無の判定を踏み越えてその権限を濫用したため、一八〇一年法により起訴陪審手続の書面化が進められた。この手続の書面化は、本質的に陪審制度とは相容れないものであった。なぜなら、元来、陪審は、書かれた証拠（pieces）に基づいて裁定すること、すなわち書証の朗読を聞いて自分の意見を形成することに適していないからである[54]。手続の書面化にもかかわらず、その後も続く起訴陪審の犯罪鎮圧機能の不全に対する強い批判の下に、ついに治罪法典において起訴陪審の廃止が選択された。しかし、起訴陪審の精神は訴追の慎重なるチェックであるから、予審判事に予審の権限をすべて付与することには大いなる危惧があった。そこで、検察官訴追の適否を客観的に判定するために、第一審の予審において予審判事とは異なる審査機関が必要とされた。

かくして、評議部は、軽罪・違警罪については裁判機能を有する終審の予審機関となり、重罪に関してはより慎重な訴追のチェックの必要性から、第一審予審における終審予審機関とされたのである。とくに、この書かれた手続は、まったく対審に付されておらず、しかも非公開で評価されるので、重罪については二段階で審査をすることが合理的と考えられた[55]。同時にまた、単独の予審判事が予審手続に対するすべての抗弁（exceptions）、評価および事実の罪質決定の問題を処理するとなると過負担が生ずることになり、それを回避するためにもこのような中間審査機関が必要とされた[56]。

二　評議部の機能不全

刑事訴追に対する慎重な審査を目的として創設された二つの予審機関ではあったが、重罪起訴部が創設以来適切に機能したのに対して、評議部は不完全にしか機能せずほとんど有益とはいえない状態に陥っていた[57]。なぜなら、予審機能の分離分割の趣旨にもかかわらず、予審判事は、評議部に出席して予審事件を報告するだけにとどまらず、評議部の一員としてその裁定に関与したからである。

このように、評議部は、予審判事と独立した機関として裁定を行ったわけではなかった。このシステムは、一六七〇年オルドナンスの予審官（刑事法官）が慣習的に報告判事をつとめた制度を踏襲したものであるが、その結果、評議部の制度が意図した機能分離の目的とは裏腹に、一六七〇年オルドナンスにおいてと同様に、予審判事の意見が評議部を支配するという現象が顕著に生じた。ここに、評議部の機能障害の原因があった。

治罪法典は、重罪については、単独の裁判官の意見により検事長を通して重罪起訴部に事件を受理させることができることを規定し（一三三条）、他方で予審判事を評議部の構成員としていたために、最初から機能分離を阻害するシステムをプログラムしていたのである。事件を一番熟知している予審判事を評議部の裁定に関与させ、しかも一名の裁判官に重罪の訴追を委ねるならば、予審判事は「評議部に法律を強い、そして自分の意思を押しつけることができ」[58]るのは当然のことであった。端的にいえば、予審判事は、現実においては、予審の終局について決定機関(organe de règlement)であったといえるのである[59]。

治罪法典の起草者たちは、一方で実質的な予審判事の訴追権を認めながら、他方で評議部に起訴陪審に代わり予審権の分割による訴追の客観的な当否判断（評価）を大いに期待したのであるが、その矛盾の中で、評議部の制度はその期待に答えることができず、「市民的自由」の保障機関としては機能しないまま形骸化したばかりでなく、訴訟手続を遅滞させる阻害物にもなっていった[60]。

三　一八五六年の法律による評議部の廃止

予審に対する最初の大きな改正の一つは、この機能障害を生じた病める評議部の廃止と、それに伴う予審手続の修正であった。一八五六年七月一七日の法律は、評議部を廃止し、実務的現状を認めて、予審判事に予審の裁判機能を委ねた。こうして、同法により、予審判事は捜査のみならず、予審の終了に際して、事件の移送等に関する裁定を下することになり、第一段階の予審の全般すなわち捜査機能と裁判機能とを掌握することになった。一八〇八年の治罪法典においていささか誤用の感のあった「予審判事」の表現が、一八五六年法によりはじめて正確なものとなったといわれる[61]所以はそこにある。

評議部の廃止により、第一審の予審機関は予審判事となり、起訴陪審制度に具現化された革命立法の精神すなわち刑事訴追の厳重な吟味の装置は評議部の廃止とともに第一審の予審の中から消失したのである。なぜなら、それは、予審判事の権力の抑制（革命立法の精神は司法官に対する強い警戒心を表明していた）と検察官訴追の客観的な評価というイデーの放棄を意味するからである。ここに、単独の予審判事が強大な予審権を行使する予審構造が確立し、治罪法典廃止まで継続するのである。

しかしながら、評議部の制度は一八五六年法によって右の事情により廃止されたにもかかわらず、その制度に対する執着には根強いものがあり、後に述べるように幾度か復活が試みられ、また一時的にではあるが法律上に復活した。このことは、単独の予審判事の予審に対する抑制を要求する声が根強くあること、とりわけ後に予審判事の勾留権が常に論議の対象になったことによるものである。

第二款　評議部廃止後の予審判事による予審終結手続

一　予審終結決定

評議部を廃止した一八五六年七月一七日法により、「予審終結時における予審判事の決定」に関する治罪法典第九章が改正され、予審判事は予審の終結の決定権を掌握することになった。これにより、予審判事は名実ともに完全な予審官となった。評議部廃止後の手続は、以下のとおりである。

予審判事は、予審を終了すると、まず検事にその旨を通知（comunication）をしなければならない。通知は検事に請求書を作成させるためである。検事は直接予審被告人を裁判所に呼び出すことはできない。予審被告人は、一八三二年の破毀院判決で予審判事に陳述書を提出することが認められていた。しかしながら、被告人は、予審の秘密（密行）主義から予審調書（訴訟記録）を閲覧する請求権を認められていなかった。ただし、予審判事が調書を閲覧させることは禁じられていなかった。実務上は、予審判事が最後の尋問のときに調書を被告人に見せ、弁解をさせまたは防禦の手段を用意させたということである(62)。

検事は、通知を受けた後、遅くとも三日以内に請求（requisitions）をしなければならない（一二七条）。検事から請求書を受け取った予審判事は、速やかに判定を下さなければならない。その決定に際して、事件についての管轄の有無を判定し、罪名を確定し、管轄違いの場合には適切な場所へ被告人を移送し、管轄がある場合には請求のあった補充審理の必要性等について判断することを要した。

予審判事は、公訴を受けるべきか否かを裁定しなければならない。公訴が受理すべきものでない場合は免訴を、公訴が受理すべきものであればしかるべき管轄を有する裁判所への移送を決定することになる。すなわち、予審判事は、免訴の決定（ordonnance de non-lieu ＝訴追に理由なし（il n'y a pas lieu à poursuive）の決定）または違警罪裁判所、軽罪裁判所、もしくは重罪起訴部への移送決定（ordonannce de renvoi 移審決定）を下さなければならない（一二八条）。公訴不受理の事由として、公訴権の停止事由と公訴権の消滅事由がある。

二　事件の移送

予審判事は、公訴を受理すべきものと認めたときは、犯罪の性質および法律上の罪名を決めなければならない。それに従って、事件を移送すべき裁判所を決定する。

予審判事は事実が違警罪に該当するにすぎないと認めるときは、被告人を違警罪裁判所（tribunal police）に移送することを、被告人が勾留されているときにはその釈放を命じなければならない（一二九条）。事実が軽罪に該当するものと認められるときは、軽罪裁判所に移送しなければならない。この場合、軽罪が拘禁（enprisonnement 軽罪の自由刑の名称）の刑に当たるものであり、かつ、被告人が勾留されているときは、勾留を仮に継続しなければならない（一三〇条）。軽罪が拘禁刑に当たるものでないときは、期日に管轄裁判所に出頭することを誓約させて、被告人を釈放しなければならない（一三一条）。

違警罪裁判所または軽罪裁判所への移送の場合、検事は遅くとも四八時間以内に、一切の書類に番号を記入の上、裁判をすべき裁判所の書記課にこれを送付しなければならない。軽罪裁判所に移送の場合は、検事は、四十八時間以内に、被告人に対して直近の公判開廷日（audiense）に出頭させる呼出しをしなければならない（一三二条）。

予審判事は、事実が苦しめの刑または辱しめの刑に当たり、かつ被告人の嫌疑が十分であるときには、「重罪起訴」の章に定める手続を行うために、予審記録（pièces d'instruction）、罪体を証明する調書（手続記録procès-verba）および書証（証拠物を書面化したもの）の目録（un état des pièces servant à conviction）を控訴院検事長（procureur général près la cour impériale）に送致すべき旨の決定を行わなければならない。書証は、とくに定めるものを除き、予審裁判所（tribunal d'instruction）に留め置かなければならない（一三三条）。重罪起訴部への移送の場合、被告人（prévenu）に対して発付した勾引勾留状または勾留状（mandat d'arrêt ou de dépôt）は、控訴院の裁定があるまで、執行力を保有する。右の予審判事の決定は、検事の請求書の末尾に記す。決定書には、被告人の氏名、年齢、出生地、住所、および職業ならびに被告人が行ったとされる犯罪事実の摘示および法律上の罪名ならびに十分な嫌疑（charge suffisantes）の有無を記載しなければならない（一三四条）。

三　予審判事の決定に対する抗告

予審判事の決定については、重罪起訴部へ抗告することができる。当初、治罪法典は予審判事のすべての決定に対して抗告を認めていたわけではなかったが、これに対して破毀院判例は予審判事の諸決定はすべて抗告の対象となるとの原則を認めていた[63]。したがって、勾留された被告人の軽罪裁判所への移送決定、勾留されていない被告人に対する免訴の決定、被告人を逮捕することを拒んだ決定等に対する抗告が破毀院の判例により認められた。一八五六年七月一七日の法律は、予審判事の管轄および勾留に関する決定について、検事に抗告する権利を認めた（一三五条）。さらに、同法は一定の範囲で検事長にも抗告権を与えた。

（1）被告人尋問は、当初勾留質問の意義を有するものであり、その後次第に予審行為として一般化したとする見解がある。高内寿夫「フランス刑事訴訟における予審の機能（三）」國學院法政論叢一四輯（一九九三年）七九―八〇頁、九一頁。
（2）私訴権については、水谷規男「フランス刑事法における『被害者の権利』の動向」一橋研究一三巻一号（一九八八年）参照。
（3）R.Garraud, Précis de droit criminel, 7e ed., 1901, p.608.
（4）Garraud, ibid., p.608.
（5）Garraud, ibid., p.610.
（6）Esmein, Histoire de la procédure criminelle en France, 1882, p.532.
（7）Esmein, ibid., p.533.
（8）Esmein, ibid., pp.533 et 534.
（9）エリー『佛国刑律實用』（司法省蔵版、一八八三年）一八四頁。引用文は、原文を論旨にそって口語体にしたものである。
（10）エリー・前掲書一八五頁。
（11）Esmein, op.cit., p.535.
（12）エリー・前掲書一八六―一八八頁。
（13）エリー・前掲書一八八―一八九頁。
（14）J.Ortolan, Éléments de droit pénal, T.II, 4e ed., 1875, p.526.
（15）エリー・前掲書一九三頁。
（16）Esmein, op.cit., p.535.
（17）Ortolan, op.cit., p.528. エリーもまた、「勾留状は暫時仮に用いるもので、確定して監禁するときは勾引勾留状をもってしなければならない」と主張する。エリー・前掲書一九四頁。
（18）Esmein, op.cit., pp.575 et 576.
（19）エリーによれば、二四時間後には、勾引状の効力は失われる。一八四〇年四月四日の破毀院判決も同旨。エリー・前掲書一九四―

一九五頁。

（20）エリー・前掲書一九四―一九五頁。

（21）エリー・前掲書一九五頁。

（22）M.L.Rassat, Détention provisoire 17・・・et la suite, Droit pénal contemporain, Mélanges en l'honneur d'André Vitu, 1989, p.420.

（23）Ortolan, op.cit., pp.530 et 531.

（24）Ortolan, ibid., pp.530 et 531.

（25）Ortolan, ibid., p.531.

（26）Ortolan, ibid., p.531.

（27）Ortolan, ibid., p.531.

（28）Ortolan, ibid., p.531.

（29）Ortolan, ibid., p.532.

（30）Ortolan, ibid., p.532.

（31）Ortolan, ibid., p.532. オルトランによれば、勾留の理由として訓戒の効果を挙げる見解もあったようである。すなわち、証拠がなくて無罪になるであろうが、勾留の期間を過ごすことは訓戒の効果があり望ましいことであり、あるいは証拠からして有罪たりうるのであるが未決勾留に付されたので無罪として放免すべきであるという見解である。後者は、陪審の面前で対立当事者（la contre-partie）から実際に幾度か主張されたとのことである。

（32）Ortolan, ibid., p.535.

（33）Ortolan, ibid., p.536.なお、司法大臣通達は、予審判事に、毎月、接見交通禁止事件の状況、禁止の理由および禁止の期間について、検事に報告することを義務づけた。この報告は、段階的手続を経て、司法大臣に届けられた。

（34）Rassat, op.cit., p.420.

（35）エリー・前掲書二〇三頁。

（36）エリー・前掲書二〇四頁。

（37）Ortolan, op.cit., p.538.

（38）Ortolan, ibid., p.537.

（39）Ortolan, ibid., p.538.

（40）Faustin Hélie, Traité de l'instruction criminelle ou theorie du code d'instruction criminelle, T. II, 1865, p.433.

(41) Hélie, ibid., pp.492 et 493.
(42) Hélie, ibid., p.483.
(43) Hélie, ibid., p.482.
(44) Hélie, ibid., p.495.
(45) Hélie, ibid., p.492.「評議部の一般的権限」についても、同頁による。
(46) Hélie, ibid., p.492.
(47) Hélie, ibid., pp.509 et 510.
(48) Hélie, ibid., p.510.
(49) Hélie, ibid., p.510.
(50) Hélie, ibid., pp.491 et 492.
(51) Jean Pradel, L'instruction preparatoire, 1990, p.20.
(52) Hélie, op.cit., p.492.
(53) Hélie, ibid., p.492.
(54) Hélie, ibid., p.497.
(55) Hélie, ibid., p.497.
(56) Cf.Hélie, ibid., p.497.
(57) Pradel, op.cit., p.32.
(58) Pradel, ibid., p.32.
(59) Pradel, ibid., p.31.
(60) Cf.Ortolan, op.cit., p.423.
(61) Cf.Pradel, op.cit., p.31.
(62) エリー・前掲書二一三頁。
(63) 一八一三年一〇月二九日破毀院判決。エリー・前掲書二一四頁。

第四節　第二審予審（重罪起訴部による予審）

皇帝ナポレオンは、民事および刑事の終審裁判権をすべて帝国法院（控訴院）に付与することを強く望んだ。その要望を入れて、治罪法典は予審の終審裁判権を帝国法院に与えた。重罪起訴部が控訴院に設置された所以である[1]。この重罪起訴部の予審は、第一審の予審と同様に、秘密で、非対審である。

第一款　重罪起訴部による予審

一　帝国検事の訴追手続

帝国検事（後に共和国検事に改称）から送付を受けた帝国法院検事長は、五日以内に調査準備をした上で、遅くとも次の五日以内に報告書を作成しなければならない。この期間中、私訴原告人および被告人は、各自適当と思う陳述書（mémoire）を提出することができた[2]（二一七条）。

二　重罪起訴部の集会と審査

重罪起訴部は、検事長の報告を聴いて、検事長の請求について決定しなければならない。重罪起訴部は、同部の部長の招集または検事長の請求により、必要に応じて集会をする。検事長からの請求がなくても、少なくとも毎週一回集会をしなければならない（二一八条）。

重罪起訴部は、被告人（prévenus）に対して、法律が重罪と規定する事実の証拠（preuves）または徴憑（indices）があるか否か、さらにその証拠または徴憑が重罪起訴（mise en accusation）の言渡しをするに足りる重大なものであるか否かを審査しなければならない（二二一条）。

重罪起訴部の手続は、評議部と同様に、非公開で行われる書面審理手続である。まず、書記が検事長立会いの下で、判事のために一件記録を全部朗読し、朗読後私訴原告人および被告人の陳述書とともにこれを机上に置き、さらに検事長が署名した請求書を机上に置いた後、両名は退席する（二二二条）。私訴原告人および被告人は列席できない（二二三条）。こうして、重罪起訴部の裁判官は、何人とも交通することなく、合議し裁定を下さなければならない（二二五条）。

三　重罪起訴部の予審統制（監督）権

重罪起訴部は、評議部と異なり、予審の終審裁判権として予審に対する監督権をもつ。したがって、重罪起訴部は、必要があると認めるときは、新たな予審審理を認めることができる（新たな予審命令権）（二二八条）。また、予審裁判所書記課に寄託されている書証の提出を命じることもできる。

しかしながら、重罪起訴部が予審について終審の権限をとりわけ発揮するのは、職権により訴追し予審をさせるのみならず、自ら予審を行うことができることにおいてである。第二三五条は、次のように規定する。「いかなる事件においても、控訴院は、重罪起訴部の言渡しをすべきかどうか未だ決定しない間は、第一の判事がすでに審理を着手したかどうかを問わず、職権で、訴追を命じ、書証（pièces）を提出させ、取調べをし又はさせた上、相当の決定をすることができる。」この場合、重罪起訴部の構成員の一人が予審判事の職務を行う（二三五条）。したがって、この受命裁判官は、「自ら証人の供述を聴き、又は証人の居住地を管轄する始審裁判所の判事の一人にその供述を受けることを嘱託し、被告人を尋問し、収集しうる一切の証拠又は徴憑を書面を以て証明させ、且つ、場合に応じて勾引状又は収監状を発しなければならない（二三七条）。」

四　重罪起訴部の決定

重罪起訴部の部長は、検事長の報告があった後、直ちに同部に決定をさせなければならない。直ちに決定を下すことができない場合には、遅くとも三日以内に決定をしなければならない（二一九条）。

重罪起訴部の予審終結の決定は、免訴決定と移送決定の二つである。

㈠　免訴の決定

控訴院（重罪起訴部は控訴院の特別部ではあるが法文上固有の名称を持たないので、条文の主語は控訴院とされている）は、法律に定める犯罪の形跡を認めないとき、または有罪の十分な徴憑を発見しないときは、重罪起訴部への手続に際して仮に勾留されている被告人の釈放を命じなければならない（二二九条一項）。控訴院が予審判事の釈放決定に対する抗告について釈放決定を確認するときは、同様に釈放しなければならない（同二項）。

この免訴決定（arrêt de non-lieu）には、理由を付さなければならない。

㈡　移送決定

裁判所へ移送すべきであると認めるときは、管轄裁判所へ移送する旨の言渡しをしなければならない。

違警罪裁判所へ移送する場合は、被告人を釈放しなければならない（二三〇条）。

軽罪の移送については、被告人が勾留中であり、その軽罪が拘禁の刑に当たるものであるときは、判決にいたるまで勾留しておかなければならない（二三九条三項）。

事実が法律により重罪と定められたものであって、控訴院が重罪起訴をするに十分な嫌疑（charge）を発見したときは、被告人を重罪院（assises）に移送することを命じなければならない（二三一条）。

控訴院は、重罪起訴を言い渡したときには、同時に被告人に対して身柄拘束命令（ordonnance de prise de corps）を発しなければならない。同命令には、被告人の氏名、年齢、出生地、住所および職業のほか犯罪事実の概要および法律上の罪名を記載しなければならず、これを欠如する場合について無効の制裁（peine de nullité）が定められている（二三二条）。同命令は、重罪起訴の決定書（arrêt de mise en accusation）の中に記入しなければならず（二三三条前段）、さらにこの決定書には、被告人が移送された重罪院に付属する重罪未決監（maison de justice）にこれを引致すべき旨を記載しなければならない（二三三条後段）。決定書には各裁判官の署名と検察官の請求を記載しなければならず、これを欠如するときも無効の制裁が科される（二三四条。同条は一九五一年に若干の改正がなされた）。

このように重罪起訴部は、重罪移審に際して、被告人に対して未決勾留権を行使することができるのであって、被告人が身柄を拘束されていない場合には、未決勾留に付すために出頭させることができた(3)。

五　起訴状の作成

被告人を重罪院へ移送する場合、検事長は、常に、重罪起訴状（acte d'accusation）を作成しなければならない（二四一条）。移送の決定書および起訴状は、これを被告人に送達し、かつ全文の写しを交付しなければならない（二四二条）。右の送達から二四時間以内に、被告人は軽罪未決監から判決を下す重罪院付属の重罪未決監に移送される（二四三条）。前述したが、軽罪未決監は、各郡（アロンディスマン）に設置された軽罪裁判所付属の留置監である。重罪未決監は、重罪起訴部により重罪起訴の決定を受けた被告人を収容する留置監である。重罪院開廷地、すなわち通常県庁所在地に各一つ設置されている。

六　予審判事の決定に対する抗告

一八五六年七月一七日の法律により改正された抗告（opposition）は、左の如くである。

検事は、すべての場合において、予審判事の決定に対して抗告することができる。

私訴原告人は、被告人に対する保証により釈放決定（一一四条）、予審免訴の決定（一二八条）、違警罪裁判所への移送決定・被告人釈放命令（一二九条）、軽罪裁判所への移送の場合で拘禁の刑に当たらない場合の釈放決定（一三一条）および軽罪裁判所または予審判事につき管轄違いであるとの申立てに対する決定（五三九条）、さらに民事の権利を害するすべての決定に対して抗告することができた。一九三九年のデクレ・ロワ（decret-loi）により、第一一四条と第一三一条が削除された。その削除は、むろん被告人の自由を強化するものであった。

被告人は、第一一四条の釈放決定および第五三九条の管轄違いについての棄却決定に対してのみ、抗告することができた。

重罪起訴部は、抗告がなされると、すべての事に先立ち、まずこの抗告に対して裁定を下さなければならない（一三五条五項）。勾留中の被告人は、検事が抗告した場合には、その抗告に対する裁定がなされるまで、勾留が継続される（同条六項）。検事長も予審判事の決定に対する抗告権を有するが、検事長の抗告の場合には、予審判事の釈放決定は仮に執行されなければならない（同条最終項）。

第二款　予審判事と重罪起訴部の免訴決定の既判力

一　予審判事の免訴決定権

第一審予審機関の評議部が廃止されると、評議部の裁判機能は予審判事に委ねられ、予審判事は単独で第一審の予審裁判所を構成することになった。そして、評議部を廃止した一八五六年七月一七日の法律は、予審判事の免訴決定をもはや重罪起訴部の予審に服さないものに改正し、その結果予審判事が免訴を決定する権限を掌握することになった。こうして、革命立法において、あるいは治罪法典立法においてさえ警戒されてきた強大な権限を掌握する予審官が、近代刑事訴訟法典といわれたナポレオン刑事訴訟法典の施行後約半世紀を経た時点で誕生したのである。

一八五六年法は治罪法典第一二八条を改正し、新たに「予審判事は、事実が重罪、軽罪又は違警罪を構成しないと認めるとき、又は被告人に犯罪の嫌疑がないと認めるときは、決定で免訴を言い渡し、被告人が勾留されているときは、これを釈放しなければならない」と規定した。しかし、同法による予審判事の免訴の決定に関する改正は必ずしも十分なものではなく、既判力（autorité de chose）の規定もまた新証拠による予審再開についての規定も欠いていた。

これらは、結局、重罪起訴部の免訴の決定に関する規定を準用する形となった。

そこで、以下、予審判事の免訴に適用される重罪起訴部の免訴規定における免訴の既判力および嫌疑についての新証拠についてみることにする。

二　免訴決定の既判力

すでに述べたように、アンシャン・レジームにおける古い判例は裁判の既判力をほとんど尊重していなかった。判決が重罪被告人に有利な場合であっても、放免（absolution）が言い渡されることは稀で、「より詳細な証拠捜査（le plus amplement informé）」を言い渡されることが原則であった。被告人が欠席している場合も同様であった。この被告人を捜査機関の監視下におく制度は、人々がもっとも強く反発し抵抗したものであった。

一七九一年の憲法は、陪審による無罪（acquittment）の自由確定効果（effet libératoire et définitif）を成文化した。一七九五年の罪刑法典は、起訴陪審と判決陪審とに関して自由確定効果を実施した。同法典は、起訴陪審について次のように規定する。「陪審指導判事が、その者については、起訴には理由がない旨を宣告したところの被告人は、同一の事実を理由にして、もはや訴追されることがない。ただし、嫌疑に対する新たな証拠（sur de nouvelles charges）に基づき、新たな起訴状が提出された場合は、この限りではない」（二五五条）。

これに対して、治罪法典の立法過程において、既判力に対して強い反対が表明された。重罪院が審問を効果的に実施するための武装がなされていない点を憂い、裁判所が職務に違反した陪審を罷免できること、また陪審の評決が直接重罪被告人の放免とならず「より詳細な証拠捜査」により拘束し警察の監視下におくことを主張したのである。もっともこの主張は、他の立法者たちにほとんど聞き入られることはなかった。

かくして、治罪法典は、重罪起訴部の免訴決定に既判力を認めた。第二四六条は、次のように規定する。「控訴院が重罪院に移送する理由がない旨を決定した被告人は、同一事件のためもはやこれを重罪院に移送することができない。ただし、嫌疑に対する新たな証拠（charges nuovelles）が現れたときはこの限りではない。」理由を付した免訴の決定は、破毀の申立て（pourvoi en cassation）がないかぎり、既得権すなわち既判力（autorité de chose jugée 確定裁判の効力）を形成するのである。しかし、これは仮の既判力であって、嫌疑に対する新たな証拠が発見された場合は重罪院への訴追は可能となる。むろん、新たな嫌疑が発見されても、それが既に評価されている事実の性質を何ら変えるものでなければ、事実は常に同一のものであるが故に、訴追は開始されない(4)。軽罪裁判所または違警罪裁判所への直接呼出しも許されない(5)。このように、確定的ではないにせよ、治罪法典は免訴決定に再訴追を抑制する効力をあらためて与えた。

なお、「charge」の語には一般に「嫌疑」の訳語が用いられるが、その実質は「証拠」である。有罪または無罪を証明する証拠（preuve）ではなく、あくまでも嫌疑の存在を証明する証拠である。したがって、ここでは「嫌疑についての証拠」の訳語を当てた。

三　嫌疑に対する新たな証拠

治罪法典は、予審免訴について仮の既判力を保持し、被告人が将来安易に被訴追者とされないようにとの人権保障面での配慮を行った。具体的に免訴決定に訴追抑制の効力を付与するには、新たな証拠の内容を法文である程度その枠組を示すことが不可欠である。そこで、この新たな嫌疑がどのようなものかを、治罪法典は第二四七条で次のように定めた。「控訴院の審査（examen）を受けることができなかった証人の供述、書証（pièces）及び調書（手続記録 proces-verbaux）であって、しかも控訴院が未だ薄弱と認めた証拠を補強し又は真実の発見に有益な新発展を事件に与える性質のものは、これを嫌疑に対する新たな証拠と見なす。」しかし、その内容は極めて抽象的であり、しかも例示であるとされていたので、被告人の有罪を認めうる証拠はすべて「新たな証拠」の中に包含されると解されていたといわれている(6)。

四　予審判事による免訴決定の既判力

一八五六年七月一七日の法律以降、予審判事は免訴決定権を掌握したものの、抗告がなされていない予審判事の免訴決定については、既判力の規定が設けられなかった。しかしながら、その既判力は重罪起訴部の場合と同様に考えるべきものとされている。この問題について、オルトラン（Ortolan）は、予審判事の免訴決定が下された場合、嫌疑に対する新たな証拠が発見されるのでなければ、予審という同一の等級での同一の事実という理由で手続を再開することはできないと述べている(7)。

五　新証拠発見の場合の手続

新たな証拠を発見したときは、「司法警察官又は予審判事は、書類（pièces）の写し及び嫌疑に対する証拠（charge）を速やかに控訴院検事長に送付しなければならない」（二四八条前段）。検事長からの請求を受けて、控訴院刑事部長（le président de la section criminelle）が検察官の訴追に対して新たな予審（nouvelle instruction）を行う判事を一人指名する（二四八条一項後段）。唯一令状発付権を有する予審判事は、必要がある場合には、新たな証拠を検事長に送付するに先立って、すでに釈放されている被告人に対し、この新たな証拠に基づき勾留状（mandatde dépôt）を発付することができる（二四八条但書）。

新証拠発見の場合、その時期により、新たに審理をすべき予審判事が異なる。重罪起訴部が免訴の決定を言い渡した後に新証拠が発見されたときは、第一審の予審判事はもはや新証拠による予審を管轄することができず、重罪起訴部が新たに予審を行う判事を一名指名する（第二四八条一項後段）。第一審の予審判事が免訴の決定を言い渡した後に新証拠が発見されたときは、当該予審判事が自らその証拠を吟味しなければならない。なぜなら、新証拠を審査する任を負うのは、最初の証拠を不十分であると言い渡した裁判官であるというのが一般原則だからである(8)。

（1）軽罪については、一八五六年法以前は、例外的にその一部を帝国法院の終審裁判権に委ねていたが、同法によりその例外が原則とされた。J.Ortolasn, Éléments de droit péral, T.II, 4e ed., pp.399 et 400.
（2）Ortolan, ibid., p.554.
（3）ポール・キュッシュ「刑事裁判所の構成及び管轄（ダロウ社発行『刑事法提要』一九三二年版抄訳）」司法省資料二〇六号『佛國刑事訴訟法』（一九三六年）三六頁。
（4）Ortolan, op.cit., 555.
（5）岩井昇二「フランスにおける刑事訴追（五）」警察研究三六巻七号（一九六五年）九四頁
（6）エリー『佛國刑律實用』（司法省蔵版、一八八三年）五八七頁。
（7）Ortolan, op.cit., p.555. キュッシュ・前掲三七頁。
（8）エリー・前掲書五八九—五九〇頁。

第五節　治罪法典に対する改正

治罪法典は、一五〇年間の歴史の中で多くの改正を施されてきた。とりわけ、予審に関する改正および改正の動向が顕著であった。それは、予審のたどった変革の軌跡である。既に述べたことと重複する部分もあるが、刑事訴訟法の史的展開を知る上で重要であるので、その軌跡の概要を素描することにする。

第一款　治罪法典の部分改正

一　一八三〇年の憲章――一定の犯罪に対する陪審のない特別法院の廃止――

治罪法典は、重罪について陪審制度を維持したが、浮浪者の重罪、前科者の強盗行為および暴動を判決陪審を経ずに裁判するために、司法官および官吏によって構成される特別法院（Cours Spéciales）を設置した。これらの特別法院は、共和暦九年雨月一八日の法律で創設された特別裁判所を継承したものであった。しかし、一八三〇年の憲章(charte)により廃止された。

二　一八五五年四月四日の法律――予審判事の勾留状取消権の立法――

未決勾留は、尋問により自白を採取しようとする糾問的捜査の下に被告人をおくばかりでなく、確定判決まで自由を剥奪できるので、「市民的自由」にとって極めて深刻な制度である。したがって、勾留に関する改革は、予審の中でもっとも深刻な課題の一つである。そして、第二帝政の立法者たちにとっても重大な関心事であった。彼らは、一八五五年四月四日の法律で治罪法典第九四条を改正し、予審判事による勾留状の取消権を明示した。これは勾留状に仮処分(mesure provisoire)の性格をとどめておくことを定めるものであり、また重罪についての従前の釈放禁止規定を覆すものであった(1)。

三　一八五六年七月一七日の法律――評議部の廃止と抗告権・勾引勾留状取消権の立法――

前述したように、第二帝政下において、予審判事と評議部による機能分離から予審に深刻な事態が生じた。そこで、一八五六年七月一七日の法律は評議部を廃止し、予審判事に評議部の司法的権限を委譲した。ナポレオン一世は治罪法典制定当時の予審判事をフランスでもっとも権力を有する人物となったと評したが、裁判機能を獲得したことでナポレオンですら想像しなかった強力な権限を有する予審判事がここに誕生したのである。

同法により、予審判事は第一審予審の終局決定を下す権限を有することになったが、それは一八〇八年の立法者にアンシャン・レジーム期の古い特別規則を想起させるものであったといわれている(2)。この改正は、予審判事が評議部において支配的な影響力を有していた現状を是認したものであるが、同時にそこには、予審判事から移送の決定を得ることが容易であり、かつ、予審の進行が迅速になるとの目論みがあった(3)。要するに、同法は、強大な権限を有する予審官を現出せしめ、第一審の予審の迅速化と公判訴追の確実さを実現しようとしたものといえる。

同法は、さらに前述の治罪法典第一三五条を改正し、それまで判例により解決されてきた予審判事の決定に対する抗告（opposition）の問題を解決した。すなわち、管轄違いの棄却決定および保証付の釈放（保釈）決定に対する被告人の抗告権が明文化された。これは、当時の判例を少し前進させるものであったが、反面、被告人の抗告権を拡大しようとした判例を立法的に抑制したものともいわれている(4)。

また、同法は勾引勾留状の取消を認めた(5)。これは、令状発付権者自身が予審の過程で不必要な勾留から被告人を解放する点で、大きな意義のあるものといえる。

四　一八六三年五月二〇日の法律――軽罪現行犯についての検察官予審権・勾留権の立法――

令状発付権者が予審判事であることから、未決勾留と予審とは不可分一体のものとなっていた。そのため、往々にして次のような不都合が生じた。単なる軽罪刑に該当する犯罪の犯人が現行犯で逮捕されたとき、逮捕した官憲は検事の面前に勾引しなければならない。その場合、検事は、犯人を自由にしておくことを望まず、かつ、軽罪裁判所への直接呼出しを望まないのであれば、規則に従って予審判事に勾留状か勾引勾留状を発付することを請求しなければならない。それでは、手続の遅滞が生じる。そこで、一八六三年五月二〇日の法律は、第一条で、「軽罪刑の処罰に相当する現行犯で捕らえられたすべての被告人は、直ちに、尋問を行う帝国検事の前に連行される。この場合、検事は被告人を勾留状の下に置くことができる」とした。かくして同法は、検事局の発付する勾留状で二四時間の勾留を認めることにより、現行犯の場合に開始される特別手続、すなわち訴追の迅速化をはかる略式手続（procédure sommaire）を創設した(6)。

一九世紀初頭、通常の手続は予審手続であり、直接呼出し（citation directe 軽罪・違警罪について、犯罪主体を直接判決裁判所へ呼び出すこと）は例外的なものであったが、未決勾留が必要ないと思われる単純な事件について、次第に直接呼出しが発展していた。同法の現行犯に関する改正により、公訴開始の三つの形式、すなわち予審審理、直接呼出しおよび現行犯の手続の間におおよその均衡が定まったといわれている[7]。

以上の如く、一八六三年法は、軽罪現行犯についても予審判事による予審を廃し、現行犯裁判の簡素化と迅速化をはかって、勾留期間を短縮した。逮捕の同日に軽罪裁判所の審問（audience）が行われる場合、検事は直ちに被告人を起訴し、証人を召喚することができた（一五七条）。

五　一八六五年七月一四日の法律

一八六五年七月一四日の法律は、重罪について被告人の釈放請求権を認めた。重罪につき釈放が認められたのは、初めてのことであった。また、同法は、軽罪について権利釈放を認め、勾留からの解放を被告人の権利として宣言した。自由の回復に向けて、大きな意義が認められる法律であった。

また、同法は、予審判事が密室拘禁または接見交通の禁止（mise au secret ou interdiction de communiquer）を言い渡す権限を制限した。すなわち、接見交通の禁止期間を一〇日以内と限定し、更新する場合には検事長への報告を義務づけた（六一三条）。

エスマン（Esmein）の表現を借りれば、同法は「真に自由の精神において着想された[8]」のである。

一八六五年法が自由主義的方向での改革であるのに対して、一八五六年法は、評議部という個人の自由を保護する革命の精神を具現化する制度を機能不全・訴追の遅延化を理由に廃止し、予審判事の権威化、訴追の迅速化、および鎮圧の強化をもたらしたものといえる。これは、第二帝政期（一八五二年～一八七〇年）の性格、すなわち帝政期前半の「権威帝政」と後半期の「自由帝政」とに対応するものとの分析がみられる[9]。

第二款　治罪法典全面改正への道程

再び帝政が倒れ、第三共和制が成立すると、やがて治罪法典の全面改正が必要と考えられるようになった。この時代の自由主義的趨勢によるほかに、治罪法典について、理論と経験が要求する改正を行う必要性が高まったからである。また、治罪法典を模倣した外国での改正が刺激となったともいわれている[10]。

治罪法典の全面改正への取組は一八七八年に始まり、それが実現するには二度の世界大戦をはさみ約八〇年の年月を要した。この間、立法史的に大きな二つの動向がみられる。一つは、全面改正を試みながら着手されたものの、結局、予審の改革にとどまった一八九七年一二月八日の法律の制度である。もう一つは、第二次世界大戦後のドゴール臨時政権下で着手されたヴァーブル委員会による改正作業である。同委員会は、ドヌデュード・ヴァーブル(Donnedieu de Vabres)を委員長として一九四四年一一月に設置され、一九四九年に改正案を公表した[11]。いわゆるヴァーブル草案である。

以下、その二つについて概要を掲げ、その意義を検討する。

一　一八九七年一二月八日の法律

㈠　一八九七年一二月八日法の制定過程

一八七八年一〇月に司法大臣デュフォール(Dufaure)を委員長とする院外委員会が設置され、治罪法典の全面改正が試みられた。委員会は、治罪法典の第一編(公判前手続)の改正準備草案(avant-projet)を作成した。同準備草案には、予審の重大な改正が盛り込まれていた。同準備草案は、二二四箇条よりなる草案(projet)になり、一八七九年一二月二七日に元老院(Sénat)に提出された[12]。

治罪法典の予審は一六七〇年オルドナンスの制度を採用するものであったが、右改正草案は予審と同オルドナンスとの組み合わせを否定した。簡潔にいえば、改正草案は、予審に対審的手続を回復するために防御権を拡充することを目的にしたのである。それは、イギリスの制度を実行不可能なものであるとしながら、重要な要素である対審の果実だけを取り入れようとするものであった。

改正草案の予審の改正内容は、次のようなものである。①被告人に弁護人選任権を認め、被告人の選任がない場合には、予審判事が弁護人を指名する。弁護人は、予審判事の執務室での被告人尋問に立ち会う権利をもつ。検事および私訴原告人の弁護人も立会権を有する。②勾留されている被告人は、最初の尋問後、直ちに弁護人と自由に接見することができる。接見禁止期間は一〇日と変わりはないが、その更新については予審判事にではなく評議部に権限を委ね、しかも最初の出頭から二〇日を超えてはならないとの制限を付した。③証人の尋問については、被告人および弁護人は立会権をもたず、その立会いは予審判事の裁量に委ねた。ただし、被告人または弁護人に対して証人の供述書の閲覧を命じている。④予審判事が現場を臨検して行う検証（constat）の場合、弁護士は通知を受けこれに立ち会うことができる。⑤予審判事の主たる決定に対する不服申立てが、防御の方法として開かれている。改正草案は、以上を基本支柱としていた。このように、草案においては、弁護人は予審全般について関与し、積極的に被告人の弁護活動を行うことができるように工夫されていた(13)。

さらに、同法の特徴として特筆すべきは、弁護人援助権の確立、被告人尋問への弁護人・検察官・私訴原告人の立会い（対審制導入）、および検察官・私訴原告人・被告人に対して、真実の顕現に有用と信ずるすべての処置を予審判事に請求する権利を認めることにより、実質的に被告人に証人を聴問させる権利を認め、しかもこれに証人との対質請求権を加えたことである。対質を理由なく拒絶した決定は控訴の対象となり、理由を付さずに対質を拒絶した証人の供述は重罪被告人の嫌疑に対する不利な証拠とはならないとされた。

草案において、予審判事はやはり非常に大きな権限を有し、防御に関しても広範囲な許諾の権限を行使できた。したがって、予審判事をすべてのデリケートな問題の最終決定権者とせずに、評議部を復活させ控訴できる裁判機関とした。この評議部の構成については過去の轍を踏まぬよう、事件を審理した予審判事を審議から排除した。評議部は、以前のものと異なり、予審判事の決定に対する抗告審として上級裁判権が与えられた。そして、評議部の裁定に対しては、釈放の請求に関するものを除き、控訴が認められないとされた。

令状に関しても、少なからぬ改正を試みている。まず、召喚状を呼出状（une assignation à comparaître）に取り替えた。他の令状は維持するが、勾引状および勾留状について、勾引勾留状の保障である事実の明記と法律の適条の記載をその発付の要件とした。勾留状は、仮の性格を明示するべく仮勾留状（mandat de dépôt provisoire）の名称を与えられ、被告人の最初の出頭後、五日間、未決監に勾留するための命令とされた。勾留状の更新は認められていない。

同草案は、予審を非公開とするが、被告人の防御権拡充のために対審的構造を導入することにより、その秘密（密行）主義をかなり緩和し、本質的な点で一六七〇年オルドナンスと決別しようとするものであった。同時に、評議部を再設置し、予審判事の決定に対する被告人の抗告を充実することによって、被告人の防御権の保障をはかった。その意味で、予審を大修正する極めて大胆な改正案であったといえよう。換言すれば、これは、糺問的刑事司法権力の下に防御的には裸に近い状態でおかれていた被告人に対して、革命の精神であった「市民的自由」を回復しようとする改正案であった。

同草案は一八七九年一一月二七日に元老院に提出をされたが、元老院はこれをそのまま可決せず修正した。予審判事の執務室（予審法廷 cabine）に弁護人を入れ、被告人尋問に立ち会わせるという考えは高まっていたが、元老院は対審制の導入は認めなかった。政府は、一八八六年一月二八日、一八八九年一二月一〇日、一八九四年二月二〇日と、下院（Chambres des députés）に草案を提出したがこれも結果を見ないままであった。この間、予審への批判は非対審という構造に対してではなく、予審判事という人物に対して向けられ、予審判事に対する不満が過激に増大していた。[14]

当時、新聞は、弁護士のいない予審の危険性、および証拠の探索における幾人かの予審判事の極端な態度に関する報道を通じて、予審改革のキャンペーンを行っていた。他方、被告人に予審の冒頭から非公式に弁護士をつけることを認める実務が、定着し始めていた。この非公式の弁護人立会いは、すでに一八八〇年から幾人かの予審判事が行なっており、さらに一八八四年七月九日のパリの検事長通達で奨励され、一八九七年三月一六日にはセーヌ裁判所付属共和国検事の通達により追認された[15]。

予審改革の停滞が続く中、それを憂いた元老院議員でトゥルーズ大学法学部教授であったコンスタン（Constans）が、一八九五年四月五日に、より穏健な六ヶ条（逮捕後二四時間以内の予審判事による尋問の義務化、被告人尋問への弁護人の立会い、最初の出頭時からの被告人と弁護人の接見の自由化等）を作成し提案した[16]。このコンスタン条項は、そのまま受け入れられなかったが、右の新聞による予審改革キャンペーンとともに、一八九七年の法律の制定へと大きな影響を与えた。同法がコンスタンス法（loi Constans）と呼ばれる所以である[17]。

㈡　一八九七年一二月八日の法律

右の経緯をたどり、一八九七年法は、同年一一月一二日に元老院で可決され、同年一二月八日に公布された。同法は、一八七八年に始まる治罪法典の全面改正の作業を予審の改革へと規模を縮小させたものの、予審における被告人への弁護人の援助を確立したという点で、治罪法典が経験した予審改革のうちでもっとも予審の本質に関わる画期的な改革であったといえる。

同法は一四ヶ条よりなるが、本稿の以後の内容にも関わるものなので、重要なものにつきその訳文を左に示しておく[18]。

第一条　予審判事は、自己の審理した事件の判決に関与することができない。

第二条　治罪法典第九三条を次のように改正する。

予審判事は、召喚状で予審被告人を未決監（maison de dépôt ou d'arrêt）に収容したときは、直ちに尋問を行わなければならない。勾引状による場合は、収容後遅くとも二四時間以内にこれを尋問しなければならない。

前項の期間が徒過したとき、収容期間の更新はなく、看守長（gardien-chef）は職権で予審被告人を共和国検事の下に送致する。共和国検事は、予審判事に対して直ちに尋問することを請求する。予審判事がこれを拒絶する場合、予審判事が不在の場合又は尋問を行うについて十分に確たる支障がある場合には、予審被告人は、検察官の請求により、裁判所長又はその指名する判事により遅滞なく尋問される。さもなくば、共和国検事は、直ちに予審被告人の釈放（mise en liberté）を命じなければならない。

勾引状により引致された予審被告人が、前項の規定に違反して、予審判事に尋問されることなく、又は共和国検事の下に引致されることなく、未決監に二四時間を超えて留置されたときは、不法監禁とみなされる。

第二項の規定に違反した看守長、共和国検事は自由に対する侵害の罪で訴追され、処罰される。（以下、省略）

第三条　最初の出頭のとき、司法官（予審判事）は、予審被告人の身元（identité）を確認し、彼に被疑事実を知らしめ、何も供述しない自由を有することを告知した後に、供述を聴取する。

この告知を履践した旨は、調書（手続記録 procès-verval）に記載される。

嫌疑（inculpation）が維持されるとき、予審判事は、予審被告人に、弁護士（avocat）登録をした者若しくは実務修習中にある者の中から、又は代訴士（avoue）の中から弁護人（conseil）を選任する権利がある旨を告知する。予審被告人が自ら選任せずに選任を請求するときは、予審判事が職権で一名の弁護人を指名させる。指名は、規律委員会（conseil discipline）があるときは弁護士会長によって、それ以外のときは裁判長によって行われる。

この手続を履践した旨は、調書に記載される。

第四条　予審被告人が、令状の発付された郡の外で、且つ、郡庁所在地から一〇万キロメートル以上離れた場所で発見されたときは、予審被告人は発見された郡の共和国検事の下に引致される。

第五条　共和国検事は、予審被告人の身元について尋問し、供述しない自由を有する旨を告知した後、供述を聴取し、予審被告人が移送されることに同意するか、事件を担当する予審判事の決定を発見された地で待つために拘引状の効力の延長を望むかについて質問する。予審被告人が移送に反対する旨の供述をしたとき、令状に署名している裁判官に直接通知が送付される。完全な署名がなされた出頭調書（出頭手続記録 procès-verval de la comparution）は、身元の確認を容易にするに適した情報とともに、遅滞なく同司法官に送付される。

供述しない自由があることは、予審被告人に渡される告知手続記録（procès-verval de l'avis）に記載されなければならない。

第六条　事件を担当する予審判事は、移送に関する通知を受領した後、移送を命ずるべきかを直ちに決定する。

第七条　予審判事は、第三条の文言にかかわらず、証人が瀕死の状態にある、若しくは徴憑（indices）が消滅しかけているといった緊急性が生じたとき、又は現行犯の場合で犯罪現場を臨検するときは、即時尋問(interrogatoire immédiate) 及び対質を行うことができる。

第八条　勾留されている予審被告人は、最初の出頭の後、直ちに弁護人と自由に接見する。一八六五年七月一四日の法律により治罪法典第六一三条に追加された最終項は、独居房の制度に従う未決監に関するもので廃止される。但し、予審判事は一〇日の期限で接見を禁止することを命ずる権限を有する。予審判事は接見禁止を更新できるが、更新期間は一〇日を超えてはならない。

いかなる場合も、接見禁止は予審被告人の弁護人に対して適用することができない。

第九条　予審被告人は、自己の選任した弁護人の氏名を、予審判事付属の書記又は未決監の看守長に告げなければならない。

予審被告人は、勾留中であるか否かを問わず、自己の弁護人の立会いの下でなければ、又は弁護人が正規に召喚されていなければ、尋問若しくは対質をなされることはない。但し、これを放棄する意思を明示したときは、この限りではない。

弁護人は、司法官（予審判事）の許可を得た後でなければ発言できない。発言を拒絶された場合、異議（incident）があれば調書に記載する。

弁護人は、少なくとも二四時間前に書状で召喚される。

第一〇条　一件記録（procédure）は、予審被告人が受ける各尋問の前日には、弁護人の閲覧しうる状態におかれていなければならない。

予審判事のすべての決定は、書記を通じて直接弁護人に知らされなければならない。

第一一条　重罪事件を受理した重罪院が別の開廷期日まで審理延期を言い渡す場合、重罪院は釈放（保釈 mise en liberté provisore）について裁定する権限を有する。

第一二条　第一条、第三条第二項、第九条第二項及び第一〇条は、遵守されなければならない。これに反するときは、無効の制裁（peine de nullité）によって、当該処分及びその後の手続を無効とする。

（以下の条文、省略）

このように、同法は、予審における被告人の防禦権についてもっとも重要な改正を行った。とりわけ、予審判事の執務室（予審法廷）に弁護人を入れ、予審の全展開を閲覧し監視する（contrôler）ことを認めたことは、当時の予審判事の糺問的司法捜査においては画期的なことであった。

同法は、弁護人の発言を予審判事の許可に服させたが、弁護人の尋問立会いは実質的に被告人尋問権を廃止するに等しいものであった(19)。換言すれば、予審判事による糺問捜査の事実上の崩壊であり、ここに伝統的な聖域であった予審判事の司法捜査権に対する考え方の転換が始まる素地がつくられたといえよう。

その後のヴァーブル草案までの改正は、以下のようなものがある。

被告弁護人の予審立会権よりはかなり遅れたが、一九二一年三月二二日の法律は私訴原告人の弁護人も予審に立ち会うことを認めた。立法者は、私訴原告人を被告人よりもおろそかに扱われないよう配慮したのである。[20]

一九三三年二月七日の法律は、個人の自由の保障の強化を目指す見地から、勾留が例外的処分であることを明示するとともに、評議部を再設置し勾留継続に関する決定権を付与した。ここでは、予審判事は評議部の構成員から除外された。被告人は、勾留および釈放に関する一切の決定に対する抗告を、評議部に申し立てることができた。[21]

一九三〇年代後半以降一九四〇年代前半にかけては、国際的緊張、第二次世界大戦、ヴィシー政権等々の困難な状況の中で、それまでの自由の方向から鎮圧の強化を目指すものに回転する時代であった。そうした中で、一九三五年三月二五日の法律は、一九三三年法を行き過ぎたものとして評議部を廃止し、再び勾留決定権を予審判事の専権とした。[22]

二　一九四九年の草案（ヴァーブル草案）

一九世紀における予審改革動向の特徴は、防禦権の機構を拡充すること、手続の迅速化をはかること、そして治罪法典制定後予審判事の存在そのものを決して否定しなかったということにみられる。犯罪に対する現実の対応という視点から、司法警察の捜査を強化させる必要性が明らかであったにもかかわらず、予審判事以外の機関に証拠の探索(recherche)を委ねる提案はまったくなかった。[23]

二〇世紀の初頭も、予審判事による予審の捜査機能についての改正論議はやはり生じなかった。それまで、ガロー(Garraud)が、強力な司法警察の助けを借りた検察に、証拠を収集させる見解を主張していたが、まったく反響がなかったといわれている。[24] このように、二〇世紀の初期の頃まで、予審の機能分割に関する機構を大幅に修正する改正論議はなされなかったのである。

しかし、予審の機構に関する改正のイデーは次第に広がり、ヴァーブル委員会の改正草案において、予審はあらためて本質的な機構的改革が試みられた。

ヴァーブル草案の骨子は、共和国検事を裁判機関の権限をもたない予審官（magistrat instructeure）とするというものであった。つまり、予審の捜査機能を検察官に委譲し、裁判機能は予審判事に従来どおりもたせ、予審の二つの機能を異なる機関に委ねるというものである。したがって、検事が予審を開始し、予審行為を行い、鑑定人を指名し、令状を発付し、被告人を尋問し、そして検察官予審が終了すると予審判事に調書を送付するというものであった。

これに対して、予審判事は、私訴原告人となる申立てを伴う告訴を受理する。この場合、予審審理の間、手続の通知および陳述書の提出された後、予審判事は予審行為の際に生じうる付帯訴訟を解決する。予審判事は、検事からの調書を受け取ると、これを閲覧した後、被告人からなされた釈放請求について裁定をする。また、予審判事は無効の請求を受理する。予審判事は、理由があれば検事の予審審理の補充を命じることができる。予審審理の終了後、予審判事は検事局から受け取った調書を当事者に送付し、当事者から書面で意見（observation）を受ける。次に、予審判事は、免訴または違警罪裁判所、軽罪裁判所もしくは重罪起訴部への調書の送付の決定を行う。予審判事の決定に対しては、手続の迅速化を理由にした若干の例外（手続行為の無効の決定、釈放請求棄却の決定）を除き、重罪起訴部への控訴ができる。

以上のように、予審判事は主として裁判機能を司ることからから、文字どおり予審「判事」となるといわれており、[25] 職階としては検事と対等な階級となる。かくしてヴァーブル草案では、予審判事はかつての評議部のような司法的役割を担うことになる。

かつて、治罪法典制定過程における刑事法典草案の段階で検察官予審構想が主張されたが、ヴァーブル草案はそれに相通じるものである。このような構想の再登場の理由は二つあると考えられる。

一つは、予審判事の身分と資格の問題である。予審判事は公判準備のために真実の顕現を目的に捜査をする司法官としての職務を行う一方、司法警察官として検事長の監督下におかれ犯罪の予審前捜査を行う職務を担っていった。しかし、犯罪を発見し確認し犯人を特定する警察捜査の主体が、真実の顕現に客観的かつ公平な立場で予審を行う主体となることには、すなわち警察官として訴追側に立つと同時に裁判官として訴追を客観的に判断することには、本来的に矛盾があった。

もう一つは、被告人尋問・取調べの強化にあったといえる。前述のように、一八九七年法の改革により予審に弁護人援助権が確立したために、予審判事による被告人尋問がほとんど糺問的取調べとしての実体を喪失した。その結果、予審における被告人尋問の機能を司法警察官がより積極的に担うことになったものの、警察捜査は強制力のない非公式捜査であり法規制がほとんどなされていなかったため、被疑者は警察権力に無防備な状況におかれることになった。そこで、予審の捜査機能を回復し、かつ司法警察官の自白採取に向けての略式予審の濫用を抑止する方途として、検察官に強制捜査権（証人の聴問、被告人の尋問、対質、勾引状・勾留状の発付等）を付与し、拡充した捜査機能の担い手とすることによって、司法警察官を指揮監督し、効率的な訴追を実現しようとしたのである[26]。

このようにヴァーブルは、草案の利点として、警察官を検察官に従属させることによる警察捜査の濫用の防止、検事の強力な予審権行使による予審の効率の促進、捜査の実態（事実）と法制度（法）との一致、予審判事の監督による当事者の権利の保護等を掲げたものの、同草案提出先の控訴院と各大学法学部からは強く反対された[27]。反対の理由の骨子は、次のようなものである。

(1)　草案の検察官予審は、個人の自由を侵害するものである。共和国検事は行政権に従属するので、予審の指揮においてなんら独立していない。予審判事の検事予審に対する監督・統制は用意されているが、これは効果的とはいえないし、たとえ効果的であったとしても検事は捜査の方法であるいは直接呼出しをして予審判事の統制を回避することが可能である。端的にいえば、予審官化による検察官の権限の強化はその監視装置が不十分であり、被告人の人権侵害に結びつくという批判である。

（2）糺問の権限を検事局の司法官に付与することは、糺問の権限を警察に接近させる結果、裁判官たる司法官の威信（prestige）を低下させる。

（3）検事局に仕事量の著しい増大による過剰負担をもたらし、また司法上の職階の再編成を必要とし、全般的に司法機関の非常な混乱を招く。

（4）この改正は、予審の進行の統一性以外に好ましい結果をなにももたらさない。それどころか、予審は鈍重になり、警察捜査（les enquêts policière）の濫用を惹起し、予審判事と検事との間に対立が生じ、予審は迅速でも効率的でもなくなる[28]。

これらの批判は、草案が検察官予審のメリットとして掲げたものをことごとく否定するものであり、むしろ弊害につながるものと強く反対するものであった。多くの激しい批判により、ついにヴァーブル草案は頓挫した。こうして改正は、新たな作業の中で伝統的な原則に復帰する方向へ向かった。

検察官予審に対するこのような強い拒絶反応は、裁判官を含む司法官への権力の集中化とその権威化を警戒した革命期の刑事司法権力抑制のイデーがなお鼓動を続けていることを、そして不当な訴追に対する控制という予審の「市民的自由」保障機能への信頼と期待がなお根強いことを、さらにその「市民的自由」の保障のためには予審を担うべきはやはり裁判官であるという揺るぎない信念が強固に存在していることをあらためて示したものといえる。

そうしたフランスの強固な信念を継承し、現行刑事訴訟法典は予審判事による予審制度を治罪法典から引き継ぐことになるのである。

（1）Esmein, Histoire de la procédure criminelle en France, 1882, p.576.
（2）Esmein, ibid., p.574.
（3）Cf.Esmein, ibid., p.574.
（4）Esmein, ibid., p.575.

（5）J.-A.Cour Roux, Cours de droit criminele français, 2e ed., T.II, p.16.
（6）Roux, ibid., p.16.
（7）Georges Levasseur, Le problèm de la codification en matière pénal en droit français, Mélanges offerts à Robert Legros, 1985, p.404.
（8）Esmein, op.cit., p.576.
（9）高内寿夫「フランス刑事訴訟における予審の機能（三）」國學院法政論叢一四輯（一九九三年）九三頁。
（10）Esmein, op, cit., p.581.
（11）この間の制定過程の経緯およびヴァーブル草案の内容については、岩井昇二「フランスにおける刑事訴追（六）」警察研究三六巻九号（一九六五年）九四頁以下、高内寿夫「フランス刑事訴訟法における予審の機能（四）」國學院法政論叢一五輯（一九九四年）九〇頁以下参照。
（12）Jean Pradel, L'instruction préparatoire, 1990, p.32. 一八七九年からの制定過程の詳細については、白取祐司「予審改革に関するフランス一八九七年法律の制定過程」札幌学院法学五巻二号（一九八九年）参照。
（13）Esmein, op.cit., pp.582 à 584. 高内・前掲（三）九六頁。
（14）Pradel, op.cit., pp.33 et 34.
（15）Pradel, ibid., p.33.
（16）白取・前掲二〇二頁。高内・前掲（九七―九八頁）。
（17）Pradel, op.cit., pp.33 et 34.
（18）同法の原文は、Léon Milhaud et B.Monteux, L'instruction criminelle-La loi du 8 décembre 1987 sur l'instruction préalable, 1898.に掲載されたものを用いた。なお、白取・前掲二一〇―二一二頁に同法の訳文がある。条文訳出に際して参照した。
（19）Pradel, op.cit., pp.35 et 36.
（20）Pradel, ibid., p.34.
（21）高内・前掲（三）一〇四頁。
（22）高内・前掲（三）一〇七頁。
（23）Pradel, op.cit., pp.36 et 37.
（24）Pradel, ibid., p.37.
（25）Pradel, op.cit., p.38.
（26）高内・前掲（四）九一頁。

(27)　Pradel, op.cit., pp.38 et 39.

(28)　この四つの批判は、プラデルによる。Pradel, ibid., p.39.

第五章　一九五九年の刑事訴訟法典

刑事法典草案から治罪法典への過程は、要約すれば、公判前手続を陪審手続を中核とする弾劾的手続で貫徹すべきか、それとも公判への訴追権（付公判決定権）を司法官に委ねる糺問主義手続へより明確に復帰すべきか、という論争をその中核として展開した。そして、治罪法典は、重罪に関する公判については、革命の精神を継承し判決陪審制度に基づく弾劾手続を、公判前手続については、犯罪鎮圧強化による「社会的安全」をはかるべくアンシャン・レジーム期の制度への強い回帰志向の下に糺問手続を採用することになった。その結果、治罪法典は、本質的に対抗する二つの制度を予審と公判においてそれぞれ有するという二重構造をもつものとなった。そして、刑事訴訟法の近代化は、治罪法典により、「社会的安全」を優越的利益として「市民的自由」を大きく後退せしめ、公判前手続における刑事人権の抑圧をもたらした。

一五〇年に及ぶ治罪法典の歴史は、「市民的自由」と「社会的安全」の相剋を反映して両者の間を振幅しながら、予審の糺問的性格を緩和して「市民的自由」を回復し強化する方向で、部分改正を重ねるものであった。この「市民的自由」の回復・強化に向けての軌跡が、フランスにおける近代刑事訴訟法の立法史的特徴の一つといえる。

とりわけ、一八九七年一二月八日の法律に象徴されるように、一九世紀の後半は予審における「市民的自由」の保護の強化がはかられた。しかし、刑事訴訟法の改正を押し進めてきた個人的自由の思潮は、第二次世界大戦直前の全体主義諸国の台頭およびそれに伴う国際緊張により退潮し、その結果刑事手続においても糺問的性格が復活し、個人的自由の保障が縮減され自由保護の後退を顕著に示した(1)。

こうした混乱の時代の体験から、世論や法律家の間に、警察が加えた人間の尊厳または基本的自由への侵害に対する反動、鎮圧をより正確に個別化するための犯人の人格研究の必要性、司法の無力さ（警察でなされた自白の頻繁な取消し、予審審理の手続の不十分さ、未決勾留の問題）への不安感が強く生じ、刑事裁判機構に対する本質的な改革の要求へと高まった(2)。

かくして、改正に向けての精神は、刑事訴訟法のもはや単なる修正ではなく、人権の尊重と犯罪鎮圧の効率を同時に配慮した抜本的な改良と現代化（modernisation）による全面改正を目指すものとなった。その精神を体現しようとしてまとめられたのが、解放後のヴァーブル（Vabres）草案であった。しかし、ヴァーブル草案は、検察官への訴追権と予審権の集中、弁護人の援助の後退など糺問的性格を促進するものであり、個人の自由よりも社会的利益を追求するものとして危惧され、改正の舞台から消えていった。

ヴァーブル草案の挫折は、もはやフランス刑事司法の伝統となった予審判事を中心とする公判前手続の廃止の困難さを示すものであり、破毀院検事長（procureur général）ベッソン（Besson）を委員長とする刑事立法研究委員会（Commision d'études pénales législative）は、結局、治罪法典の糺問主義形態の公判前手続と弾劾主義形態の公判手続という二重構造を継承し、その枠内での改良もしくは現代化をはかって刑事訴訟法典草案を起草した。同委員会の成果に基づき、刑事訴訟法典（Code de procédure pénale）は、一九五七年一二月三一日の法律により第一部が、一九五八年一二月二三日のオルドナンス（緊急政令）により第二部以下が公布され、一九五九年三月二日に施行された(3)。以下、同法典を単に刑事訴訟法典、または一九五九年の刑事訴訟法典と呼ぶことにする。

刑事訴訟法典は、警察について、司法警察の非公式の役割を手直し、予備捜査として明文化して法的に認知した。また、司法警察官のリストから予審判事を外し、予審判事を検察官から独立させた（訴追と予審との完全分離）。予審判事が警察官でなくなったことは、予審と警察捜査との分離を明確に実現することである。予審については、予審判事の任命権者を裁判所所長とし、予審の二審制を受け継ぐ一方、重罪起訴部（Chambre des mises en accusation）を重罪公訴部（重罪弾劾部Chambre d'accusation）にあらため、予審手続の遅滞防止のために重罪公訴部長に予審の監督権（予審統制権）を与え、さらに重罪公訴部の第二審予審手続に対審弁論を導入して対審化するなど公判前手続に注目すべき改正を施した。公判手続に対する改正としては、陪審の役割の強化、医学鑑定（expertise médicale）、近代的意味における個別化を配慮する犯罪者の人格調査（examen de la personnalité）の制度が、また刑の執行手続に関しては、観察期間付き執行猶予（sursis avec mise a épreuve 保護観察付き執行猶予）の形式によるプロベーション、刑罰適用裁判官（行刑判事）の制度（l'institution du juge à l'application des peine）などが新設された[4]。

このように近代刑事訴訟法典から現代刑事訴訟法典への転換は、刑事手続全般に及ぶものであったが、「市民的自由」と「社会的安全」をめぐる刑事訴訟の本質的な改正は、やはり公判前手続の糺問的性格の是正に主眼がおかれていたといえるであろう。

しかし、刑事訴訟法典が、治罪法典と同様に、糺問主義形態と弾劾主義形態の接合という基本構造を継承していることから、かつて治罪法典において生じた両形態の断層の抱える問題が、刑事訴訟法典において完全に解消されたわけではない。とりわけ、治罪法典は、一八九七年法により予審での弁護人立会権を認めて以降、被告人尋問の機能を実質的に喪失し、これに代わって司法警察の捜査が法規制のないまま略式予審として実質的な予審捜査活動を担うようになった[5]。この一八九七年法の改正は刑事訴訟法典にも引き継がれており、そこで公判前手続について次の二つのことが刑事訴訟法典のもっとも大きな課題となった。一つは、警察捜査における「市民的自由」の保護である。もう一つは、糺問的である予審の人権保障機能の拡充である。刑事訴訟法典は、治罪法典の二重構造の継承とともに、これらの課題を引き継いだのである。

本章では、まず近年までの刑事訴訟法典の改正の動向を概観し、以下、警察捜査、予審における防禦権、令状、未決勾留等の歴史的な展開をみた上で、その意義を検討する。

（1）　G.Stefani, G.Levasseur, B.Bouloc, Procédure pénale, 11e ed., pp.74 et 75. G・ステファニ・G・ルヴァスール・B・ブーロック『フランス刑事法［刑事訴訟法］』（澤登佳人・澤登俊雄・新倉修訳・成文堂、一九八二年）五二―五三頁。

（2）　George Levasseur, Le problèm de la codification en matière pénale en droit français , Mélanges offerts à Robert Legros, 1985, p.406.

（3）　刑事訴訟法典の立法化の経緯については、岩井昇二「フランスにおける刑事訴追（六）」警察研究三六巻九号（一九六五年）七五頁以下、吉川経夫「フランスの刑事法典について」法務資料四三七号『フランス刑事訴訟法典』（吉川経夫訳・法務大臣官房司法法制調査部、一九七八年）一―二頁、内田博文「フランスの犯罪捜査」法律時報五四巻九号（一九八二年）九〇―九一頁参照、高内寿夫「フランス刑事訴訟法における予審の機能（四）」國學院法政論叢一五輯（一九九四年）九五―一〇二頁参照。

（4） Marc Ancel, Le nouveau code de procédure pénale, 1960, pp.1 et 2. 内田・前掲九一頁参照。

（5） フランスの警察捜査に関する邦文献として、内田・前掲の他、新倉修「フランスの警察」ジュリスト七三三号（一九八一年）六五頁以下、白取祐司「フランス」『警察の現在』法学セミナー増刊・総合特集シリーズ三六（一九八七年）三八一頁以下、同「フランスにおける被疑者取調べ」編集代表井戸田侃『総合研究被疑者取調べ』（日本評論社、一九九一年）二六一頁以下、同「接見交通権の各国比較―フランス」法律時報六五巻三号（一九九三年）六二頁以下等がある。

第一節　予審改正の動向

治罪法典の予審は、弁護人援助による防御権の確立および予審被告人が原則として自由であることの確認により、その糾問的性格が大きく緩和された。そして、刑事訴訟法典は、警察捜査を公式のものとして認知し、その捜査に法規制を加え、予審による司法捜査の建前を維持しながら、法規制の下で警察の捜査機能を承認した。

　これを契機に、予審の改正の動向は、捜査機能から、未決勾留の決定および勾留取消請求棄却決定に対する控訴（抗告）、免訴等被告人の「市民的自由」の保護に向けて裁判機能にその重要性の重心を移したといいうる。とりわけ、未決勾留の問題が勾留期間の長期化とその数の多さに深刻さを深め、予審の迅速化および効率化による勾留期間の短縮と未決勾留件数の削減が最重要課題となった。したがって、以後の予審の改正問題は、この二つを中心課題とするものであった。

　まず、予審の効率化を促進するものとして、「遅すぎる予審開始（inculpation tardives）」（＝遅らされた嫌疑の告知）に関する一九五九年二月一三日のオルドナンス、現行犯捜査の手続を拡大し「異議なき無効はない」との原則を刑事事件に制度化した無効に関する一九七五年八月六日の法律（刑事訴訟法典七一条ないし七一―三条、八〇二条）、また共助の嘱託（comissions rogatoir）および鑑定（一五九条）に関する一九八五年一二月三〇日の法律等が挙げられる。これらは、手続の簡素化、無効の回避、すなわち犯罪の増大に対して手続の時間的節約をはかるものであった。

予審被告人の自由を配慮する改正は、一九七〇年七月一七日の法律（市民の個人的自由の保障を強化する法律）に始まる。同法は、未決勾留の名称をそれまでの「予防拘禁（détention préventive）」から「仮拘禁（détention provisoire）」に名称を変更し、予審被告人の未決勾留が名実ともに例外的なものであることを明示し、さらに例外的な未決勾留をできるだけ回避するためにその代替措置として「司法統制処分（contrôle judiciaire）」を新設した。これにより、未決勾留の頻度と期間について多少の改善がなされたといわれている[1]。しかし、犯罪の増加と予審判事の負担増加が過剰拘禁を促進し、これを解消すべく一九七五年八月六日の法律は、勾留期間を短縮するとともに、四ヶ月の予審審理の放置に対して釈放請求権を予審被告人に認めた。さらに、同法は、軽罪現行犯事件について、共和国検事による裁判所への直接係属の手続を創設した。

一九七〇年代後半にいたるとフランスの犯罪状況は暴力犯罪の増加等悪化の一途をたどり始め、国民の不安は増大した。そうした中、保守派のアラン・ペルフィット（Alain Peyrefitte）は、司法大臣に就任すると、早速強力な犯罪鎮圧を目指す法改正に着手して、まず一九七八年一一月二二日の法律を、次いで一九八一年二月二日にはいわゆる「安全（治安）と自由」法（「治安を強化し人の自由を保護する法律（Loi renforcant la sécurité et protégeant la liberté des personnes）」）を成立させた[2]。

一九八一年法は、刑法、刑事訴訟法、公衆衛生法等に対する一部改正法である。刑法については、執行猶予の取消基準の緩和、一定の重罪の軽罪化（凶徒の結集罪、大多数の窃盗罪、暴力、強制等を用いた恐喝罪その他）を行ったが、他方で累犯加重の強化や新しい犯罪類型（拷問罪、身元確認拒否罪等）を創設するなど「安全」のための禁圧をはかる改正を行った。

しかし、同法の特徴は、むしろ刑事訴訟法の改正による「安全」の強化にみられる。まず、現行犯に限定されていた身元捜査（rechrches d'identité）を拡充した。さらに、警察が捜査の必要上有用な人物を留置することのできる仮留置（garde à veu 警察留置・監守）の期間を、最長四八時間を七二時間に延長し、警察の捜査権限を強化した。また、捜査において、公の秩序に対する侵害、とくに人身および財産の安全に対する侵害を防止するために、すべての人物に身元を明らかにさせる身元確認（contrôles d'identité）手続を創設した。これを拒む者に対しては、最長六時間の留置が認められた(3)。また、身元確認を強制力のあるものにするために、前述の身元証明拒否に対して身元確認拒否罪が創設された。

第二に、手続の迅速化をはかるために、予審開始後六ヶ月を超えた事件を訴訟関係者の請求により重罪公訴部に付託することにし、また、予審の開始から一年を超えて審理が終結しない事件を重罪公訴部に付託するかそれとも予審を継続するかにつき、重罪公訴部長に決定させることにした。一定期間内に予審の期間を制限することにより、予審の長期化を抑制しようとする意図であった。

第三に、軽罪の現行犯手続を廃止し、代わりに直接係属（saisine directe）と呼ばれる特別手続を創設した。その内容は、記録手続による召喚（convocation par procès-verbal）（被疑者を身柄拘束せずに、共和国検事が一定期間内に軽罪裁判所に出頭させる手続）、即時係属（saisine immédiate）（十分な嫌疑が存在すると共和国検事が思慮するときに、即日、軽罪裁判所に事件を係属させる手続）および裁判所または受命裁判官への事前係属（saisine préalable）（即日、裁判を行うことができない場合に、共和国検事が被疑者の勾留または司法統制処分を請求する手続である。勾留した場合には、四日以内に公判を開かなければならない）。事前係属については、非現行犯につき、予審を経ずして検察官に勾留請求権を認めた。ただし、共和国検事には被疑者の尋問権を与えず、同時に被疑者にも弁護人援助権を与えなかった。この点で、同法は、被疑者の防御権の欠落が危惧される改正であった(4)。

犯罪状況が深刻化する中で、しかし同法に対する自由の侵害への危惧が同法に対する批判を招き、政治の争点ともなり、社会党のフランソワ・ミッテラン（François Mitterrand）が大統領になると選挙公約通り「安全と自由」法の改廃が行われた。そして、ロベール・バダンテール（Robert Badinter）司法大臣の下で、一九八三年六月一〇日の法律が準備された。同法は、「安全と自由」法の訴訟手続に関する基本的な刷新を以下のように大幅に改廃するものであったが、犯罪の増加に対する国民の不安感が明白に存在し、「安全と自由」法以前の状態への復帰が必然的であるとはいえない状況の中で、同法の成立にはいささかの歳月を要した(5)。

一九八三年法は、仮留置の上限を四八時間に戻し、また重罪公訴部長の予審統制権を廃止して予審の二審制（訴追の二重審査の保障）を回復した。さらに、軽罪事件の迅速手続も再び現行犯に限定し、即時係属手続と事前係属手続は「即時出頭（comparution immédiate）」手続に改正した。この手続には、一年から五年の拘禁に相当する軽罪現行犯事件について、共和国検事の面前への出頭段階で、被疑者に弁護人援助権が認められた。即日に裁判を行うことができないときは勾留を認めるが、直近の就業日に出頭させることが義務づけられており、また当該日に裁判を行うことについて被告人が弁護人立会いの下で同意することを必要とした。

「安全と自由」法は、警察捜査の権限強化を行い、また「迅速手続」により予審を経ずに速やかに裁判所に事件を係属させて、手続の迅速化をはかり未決勾留の長期化を回避することを目的としたものであるが、一九八三年法は検察官の予審化と被疑者の自由の侵害を拒否した。バダンテールによる予審の改正は精力的に進められ、一九八四年七月九日の法律、さらに一九八五年一二月一〇日の法律が制定された。

一九八四年法は、勾留決定に対審弁論（débat contra dictoire）を導入して、予審被告人の自由に対する防禦の強化をはかり、防禦のための期間と仮収監（incarceration provisoire）を設け、さらに勾留期間にも修正を加えた。その意味で、一九八四年の法律は、予審被告人の自由剥奪に対する防禦権の拡充により、不必要な勾留を防止し、過剰な勾留を回避しようとするものであった。しかしながら、後述するように予審判事は勾留を志向する傾向にあり、かつ、勾留理由が抽象的に限定されているので、対審弁論は勾留の減少には結びつかなかった。また、犯罪の増加に予審判事の負担が増加し、予審の長期化とそれにともなう勾留期間の長期化は解消されなかった。

一九八五年法は、単独の予審判事の有する勾留決定権の独占を改正するために、評議部の復活ともいえる合議制の「予審部（chambre d'instruction）」を創設し、これに裁判機能の多くを委ねることによって、予審の捜査機能と裁判機能を分離することをはかった(6)。同法は、一九八八年三月一日に施行されることになっていたが、同法による改正が予審判事の大幅な増員を必要としたため、その後廃止された。

一九八六年三月、国民議会の選挙により保守連合の議席が上回り、保革共存という政治変動が生じた。この政治変動は、中道的な新司法大臣アルバン・シャランドン（Albin Chalandon）の下で、「安全と自由」法へ回帰する傾向を示す法改正を押し進め、警察の身元確認の手続を強化すべくその対象を再び「公秩序に対する侵害予防」の範囲に拡張し、さらに新たに指紋採取と写真撮影を認め、また軽罪事件の迅速手続を復活するなど、「安全」を指向する四つの法律を成立させた(7)。

さらに、シャランドンは、バダンテールの一九八五年法を廃止し、一九八七年一二月三〇日の法律を成立させた。同法は、一九八五年法の「予審部」を廃止し、代わりに「勾留処分請求部（chambre des demandes de mise en détention provisoire）」を創設した。勾留処分請求部はその名の示すとおり、勾留に関する裁判機能のみを担う機関である。また、重罪公訴部における勾留決定に対する控訴の裁判期間を三〇日以内から一五日以内に短縮し、四ヶ月放置された予審を重罪公訴部が審理を行うことができるものとした。

一九八八年五月、ミッテラン大統領再選の下で、ピエール・アルパイヤンジュ（Pierre Arpaillange）司法大臣は一九八九年七月六日の法律を成立させ、一九八七年法の「勾留処分請求部」を廃止した。同法は、予審判事に再び捜査機能と裁判機能を併有させるとともに、勾留に関して重罪にも勾留期限と勾留延長期限を定めるなどの改正を行った。

政治変動の中で、目まぐるしく予審に関する改革が立法化されたものの、一九八〇年代後半の予審改革の重要な焦点の一つが、第一審予審に裁判機能を担う機関の設置をめぐるものであったことは明らかである。こうした法改正の動向は、予審制度そのものの存在意義や必要性をあらためて見直す契機となった。

一九八八年に司法大臣の諮問機関として発足した「刑事司法と人権委員会（Commission Justice pénale et droit de l'homme)」が予審判事制度を廃止し、公判前手続を抜本的に改正する提案を行い、従来の予審制度維持を前提とした改革とは異なる改革の方向を示した(8)。同委員会の公判前手続の基本的構想は、検察官に予審権限を与え、個人の自由侵害に関する裁判機能を予審判事が担うというもので、その点で基本的にはヴァーブル草案と共通するものであった。

しかし、立法者はこの提案には消極的で、結局、一九九三年一月四日に成立した法律は、警察捜査から公判手続にまで改革の手を伸ばしながらも、既存の制度を抜本的に修正する大規模な改正を断行することなく、したがって公判前手続についても従来の枠組の中での改正にとどめた(9)。とはいえ、同法は、警察の仮留置に付された者に対して仮留置の最初から弁護人との接見を認め、予審における防禦権を拡充し、合議制による「勾留審査部（chambre d'examen des mises en détention provisoire)」を創設するなど（勾留審査部の規定は一九九四年一月より施行予定。それまでは委嘱裁判官に勾留決定を委ねた）、被疑者や予審被告人に対する権利保障に一定の成果を示した。

ところが、一九九三年三月、総選挙における社会党の大敗北により、新内閣の下で一九九三年一月法の改正準備が進められ、一九九三年八月二四日の法律が成立した。同法は、仮留置の最初からの弁護士との接見を撤回したばかりか、勾留審査部の創設をも撤回した。こうして、またもや勾留決定権は予審判事に戻された。ただし、すでに実施されていた仮留置における一定時間経過後の弁護士との接見の権利や、予審被告人の防禦権の拡充は継承された。

（1）　George Levaaseur, Le problème de la codification en matière pénale en droit français , Mélanges offerts à Robert Legro, 1985, p.406.

（2）　Levasseur, ibid., p.410.「安全と自由」法に関する文献として、森下忠「フランスのいわゆる治安と自由法—刑事訴訟法等の一部大改正—」（ジュリスト七四〇号一九八一年）一〇六頁以下、新倉修「立法紹介」（日仏法学13　一九八三年）一五一頁以下、澤登俊雄「フランス刑事訴訟法の変遷と展望」（ジュリスト九一九号一九八八年）二五頁、澤登俊雄・高内寿夫「フランスにおける未決拘禁の動向」（ジュリスト八〇八号一九八四年）九五頁以下、恒光徹「現代フランスにおける刑事政策の動向」（犯罪と刑罰一号一九八五年）二七頁以下、白取祐司『安全と自由』法と刑事上の人権」荘子邦雄先生古稀祝賀『刑事法の思想と理論』（第一法規一九九二年）五一九頁以下、高内寿夫「フランス刑事訴訟法における予審の機能（四）」（國學院法政論叢一五輯一九九四年）一〇八以下参照。

（3）森下・前掲論文一一〇頁。

（4）「安全と自由」法全体の概要については、森下・前掲、新倉・前掲「立法紹介」参照。軽罪の迅速手続については、高内・前掲論文一〇九―一一一頁による。

（5）Levaaseur, op.cit., p.410. 一九八三年法の内容については、澤登俊雄・高内寿夫前掲参照。

（6）高内・前掲一一四―一一六参照。

（7）澤登・前掲二五頁。高内・前掲一一九―一二一頁。

（8）「刑事訴訟と人権委員会」の報告については、赤池一将「現代フランスにおける公判前手続改革の指標」八木國之先生古稀祝賀記念論文集『刑事法学の現代的展開（上巻）』（一九九二年）四九三頁。

（9）一九九三年一月四日法の概要については、白取祐司「フランスにおける起訴前弁護をめぐる最近の動向」（自由と正義四四巻七号一九九三年）五三頁、白取祐司・赤池一将「改正刑事訴訟法の現況」（ジュリスト一〇二九号一九九三年）四九頁以下参照。

第二節　警察捜査

一七九一年刑事訴訟法において、治安判事を主たる警察官とする警察の証拠収集活動は、予備予審捜査（information préalable）、すなわち一種の予審行為であった。その後、治安判事は予審権を喪失し、警察捜査の予審的活動（opration d'instruction）は予審審理行為（act d'information）ではなくなった。しかし、かつての警察官予審の歴史とともに警察捜査の性格から、第四章第一節で述べたように、今日でも警察捜査（enquête de police）は略式予審（information sommaire）とも呼ばれている。

刑事訴訟法典において、司法警察を構成する官吏は、司法警察官（officier de police judiciaire）、司法警察吏（agent de police judiciaire）、補助司法警察吏（agent de police judiciaire adjoint）ならびに法律により司法警察の一定の職務を付与された公務員および職員である（一五条）。司法警察官は、市長、助役、憲兵隊将校・下士官、警視長（inspecteurs generaux）、現業部局副局長（sous-directeurs de police active）、警視監（contrôleurs generaux）、警視（commissaires de police）および国家警察の警部（inspecteurs de police）である。治罪法典で司法警察官とされていた司法官（共和国検事、その代理、予審判事および、治安判事）は、もはやその資格を与えられることはなくなった。

以下、本節では、警察捜査の沿革と警察捜査の問題点を概観する。

第一款　予備捜査

一　治罪法典における非公式捜査の適法性をめぐる対立

フランスでは一六七〇年のオルドナンス以降、革命立法さらに治罪法典へと現行犯捜査に関する特別の制度を発展させてきたが、現行犯捜査以外の捜査については格別の制度を創設しなかった。これは、犯罪の証拠収集が司法官（裁判官）の役割であるとのフランスの伝統的な考えに由来するものであろう。それ故に、近代においてフランス法は司法捜査（recherche judiciaire）としての予審制度を発展させてきたが、警察捜査については予審の前段階に位置するものとの見地から、司法警察官に捜査の主体的役割を与えなかった。すなわち、治罪法典は、犯罪の捜査、証拠の収集、犯人の裁判所への引き渡しを任とする司法警察を、第九条および第一〇に定める司法警察官により行われると規定したが、重罪院または軽罪裁判所の管轄に属する犯罪の予審前捜査を行う主体は共和国検事であって、司法警察官は現行犯捜査の場合においても共和国検事（procureur République）の補助警察官として捜査の前面に登場するにすぎないとされていた（治罪法典四九条以下）。しかし、現実には、現行犯以外の犯罪捜査についても、司法警察官の捜査は不可欠なものとして慣行的に行われており、これに法文上の根拠がないことから非公式捜査（enquête officieuse）と呼ばれていた[1]。

治罪法典の下で、重罪現行犯捜査以外の警察捜査が司法警察官に非公式に認められた理由は、明白な必要性に応えるというものであった。しかし、その非合法性（illégalité）が、常に学説から強く批判され、治罪法典の中でもっとも激しい論争の原因となった。[2]これについては、適法説と違法説の対立が見られた。たとえば、ガローは非公式捜査を超法規的（extra-légale）なものとしてその擁護につとめた。ガローの主張する適法の論拠は、検察官が訴追の適宜性（l'opportunité de la poursuite 便宜性）を評価する権限を有する以上、非公式捜査による評価の材料を収集することが不可避であることにあった。判例も、警察捜査が公訴時効を中断することを認めることにより、間接的に警察の非公式捜査の適法性を認めていた。[3]また、共和暦六年芽月二八日（一九〇三年のデクレに継承）の法律を適法性の根拠とする見解も主張された。同法は、憲兵隊に犯罪の検証・証拠の収集についての捜査権限を認めており、他方、治罪法典は第九条によって憲兵隊は司法警察を構成する一組織であり、これに非公式捜査が認められる以上その捜査は司法警察全体に及ぶべきであるとの見解を適法説の論拠とした。すなわち、憲兵隊は、非公式捜査を行う権限を法律により有していたというものである。[4]

こうした適法説に対して、検察官の適宜性を論拠とする見解については、非公式捜査で収集された諸要素が検事局内部で使用される以上に予審記録（dossier d'instruction）にもたらされることを考慮すれば、その論拠は極めて軽微なものであるとの批判がなされた。また、共和暦六年の法律を論拠とする見解に対しては、治罪法典の立法精神は現行犯捜査以外に警察捜査が存在することを望まなかったのであり、その意味で治罪法典の立法により共和暦六年法は廃止されたとの反論がなされた。[5]

刑事訴訟法典は、この治罪法典の下で行われていた非公式捜査に「予備捜査（enquête préliminaire）」という公式名称を与え、これを法的に認知した。そして、現行犯捜査においてもまた予備捜査においても、警察捜査は司法警察官を主体とする規定に統一された。こうして、刑事訴訟法典は、司法警察官による犯罪捜査の主体的地位を現実に即して法的に承認し確立したのである。この非公式捜査の法律化は、警察捜査が犯罪捜査にもはや不可欠なものであることを認知しこれに捜査権限を付与するものであると同時に、法規制のない状態での警察捜査が当然に陥っていた暴力的・非人道的取調べを防止することを目的とするものであった。[6] 刑事訴訟法典により、警察捜査の暗部にようやく法の光が差し込んだのである。

二　刑事訴訟法典における現行犯捜査と予備捜査

㈠　現行犯捜査

現行犯（infraction flagrante）については、司法警察は、犯罪の検証のみならず有用な情報を、強制的手段を用いて探索する広範な権限を有している。治罪法典は重罪の現行犯だけに強制的な捜査権限を与えていたが、刑事訴訟法典は罰金刑だけを定める軽罪を除き、軽罪現行犯（délit flagrante）にもその権限を拡大した。違警罪については拘禁刑が科せられる場合であっても、現行犯捜査権は認められていない。

検察官は、警察が現行犯を検証したり、その報告を受けたときに、司法警察官を臨検のために派遣する。現場に到着した司法警察官は、真実の顕現に資する証拠物件の保全に必要なあらゆる措置を講じ、またその処置が完了するまで犯罪の場所から離れることを禁じ、あるいは現場にいる者に身元確認を行うことができる。また、関係者の意に反する家宅捜索（perquisition）、押収（saisie）、鑑定人の指名、証人の聴問、被疑者（suspect）の聴問（尋問）等ができる。呼び出された者は、呼出しに応じ出頭しなければならない。聴取をした者を仮留置（garde à vue 警察留置・監守）することもできる。容疑者に犯罪を証明する重大かつ符合する徴憑が認められるときは、被疑者として逮捕し、共和国検事の下に引致しなければならない。これらの司法警察の処分は、強制的性格をもつものであり、予審の過程で行われる処分と同一のものである。すなわち、司法警察官は、現行犯捜査においては、令状の発付を除き、予審判事の有する権限の一切を有するのである。[7]

㈡　予備捜査

予備捜査は、共和国検事が訴追を行うか否かを決定するための要素を収集することを目的とする警察捜査である。司法警察官は、告訴もしくは告発を受けるか、または犯罪を検証したときは、早急に事件を解明するためにイニシアチブをとる。捜査の諸要素は一件記録（dossier）に集録し、告訴、告発または犯罪を検証した調書（procè-verba 手続記録）とともに、共和国検事に送付される。この一件記録の情報を元に、共和国検事は訴追の可否の決定を行う。また、共和国検事は、自分が受理した告訴または告発を自分の監督下にある司法警察官に調べるよう送る。こうした目的を有する予備捜査は、「職権または検事局の指示に基づいて司法警察官（officiair de police judiciaire）または刑事訴訟法典第二〇条に定める司法警察吏（agents de police judiciaire）により行われる警察の性質を有する手続」と定義される。現行犯と異なり、予備捜査においては、司法警察官は強制的措置を取ることはできない。ただし、予備捜査においても、例外的に強制力をともなう仮留置は認められている。むろん、予備捜査は予審が開始したときは行うことができない。なお、予審が開始している場合は、司法警察官の活動は共助の嘱託（commission rogatoire）の範囲に限定される(8)。

三　予備捜査の問題点

刑事訴訟法典は、第七五条で「司法警察官は共和国検事の指示に基づき又は職権で予備捜査を行う」と規定し、非公式捜査の適法性をめぐる論争に終止符をうち、さらに予備捜査に独立の章を与えて治罪法典時代の非公式な警察捜査の適法性の問題を立法的に解決した。

予備捜査の立法化を基礎づけたものは、予備捜査の否定し難い有用性である。予備捜査の利点として次のものが摘示されている。

(1)　免訴や無罪に達するまでに時間のかかる不十分な根拠による告訴や告発を分別する。つまり、気紛れな、あるいは効果的な結果を得られないような告訴や告発の無益さを明らかにする。

(2)　単純な事件について、直接呼出し（citation directe）の利用を容易にすることによって、予審を回避する。すなわち、予審が義務的でない領域において無益な予審開始を回避する。

(3) 補強された証拠収集（information）により、検察官に訴追の適宜性の評価を可能にする。

(4) 予審審理の展開への影響として、予備捜査は予審執務室（予審法廷）を整理することにより、デリケートな事件を扱う予審司法官をして事件に専心させ、より迅速な予審を行うことを可能にする。要するに、予備捜査の手続を普及させることで、犯人が直接呼出しで速やかに公判で裁かれるか、あるいは予備捜査により多忙から解放された予審判事が事件をより迅速に吟味することができるので、未決勾留は長引かないというものである。

(5) 予備捜査は、訴訟費用の軽減をもたらす[9]。

適切な告訴・告発の選別、単純な事件に対する予審の回避、予審の効率化および訴訟費用の軽減といった有用性を根拠とし合法化された予備捜査に対して、しかし学説はしばしばその不都合・短所を指摘した。警察捜査は市民の自由の保護よりも捜査の効果に熱心であり、証拠の捜査が公平な司法官から警察の手に委ねられると、個人の自由は無視され、市民に対する重大な危険を生ぜしめるといった批判がそれである。さらに、警察捜査が予審に与える影響の見地からもこのことが指摘される。すなわち、捜査の一件記録は、これが送付される司法官（予審判事や判決裁判所の裁判官）の判断に必然的に影響を与える点が危惧されている。おそらく疲労による自白を含むであろう書証を否定することは、予審司法官にはなかなか困難と考えられるからである。このように、警察が証拠の捜査を行い、予審司法官にすでに「整理されている」一件記録を送るならば、予審において認められた予審被告人（inculpé）に対する保障（たとえば予審における被告人の弁護人立会権）がその意義を喪失してまったく役に立たないものになってしまうことが危惧される[10]。

立法者は、予備捜査の有用性を根拠に公式捜査としてこれを認知したが、強制的手段は与えなかった。しかし、法制度上強制力をもたないとはいえ、現実的には威嚇等の間接的強制力を伴う予備捜査は、個人的自由に対する侵害が常に懸念されるのは当然のことである。とくに、予備捜査による自由侵害の危惧は、当初の例外的強制的手段であった仮留置においてすでに現実的な問題であった。なぜなら、仮留置の主たる利用目的は疲労や威嚇による自白採取にあるといえるからである。

ところで、刑事訴訟法典は、予備捜査の濫用を懸念して[11]、現行犯捜査とは反対に予備捜査を市民の任意の協力を本質とする任意捜査を基本とした。

しかし、こうした予備捜査に強制力を伴う身元捜査や仮留置を認めさらにそれを拡充することは、予備捜査を「捜査の必要性」を理由として糺問化するものといえる。とくに、その糺問的性格は、被疑者の防禦権が欠如することにより、仮留置においてその性格を際立たせた。法律は、自由な状態にある被疑者が弁護人の助言を得ることをなんら禁止していないが、弁護人は捜査当局と接触をもつことはできないし、一件記録を閲覧することもできなかった。また、被疑者の聴問（実質的には尋問）や対質（confrontation）の間、弁護人はそれに立ち会って援助することもできなかった。被疑者が仮留置されると、被疑者と弁護人との関わりはこの処分が終わるまで途絶えた。したがって、防禦権の点で、予審被告人（inculpé）と被疑者とではその地位に著しい相違があった。こうした弁護権の保障のない状態での糺問的な聴問に対して、弁護士会は強く批判した[12]。

以下、とくに人身の自由に直結する身元捜査および仮留置制度の概要および問題点を検討する。

第一款　身元捜査（身元検査と身元確認）

警察官の行う身元捜査（recherches d'identité）は、犯罪の予防または犯罪の捜査において重要な手段である。身元捜査は、犯罪を探知しこれを防止することができるし、またすでに警察に探知されている犯罪捜査の展開を可能にするからである。

この行政捜査（recherche administrative）と司法捜査（recherches judiciaire）の両面で有効な身元捜査は、法律上、一九四三年一一月二日の法律により現行犯において初めて認められた[13]。

刑事訴訟法典は、一九八一年二月二日の法律、いわゆる「安全（治安）と自由（Securite et Liberté）」法まで、現行犯手続の場合にしか警察官による身元確認を認めなかった[14]。

この「安全と自由」法は、治安の強化に重点をおくもので、現行犯に限定されていた身元捜査を司法捜査（recherches judiciaires）として一般化し、さらに公の秩序、とくに人身および財産に対する侵害について、行政捜査もしくは予防的捜査（recherche prêventive）として身元捜査を認めた[15]。

一九八二年の自由主義的法案が議会に提出されたおり、この法案は行政捜査を維持すべきかの問題を提起したが、最終的には明白な必要性を理由に保持された。

一九八三年六月一〇日の法律は、捜査の章の中に新たに「身元検査Des Contrôles d'identité」（内容は身元証明要求）の節をもうけ、身元捜査の規定の再編成を行い、予備的に検事局による身元確認（vérification d'identité）を規定した。しかし、この節の名称は、身元捜査が強制力のない身元検査（contrôles d'identité）と強制力のある身元確認の両方を含むので適切とはいえなかった。

一九八六年九月三日の法律は多くの規定を改正し、さらに一九九三年八月一〇日の法律は節の名称を「身元検査及び身元確認（Des contrôle et vérification）」に変え、さらに二つの予防的身元捜査を創設した。

一　司法警察と行政警察による身元検査

警察官憲が一定の要件の下に身元検査（身元証明）を求めるとき、人はこれに同意をすることが義務づけられた（七八―二条二項）。

この身元検査は、司法警察（police judiciaire）に属するものと、行政警察（police administrative）に属するものとに区別される[16]。

前者について、司法警察官（および司法警察官の命令と責任の下で司法警察吏または補助司法警察吏）は、次の者に対して身元を証明することを促すことができる。犯罪を行いまたは犯罪を行おうとしたことを示す徴憑のある者、重罪または軽罪の場合で有益な情報の提供する可能性のあることを示す徴憑のある者、犯罪の準備行為をしている徴憑のある者、司法官憲により命じられた捜査の対象となっている者（たとえば、勾引状または勾引勾留状が発付されている者）。司法警察による身元検査については、外見からそうした徴憑を正確に知ることができるかが問題とされている。たとえば、令状が発付されていることについて、それを示すような徴憑があるか、あるいは武器の携帯を思わせる衣服の下の膨らみについて、その徴憑と準備行為との関係が明確であるかなどの問題点が指摘されている[17]。

行政警察による身元検査は、初期においては、人身と財産が危険に直面している場所と時間において認められた。しかし、この場所の要件により、警察にとってはその適用が困難であったため、犯罪に直面した場合を除き、事実上予防的身元検査は不可能となった。一九八六年九月三日の法律は、「公の秩序（ordre public）、とくに人身と財産の安全に対する侵害を予防するために」身元検査をすることを認め（七八条の二一二項）、適用の要件を緩和した。これは、一九八一年の「安全と自由」法の規定を採用したものである。こうして、過去の行為から公の秩序を紊乱することを推測して、身元を証明することを求めることも可能となった。ただし、破毀院刑事部は、公の秩序に対する侵害が「身元が検査される者の行動と直接」結びついたものであることを要求した。このように条文にない要件が課されたことによって、身元検査は効果の上がらない状態におかれた。これを解消するために、一九九三年八月一〇日の法律は「すべての者の身元は、公の秩序、とくに人身および財産の安全に対する侵害を防止するためにいかなる行為であれこれを検査することができる」とした（七八条の二一三項）。

なお、一九九三年八月一〇日の法律は、シェンジェン（Shengen）条約に基づく国境の内側二〇キロメートル以内の地域、一定の港、空港等における身元検査を加えた。さらに、同法は、犯罪の捜査および訴追の終わりになされた共和国検事の請求に基づき、共和国検事の指定する場所と時間における予防的身元検査を可能とするなどその適用範囲を拡大した（七八条の二一四項、六項）。

二　身元確認

身元検査において、関係者が自分の身元を述べることができないとき、またはそれを望まないとき、関係者は身元証明のための措置を行うことのできる司法警察官に引き渡される。司法警察官は、身元を確認するための強制手続を開始することができる。これを身元確認という（七八条の三 一項）。身元確認は自由の侵害をもたらすので、これを行う権限は司法警察官だけに認められている。司法警察官は、身元確認の対象となった関係者を、その場に、または身元確認のために引致された警察に留め置くことができる。この自由の侵害は「留置（rétention）」と呼ばれる。ただし、後に詳述する警察による仮留置（garde à veu）とは異なる(18)。

司法警察官は、身元証明のために「必要なすべての活動」を行う。これは、真の捜査である。まず、関係者に対して、身元証明書等の身元を証明できるものの提示や徴憑等により略式の確認が行われる。関係者が証明を拒んだり証明することができなかったときは、司法警察官は司法鑑識（identité judiciaire人の同一性ならびに徴憑の収集保全を行う）の方法を用いることができる（刑事訴訟法典七八条の三）。一九八六年六月一〇日の法律は、司法鑑識をさらに実効性のあるものにするために、それ以外に身元を確認する方法がない場合には、共和国検事または予審判事の許可を要件にして写真撮影と指紋の採取を認めた（七八条の三 四項）。関係者がこれを拒否した場合には、三月の拘禁および二五、〇〇〇フランの罰金を科す規定も創設した（七八条の五）。この処罰規定は、一九八一年の「安全と自由」法が創設した身元確認拒否罪を復活させるもので、ただ「安全と自由」法が身元証明を拒否する行為全般を犯罪化したのに対して、指紋採取と写真撮影拒否に限定してこれを犯罪化した。

写真撮影および指紋の採取については、記録手続により調書に特別の理由を付して記載しなければならない（七八条の三 五項）。また、身元確認留置の期間は、身元検査のときから起算して、四時間を超えてはならない。その時間を上限に、身元確認に必要な時間にかぎって留置が許されるのである（七八条の三 三項）。

身元確認は強制手続であるので、刑事訴訟法典は、対象となる関係者を保護するために一定の権利の保障を定めている。

(1)　留置の最初より、関係者は、司法警察官に、自分の身元を証明するあらゆる手段を行使してもらうことができる（七八条の三 一項）。一九八六年九月三日の法律は、一八歳未満の未成年者の場合には、法定代理人の援助を受けることを認めた（七八条の二 二項）。

(2)　身元確認留置は留置の初めから共和国検事に義務的に通知される。留置に付された者は、共和国検事または家族に通知することができる旨を司法警察官から告知される（七八条の三 一項）。共和国検事は、留置場所に赴くことができる。

(3)　司法警察官は、記録手続により調書を作成しなければならない。調書には、身元検査および身元確認の理由、面前に引致されたときの状況、権利の告知、日時、留置の最初と終わりの時間等を記載する（七八条の三 六項）。

(4)　身元確認の後、その結果が仮留置に結びつくときは、必要があれば、身元確認留置の期間を仮留置の期間に算入することができる（七八条の四）。

(5)　原則として、捜査行為は取消し（annulation）を受けないのであるが、留置の期間と制度に関する第七三条の規定に反する場合には、無効の制裁を受ける（七八条の三 最終項）。これにより、身元検査および身元確認に関する法律行為は消滅する。また、この無効は、関係者が恣意的な逮捕を理由に告訴したときに役立つ[19]。

以上のように、一九八一年の「安全と自由」法に始まる身元捜査の制度は、今日、司法捜査および行政捜査にわたり広く警察捜査に定着している。とくに注目すべきは、一九八六年六月一〇日法が「安全と自由」法ですら認めなかった指紋採取および写真撮影を認め、身元確認を強化し、しかもそれを拒否した場合に軽罪刑で処罰することにした点である。この制度は、警察捜査の強制力の拡大をはかるものであり、仮留置制度と連動して、容疑者の検挙および犯罪の防止に効果を上げようとするものである。判例は、前述したように規定を厳格に解釈することにより、この強制手続の適用を拡大させまいとしたのに対し、立法者はそうした判決が出るたびにそのハードルを取り除く改正を行った。

以上から、立法者が、犯罪の深刻化に対する現実的な犯罪予防対策および鎮圧対策として、警察捜査およびその強化を不可欠のものとしていることが窺える。同時に、個人の自由に対する侵害を伴う捜査行為であるので、立法者は個人の保護のための権利を規定し、警察の強制捜査に控制を加えている。ここには、一方で、警察による強制力を伴う新たな手続を創設することにより、警察捜査を強化して「社会的安全」をはかろうとしつつ、他方で、個人の人権保障を強化し新たな刑事権力行使から「市民的自由」を守ろうとする、「自由」と「安全」の新たな緊張関係が明瞭に示されているといえよう。

第三款　仮留置

一　仮留置の目的

仮留置（garde à vue 警察留置・監守）とは、捜査の必要上、司法警察官が、現行犯捜査および予備捜査において、捜査に有用な人物を無令状で二四時間自身の掌中に抑留する制度である。この警察による仮留置は、犯罪捜査における緊急性を理由として、刑事訴訟法典において創設された制度である[20]。したがって、仮留置は、①未決勾留(détention provisoire)、②最寄りの司法警察官の下へ引致する現行犯逮捕（七三条）、③身元確認（vérification d'identité）もしくは勾引状（mandat d'amener）の執行、④現行犯捜査における犯罪の場所からの離脱禁止（六一条一項）などとは区別される[21]。仮留置は、現行犯捜査が可能な拘禁の刑を定める軽罪および重罪に対して認められるものであり、予備捜査においてもこれに相当しないものには認められない[22]。

仮留置の目的としては、次のものが指摘されている。①被疑者のみならず、事件の関係人の逃亡、証拠の湮滅あるいは虚偽の証拠の捏造を防ぐ。②証人を周囲の圧力から保護する。③証人間の接触を防止する。④地域の制裁から被疑者を保護する。⑤幾度も聴問するための処分として人を抑留しておく。[23] このように、仮留置は監視と保護を内容とする監守の制度である。

仮留置の期間中に聴問（被告人に対しては実質的に尋問となりうる）することはできるが、これは仮留置の任務の一つにすぎないといわれている。しかし、仮留置の本質的かつ実際的な利用目的は、嫌疑を掛けられた者を自白させることにある。[24] このように、仮留置は、「捜査の必要上」、換言すれば「社会防衛の必要上」を理由に法で認められたのであるが、[25] 自白採取を目的として用いられてきた点で、[26] 市民の個人的自由を侵害するものとして強く批判されてきた。こうした危険性をはらんだ仮留置が行われてきたのは、端的にいえば弁護士の立会いなしで行われる警察尋問（interrogatoire policier）が、弁護人の立会いを認める予審における司法尋問（interrogatiore judiciaire）よりも実効性があるからに他ならなかったからである。[27]

二　仮留置処分の決定権者

仮留置処分の決定権者は、司法警察官だけであって、共和国検事にも司法警察吏にもその決定の権限がない。司法警察吏には法律の明文で仮留置処分を認めていないが（二〇条一項二号一）、共和国検事については、とくに禁ずる規定がないところからこれを認める解釈も見られる（条文の内容および条数は、一九八三年一月四日の法律による改正前のものである）。たとえば、ラサ（Rassat）は、仮留置が警察のもっとも上級の階級にある司法警察官が単独でこの処分を行うことができることから、警察の特権であるとの今日支配的となっている誤った解釈が導き出され、さらにそこから①共和国検事が自ら仮留置を命じることができない、②共助の嘱託に基づき活動する警察官に仮留置処分を認めているという、二つの不条理な結論が導き出されていると批判する。

ラサは、前者について概ね次のように批判する。否定説は、共和国検事に仮留置処分を認めなかった理由として、共和国検事には司法警察官の行う仮留置を監督することが要求されていないこと、そして自らを監督することはできないということを挙げているが、しかし共和国検事は捜査全体を監督する者であって、仮留置についてこの共和国検事の介入を禁止していると考えることは適切でない。また、仮留置の延長が司法官の許可のある場合に限られているが、このことから司法官（検察官）が自ら行った仮留置を理由のある証拠を唯一の条件として自ら延長することは決して不都合ではない。なぜなら、どのような場合であれ、司法官によって行われる仮留置は警察官によって行われる仮留置よりもうさん臭くないからである[28]。

後者についても、次のように批判する。共助の嘱託の基本は管轄の委任であるので、自分の持つ権限しか論理的には委任できないはずである。予審判事は予審の範囲でしか共助の嘱託をできないにもかかわらず、彼が共助の嘱託において仮留置処分を認めることは①よりももっと不条理である。これを認めることは、結局、すべての司法警察官がいわば当然の権利として仮留置の権限を持っていると考えることであり、そこに問題の原因がある[29]。

いずれにしても、仮留置が司法警察官の専権であることは通説と思われる。ただし、刑事訴訟法典第七二条第二項は、現行犯捜査において、予審判事に犯罪の現場で「司法警察官の一切の処分」を行うことを認めていたので、仮留置はここに含まれると解された[30]。

三　仮留置の起算点

刑事訴訟法典は、基礎となる仮留置が二四時間を超えてはならないと定めているだけで（七七条一項）、その起算点に関する規定を欠いている。仮留置処分は時間の極めて限定された強制処分であるので、その起算点が重大な問題である。この問題の解決に寄与したのは、憲兵隊の組織と活動に関する一九〇三年のデクレ（一二四条）であった。同デクレの定める仮留置の起算点は、現行犯捜査においては、①現行犯で逮捕されたとき、②犯罪の場所からの離脱禁止命令がなされたとき、③身元確認のために警察に従うことを命じられたとき、④自由に出頭した証人およびとどめられた証人の聴問を開始したときである。

他方、予備捜査における仮留置の起算点の解釈には、次の三つの立場が考えられた。①最初の聴問の終わりを起算点とする。②関係者が家に帰る権利を拒絶されたときに起算点をおく。③司法警察官が聴問したばかりの者を留置することを決定した後に、聴問の始まりに遡及して起算点をおく。予備捜査については、個人の自由に対する保護の厚さ、解決の明瞭さといった見地から、第三の立場が通説的立場を占めている。

四　仮留置の対象となる者

現行犯捜査における仮留置は、予備捜査におけるそれよりも特殊性を備えている。

現行犯捜査の仮留置の対象者は、次の四つのカテゴリーに属する者である。①犯罪の場所から離れることを禁じられた者（六一条一項）、②身元確認の必要がある者（六一条二項）、③事件（fait）について参考資料を提供することができると認められる者（六二条一項）、④犯罪の嫌疑を掛けるに足りる重大でかつ符合した徴憑が存する者（六二条二項）。これに対して、予備捜査における仮留置の対象者は、とくに限定されておらず、だれもがその対象となりうる。

五　仮留置期間の延長

仮留置は延長することができるが、現行犯捜査においては、その延長は仮留置された者すべてに及ぶわけではない。仮留置の延長が認められるのは、第四のカテゴリーに属す者、すなわち有罪の徴憑が表れている被疑者とみなされる者に限定されていた（六三条二項）。仮留置が強制処分の性格を有することからすれば、第一ないし第三のカテゴリーに属す人物を除外することは当然のことといえよう。これに対して、予備捜査においては、現行犯捜査の仮留置のような限定は要求されておらず、仮留置の延長には対象の限定がなされていなかった。すなわち、嫌疑を掛けられた者と証人との区別なく、仮留置された者すべてに対して延長することができた（七七条一項）。

また、仮留置の延長には、司法官の許可が必要とされた。許可権者は、現行犯捜査の場合と予備捜査の場合とでは若干異なった。現行犯捜査の仮留置の延長については、共和国検事または予審判事が許可権者とされた。しかし、そのために仮留置に付されている者を司法官の面前に引致する必要はなかった（六三条三項）。これに対して、予備捜査における仮留置の延長には、共和国検事の聴問を必要としており、そのために彼の下への引致が義務づけられていた（七七条二項）。共助の嘱託の場合には、予審判事（一五四条）の書面による許可を必要とした（六三条三項、七七条二項）。

このように、現行犯捜査の場合における仮留置の更新には、関係者を共和国検事の下に引致することの有益性は考慮されなかった(31)。また、予備捜査の仮留置延長について検事の下への引致が義務づけられていたが、例外として、理由を付した決定により、検事局（Parquet）への引致がなくても延長を認めることができた（七七条最終項）。この例外規定を適用する場合、それを正当化する明確な事実を言明しなければならない(32)。なお、延長された二四時間は予備捜査の範囲内にあるものとされた(33)。

仮留置の延長期間は、普通法においては二四時間で、これを超えることはできない。（六三条三項、七七条二項）これに関して、次の点が留意されなければならない。第一点は、仮留置の延長のために権限ある司法官の下に引致する時間を、最初の二四時間に算入すべきでない点である(34)。これを算入することは、法定の期間を分断することになるからである(35)。第二点は、最初の仮留置期間の二四時間以内に司法警察官が共和国検事に延長を請求した場合、延長の二四時間に最初の不足分を加算すべきでないことである(36)。なぜなら、合計で四八時間を超えなければよいという考えは、仮留置を「司法官の下への出頭なしには二四時間以上続けてはならないという法律の要求に反する(37)」からである。

六　仮留置の場所

仮留置の場所は、とくに法文上で明記されていない。通常、警察署（agence de police）または憲兵隊屯舎で行われるが、そのほかに犯罪の場所および監視されている住居が考えられる。裁判所付属の未決監（maison d'arret）での身柄拘束は、予審判事もしくは資格のある司法官憲の発する令状によるものであり、仮留置の拘禁には用いない[38]。

現行犯捜査の範囲で逮捕された者については、その場で監視できるし、また警察に連行することができるので、場所は問わない。また、証人に対して犯罪の場所を離れることを禁止することもできるし、司法警察官は住居に入ることを強制できるので住居での監視もできる。しかし、証人を警察で仮留置できるのは、証人が自ら警察に行くか、共和国検事が証人に出頭を強制した場合に限られる（六二条二項）。なぜなら、警察は、証人を出頭させるために、自ら警察力（force publique）を行使することが許されていないからである[39]。

予備捜査については、現行犯捜査とは異なり制限されている。予備捜査においては、ある人物を留め置く可能性がなければ、犯罪の場所で仮留置することはできない。証人が自ら警察に行く場合には仮留置に付すことはできるが、さもなくば仮留置することはできない。なぜなら、何人も証人に警察に出頭することを強制することができなかったからである（この場合、共和国検事には出頭を強制する権限はなかった[40]）。刑事訴訟法典は、強制出頭の規定を予備捜査にもうけなかったが、これは、法律が市民に予備捜査に対する協力を義務づけていないことからすれば当然のことといえよう。

関係者を彼の住居で仮留置することができるかについては、学説は対立している。メルル（Merle）＝ヴィチュ（Vitu）は、少なくとも被疑者が捜査官に対し自宅に入ることを自由意思で同意しているならば認めるとの立場に立つ。これに対して、ラサは否定説に立つ[41]。予備捜査は関係者の同意に基づくものであるが、司法警察官が自宅に入ることを求めれば人はこれを受け入れるであろうし、これを仮留置に結びつけることができるとすれば、予備捜査の性格を一層変容させることになると思われる。肯定説に立つか否定説に立つかで、仮留置の継続のために警察へ連行することについても、見解が対立する[42]。肯定説は、警察に当該人物を移す権限があるとし、否定説はこれを広義での禁止された逮捕であるとする。判例は後者の立場に立つ[43]。

七　仮留置に関する法律上の保障

強制処分である仮留置には、嫌疑を掛けられた者を初めとする関係者の権利保障のために、次に示す一定の方式が課されている。

司法警察官は、聴問調書（聴問手続記録le procès-verbal d'audition）に、仮留置の理由、仮留置の日付および仮留置の始まりと終わりの時間・休息時間、関係者が受けた聴問の時間、聴問から解放された時間、釈放または共和国検事への引致の日時を記載しなければならない（六四条一項）。この記載には、聴問された者の欄外署名を必要とする。署名を拒んだときは、その理由を記載する。また、調書には、必ず仮留置の理由を記載しなければならない（六四条二項、三項）。さらに、この記載は、仮留置を行う警察に特別に備えつけた帳簿（憲兵隊の場合には供述記録手帳）にも記入しなければならない。（六四条三項、六五条）

仮留置された者に対しては、共和国検事は、職権または仮留置された者の両親の請求により、医学的検査（examen médical）すなわち医師の診断を行うことができる。この医学的検査は、二四時間後もなお抑留される場合、仮留置された者が権利としてこれを要求することができるものとされた（六四条四項）。司法警察官は、医学的検査を受ける権利を仮留置された者に告知しなければならない（六三条最終項）。また、司法警察官は、有用と考えるとき彼自身が医師を呼ぶことを禁止されていない。医学的検査は、麻薬事犯については仮留置の初めから二四時間ごとに義務づけられている。この場合、医師は検査の終りごとに説明を付した証明書を出す。この証明書は調書に綴じられる。これに対して、仮留置された者は常に追加の医学的検査を権利として要求することができる。（一九七〇年一二月三一日の法律、公衆衛生法新L六二七条の一　五項、六項）。

第四款　予備捜査の処分に関する司法的統制

捜査は、ともするとその対象となる個人の自由に対する侵害もたらす可能性があるので、法律に違反する捜査については当然その制裁が不可欠のものとなる。

ところで、予備捜査が捜査手続に違反した場合、司法警察官は職階制上の上司からの行政的制裁や重罪公訴部による懲戒処分がなされうるし、あるいは民事責任や刑事責任の追及に発展することもある。また、たとえば仮留置の下で獲得された自白を、判決裁判所が自由心証主義によりその証拠価値を否定し自白を排除することもできる。しかし、懲戒処分や損害賠償による制裁は手続に対する直接的な結果ではないし、また自由心証主義に基づく排除は違反が明白でない場合でかつ自白以外の証拠が存在する場合には機能せず、結局これらは捜査手続の統制に実務的な利益をほとんどもたらさないといえる(44)。

したがって、違法捜査に対するもっとも望ましい制裁は捜査とりわけ自白の排除（annulation）であるが、実定法および判例はともにこの「無効の制裁（la sanction de la nullité）」による司法統制（contrôle juridictionnel）について極めて消極的であった。実定法上、無効の制裁は、現行犯について、捜索および押収に関する第五六条、第五七条および第五九条違反の場合に規定されているのみであった（五九条最終項）。予備捜査についても、現行犯の場合の第五九条の準用規定を設け（七六条三項）、やはり、捜索および押収についての手続違反、そして第七八条の三の身元確認のための留置に関する手続違反についてのみ無効の制裁を認めているにすぎなかった。メルル＝ヴィチュは、このような消極性について、「法律はこの点については無言であり、むしろ無効の制裁を退けることを望んでいたように思われる(45)」と述べている。

違法な警察捜査に対する消極的な態度の中で、もっとも問題となるのは仮留置であろう。なぜなら、仮留置はもっとも自由の侵害に密接であり、しかも弁護人の立会いなしに決定されるからである。それにもかかわらず、違法な仮留置に関して、法律は現行犯における仮留置の手続違反（時間的制限違反、延長の手続違反（六三条））、仮留置された者の供述調書の記載に関する方式違反および医師の診断に関する手続違反（六四条）、予備捜査における仮留置に関する手続違反（時間的制限違反、延長手続違反（七七条）ならびに公衆衛生法L六二七条の一（麻薬に関して、司法官は仮留置の初めから仮留置された者を二四時間ごとに診断する医師を指名すべきとの規定）につき、無効の制裁を規定しなかった。

また、判例も、捜査の無効については極めて慎重な態度を堅持してきた。破毀院は、違反が真実の探求と確認（la recherche et l'établissement）とを根本的に汚染する（vicies）ものであることが証明されない限り、違反した捜査処分の排除を宣言することを拒んだ。この拒否は、とくに仮留置に関して表明された[46]。むろん、「汚染」の理論を充足するようなケースは稀である[47]。さらに、破毀院は、手続のすべての証拠物が弁論で得られるので、裁判所が予備捜査の調書を無効とする権限をもたず、もっぱら証明力を評価する権限しかないとしている[48]。このような消極的態度に、破毀院は違法な捜査処分の排除には敵意すらもっているとさえいわれている[49]。また、判例が一般原則として仮留置の無効を認めなかったのは、被告人（prévenu）には違法な自由の剥奪処分が供述を「汚染」していることをほとんど証明できないからであるとされる[50]。

以上のように、違法な警察捜査に対する司法的統制は極めて消極的であり、個人的自由の保護の見地からは大きな問題といわなければならない。なぜなら、例外的に特異なものにしか無効の制裁を認めない警察捜査と、破毀院が法規に適っているかを丹念にチェックする予審手続との間に、すなわち警察捜査と司法捜査（予審捜査）とについて、その違反に対する扱いに著しい相違があるからである。これは、刑事手続の「真」の手続は、警察捜査からではなく訴追の行為の後にしか開始しないものとされている[51]ことに起因するものと思われる。

法が沈黙してきた違法な仮留置の問題を解決する方法について、プラデル（Pradel）は可能な次の三つの打開策を提示している。①聴問が極めて疑わしい条件の中で行われる場合（たとえば調書に記載されていないような方法による場合）、適法性の推定を否定し、検事局に違法が真実の探求を阻害しなかったことを証明させることを義務づける方法。②不存在の概念（concept inexistence）により上訴をみとめる方法。これは、一九世紀に民法学者が、婚姻に関して法文なくして無効なしという当時普及した規則を回避するために用いた方法である。③刑事訴訟法典第八〇二条の公序から無効の観念を発展させる方法。同条の公序とは、たとえば管轄に関するもののように手続上の公序であるが、これに仮留置の範囲でなされた自由に対する侵害のような極めて重大な侵害を加えるという主張である(52)。

破毀院は、一九八七年六月三〇日の判決で、予審判事および共和国検事に予審処分の有効性を重罪公訴部に審理させることを許している第一七一条を、「予審手続の一部をなす」予備捜査の処分に拡大することを判示した(53)。この判決は、司法警察官の予備捜査を予審手続の一部とすることにより、予備捜査の無効を、いわば「予審処分の無効」を介して間接的に導き出したものである。しかし、強制処分たる仮留置に対する効果的な統制という観点からすれば、むしろこれに対するより積極的な無効の制裁の立法化が要求されるべきである。

第五款　一九九三年一月四日法による仮留置の改正

以上概観してきたように、仮留置には様々な問題点がある。こうした問題点について、一九九三年一月四日の法律は極めて重要な改正を施した。以下、改正の内容を示し問題点を検討する。括弧内の条文は、とくに断りのない限り刑事訴訟法典の条文を示す。また、条数に付した「新」「旧」の表現は、改正法を基準としたものである。

一　仮留置処分の監督

仮留置の本質的な問題点は、最初の仮留置処分が強制処分にもかかわらず令状に基づかない警察独自の判断によるものであり、また無効の制裁の規定を欠如するところから、個人の自由への侵害の危険性に対して法的または司法的統制が十分に及ばないことにあった。

こうした仮留置の問題点に対して、一九九三年一月四日の法律（一九九三年一月法とも表記する）は、第一編「司法警察の捜査と仮留置に付された者の権利の保障」で仮留置の大幅な改正を行った。

まず、同法第五条は、刑事訴訟法典第四一条第二項の後に「共和国検事は仮留置処分を監督する（contrôle）」との文言を挿入し、仮留置を共和国検事の監督下においた。これにより、従来仮留置の延長に際してその許可権者として間接的に仮留置を監督していたにすぎなかった共和国検事の監督下に、仮留置全般がおかれることになった。

同改正は、事実上警察の裁量に委ねられていた仮留置の監督責任者を、司法官（magistrat マジストラ）である共和国検事とすることにより、その濫用を防止し、「市民的自由」の保障に配慮を示したものといえよう。

二　現行犯捜査における仮留置に対する改正

㈠　現行犯捜査における関係者の供述義務の削除

右に示した第二編は、主としてこの仮留置をめぐる改正を主眼としているが、現行犯捜査に関する規定についても若干の改正を施している。

刑事訴訟法典は、現行犯捜査において、情報提供の可能な者すべてに対して聴問を行うことを司法警察官に認めている（六二条一項）。そして、この聴問のために呼び出された関係者は、出頭のみならず、供述をも義務づけられていた（同二項）。元来、これは市民の現行犯捜査に対する協力義務を具体化したものである。しかし、出頭を義務づけることはともかく、供述を義務づけることは関係者の中に嫌疑を掛けられた者がいる場合に黙秘権との関係で当然問題となる。その意味で、この供述義務は、警察捜査そのものの糺問的性格を象徴するものともいえた。

一九九三年一月法第八条は、刑事訴訟法典第六二条第二項から「供述（de déposer）しなければならない」の文言を削除した。こうした警察捜査の糺問的性格の緩和は、同法が仮留置の改革に施した警察捜査の対審化・当事者主義化の方向からすれば当然のことといえよう。

㈡　仮留置の通知、嫌疑の語の廃止、仮留置の延長許可権者

一九九三年一月四日法第九条は、仮留置処分を共和国検事の監督下においたことにより、現行犯捜査における仮留

置規定である刑事訴訟法典第六三条を改正した。まず、第六三条旧第一項は仮留置を共和国検事に通知する義務を司法警察官に課していなかったが、第六三条新第一項は「捜査の必要上（pour les nécessités de enquête）、司法警察官が第六一条及び第六二条に定める一人又は数人の者を仮留置しようとするときは、速やかに（meilleurs délais）共和国検事にその旨を通知する。司法警察官は、二四時間を超えてこれを抑留することができない」と規定し、新たに仮留置の通知を明文化した（meilleurs délais, sans délais, immédiatement について、わが国の用法とは異なると思われるが、概ね原語の意味に則して、それぞれ「速やかに」、「遅滞なく」、「直ちに」の訳語を当てることにする）。

次に、刑事訴訟法典第六三条旧第二項は、現行犯捜査における仮留置延長の要件を「犯罪の嫌疑を掛けるに足りる重大でかつ符合した徴憑が存するとき」としていたが、一九九三年一月法は「嫌疑（inculpation）」の語を「有罪的響きをもち、無罪の推定に反する」(54)との理由により廃止した。そこで、刑事訴訟法典は、訴追の可能性のある者と、そうでない者とに区別し、これにともない第六三条が次のように改正された。すなわち、第六三条新第二項は「訴追の実行に足りる性質の要素が存在しない者は、供述に必要な時間しかこれを抑留することができない」とし、新第三項は「集められた要素が仮留置された者に対して訴追の実行に足りる性質のものであるときは、司法警察官は二四時間の満了前に、仮留置の通知を受けている共和国検事の下に出頭させるか、又は捜査が他の管轄区域で継続されるときは仮留置が行われている地の共和国検事の下に出頭させる」と規定した。新第二項は、仮留置を供述に必要な時間に限定することを明記することにより、単なる参考人や嫌疑不十分な者に対する「市民的自由」の配慮を明文化したものといえる。

一九九三年一月法は共和国検事に仮留置の監督権を認めたことから、仮留置の延長権限に関する規定にも改正を加え、現行犯捜査における仮留置の延長許可権者から予審判事を排除した。さらに、刑事訴訟法典第六三条新第四項で、旧第六三条で欠如していた延長の際における共和国検事の下への引致すなわち出頭を義務づける規定を、また例外として事前出頭を免除する旨の明文をおいた。これにより、予備捜査における場合と同様に事前出頭を原則とし、その例外を認める形で延長手続が整備された。これに関する第六三条新第四項の規定は、以下のとおりである。「前項の出頭後に、共和国検事は自ら新たに定めた時間、仮留置処分を延長することができる。但し、二四時間を超えることはできない。共和国検事は、例外として、この者の事前の出頭がなくても、書面によるかつ理由を付した決定をもってこれを許可することができる。」

㈢　権利の告知、家族への通知、医師の診断、弁護人との接見交通

一九九三年一月四日法第一〇条は、刑事訴訟法典第六三条の後に四箇条を挿入した。その基本的な内容は、仮留置に付された者の新たな権利の創設とその告知についてである。

まず、新たに創設された権利は次のものである。

⑴　家族に通知させる権利　仮留置に付された者は、請求により、仮留置されていることを電話で家族に通知させる権利が与えられた（新六三条の二　一項）。ただし、司法警察官がこの請求を捜査の必要上認めるべきでないと判断したときは、共和国検事に遅滞なく（sans délai）報告しなければならない。共和国検事は、当該請求の適否を決定するものとされた（同条二項）。

⑵　医師の診断を受ける権利等　仮留置に付されたすべての者は、請求により、医師による診断を受けることができる。また、仮留置が延長される場合、二度目の診断を受けることができる（六三条の三　一項）。改正前には、最初の仮留置期間における本人の請求による医師の診断に関する規定は存在せず、延長の場合にのみこれを権利として認めていた（六四条五項）。したがって、一九九三年一月法による改正では、医師の診断を受ける権利が拡大されたことになる。

仮留置に付された者の請求がないときでも、家族の一員からの請求があれば、医学的検査（examen médical）を受けさせなければならない（六三条の三　二項）。これは、改正前にも認められていたが（六四条四項）、改正によって最初の仮留置から家族による請求が可能となった。

共和国検事または司法警察官は、何時でも、職権で、仮留置された者を診断する医師を指名することができる（新六三条の三 三項）。改正以前の法文上では、医師を指名するのは共和国検事だけであったが（六四条四項）、司法警察官による指名を禁止する規定はなかった。今回の改正で、司法警察官にも指名の権限が明文化された。医師の指名がない場合には、仮留置された者または家族の一員が共和国検事の作成した名簿から医師を選任することになる（六三条の三 四項）。指名された医師は、遅滞なく診断を行い、仮留置を継続することの適性についての意見を診断書（certificat médical）に記載しなければならない。この診断書は、一件記録（dossier）に綴じられる（新六三条の三 五項）。

薬物事犯の場合に急激な中毒症状や禁断症状が重大な結果につながるので、この医師の診断は極めて有益である。また、薬物事犯以外の場合にも、医師の診断は仮留置に付された者に対する司法警察官や憲兵隊の暴行の推定（présomption de brutalité）を断ち切るシステマテックな用心を表すものとも考えられる(55)。この診断請求権は、暴力的な取調べに対する抑止に作用し被疑者の保護につながると思われるが、しかし、医師の診断のより大きな利点は、犯罪者が警察捜査の段階でなされた自白の価値を否定または過小なものにしようとするために暴力を用いられたとの申し立てをする場合に、それを排除することにあるといわれている(56)。

(3)　接見交通権　一九九三年一月法による仮留置制度の改正中もっとも注目されるのが、接見交通権の新設である。同法第一〇条は、「仮留置に付された者は、仮留置の初めより、弁護士と話することを請求できる」と規定した。仮留置における防御権の確立を宣言する規定といえる。ただし、この規定には暫定猶予規定がもうけられ、一九九三年一二月三一日までの間は「仮留置に付された者は、仮留置が二〇時間を経過した後に、弁護士と話すことを請求できる」（六三条の四 一項前段）ものとされた。ただし、後に述べるように、一九九三年八月二四日法（以下、一九九三年八月法とも表記する）は右の暫定猶予規定を本規定に改正した。

接見交通につき、弁護士を指名することができないとき、または選任した弁護士と連絡が取れないときは、被疑者は、弁護士会会長に対して、職権で、弁護士を選任するよう請求することができる（六三条の四 一項後段）。この請求は、方法を問わずかつ遅滞なく、弁護士会長に連絡をしなければならない（同条二項）。連絡を受けた弁護士会長は、弁護士を指名する。指名された弁護士は、会話の秘密が保障される条件の下で、仮留置された者と接見することができる（同条三項）。仮留置された者との会話には時間の制限がなされており、三〇分を超えることができない。弁護士はその後、必要があれば、意見書（observation écrites）を提出することができる。この意見書も一件記録に綴じられ手続に結合する（同条四項）。弁護士は、仮留置期間中、何人に対してもこの会話を援用（faire état）することができない（同条五項）。

なお、仮留置の延長が特則に従う場合で、かつ追加の延長が予定されているときは、刑事訴訟法典新第六三条の四一項に定める期間を四八時間とする（六三条の四 六項）。すなわち、四八時間が経過して、接見の請求ができるものとされた。この規定（六三条の四 六項）もまた一九九三年一二月三一日までの暫定猶予規定である。特則とは、たとえば、公衆衛生法典L第六二七条の一の麻薬事犯に関する規定である。同規定は、仮留置を二度延長することを認める。そして、最初の延長は四八時間で、二度目が二四時間である。したがって、合計四日間の仮留置が可能とされる。この場合、弁護士への接見請求は、仮留置後四八時間経過してから認められることになった。

テロリズムについては、最初の二四時間に延長の二四時間、さらに追加の延長として四八時間が認められている（刑事訴訟法典七〇六条の二三 一項）。この場合も、四八時間経過した後に、接見を請求することができるものとされた。また、軍事については軍事裁判法典（一七二条および一七三条）が、戦時において仮留置の最初の期間を四八時間とし、これに二四時間の延長を認めている。なお、平和時には普通法と同じである。[57]

右の接見に関する規定は暫定猶予規定であるので、暫定期間経過後の一九九四年一月一日より、仮留置が延長の特則に従う場合、新第六三条の四の規定は最初の延長の後に適用されることになる（一九九三年一月法一〇条、同二三一条Ⅱ）。しかし、いずれにしても、特則に従う場合、弁護士との接見請求は通常の場合（二〇時間後）よりも遅くなる。

以上の新設された諸権利について、一九九三年一月法第一〇条は、その告知を義務としこれに関する規定を以下のように新設した。「第六三条に定められた処置並びに第六三条の二、第六三条の三及び第六三条の四に定められた権利は、直ちに（immediatement）、仮留置に付された者に告知しなければならない」（新六三条の一一項）。「権利の告知は調書に記載され、仮留置された者は欄外に署名する。署名を拒んだときは、その旨を記載する」（同条二項）。「告知は、仮留置された者が理解できる言語で行う」（同条三項）。

さらに、一九九三年一月四日法第一一条は、「司法警察官は、同様に、調書に第六三条の二、第六三条の三および第六三条の四の適用につきなされた請求並びにその請求に対して取られた結果について記載する」と規定し、右の権利の保障を担保するために、権利の行使と結果を調書に記録することを司法警察官に義務づけた（新六四条一項後段追加。六四条三項ないし五項は削除された）。

なお、調書への記載が定められた権利の告知、行使の請求、その結果についての記載および欄外署名は、仮留置された者を収容する警察に備えられた特別の帳簿にも行わなければならない（六四条新一項。司法警察官の供述録取手帳への記載を規定する旧一項は、新二項に移行）。

三　予備捜査の仮留置に対する改正

(一)　仮留置の対象となる人的範囲の限定

予備捜査における仮留置には従前その対象者を限定する明文がなく、したがってすべての者がその対象となりえた。しかし、予審制度の下では、本来任意捜査であることを原則もしくは本質とすると解すべき予備捜査にあって、例外的な強制捜査である仮留置にこのような広範囲を認めることは、予備捜査の本質を左右しかねないものといえる。また、ヨーロッパ人権条約（「人権および基本的自由の保護のための条約（Convention for the Protection of Human Rights and Fundamental Freedoms)」(一九五〇年ローマで署名。フランスは一九七四年に批准)第五条第一項Cは、逮捕または勾留による人の自由の剥奪を、犯罪を行ったと疑うに足る相当の理由の存する場合、あるいは犯罪の遂行の防止または犯罪遂行後の逃亡防止の場合に限定しているが、右のような広範囲な仮留置はこの条約に反する疑いがあるともいえる(58)。

一九九三年一月四日法第一五条は、「予備捜査の必要上、司法警察官は、犯罪を実行し又は実行しようとしたことを推定させる徴憑が存在するすべての者を仮留置に付すことができる。司法警察官は、遅滞なく、共和国検事にその旨を通知する。司法警察官は、二四時間を超えて人を抑留してはならない」と規定し、仮留置の対象者を「犯罪を実行し又は実行しようとしたことを推定させる徴憑が存するすべての者」に限定することにより、ようやくこの点についての改正に及んだ。また、仮留置を共和国検事の監督下においたことにともない、現行犯捜査においてと同様に、共和国検事への通知も従来どおり規定した(新七七条新一項)。

これにより、予備捜査における仮留置は現行犯捜査における仮留置よりもその対象とする人的範囲が狭まった。なぜなら、現行犯捜査においては、従前どおり、犯罪の現場から離れることを禁止された者(六一条)および情報提供に有用な人物(六二条)に対する仮留置を認めているからである(新六三条一項)。単なる参考人や情報提供に有用な者を排除することにより、予備捜査における仮留置の人的範囲を現行犯捜査のそれに比較して狭めたことは、仮留置にみられた予備捜査の糺問的性格を縮減し、任意捜査を本質とする予備捜査の本来の趣旨を回復するものといえようか。

予備捜査における仮留置のもう一つの問題点は、仮留置が延長される場合に対象者についての限定がなされていなかった点である。これについても、かなり明確な改正がなされた。すなわち、収集された要素が訴追の実行に足りる性質であることを要件として共和国検事の下に出頭させられた者だけが、延長される仮留置の対象者となることが明記されたのである。端的にいえば、単に被疑者であるだけでなく、さらに訴追の可能性がある者に、仮留置の延長を認めたのである。この点で、現行犯の場合に接近したといえよう。これに関する刑事訴訟法典第七七条新第二項および第三項は次のとおりである。「収集された要素が、仮留置に付された者に対し訴追の実行に足りる性質のものであるときは、司法警察官は、二四時間の期間満了前に仮留置を通知した共和国検事の下に、又は捜査が自己の属する以外の管轄区域で続行されるときは、仮留置の処分を行う地の共和国検事の下にこれを出頭させる」（二項）。「前項に定める出頭後、共和国検事は、新たに定めた期間仮留置処分を延長する許可を書面で与えることができる。共和国検事は、例外として、仮留置された者の事前の出頭がなくても、書面による理由を付した決定をもって延長の許可を与えることができる」（三項）。

なお、第七七条旧第二項は、延長の際には共和国検事が引致された者を「聴問（audition）」する旨の文言をもっていたが、新規定ではこの文言は消えた。聴問は尋問ではないが、延長の対象となる人的範囲が被疑者に限定されたことで、この聴問が検察官予審の性格を帯びることが危惧されたのであろうか。それとも、仮留置の延長に際しては、聴問が当然付随するものとされたからであろうか。

最後に、以下の規定は、予備捜査の仮留置にも適用される（七七条新五項）。現行犯捜査において新たに規定された仮留置処分における権利の告知に関する規定（六三条の一）、家族へ連絡（通知）させる権利に関する規定（六三条の二）、医師の診断を受ける権利に関する規定（六三条の三）、弁護士との接見交通権に関する規定（六四条の四）および調書への記載に関する規定（六四条）等。

㈡　予備捜査における出頭義務の新設

一九九三年一月法は、前述のように予備捜査における仮留置の人的範囲を犯罪を推定させる徴憑のある者に限定をしその糺問的性格を縮減したが、しかし他方で、予備捜査においても捜査の必要を理由として司法警察官から呼出しを受けた者の出頭義務を認めた。これにより予備捜査はそれ自体より強制力を帯びるものとなり、現行犯捜査に接近したといえる。すなわち、司法警察官自身は出頭を強制することはできないので、そのかぎりでは司法警察官からの呼出しに応じる場合には呼出しを受けた者の出頭義務に応じた任意の出頭となる。しかし、出頭を拒んだときは、共和国検事の警察力の行使を介してその出頭を強制されるようになった。そして、出頭が義務とされたことにより、出頭した者は聴問を甘受しなければならなくなり、聴問に必要な時間に限定はされているものの、その間警察内に留め置かれることになった。

この留め置きは、刑事訴訟法典第七七条新第一項（仮留置の人的対象を犯罪の徴憑のある者に限定する旨の規定）の解釈からすれば、仮留置そのものではない。しかし、聴問の終了するまでの間、抑留されるのであり、聴問された者に犯罪の徴憑があり司法警察官により仮留置が命じられた場合には、仮留置と密接に接続する。前述の如く、仮留置の起算点が最初の聴問時に遡及するであろうから、この留め置きによる抑留は事後的に仮留置の範囲に入ることになると解しうる。右に関する新第七八条第は、次のように規定する。「捜査の必要上、司法警察官から呼び出された者は、出頭（comparaître）しなければならない。出頭の義務を果たさないときは、その旨を警察力を用いて出頭を強制することのできる共和国検事に通知する」（一項）。「犯罪を実行し又は実行しようとしたことを推定させる徴憑が存在しない者は、厳に必要な時間しかこれを聴問することができない」（二項）。「司法警察官は、供述調書（供述手続記録 procès-verbal de leur déclaration）を提出しなければならない。第二〇条に定める司法警察吏もまた、司法警察官の監督の下で、呼出しを受けた者を聴取する」（三項）。「調書は、第六二条に定める条件に従ってこれを提出する」（四項）。

警察から呼び出された者の出頭を義務化したことは、予備捜査を明らかに糺問化するものといえるであろう。そこには、仮留置における弁護人援助権による防禦権の確立と同時に予備捜査における捜査機能の強化により、「市民的自由」と「社会的安全」の一層の緊張関係に基づいた均衡を実現しようとする配慮が見受けられる。

(三)　共助の嘱託と仮留置

共助の嘱託は予審手続の範囲で行われるので、共助の嘱託における仮留置は共和国検事ではなく予審判事の監督下におかれることになる。したがって、一九九三年一月四日法第一八条により、司法警察官が共助の嘱託の執行において仮留置を行う場合、仮留置に付したことの通知は予審判事に行わなければならないし、また仮留置の延長も予審判事の書面での許可によるものとされた。共助の嘱託における仮留置についても、仮留置における権利に関する規定が適用される。共助の嘱託と仮留置に関する刑事訴訟法典新第一五四条は、次のように規定する。「共助の嘱託の必要上、司法警察官が仮留置しようとするときは、遅滞なく、仮留置処分を監督する予審判事に通知する。司法警察官は、二四時間を超えてこれを抑留してはならない」（一五四条一項）。「前項の仮留置された者は、二四時間の期間満了前に、前項の司法官の下に、又は共助の嘱託が他の管轄区域で執行されたときは、仮留置の処分を執行する地の予審判事の下にこれを出頭させなければならない。出頭後、予審判事は、書面による許可をもって、自ら定める新たな期間この処分を延長する。但し、延長は一四時間を超えることができない。例外として、予審判事は、事前の出頭がない場合でも、書面による理由を付した決定をもって延長を許可することができる」（同条二項）。「六三条の一、六三条の二、六三条の三、六三条の四、六四条及び六五条の規定は、本節（第八節共助の嘱託）の仮留置にこれを適用する」（同条四項）。

㈣　無効の制度の拡充

仮留置の適正な運用にとって極めて問題であったのは、無効の制度（régime des nullité）の規定を欠如していた点である。強制処分である仮留置が違法に行われた場合、行政処分、懲戒処分または民事・刑事責任だけでは個人的な制裁にとどまり、刑事手続の適正な展開に弊害を残すことになる。前述の判例の消極的な態度や、警察調書が予審裁判所や判決裁判所へ与える影響の大きさからすれば、違法な警察捜査のうち重大なものについてはそれを手続から排除することが不可欠となる。

その意味で、一九九三年一月四日法の注目すべき改正の一つは、刑事訴訟法典第一部第三編第一章第一〇節の「予審審理の無効」において、無効の制度の対象を拡大したことである（一九九三年一月法七一条）。これについて、刑事訴訟法典新第一七一条は、「第一八条、第二一条の一、第五一条、第五二条、第五三条、第五六条、第五六条の一、第五七条、第五九条、第六三条、第六三条の一、第七六条、第七七条、第七八条の三、第一〇〇条、第一〇〇条の二、第一〇〇条の七、第一〇四条、第一五二条及び第一五四条の規定に違反する場合は、無効となる」と規定した。

すなわち、改正前には、警察捜査の規定違反は、第五九条第三項により、第五六条（現行犯捜査における押収に関する規定）、第五七条（現行犯捜査における捜索への立会いと調書作成に関する規定）および第五九条（家屋内での捜索と立入りの時間的制限に関する規定）に定める方式違反についてしか、無効の制裁が認められていなかったが、一九九三年一月四日法により警察捜査に対する無効の制裁の対象範囲が広げられた。

仮留置に関しては、共和国検事への仮留置の通知、仮留置の時間的制限（六三条）、仮留置処分における権利の告知（六三条の一）、予備捜査における仮留置の通知・時間的制限（七七条）、仮留置に結びつく身元確認のための抑留に関する方式（七八条の三）および共助の嘱託における仮留置の通知・時間的制限（一五四条）についての違反が無効の制裁を受けることになった[59]。これにより、仮留置は、人権面でより適正な運用の実施が期待されるようになったといえるであろう。ただ、医師の身体検査が、暴行の推定を遮断するものであるとしても、仮留置中の暴行による身体的強制を抑止しうるものであるとの側面に着目するならば、医師の診断を受ける権利に関する規定の違反を無効の制裁の対象とすべきであったように思われる。

第六款　一九九三年一月四日法による仮留置の改正の特徴

以上のように、一九九三年一月四日法は、これまで批判の強かった仮留置制度に大幅な改正を行った。同法による改正は、本来任意を原則とする警察捜査を糺問化せしめていた仮留置制度を、人権保障の見地から大幅に改革したものであり、警察捜査における人権保障面での遅れを決然と是正しようとするものであったと評価することができるであろう。

警察捜査に対する改正の特徴は、第一に、従来不統一が目立った予備捜査と現行犯捜査における仮留置を接近させた点、第二に、仮留置における人権面での保護を重視した点、第三に警察の呼出しに対する出頭を義務化したことで、予備捜査に実質的な強制力を付与した点にある。

前二者の方向で、仮留置処分は検察官による監督、一定時間経過後の弁護士との接見、被疑者の権利の拡充および無効の制裁による統制等により、捜査の必要性を理由とする仮留置の強権的性格を緩和している。その意味で、糾問的性格を緩和し、警察捜査における「市民的自由」の確立に向けて行われた改革であるといえよう。仮留置が実質的に被疑者の逮捕という側面をもつ以上、こうした改革は必然的なものといえる。

しかし、それでもなお、いくつかの点で問題が残るものといえる。第一に、仮留置を共和国検事の監督下におくことになったとはいえ、依然として仮留置処分は令状主義による司法統制下におかれていない点である。いうなれば、仮留置は無令状逮捕である。この点で、司法警察官を指揮する立場にある司法官たる共和国検事が、仮留置をどの程度実質的に適正化することができるのか未知数といえる。また、接見交通権等のいくつもの権利が新たに法により認められたことは、改正前に比べれば大きな前進であり、従前に比べ被疑者の人権保護は相当に向上するであろうが、被疑者の聴問への弁護士の立会いが認められていない以上、自白採取重視の弊害を仮留置からどれだけ払拭しうるかが課題として残ると思われる。つまり、警察の糾問的取調べの問題が依然として残ったのである。

第二に、予備捜査における警察への出頭を義務とし、出頭を拒む者に対して共和国検事を通して間接的ながらも出頭を強制することを認めたことは、予備捜査それ自体を糾問化に傾斜させることにならないかという点である。

改正前の無限定な人的範囲を有する仮留置は、任意捜査を基本とする予備捜査において例外的に強制処分を認めるものであり、その意味で異質なものでありながら、予備捜査の糾問的側面を徴憑するものである（ただし、出頭の義務を課さなかった点で、なお任意性が担保されていたともいえる）。したがって、仮留置の人的範囲を限定したことは予備捜査の糾問的性格を縮減した一面をもつが、他方で、従前の完全な任意出頭から共和国検事の警察力の行使を介しての間接的な強制出頭へと切り替えたこと、さらに出頭した者を聴問のために必要な時間警察内に留め置くことは、伝統的に現行犯捜査以外のものについては市民の協力の下に行われるものとされてきた予備捜査の性格そのものを糺問化しかねないものともいえる。なぜなら、改正前には、仮留置は警察への出頭を拒むことによって回避することができたが、新規定により出頭そのものを事実上拒むことができなくなったからである。仮留置の人的範囲の縮小に代え、この出頭義務により「捜査の必要」を担保したものといえようが、司法警察官の呼出しは仮留置のように共和国検事の監督を受けないことから、運用いかんでは予備捜査の本質を左右しかねないものになることが予想される。このように、仮留置の対象となる者を限定しても、仮留置場所である警察に半強制的に直接呼び出すことで、あるいは検事の手を借りて強制的に出頭させることで、仮留置は間口の部分でむしろ容易になったともいえる。

このような予備捜査の糺問化は、仮留置の対象を本質的に被疑者の特定、被疑者の身柄の確保、被疑者の供述の採取にあることをかなり鮮明に打ち出したものと思われる。そのことは、予備捜査における警察への出頭を義務化し、聴問の受忍を事実上義務化し、仮留置の対象者を被疑者に限定し、そしてその延長については訴追の可能性を要件としたことから、明らかである。このように、被疑者を掌中にするために強制力を予備捜査に付与したことで、予備捜査の糺問的性格がむしろ強まったといえる。だからこそ、予備捜査における人権保障の強化が不可避であったといえる。あるいは逆に、人権保障の強化の代償として予備捜査の糺問化が生じたともいえよう。

いずれにしても、「市民的自由」と「社会的安全」の視座からは、一九九三年一月四日法は、従前「社会的安全」の担い手として機能していた警察捜査において、あらためて「市民的自由」と「社会的安全」の相剋を浮き彫りにしてみせたといえるであろう。しかも、両者の間に、「市民的自由」か「社会的安全」かという排他的関係ではなく、自由を強化するならば安全も強化する、あるいは安全を強化するなら自由も強化するという強い緊張関係が顕著に見受けられるのである。

第七款　一九九三年八月二四日法による仮留置の改正

革新と保守との目まぐるしい政権交代の中で、一九九三年一月法を改正する一九九三年八月法が成立した。同法は、仮留置に関しては、基本的には前法の改革を継承するものであるがいくつかの修正を施した。重要と思われる改正は以下のものである。

まず、仮留置に付した場合、司法警察官は共和国検事（共助の嘱託の場合には予審判事）に通知をしなければならないのであるが、その通知の時間の緊急性に関する文言が、「直ちに（Des que）」または「遅滞なく（sans délais）」（この語はまったく遅れのない状態を意味する）から「速やかに（meilleurs délais）」に代わった。「直ちに」でなくなった点で、時間の緊急性が緩和されたと考えられる。

次に、現行犯捜査および予備捜査において、仮留置の終了に関する手続を明示する規定が新たにもうけられた。「共和国検事の審理（instruction）に基づき、収集された諸要素が訴追の実行に理由のある者は、仮留置の後に釈放されるか、又は共和国検事の面前に召喚される（déférées devant ce magistrat）」（一九九三年八月法二条四項、五条三項）。

また、捜査が犯罪結社、売春斡旋、強要、組織的強奪等の一定の犯罪に関わるときは、仮留置の期間は三六時間に及ぶものとされた。

もっとも重要な改正は、次のものである。一九九三年一月四日法は、仮留置の初めから弁護士との接見を権利として認め、移行措置として一定の期間仮留置から二〇時間を経過した後の接見の請求権を認めていたが、一九九三年八月二四日法は仮留置の初めからの接見を認めず、引き続き二〇時間の経過後にこれを認めることにした。仮留置の最初から弁護士との接見を認めることが、被疑者からの供述の採取に支障を来すと危惧されたものと思われる。警察捜査における被疑者の権利の後退を示す改正といえる。

このように、一九九三年八月法は、仮留置の最初からの弁護士援助権を否定したが、一九九三年一月法による警察捜査に対する改革を基本的には継承するものであり、そのことは警察捜査とりわけ仮留置という強制処分に対して樹立された被疑者の人権に対する配慮が法制度として定着することを、少なくとも警察捜査における人権保障規定が今後さほどに後退する懸念がないことを示唆しているものと思われる。

（1）Michel-Laure Rassat, Procédure pénale, 1990, p.443.
（2）Roger Merle et André Vitu, Traité de droit criminel, Procédure pénale, 4e ed., 1989, p.305.
（3）Rassat, op.cit., p.450. 内田博文「フランスの犯罪捜査」（法律時報五四巻九号一九八二年）九三頁参照。
（4）Merle et Vitu, op.cit., p.406. メルル＝ヴィチュは、この学説がもっとも説得的なものであるとしている。なお、Rassat, ibid., p.451. 内田・前掲参照。
（5）Cf.Rassat, ibid., p.451. メルル＝ヴィチュによれば、非公式捜査の違法説を強く主張した論者として、フォスタン・エリが上げられている。エリは、非公式捜査が検事およびその部下に一切の予審権を否定している治罪法典の基本原則を無視するものであると批判した。Merle et Vitu, ibid., p.305.
（6）Rassat, ibid., p.433. 白取祐司「外国警察法制の動向フランス」（法学セミナー総合特集シリーズ三六『警察の現在』一九八七年）三八六頁。
（7）本文の現行犯捜査についての概要は、G.Stefani, G.Levasseur, B.Bouloc, Procédure pénale, 11e ed., 19-80, pp.283 et suiv. による。G・ステファニ・G・ルヴァスール・B・ブーロック『フランス刑事法［刑事訴訟法］』（澤登佳人・澤登俊雄・新倉修訳・成文堂一九八二年）一九七頁以下。なお、現行犯の中には、「みなし現行犯（infraction reputée flagrante）」（「行為と極めて近接した時点において」嫌疑を受けている者が公衆の叫び声によって追跡され、物品を所持しているのを発見され、犯跡や徴表を示し、犯罪に関わったことを認めるに足りる場合）が含まれる。なお、新倉修「フランスの警察」（ジュリスト七三三号一九八一年）六五―六六頁参照。
（8）Merle et Vitu, op.cit., pp.303 et 304.
（9）Merle et Vitu, ibid., p.304. Rassat, op.cit., p.433. 内田・前掲九二頁参照。
（10）Merle et Vitu , ibid., pp.304 et 305.
（11）Antonin Besson, L'esprit et la portée du Code de procédure pénale, Le nouveau code de procédure pénale, 1960, p.9.
（12）Merle et Vitu, op.cit., p.361.
（13）Jean Pradel, Procédure pénale, 7e ed., 1993, p.340. 仮留置については、白取・前掲三八五―三八六頁参照。

（14）　Pradel, ibid., p.340. 新倉修「フランスの警察」（ジュリスト七三三号一九八一年）六六頁参照。
（15）　同法の身元証明要求の概要については、森下忠「フランスのいわゆる治安と自由法」（ジュリスト七四〇号一九八一年）一〇頁参照。一九八三年法による改正に関しては、新倉修「立法紹介」（『日仏法学一三』一九八三年）一五三頁以下参照。
（16）　Jean Pradel, op.cit., pp.341 à 345. 白取祐司「外国の警察法制の動向　フランス」（法学セミナー増刊一九八七年）三八四頁。
（17）　Pradel, ibid., p.341.
（18）　Pradel, ibid., p.345.
（19）　Pradel, ibid., p.347.
（20）　治罪法典下において、仮留置は慣行として行なわれていたといわれる。Besson, op.cit., p.8.
（21）　Jean Pradel, Procédure pénale, 3e ed., 1985, p.361. 本文における以下のプラデルの引用はこの第三版からのものである。
（22）　Pradel, ibid., p.363.
（23）　Rassat, op.cit., p.460. Pradel, ibid., p.362.
（24）　Rassat, ibid., p.460.
（25）　Pradel, op.cit., p.362.
（26）　Rassat, op.cit., p.460.
（27）　Pradel, op.cit., p.362.
（28）　Rassat, op.cit., p.460.
（29）　Rassat, ibid., pp.460 et 461.
（30）　Pradel, op.cit., pp.362 et 363.
（31）　Rassat, op.cit., p.461.
（32）　Besson, op.cit., pp.9 et 10.
（33）　Rassat, op.cit., p.461.
（34）　Merle et Vitu, op.cit., p.312. Rassat, ibid., p.461.
（35）　Merle et Vitu, ibid., p.312.
（36）　Rassat, op.cit., p.461. Merle et Vitu, ibid., p.312.
（37）　Merle et Vitu, ibid., p.312.
（38）　Merle et Vitu, ibid., p.312. Rassat, op.cit., p.462.

（39） Rassat, ibid., p.463.

（40） Cf.Rassat, ibid., p.463.

（41） Merle et Vitu, op.cit., p.312. Rassat, ibid., p.463.

（42） Merle et Vitu, ibid., p.312. Rassat, ibid., p.463.

（43） Paris 31 october 1955, J, C.P., 1956.II.9092.

（44） Merle et Vitu, op.cit., p.315. Pradel, op.cit., p.365.

（45） Merle et Vitu, ibid., p.315.

（46） Pradel, op.cit., p.366. Crim.17 mars 1960, J.C.P., 1960, II, 11641. Crim.10 octobre 1968, J.C.P., 1969, II, 15741.Crim.21 octobre 1980, D., 1981, 104.これらは仮留置に関する判例である。なお、外国で行われた逮捕（arrestation）の違法性が、その後の予審判事の発した勾留状（mandat de dépôt）を無効としなかった判例として、Crim.4 jun 1964 , J.C.P., 1964, II, 13806.

（47） Rassat, op.cit., p.465. 仮留置を汚す重大な違反が被告人の自白を汚染したとする判例として、Douai, 12 decembre 1962, G.P., 1963, i, 407.

（48） Merle et Vitu, op.cit., p.315.Rassat, ibid., p.465.

（49） Pradel, op.cit., p.365.

（50） Pradel, ibid., p.366.

（51） Pradel, ibid., p.366.

（52） Pradel, ibid., pp.366 et 367.

（53） Crim. 30 juin 1987, B., 276. Merle et Vitu, op.cit., p.316.

（54） 一九九三年四月法については、白取祐司・赤池一将「フランス改正刑事訴訟法の現状」（ジュリスト一〇二九号一九九三年）、白取祐司「フランスにおける起訴前弁護をめぐる最近の動向」（自由と正義四四巻七号一九九三年）参照。

（55） Merle et Vitu, op.cit., p.314.

（56） Merle et Vitu, ibid., p.314.

（57） Francis Casorla, La garde à vue en droit français, Le atteintes a la liberté avant jugement en droit pénal comparé, 1992, p.53.

（58） 白取・前掲（自由と正義）五四―五五頁。ヨーロッパ人権条約は一九五三年九月三日に発効し、フランスが批准したの一九七四年である。同条約について、F・スュードル『ヨーロッパ人権条約』（建石真公子訳・有信堂、一九九七年）参照。

（59） 白取・前掲（自由と正義）五五―五六頁。

第三節　予審における防御権の展開

序論において述べたように、アンシャン・レジームの刑事訴訟制度と対比した近代刑事訴訟法の本質は、犯罪鎮圧機能をもっぱらその本質としていた刑事司法権力に対して、「市民的自由」についての保障装置を装填したことである。[1]自然権思想に基づく「市民的自由」を刑事の領域において人権という形で宣言したのが、一七八九年の「人および市民の権利宣言」（フランス人権宣言）であり、「市民的自由」保護を実践する初めての刑事手続法が一七九一年九月一六日―二九日のデクレ（décret）（一七九一年刑事訴訟法）であった。[2]同法は、陪審制度と防御権に基づく弁護人援助制度とによる市民的保護のシステムをもったフランス最初の近代的な刑事手続法である。そして、この二つの制度は、古法との質的な相違を示すものであって、ともに市民が陪審員および弁護人となって刑事司法権力の暴走を抑止するものである（同法によれば、重罪裁判所の面前における手続で、弁護は一名ないし二名の友人がつとめるものであった）。[3]同胞による起訴不起訴の決定、友人による弁護、同胞による有罪無罪の裁判等から明らかであるように、一七九一年刑事訴訟法は刑事司法に市民を関与させることにより「市民的自由」の保障を実現しようとするものであった。刑事司法権力機構に市民の関与制度を創設したことは、この最初の近代的な刑事訴訟法の最大の特徴である。こうして、刑事司法権力の暴走や恣意専断を防止する真の機構は市民による監視・チェックの機構（市民的控制の機構）であるという革命の精神は、陪審制度、司法官（治安判事）公選制度、公判手続における弁護人制度の導入という形で実現された。

しかし、革命による社会的混乱は犯罪の多発を生ぜしめ、陪審とりわけ起訴陪審は告発を受けた者に寛容にすぎる評決を下し、刑事権力の犯罪鎮圧機能は衰退した。そのため革命期の刑事立法は、次第に、刑事権力の犯罪鎮圧機能の蘇生強化を目指し、一八〇八年の治罪法典が、ついに公判前手続に糺問的予審制度を復活させ、予審から起訴陪審制度を排除した。さらにいえば、個人の「市民的自由」を保障するシステムが刑事権力の鎮圧機能を弱体化させ「社会的安全」を脅かすとの確信が、刑事訴訟法に予審の糺問的回帰をもたらしたのである。かくして、予審において、「市民的自由」よりも「社会的安全」を優越させるという「自由」と「安全」の新たな緊張関係が生じた。ここに、「市民的自由」と「社会的安全」が明確に対抗するとのいわば近代的な「自由」と「安全」の構造が、明白に出現したといってよいであろう。

新たな「自由」と「安全」の関係を築くために、最初の近代刑事訴訟法典といわれた一八〇八年の治罪法典は、訴追と予審を分離し、予審から起訴陪審と弁護人を排除し、評議部および重罪起訴部を設置した。端的にいえば、刑事司法権力の内部だけに刑事訴追の決定とその濫用を控制する官の機構をつくりあげ、予審で行使される刑事司法権力機構から市民的控制機構を排除したのである。メルル（Merle）＝ヴィチュ（Vitu）は、治罪法典が予審に「個人の自由と鎮圧との妥協の原則」を二つ導入したと指摘している。(4) 訴追と予審の分離原則と、証拠の糺問的捜査の原則とが、それである。しかし、この二つの原則が、「市民的自由」の保障において調和していたとはいえない。なぜなら、訴追と予審が分離されたところでひとたび予審が始まれば、犯罪の容疑者は身柄を拘束され、取調べの俎上に載せられ、有効な防禦の手段もなく厳しい尋問にさらされるからであり、しかも起訴陪審制度が完全に廃止され刑事訴追に対する適否の市民的控制が利かないところでは、本来的な「市民的自由」の保障はありえないからである。

正式な尋問手段としての拷問が廃止されていても、捜査段階で個人の自由権がもっとも脅かされる状況は消失していなかった。治罪法典における公式の捜査の中心は、予審判事による司法捜査（information 予審捜査）である。また、警察捜査が法的規制を受けない非公式捜査であることは既に前節で述べた。

一八九七年一二月八日法が予審に弁護人援助権を導入するまで、予審判事は予審被告人の身柄を拘束する未決勾留（予防拘禁）の権限を有し、自白を求めて予審被告人を厳しく取り調べた。そこでは、予審被告人は弁護人の援助を受けることができず孤立無縁で自分の口だけで自分を守らなければならなかった。人権宣言が求めた「市民的自由」

は、犯罪の鎮圧に道を譲り、犯罪の嫌疑をかけられた者は防禦の手段を与えられずに一方的に予審判事の追及にさらされた。

フランスの刑事訴訟法における近代化の原点は、人権宣言の「市民的自由」の保障にある。もし治罪法典がフランスにおける最初の近代刑事訴訟法典であるとの見地に立つならば、最初の近代刑事訴訟法典は予審の領域において「市民的自由」を後退させることから始まったといえる。したがって、治罪法典の予審改革の本質的課題は、防禦権を初めとする予審被告人の諸権利の回復およびその拡充と、数の増加と長期化が深刻な問題となっていく未決勾留の回避とにあった。

以下、本節から最終節にかけて、近代化の指標である右の課題に対する取組みが、治罪法典の時代から現行の刑事訴訟法典にかけてどのように展開してきたのかを、一九九三年八月二四日の法律までを視野に入れて検討することにする。

第一款　弁護人援助権による予審の性格の変容

防禦権の概念には、広義と狭義がある。プラデル（Pradel）は、これを次のように説明する。広義における防禦権は、警察捜査における被疑者（suspect）、予審を開始された者（personne meise en examen）すなわち予審被告人(inculpé)、重罪被告人（accusé）または軽罪被告人（prévenu）を、警察および裁判所の恣意専断またはその過剰な熱意に基づく権力（autorité）の行使から保護することを目的とするすべての規則を含む（例えば、仮留置を規制する規則、被告人の卑劣な確保を禁止する規則、裁判官に決定の理由を付させる規則等）。狭義における防禦権とは、予審を開始された者に対して認められた二つの特権を意味する。すなわち、弁護人の援助を受ける権利（droit à l'assistance d'un avocat）と審理（instruction）に参加する権利（droit de participer）がそれである。弁護人の援助を受ける権利は現在非常に強力に組織されているのに対して、予審に参加する権利は比較的控え目である[5]。ここでは、予審における刑事司法権力の行使から、予審被告人を保護することを目的とする諸権利を防御権とする。

なお、防御権に関連して重要なのは、その保障を担保する制度である。いうまでもなく、防御権は、その保障を担保する制度がなければ実体を伴わないからである。この防御権の保障を担保する制度が、適法でない手続を排除する無効の制裁の制度である。したがって、一八九七年一二月八日の法律が、弁護人の援助による防御権の樹立とともに、無効の制裁の規定をもうけたのは必然であった[6]。

ところで、革命立法（一七九一年刑事訴訟法、一七九五年の罪刑法典）においてもまた制定時の治罪法典においても予審の場に弁護人が登場することはなかった。予審に弁護人の援助権が認められたのは、前述の一八九七年法である。その意味で、同法による改革は予審の歴史において極めて画期的な意義を有するものであった。

具体的な防御権の展開について論じる前に、一八九七年法による弁護人援助権の登場が、予審の糺問的性格すなわち非対審性、秘密性、書面性に不可避的な影響を与えるものであったのでその点について述べておく。

まず、予審の非対審性についてであるが、立会いの弁護人は予審被告人が尋問を受けているときは無言でいなければならなかったが、予審判事の許可を得れば発言することが認められた（一八九七年法九条）。したがって、予審被告人の尋問の際に積極的に弁護の熱弁をふるうことはできなかったが、弁護人は質問や予審被告人の供述の口授に口をはさむことで尋問による自白採取を無力のものとした（このことが、その後の警察捜査の糺問捜査を助長する契機となったことはすでに述べた）。一九二一年三月二二日の法律は私訴原告人に対しても弁護人の立会権を認め、刑事訴訟法典もこれを継承した（一一四条六項）。さらに、一九八四年七月九月の法律は、予審判事が予審被告人の予審審理出頭を確保するために拘禁・収監（incarceration）を決定する際には、予審判事の面前で検察官、予審被告人または私訴原告人らを対置させる対審弁論（débat contradictoire）を導入した。これにより、予審は、完全な非対審的性格を有するものではなく、対審的構造をもつものとなった[7]。

次に秘密性についてであるが、これは、治罪法典に明文規定があったわけではなく、判例によって確立されたものである。秘密の原則は、長年にわたりパルルマン（parlement 高等法院）で議論されてきたが、刑事訴訟法典は第一一条で、「法律に別段の定めのある場合を除いては、捜査（enquêt）及び予審の過程における手続は、これを秘密とする。ただし、防禦の権利を害してはならない」（一項）、「前項の手続に関与した者は、何人も、刑法第三十八条の要件に従って、職務上の秘密を守らなければならない」（二項）と規定した(8)。予審の秘密性は、予審被告人と世間に対し手続の内容を秘密にすることを意味しているが、防禦権の前に秘密の原則は道を譲らなければならなくなったのである。すなわち、弁護人は訴訟記録（procédure 一件記録（dossier））を閲覧できるようになり、閲覧をした弁護人を通して予審被告人はその内容を知ることができるようになった。また、予審被告人の尋問に私訴原告人の弁護人が立会うことになり（一二〇条一項）、捜査の有益性を理由とした厳格な秘密主義は予審への弁護人の登場とともに著しく緩和された。

他方、予審の秘密性は、世間に非公開という点では緩和をみせていない。しかし、予審被告人および私訴原告人の弁護人が関与することにより、秘密の厳守が後退する可能性を生み出した。なお、今日、予審の秘密原則の正当化根拠として、証拠の捜査や証拠の明確化を国民に伏せておくことで司法官への圧力を回避し、鎮圧活動を容易にし、予審被告人を中傷から保護し、さらにマスコミのスキャンダルの悪趣味や扇動から国民を守ること等が挙げられている(9)。

最後に、書面性であるが、これは、予審判事自身によるもしくは共助の嘱託においてなされたすべての行為、あるいは検証されたすべての事物を書面にしなければならないとの性格である。前述したように、もともと書面化の手続（procédure écrite）は、犯罪捜査に当たった文盲の下級官吏が裁判官に口述したものを記録するところから始まったものとされている。これがプロセ・ヴェルバル（procès-verval）すなわち記録手続と呼ばれるものに発達し、その手続の内容を書面にした調書もプロセ・ヴェルバルと呼ばれるようになった。予審に無効の制裁制度がおかれたことにより、予審の書面性は、公判準備のために収集された証拠の記録という意義から、予審手続が適法になされたか否かを事後審査しうるものへとその意義を変容させたといえるであろう(10)。

右にみたように、予審における弁護人援助という防御権は、予審の糺問的性格に緩和ないし変容をもたらし、完全とはいえないまでも予審の対審構造化をもたらした。換言すれば、防御権による糺問的刑事司法権力の控制は、必然的に、予審の糺問的訴訟形態の扉を対審化へ向けて押し開いたのである。

第二款　最初の出頭と予審被告人の権利

予審判事の下への予審被告人の最初の出頭（première comparution）は、予審判事に強制処分権を行使せしめ、予審被告人には効果的な市民的保護のための諸権利を享受せしめる。換言すれば、尋問における権力の濫用を回避するために、防御権を中核とする綿密な規則化が不可欠であった[11]。したがって、最初の出頭に関する綿密な規則化は、予審のいわば頂点を構成するものと評される[12]。このように、最初の出頭は予審被告人の防御にとって極めて重要な場面であるので、一八九七年の法律から一九九三年一月四日の法律[13]および一九九三年八月二四日の法律による刑事訴訟法典の改正までの展開をたどってみる。なお、括弧内の条文は、とくに断わりのないかぎり改正法当時の刑訴法典のものである。

一　嫌疑の告知・予審開始と尋問

最初の出頭に関しては、嫌疑の告知・予審開始（inculpation）と尋問（interrogatoire）の概念を理解することが重要であるので、まず、この二つについて解説をしておく。

㈠　嫌疑の告知・予審開始

inculpationとは、予審判事が人に嫌疑を掛け、その者に対する予審審理（information）を開始することである。法文ではなんら定義がなされていないが、プラデルはこれを嫌疑の告知（notification）と解している[14]。

ところで、予審被告人の地位を取得するのはいつかについては、形式的には共和国検事の予審開始請求（réquisitoire intoroductif）による。判例も共和国検事の予審開始請求と予審判事の嫌疑の告知（inculpation）とを区別した上で、「予審が開始された者は、とくに共和国検事により作成された予審開始請求状の中に指名されているときは、予審判事により予審が開始される日とは別に予審被告人の地位を取得する」[15]と判示している。形式的には、予審は共和国検事の予審開始請求により開始するといえよう。

しかし、実際に予審被告人となり予審審理を受けるのは、最初の出頭時の尋問における予審開始（inculpation）の言い渡しからであり（一九九三年一月四日法による改正まで）、嫌疑の告知であるinculpationが邦訳として予審開始決定と呼ばれる所以である[16]。氏名不詳のXに対する予審開始請求に基づく場合も、予審の過程で、予審判事がある人物に嫌疑を告げるとその者に対する予審審理が始まる。嫌疑の告知すなわち予審開始の言渡しがなされると、言い渡された者は予審被告人となるので証人として宣誓させ供述させることができなくなる。

一九九三年一月四日法以降、inculpation の語は廃止され、mise en examen（予審手続に付すこと・予審開始）に代えられた。それとともに、inculpé（予審被告人）の語も廃止され、personne mise en examen（予審手続に付された者・予審を開始された者）に代えられた。治罪法典の時代から二世紀近く使用されたinculpation の語には、culpabilité（有責性）の概念が色濃く刻み込まれており、この言葉が有罪の属性を有することから、無罪の推定原則（présomption d'innocence）との両立が困難とされたからである[17]。

予審を開始された者（personne mise en examen）（便宜上、予審被告人の語も併用する）は、無罪の推定の保護を受けるので犯人とされるわけではないが、罪（culpabilité）を犯したことを疑うに足りる重大な徴憑が提示された嫌疑濃厚な被疑者（suspect）である。予審被告人とされることは、無罪の推定原則にもかかわらず、ともすれば有罪の推定が働く。予審被告人を「予審を開始された者」と呼び代えても、その実態は変わらない。そこで、一九九三年一月四日法は、フランス人権宣言において市民的保護の象徴的原則であった無罪の推定の原則を民法典第九条の一で新たに規定した（「人はみな、無罪の推定を受ける権利がある」）。また、無罪の推定の侵害に対する停止措置または回復措置等の規定ももうけた[18]。

いずれにせよ、予審の開始は、実質的には予審判事が予審の対象者に嫌疑を告知したときである。

㈡　尋問

尋問とは、予審段階において、予審被告人に対して行われるものである。アンシャン・レジーム期には、しばしば拷問の形式を用いた。

今日、尋問（interrogatoire）の語は、講学上および実務上、最初の出頭の際に行われる尋問と本案に関する尋問とに区別されている。前者は予審の最も基本的行為であるが、これは本案に関する尋問ではなく、そこにいたるための嫌疑の告知・予審開始の言渡し（inculpation・mise en examen）、被疑事実（charge）の告知、黙秘権（droit au silence）の告知、供述の勧め、弁護人の援助を受ける権利の告知、私選弁護人選任権または国選弁護人指名請求権の告知等の手続を包括して指す。したがって、これについてinterrogatoire（尋問）の語を使用しているが、厳格にいえば尋問の語は適切ではない。最初の出頭時の尋問が、真の尋問（véritable interrogatoire）ではないといわれる所以である。これに対して、弁明要求としての質疑応答形式による尋問が本案に関する真の尋問である。近年では、法文上で、interpellationの語が本案に関する尋問を指す場合に用いられている（例えば、一九九三年一月四日法以前の一一五条および一一八条）。

一七八九年法より以前には、最初の出頭時の尋問は本案に及んでいた。さらに、最初の出頭時の尋問と本案に関する尋問との一体化は、中間法（droit ientermédiaire）でも継承され、一八九七年法による改正前まで続いた。予審被告人の予審における防禦権の強力な編成をなした同法によって、ようやく両者は必然的に分離した。そして、そこに、最初の出頭の際において、弁護人の立会いのない本案に関する尋問を禁止する原則が確立したのである。ただし、証人が死に瀕している、あるいは証跡が消滅寸前にある等の緊急の場合には、最初の出頭時における即座の尋問すなわち緊急尋問である即時尋問（interrogatoire immédiate）（一一五条）が若干の例外として認められている。後述するように、一九九三年一月四日法は右の原則を修正した。

二　最初の出頭と予審被告人の選択

(一)　一九九三年一月四日法以前

一九九三年一月法による改正以前は、概略以下のとおりである。

既述のように、尋問に弁護人の立会いを原則化したのは一八九七年一二月八日法であった。同法は、これに関し次の規定を設けた。「最初の出頭のとき、司法官（予審判事）は予審被告人の身元を確認し、彼に被疑事実を知らしめ、何も供述しない自由を有することを告知した後に、供述を聴取する」（一八九七年一二月八日法三条一項）。「この告知を履践した旨は、調書に記載される」（三条二項）。「予審被告人は、自己の選任した弁護人（conseil）の氏名を予審判事付属の書記又は未決監（軽罪裁判所付属の留置監）の看守長に告げなければならない」（九条一項）。「予審被告人は、勾留中であるか否かを問わず、自己の弁護人の立会いの下でなければ、又は弁護人が正規に召喚（convocation招致）されていなければ、尋問若しくは対質をなされることはない。但し、これを放棄する意思を明示したときは、この限りではない」（九条二項）。「弁護人は、司法官（予審判事）の許可を得た後でなければ発言できない。発言を拒絶された場合、異議があれば調書（procès-verval）に記載する」（三項）。弁護人は、少なくとも二四時間前に書状で召喚される」（九条四項）。

刑事訴訟法典は、一八九七年法の方式を採用し、予審被告人の尋問に関する章を設けた。予審判事は、予審被告人の最初の出頭時に、人違いでないことを確認する身元確認を行い、被疑事実を告知した後、供述しない自由を有する旨を告知する。告知した旨は、調書に記載する。予審被告人が供述することを望むときは、予審判事は、直ちにその供述を聞く。予審被告人が供述しなければ、予審判事は弁護人の登録をした者もしくは実務修習の者または代訴士の中から弁護人を選任する権利を有することを告知する（弁護人の援助を受ける権利の告知）。予審被告人が自ら弁護人を選任しない場合であって、その選任を請求するときは、予審判事は職権で弁護人一人を指名する。指名は、弁護士会があるときは弁護士会会長が、それ以外のときは裁判所長がこれを行う。この方式を履践した旨は、調書に記載する（一一四条一項ないし四項。この指名の方式は、一八九七年法で確立されたものである）。勾留されている予審被告人は、最初の出頭後、直ちにその弁護人と自由に接見することができる。いかなる場合も、接見禁止は、予審被告人の弁護人には適用されない（一一六条一項および三項）。第二回目以降の出頭時における尋問についても、弁護人の立会いの下で、または弁護人を正規に呼び出した上でなければ、予審被告人を尋問することができない（一一八条）。

以上のように、刑事訴訟法典は、一八九七年法を継承し、予審被告人の尋問への弁護人立会い原則のみならず、最初の出頭の際には本案に関する尋問を行わないとの原則を踏襲した。弁護人の援助を受ける権利の趣旨が弁護人による十分な防禦の活動にある以上、出頭したばかりの弁護人には弁護活動の十分な態勢は整っておらず、最初の出頭時における本案に関する尋問を認めないことは必然的な帰結である。ただし、例外として、証人が死に瀕している場合または証跡が消滅寸前にある等の一定の緊急を要する場合には、最初の出頭時に前述の即時尋問を認めた（一一五条）。これは、一九九三年一月四日法においても保持されている。この場合、第一一四条の規則が完全に消滅するわけではない。予審開始を宣告する義務は残っている。したがって、予審判事が真の尋問（本案に関する尋問）を行うことができるのは、予審開始の言渡しの後であるとの原則は堅持されている。この緊急尋問で免除されるのは、弁護人の援助を受ける権利の告知である(19)。予審被告人が黙秘権を行使したときは、最初の出頭時の尋問は通常の方式に従うものとなる。

こうして、刑事訴訟法典においても、予審被告人の尋問には弁護人の立会いを要するとの原則が継承された。とくに、弁護人の援助を受ける権利の告知は厳格かつ不可欠な権利であり、その懈怠は最初の尋問およびその後のすべての手続を徹底的に無効にする(20)。

メルル＝ヴィチュによれば、右の手続の帰結として、予審被告人は最初の出頭時において次の五つからその対応を選択しなければならない。

(1)　黙秘権の告知を受けた後、予審被告人が自発的に供述する場合。この場合、予審判事は尋問することができず、もっぱら供述を聴取するにとどまる。留意すべきは、尋問と供述の聴取とが方式を異にする点である。尋問は、嫌疑を示す証拠に基づき質問と答弁を交互に繰り返し真実の解明に役立つ供述を得ようとする行為である。これに対して、自発的供述はもっぱら予審被告人に供述をまかせるもので、予審判事は、供述に対して疑義を差し挟むことも、嫌疑を示す証拠を示して答える責任を負わせてもならない。事実を正確に話させる目的でのみ、質問をすることができるものとされている[21]。

ところで、予審は、被告人尋問を行わなければ終結できないことになっている。これは、伝統的に、尋問が真実の発見のみならず、予審被告人に弁明の場を与えるという意味での防御を目的としていると解されているからである。かくして、尋問を欠く場合、予審手続は無効となる。しかし、自発的供述がなされ、尋問の必要がない場合もある。そこで、自発的供述は尋問ではないが、右の尋問必要の原則を充たすものとされている[22]。この点につき、メルル＝ヴィチュは、予審判事が曖昧で不完全な供述に満足する危惧を指摘している[23]。

(2)　黙秘権の告知を受けた後、予審被告人がこれを行使して黙秘する場合。この場合、予審判事は弁護人の選任または国選弁護人指名の請求権を告知し、次回以降弁護人をつけた上で尋問に及ぶ。むろん、予審被告人は、証人と異なり宣誓する義務がないので、以後も黙秘権を行使し続けることができる。

(3)　予審被告人が、弁護人の援助を放棄するか、後日に選任する権利を留保すると宣言する場合（一一四条一項）。この場合、この放棄を調書に記載した後、予審判事は予審被告人に対して収集された嫌疑を示す証拠に基づき尋問を行う。これは、自発的供述ではない。この放棄は、予審期間中有効であるが、予審被告人はいつでもこれを取り消すことができる。メルル＝ヴィチュは、この場合「手続は完全に糺問的となる[24]」と指摘している。したがって、弁護人がいない以上、訴訟記録の内容を知ることができない。この場合、予審判事は弁護人援助権の告知を繰り返す必要はないとされている[25]。

(4)　予審被告人が、弁護人の援助を受けることを望む場合。この場合、弁護人の立会いがあるか、または正規に召喚されたときだけしか、尋問を行うことができない。このとき、最初の出頭（手続）が完了する。次回以降、弁護人を召喚して尋問を行うことになる。メルル＝ヴィチュはこの手続を「部分的な弾劾手続（procédure partiellement accusation）[26]」と呼ぶ。

弁護人は、予審判事の許可を得て初めて質問することが許される（一二〇条一項）。予審判事が質問を許可しないときは、質問の項目を複写し、または調書に添付しなければならない（同条二項）。こうした消極的な役割にもかかわらず、弁護人の尋問への立会いは、予審判事による自白の採取の実効性を衰退させ、予審判事を「武装解除された状態[27]」にした。

なぜなら、弁護人は、予審判事の質問が曖昧である、自分の依頼人が質問を理解していないなどと指摘することができるし、また、予審被告人の供述を予審判事が書記に口述筆記させる際に、予審判事がうっかり供述を誇張したと注意をすることができるし、また予審審理の展開に有用な処分を請求することができるからである。このように、弁護人の立会いは、実際にはかなり積極的な活動を伴うものといえる。

(5)　前二者の中間的場合、すなわち予審被告人は弁護人の援助を請求するが、同時に弁護人があらわれるまでの間即時尋問に同意する場合（前述の即時尋問は、同意を要しないものであるので法文上の根拠を必要とするが、ここでの即時尋問は同意によるものであるので法文上の根拠を要しないものと解される）。これは、一時的なかつ任意の弁護人援助権の放棄といえよう。むろん、この放棄は、最初の出頭にだけ適用されるものである[28]（一一八条一項参照）。これは、予審判事が、弁護人の立会いのない状態でありながら尋問の形式を用いて、予審被告人に弁明を求め自白を採取できる最後に残された空隙といってよいであろう。

以上から、刑事訴訟法典は、予審被告人の弁護人の援助を受ける権利については一八九七年法を継承し、危険な供述から予審被告人を保護するシステムを堅持しているといえる。しかしながら、第一回目の出頭を弁護人の援助を受ける権利の告知に当て、本案に関する尋問を二回目以降にすることは、予審の迅速な運営にとって一つの課題であった。さらに、最初の出頭による権利の告知をもって初めて予審が始まるとすることがその理由であると思われるのであるが、予審被告人の最初の出頭より前に、弁護人が事前に訴訟記録を閲覧することができないものとされていた。ここに、最初の出頭時における自発的供述や一時的な弁護人立会いのない尋問が、事実上弁護人の援助を受ける権利を形骸化せしめるおそれが潜んでいたといえよう。すなわち、予審手続に不案内な者は、防禦権のなんたるかを十分に理解しないまま供述したり、あるいは尋問に応じるからである。これも、最初の出頭に関する課題であった。後に示すように、一九九三年一月四日法および一九九三年八月二四日法は、この二つの課題の解決に取り組んだ。

㈡　一九九三年一月四日の法律による改正

予審判事は、共和国検事の予審請求（réquisitoire）がなければ予審審理を行うことができない（八〇条一項）。予審請求は、その対象となる人物を指名し、またはこれを指名しないで、これを行うことができる（同二項）。一九九三年一月四日法は、それまで予審判事の専権であった予審開始に共和国検事を関与させる改正を施し、刑事訴訟法典に新たに第八〇条の一を挿入し、第八〇条第二項の規定を移した（八〇条の一一項）。

同法の改正により、予審の開始および最初の出頭時の尋問に関する概要は以下のようになった。

⑴　従来とは異なり、予審判事への予審開始請求後、共和国検事が予審を開始された者に対し予審開始の通告を行うことになった。

⑵　次に、最初の出頭における冒頭手続について、一九九三年一月法は、予審を開始された者が、検事局または共助の嘱託で司法警察官から予審判事に付託されているか否かで規定を分けた（一九九三年一月二七日通達 C.116.〈以下、一九九三年一月四日法通達と呼ぶ〉）。

予審判事に付託されていない者（したがって身柄拘束を受けていない者）に対し、共和国検事は書留書状で予審の開始手続を事前に行うことにより、最初の出頭前に私選または国選弁護人の氏名を書記課へ届けておく旨の通知をすませ、さらに最初の出頭に備え弁護人の援助を受けさせて防禦の体制を整えさせた（事前の予審開始手続）。書留書状には、選任した弁護人の名前または職権で任命される弁護人の指名請求（国選弁護人の請求）を、書記課に届けなければならない旨が明記してある。選任または指名された私選弁護人もしくは国選弁護人は、書留封書（pli recommandé）、ファックスまたは口頭（調書に署名を必要とする）で、最初の出頭時における尋問（最初の出頭日）の遅くとも就業日（平日）五日前までに召喚される（一一四条二項）。召喚された弁護人は、尋問の遅くとも就業日四日前から訴訟記録を自由に閲覧することができる（一一四条三項）。予審を開始された者が初めて出頭すると、予審判事は、私選または国選弁護人の立会いの下で、人違いでないことを確認するために身元確認を行い、さらに受理した犯罪事実の告知をした後に、本案に関する尋問を行う（一一六条一項）。なお、一九九三年一月法はconseil（助言士。一九九一年に助言士職が廃止され、avocatがこの職を行使するようになった）をavocat（弁護士）に代えたが、これについては煩雑を避けるためにconseilに用いていた弁護人の訳語を用いる。

(3)　さらに、予審判事に付託された者（身柄拘束を受けている者）に対しては、共和国検事がいわゆる最初の出頭時の尋問（私選または国選弁護人の援助を受ける権利の告知、私選弁護人に対する通知、国選弁護人の場合には弁護人会長への通知）を行う。予審を開始された者が弁護人の援助を請求するときは、最初の出頭時で弁護人の召喚をする。召喚された弁護人は、訴訟記録を閲覧し予審を開始された者と自由に話をするが、予審判事は原則として続けて本案に関する尋問を行わない。例外として、弁護人立会いの下で本人に同意がある場合に限り、最初の出頭時における本案に関する尋問を行うことができる。

予審判事は、共和国検事が予審開始の告知をしていなければ、弁護人援助権の告知を行い、当事者の選択を聞き、予審開始の原因である事実の告知を行う（一九三三年一月四日法通達C.116）。彼が弁護人の援助を受ける権利を行使する場合、弁護人の選任または職権による国選弁護人指名の請求を行う。弁護人は、直ちにかつ方法を問わずに召喚される。召喚された弁護人は、直ちに一件記録を閲覧し、彼が援助する者と自由に話をする（一一四条四項）。これは、法律が予審を開始した者に認めた保障を、予審判事に付託された者から奪わないようにとの配慮によるものである（同通達C.114.3）。

ところで、予審判事に付託された者の最初の出頭では、予審判事に付託されていない者の場合と反対に、原則として本案に関する尋問はしない（同通達 C.116. 4）。これは、事前に弁護人の援助を得ての防禦の体制が整っていないためであろう。それ故、予審判事は、同意がない限り、即座に尋問することができない旨を告知することが義務づけられている。換言すれば、例外的に、同意があれば尋問を行えるとするのである。この同意は、弁護人の立会いの下でしか得られない。ただし、予審を開始された者が自ら自発的に供述することを望むときは、予審判事はその供述を即座に聴取し、調書に記取する。告知は、調書に記載される（一一六条二項、同通達C.116. 4）。

一九九三年一月法の改革を整理すれば、次のようになる。

第一は、予審判事に付託されていない人物の「予審の運営の加速」（一九九三年一月四日法通達C.116. 3）である。身柄を拘束されていない人物は、書留書状により私選弁護人または国選弁護人を有することになる。したがって、最初の出頭の前にすでに防禦体制を整えることができるので、最初の出頭のときに弁護人が立ち会っていれば、本案に関する尋問を開始することができるものとした。むろんこの場合、予審を開始された者は、供述拒否（黙秘）権を行使することもできる。改正前は、最初の出頭は、予審被告人に弁護人の援助を受ける権利の告知が主目的であり、本案に関する尋問の場ではなかったので[29]、本案に関する尋問は、証人が死に瀕しているとか、証痕が消滅しようとしているなどの緊急の場合以外は、第二回目の出頭以後に行われた。すなわち、一九九三年一月四日法は、事前の予審開始手続を創設することによって、それまでの最初の出頭時の尋問（権利告知等の形式手続）により予審が開始するとの原則を修正し、初回の出頭時から本案の尋問を可能にした点で予審の加速化をはかると同時に、最初の出頭時前に予審を開始された者の防御体制をより強化するものといえる。

第二は、弁護人の尋問立会い原則にもかかわらず、書留書状が適法に調書に記載されている一番新しい住所に送達されたことが証明されれば、召喚された弁護人が実際に尋問に立ち会わなくても尋問を行うことができるという従前の方式を踏襲した点である（一九九三年八月二四日法も同様。一九九三年八月二四日通達3.2.2参照）。立会いの有益性の判断は、弁護人に委ねられているのである。防禦権の保障という観点からも、予審を開始された者に対して事前に訴訟記録を閲覧した弁護人の援助を受け防禦体制を整えることができるシステムを保障しているので、たとえ実際に尋問のときに弁護人が不在であっても、防禦権の侵害はないと考えるからであろう。

第三は、事前の予審開始手続により、弁護人不在の供述の危険性を回避する点である。改正前、予審被告人は最初の出頭のとき、自発的に供述することが認められていた。前述したように弁護人の立会いのない供述は、予審被告人に不利益をもたらす可能性がある。(30)一九九三年一月四日法の導入した事前の予審開始手続により、予審被告人はあらかじめ防禦体制を整えることによってこうした不用意な供述の危険を回避することができるであろう。

一八九七年法の改革は、予審における被告人尋問には弁護人の立会いを原則とした。そして、この原則は、最初の出頭時には本案に関する尋問を行わないという規則を樹立した。しかし、先に指摘したように、最初の出頭時に本案に関する尋問を可能にすることは、予審の迅速な運営にとって一つの課題であった。同時に、弁護人不在の自発的供述について、その弊害を解消することも要請されていた。その意味で、この二つの課題に対する一九九三年一月四日法が示した改正は、防禦権の強化をはかるものであり前法のシステムに比べて完成度の高いものといえるであろう。

右にみたように、一九九三年一月法は、予審開始告知に共和国検事が義務的に介入する方式を採用した。しかし、早くもこれは、正当とは思われない怠慢さを惹起し、予審を開始される者になんら利益をもたらさない、あるいは予審捜査（investigation）の実効性を妨げ、手続を無効による排除の危険にさらす等の厳しい批判を招き（一九九三年八月二四日法通達（Circulaire du 24 août1993）3.1）、結局、一九九三年八月二四日の法律により廃止された。

なお、ステファニ（Stefani）＝ルヴァスール（Levasseur）＝ブーロック（Bouloc）は、予審判事の書留書状による予審開始手続に「最初の出頭時における尋問の代用（substituts de l'interrogatoire de premeir comparution）」の名称を用いている[31]。

(三) 一九九三年八月二四日の法律による改正

一九九三年八月二四日の法律は、最初の出頭に関する第一一六条について一九九三年一月四日法を書き換え、次のように修正を施した。

(1) 予審判事が、共和国検事に代わり予審開始の通知を行うことになった。これにより、予審判事は、再び、予審開始の決意ならびに予審開始の時期および態様について、自分で評価し決定することができるようになった（一九九三年八月二四日法通達3.1.5.）。

(2) したがって、予審判事が事前の予審開始手続を行うことになった（八〇条の一 三項）。事前の予審開始により、最初の出頭時に本案の尋問を行うことができるのは前法と同じである（同条二項）。

(3) 予審開始通知の方式に、予審判事による予審開始通知のほか、司法警察官から予審判事のメッセージを通告する方式を新たに加えた（八〇条の一 三項）。メッセージには、書留書状と同様に、諸権利の告知が明記されている。この新しい方式は、とくに共助の嘱託の実行に際し警察官によって仮留置（garde à vue）に付された者を、予審判事にシステマティックに付託（déférement）しないために利用できるものとされている（一九九三年八月二四日法通達3.1.5.）。この場合、この方式の履践を説明する調書を作成し、その写しを受理する予審を開始された者に署名させる。右の通告は、この調書によって証明される（八〇条の一 三項）。

(4) 事前の予審開始によって、最初の出頭時に本案に関する尋問を行うことができるが、勾引状（mandt d'amener 予審判事が、警察力対し予審を開始された者を直ちに勾引することを命じる命令。召喚状による召喚に応じない場合に出される命令）または勾引勾留状（mandat d'arrêt 逃走している予審を開始された者を捜し出し、これを受け入れ勾留する未決監（現在では行刑施設・拘置所）に勾引することを警察力に命じる命令）を発付された者は、最初の出頭のときからしか、予審を開始された者に認められた権利を享受しない（八〇条の一 二項）。すなわち、最初の出頭時において初めて、予審開始の原因となった犯罪事実および罪名の告知、弁護人の援助を受ける権利の告知等を受けるのである。

(5)　前法は、予審を開始された者が予審判事に付託されていたか否かで手続を区分したが、新法は、予審被告人の最初の出頭に関する防禦権について、予審を開始された者がすでに弁護人の援助を受ける権利を行使しかつ当該弁護人が正規に召喚されている場合と（一一六条二項）、それ以外の場合とに分けて規定した（同条三項）。その内容は、次のとおりである。

第一一六条第二項は、最初の出頭前に予審開始を通知された者で、弁護人の選任を知らせるかまたは職権による弁護人指名の請求を行った者を対象としたものである。この場合、予審判事は、第一一四条第二項の規定（尋問の遅くとも就業日五日前までに弁護士を召喚する旨の規定）の遵守の下で、最初の出頭時に本案に関する尋問を行うことができる。すなわち、同項は、第八〇条の一に定める事前の予審開始手続の適用により、書留書状または司法警察官からの通告により予審を開始された者に関する規定である。したがって、この手続の帰結は、前述のごとく、一九九三年一月四日法と同様に、弁護人が適法に召喚を受けた以上、予審判事は弁護人の立会いがなくても最初の出頭時から本案に関する尋問を即座に行うことができるというものである（一九九三年八月二四日法通達3.2.2.）。なお、前述のように、書留書状には、犯罪事実および罪名の告知、弁護人の援助を受ける権利の告知、弁護人選任権または国選弁護人の請求権の告知、選任した弁護人の氏名の告知または国選弁護人指名の請求を予審判事付属の書記に行う義務についての告知等を明記している（「事前の予審開始手続」による冒頭手続の代行）。

この事前の予審開始手続で予審を開始された者は、予審開始の通知であらかじめ弁護士を選任するなり国選弁護人を請求することができる。したがって、最初の出頭前に防禦体制を整えることができるので、最初の出頭時から本案の尋問を行うことができるのは前法と同じである。しかし、ここに一九九三年一月法との相違が見られる。同法は、書留書状等で予審の開始を通知されてもなお、弁護人の選任または国選弁護人指名の請求をしていない場合については明文をおいていなかった。新法は、この場合の現実的対処を、次に述べる予審判事に付託されている者と同列に扱うことで解決する。

第一一六条第三項は、検事局からまたは共助の嘱託に基づき予審判事に付託された者、すなわち最初の出頭のために第八〇条の一（事前の予審開始手続）が適用されず直接召喚された者、または、第八〇条の一の適用によって予審が開始されたが弁護士の選任を行わなかったか、もしくは適法な召喚に間に合うよう迅速に弁護人の選任を行わなかった者が、対象とされている（一九九三年八月二四日法通達3.2.3）。彼等には最初の出頭時に弁護人がいないので、予審判事は予審開始の原因たる事実を告知し、弁護士の援助を受ける権利を告知し、さらに職権をもって弁護士会長に弁護士の指名を請求する権利があることを告知する。予審を開始された者が弁護士の援助を受ける権利を行使すると、私選弁護人または国選弁護人に直ちに連絡を取りこれを召喚する。召喚された弁護人は、直ちに訴訟記録（一件記録）を閲覧し、予審を開始されている者と自由に接見し話をすることができる。その後、予審判事は、予審被告人の同意がない限り、即座に（本案に関する）尋問することができない旨を告知する。予審を開始された者が、弁護人の立会いの下で即座の尋問を承諾し自ら供述することを望むときは、予審判事は直ちにその供述を聴取する（一一六条三項）。右の告知と予審被告人の答弁は、これを調書に記載しなければならない。

弁護人の援助を受ける場合は以上のとおりであるが、これに対して予審を開始された者は、弁護人の立会いを放棄し、弁護人の立会いがない状態で自発的に供述することができる。この場合も、予審判事は即座に自供を聞き、調書に録取する。これは、従前より刑事訴訟法典のすでに認めているところである。

以上の如く、一九九三年八月二四日法は、前法と同様、最初の出頭における本案尋問に対する防禦権の保障を維持することによって、弁護士と接見する前に尋問を受けないという重要な保障を堅持したといってよい。しかし、新旧両法とも、事前の予審開始手続の場合には、正規に弁護士の召喚手続を経ていれば弁護士の立会いがなくても本案に関する尋問を認めており[32]、また、最初の出頭時に弁護士がいない場合にも自発的自供を認めている点で、尋問における弁護士立会い原則を緩和している。厳格にいえば、後者は尋問ではなく任意の供述である。その意味で、形式論理としては、弁護士立会い原則の規制を受けないといえる。それは、真実の発見の見地から、予審判事の説得による自供の採取の余地を残すものである。むろん、前述したように、供述は質問と答弁という尋問とは異なる規則に従うものなので、予審判事は一方的に聴取するものであり、嫌疑を示す証拠を示して供述を糺したり、責任を追及することはできない。しかし、供述は予審判事の口授により書記が調書化するので、予審被告人が意図しない方向で調書化が行われる余地を残しているといえる[33]。

第三款　黙秘権

一　予審被告人の宣誓義務と黙秘権

予審被告人にとって、宣誓の義務と黙秘権（droit au silence）は両立しない対抗関係にある。一六七〇年のオルドナンスは、予審被告人に真実を語らせるために宣誓を義務として課し、真実を供述することを義務づけた[34]。この精神的拷問の性質をもつ宣誓義務は、一七八九年一〇月八日―一一月三日のデクレ（décret）により廃止され消滅した。以後、フランス法において、予審被告人が、嫌疑を掛けられた事実について宣誓させられた上で尋問されることはなくなった。宣誓させて行った尋問は、厳格に排除された[35]。宣誓の義務は消滅したが、それで予審被告人に黙秘権が認められたわけではない。黙秘権は、宣誓が消滅した当然の帰結ではなかった。

黙秘権が法律上の権利として認められたのは、その後約一世紀を経た一八九七年一二月八日法においてである。一九五九年の刑事訴訟法典は、一八九七年法による治罪法典の改革を継承し、第一一四条第一項において「なにも供述しない自由」を規定した。同条項は、最初の出頭時の尋問に関する規定であるが、その後のすべての尋問に適用され

るものである。かくして、予審被告人は、尋問に際して、黙秘する権利を常に行使することができるようになった。(36)

予審判事は、予審を開始すると、予審被告人に対してなにも供述しない自由（il est libre de ne faire aucune déclaration）を有する旨を告知しなければならない。今日、この供述拒否の自由は黙秘権として認められている。(37)

二　黙秘権に関する問題点

黙秘権については以下の点が重要である。

（1）黙秘権の告知の時期について。一九九三年一月四日法による改正以前の第一一四条は、第一項で予審被告人が最初に出頭したときに黙秘権の告知をする旨を規定し、第二項で予審被告人の自発的供述を規定している。しかしながら、判例は、法律の定める告知の時期は厳格なものでないと解し、予審被告人が弁護人の立会いの下でなければ答えなくてもよいとの告知さえすれば、手続は適法なものとなるとした。(38) けれども、予審判事は、予審被告人に供述をするよう勧めることを禁止されていないので、防御権の見地からは黙秘権の告知の時期は重要である。(39)

（2）黙秘権の告知の証拠について。一九九三年一月四日法による改正以前の第一一四条は、黙秘権の告知をした旨を記録手続による調書（procès-velbal）に記載することを義務づけている。予審被告人がこの調書に署名していれば、告知がなされたことが推定される。この記載がない場合には、調書は無効の制裁により予審記録から排除される。ただし、この危険は現在のところほとんどない。なぜなら、最初の出頭時の調書（procès-verbal de première comparution）に告知の文言があらかじめ印刷されているからである。(40)

（3）稀なケースではあるが、予審被告人が自発的に出頭した場合にも、黙秘権を告知すべきか。任意の出頭をしたからといって、訴訟上の権利を知っているとはかぎらないので、告知すべきである。ただし、判例には否定的なものがあった。(41)

（4）予審被告人が、弁護士を伴って予審判事の下に自発的に出頭した場合、黙秘権を告知すべきか。判例は、告知すべきであると判示している[42]。

(5)　予審被告人が黙秘権を行使せず、嫌疑を晴らして早く訴外に出ることを求めて供述を望むとき、予審判事は直ちに供述を聴く。この場合、予審判事は、予審被告人に質問することも、また供述を攻撃するために訴訟記録に含まれている被疑事実を提示することもできないし、自発的に弁明するにまかせ、途中で遮ってもいけない。尋問ではないので、自発的供述の場合には、予審判事が積極的な役割を果たすことは禁じられているのである[43]。

一九九三年一月四日法および一九九三年八月二四日法では、最初の出頭時に関する規定から、供述をしない自由がある旨の告知を義務づける文言は消えた。これは、予審判事に付託されていない者については、予審開始の事前の手続により、最初の出頭時から弁護士の立会いがあるからであろうか。また、予審判事に付託された者については、弁護士の立会いの下での同意がないと即座に尋問することができない旨の告知を行うことが予審判事に義務づけられており、尋問には弁護士が立ち会うとの原則が堅持されているので、あえて黙秘権に関する文言を不要としたのであろうか。通達にもこれに関する説明は見られない。むろん、黙秘権告知の文言の消失は、黙秘権の否定を意味するものではない。しかし、予審被告人の防御権の強化を意図した改正にもかかわらず、刑事訴訟法典から予審における黙秘権の告知の文言が消失したことについては、黙秘権が防御権の要であることからしていささか理解に困難を来たす。

第四款　早すぎる予審開始と遅すぎる予審開始（予審開始の遅延）の禁止

予審は、真実発見のために予審官が証拠収集活動を行う司法捜査（information）である。この司法捜査は、強制処分権を行使することができるので、防御権の保護との調和をはからなければならない。そして、予審開始の時期は、この防御権と不可分に関わっている。

共和国検事の予審請求により予審を開始するということは、公判への正式起訴ではないものの、予審を開始される者に対し司法機関が公式に嫌疑を認め、公式に予審被告人の地位（一九九三年一月四日法以降は「予審を開始された者」）におくことである。それは、警察段階での被疑者（suspect）よりも濃厚な嫌疑を掛けられた者とすることである。その結果、無罪の推定原則にも関わらず、予審にかけられた者は一方で社会的評判にダメージを受け、他方で刑事司法権力からの攻撃にさらされることになる。予審を開始して、嫌疑が不十分である場合や、被疑事実が犯罪事実を構成しない場合には、予審免訴（non-lieu）の決定を下さなければならないが、たとえ予審免訴となっても受けた社会的ダメージは深刻である。前述したように、一九九三年一月四日法は、その場合の回復措置を定めたが、それでもこのダメージを消し去ることは困難である。

そこで、一方では、不必要に予審を早く開始して被疑者を不当な攻撃にさらされないようにする保障が不可欠となる。予審の人権保障機能から当然のことである。他方、これとは反対に、予審開始が遅すぎると、予審被告人として防御権を保障した上で予審を行わなければならない人物を証人として証言させるという危険が生じる。そのために、早すぎる予審開始を回避し、遅すぎる予審開始（予審被告人とすること）を防ぐという見地から、予審開始の時期に関する二つの規則が設けられた。

一　早すぎる予審開始の禁止

早すぎる予審開始（inculpation hâtives）とは、重大な徴憑が生じる前に予審開始を行うことである。これは無罪の推定を侵害する。早すぎる予審を禁止する規則には、次の二つがあるとされている。

(一)　予審開始の要件（犯罪を疑うに足りる重大にして符合する徴憑を必要とする規則）

予審判事が予審を開始する場面は、大別して二つある。一つは、共和国検事が指名して予審開始請求をする場合である。もう一つは、共和国検事が氏名不詳のXに対して予審開始請求をしたときに、予審の途中で単なる証人にすぎなかった者に対して予審開始を行う場合である。いずれの場合も、罪を犯したと疑うに足る重大にして符合する徴憑の存在が必要である。

指名による予審開始請求の場合、指名された人物が罪を犯したことを疑うに足りる重大な徴憑が存在するとの推定が働くことは論をまたない。したがって、この場合、予審判事は予審を開始するのが通常である。予審開始請求がXに対して行われた場合、予審判事が予審開始の判断を自分自身で決める。徴憑の強度を決めるのは予審判事であるが、証人に対して徴憑が生じたら直ちに予審を開始しなければならない。早すぎる予審開始は、この徴憑の強度の決定場面で生じる。

予審の開始時期に関して、犯罪行為に関与した徴憑があれば一応予審を開始することはできるが、予審判事は、罪を犯したことを疑うに足りる重大にして符合した徴憑がある場合にしか、予審を開始すべきではない(44)（一〇五条参照）。このように、予審開始の要件として、罪を犯したことを疑うに足りる重大にして符合する徴憑が要求されている。なお、一九九三年一月四日法は、徴憑の範囲を予審判事に係属した事実に限定する旨を新たに規定した（八〇条の二一項）。一九九三年八月二四日法も同様の規定をもつ（八〇条の一一項）。

㈡　弁護人の援助を受ける証人の規則

早すぎる予審の開始を回避する規則は、さらに私訴原告人の告訴に関する規定にも見られる（一〇四条）。同規定は、私訴原告人の告訴で指名された者が、証人としても弁護人の援助を受ける権利を認めるものである。これにより、指名された者が、防禦権のない証人として聴問を受けることを避けるために、不本意ながら証人としての聴問を拒絶して予審被告人になろうとすることを回避させることができる。

より具体的に説明すれば、以下のとおりである。一九六〇年二月一三日のオルドナンスは、刑事訴訟法典第一〇四条を改正し、私訴原告人の告訴で指名された者が証人として聴問されることを拒否することができるとした。拒否した場合は、予審被告人として尋問するしかない(45)。私訴原告人に指名されて告訴された者は、証人として聴問を受けるか、これを拒んで予審被告人として尋問を受けるか、すなわち証人の地位か予審被告人の地位かの選択を迫られることになる。予審被告人の地位を選択すれば、弁護士の援助を受ける権利を行使することができるが、公式に嫌疑を掛けられたことになる。換言すれば、防禦権を求めて証人としての聴問を拒否することは、その人物の供述を求める予審判事により、早めの予審開始がなされる可能性を生ぜしめたのである。反対に、証人の地位を選択すれば公式に嫌疑は掛けられないが、弁護人の援助のない状態での防禦が心許ない。そこで、防禦権の取得を目的として予審被告人の地位を選択せざるをえないといった状況に追い込まないために、一九八七年一二月三〇日の法律は、第一〇四条を改正し、予審期間中における選任した弁護人の氏名の通知、当該弁護人の召喚、証人の最初の聴問（それ以降の聴問も含む）において弁護人の立会いを受ける権利および予審判事の許可を得ての弁護人の質問権を認めた。

かくして、私訴原告人の告訴で指名された者は、弁護人の援助を受けて証人として聴問を受けることができるようになった。むろん、弁護人なしで聴問を受けることもできる。こうして、援助を受ける証人の防御権は改正以前よりも厚く保護されるものになったが、他方で、証人の弁護士による訴訟記録の閲覧によって、予審の秘密性が侵される、あるいはまた弁護人の援助を受けた証人が後日予審被告人となったとき、まさしく犯人とみられるといった批判もなされている(46)。

二　遅すぎる予審開始の禁止

より問題となるのは、予審開始が遅すぎる場合である。ここで問題となるのは、単なる遅延でなく、意図的な予審開始の遅延（inculpations tardives・mise em exament tarde）である。前述のように、予審が氏名不詳のXに対して行われる場合、嫌疑が濃厚となった人物をいつ予審被告人として予審を開始するかは、予審被告人の防御権と不可分な関係にあるからである。予審を開始されると、刑事司法権力の発動に対して、予審被告人に強力な防御権が作動することは既述のとおりである。したがって、予審が開始されて予審被告人となるか否かは、防御権の有無に直結する。このことは反面、予審が開始されない以上、予審判事は、嫌疑が濃厚と見られる者に真実を述べる旨宣誓させて、これを証人として聴問をすることができるということである。予審判事は、むろん、罪を犯したことを疑うに足りる重大にして符合する徴憑が生じた時点でその人物に対する予審を開始しなければならないが、その時期がいつかについては予審判事の判断に委ねられているのである。したがって、重大にして符合する徴憑が存する人物は、これを予審被告人として防禦権を行使させて尋問すべきであるが、意図的に防禦権を起動させないで証人として聴問し供述を得ようとすることも可能なのである。

この手法は、警察官のみならず司法捜査官である予審判事にとっても大変に魅力的なものである。治罪法典も、また一八九七年一二月八日法も、この魅力的手法を抑止する規則を定めなかった。しかし、これは明らかに防禦権の侵害である。そこで、この問題に対する解決は、まず実務によって示された。「遅らされた予審開始（予審開始の遅延）」を無効とする判例理論が、それである。

この判例理論は、一八九七年法に付随するものとして登場した(47)。すなわち、同法の弁護人の援助を受ける権利の登場が、この「遅らされた予審開始」の問題を惹起せしめたのである。同法は、勾留されている予審被告人に対し、最初の出頭後、直ちに、その弁護人と自由に接見することができる権利を保障した（同法八条）。これにより、弁護人の援助を受ける権利は、最初の出頭における尋問のときから（à partir de l'interrogatoire de première comparution）しか始動しないとの規則が樹立した(48)。したがって、最初の出頭を先送りし、すでに罪を犯したことを疑うに足りる重大な徴憑の存する人物を宣誓させて証人として聴問し続けることにより、同法の定める保障の開始を遅らせることができたのである。この予審開始の意図的な遅延は、予審判事が証人の聴問を共助の嘱託を利用して司法警察官に行わせる場合、とりわけ防禦権の侵害を深刻なものにした(49)。

破毀院（Cour de cassation）刑事部（cambre criminelle）は、この問題に対して無効の制裁を適用する理論を展開した。いわく、「このような（予審開始を遅らせる）取組み方は、一八九七年法の保障を巧妙に回避し、防禦権の侵害をもたらす目的でなされたものであり、その侵害成果を上げたことが証明されたときは、これを無効とする(50)。」たとえば、被疑者が二月二五日に警察の下で完全な自白をしていたにもかかわらず、予審判事が同二七日に証人として聴問する目的で警察に共助の嘱託を発し、同二八日に予審を開始した事例について、破毀院は「最初の自白があったときから予審を開始し予審被告人とする（inculper）ことが予審司法官のなすべきことである」と判示した[51]。刑事訴訟法典は、一九六〇年二月一三日のオルドナンスにより修正された第一〇五条で、予審を担当する予審判事ならびに共助の嘱託に基づいて行動する司法官および司法警察官が、罪を犯したことを疑うに足りる重大にして符合した徴憑の存する者に対し、その防禦権を妨げる故意で、証人として供述させることができない旨を規定した。同条は、氏名不詳の人物に対する予審審理に関する規定である[52]。

この第一〇五条の規定は、いささか興味深い変遷の軌跡を描いている。一八九七年法以降の刑事訴訟法の下で、判例は、防禦権を侵害する目的でなされかつ実際に侵害の被害が生じた場合に限定しつつも、重大にして符合する徴憑の存する人物を証人として聴問することを、無効の制裁により排除した。しかし、予審判事や司法警察職員が法を欺き防禦権を妨げる故意があったことを証明することは非常に困難であり、実際上無効とすることはほとんどできなかった。かかる批判に対して、破毀院は、防禦権を妨げる故意を不要とし、防禦権の侵害結果だけを要求した。制定時の刑事訴訟法典は、破毀院の判決に従い、第一〇五条で、防禦の保護を排除する効果のある聴問だけを禁じた。ところが、まもなく再び防禦権を妨げる故意を要求する判決があらわれ、これを受けて一九六〇年二月一三日のオルドナンスは、刑事訴訟法典第一〇五条を修正し、前述のように「防禦権を妨げる故意」を法文において要求した[53]。

右オルドナンスによって修正された第一〇五条は、その厳格さのために、無効による排除の請求を頻繁に退け、無効とされるものは極めて稀であった[54]。予審開始の遅延を法文上禁止しても、このように無効の制裁による排除が事実上受け入れられないのでは、防禦権の保護は極めて心許ないといわざるをえない。したがって、この点の改正が、予審改革の課題の一つであったといえようか。

一九九三年八月二四日法は、これを再び前述の破毀院の判例が示した防禦権を妨げる故意を不要とするシステムに戻した。第一〇五条は、予審判事が受理した犯罪事実に関与したことを裏づけるに足りる重大にして符合する徴憑が存する者を、証人として聴問することができないとした（一〇五条一項）。また、共和国検事の予審開始請求で指名されている者も、同様である（同二項）。ただし、予審判事が、検察官の予審請求で指名されている者に対し、予審を開始してはならないと判断するときは、予審請求がなされていることを告知した後、この者を証人として聴問ができるものとした。一九九三年八月二四日法通達は、これを「援助を受ける証人（teomins assistés）」と呼ぶ（同通達3.1.2.）。この場合、この人物は予審を開始された者に認められる諸権利を享受し、予審被告人と同様に、最初の聴問の際に弁護人の援助を受ける権利の告知および無効の申請書提出権の告知を受ける（同三項）。右の「援助を受ける証人」は、検事局の司法官によって訴訟の中におかれているのであって、それ故に、予審を開始された者に認められた権利のすべてが認められたのである（同通達3.1.2.）。もっとも、第三項の規定の適用は、通達が指摘しているように、検事局の指名による予審開始請求が、通常、犯罪事実に関与したことを裏づける重大にして符合する徴憑の存在によって行われることを考えれば、例外にとどまるものである（同通達3.1.2.）。

なお、新第一〇五条は、法文上、「防禦権を妨げる故意」のみならず「実際の被害の発生」も要求していないが、同条項違反が無効の制裁による排除を受けるには、「実際の被害の発生」が要求されるものと解されている（一九九三年八月二四日法通達3.1.1.）。したがって、制定時の刑事訴訟法典の方式を復元したものといえる。その意味で、これは判例から蘇った防禦権の一段の保護といえるであろう(55)。

第五款　弁護人の援助を受ける権利

一　自由な接見の原則

制定時の治罪法典は、一六七〇年のオルドナンスと同様、予審への弁護人の関与を認めなかった。重罪事件につき弁護人の援助を受ける権利を認めたのは、重罪院長（president des assises）が予審被告人を尋問した後でしかなかった（治罪法典二九四条、三〇二条、三〇五条）。したがって、重罪被告人（accusé）は、予審の場では、自分の防禦は自分自身の口で行うしかなかった[56]。

予審に弁護人が関与することを認めたのは、既に述べたように一八九七年法である。同法第八条により、勾留されている予審被告人は、初めて最初の出頭後直ちにその弁護人と自由に接見する権利（自由な接見の原則 le principe de libre communication）を獲得した。すなわち、この権利は、最初の尋問に伴うものとして生じたものである[57]。さらに、同条項は、いかなる場合においても接見の禁止を弁護人に適用しないとの明文をおき、弁護人の接見の自由を絶対的な権利として宣言した。

刑事訴訟法典は、一八九七年法による改革を継承し、勾留された予審被告人の自由な接見交通権（droit de libre communication de inculpé détenu）および接見禁止の規定を第一一六条で採用した。同条は、第一項で「勾留されている予審被告人は、最初の出頭の後、直ちに弁護人と自由に接見する」ことができるとし、第二項で一〇日間の接見禁止および一〇日間の禁止期間の更新を規定し、そして第三項で、「いかなる場合も、接見禁止は、予審被告人の弁護人に対しては適用することができない」と規定した。ピエール・シャンボン（Pierre Chambon）は、この自由な接見交通権の意義を評して、「勾留された予審被告人は、防禦することの自由に関して、弁護人との接触が（勾留されていない）自由な予審被告人とまったく平等に位置づけられた[58]」と述べている。

防禦の面で、勾留された予審被告人を勾留されていない予審被告人と同等に扱うことは、予審被告人という地位におかれ、かつ、身柄を拘束されている人物を、できる限り自由な市民の状態に近づけることであり、典型的な「市民的自由」の保護の精神の発現といえるであろう。

しかし、自由な接見交通権を行使できる期間については、一八九七年法による改正後の治罪法典とその後の刑事訴訟法典とでは相違する点がある。一八九七年法では、弁護人との自由な接見は、予審判事の下で行われる手続にしか適用されなかったので、予審終結後に予審判事から事件が離れると、接見の絶対的な権利は一時的に途絶えた。というのも、制定時の治罪法典は前述の重罪院長の尋問後にはじめて重罪被告人に弁護人との接見の権利を認めていたので（三〇二条）、破毀院は予審終結決定から重罪院長による尋問までの間、この権利が消滅すると考えたのである[59]。これに対し、刑事訴訟法典は、「重罪被告人は、その弁護人と自由に接見する権利を奪われない」（二八七条）との規定をもうけ、争いのあった右の判例に終止符を打った。そして、この権利は、中断しないし、補充の予審審理においても認められるものとなった。

以上のように、勾留された予審被告人は、最初の出頭時より弁護人との自由な接見の権利を有する[60]。さらに、弁護人は、以後、未決監において、予審被告人と自由に接見する権利を有することが認められた。したがって、予審判事は、たとえ最初の出頭の直後であっても、弁護人に接見許可証（permis de communication）を与えなければならない。弁護人と予審被告人との接見を禁止することができないことから、この許可証は当然のことながら接見をなんら制限しない[61]。弁護人と予審被告人との接見の自由の原則からすれば、この接見許可証は、許可証の名称にもかかわらず、自由な接見の権利を表明するものである[62]。以後、この接見交通権は継続する。未決監長は、弁護人にあらゆる便宜を図らなければならないし、未決監での接見は、特別面会室で、看守の立会いなしに行われる。弁護人は、緊急の場合を除いて、施設の内規に定める時間内であれば日を問わず、予審被告人を訪れることができる（刑事訴訟法典規則六八条一項、二項）。これは、すでに一九五九年以前に実施されていた[63]。

一九九三年一月四日法は、人が予審判事に付託されたときは、遅滞なく（sans délai）かつ方法を問わずその者の弁護人を召喚するものとした（一一四条四項）。同条項は、予審判事に付託された者から、予審を開始された者すべてに法律で認められている権利の保障を奪わないことを配慮した規定である（一九九三年一月法通達114.5）。

一九九三年八月二四日法は右の規定を修正して、新たに予審判事に付託された者と事前の予審開始手続にもかかわらず弁護人の援助を受けていない者につき、最初の出頭時において弁護人との接見を認める規定をもうけた（一一六条三項）。

このように、自由な接見の原則は予審被告人の防御権に不可欠のものであるが、他方で予審という司法官捜査の必要性の見地から、その範囲の縮小が問題とされてきた。一八九七年法の改正準備段階では、予審司法官に予審被告人と彼の弁護人との接見を排除する権能を認めることが模索された（一八七九年の政府案）。一八九七年法は既に述べたようにこの権利を認めたが、一九四九年のヴァーブル（Vabres）草案は、この接見の範囲を縮小すべく「勾留された予審被告人は、事件の本案に関する最初の尋問の後でなければ、弁護人と接見することはできない」とした。なお、ヴァーブル草案は、本案の尋問開始の期限についても、「本案の尋問は、最初の出頭時における尋問の後、遅くとも一五日以内に行わなければならない」(64)とした。

ヴァーブル草案は、一八九七年法により喪失した予審の捜査機能を、それまでの実質的な担い手であった司法警察官から検察官に移し、司法警察の「市民的自由」を侵害する違法捜査を規制する検察官予審を実現しようと構想するものであったが、本案の最初の尋問を弁護士との接見よりも優先する点で、やはり予審における尋問の自白採取機能を回復しようとするものといえよう。かかる構想もまた、防禦権と（予審判事による）司法捜査との対抗的関係を物語るものであり、あらためて近代的「市民的自由」と「社会的安全」の対抗関係を認識させるものである。

二　弁護人の召喚、訴訟記録の閲覧、訴訟記録の複写

(一)　尋問前の召喚

予審被告人が自ら放棄しない限り、原則として、予審被告人に対する尋問には弁護人の立会いが必要である。予審被告人は、選任した弁護人の氏名または国選弁護人の指名請求を予審判事付属の書記に伝達しなければならない。この原則により、予審被告人の弁護人を尋問前の一定の法定期間までに通知し召喚（convocation）しなければならない。この通知の方法と召喚される期間には、次のように変遷がみられる。

一八九七年法は、弁護人を尋問の少なくとも二四時間前に書状で召喚しなければならないものとした（同法九条四項）。一九七二年一二月二九日法は、書留書状または受領書と引き換えに交付される通知で、遅くとも尋問の「前々

日まで」に弁護人を召喚しなければならないとした。一九八三年六月一〇日法は、これを遅くとも尋問の「就業日（平日）四日前まで」に改正した（一一八条一項）。一九九三年一月四日法および一九九三年八月二四日法は、さらに「就業日五日前まで」に延長した（一一四条）。このように、弁護人の召喚は遅くとも尋問の就業日五日前に延長されたが、これは本案の尋問ごとに適用される原則である。

なお、通知方法も、一八九七年法では書状（lettre missive）での召喚が想定されていたが、一八九七年一二月一〇日の通達で郵便受領書が調書に添付される書留書状（lettre recommandée）が用いられ、一九九三年日一月四日法では、この伝統的な方法に、受領書付きのファクスおよび口頭（訴訟記録に署名を必要とする）による方法が加えられた。

ところで、一九九三年一月法は事前の予審開始手続を創設し、一九九三年八月法も修正を加えてこの方式を継承した。これにより、弁護人の召喚は最初の出頭で弁護人の援助を受けている場合と否とで、次のように異なるものとなった。

第一に、事前の予審開始手続で予審を開始された者が、弁護人を選任している場合、または国選弁護人を請求している場合には、当該弁護人は最初の出頭時に弁護人が立ち会えば本案に関する尋問ができるので、最初の出頭時の遅くとも就業日五日前までに召喚される権利を有する。

第二に、予審を開始された者が予審判事に付託されていて直接召喚される場合、および事前の予審開始の手続により予審を開始された者がいまだに弁護人を選任しておらずまた国選弁護人も請求していない場合には、弁護人の立会いがないので本案に関する尋問はできない。所定の手続で直ちに弁護人を召喚するが、原則として本人の同意がないかぎり尋問は行わない。したがって、この場合の最初の出頭は、予審を開始された者に対する弁護人の援助を受ける権利の告知の後は、弁護人が訴訟記録を閲覧し、予審を開始された者と自由に話をする場となる。なお、前述したように勾引状（召喚状に応じない者に対する令状）または勾引勾留状（逃走している者に対する令状）を発付された者は、最初の出頭のときからしか、予審を開始された者に認められた権利を享受しない（一九九三年八月二四日法により改正された八〇条の一）。

召喚のこの法定期間が遵守されないときは、弁護人が援助できなかった尋問は無効とされた(65)。ただし、期間の遵守がなされなくても、弁護人が援助することでき、かつ、期間の不遵守に異議を申し立てていないときは、無効は消滅するものとされた(66)。

(二)　尋問前の訴訟記録の閲覧

弁護人の援助を受ける権利を実効性のあるものにするには、援助する弁護人が事件を熟知していなければならない。そのために、弁護人の訴訟記録の閲覧は不可欠である。それ故、訴訟記録の閲覧は、弁護人にだけ認められた優遇措置とされている。むろん、予審被告人には認められていない。予審被告人が訴訟記録に直接アクセスできない理由は、紛失や変造防止のためである。したがって、勾留されていない予審被告人が弁護人を伴ってさても訴訟記録を閲覧することはできない(67)。

法律は、訴訟記録の閲覧の権利を保障する期間を定めている。訴訟記録閲覧のための時間的ゆとりは、防御体制の準備の充実に重要な意味を有する。そして、法律はこの期間を漸次延長してきた。

一八七九年法は、召喚を尋問の二四時間前とし、各尋問の前日に訴訟記録の閲覧ができる状態にしなければならないとした。制定時の刑事訴訟法典もそれを継承し、尋問の前日までに閲覧させればよいとした。

一九七二年一二月二九日の法律は、召喚については、遅くとも尋問の前々日までに、書留書状または受領書と引き換えに交付される通知をもって行よう、また訴訟記録の閲覧については、遅くとも尋問の二四時間前までにさせるよう改正した。

一九八三年六月一〇日法は、召喚をさらに尋問の就業日四日前とした。これにともない、遅くとも各尋問前の就業日二日間弁護人の自由な閲覧に供しなければならないとした（一一八条二項）。

一九九三年一月法は、書留書状による事前の予審開始手続制度を新設したことにともない、この手続で召喚された者の最初の出頭の遅くとも就業日五日前に弁護人を召喚し、四日前までに訴訟記録を自由に閲覧をさせるよう命じた。さらに弁護人には、その請求により、その後も引き続き、就業日であればいつでも閲覧することを認めた（一一四条三項）。予審判事に付託されている者（その面前に引致された者）については、最初の出頭の際に遅滞なく弁護人が召喚されるので、最初の出頭時に召喚された弁護人が訴訟記録を閲覧し、援助を受ける者と自由に話し合うことになる（一一四条四項）。

一九九三年八月法は、一九九三年一月法を継承した（一一四条二項、三項）。ただし、最初の出頭以後の閲覧について新たに制限を設けた。すなわち、予審執務室の適切な機能（bon fonctionnement des cabinets d'instruction）を果たす必要がある場合には、弁護人の閲覧の自由が制限されることになった。また、事前の予審開始手続（八〇条の一三項）が適用される場合で、最初の出頭がなされていないときは、予審執務室の適切な機能上の要求がある場合を除き、書留書状の送達または司法警察からの記録手続による通告（notification par procès-verbal）後の一五日間、閲覧することができるものとした（一一四条三項）。予審執務室の適切な機能による制限の目的は、予審判事に、緊急行為の実施のような特別の場合に、訴訟記録の閲覧を一時的に拒絶することを認めることにある。この規定は、当然、弁護士会長と予審判事との間の信頼関係の範囲で適用されなければならないとされている（一九九三年八月二四日法通達3.3.）。

以上から、一九九三年一月四日法の改革により、弁護人の召喚の時期および各尋問前の訴訟記録の閲覧は、以前よりも防御体制の準備期間に充実がはかられたといえるであろう。

㈢　**訴訟記録の複写**

刑事訴訟法典は制定時に訴訟記録の複写に関する規定を設けておらず、それ故に弁護人が訴訟記録の閲覧の際にこれを複写または写真複写することができるのかが問題となった。一九八三年六月一〇日法以前には、訴訟記録の複写は予審判事の許諾の裁量に委ねられていた。訴訟記録の複写は、弁護人の怠慢に関わるのみならず、予審の基本的性格の一つである秘密性に直接関わる微妙な問題を内在している。複写した訴訟記録は依頼人である予審被告人の目にさらされる可能性があり、予審被告人を通じてその内容や予審に巻き込まれた人物あるいは第三者の秘密が漏洩する可能性があるからである。

しかし、訴訟記録の複写は事件の内容の検討に有用であることから、一九八三年六月一〇日の法律は、新しい二つの規則により、この問題の解決をはかった。同法により、弁護人は、訴訟記録が閲覧に供されているときは、自己の費用すなわち有償で、訴訟記録の全部または一部の複写（copie de tout ou partie de la procédure）を取らせ交付させることができるようになった。ただし、複写には、排他的利用すなわち弁護人の防禦目的だけに利用すること、および再複写をしないことが条件とされた（一一八条四項、五項）。むろん、排他的利用という制限によって、防禦の体勢づくりを口実に依頼人に複写を渡すことは禁じられている。しかしながら、通信の秘密を悪用して、弁護人が依頼人への手紙の中に訴訟記録の全部または一部を記載する不正行為には対処しがたいとの指摘がなされている[68]。

このように、再複写の禁止は、訴訟記録の拡散と予審に関わった人物のプライバシーの保護を目的としている。

さらに、弁護人は、同じ条件で、依頼人の尋問調書（procès-verbal d'interrogatoire）および対質調書の複写も得ることができるようになった（同条四項）。

一九九三年一月四日法は、一九八三年法の解決方法を継承し、最初の出頭の後、当事者の弁護人に、有償で、排他的利用および再複写の禁止を条件に、訴訟記録の全部または一部の複写（copie de tout ou partie des pièces et actes du dossiers）を交付させる権利を認めた（一一四条五項）。弁護人は、援助する人物に対して訴訟記録の内容に言及することができる。同法による改正前には、複写は弁護人の閲覧に供されているときに限定されていたが、改正によりそのような制限がなくなり、予審を開始された者の最初の出頭の後であれば、弁護人は予審期間中いつでも複写をさせ交付させることができるようになった（一九九三年一月四日法通達 C.114-6）。なお、弁護人が、依頼人に対する尋問または対質の間、自分でノートをとることはなんら禁止されていない[69]。

第六款　予審に関与する権利および無効の申立権

予審被告人は、単に訴追を受動的に受け入れるわけではなく、予審に能動的に関与することができる。プラデルは、予審被告人が弁護人に書証の閲覧をさせること、あるいは自ら鑑定結果を閲覧することなどが認められていると指摘している。[70] ただし、関与する権利は単に申し立てる権利や提案する権利にすぎず、手続を運営する権利ではない。手続を運営する権利を有するのは、予審判事だけである。[71] したがって、予審判事には申立てを受け入れる義務はない。

一九九三年八月二四日法は、新たに、最初の出頭において予審に付された者の尋問が終わった後、予審判事に対して、第八一条第九項、第八二条の一、第一五六条第一項および第一七三条に定める処置の請求を表明する権利または取消の申立書（une requêt en annulation）を提出する権利を有する旨を予審被告人に告知することを命じた（刑事訴訟法典一一六条四項）。

その告知に基づき、予審被告人は以下の請求表明権を行使する。

まず、予審判事は、予審被告人の医学的検査、心理学的検査またはその他一切の有用な処置を命じることができるが、他方で予審被告人にもこれを請求することを認めた。予審判事にはこの請求に従う義務はない。ただし、一九九三年八月二四日法は、予審判事が検査やその他の処置を行うことを欲しないときには、一ヶ月以内に理由を付した決定を下さなければならないものとした（八一条九項）。

次に、同法は、予審を開始された者に、自分への尋問、証人の聴問、対質、臨検または予審に有用な証拠（pièces）の提出を請求することを認めた（八二条の一 一項）。

最後に、すべての予審裁判所は、専門的な問題が生じたときには、検察官の請求、当事者の請求もしくは職権で、または当事者の請求により、鑑定を命じることができる（一五六条一項）。予審被告人もまた、鑑定を請求することができる。

これらの請求は、予審判事付属の書記に申述しなければならない。また、無効による排除の申立ては、重罪公訴部にしなければならない。

第七款　予審を始動または駆動させる権利

一九九三年一月四日法の改革では、新たに予審を始動または駆動させる権利が規定された。これは、予審を開始された者が、自分に対する予審審理を自ら請求し行わせるものである。これも、予審に関与する権利であるが、予審判事が請求を拒絶することができない点で前述のものと異なる。

一　事前の予審開始手続における最初の出頭を請求する権利

一九九三年一月四日法より以前には、嫌疑の告知（inculpation）すなわち予審の開始は、予審被告人が予審判事の面前に最初に出頭したときに始まった。したがって、予審開始と最初の出頭は時期を同じくしていた。

これに対して、一九九三年一月四日法は、書留書状による事前の予審開始手続を創設したので、書留書状の送達の時点で予審被告人に対する予審が開始されたことになる。この場合、召喚の時期は別に通知されるので、予審を開始された者が召喚されず放置されていることを嫌い、自ら予審判事の下に出頭し、予審を受けることを望む場合がある。そこで、同法は、書留封書で予審が開始された者の最初の出頭時期に関し、「予審を開始された者が最初の出頭を書面で請求するときは、最初の出頭をさせなければならない。予審判事は、この請求を受理してから一五日以内に、この処分を行わなければならない」との規定を新たに設けた（一一六条の一）（一九九三年一月四日法通達116-1参照）。

一五日間の期間を経過した後に最初の出頭が行われたときは、そのため当事者および弁護人が訴訟の内容を調べることに遅滞を生じうるが、その遅れが損害を生ぜしめたときかぎり、この行為および以後の行為は無効となり排除されうるものと解される（一九九三年一月四日法通達116-1）。

予審を開始された者が、弁護人の援助に関して選任弁護人の氏名の届けも国選弁護人の請求もしていないままに最初の出頭を請求したときは、予審判事は予審を開始された者だけを召喚し、最初の出頭時に本案に関する尋問を行うことができる。すなわち、この場合にも、弁護人の尋問立会いの原則が適用されないのである。これに対して、予審を開始された者が弁護人の選任を知らせたかまたは予審判事に国選弁護人を請求しているときは、第一一四条第二項が適用される。すなわち、弁護人は遅くとも尋問の就業日五日前までに、書留封書等をもって召喚される。最初の出頭には弁護人が立ち会うので、本案に関する尋問が可能となる。就業日五日前までに召喚することができないときは、ファックスまたは口頭により召喚される。これは、調書の冒頭に記載される（一九九三年一月四日法通達 Ⅰ6-Ⅰ）。以上のように、事前の予審開始手続による予審被告人は、自ら自分に対する予審審理を開始させることができるのである。そして、一九九三年八月二四日法も、弁護人の召喚手段の一つである書留封書を書留書状に戻しただけで、同条には手を加えなかった。

二　予審を開始された者の尋問請求権

一九九三年一月四日法は、予審開始後に予審被告人が放置された状態を回避するために、最後の出頭から三ヶ月が経過したときは、予審を開始された者は予審判事に書面で尋問を請求することができる旨の規定を新たにもうけた。請求は予審判事付属の書記にする。請求を受けた予審判事は、一五日以内に尋問を行わなければならないとされた（八二条の一 二項）。

一九九三年八月二四日法は、この条文を改正し、予審を開始された者が四ヶ月以上予審判事の面前に出頭しないとき、または事前の予審開始手続（八〇条の一 四項）により書留書状で予審を開始されたときは、予審を開始された者は書面で尋問を請求することができるものとした。予審判事は、この請求を受理した日より三〇日以内に尋問をしなければならない（八二条の一 三項）。この書面による請求は、予審判事に尋問を義務づけるものであり、予審判事はこの請求を拒絶することができない[72]。

同条項は、当初は、次回の出頭・尋問について期限が定められていないことから、予審を開始された者に、尋問が四ヶ月以上の間隔が空いたときに、予審尋問を受ける権利を規定したものである。一九九三年八月二四日法は、その期間を一ヶ月延長するとともに、事前の予審開始手続で予審を開始された者にも、この尋問請求権を認めた。予審判事が尋問を行わなければならない時期も、請求受理の日から三〇日に変更した。このように、一九九三年八月二四日法は、期間の面でいささか後退を示した。

従前より、出頭や尋問の時期の決定が、予審判事の専権に委ねられており、予審はその長期化が問題となっていた。したがって、予審を開始された者に直接予審判事に最初の出頭や尋問を請求する権利を認めたこと、さらに尋問の実施を予審判事に義務づけたことの意味は、その期間の長短についてはともかくとして、極めて大きい。なぜなら、予審に関与する権利を新たに認めた一九九三年法の改革は、「訴追された者の意思の明白な斟酌を行っている」ことから、以前よりも予審を対審的にするものであり[73]、糺問的予審の性格を一層緩和するものであるといえるからである。

第八款　防御権の今後の課題

以上、予審被告人の防御権の展開を、一九九三年八月二四日法の改革まで概観してきた。

一九九三年の改革は、最初の出頭に関していえば、新たに事前の予審開始手続を創設した点がまず注目される。さらに、召喚の時期、訴訟記録の閲覧の期間、訴訟記録の複写等について弁護人の弁護活動に対する配慮がよりきめの細かいものとなった。また、予審を開始された者が予審に関与する権限を新たに認められたことも、予審の対審化の前進という点で注目すべき改革である。

今後の課題は、さらなる弁護人による防御権の拡充であろう。しかしながら、弁護人の援助権の大幅な強化は、司法捜査たる予審の段階においては、ほぼ頂点に到達した感がある。今後、弁護人援助権の一層の強化充実をするには、警察の取調べにおける弁護人の立会いと予審尋問における弁護人の自由な発言という段階に進まなければならないが、すでに一九九三年の改革以前の段階で、弁護人による予審被告人の保護には根強い批判がなされている。たとえば、尋問への弁護人の立会権については、尋問を事実上無力化するものであって捜査官としての予審判事を武装解除するものであるとか、あるいは各尋問に先立つ訴訟記録の閲覧については、弁護人が訴訟記録の要素を知ることにより予審判事の攻撃を予測することでまったく不意をつかれない防御のシステムを容易につくりあげることができるとか、あるいは明白な事柄について否定するよう唆したり、警察での自白を取り消すよう唆すなどの有害な役割を果す等々の批判が加えられている[74]。

弁護人の援助の強化が、予審捜査の真実発見機能（捜査機能）を無力化したのであれば、それは予審の場における「自由」と「安全」との対抗関係に対し、予審被告人の「市民的自由」、換言すれば「刑事司法権力からの安全」を優先したものといえる。こうしてみると、長い予審制度の歴史において、防御権の強化拡充により、司法捜査としての予審は糺問的性格の本質を維持するほぼ限界にいたった感がある。したがって、今後の捜査活動をめぐる「自由」と「安全」との対抗関係は、警察捜査に顕現する刑事権力と被疑者の防御権との間で、より厳しい緊張関係を呈しながら展開することが予想される。

（1）　フランスの近代刑事法の理念については、沢登佳人「フランス革命と近代刑事法の理念」柏木千秋先生喜寿記念論文集『近代刑事法の理念と現実』（立花書房、一九九一年）三頁以下、高内寿夫「フランス刑事司法の近代化」同『近代刑事法の理念と現実』一六五頁以下参照。また、自由と安全の視座から治罪法典の近代化の展開を概観したものとして、拙稿「近代フランス刑事訴訟法における『自由と安全』のプログラム」（法政理論二五巻四号一九九三年）を参照されたい。

（2）　同デクレの邦訳として、沢登佳人「邦訳・大革命期フランスの刑事訴訟立法（その一）、治安警察、刑事司法および陪審の設置に関するデクレ（一七九一年九月一六―二九日）」法政理論一七巻一号・二号（一九八四年）がある。

（3）　一七九一年デクレ六編一三条は、弁護人について次のように規定する。「すべての被告人は、彼の防御（défense）に当たって彼を助け彼の弁護を務めてもらう（lui servir de conseil）ために、一名または二名の友人（amis）を選ぶことができる。さもなければ（＝被告人が自ら選択しないならば）長が被告人にそれ（弁護人となる友人）を一名指名する。しかしながらその弁護人（conseil）は、被告人が聴問された後にしか、決して被告人と交通する（communiquer）ことができない）沢登・前掲訳二三五頁。

（4） Gorger Merle et André Vitu, Traité de droit criminel, T.II, Procédure pénale, 4e ed., 1989, p.383.

（5） Jean Pradel, Procédure pénale, 7e ed., 1993, pp.470 et 471.

（6） 予審における無効については、高内寿夫「フランスにおける違法収集証拠排除の構造（一）」國學院法政論叢六輯（一九八五年）、同（二）同七輯（一九八六年）に詳しい。

（7） Merle et Vitu, op.cit., pp.385 et 386.

（8） 一九七七年までのフランス刑事訴訟法典の序文の引用は、『フランスの刑事訴訟法典』（吉川経夫訳・法務大臣官房司法法制調査課一九七八年）による。ただし、本文の訳語に揃えるために、一部訳語を変える場合がある。

（9） Merle et Vitu, ibid., p.387. メルル＝ヴィチュは、予審の秘密に対する誌紙の法律軽視を指摘し、さらに自の見解を次のように述べている。誌紙は、予審の秘密に関する法律上の禁止をほとんど配慮しない。いかがわしいニュースを渇望する国民を満足させるために、傲慢で無遠慮なジャーナリストたちは警察官、弁護士、予審判事および証人にしつこくつきまとう。また、訴訟の関与者たちは、情報を提供しあい、実際に協議を行う。最近重大な事件について、ある予審判事が世論を配慮して自分の指揮下にある予審捜査およびその困難さをほぼ連日にわたり説明した。これは、事件の進展と犯人の発見を非常に妨げるものであった。この司法官は、職業上の秘密保持義務違反により訴追された。イギリスの制度を念頭に浮かべて予審の秘密を緩和もしくは廃止することを望む声もあるが、予審の秘密はこれを緩和するどころか、社会に情報を提供するとの口実でなされる不道徳な振る舞いや、しばしば犯罪を誘発さえする者の行動をきびしい刑（重い罰金、拘禁、裁判上の秘密を漏らした新聞の発行禁止）で処断することによってより一層保護することが望ましい。
Merle et Vitu, ibid., pp.387 a 389.

（10） この点については、高内・前掲「フランスにおける違法収集証拠排除の構造」（二）三七頁参照。

（11） Gaston Stefani, Georges Levasser, Bernard Bouloc, Procédure pénale, 15e ed., 1993 p.506.

（12） Merle et Vitu, op.cit., p.491.

（13） 一九九三年一月四日法の全体的俯瞰と概要については、白取祐司・赤池一将「フランス改正刑事訴訟法の現況」（ジュリスト一〇二九号一九九三年）四九頁以下、起訴前弁護については白取祐司「フランスにおける起訴前弁護をめぐる最近の動向」（自由と正義四四巻七号一九九三年）五三頁以下、ジャン・プラデル『フランス刑事法の現在の動向』（島岡まな訳法学研究六九巻四号）七三頁以下参照。

（14） Jean Pradel, L'instruction préparatoire, 1990, p.367.

(15) Crim.5 nove.1985, B.C., no344 , D., 1986, i.R., 303. Pradel, op.cit., procédure pénale, p.471.

(16) たとえば、『フランス法律辞典』（中村紘一・新倉修・今関源成監訳・三省堂、一九九六年）一六二頁。

(17) Stefani, Levasser, Bouloc, op.cit., p.491.

(18) 停止措置として、人は、すべての有罪判決の前に、捜査または予審の対象となった事実の犯人として公表されたときは、無罪の推定に対する侵害をやめさせるために、訂正の新聞記事の掲載または公式声明の発表を命じることができる。これは、損害賠償またはその他の処分に関する訴訟とは別である。その費用は、無罪の推定を侵害した責任のある自然人または法人が負担する（一九九三年一月四日法四七条二項。民法典九条の一）。回復措置として、予審判事は、関係者の請求に基づき、一つまたは二つ以上の新聞紙上、定期刊行物もしくは視聴覚メディアにおいて、免訴決定の全部または一部を公表するか、あるいは免訴決定の主文と理由を公表する公式声明を掲載することを命じることができる（同法四八条一項。同条は、刑事訴訟法典に一七七条の一として挿入された）。

(19) 予審判事は、緊急性が生じたからといって、防禦権を尊重しなくてよいわけではない。緊急尋問は任意のものであり、必ず行わなければならないというものではない。また、この尋問が終われば、その後については通常の方式に従わなければならない。したがって、予審判事は、次回の尋問前に予審被告人に出頭を命じ、一一四条の定める権利の告知を行わなければならない。これは、法律の規定によるものではないが、防禦権の不可侵的性格および緊急性の例外的性質からの帰結である。Pradel, op.cit., L'instruction préparatoire, p.408.

(20) Merle et Vitu., op.cit., p.494.

(21) Merle et Vitu, ibid., p.493.

(22) Crim., 11 juill.1902, D., 1906.1.535, S., 1903.1.545.

(23) Merle et Vitu., op.cit., p.493.

(24) Merle et Vitu., ibid., p.494.

(25) Merle et Vitu, ibid., p.494.

(26) Merle et Vitu., ibid., p.494. すでに弁護士の援助を受ける権利を行使している予審被告人が、自発的にこれを放棄することがある。この場合、予審判事はあらためて弁護人の援助を受ける権利を告知すべきかについて、判例の態度は曖昧である。この告知を公式化することは無用としてこれを否定する判決と、この権利の放棄の有効性を最初の尋問での弁護士の援助だけに限定する判決とに分かれる。Merle et Vitu, ibid., p.494.

(27) Merle et Vitu, ibid., pp.492 et 493.

(28) Merle et Vitu, ibid., p.494.

(29) Pradel, op.cit., Procédure pénale, pp.472 et 478.
(30) 白取・前掲五七頁参照。
(31) Stefani, Levasseur, Bouloc, op.cit., p.538.
(32) ステファニ＝ルヴァスール＝ブーロックは、弁護士の出席について次のように述べている。「弁護士が、実際一件記録をよく調べたということは必要でない。また、弁護士が出席することも必要ではない。弁護士が適法に召喚されたときから、予審判事は予審を開始された者を有効に尋問することができるのであり、沈黙は不利に解されうる。」Stefani, Levasseur, Bouloc, op.cit., p.510.
(33) 白取祐司「フランス捜査法と防御権の今日的問題」『刑事弁護センターニュース』六号（一九九三年）一五頁参照。
(34) Pradel, op.cit., L'instruction préparatoire, p.364.
(35) Pradel, ibid., L'instruction préparatoire, p.364.
(36) 刑事訴訟法典が最初の出頭の際についてしか黙秘権の告知を義務づけなかったのは、最初の出頭が警察段階から司法段階への移行を構成する行為として重大だからであるといわれている。Pradel, ibid., L'Instruction préparatoire, p.366.
(37) Pradel, ibid., L'instruction préparatoire, p.392.
(38) Crim.12 juillet 1934, D.H.1934, 311 et G.P.1934-II-424.Pradel, ibid., L'instruction préparatoire, p.392.
(39) 自発的供述の危険性については、白取裕司「接見交通権の各国比較―フランス」法律時報六五巻三号（一九九三年）六三頁参照。
(40) この尋問調書の印刷文言は、次のとおりである。「予審を開始された者に、弁護士の立会いの下でなされた同意がなければ即座の尋問を行うことができない旨告知する。ただし、供述することを望むときは、即座にその供述を聞く（一一六条三項）」Pradel op.cit., Procédure pénale, p.754.
(41) Grenoble, ch.acc.3 janv., 1901, D.1901-II-263. Pradel, op.cit., L'instruction préparatoire, p.393.
(42) Crim.10 janvi.1946, B.C.no11. Pradel, ibid., L'instruction préparatoire, p.393.
(43) Pradel, ibid., L'instruction préparatoire, p.394.
(44) Pradel, op.cit., Procédure pénale, p.474.
(45) 同条は、元来は、予審判事が余りに遅く嫌疑をかけるべきでないとのイデーを示した規定と解されている。Pradel, ibid., Procédure pénale, p.474.
(46) Pradel, ibid., Procédure pénale, p.475.
(47) Pierre Chambon, Le juge d'instruction, 3e ed., 1985, p.207.
(48) Chambon, ibid., p.207.

(49) プラデルによれば、予審開始の遅延と司法警察への共助の嘱託との結合は、たとえば次のような形で一八九七年法の防御権の保障を回避させる。検事局は、警察捜査において行為者が不明で徴憑が乏しい事件については、Xに対する予審開始を請求する。予審判事は、参考資料を提供してくれる可能性のある者を証人として供述させるために、司法警察に共助の嘱託を行う。証人の聴問を行い、新たな供述、自白、そして罪を犯したことを疑うに足りる重大にして符合する徴憑を得る。完全な自白をした場合、それ以後証人として聴問することはできないが、そうでなければその後も自白の裏付けのために証人として扱う。こうして、司法警察は徴憑を強化し、被疑者に嫌疑を言渡すだけの予審判事に提示する。防御権は無視され、弁護人は非常に遅れて登場する。Pradel, op.cit., L'instruction préparatoire, p.377.

(50) Crim.19 nov.1909:B.C.no537.

(51) Crim.16 juin 1955:B.C.no303.

(52) Chambon, op.cit., p.209. なお、一〇五条が司法警察の予備捜査にも適用されるかについては、判例はこれを否定している。Crim., 27 juill.1964:Bull.crim., no252. 破毀院は、警察の困難な捜査活動をより困難にして捜査を妨げないように配慮したのである。ここにも、一八九七年法による予審被告人の防御権の強化が、非公式捜査であった警察捜査での自白採取目的の取調べを潜行的に発達させていった過程を窺い知ることができる。

(53) Pradel, op.cit., Procédure pénale, p.476.

(54) Pradel, ibid., Procédure pénale, p.477.

(55) Pradel, ibid., Procédure pénale, p.477.

(56) Chambon, op.cit., p.214.

(57) Merle et Vitu, op.cite., p.496.

(58) Chambon, op.cit., p.214.

(59) Crim.20 mars 1903, D., 1904.1.477.

(60) Pradel, op.cit., L'instruction préparatoire, p.409.

(61) Pradel, op.cit., Procédure pénale, p.478.

(62) この点については、白取・前掲「接見交通権の各国比較　フランス」六三頁参照。

(63) Pradel, op.cit., L'instruction préparatoire, p.410.

(64) Pradel, ibid., L'instruction préparatoire, p.408.

(65) Crim.19 janv.1988, B., 25.

(66) Crim.2 sept.1986, B., 251, J.C.P., 1987.II.20766.
(67) Merel et Vitu, op.cit., p.497.
(68) Merel et Vitu, ibid., p.498.
(69) Merel et Vitu, ibid., p.498.
(70) Pradel, op.cit., Procédure pénale, p.480.
(71) Pradel, ibid., Procédure pénale, p.480.
(72) Pradel, ibid., Procédure pénale, p.482. 一九九三年一月四日法通達 C.82-1.
(73) Pradel, ibid., Procédure pénale, p.482.
(74) Merle et Vitu, op.cit., p.498.

第四節　令状

予審被告人の尋問は、司法捜査である予審の重要な本質的行為である[1]。したがって、予審判事には、予審被告人(inculpé)を尋問に召喚し、逃走している場合にはこれを捜索させ(rechercher)、また尋問のために継続して自分の掌中におく権限が与えられている(inculpé の語は、嫌疑を掛けられた者の意である。一九九三年一月四日法はこの用語を有罪の予断を与えうるものということから「予審を開始された者・予審に付された者(personne de mise en examen)」に代えた)。令状は、その権限を行使するために発する命令である。革命立法以後、令状は召喚状(mandat de comparution)、勾引状(mandat d'amener)、勾留状(mandat de depot)および勾引勾留状(mandat d'arrête)の四つを伝統的な形式としている。

第一款　令状の歴史とその有用性

事前の勾留は、すでにローマ法の下で実行されていた。フランス古法において、令状は「décret(命令)」の名称で一六七〇年のオルドナンスに登場している。同オルドナンスでは、聴問のための召喚命令（le décret "d'assigne pour être oui"）もしくは単なる召喚命令、出頭させることを義務づける身柄召喚命令（le décret" d'ajournement personnel"）および身体拘束命令（le décret de "prise de corps"）の三種類の令状が定められていた。身体拘束命令は、苦しめの刑（施体刑）または辱めの刑（加辱刑）で処罰しうる重罪につき重大な徴憑がある場合に限られた。

革命刑事訴訟法もしくは中間法において、現在の令状の原形が創設され、令状（mandat）の名称が用いられた。まず、一七九一年九月一九日―二二日および一六日―二九日の法律が勾引状と勾引勾留状を、次いで一七九五年（共和暦四年霜月三日）の罪刑法典が召喚状を、そして一八〇一年（共和暦九年雨月七日）の法律が勾留状を定めた。勾引状は、警察力（公力force publique）に予審被告人を引致することを明示する命令であり、召喚命令を念頭においたものである。勾引勾留状は、勾留を許すもので身体拘束命令に等しいものである(2)。

一八〇八年の治罪法典（Code d'instruction criminelle）は、革命立法の令状形式を採用した。ただし、勾留状と勾引勾留状との区別が不明瞭であった。両者は異なる状況に適用されるものか、あるいは両者により勾留が常に同じ性格のものかが問題とされたのである(3)。

一九五九年の現行刑事訴訟法典（Code de procédure pénale）は、より正確な定義を令状に与えた。これにより、勾引勾留状は予審被告人が逃走している場合に使用されるものとされた。これは、治罪法典の下で実務上慣行とされていた方式を法律化したものである。

このように、フランスにおいて、令状は、アンシャン・レジーム時代の一六七〇年オルドナンス、革命立法の中間法、近代の治罪法典を経て現行刑事訴訟法典にいたるまで、完成度を高めながら継承されてきた。それは、令状の有用性が明白なものとして受け入れられてきたことを意味する。この有用性は、もし予審官が嫌疑を掛けられた者を出頭させる強制的権限あるいは証拠の混乱・散逸の防止をはかる強制的権限をもたなければ、予審官の権威・権限（autorité）は空洞化しその任務は失敗する、との確信に支えられているといってよいであろう。

第二款　令状の法的性質

予審判事の発する令状の法的性質について、学説は、治罪法典の当時より、これを予審行為（actes d'instruction 予審処分）とするものと、裁判所の行為（actes d'juridiction 裁判所処分）とするものに分かれ、今日においてもなおその見解の対立は解消されていない。

現在では、メルル＝ヴィチュのように、単に出頭させるものか、それとも勾留するものかによって、その法的性質を分類する考え方が有力と思われる。これによれば、召喚状および勾引状は予審判事の尋問に出頭をさせるものであり、そのかぎりでは単なる予審行為である。これに対して、勾留状および勾引勾留状には、共和国検事の意見（avis 実質的には申立てもしくは請求）を聴くことが必要とされ、さらに軽罪事件においては勾留処分決定（l'ordonnance de mise en détention）と一体化しているところの勾留の必要性についての実際の評価が必要とされている。そして、この評価は、裁判所の行為のすべての特徴を示すものであると主張する。[4] プラデル（Pradel）もまた、召喚状と勾引状が真実の発見を目的とするものであり、それ以外を目指さないことから単なる予審行為とする。したがって、予審被告人の尋問が終われば、これらの令状はその利益を喪失することになる。これに対して、勾留状および勾引勾留状は裁判所の行為と解する。[5] その理由として、司法官および一定の公務員によって犯された犯罪に関する第六八二条が「裁判所の性格を有する裁判（les décisions de caractère juridictionnel）とりわけ未決勾留若しくは勾留延長に関する勾留継続については」と規定していること、収監の必要性に関する判断すなわち実際の評価が裁判所の行為であるということ、右令状が予審の必要性にとどまらず将来の判決の執行を保障する手段でもあること、さらに未決勾留の延長が決定（ordonnance）の原因となる裁判所としての行為であり、これと右令状が同じ性質を有するものと考えるのが論理的であること、最後に共和国検事の意見（請求）が必要とされていることを掲げる。

令状が予審行為かそれとも裁判所行為かは、予審の有効・無効の問題に関わる。すなわち、勾留状および勾引勾留状が予審行為であるとすれば、勾留処分またはその継続の要件を欠く場合、その違法性が予審手続の無効を生ぜしめるかが問題となる。この点につき、判例は、勾留状および勾引勾留状が裁判所の行為であることを是認した上で、右の要件の瑕疵による違法性は予審手続を無効としないとしている(6)。なお、この違法性は、勾留処分の取消しまたは勾留継続処分に対する取消請求により、重罪公訴部（Chambre d'accusation）への控訴（appel抗告）により裁判で解決されるものである(7)。

第三款　令状に共通する一般規則

令状にはいくつか共通の規則があるが、ここでは勾留発付権に関する次の二つのものだけをを提示しておく。

一つは、令状は予審被告人に対してしか発付できないとの規則である。治罪法典は呼出しに応じない証人に対しても勾引状の利用を認めたが（九二条）、刑事訴訟法典はこれを廃して予審被告人だけにしか用いることができないものとした（一二二条参照）。したがって、予審判事は、出頭を拒む強情な証人を勾引状により強制的に出頭させることはできない。なお、この点に関して、刑事訴訟法典は、別に反抗的な証人を引致させる権限を予審判事に認めている（一〇九条および一一〇条）。ただし、この処置は、勾引状ではないし、勾引状のように拘置所（一九九三年一月四日法は裁判所付属の未決監（maison d'arrêt）を行刑施設（l'établissement pénitentiaire）に改正した。未決監と行刑施設を使い分ける煩雑を避けるために、以下、両者の共通の訳語として拘置所の語を用いることにする）への二四時間の収監を認めるものでもない。令状の交付は、いまだ予審被告人となっていない者に対しては、これをもって予審被告人の地位（qualité）を与えることになる(8)。

もう一つは、令状の発付権者は事件を受理した予審判事であるとの規則である。令状発付権は譲渡できない。すなわち、一件記録を受理した予審判事は、令状の発付を委任することができないのである。ただし、この問題については、事件を受理した予審判事から共助の嘱託がなされた司法警察官（officiaire de police judiciaire）と予審判事について、それぞれその適否の検討がなされている。

まず、共助の嘱託で活動する司法警察官に、令状を発付する権限を委ねることはできない。この令状発付権の譲渡不能については異論がない。

次に共助の嘱託を受けた予審判事については、召喚状および勾引状の発付ができるとする肯定説とできないとする否定説とが対立している。前者の立場に立つシャンボンは、両令状について不都合なく認めることができるとし、またプラデルも、両令状には譲渡不能の原則が働かないとする。(9) しかし、肯定説・否定説とも結果的には異ならないように思われる。なぜなら、肯定説の論者であるプラデルも述べているように、共助の嘱託を受けた予審判事自身が、特別の委任がなくてもその任務のためにこれらの令状を発付する権限を固有にもっていると解することができるからである。

これに対して、勾留状および勾引勾留状については、譲渡不能の原則が働くと解されている。(10) これは、予審審理の任にあたる予審判事だけに、未決勾留の適宜性（opportunité）を評価する権限があるという本質的理由によるものである。(11) さらに勾引勾留状については、その発付につき土地管轄権を有する検事局（parquet）の意見が必要とされていることも譲渡不能の理由として加えられている。(12)

第四款　令状の特徴と最初の尋問との関係

令状は、予審被告人の自由を制約または剥奪するものである以上、その自由の制約または剥奪が、予審被告人の自由の保障という見地から、不当な期間に及ぶ自由の侵害とならないよう配慮されなければならない。それ故に、各種令状と予審判事による最初の尋問との期間が、極めて重要な意義を有することになる。以下、各種令状と最初の尋問との関係を中心に令状の特徴についてみてみよう。

一　召喚状

召喚状（mandat de comparution）は、「令状が発せられた在宅の者をその令状によって指定された日時に予審判事の下に出頭させることを目的とする」（刑事訴訟法一二二条）。この召喚状は、単なる出頭の案内状であって、なんら強制力をもつものではなく、令状の対象とされた者はこれに従わなくてもよい。出頭は任意であって、出頭するかしないかは予審被告人の判断に委ねられている[13]。

㈠　召喚状の対象となる犯罪

制定時の治罪法典では、召喚状は軽罪事件についてしか利用されなかった（九一条）。一八六五年七月一四日の法律は、これを改正し、召喚状の適用範囲を重罪事件にまで広げた[14]。刑事訴訟法典がこれを継承したので、現在、召喚状は重罪事件および軽罪事件に利用される。さらに、刑事訴訟法典において一定の違警罪についても予審が可能となったので（七九条）、現在、違警罪事件についても召喚状を交付することができるようになった[15]。

㈡　召喚状の記載事項と召喚状の通告

召喚状には、予審被告人の氏名、住所、召喚の日時および場所を記載する。嫌疑の記載は、必要とはされていない。召喚状の通告は、一般的に通達（signification）を行う執達吏が行う。例外的に、予審判事は、司法警察官または司法警察吏に委ねる。予審被告人が他の原因で勾留されているときは、司法警察官または拘置所長（chef de l'etablissement pénitentiaire）が行う（一二三条五項）。召喚状を執行する官憲は、召喚状の写しを予審被告人に渡さなければならない。

㈢　召喚状と最初の尋問

予審判事は、召喚状で予審被告人を出頭させたときは、最初の出頭時の方式（formalité de premèier comparution）を遵守して直ちに尋問を行う（一二五条一項）。すなわち、召喚に応じた日が最初の尋問（原則として、本案の尋問ではない）のときである。尋問後、予審判事は必要があれば勾留状を発付して予審被告人を勾留に付す。

前述のように、召喚状には出頭を強制する効力はない。予審被告人が召喚に応じないときは、予審判事は勾引状を発付することにより出頭を強制することができる。

二　勾引状

勾引状（mandat d'amener）は、「予審判事が警察力に対して与える命令であって、令状が発付された者を直ちに予審判事の下に引致すべきことを命ずる」（一二二条二項）ものである。予審判事は、予審被告人が召喚に応じないとき、または召喚に従わない恐れがあるときに、さらには予審被告人の勾留を考慮するときに、この令状をもって強制的に予審被告人を自分の面前に引致せしめる[16]。勾引状は、端的にいえば、予審被告人の尋問を行うための出頭を強制する逮捕令状である。勾引状により市民の自由を束縛することから、勾引後はできる限り迅速に尋問をしなければならないとの要請が働く。

(一)　勾引状の通告と執行

勾引状は、強制力の行使を認めるものであり、したがって令状の通告と執行は令状を行使する警察力すなわち司法警察官または司法警察吏に委ねられる。それ故、通告と執行は同時間内に行われる。令状執行の任に当たる司法警察職員は、予審被告人に通告した後、これを逮捕する。勾引状の執行で特徴的なのは、執行できる時間の制限が定められていることである。すなわち、当該職員は、午前六時以前午後二一時以後に、予審被告人の住居に入って逮捕することが禁止されている（一三四条一項）。これは、勾引状の有する逮捕という強制力が、市民の自由を侵襲することを配慮してのことであろう。

令状を執行する職員は、令状執行地の最寄りの警察力を同伴させることができる（一三四条二項）。なお、令状執行官は、勾引状の執行のために一切の家宅捜索をしてはならない（一九〇三年五月二〇日のデクレ一四二条）[17]。予審被告人を発見できないときは、執行官は捜索調書および逮捕不能調書（un procès-verbal de perquisition et de recherches infructueuses）を作成し、令状を発した予審判事に提出しなければならない（一三三四条三項）。予審被告人が逮捕されない場合、勾引状の有効期間は予審終結までである。予審終結をもって、勾引状は無効となる（刑事訴訟法C一二五四条）。㈡　勾引状を利用できる犯罪

治罪法典では、勾引状の利用は重罪事件および軽罪事件について認められていた（九一条二項）。単なる罰金に相当する軽罪も勾引状の対象とされていたが、違警罪は利用対象とはされていなかった。[18]刑事訴訟法典は、違警罪について勾引状に関する規定をもうけていないが、違警罪をも含めすべての事件において予審判事に強制出頭させる権限を付与することが望ましいとするのがおおかたの解釈と思われる。[19]

勾引状が、予審被告人とされていなかった者に発付されると、その時点で彼は予審被告人となる。したがって、もはや証人として聴問することができなくなる。[20]

㈢　勾引状と最初の尋問

勾引状は、予審判事の面前に予審被告人を強制的に引致するものであるから、一時的な逮捕（arrêstation provisoire）を認めるものである。一八九七年一二月八日法は、逮捕された者にその理由を知らせるために、迅速な尋問を予審判事に課した。ただし、勾引状の執行地と予審判事の所在地との距離により、手続は二つに分けられた。刑事訴訟法典はその方式を踏襲した。勾引状にこのような迅速な尋問を課したのは、「無罪の推定」原則によるものである。[21]

⑴　予審判事の所在地から二〇〇キロメートル未満の場所で逮捕された場合　この場合には、予審被告人を直ちに尋問を行う予審判事の下に出頭させなければならない。しかし、予審被告人が勾引状により引致されても、引致の時間が不定であるので予審判事が多忙で執務室に不在であるとか、到着した時間が夜遅いという理由で受理されない場合がある。その場合には、予審被告人は、予審判事の出頭前まで拘置所に留置（détention 出頭前勾留）されることになる。[22]ただし、この留置は、個人の自由を配慮して、二四時間を超えてはならないものとされた（一二五条第二項）。この時間が経過すると勾引状は効力を失うので、拘置所長（行刑施設長）は職権で予審被告人を共和国検事の下に引

致する。検事は、即時の尋問を予審判事に請求しなければならない。予審判事がいなければ裁判所長に、または裁判所長が指名する判事に請求する。尋問が行われなければ、予審被告人を釈放しなければならない（一二五条三項）。さもなくば、不法監禁となり（一二六条一項）、拘置所長および検事に対して所定の制裁が加えられる（同二項）。ただし、遅延がやむを得ない事情による場合は除く（一九八四年七月九日法に由来する一三〇条の一）。

ここで問題となるのは、出頭前の二四時間の留置である。予審判事の所在地に必ずしも拘置所があるとは限らず、そうしたことからこの二四時間を逮捕地から拘置所への移送の時間を含むものか（さらには裁判所までの時間も含むのか）、あるいは拘置所に収監された時間のみを指すのかが問題となる。「二四時間を超えて留置してはならない」との文言から、解釈上後者が妥当とされる。学説および刑事訴訟法施行通達（二五五条）も、出頭前勾留と逮捕に関する期間（逮捕地から拘置所、次いで予審判事の所在する場所への移送の期間）を区別する見解を支持する。[23]この留置は、détention の語を用いられているが、勾留決定（détention provisoire）を経た未決勾留を意味するものではなく、一時的な仮の抑留を意味するものと解すべきである。

⑵　予審判事の所在地から二〇〇キロメートル以上離れた場所で逮捕された場合　この場合、予審被告人は次の選択を行う。

令状を発付した予審判事の面前に、二四時間以内に引致されることを望む場合（予審判事への付託）、⑴の手続が適用される。

予審被告人が移送を受け入れないときは、逮捕地の共和国検事の下に出頭する（共和国検事への付託）（一二七条）。共和国検事は、予審被告人の身元（人違いでないこと）について尋問し、供述しない自由を有することを告知した後に、供述を聴く。供述しない自由の告知は調書に記載しなければならない。検事に予審権はないので、また、弁護人の立会いという防禦権の問題もあるので、本案に関する真の尋問は行わない。次いで、共和国検事は、予審被告人に令状を発した予審判事の下への移送に同意するか、または同予審判事の決定を待つために逮捕地での勾引状の効果の延長のいずれを望むかを尋ねる（一二八条一項および二項）。

移送を受け入れた場合、移送が国内県間においてなされるときは四日以内に、海外県から他県へまたはフランス本土の都市から海外県へなされるときは六日以内に、予審判事の下に引致しなければならない（一九八四年七月九日法による一三〇条）。引致後は、先の(1)の手続に従う。

反対に、予審被告人が移送を拒絶した場合、共和国検事は、予審被告人を拘置所に引致し、予審判事に速やかにその旨を通知する。通知には、予審被告人の人相・特徴を記載した出頭調書（procès-velbal de la comparution）の原本またはその写しに、人違いでないことの詳報を添付する（一二八条）。通知を受けた予審判事は、直ちに移送するか否かを決めなければならない（一二九条）。移送をしない場合、発付した勾引状を取り消さ（mainlevée）なければならない。反対に移送を決定する場合、移送が国内県間で行われるときには四日以内、海外県から他県へまたはフランス本土から海外県になされるときは、六日以内に内予審判事の下に引致しなければならない。

右の期間（一二七条および一三〇条の定める期間）が遵守されないときは、予審判事の命令に基づき予審被告人を釈放しなければならない。ただし、引致の遅滞がやむを得ない事情によるときは、このかぎりではない（一九八四年法による一三〇―一条）。

勾引状による逮捕は、前述のように、最初の出頭の前に拘置所への一時的な収監が可能とされているので、この収監が未決勾留にあたるのか否かが、勾留期限とも関わって問題となる。判例によると、二〇〇キロメートル以上離れた地で勾引状により逮捕された者の勾留の起算点は、逮捕のときではなく、勾留状の執行のときである(24)。このことから、予審判事への最初の出頭前の拘置所への収監は、未決勾留ではなく、一時的かつ仮の留置（抑留）の処置と解される(25)。

最後に、勾引状の執行方式違反の場合（たとえば、二〇〇キロメートル以上離れた地で逮捕された者が、共和国検事の尋問を受けなかった場合）、無効はこの違法な行為だけにしか及ばない。したがって、法律の規定に則って発付された勾留状には無効の作用は及ばない。[26]

三　勾留状

勾留状（mandat de dépôt）は、「予審判事が拘置所長（行刑施設監長）に対して与える命令で、令状が発付された者を受理し、これを勾留すべきことを命ずる」ものであり、また「あらかじめその者に通告されていたときは、これを捜査し（rechercher）又は移監することをも許可する」ものである（一二二条四項）。勾留は、勾引状に続く勾留状からしか生じない。勾留状は、かなりの長期にわたり、無罪の推定の保護を受ける市民の自由を剥奪する処分であるから、その利用に当たり厳格な要件が定められている。

㈠　勾留状を利用できる犯罪

勾留状には、まず、訴追された犯罪が比較的重大なものでなければならないという要請が当然に働く。刑事訴訟法典は、勾留を許す犯罪の重大性を現行犯か否かで、次のように区分する。現行犯の場合には、科せられる刑が一年の拘禁またはそれを超える拘禁に当たることが、それ以外の場合には、科せられる刑が二年またはそれを超える拘禁に当たることが勾留状の発付要件とされている。このことから、勾留状は重罪または軽罪についてしか利用できない。違警罪については、勾留状を利用することができないのである。

㈡　勾留状の交付時期と通告

勾留状は、その条文からも明らかなように、すでに裁判所の掌中にある者（召喚状により呼び出された者および勾引状により逮捕された者）、または他の原因ですでに拘置所に収監されている者に対して発せられる。勾留状の交付の時期は、召喚状または勾引状による最初の出頭における尋問の後に多いが、その後の本案に関する尋問から釈放までの間に利用することもできる。[27] なお、勾留状は予審終結の際にも交付することができる。さらに、勾留状は、司法統制（contrôle judiciaire）に付された予審被告人が司法統制の義務に違反したときも交付することができる。この場合には、右の犯罪の重大性はもはや勾留状発付の要件とはならない。

予審被告人への勾留状の通告は、すでに裁判所の手中にある場合には予審判事が行う。予審判事は、口頭で通告し、一件記録への欄外署名によって勾留状の全部の写し（謄本）を交付する（一四五条参照）。予審被告人がすでに収監されているときには、拘置所長がこれを行う（一二三条五項）。

㈢　勾留状発付前の「市民的自由」の保障制度

「市民的自由」の保護すなわち「刑事権力からの安全」の見地から、勾留状に対するいくつかの「市民的自由」の保障を強化することが行われた。

まず、刑事訴訟法典は、当初より、勾留状発付前に予審被告人の尋問を必要とした。この尋問は、とくに予審被告人の家族の状況、社会的状態および再出頭の可能性について情報を引き出すものでなければならない。次に、一九七五年八月六日法は、直ちに弁護士の援助を受ける権利を有する旨の告知を予審判事に義務づけた。予審被告人は、弁護人の選任または国選弁護人の指名を請求することができる。弁護人には直ちに連絡がなされる。召喚された弁護人は一件記録を閲覧し、自由に依頼人と接見することができる（一一三五条の一）。予審被告人が、直ちに弁護士の援助を受けることができないときでも、予審判事は必要な令状（勾留状）を発付することができた。ただしこの場合には、予審判事には予審被告人を五日以内にあらためて出頭させる義務が課されていた。しかし、一九八四年七月九日の法律は、自由に対するより顕著な保障強化を行うために、勾留状発付前に予審判事の面前で共和国検事と予審被告人（その弁護人）とが対審弁論（débat contradictoire）を行う制度を導入した。これにより、それまで認められていた弁護士の援助の受けられない勾留状の発付は廃止された。

さらに、勾留状の発付には、特別に理由を付した勾留処分に付する命令（勾留処分決定）が先行していなければならない。

勾留状は、そもそも捜索および逮捕を許すものではないが、「あらかじめ通告されているときは、捜査および移監をも許可する」ものである。これは、予審被告人が、拘置所から脱走した場合を想定した規定である。[28] この場合、勾留状は公告（diffusion）の方法で捜査を許可する。したがって、この場合には勾引勾留状の発付を必要としない。[29]

㈣　勾留状と最初の尋問

古い制度では、まず捕らえ、そして尋問した。一六七〇年のオルドナンスは、「重罪で収監された者はすぐに尋問される。この尋問は、収監されてから二四時間以内に始められる」（第一四章一条）と規定していた。治罪法典は、収監と尋問の順序を入れ替えた。すなわち、治罪法典は、尋問を勾引勾留状の交付の要件とした（九四条）。一八六五年七月一四日の法律は、これをさらに勾留状にまで拡大した。刑事訴訟法典はこれを継承し、第一三五条で「予審判事は尋問した後でなければ勾留状を発することができない」と規定した。事前の尋問は、予審被告人の防御上重要であり、対審弁論はその制度的結実といえよう。対審弁論の詳細については、後述する。

四　勾引勾留状

勾引勾留状（mandat d'arrêt）は、「警察力に対して与える命令であって、予審被告人を捜査すること及びこれを受理し勾留すべく令状に指定された未決監（拘置所）に引致する」ものである（一二二条五項）。

勾引勾留状は、事前の逮捕命令と逮捕後の収監命令を合わせもつ令状であり、令状中もっとも強力な作用を及ぼすものである。プラデルは、この令状を評して「予審判事の権力をもっともよく表現するものである」[30] と述べている。それ故、勾引勾留の発付にはより厳格さが要求され、「予審被告人が逃走しているとき、又は共和国の領土外に居住しているときは、被疑事実が軽罪事件についての拘禁の刑又はそれよりも重い刑に当たるものである場合に限り、予審判事は、共和国検事の意見を聴いて、勾引勾留状を発することができる」（一三一条）と規定されている。

㈠　勾引勾留状を利用できる犯罪

勾引勾留状を交付できるのは、前述のように「被疑事実が軽罪についての拘禁の刑又はそれよりも重い刑に当たる」

（一三一条）ものに限られる。この規定によれば、勾引勾留状は、重罪事件および拘禁の刑以上の軽罪事件について利用することができる。ところが、この勾引勾留状は勾引とその後の勾留を命ずる令状でありながら、勾引勾留状がその発付対象とする犯罪と勾留状が発付対象とする犯罪とが一致しないという現象が生じている。

勾留状は、一九八三年六月一〇日の法律で第一四四条第一項が改正され、その適用が「徴」軽罪（《petite》délits）に有利なように一定の範囲に限定された。すなわち、対象となる犯罪は、軽罪事件については、現行犯の場合には一年または一年を超える拘禁刑に当たるとき、その他の場合には二年または二年を超える拘禁刑に当たるときに限定された。これに対して、勾引勾留状は重罪事件および軽罪事件のすべてをその適用対象とする。この両令状の対象となる犯罪の不一致は、一年または二年に満たない拘禁刑で処罰される軽罪（「徴」軽罪）の行為者が勾引勾留状の対象となりうるかという問題を引き起こす。プラデルによれば、この件に関する判決は一つしかなく、それによれば勾引勾留状の発付ができないとされている(31)。したがって、拘禁刑が二年に満たないときは、勾引状を用いるか、さもなくば（勾引後の勾留ができないので）司法統制（司法監視 contorôle judiciaire）を利用するしかないということになる。しかし、予審被告人が逃走している場合には、勾引状も司法統制も行使できない。

プラデルは、そのような解決では実務状困難を来すと非難し、次のように主張する。一九七〇年の立法者は、予審判事の困難さを配慮し、拘禁年数の如何にかかわらず、すべての軽罪被告人に対する勾引勾留状の交付権を認めることを望んだ。この勾引勾留状は逮捕と勾留という二つの面を離すことができるので、この令状の交付は必然的に継続的収監を含むものではない。なぜなら、軽罪については逮捕後、予審判事は勾留の継続（la maintien de détention）の裁判（勾留処分決定）をしなければならないからである。したがって、この勾引勾留状の場合も勾留裁判を必要とする。それ故、犯罪が右の二年に満たない拘禁刑に当たるときでも、予審判事は勾引勾留状を発付することができる(32)。大略、そのような主張である。

この問題は、一九九三年一月法および一九九三年八月法の改正の対象とはならなかった。なお、司法統制の義務違反の場合には、右の刑の制限に拘束されないのは勾留状の場合と同じである。

㈡ 共和国検事の意見（請求）の必要性

勾引勾留状を発する前には、必ず共和国検事の意見を聴かなければならない。しかし、共和国検事の意見は、予審判事の独立性を侵すものではなく、したがって予審判事の判断を拘束するものではない。この意見を得るために、予審判事は、引渡決定（ordonnance de soit-communique）によって、検事に訴訟記録（procédure）を渡さなければならない[33]。

㈢ 勾引勾留状の執行

勾引勾留状は、逮捕命令を含むものであるので、勾引状の場合と同様に、令状の執行官が六時以前二一時以後「市民の住居」に入ることを禁じている（一三四条一項）。

先に提示したように、勾引勾留状は、予審被告人が逃走しているときか、または共和国の領土外に居住しているときにしか発することができない。予審被告人の住所が不明ではあるが逃走の証拠がない場合や、予審被告人が勾留中であることを知っているときには、この令状を発付することはできない。勾引勾留状は、勾引状と同じ条件で、司法警察官および司法警察官吏がこれを通告し執行する（一二三条四項）。

㈣ 勾引勾留状と最初の尋問

治罪法典の時代、一八九七年一一月八日法は、「無罪の推定」原則の配慮から、勾引状の場合についてのみ最初の尋問の期限に関する特別の方式を定めた。勾引勾留状については、そうした配慮は行われなかった。そこから生ずる弊害に対し、一八九六年七月一六日の政府通達、さらに一八九七年一二月一〇日の通達が勾引状による逮捕の方式を勾引勾留状にまで広げた。刑事訴訟法典は、以下のようにこの実務を立法化した。

(1) 令状発付の予審判事の所在地から二〇〇キロメートル未満の地で逮捕された場合　この場合、逮捕された予審被告人は、令状に指定された拘置所に引致され、拘置所長が身柄受取書を交付する。予審判事は、二四時間以内に尋問しなければならない（一三三条一項）。この期間が経過した場合については、勾引状の場合に定められた場合と同様に扱われる。なお、一九八四年七月七日法以前には、尋問は四八時間以内とされていたので、同法により尋問の迅速化がはかられたことになる。むろんこの尋問に際しても、予審被告人は、弁護人の援助を受ける権利を告知され、それを行使することができる（一四五条二項）。

(2)　二〇〇キロメートル以上離れた地で逮捕された場合

この場合には、予審被告人は速やかに逮捕地の共和国検事の下に引致される。この点で、勾引状の場合と異なる。また、令状発付の判事の下に引致することについて、予審被告人の同意を求めることは不要である。以後の共和国検事の手続は、勾引状の場合と同じである。

尋問が法定期間内になされないときは、予審被告人を釈放しなければならない。期間内に尋問をしても、予審判事が勾留の裁判をして勾留処分決定を下さないときは、勾引勾留状は失効し、やはり釈放しなければならない。これも、勾留が純粋に仮のものであることを示すものといわれている[34]。

（1）　Roger Merle et André Vitu, Traité de droit criminel, T.II, Procédure pénale 4ᵉ ed., 1989, p.411.
（2）　Merle et Vitu, ibid., P.411. Jean Pradel, L'instruction préparatoire, 1990, p.175.
（3）　Pradel, ibid., L'instruction préparatoire, p.176.
（4）　Merle et Vitu , op.cit., p.416.
（5）　Pradel, op.cit., pp.176 et 177.
（6）　Crim.8 jullet 1920, B.C.no307;22 décembre 1959, B.C.no569;4 mai 1961, B.C.no237.
（7）　Pradel, op.cit., p.178.
（8）　Pierre Chambon, Le juge d'instruction 3ᵉ ed., 1985, p.267.
（9）　Pradel, op.cit., p.179.
（10）　Pradel, ibid., p.179.
（11）　この点については、シャンボンも同じ見解である。Chambon , op.cit., p.267.

（12） Pradel, op.cit., p.179.

（13） Gaston Stefani, Georges Levasseur, Bernard Bouloc, Procédure pénale 16e ed, 1996, p 541.

（14） Chambon, op.cit., P.275. Pradel, op.cit., p.187.

（15） Merle et Vitu , op.cit., p.413.

（16） Pradel, , op.cit., p.188.

（17） Pradel, ibid., p.189.

（18） Pradel, ibid., p.188.

（19） Pradel, ibid., p.188. Merle et Vitu , op.cit., p.413.

（20） Crim.26 sept.1986, B.C.no260. Stefani, Levasseur, Bouloc, op.cit., p.541.

（21） Pradel, op.cit., p.189.

（22） Pradel, ibid., p.188. 治罪法典では、一八九七年法まで、勾引状では未決監に勾留することができなかったので、市町村の留置場または憲兵隊の保安室に勾留した。しかし、このような留置場のない市町村もあり、共和国検事の「臨時身柄留置命令書（billet d'écrou provisoire）」による未決監への留置が慣行となった。この慣行は内務省の通達を経て、一八九七年法で勾引状による未決監（後に、拘置所）への留置が立法化された。Merle et Vitu , op.cit., p.417.

（23） Pradel, ibid., p.190. なお、この逮捕期間の留置は、警察による仮留置（garde à vue）の状態に似ているが、警察捜査を容易にするためのものではなく、移送を確保するためのものであるという点で、明らかに異なる。Pradel, ibid., p.191.

（24） Crim.24 janv.1891, B.C.no18. Crim.26 juill.1966, B.C.no216. Crim.25 juill.1979, B.C.no251.

（25） Chambon , op.cit., p.279.

（26） Merle et Vitu, op.cit., p.418.

（27） Merle et Vitu , ibid., p.418.

（28） Pradel, op.cit., p.194.

（29） Pradel, ibid., p.194.

（30） Pradel, ibid., p.195.

（31） Pradel, ibid., pp.195 et 196.

（32） Pradel, ibid., p.196.

（33） Pradel, ibid., p.195.

（34）Pradel, ibid., p.201.

第五節　未決勾留

未決勾留（détention provisoire 仮拘禁）（治罪法典および一九七〇年七月一七日による改正までの現行刑事訴訟法典では、détention préventiveすなわち予防拘禁と呼ばれていた。煩雑を避けるために後者についても未決勾留の語を使用し、必要に応じて予防拘禁の語を用いる）は、予審開始から確定判決までの全期間または一部の期間、予審被告人を拘置所（行刑施設・一九九三年一月法による改正以前は未決監）に収監することである[1]。

この未決勾留は、学説上の一時留置（rétention passagere）とは区別されるべきものである。一時留置とは、先に触れた勾引状による逮捕から予審判事の面前への出頭、あるいは重罪または軽罪の現行犯逮捕から司法官の下への出頭までの短時間の仮の抑留を意味する。したがって、それはまた、警察が真実発見の必要性を理由に証人や被疑者（suspect）を二四時間留置する仮留置（garde à vue）とも異なる[2]。

未決勾留は、近代以降のフランス刑事手続の中で、その改革の中心的課題の一つであったし、今日もなおそうである。それというのも、未決勾留が、「無罪の推定」原則の保護を受ける市民から、その自由を剥奪することを許容する制度だからであり、またその期間の長期化が「市民的自由」への不当な侵害の危険性と背中合わせにあるからである。未決勾留は、裁判をまだ受けていない者が刑を受けるのと同様に自由を剥奪されるのであるから、ステファニー＝ルヴァスール＝ブーロックのいうように「無罪の推定」に反するものであるとの様相を呈する[3]。一九七〇年七月一七日の法律が司法統制（contrôle judiciare 司法監督）制度を創設したのは、未決勾留による自由権侵害という劇薬の処方をできるだけ回避して、未決勾留者の数を減少させるためであった。

司法統制とは、完全な自由と勾留による拘束との中間的な自由であり、勾留に代替する制度である。原則として予審被告人は自由であるが、予審の必要上（à raison des nécessités de l'instruction）または保安上の処置（à titre de mesure de sûreté）のため、予審被告人を完全に自由にしておけない場合に、往来と社会生活に一定の制約を課して予審被告人をコントロールする制度である。司法統制処分の課す諸義務では予審の必要性または保安上の処置を満たせない場合に限り、未決勾留による自由の拘束が許される。この処分は、完全な自由と自由の剥奪との中間的処分であって、「半処分（demi-mesure）」とも呼ばれている。司法統制処分を決定する裁判は、未決勾留と同じく予審判事の決定（ordonnance）によりなされる。この決定に対しては、従前、令状と同じく、抗告（控訴）ができなかった。この点で未決勾留決定と異なり、司法統制処分の決定は、その名にもかかわらず裁判所の行為（処分）ではなく、むしろ予審判事の予審行為と理解されていた。しかし、一九九三年一月四日の法律で、司法統制処分決定に対しても控訴が許されるようになった。これは、「予審被告人は自由である」との一般原則に、さらに一歩近づく改正であるといえよう。この一般原則からすれば、法制上、未決勾留は司法統制の補完的機能を有するものとなったといえる。この司法統制の制度により、勾留件数を減少させることが立法者の意図であったが、しかしその期待は大きく外れた。

以下、未決勾留の諸相を具体的にみていく。

第一款　未決勾留（事前拘禁）の歴史

未決勾留の歴史は、予審被告人の「市民的自由」と刑事権力との関係の変遷を如実に映し出している。その意味で、未決勾留の歴史は予審の歴史の中枢を占めるものといえよう。

事前拘禁（détention préalable）は、一四世紀に出現し、糺問手続の一般化と結合して、やがて証人の価値も低下させ、自白を重視する証拠制度への転換をなさしめた。自白は「証拠の王」となり、自白採取の最良の方法として、勾留した上で自白を強制する手続が構築された。

糺問手続を完成した一六七〇年のオルドナンスは、身体拘束命令を苦しめの刑（施体刑）および辱めの刑（加辱刑）

に当たる重罪に限定していた。さらに、この命令は、犯罪の証拠が十分に存在すること、また国王の代官（検察官）の申立て（conclution）があることを必要としていた。保証金制度の下で、保証金を課せられた、または課せられない釈放（保釈）が認められていた。ただし、この釈放には、常に検察官のみならず私訴原告人がある場合にはその承諾が必要とされた。

中間法の時代、事前拘禁に対する抑制のイデーが表明された。人権宣言第九条は、「すべての者は、犯罪者と宣告されるまでは、無罪と推定される者であるから、その逮捕が不可欠と判定されても、その身柄を確実にするために必要でないようなすべての強制的処置は、法律により峻厳に抑圧されなければならない」と宣言した。この規定は逮捕時における逮捕の行動形態について規定したものである。しかし、逮捕にはその後の身柄拘束を伴うことが多い。したがって、同規定は、逮捕後の身柄拘束についても、不必要な強制的身柄確保を抑制することを要請するものと解釈しうる。プラデル（Pradel）も、そのように理解している。しかしながら、一七九一年七月一九日―二二日法、一七九五年の罪刑法典（共和暦四年霧月三日の法典）、さらに共和暦四年熱月二九日法の条文は、この無罪の推定の帰結とは裏腹に、勾留を原則とし、釈放を軽罪について保証金が支払われる場合にだけ認めた[4]。

一八〇八年の治罪法典は、基本的に右の革命立法を継承し、未決勾留を原則とした。

治罪法典において事前拘禁は、予防拘禁（détention préventive）と呼ばれた（これについては、煩雑を避けるために未決勾留もしくは勾留の語を用いてきた）。治罪法典は、当初、重罪事件について未決勾留の期間を無制限とし、釈放を認めなかった。軽罪事件についてもやはり勾留期限の限定はなかったが、予審判事は、予審被告人が浮浪者でない限り、五〇〇フランを下回らない保証金の支払いによりこれを釈放することができた。しかしながら、治罪法典施行当初からしばらくの間、予審判事は保釈を余り利用せず相変わらず勾留処分を頻繁に利用したようである。この点に関し、司法省は、一八一九年二月一〇日に治安と自由に関する興味深い通達を出している。いわく、「(判事は)決して次のことを忘れてはならない。判事は治安と公共の風俗の防衛、人々の諸権利と所有権の防御を委ねられていること、もっとも尊い権利の一つが個人の自由であること。人は法律で定める場合のほかは逮捕されないこと、そして法律の厳正さを示すことが必要不可欠であるとしてもそれと人権とを妥協させなければならないことを。」[5]この通達は、未決勾留の慣行に対する訓示である。このことから、当時の司法省が、未決勾留の過剰利用に対する抑制を懸命にはかろうとしていたことが窺える。

一八四八年三月二三日のデクレは、保証金の下限を撤廃した。これにより、釈放につき貧富の差による弊害が解消され、公平さが確保されると同時に、釈放の適用範囲も広がった。

一八五五年四月四日の法律は、皇帝の代官（検察官）の同意を前提に、嫌疑の性質如何に関わらず勾留状の取消権を予審判事に与えた。

一八六五年七月一四日の法律まで、仮の自由（liberté provisoire）すなわち釈放は、重罪事件では決して認められなかった。また、前述のように勾留は無制限であった。同法により、勾留に関する立法の傾向は急旋回を始めた[6]。未決勾留の緩和策が取られ始めたのである。立法者は、その意図につき次のように語っている。「少しばかり反抗的なフランスの司法官の精神に、この原則、すなわち社会全体の安全に危険でないならば社会は武装解除されなければならないとの原則を、染み込ませなければならない。（中略）一層個人の権利を拡大し、できる限り未決勾留を控えなければならない。[7]」

一八六五年法は、勾留期限無制限の原則を維持しながらも、仮の自由の領域を拡大した。すなわち、軽罪事件において、法定刑が二年未満の拘禁（être inferieure à deux ans d'emprisonnement）に当たり、予審被告人が定まった住居を有し、さらに予審被告人がそれまで重罪または軽罪で一年以上の拘禁の言渡しを受けていないときは、最初の尋問の五日を経過した後に権利釈放（mise en liberté de droit）を認めた[8]。前述のように社会の安全に危険でない人物に対する武装解除が、立法者の意図であった。また、同法は、保証金制度を導入して、予審被告人にすべての事件につき釈放請求権を認め、釈放請求棄却の決定に対し上訴権を認めた[9]。予審判事の釈放の是認に対しても、上訴を認めた。さらに、予審判事に勾留状および勾引勾留状の取消権も認めた。このように、一八六五年法は、仮の自由である釈放の領域を広げた点で、注目される改革を実行した。これにより未決勾留の制度改革は進展したが、真実の発見に勾留を不可欠とする多くの予審判事は、さして勾留の利用を抑制することはなかったようである(10)。

一九三三年二月七日の法律は、未決勾留の改正にとって極めて重要な法律である。同法は、評議部を再建し（ただし、裁判所長一人で構成）、またそれまで無制限であった勾留に対して、軽罪事件についてだけではあったが、一定の期限を導入した(11)。さらに、同法は、住所の定まった累犯者でない二年未満の拘禁に相当する予審被告人に対して、最初の尋問のときより仮の自由（liberté provisoire）を認めることを原則とした。それ以外の軽罪事件については、最初の尋問のときから五日を経過した後に釈放すべき旨を規定した。ただし、理由を付した決定により、予審判事は勾留を継続することができた。

すなわち、一八六五年法では、五日間の勾留を認めていたのであり、その意味では勾留が原則であった。これに対して、一九三三年法は、一定の犯罪について、最初の尋問のときより仮の自由を原則として認めたので、これまでを仮の自由として例外的に位置づけていたイデーを逆転させ自由を原則としたのである（したがって、この時点で釈放を「仮の自由」と表現することは、右の一定の犯罪にとっては不適切なものとなったといえる）。その意味で、同法は強烈に自由主義を促進しようとするものであった。その他の事件においては、釈放は最初の出頭から五日経過後に権利となり、五日間の勾留の後に、原則として釈放が認められることになった(12)。ただし、予審上の必要性があるときは、理由を付した決定により二週間継続することができた（一一三条一項、二項）。その後は、再び創設された評議部が予審被告人およびその弁護人の意見を聴いた後に一月ごとに継続することができた。控訴の場合には、重罪公訴部（la chambre d'accusation）が勾留の継続を決定することができた。評議部と重罪公訴部は、予審被告人およびその弁護人の意見を聴いた後に、裁判をする。そのためには、予審被告人の移送が必要であった(13)。以上のように、一九九三年法は、一定の軽微な軽罪に対しては自由を完全な原則とし、その他の事件に対しては五日間とはいえ勾留を原則としながらも権利釈放を創設することによって、判決前手続における予審被告人の「市民的自由」の回復を押し進めようとするものであった。

一九三三年法の改革は、未決勾留の自由化を促進しようとするものではあったが、評議部と重罪公訴部との関与により一件記録が予審判事の手から絶えず離れることになるため、予審手続を麻痺させ手続の長期化を招来することが明白であるとして、実施不能のものとされた。そこで、一九三五年三月二五日の法律は、一九三三年法を改正し、軽罪事件における勾留の期限付き延長の原則についてはこれを継承したが、評議部を廃止した。これにより、勾留決定は再び予審判事の専権となり、予審判事は単独で勾留の更新を行うことになった。勾留の更新は一月ごとに二回まで許された。勾留が二月を超えるときは、重罪公訴部が勾留の継続を決定した。このように、一九三五年法は一九三三年法の創設した評議部を廃して手続の簡素化をはかるものであったが、なお重罪公訴部での裁判には予審被告人の出頭が課せられたので、極端に形式主義化した手続を十分に簡素化しえなかったと評されている[14]。

一九三五年法を初めとする一九三〇年代後半以降の改正は、国際的緊張、第二次世界大戦、ヴィシー政権等々の困難な状況化において、それまでの自由の方向から鎮圧の強化を目指すものへと転回した[15]。

一九三九年一一月一八日年のデクレ・ロワ（décret-loi 委任命令）は、右の両法律における効率の悪さを是正するために、一八六五年法への回帰の方向をたどるものであった。

一九五〇年代に入ると、再び被拘禁者に対する自由の拡大の方向での二つの改革が施された。すなわち、まず一九五二年一二月一九日の法律が釈放請求に対して五日以内に裁判をすることを予審判事に義務づけ、次に一九五五年七月二六日の法律が私訴原告人から釈放決定に対する控訴（抗告）権を剥奪した[16]。こうして、治罪法典における未決勾留（予防拘禁）に対する改革は終わった。この間、司法省は数次の通達をもって適正な勾留の適用を指示したが、効果を上げるにはいたらなかった。そして、その不適正な状況は、刑事訴訟法典の時代に入っても続くのである。

一九五九年の刑事訴訟法典は、予審被告人の自由を原則とする自由主義を継承し、第一三七条で「未決勾留は例外的処分である」と宣言した。そして、未決勾留は、重罪および軽罪ともに四月とその期間が定められた。最初の四月の期間の満了に際し、すべての事件につき二月の期間延長が可能となった。一九六〇年六月四日のオルドナンスは、延長期間を四月に修正した。更新の回数は制限されていなかったので、予審判事は勾留の延長を自由に行うことができた。

また、刑事訴訟法典は、予審被告人の釈放請求に対する棄却決定への控訴（抗告）権に起因する手続の遅延を回避するために、釈放請求棄却決定に対する抗告があっても、予審判事に予審手続を続行させることを認めた。遅滞の原因となっていた重罪公訴部への一件記録の引渡しは、その写しをもって行われるようになった[17]（一八六条）。

刑事訴訟法典制定後も、予審の数が多いこと、勾留期間が長いこと、勾留と自由のとの間に中間的な処分のないこと等が批判され、一九七〇年七月一七日の法律による重要な改正が行われた。同法は、「市民の個人的自由の保障を強化する」ことを目指すものであった。その自由主義は、次の点にあらわれている。

(1)　事前拘禁の用語を、予防拘禁（détention préventive）から仮拘禁（détention provisoire）に代えた。もはや、釈放は仮の自由ではなく単に自由となり、自由が原則であるということが条文の用語においても確立された。

(2)　第一四四条に勾留の目的を定め、勾留が許される事由を制限的に列記した。さらに、事実の各種の要素を評価させ、その精密な照合によって、同条所定の事由の存在を立証する義務を予審判事に課した。すなわち、形式主義化した予審の必要性に関する評価を実質的なものにし、予審の濫用を防止することをはかった。

(3)　軽罪事件について予審被告人を勾留処分に付すときは、理由を付した決定（勾留処分決定）を予審判事に義務化した。重罪については、従前どおり勾留状または勾引勾留状の交付をもって勾留効果を発生させた。

(4)　予審免訴または無罪の利益を有する予審被告人に、損害賠償請求の権利を与えた。

(5)　司法統制という勾留と自由との間の中間的処分を創設した。

(6)　四ヶ月以上予審判事から尋問を受けていない予審被告人に対して、釈放請求を重罪公訴部に直接受理させる権利を与えた(18)。

右にみたように、一九七〇年法は、刑事訴訟法典における最初の注目されるべき改正法である。その特徴は、次の三点に集約されるであろう。第一に、再び重罪事件と軽罪事件についての勾留の制度が異なるものとなったことである。すなわち、重罪事件について、勾留を再び無期限のものとし、四月ごとの更新を不要としたのである。軽罪事件については、一九六〇年法による四月の勾留期間のシステムを継承した。なお、予審終結決定は勾留を終了させるが、予審終結後も勾留を続けることができた。ただし、それは、もはや発付された令状の執行力によるものではない(19)。第二に、予防拘禁の語を廃止し仮拘禁に代え、さらに釈放を「仮の自由」の呪縛から解き放したことである。第三に、予審判事の安易な勾留の選択を抑制するために、勾留処分決定に、勾留目的に則した理由を特別に付すことを義務づけたことである。

一九七五年八月六日の法律は、さらに自由主義の方向を一層推進し、勾留期間の短縮を行った。同法により、軽罪事件における勾留に対しては、原則として二月の延長を一回しか命じることができなくなった。これは、予審判事の司法統制の利用が、立法者が望んだほどには定着しなかったことに原因があった。しかし、結局、勾留の数は減少することがなかった(20)。一九七〇年法および一九七五年法は、その努力にもかかわらず、硬直化した勾留の利用実態を期待に応えて大きく変えることはできなかったのである(21)。司法統制は未決勾留に取って代わらず、フランスの刑務所を収容過剰にし、誤った勾留に対する賠償による補償は稀であった(22)。

一九八〇年代は、一九八一年二月二日の法律、一九八三年六月一〇日の法律、一九八四年七月九日の法律、一九八五年一二月三〇日の法律、一九八六年九月九日の法律により控え目な改正が試みられた。

一九八一年二月二日法は、『治安を強化し、人の自由を保護する法律（loi renforcant la sécurité et protégeant la liberté des personnes)』、いわゆる「安全（治安）と自由」法と呼ばれているものである。同法は、刑事訴訟の遅延が被未決勾留者の数が多いこと、予審が長期化していること、判決が遅延していることに等に起因しているものとし、警察の仮留置の更新を一回かぎり二四時間に制限し、軽罪現行犯の司法制度を廃止し、予審を必要としない多くの軽罪に対する直接係属の手続を創設するなどの改正を行った[23]。この手続は、前述したように程なく修正された。

一九八〇年代の改正の中でもとくに注目されるのは、未決勾留における人権（droit des personnes）の強化をはかった一九八四年法である。同法は、勾留処分決定の前に、予審判事の面前における検察官と予審被告人（もしくはその弁護人）との対審弁論（débat contradictoire）の制度を創設した。これにより、予審判事は、勾留処分決定の前に、執務室で検察官と予審被告人もしくはその弁護人の双方から意見を聴くことになった。これは、勾留処分決定の形式化を防止しようとする新たな制度の創設である。

一九八五年一二月一〇日の法律は、未決勾留に関する新しい裁判機関、すなわち「予審部（chambre d'instruction）」を大審裁判所（tribunal de grande instance）に付設するものであった。この予審部は、事件を担当する予審判事を含む三人の司法官により構成される合議制の裁判機関である。これは、その具体的機能は異なるが、いわば一八〇八年の治罪法典に一時期存在した評議部の復活である。予審部は、とりわけ釈放に関する裁判をすべて行う権限を有した。同法は、一九八八年三月一日より施行予定であったが、予審判事の大増員の必要性と予想される手続の遅延化について厳しい攻撃を受け、一九八七年一二月三〇日の法律により流産にいたった[24]。

一九八五年法を改正した右の一九八七年法は、予審部を「勾留処分請求部（chambres des démandes des mises en détention provisoire）」に代え、その機能を勾留処分だけに縮小した。勾留処分請求部は大審裁判所に設置される合議体の裁判機関であるが、その名の示すとおり勾留処分決定に関するものにだけ関与する機関である。予審判事は、勾留が必要と思料するときにこの勾留処分請求部に審査をさせる。予審判事は勾留処分請求部の構成員とはならない。したがって、予審判事の勾留決定権が同部に委譲されることになる。釈放は、それまでと変わらず予審判事の権限に属した。また、同法は「自由の急速審理（référé de la liberté）」の手続を創設し、勾留状の取消請求を二四時間以内に審理するものとした[25]。一九八七年法の施行日は、一九八九年三月一日とされていた。

右の勾留処分請求部は、予審判事を勾留処分請求部の構成員としないことで事件担当の予審判事が主導権を握るというかつての評議部の轍を踏まぬよう配慮されたが、しかしその合議制について勾留に対する責任主体が不明確になるとの批判まで払拭することはできなかった。そこで、一九八七年法に対する改正がはかられたが、同法の実施予定日までに間に合わず、一九八九年一月一三日の法律で一九八七年法の施行延期が行われた。

一九七〇代後半からの暴力犯罪の増加を契機とする治安強化と人権重視との対抗的な予審改革の動向は、一九八〇年代に、「市民的自由」と「社会的安全」の相を交互に顕著に示すものであった[26]。この日まぐるしい立法の変動に対して安定した法律の樹立が期待される中、一九八九年七月六日の法律がつくられた。同法は、再び勾留に関する合議制を否定し、勾留決定権を予審判事に戻した。さらに、重罪事件の勾留期間が一年を超えることができないとの原則を樹立し、勾留決定に事実と法についての考察を記述して特別に理由を付すことを義務づけた。勾留延長も、法定の勾留理由（刑事訴訟法典一四四条一号および二号）に照らして、特別に理由を付した決定によって可能とされた。このように同法の特徴は、それまでの未決勾留に対する改革の歩みの中でさほど問題視されてこなかった重罪の勾留に対し、規制の手を延ばした点にある。同法は、軽罪事件についても、予審被告人が重罪刑または執行猶予の付かない一年を超える拘禁刑で有罪判決を言い渡されていないときには、勾留期間が六月を超えることができないものとし、さらに五年以上の拘禁刑に相当しない者に対しては勾留を二年に制限する改正を新たに行った。釈放請求について、予審判事は、法と事実の考察を記述する特別に理由を付した決定をもって、裁判をしなければならないとの改正もなされた。さらに、重罪公訴部への本人の出頭が、予審被告人またはその弁護人の請求によるときは権利となった。その場合、予審被告人またはその弁護人が公開を請求すると、対審弁論は公開の審理とされる。ただし、その公開は、予審審理の望ましい進行、第三者の利益、公の秩序または善良の風俗を害さないとの条件が付けられている[27]。

刑事訴訟法の改正動向は、さして時を経ずしてまたもや始まり、一九九三年一月四日法が成立した。一九九三年一月四日法は、挫折した勾留の新たな裁判機関の創設に再度挑み、「勾留審査部（chambre d'examen des mises en détention porovisoire)」を創設した。勾留審査部は、勾留決定を下し、その延長を行う裁判機関である。大審裁判所の所長またはその所長に指名される裁判官と、裁判所の全体会議で毎年作成される名簿に基づいて裁判所長が指名する二人の陪席裁判官（assesseur）とで構成される（一九九四年一月一日より施行予定とされていた刑事訴訟法典一三七条の一 一項）。予審判事は同部の一員とはならない。予審判事は、勾留処分またはその延長を考慮するごとに、勾留審査部に勾留審査を係属させる。勾留延長の場合、予審判事が弁護士の召喚を行う。（同条二項）。勾留審査部は、嫌疑の重大性および告発の性質を審査した後、刑事訴訟法典第一四四条に定められた未決勾留処分の要件の評価に関する一件記録（書類）の諸要素に鑑みて裁定を言い渡す（同条三項）。未決勾留を命じないときは、司法統制処分に付する（同条四項）。勾留審査部の司法官は、勾留審査部の構成員の資格で扱った刑事事件の判決に参加することはできない。いうまでもなく、これは予審と判決との分離原則に従うものである。

一九九三年一月四日法による勾留審査部の勾留には有罪の推定が非常に強く作用するため、一九九三年八月二四日の法律は、「勾留審査部」を廃止し、再び予審判事に勾留処分決定の権限を戻した。ただし、同法は、重罪公訴部長が行う「自由の急速審理」を制度化した。この制度の概要は、次のようなものである。勾留処分決定（ordonnance de placement en détention）に対する控訴の場合、予審被告人または共和国検事は重罪公訴部長（またはこれに代わる司法官）に勾留を停止する控訴を請求できる。この請求は、控訴と同時になされなければならない。請求者はすべての意見を書面にまとめる（刑事訴訟法典一八七条の一）。同部長は一件記録を見て遅くとも三日以内の就業日に理由を付さない決定（arrêt）をもって裁判をする。この決定に対して、さらに上訴（recours）をすることはできない。重罪公訴部長は、控訴の裁判が下されるまで勾留の必要がないと思料するときは、法院の裁判まで勾留状の効力を停止することを命じる。予審被告人は釈放される。このように、一九九三年八月二四日法は一月四日法の勾留審査部を中絶した。かくして、再三にわたり、未決勾留に関する裁判機関の創設は流産するにいたったのである。(28)

第二款　未決勾留の裁判

一　仮収監と対審弁論

一八五六年法による評議部（Chambre du conseil）の廃止以降、予審判事は、弁論（débat）もなく、弁護士の立会いもないままに、勾留処分決定の権限を独占してきた。[29] この予審判事の独占的権限は、常に「市民的自由」の保護との抵触が問題とされた。そして、治罪法典の時代および現行刑事訴訟法典の時代に、予審判事が勾留決定権を独占することを否定する改正が幾度か試みられてきたが、勾留に関する新たな裁判機関を設置する方策はたとえ立法化されてもそのたびに中絶され、結局、これまでのところ実現しなかった。しかし、他方、それ以外の勾留裁判に関する注目すべき制度的改革が行われた。すなわち、仮収監（incarcération provisoire）と対審弁論（débat contradictoire）の制度がそれである。

(一)　仮収監

まず、一九七五年八月五日法が、勾留処分の決定に際し、予審被告人への弁護人援助権の告知および弁護人の立会いを新たに認めた。これは、同法が、勾留状または勾引勾留状の執行の際に、予審判事の下に出頭した予審被告人に弁護人の援助を受ける権利を付与したことによる（予審判事には、予審被告人への権利〈弁護人を立ち会わせる権利、弁護人との自由な接見の権利、速やかに訴訟記録を閲覧する権利〉の告知が義務づけられた）（一九七五年法の改正による一三五条の一　一項）。もし弁護人が直ちに立ち会えないときは、予審判事は予審被告人を勾留することができるものの、五日以内にあらためて出頭させなければならなかった（同条二項）。同法は「勾留は弁護人の立会いの下でなければ決定しえないというイデー」[30]を確立したものである。弁護人は、予審被告人が自分で選任するか、または予審判事に職権を行使させ弁護士会長を通じて指名させることができた。

一九八四年七月九日法は、仮収監制度を創設し、予審被告人の防御権の強化をさらに押し進めた。勾留決定が下される前に出頭した予審被告人またはその弁護人は、防禦のための期間を請求することができるようになったのである（一八八九年七月六日法以後は、重罪事件についてもこの権利が付与された）。この請求がなされると、予審判事は、即時に勾留を決定することができない。ただし、五日を超えることのできない期間にかぎって、予審被告人を仮に収監することができる。これを仮収監（incarcération provisoire）という。仮収監は勾留ではないが、勾留がおよそその後に続く。予審判事は、この五日の期間内に予審被告人を出頭させ、弁護人を召喚する。召喚の手続後は、弁護人の立会いの有無にかかわらず対審弁論を行い、勾留に関する裁判を行う。第一四五条には規定されていないが、予審被告人は弁護人の援助を受ける権利を放棄することができる。その場合でも、防禦のための準備期間を請求することができる。予審判事は、勾留処分を決定しない限り、予審被告人を職権で釈放しなければならない。仮収監は、これを勾留期間に算入することができる。（一九八四年法による一四五条一項ないし八項）。一九九三年一月四日法は、仮収監の期間を、四日を超えない期間に短縮した。一九九三年八月二四日法も四日を定める（一九九三年八月二四日法による一四五条六項）。

仮収監の決定にも理由を付すことが要求されているが（一九九三年八月二四日法による一四五条六項）、それは法定の事由に照らして理由が付けられなければならない勾留決定と異なり、被告人の防禦目的の意思に応じて、自由に理由を付けることができるものとされた。次に、仮収監の決定に対しては控訴が許されない。仮収監の期間が短いことがその理由である。[31] 仮収監期間の計算に関する規定はないが、期間の計算は、何時から何時までではなく、何日から何日までとするのが判例である。[32] 仮収監の期間は、予審被告人の防禦の準備を整える期間であるが、この期間を利用して予審判事は予審被告人の人物（人格）の迅速調査（enquêt rapide de personnalité）を命じることができる。この調査により、予審被告人の状況に関する参考資料を最大限収集することができる。これは、最初、検察（parquet）の請求により一九七七年にパリで行われ、一九八一年二月二日の法律で法制化されたものである。[33]

㈡　対審弁論

一九八四年七月九日法は、さらに勾留の決定をより対審化する対審弁論の制度を創設した。予審判事は、予審被告人の弁護人が定まるとこれを直ちに召喚する。召喚された弁護人は一件記録を閲覧し、自由に依頼人と接見することができる。予審判事が予審被告人を勾留処分に付そうとする場合、予審判事は「対審弁論の後に、執務室での審問(audience)において裁判をする」[34](一四五条五項)。この対審弁論とは、それまで別個に行われていた共和国検事からの意見(請求)聴取と予審被告人からの意見聴取に代わるもので[35]、両者の出席の下で両者の意見を、場合によってはその弁護人の意見を、予審判事が聴取する制度である。これは、明らかに、予審の対審化を促進する制度の一つである。予審被告人またはその弁護人は、対審弁論の後に、前述の防御の準備のための期間を請求することができる。予審被告人は、常に、明示して対審弁論の保障を放棄することができる。

対審弁論では、予審判事は、まず検察官に発言権を与え、次いで予審被告人に与える(第一四五条)。法律による定めがないので、調書に両者の展開した論議を記録する必要はない。弁論は、勾留に関する問題に限定される。そうでないと、勾留目的をはるかに超えて犯罪や嫌疑の不存在にまで及ぶことになるからである[36]。予審判事は、当事者と嫌疑について討議する必要も義務もない[37]。このような性格であることから、勾留に関する対審弁論は、尋問または対質のときに行うことはできない。

なお、予審被告人またはその弁護人が弁論の延期を請求したときは、予審判事は弁護人の召喚をあらためて行う必要がないとされている。なぜなら、弁護人はその前の出頭時において弁論の日がいつかを知っているからであり、また、その期間が非常に短期間であるからとされている[38]。

予審被告人が仮収監に付されたときは、予審判事は四日以内に対審弁論を行わなければならない。理由なくこれを行わないときは、予審被告人を職権で釈放しなければならない[39]。

対審弁論の後、予審判事は、勾留か釈放かの選択をし、それについての裁判をしなければならない。勾留処分を選択するときは、理由を付した決定(ordonnance)すなわち勾留処分決定を下さなければならない。予審被告人は、この決定に対して直ちに重罪公訴部に控訴することができる。釈放の裁判（décision）は、検察が勾留処分の請求をしていたときには決定（ordonnance）を下さなければならない。これは、控訴が決定に対して行われるものだからである。検察官による勾留請求がなければ、聴問調書（procès-verval de audience）に記載するにとどめる[40]。

勾留の延長に対審弁論が必要とされるかについては、軽罪事件と重罪事件とでは次のように異なる。重罪事件については、勾留の更新に際して対審弁論を必要としなかったが、勾留が一年に達したときには必要とされた。すなわち、一九八九年七月六日以降、重罪事件にも一年の勾留期限と更新の手続が導入され、さらにその後に更新に際して勾留決定と同じ手続を経ることが定められたので（一九九三年八月二四日法による一四五条の二一項）、重罪事件にも対審弁論が必要とされるようになった。軽罪事件については、勾留が許されるのは二年までであり、一年を超えると四カ月の更新ごとに対審弁論を行わなければならない（一四五条の一）。勾留延長時の対審弁論には、第一一八条第二項および第三項に定められた期日内に弁護人を召喚しなければならない[41]。

対審弁論について、プラデルは二つの利点を有するものとして評価している。一つは、「（対審弁論は）予審司法官と検察および予審被告人との間の「制度的」対話（dialogue《institutionelle》）を可能にする。したがって、最後は勾留に付されるとしても、予審被告人はその理由をより理解する」との利点である。もう一つは、弁護人が勾留に直接関与することが、ヨーロッパ人権条約（Convention européenne de sauvegard des droits de l'homme）第五条および第六条の（間接的に要求する）武器の平等性に対応するものであるとの利点である。他方、プラデルは、対審弁論が手続を鈍重なものにすることを指摘する。なぜなら、対審弁論は、予審判事がすでに予審被告人の勾留を決意しているにもかかわらずこのような手続を義務化することであり、その必然性に問題があるからである。しかも、対審弁論は勾留の数を減少させることにはいささかも機能しなかった、とプラデルは指摘している[42]。

対審弁論は、予審判事が勾留決定権を有するときにおいても、いささか手続の停滞が懸念されるのであるが、さらに対審弁論の舞台が予審判事の執務室から新設の裁判機関に移るとなれば手続の停滞は一層懸念されるであろう。

一九八七年法は勾留処分請求部を創設したが、これにより手続は以下のようになるものとされた。予審被告人またはその弁護人が防禦の準備のための期間を請求したときで、予審判事が仮収監を必要と判断するときは、予審判事は勾留処分請求部に請求を受理させ自由剥奪についての自分の意見を添付して一件記録を渡す。この場合、三日以内に予審被告人を出頭させなければならない。ただし、已むを得ない事情のある場合には、これをつかの間延長することができる。いずれにせよ、対審弁論は勾留請求部において行われるものとなった。一九九三年一月四日法も勾留審査部を創設したことにより、対審弁論が同部に移された。このように、仮収監や対審弁論の可否そのものを、勾留の有用性に固執する傾向のある予審判事にではなく別の裁判機関に委ねることは、予審被告人の「市民的自由」をより保護的に前進させることになるのであるが、それは同時に予審手続の進行を遅らせる性質を帯びるものでもある[43]。前述のとおり、そうした懸念もあり新しい裁判機関は実現しなかった。

二　勾留法定主義

一九七〇年七月一七日法の改正は、それまでの勾留状または勾引勾留状によって重罪事件および軽罪事件ともに勾留することができるというシステムを、軽罪については特別の理由を付した勾留処分決定を必要とするシステムに変えた。これは、勾留制度を勾留便宜制度（le système de l'opportunité）から勾留法定制度（le système de la legalité）に変えるもの、あるいは勾留便宜制度と決別するものといわれている。同法による改正以前には、勾留は義務的ではなく、予審判事が必要と思料するときから勾留は可能とされていたのに対し、改正後の第一四四条は勾留を許す理由を定めているというのがその理由である[44]。そして、勾留法定制度は、まさに必要性だけが人身の自由に対する犠牲を正当化するというイデーを明示しているとされる[45]。勾留法定主義といってよいであろう。立法者は、この必要性を担保するために、勾留決定に特別の理由を付すことを予審判事に義務づけたのである。

ところで、一九七〇年法が重罪について勾留法定主義を採用しなかったのは、事件の重大性からその必要がなかったとされたためである（「重大性の暗黙の推定（présomption tacite de gravité）」）[46]。その意味で、一九七〇年法は、重罪事件に対してまで、自由主義を根づかせるにはいたらなかった。しかし、一九八九年七月六日法は、重罪事件についても勾留法定主義化を推進した。立法者は、重罪事件における勾留の正当性を、「重大性の暗黙の推定」だけに委ねることを不適切としたのである。ここに、勾留全般に勾留法定主義が確立をした。

三　勾留処分決定

一九七〇年法以前には、勾留による収監は、重罪または軽罪を問わずすべての事件において、勾留状または勾引勾留状の発付だけで行われていた。

しかし、同法の改正により、軽罪事件については、令状の発付のみならず、勾留処分決定（ordonnance de mise en détention provisoire）が必要とされることになった。この決定は、共和国検事の意見（実質は請求）を聴き、また必要に応じて予審被告人またはその弁護人の意見を聴いた後でなければ下すことができないものとされた。さらに現在では、この決定には、第一四四条に照らして、その要素の各種類ごとに特別の理由を付すことが予審判事に義務づけられている。

予審判事は、予審被告人がすでに掌中にあるときは、勾留決定書を作成し、次いで勾留状を作成する。一九八四年七月九日法により対審弁論の制度が導入されると、勾留処分決定は対審弁論の後に下されることになった。予審被告人が逃走しているときは、勾引勾留状がまず発せられ、勾留決定書は遅くとも逮捕の四八時間以内に行われる最初の出頭の際までに作成される。勾留処分決定は、裁判所の決定（ordonnance juridictionnelle）の性質を有するので、控訴（抗告）ができる。また、勾留処分決定は、口頭で予審被告人に通告され、一件記録への欄外署名をもって決定の謄本を予審被告人に交付することとされた[47]。

重罪事件については、一九七〇年法以降も勾留状または勾引勾留状による交付をもって未決勾留ができ、勾留決定は不要とされてきた。しかし、一九八九年法により、重罪事件についても勾留に対審弁論が義務づけられ、勾留の根拠となる法と事実の記載を含まなければならない特別に理由を付した決定が勾留処分に必要とされた(48)。一九九三年一月四日法および一九九三年八月四日法もこれを継承している（一九九三年八月法により改正された一四五条）。

四　勾留処分決定の対象となる事件の限定

軽罪については、勾留対象となる事件が刑罰の重さで限定された。一九七〇年七月一七日法は、法定刑が二年以上の拘禁刑に当たるものに勾留を認めていた（一四四条）。次いで、一九八六年九月九日法が、軽罪につき現行犯と非現行犯とを区別して、現行犯の場合には一年以上の拘禁刑に当たる罪について、現行犯以外の場合には二年以上の拘禁刑に当たる罪について、勾留を命じることができるものとした。軽罪現行犯に対しては、勾留対象となる範囲を広げた。

重罪事件については、一貫して、勾留決定の対象としてとくに限定はされなかったが、一九八九年七月六日法により、ようやくその対象とされることになった。一九九三年一月四日法も、一九九三年八月二四日法も、これを継承し、勾留処分決定を必要としている。かくして、重罪に対する勾留に若干の規制が加えられた。

なお、すでに司法統制処分に付されている者が、遵守義務に違反して勾留を命じられるときには、もはやこのような刑の期間による勾留制限は働かない（一四一条の二　一項）。

五　勾留の理由

勾留は、「無罪の推定」を受ける予審被告人の自由を剥奪する処置であるから、厳格にその理由が明示されなければならない。一九七〇年法により改正された刑事訴訟法典第一三七条は、「予審審理の必要性を理由として」または「保安上の処置として」のみ未決勾留を命じることができるとした。「保安上の処置として」とあるが、これは公共の秩序維持、予審被告人の保護、犯罪の終了、犯罪の反復防止、司法上の処分のための予審被告人の確保等の必要性を「保安上の処置」として勾留の理由とするものである。端的にいえば、これらの「保安上の必要性」を勾留理由にしているといえよう。「必要性だけが、上級の利益たる人の自由の犠牲を正当化する」というのが、勾留正当化理由の基本的なイデーとされているからである。こうして、同法により、勾留処分決定に理由を付すことが義務づけられた。

一九八四年七月九日法は、予審被告人であっても自由が原則であることを同条文の冒頭に明記し、勾留が「予審審理の必要性」を理由としてまたは「保安上の処置」としてなされる例外的処分であることを強調した。

さらに、一九九三年八月二四日法は、予審判事が共和国検事の勾留請求に従わない場合（釈放の場合）には、理由を付した決定を下す必要がないとの規定を第一三七条第二項に加えた。勾留延長または司法統制延長の請求に従わない場合にも、理由を付した決定が不要とされた。これに対して、共和国検事は、一〇日以内に重罪公訴部に請求を係属させることができるものとされた。自由が原則である以上、自由を回復する釈放にあえてその理由を付する必要性がないのは当然といえる。したがって、この規定は「自由原則」強化の延長線上にあるものといえる。このような改正をともないながら、未決勾留は「予審（審理）の必要性」または「保安上の処置」を理由とすることを今日にいたるまでその要件としている。この要件をより具体的に明示するものが、左に提示する刑事訴訟法典第一四四条であり、勾留決定に関する第一四五条第一項の規定である。

第一四四条（一九七〇年法による規定）

第一項　法定刑が二年以上の拘禁刑に相当する軽罪の事件において、司法統制の義務が第一三七条に定める機能を果たす上で不十分である場合であって、左の各号の一つに当たるときは、未決勾留を命じ、又はこれを継続することができる。

一　予審被告人の未決勾留が、証拠若しくは物的徴憑（indices materiels）を保全し、又は証人ないし被害者に対する威迫若しくは予審被告人と共犯者との不正な通謀を防止するための唯一の手段であるとき。

二　未決勾留が、犯罪によって生じた混乱から公の秩序を維持するため、予審被告人を保護するため、犯罪を終了させ若しくはその反復を防止するため、又は予審被告人を司法上の処分に付することを担保するために必要であるとき。

第二項　予審被告人が司法統制の諸義務に故意に違反したとき、第一四一条の二に定める要件の下で、未決勾留を命ずることができる。

第一四四条（一九九三年一月四日法による規定）

第一項　（一九八九年七月六日法）「重罪事件において、および、」（一九八三年六月一〇日法）「軽罪事件において、現行犯の場合には科される刑が拘禁一年に相当する若しくはこれを超えるとき、又はその他の場合には二年の拘禁に相当する若しくはこれを超えるときで、司法統制の義務が第一三七条に定める機能を果たす上で不十分である場合には、」未決勾留を命じ（一九九三年一月四日法）「又はこれを延長することができる。」

一　（一九九三年一月四日法により予審被告人の用語が inculpé から personne mise en examen に改正されただけで、他は前記のものと同文。）

二　（一九九三年一月四日法）「未決勾留が、関係者を保護するため、犯罪を終了させ若しくはその反復を防止するため、関係者を司法上の処分に付することを担保するため、又は犯罪によって生じた混乱から公の秩序を維持するために必要であるとき。

第二項　（一九九三年一月四日法）（予審被告人の用語のみ改正）

第一四五条（一九九三年八月二四日法による規定）

第一項　すべての事件において、未決勾留処分（placement en détention provisoire）は、もっぱら第一四四条の規定に照らし、この裁判の基礎をなしている法と事実を考察した記述をしなければならない決定（ordonnance）をもってこれを命ずる。この決定は、謄本を受領する者に口頭で通告する。

勾留の正当化根拠（一四四条一項一号および二号）は、その性質から次の三つに大別できる。第一は、予審の必要性（証拠または物的徴憑を保全する唯一の手段、証人に対する威迫を防止する手段、予審被告人と共犯者との不正な通謀の防止）である。第二は、犯罪の終了または犯罪の反復防止である。第三は、逃走による司法上の処遇からの逃避の防止である。第一四四条の新旧第一項第二号の文言が入れ替わっているが、内容は以前のものと何ら変わりはない（一九九三年三月一日の通達）。なお、予審判事は、司法統制処分によって課す義務では不十分であると判断するとき、その不十分さを特別に検証する必要はない。

未決勾留を決定するには、さらに第一四四条の規定に照らして、その要素の各種ごとに特別の理由を付さなければならない（一四五条）。すなわち、予審判事は、罪証隠滅、証人への威迫、犯罪の反復および（とくに）予審被告人の不出頭のおそれがあるとする場合、それらのおそれがどのような理由によるものかを詳細に明示しなければならない[49]。予審判事や重罪公訴部は、一般的に勾留の前提条件である重大な徴憑（indices sérieux de culpabilité）を示して、できるかぎり厳密に理由付けをする、と考えられている[50]。

これはいうまでもなく、予審判事に対して、勾留という重大な処分の必要性と適宜性について真剣に取り組むことを要求してのことである。シャンボンの表現を借りれば「事実の要素を各種ごとに評価させ、この要素と正確な照合をさせて、第一四四条の勾留正当化事由の一つが存在することを義務として立証させること」により、「予審判事に自己の職務を果たすことを義務づけた[51]」のである。一九八九年七月六日法は、重罪事件についても安易な勾留裁判がなされないように、勾留決定に勾留裁判の基礎となる「法と事実の考察」を記述させた[52]。

一般的に、予審判事（および重罪公訴部）は、可能な限り綿密な理由づけ（多いのは、有罪の重大な徴憑の現存、逃走の危険、偽証や告訴の取り下げを目的とした証人または被害者への威迫の可能性および公序の必要性）を行うようである。

第三款　未決勾留の期間と延長

一　勾留期間と延長

一九五九年の刑事訴訟法典は、制定時、勾留期限を重罪事件および軽罪事件ともに四月と定め、最長二月の延長を認めた。延長の更新は無制限であった。一九六〇年六月四日のオルドナンスは、延長期間を最長四月に延長した。四月ごとの延長は無期限（無限定）であった。一九七〇年七月一七日法は、これを改正し、重罪事件の勾留期限を廃止した。同法の改正により、勾留の期間は重罪事件と軽罪事件とでは異なるものになった。重罪事件における未決勾留は無期限であり、したがって勾留期間の延長という手続もなかった。

軽罪事件について、勾留期間の最長四月、延長の最長四月という基本原則に変更はないが、延長については多様性をもたせる改正が施された。すなわち、一九七五年八月六日法は、司法統制処分が積極的に利用されないことから、未決勾留の延長につき、「予審被告人に推定される危険の程度[53]（le degrée de dangerosité présumée de inculpé）」と犯罪者の過去の犯歴に基づく次のような新たな規定をもうけた。「予審被告人が既に普通法上の重罪又は軽罪について重罪の刑若しくは執行猶予を付せられない三月を超える拘禁刑の言渡しを受けているとき、及び法定刑が五年の拘禁を超えるものであるときを除いて、前項に定める延長は、一回しか命ずることができず、しかもその期間は、二月を超えることができない」（刑事訴訟法一四五条三項）。「それ以外の場合」の延長については、とくに規定されなかった。

一九八四年七月九日法は、右の第三項を新設の第一四五条の一第二項に移し、新たに同条第三項で「それ以外の場合」の勾留延長を定めた。同項により、「それ以外の場合」の延長は、一年を超えることが許されないものとなった。ただし、例外として、予審判事はその期間の満了に際し（刑事訴訟法一四五条一項ないし五項に従って下される）理由を付した決定をもって四月を超えることのできない期間、勾留を延長することができた。この延長には対審弁論を必要とした。この四月の期間は、同じ手続きでもう一度更新できた。勾留の延長決定に対しては、控訴が可能である。

一九九八年現在（一九九六年一二月三〇日の法律による一部改正まで）では、従前どおり四月の勾留期間と四月の延長を原則として踏襲しているが、延長条件の一部が改正された。すなわち、「過去の犯歴」について「三月を超える」拘禁刑が「一年を超える」拘禁刑に改正された（一九八九年七月六日法による改正）（刑事訴訟法一四五条の一 二項）。「それ以外の場合」の勾留延長については、これも「一年を超えないもの」を改正し「八月」を超えないものとされた（一九九六年一二月三〇日の法律による改正）。この場合、例外として、理由を付した決定をもって、四月を超えない期間延長することができる。この決定は、以前に五年以下の刑で有罪になっているときには、それ以上更新できない。五年を超える拘禁刑で有罪になっている場合には更新することができるが、ただし一〇年未満の刑で有罪になっている場合には、勾留は二年を超えることができないものとされた（刑事訴訟法一四五条の一 三項）。

一四五条の一第一項および第二項の定める決定は、検察官の意見を聴いた後に、必要があれば予審被告人またはその弁護人の意見も聴いた後に下すものとされている（刑事訴訟法一四五条の一 四項）。

右の改正は、端的に言えば、軽罪の勾留延長に対する法規制をできるだけ細かく施そうとするものである。

重罪事件については長らく勾留の無期限が当然視されていたが、一九八九年七月六日法は再び重罪事件における勾留にも期間を導入した。同法により重罪事件の勾留は一年の期間に限定され、さらに勾留を継続するときは一年を超えることのできない期間での延長が必要とされた。更新をするときは、対審弁論と理由を付した勾留継続の決定が必要となった（一四五条の二 一項）。一九九三年一月四日法と一九九三年八月二四日法はこれを継承した。

このように、勾留期間と延長手続をもうけたものの、重罪事件における勾留は、予審の終結決定まで更新を繰り返すことができるので、従前と同様に勾留自体は無期限に行えた。

けれど、そうであっても、軽罪事件におけると同様に、勾留期間を設定したことによる更新の手続に服させることは、未決勾留が例外で自由が原則である点に鑑みれば、それなりに意義のある改革であったといえよう。

二　勾留の起算点

勾留状による勾留の場合、勾留の起算点を決定するのは勾留状である(54)。たとえ勾引状が勾留状の前に発付されているときでも、勾引状による身体の拘束は先に述べたように勾留ではない。勾引状には勾留の権限はないのである。しかし、この場合も自由の剥奪であることには違いないので、一九八四年法は勾留が勾引状の執行の日から起算することを定めた（同法による二四条二項参照）。

勾留の期間の計算は、何時から何時までではなく、何日から何日までと計算する。したがって、最初の勾留期間は勾留が始まった日からその四月後の月における同日の前日までということとなる。延長の決定はそれまでに行われなければならず、延長手続に違反するときは予審被告人を釈放しなければならない。延長の決定は、当事者および弁護人に通達（signifiée）または通告（notifiée）しなければならない。通告は拘置所の看守長が行う。予審判事に勾留延長の意思がないときは、通知決定を下す必要はない(55)。

第四款　未決勾留処分の終了

勾留処分は、予審の終結により終了するが、勾留期限満了前であっても釈放（mise en liberté）により中止される場合がある。

一　予審期間中の勾留の中止

(一)　予審判事の職権による釈放の裁判

予審判事は、重罪事件または軽罪事件を問わず、あらゆる事件につき共和国検事の意見を求めた後、職権により釈放の裁判（décison de mise en liberté）をもって勾留を終了する（prendre fin）ことができる（一四七条）。釈放の裁判は、対審弁論を必要としない。ただし、対審弁論を利用することは禁じられていないとするのが判例である。[56]

釈放には、司法統制処分を付加することができる（一四八条四項）。釈放に保証金が課せられているときは、その納付がなければ釈放されない。

㈡　共和国検事の請求による釈放

共和国検事は、何時でも釈放を請求することができる。共和国検事から釈放請求があるときは、予審判事は五日以内に裁判をしなければならない（一四七条二項）。予審判事がこの期間内に裁判をしないとき、または裁判を拒否したときは、共和国検事は直接重罪公訴部に請求の受理を求めることができる[57]（刑事訴訟法施行通達二八三条参照）。重罪公訴部は、職権で釈放することができる。職権で釈放しないときは、二〇日以内に裁判をしなければならない。

㈢　予審被告人またはその弁護人の釈放請求による釈放

予審被告人またはその弁護人は、要求されたときには直ちにあらゆる訴訟行為に出頭し、移転（déplacement）する場合にはすべて予審判事に届け出る旨を誓約することを条件に、釈放を請求することができる（一四七条一項）。未決勾留が法定期間満了以前に終了する場合、多くはこの請求による釈放である。釈放請求（démande de mise en liberté）は、担当予審判事付属の書記に対してなされる。書記は、それを確認して、日付を記入し、署名する。被勾留者が請求する場合、拘置所長に請求を託すことになる。

予審判事は、予審被告人からの釈放請求を受理したときは、意見の申立てをさせるために直ちに（immédiatement）一件記録を共和国検事に閲覧させ、閲覧の日から五日以内に特別の理由を付した決定をもって裁判をしなければならない（一四八条二項、三項）。この期限は、一九五二年一二月九日の法律が釈放請求の裁判の遅滞を防止するために定めたものである。[58] なお、この「直ちに」の期間についての具体的な規定はなく、実務上「裁判官の良識（conscience du juge）」に委ねられている。[59]

予審判事は釈放を裁定するときには勾留を許す条件の欠如を確認する（具体的に確証を示す）必要はないが[60]、一九八九年七月六日の法律により、その決定には、第一四四条に照らして決定の基礎となる法と事実の考察を明記することが義務づけられた（一四八条三項）。

一九八五年一二月三〇日の法律は、予審被告人の釈放請求に対し、私訴原告人に関与することを認めた。すなわち、予審被告人から釈放請求があったときは、予審判事はあらゆる方法をもって私訴原告人に釈放請求のあったことを通知することを定めたのである。通知を受けた私訴原告人は、意見書（observation）を提出することができた（一四八条二項）。そして、事件に私訴原告人がいるときは、予審判事の決定は私訴原告人に通知してから四八時間後でなければこれを下すことができないとされた（一四八条六項）。これは、予審判事が彼の考えを私訴原告人に知らしめるために設定された時間である[61]。

しかし、一九九三年八月二四日の法律は、私訴原告人への通知の規定を削除することによって、予審被告人の釈放につき私訴原告人の関与を再び不要のものとし、釈放への干渉を廃した（司法改正による一四八条二項参照）。私訴原告人の意見書は、むろん予審判事に対する拘束力をもたないものであるが、釈放という本来あるべき自由の状態に戻す手続から私訴原告人を除外することは、これもまた「無罪の推定」に基づく「自由の原則」をさらに純化するものといえよう。

㈣　釈放請求に対する予審判事の裁判（決定）と控訴

予審判事は、釈放請求に対して、釈放請求棄却、司法統制を付す釈放、または司法統制を付さない釈放を決定することができる。予審被告人または共和国検事は、この予審判事の決定（ordonnance）に対して、控訴（抗告）をすることができる。控訴は重罪公訴部に対して行う。私訴原告人には、一九五五年七月二六日の法律以降、未決勾留に関する決定への控訴権は認められていない（一八六条二項参照）。釈放の裁判（décision de liberation）は、共和国検事からの控訴があっても直ちに釈放の効果を発する。これもまた、自由が原則であるとのイデーの帰結であろう。

二　予審終結後の勾留継続と釈放取消による新たな勾留

予審終結の際の勾留の終了については、重罪事件の場合と軽罪事件の場合とでは若干異なる。

軽罪事件における勾留は、予審終結により当然に終了する（一七九条一項、二項）。ただし、その後も勾留を継続することは可能である。勾留を継続するときは、予審終結決定とは別に、第一四四条第二項の規定に照らして特別に理由を付した決定をもって行う。この決定によって、予審被告人が裁判所に出頭するまでの間、勾留を継続または例外的に勾留を新たに命じることができる（同条三項）。すなわち、勾留継続決定は、予審被告人が裁判所へ出頭する時まで、その勾留を有効とするものである。

この場合の継続は、予審がもはや終結しているのであるから、予審の必要性（besoin de l'instruction）によって正当化することはできない。「保安上の処置（mesure de sûreté）」を理由とするほか、勾留を継続することはできないのである（一七九条二項および三項）。立法者は、この勾留の継続決定が形骸化しないように、第一一四条に照らして、「保安上の処置」を正当化する各種の要素を特別に決定の中に明示することを予審判事に義務づけた。さらに、一九九三年一月四日法および一九九三年八月二四日法は、「保安上の処置」を正当化する要素を、第一一四条の文言を用いて具体的に明示した（証人または被害者への威迫の防止の必要性、犯罪の反復防止の必要性、被告人の保護の必要性、司法の処置を受けさせるための必要性、犯罪によって生じた混乱から公の秩序を守る必要性）（一七九条三項）。

勾留継続の決定の効力は、予審被告人が判決裁判所へ出頭したときに失効する。しかしこの場合もさらに、「保安上の処置」に基づく継続決定が可能である（四六四条の一）。この勾留継続は、いたずらに長引かないようその期限が二月に限定されている。したがって、勾留を継続しても、二月の期限の期間が満了したとき、勾留継続決定は失効する（一七九条四項）。

重罪事件においては、軽罪と異なり、予審被告人に対して発せられた勾留状または勾引勾留状は、重罪公訴部（第二審の予審）の裁判があるまでその執行力を保有する（一八一条二項）。

釈放後、第一四四条の要件が新たに揃ったときには、同一の事実を理由として、かつ、同一の予審審理において、予審被告人を新たに勾留することができる[62]。

（1） Jean Pradel, L'instruction préparatoire 1990, p.587.
（2） Pradel, ibid., L'instruction préparatoire, p.587.
（3） G.Stefani, G.Levasseur, B.Bouloc, Procédure pénale, 16e ed., 1996, p.557.
（4） Pradel, op.cit., p.595.
（5） Pradel, ibid., L'instruction préparatoire, p.596.
（6） La leçons de l'histoire législative en matière de détention préalable au jugement, La plume et la parole, Mélanges offerts à Roger Merle, 1993, p.175.
（7） Pradel, op.cit., L'instruction préparatoire, p.596.
（8） Michele-Laure Rassat, Détention provisoire 17・・・et la suite (1), Droit pénal contemporain, Mélanges en l'honneur d'André Vitu, 1989, P.420. Roger Merle et André Vitu , Traité de droit criminel, T.II, Procédure pénale, 4e ed., 1989, p.452.La leçons de l'histoire législative en matière de détention préalable au jugement, op.cit., p.175.
（9） Merle et Vitu, ibid., p.451. Pradel, op.cit., L'instruction préparatoire, pp.596 a 597.
（10） 一八八九年の統計では、予審被告人二〇二、七二〇人のうち約半数の一〇〇、四七四人が勾留処分に付された。Pradel, ibid., L'instruction préparatoire, p.597.
（11） Pierre Chambon, Le juge d'instruction.3e ed., 1985, p.316.
（12） Merle et Vitu, op.cit., p.452.
（13） Pradel, op.cit., L'instruction préparatoire, p.597. Merle et Vitu, ibid., p.452.
（14） Pradel, ibid., L'instruction préparatoire, p.598. Merle et Vitu, ibid., p.452.
（15） Georges Levasseur , Le problème de la codification en matière pénal en droit français Mélanges offerts à Robert Legros, 1985, P.409.
（16） Merle et Vitu, op.cit., p.453.
（17） Merle et Vitu, ibid., p.453. Pradel, op cit., L'instruction préparatoire, p.598.
（18） Merle et Vitu, ibid., p.453. Pradel, ibid., L'instruction préparatoire, pp.598 et 589.

（19）　Chambon, op.cit., p.319.
（20）　刑務所人口に占める被未決勾留者の割合は、一九七五年には三七・五〇％であったが一九八三年には五二％になり半数を超えた。一九八四年には予審被告人一〇〇人中約四〇人が勾留に付され、一五人が司法統制処分に付された。司法統制は、その期待を十分には達成しているとはいえない状態であった。Pradel, op.cit., pp.599 et 600.
（21）　Fernand Boulan, La réforme de l'instruction, Droit pénal contemporain Mélange en l'honneur d'André Vitu, 1989, p.51. 一九七〇年代から一九八〇年代半ば頃までの未決勾留の数については、高内寿夫「フランス刑事訴訟法における予審の機能（四）」國學院法政論叢一五輯（一九九四年）一〇三頁参照。
（22）　Op.cit., La leçons de l'histoire législative en matière de détention préalable au jugement, p.177.
（23）　「安全と自由」法の概要については、森下忠「フランスのいわゆる治安と自由法」（ジュリスト七四〇号一九八一年）一〇六頁以下、白取祐司「『安全と自由』法と刑事上の人権」荘司邦雄先生古稀祝賀『刑事法の思想と理論』（第一法規、一九九一年）五一九頁以下参照。一九八一年法と一九八三年法とを扱うものとして、新倉修「立法紹介　刑事法」日仏法学一三（一九八三年）一五一頁以下、澤登俊雄・高内寿夫「フランスにおける未決拘禁法の動向」ジュリスト八〇八号（一九八四年）九五頁以下参照。
（24）　Boulan, op.cit., p.57.
（25）　Boulan, ibid., p.57.
（26）　一九八〇年代から一九九年代までの改正の動向については、高内・前掲一〇四―一二二頁に詳しい。
（27）　Revue de science criminelle et de droit pénal comparé (1), janv-mars 1990, p.139. Pradel, op.cit., L'instruction préparatoire, p.601.
（28）　R.S.C. (3), juill-sept 1995, p.614.
（29）　Pradel, op.cit., L'instruction préparatoire, p.655.
（30）　Jean Pradel, Procédure pénale, 7e ed., 1993.p.491
（31）　Pradel, op.cit., L'instruction préparatoire, p.657.
（32）　R.S.C. (1), janvier-mars 1986, p.130.
（33）　Pradel, op.cit., L'instruction préparatoire, p.657.
（34）　対審弁論は、通常予審判事の執務室で行われるが、状況によっては裁判所外でも行うことができる。さらに、予審判事の管轄区域外で行うときは、自分の所在地の共和国検事を同伴する。Pradel, ibid., L'instruction préparatoire, p.659.
（35）　Chambon, op.cit., p.326.
（36）　シャンボンによれば、対審弁論は非対審で書面化される（予審）手続と一致しておらず、その不調和から困難な問題が生ずる。その問題とは、予審判事は、尋問において検察官や予審被告人またはその弁護人の発言を制限することができるが（一二〇条）、対審弁論においてそれができるのかというものである。すなわち、弁論が勾留裁判の目的を逸脱し、結局犯罪そのものの不存在や嫌疑の不構成にまで論及することになるおそれがあり、それは既にこの弁論の目的から遠ざかるものであるという。Chambon, ibid., p.323.

（37）Merle et Vitu, op.cit., p.464.

（38）Pradel, op.cit., L'instruction préparatoire, p.659.

（39）Merle et Vitu, op.cit., p.463.

（40）Pradel, op.cit., L'instruction préparatoire, pp.659 et 660.

（41）Merle et Vitu, op.cit., p.463. R.S.C.（2）, avril-juin 1986, p.404.

（42）Pradel, op.cit., L'instruction préparatoire, p.660.

（43）このような予審判事とは異なる裁判機関に勾留決定の権限を委ねることは、勾留決定とその他の勾留問題を二分化するものであり、したがって単一であるべき予審被告人の自由の問題を二分化するという欠陥を露呈するものであるとの批判もなされている。Cf.Merle et Vitu, op.cit., p.466.

（44）Pradel, op.cit., Procédure pénale, p.495. Merle et Vitu, ibid., p.460.

（45）Pradel, ibid., Procédure pénale, p.495.

（46）Merle et Vitu, op.cit., p.460.

（47）Merle et Vitu, ibid., pp.465 et 466.

（48）R.S.C. (1) , janier-mars 1990, p.139.

（49）Stefani, Levasseur, Bouloc, op.cit., pp.556 et 566.

（50）Pradel, op.cit., Procédure pénale, p.497.

（51）Chambon, op.cit., p.318.

（52）R.S.C. (1) , janvier-mars 1990.p.139.

（53）Pradel, op.cit., Procedure pénale, p.499.

（54）Pradel, ibid., Procedure pénale, p.500.

（55）Pradel, ibid., Procedure pénale, p.500.

（56）Crim.mai 1985, B.C.no387. Stefani, Levasseur, Bouloc, op.cit., p.575.

（57）Merle et Vitu, op.cit., p.471.

(58) Merle et Vitu, ibid., p.473.
(59) Pradel, op.cit., Procédure pénale, 501.
(60) Crim.30 octobre 1990, D., 1991, 292.
(61) Merle et Vitu, op.cit., p.472.
(62) Pradel, op.cit., Procéduer pénale, p.502.

第六節　重罪公訴部

第一款　重罪公訴部

重罪公訴部（chambre d'accusation重罪弾劾部）は、控訴院（Cour d'appel）の一部局であり、第二審の予審を必要とする重罪事件に関する第二審の予審裁判所である。これは、かつて治罪法典において、重罪起訴部（chambre des mises en accusation）と呼ばれていた裁判機関である。

治罪法典における重罪起訴部の手続は、非対審、非公開で、書面で行うものであった。これに対して、刑事訴訟法典における重罪公訴部は、やはり非公開の評議部（Chambre du conseil）で審理を行うものの、多少の口頭性と対審性が導入され弾劾的性格を帯びるようになった。

重罪公訴部は各控訴院に必ず一つ設置されており、同部に専属の部長が裁判長を勤める。部長には補佐として二名の控訴院判事（conseillers a la Cour）がいる。重罪公訴部では、検察官の職務は検事長（procereur general）または法院検事（avocats généraux）もしくは検事長代理（substituts）がこれを行う。

重罪控訴部は、第二審の予審裁判所として、予審判事が審理をした重罪事件の審理を新たに行い公式の刑事訴追の適否を慎重に判断すること、および予審判事が行った裁判所としての決定（ordonnances juridictionelles）に対する控訴を裁判することをその役割としている。

まず、重罪公訴部は、第二審の予審裁判所として予審を行う。重罪公訴部は、予審被告人に十分な嫌疑があるか否かを審査する。それは、予審判事の予審審理に対する審査機能を担うものである。重罪公訴部は、事実が重罪を構成すると認めるときは重罪院（Cour d'assises）へ、軽罪を構成すると認めるときは軽罪裁判所へ、違警罪を構成すると認めるときは違警罪裁判所への事件移送を言い渡す。

軽罪については、予審が終了すると勾留されている予審被告人は直ちに釈放され、また司法統制処分も終了する。ただし、特に理由を付した決定をもって、予審被告人の裁判所への出頭まで、勾留の継続、新たな勾留または司法統制処分の継続を命じることができる。その後の勾留は、前述した所定の手続に従う（二一三条、一七九条三項、四項）。

重罪公訴部は、事実が重罪を構成すると認めるとき、重罪院の公判に付する旨を言い渡す（二一四条）。重罪院の公判に付す決定（arrêt de mise en accusation）には、事実の概要、法律上の罪名および重罪公訴の対象を記載しなければならない。これに違反すると決定は無効となる。重罪公訴部は、人違いでないことを明らかにして、予審被告人に身柄拘束命令（ordonnance de prise de corps）を発する（二一五条）。釈放されている重罪被告人は、遅くとも重罪院の公判の前日までに、収監のために出頭しなければならない（二一五条の一）。反対に重罪公訴部は、事実が犯罪を構成しないと認めるとき、犯人が知られていないとき、または予審被告人に十分な嫌疑が存在しないときは、免訴（non-lieu）の言渡しをする。これにより、司法統制も終了する（二一二条一項）。

次に、重罪公訴部は、予審判事の決定に対する控訴を審理する。勾留に関する控訴の審理は、予審被告人の自由権の剥奪という重大な決定に対して、その適法性を速やかに審理し、不当な自由権の侵害を防止することを目的としている[1]。換言すれば、公訴の審理は、右の目的に従い、上級裁判機関としての監督・統制機能を果たすものである。

第二款　重罪公訴部による統制

重罪公訴部は、予審判事の勾留に関する裁判および勾留裁判の不作為を監督し統制する（一八五条、一八六条、一四八条）。すなわち、既に述べたように重罪公訴部は、予審判事の勾留決定、釈放請求棄却の決定、勾留延長決定、予審終結後に命じられた勾留継続決定に対する控訴を受理する。また、法定期間内に予審判事の勾留に関する裁判がないときに、被勾留者からの請求を直接受理する。

控訴を受理した重罪公訴部は、一件記録に基づき予審判事が言い渡した処分の適宜性（opportunité）の評価のみならず、「予審の必要性」に従い、かつ「保安上の処置」として、とくに第一四四条に照らして適切に勾留を決定したかを検認しなければならない。

重罪公訴部だけが、釈放または勾留継続に関する予審判事の裁判を変更する権限を有する（二〇七条）。これは、予審判事と重罪公訴部との間の紛争を回避するために有効な解決と解されている(2)。

一　控訴受理後の手続

控訴審として控訴を受理した重罪公訴部での手続の概要は、以下のとおりである。予審被告およびその弁護人が召喚される。一件記録が重罪公訴部の文書課に預けられ、予審被告人の弁護人の自由な閲覧に供せられる。重罪公訴部においても弁護人の援助による防禦権の保障はなされている。

手続は評議部で行われ、判決が言い渡される。手続は対審的である。判事の報告後、検事長および請求をした当事者の弁護人が意見の概要を述べる。重罪公訴部は、当事者本人の出頭を命じることができる。勾留については、関係人が請求する場合、関係人本人の出頭は権利である。この請求は、控訴の申立てまたは重罪公訴部への釈放請求（demande de mise en liberté 勾留取消請求）と同時になさなければならない。犯行時に成人であった当事者、関係人およびその弁護人が弁論を求めるときは、公開の法廷（audience publique）で判決を下さなければならない。ただし、公開が予審の望ましい進展を阻害しない場合に限る。重罪公訴部は、検事長の意見を聴き、場合によっては他の当事者の弁護人の意見を聴いて、判決を下す。この判決（arret）に対して、破毀の申立て（pouvoir cassation）は許されない。

重罪公訴部は、「無罪の推定」原則に対するその正当性から、短期間のうちに勾留に関する裁判を行わなければならない。予審判事が法定期間内での勾留に関する裁判をしない場合には、重罪公訴部は二〇日以内にこれについて裁判をしなければならない（一四八条最終項）（一九八七年一二月三〇日法より以前には三〇日以内とされていたが、同法により一五日以内に短縮されていた）。この期間内に裁判が行われなければ、拘置所（行刑施設）の職権（autorité pénitentiaire）で予審被告人を釈放しなければならない。ただし、請求に関する検認が命じられた場合、または予想不能の已むを得ない事情がある場合を除く。

二　釈放に関する決定に対する控訴（抗告）

予審被告人が予審判事に釈放請求した場合、釈放請求棄却決定（ordonnance de refus de mise en liberté）または釈放決定（ordonnance de mise en liberté）が下される。

前者に対しては、予審被告人は重罪公訴部に控訴することができる。重罪公訴部は、釈放請求棄却決定に対する控訴審において、予審判事がいまだに裁判をしていないすべての釈放請求を直接受理することもできる（一九八九年七月六日法により追加された二〇七条四項）。また重罪公訴部は、一度の裁判で裁定するため相次ぐ釈放請求を一つにまとめることができる[3]。

釈放決定に対して共和国検事が控訴したとき、制定時の刑事訴訟法典は、当該控訴が裁定されるまで予審被告人の勾留を解かなかった（一八六条六項）。しかし、一九八四年七月九日法はこの規定を削除した。以後、共和国検事が釈放決定に対して控訴しても、この控訴にはもはや釈放決定を停止する効力はなく、予審被告人を直ちに釈放しなければならなくなった。勾留継続請求（réquisitions de maintien en détention）を棄却する決定（ordonnance refusant）についても同様である。これも、自由を原則とするイデーの帰結の一つといえる。

三　勾留延長決定に対する控訴

重罪公訴部は、勾留延長決定（ordonnance de prolongation）に対する控訴も受理し裁判をする。当該控訴は、勾留延長決定から一〇日以内に行わなければならない。それを過ぎた控訴は認められない。また、控訴は一度しかできない[4]。

重罪公訴部での当該手続は対審的であり、重罪公訴部が審問を行うときは当事者の出頭を命じなければならない。

重罪公訴部は、控訴の裁判にあたって控訴の対象と無関係な事項について審査してはならないし、訴追の十分な根拠について言い渡してはならない。けれども、控訴に対する裁判にあたり、嫌疑の重大性を考慮することはできるとされている。この場合、嫌疑の評価に矛盾や不十分さがあっても許される。また、重罪公訴部は、予審判事の決定の不十分さを補完することができる。さらに、重罪公訴部は、新たに生じた要素の見地から裁判をしなければならない[5]。

四　予審判事が釈放請求を五日以内に裁判しない場合

予審判事が、検察官に一件記録を閲覧させた日から五日間の法定期間内に裁判をしないときは、予審被告人は重罪公訴部に直接請求の受理を求めることができる。この直接受理について、一九九三年八月二四日法は、予審判事の無過失をその要件として明文化した（一四八条最終項）。すなわち、「第三項で定める期間内に裁判をしなかったことについて、予審判事に過失があるときは、勾留に付された者は、直接、重罪公訴部に請求をすることができる」ことになった。この結果、予審判事に過失がないかぎり、この直接請求を行うことができなくなった。

五　予審判事が最後の尋問から四ヶ月間尋問を行わない場合

予審被告人またはその弁護人は、重罪公訴部に直接釈放請求をすることができる場合がある。それは、勾留された予審被告人が、予審判事（または同判事から嘱託された司法官）の下に最後に出頭してから尋問がないまま四ヶ月を経過したときに認められる（一九七五年法により改正された一四八条の四）。勾留したまこれだけ長期間放置することに対して、予審被告人が自分に対する無関心を意味するものと感受したとしても、それは当然のことである。この釈放の直接請求は、そうした放置に対する救済措置であり、一九七五年法により導入されたものである。ただし、この権利は、召喚を拒み続けた自由な予審被告人に対しては当然のことながら認められない。

さらに、勾留という「無罪の推定」の大原則を余儀なく修正する自由の剥奪は、「予審の必要性」および「保安上の処置」として不可欠であるのみならず、予審が迅速に行われることもその正当化根拠とされているのであって、その見地から四ヶ月以上の尋問放置は予審被告人の権利侵害に結びつくものである。しかし、このような事態は、予審判事の事件に対する無頓着や担当する一件記録の数の多さに原因があるのではなく、予審判事が共助の嘱託の結果や鑑定報告を待つことに起因するものといわれている[7]。

共和国検事も、同じ条件で重罪公訴部に直接請求する権利を有する（一四八条最終項）。

なお、重罪公訴部は、この請求について裁判をするに先立ち、予審被告人の出頭を命じることができる。かつて、予審被告人は、この出頭を権利として行うことができたが（一四八条の四後段）、一九八九年七月六日法によりその権利規定が削除され、現在にいたっている。したがって、その後、予審被告人には出頭の権利は認められていない。

六　勾留取消請求の受理

重罪公訴部長は、受理不能な勾留取消請求を直接受理させせられたことを確認したときは、理由を付した決定をもって、この請求を裁判する理由がない旨を裁定することができる。この決定に対しては、上訴は許されない（一四八条の八)。

反対に釈放請求が受理しうるものであるときは、既に述べたように重罪公訴部は二〇日以内に裁判をしなければならない。この場合の手続は対審的である。当事者はこれに出席しなければならないし、またその権利を有する。

請求を受理すると、重罪公訴部は、予審被告人を釈放するか、または釈放請求を拒絶する。釈放には司法統制処分を付すことができる。釈放される予審被告人は、予審判事による釈放の場合と同様に、住所を申告し、出頭と移動の通知を誓約する。

重罪公訴部が二〇日以内に裁判をしないときで、釈放請求に関する検認が命じられていない場合には、拘置所の職権で予審被告人を釈放しなければならない。この場合も、予審被告人は住所の申告および出頭や移動の通知の誓約をしなければならない。

第三款　破毀院への破毀申立て

一九七〇年七月一七日法より以前には、破毀院（Cour de cassation）刑事部は、予審における勾留の適宜性の評価や令状の取消に関する裁判権をもたなかった。法律は、一定の例外とされる犯罪（プレスの犯罪、単なる罰金刑相当の軽罪、違警罪）を除き、収監の可能性を定めずに収監を認めていたので、破毀院は言い渡された処分の適法性の監督は不可能であるとしていた。

一九七〇年法は、破毀院に関与することを認めた。同法は、勾留処分決定の形骸化を防止するために、勾留に関する各種の要素に基づく理由づけを予審判事に義務づけた。これにより、破毀院は、勾留裁判が法律の定める「予審の必要性」あるいは「保安上の処置」といった各種の要素にしたがって、勾留の適否を審査することができるようになった。かくして、予審被告人から破毀の申立て（pourvoi en cassation）を受けた破毀院は、法律の要請する要素に従って勾留がなされていない場合、あるいは単にその手続上の文言を繰り返すだけの重罪公訴部の決定を破毀することができるようになった。

さらに、一九八一年法の改正は、破毀院刑事部に三ヶ月以内に裁判をすることを義務づけた。この期間内に裁判が行われなければ、予審被告人は職権で釈放される（五六七条の二 一項）。破毀の申立人またはその弁護人は、破毀院が一件記録を受理したときから（一九八五年法より以前には控訴法院の文書課が破毀の申立てを受けたときから）一ヶ月以内に破毀の方法を示す趣意書（mémoire）を提出しなければならない。ただし例外として、刑事部長の決定により八日間これを延長することができる。この期間内に提出しないときは、時効により訴権は喪失する（同条二項）。刑事部長は、趣意書を受け取ると、直ちに審問の日を定める。

以上のように、重罪公訴部は第二審の予審裁判所としてだけではなく、予審判事の決定に対する控訴審としても積極的な役割を担うものである。とりわけ、予審判事の釈放決定又は勾留継続棄却決定の効力が検察官控訴により遮断されない、あるいは「無罪の推定」原則からの要請である審理の迅速化と審理期間の厳格性、また予審放置の防止策としての予審被告人からの審理請求権等は、「市民的自由」の保護に即したものといえる。

重罪公訴部による第二審の予審は、常に問題となる予審判事の独占的な勾留権が「市民的自由」の侵害と密接であることに対する保障的な装置、あるいは勾留された予審被告人に対する自由回復の装置である。しかし、こうした救済の制度にもかかわらず、予審判事による勾留の問題が今日にいたるまで予審改正の中心的課題の一つとであり続けた。そのことから、重罪公訴部は、再三にわたりその復活が具体化した評議部等の勾留に関する予審機関に期待されてきた役割を代替しうるものではないといえよう。

（1）　重罪公訴部の概要については、G.Stefani, G.Levasseur, B.Bouloc, Procédure pénale, 16e ed., 1996, pp.367 et suiv. G・ステファニ・G・ルヴァスール・B・ブーロック『フランス刑事法［刑事訴訟法］』（澤登佳人・澤登俊雄・新倉修訳・成文堂一九八二年）二四一頁以下、四三四頁以下による。なお、治罪法典は、検察官に予審判事の決定に対する絶対的控訴権を認めていた。

（2）　Roger Merle et André Vitu, Traté de droit ciriminel T.II, Procédure pénale, 4e ed, 1990, p.486.

（3）Stefani, Levasseur, Bouloc, op.cit, p.579.

（4）Stefani, Levasseur, Bouloc, ibid., p.578.

（5）Stefani, Levasseur, Bouloc, ibid., pp.579 et 580.

（6）Jean Pradel, Procédure pénale, 7e ed., 1993, p.491.

（7）Stefani, Levasseur, Bouloc, op.cit., p.580.

終　章　予審の意義――糺問制度と弾劾制度の相剋――

フランス人権宣言に描かれた「市民的保護」（自然権保護を目的とした「市民的自由」と「社会的安全」の統一による）は、刑事訴訟法においては、とりわけ予審のありようにその歴史的な展開を顕著にみることができる。

革命は、証拠収集のための公判前手続を、刑事司法権力の控制をはかるべく糺問的予審制度から起訴陪審による弾劾的予審制度へと大きく転換させた。しかし、起訴陪審が、その職域を逸脱し犯罪鎮圧に機能しなかったことから、中間法の時代に犯罪鎮圧を強化するための予審の糺問化が押し進められた。そして、一八〇八年の治罪法典は、完全に糺問主義的予審を復活させたが、それはまた同時に、予審被告人の「市民的自由」を著しく侵害するものでもあった。

「市民的自由」の侵害が、とりわけ予審の糺問的予審機構に由来するものであったことから、以後の治罪法典の改正はその糺問的性格を緩和する改革を必要不可欠とした。改革の指標となるものは、糺問的予審機構が依拠するところの自白採取のための糺問的尋問を支える諸システムの改革もしくは放棄である。

予審の改革は、その方向で展開した。

糺問的尋問の特徴は、取調べの対象者の身柄を拘束し、その自由を奪うことを基本的な手法とする。そこで、予審被告人の自由の回復が、糺問的予審からの脱却の指標の一つとなる。この点については、古法はむろんのこと、革命期の刑事訴訟立法も、犯罪の嫌疑を掛けられた者が捜査や裁判のためにその自由を剥奪されることを当然視した。それ故、予審という司法捜査の対象となると、勾留されることが原則とされた。しかし、その原則は、次第に予審被告人は自由であるという原則に転換していった。この原則の転換は、「仮の自由」の名称に如実にあらわれた釈放の制度の展開に、その航跡をみることができる。自由こそ原則であって、自由の剥奪は例外的措置であるとのイデーは、「無罪の推定」の見地からも必然的な帰結であり、不当な自由の抑圧から「市民的自由」を回復するに不可欠なものである。

また、糺問的予審は、予審被告人の防禦の希薄さをその特徴とする。そして、自白の採取は防禦権の薄きを好む。それ故、とりわけ黙秘権と弁護人の援助を得ての防禦権の確立が、糺問的予審機構を改革する上で極めて重要な役割を果たした。この二つの権利を確立したのが、一八九七年法であった。以後、弁護人立会を原則とする尋問、対審弁論、勾留裁判等、予審被告人の防禦権は着実に拡充してきた。これにより、予審の秘密主義（密行主義）は相当に緩和された。

さらに、糺問的予審機構を支えるためには、糺問的裁判官が、単独で糺問的刑事司法権力を掌握することがもっとも効果的であり効率的である。それ故、それに対する効果的な改革は、権力の分立もしくは分割である。その象徴的制度が、革命期の起訴陪審制度であり、起訴陪審廃止後の治罪法典における評議部の設置であり、起訴陪審の代替機関である重罪起訴部の創設であった。また、予審と公判の分離、訴追と予審の分離、予審捜査と警察捜査の担い手の分離（予審官と司法警察官との分離）等が必要とされた。予審においては、さらに、予審権限の分離、すなわち捜査機能と裁判機能の分離とその担い手の分離が不可欠である。起訴陪審の廃止に伴う評議部の設置、評議部廃止後の再三の評議部再興やそれに類する予審部、勾留処分請求部、勾留審査部等の裁判機関の創設への取組みは、捜査機能と裁判機能の分離の課題に取り組む作業であった。

予審における糺問的捜査機能は、とりわけ弁護士援助による防禦権により次第に縮小され削減されていくが、その縮減は同時に警察捜査に糺問的取調機能の発達を促した。その結果、非公式捜査として警察捜査が、法規制を受けないまま糺問的捜査を行い、被疑者の人権に弊害をもたらしたことから、刑事訴訟法典では予備捜査としてこれを認知して法規制を加えることにした。こうして警察捜査を公式捜査として認めたが、同時に仮留置あるいは身元確認といった無令状の身体拘束を可能とする強制処分を導入し糺問的取調べの実質をも付与した。それ故、糺問的捜査機能を改革するには、警察捜査の糺問的捜査を抑制する必要が生じ、一九九三年一月四日の法律は仮留置に弁護人援助権

（接見交通権）を認めるにいたった。予審制度の改正から、ようやく警察捜査における被疑者の人権保障に向けて法改正が及んだといえよう。

以上、予審の歩んだ歴史とその内容を概観してみると、被疑者および予審被告人の防御権を強化拡充する方向で進展してきたことが分かる。

未決勾留と警察の実質的な取調べへの弁護人の立会いの問題が、未解決であるもしくは完全な解決をみていないことを除き、予審における被告人の防御権はかなりの水準に達したように思われる。したがって、残る最大の課題は、勾留使用の抑制、勾留期間の短縮、そして警察捜査への弁護人援助権の強化拡充であろう。

こうした改革の歴史を有する予審ではあるが、他方で、現行の予審に対する本質的改造、すなわち刑事法典草案以後再三浮上した検察官予審の構想への愛着も、支配的な意見にはいたらないが絶えることもない。

そこには、予審制度の問題を、別の視点から解決しようという意図が含まれているようにも思われる。今日、警察捜査は、犯罪捜査に不可欠の役割を担っている。それにもかかわらず、現行の刑事訴訟制度では、犯罪捜査の主要舞台はやはり予審官による司法捜査である予審ということになっている。しかし、捜査の比重が警察捜査にますます重心を傾けつつある現在、予審制度による司法捜査が建前と一致していない。それならば、いっそ予審判事による予審制度を廃して、検察官予審、あるいは検察官の監督下での実質的な警察予審へ制度改革する方が捜査の実態に則して機能的ではないか、という考え方はそれなりに魅力的であろう。裁判官による捜査を厳格な意味で予審と呼ぶならば、検察官予審も警察官予審も、もはや予審の名に値しない。司法官（マジストラ）による捜査を予審と呼ぶならば、行政権に属するその実質はともあれマジストラの一員である検察官の捜査は一応予審に位置づけることができるが、検察官の予審権力をなんらかの形で抑止するために予審判事も存置するという考えもありうるであろう。また、機能的で効率的な検察官予審を構想するならば、予審判事の存在は不要とすべきであろう。こうした新たな構想の模索は、糺問的予審構造を、一つの方向として英米の弾劾的手続に向かわせる可能性を内在しているといえる。

そこで、第二部の終章として、伝統的な予審判事による予審に対する擁護論を、ポントワーズ大審裁判所予審判事ジャン・リュク・ソロン（Jean-Luc Sauron）の主張に基づいて概観し[1]、予審の意義を検討してみよう。

エクス・マルセイユ第三大学教授フェルナン・ブーラン（Fernand Boulan）は、予審の改革が必要とされている理由として次の三点を指摘する。

(1) 予審判事が単独裁判官で、その権限が強大であること。

(2) 予審判事の多くが若年で、経験が浅いこと。

(3) 予審判事の独立性が強すぎること。

ブーランは、とくに第三の問題がしばしば政治権力を悩ませており、これが予審判事を廃止せよとの主張になっていると説明している。そして、ブーランは、予審改革の方向を二つ示す。第一の方向は、予審判事を廃止して検察官に捜査権限を与え、アングロ・サクソン法に接近しようとするものである。第二の方向は、予審判事を維持しながら予審改革を行うというものである[2]。

ソロンは、第一の方向に対して、弾劾制度の欠陥を指摘してこれに批判を加える。彼の批判と主張は、次の四点に示されている。

(1) フランスの予審は、改革され対審を交配された長所を有する糾問制度である。その長所とは、以下のものである。

①糾問制度は、弾劾制度よりも、満足しうる形で事件の真実と実相へのアプローチを確実にする。

②糾問制度は、調書をより客観的・公平な見地で扱うことができ、複雑な調書を理解することを可能とする。

③糾問制度は、弾劾制度にはない権利へのアクセスと権利の保護についての平等性を保障する。

(2) 真実の多元性には価値はない。予審判事の職務は、捜査の職務（fonction d'investigation ＝調書の諸要素の探究）と裁判の職務（fonction juridictionnele ＝未決勾留、判決裁判所への移送）である。予審判事はメグレ警部であると同時にソロモン王である。これに対して、弾劾制度は、捜査の職務と裁判の職務とを分離し、尋問の職務を対立する検察官と弁護側に委ねている。「半分の真実」を二つ合わせても「完全な真実」にはならない。

予審判事に対する批判の常套句は、警察捜査との関係で独立性を欠如しているのではないかというものである。アメリカの弾劾制度では、警察官との関係では独立しているが、これはまた警察の独立を意味している。警察の論理は、訴追の論理すなわち有責性（有罪）探索（recherche de la culpabilité）の論理である。

弾劾制度の欠陥の一つは、証拠を取捨選択できる完全な自由を警察に与えたことである。他方、弁護人は依頼人の無実を発見するために雇われ報酬を受ける。したがって、弾劾制度は真実探求の制度ではなく、裁判官に自分たちの真実性を納得させる制度である。これに対して、予審判事は、事実について一方当事者に偏らない客観的な存在である。

また、弾劾制度の審理は公判廷で各要素をめぐる攻防が口頭で行われるため、調書で問題となった人物をすべて呼び出す必要がある。警察が把握した事件の九〇パーセント以上をふるい落とさなければ、弾劾制度は機能しない。そこでは、「有罪の答弁」による司法取引が行われている。

糺問制度が自白を崇拝するものであるとの主張があるが、弾劾制度こそ白白に立脚する「有罪の答弁」の制度によってのみ機能しているのである。自白は断固として排除されるべきものではない。自白は、それだけではなんの意味ももたない事実を、自白の照射により解読することを可能とする。

⑶　糺問主義の秘密性は、弁護人の関与により、もはや第三者に対してのみ存在するものとなった。しかも、予審の秘密性は防御権を害してはならないと規定されている（刑事訴訟法一一条）。予審の秘密は、社会的に無罪の推定の価値を守り、予審被告人の名声や名誉を守る。秘密は防御権を保障しながら、捜査の適切な進行を確保する。

弾劾手続は、審判よりもむしろ闘争をもたらし、陪審を審判者というよりもむしろ傍観者に変えてしまった。これに対して、予審執務室での秘密は、アメリカの法廷での闘争状態よりも、証言の自由な表現や客観的な表現に明らかに適している。弾劾手続においては、質問の表現方法や口調だけで証言を操縦することはさして困難ではない。また、身体の安全を危惧する証人が、証言を覆すことがある。証言を覆したからといって、その証言が必ずしも偽りであるとはいえない。

弾劾手続では、マフィアに対する「大規模訴訟（maxi-procès）」は手に負えない。糺問手続は、複雑な調書の処理ならびに研究を可能にする。

糺問制度では、未決勾留が過度に利用されていると批判されるが、秘密の要求は勾留の利用を説明する。勾留される者の、七五パーセントが仕事に就いておらず、うち五〇パーセントが職業をもっておらず、四〇パーセントが家庭をもっていないし、三六パーセントが住居をもっていない。彼等が勾留されないのであれば、証人が脅迫されないよう、証拠が消滅することがないよう、また判決公判に出廷しているのが被害者だけということがないよう、司法との接触を新たに工夫しなければならない。勾留のうち六七パーセントは四カ月以下の勾留であり、一年以上の勾留は二・六四パーセントである。

(4)　正義は、金銭で解決できるのか。弾劾制度は、とくにアメリカのそれは、裁判の行方が金銭により左右される。高額の報酬で有能な弁護士を雇えるからである。弾劾制度は、多かれ少なかれ演劇的な見せ物の論理の中に陥ってしまったため、金の地位と重さが弾劾制度を極めて驚くべき経済的かつ商業主義的論理の中に引きずり込んだ。弾劾制度の理念は堕落した。

アメリカの陪審制は、芝居と非常に類似していて、演技と駆引に熟知している弁護士が陪審に強い影響力を発揮できる。これに対して、糺問制度では、被告人が弁護人をもっていようがいまいが、また弁護人が有能であろうがなかろうが、それに関わりなく嫌疑の有無を審理する予審判事を提供することができる。予審判事は、十分な見識をもって嫌疑の有無を判断できないときは、予審審理の補充を認めることができる。また、鑑定人を利用することもあるが、この鑑定人はいずれの当事者にも組しない。

予審判事は、検察官のように有罪を立証する者でもないし、弁護士のように無実や無答責の証明に専心する者でもない。また、予審判事は、アメリカの裁判官のように検察官と弁護側との対立を裁定する者でもない。

以上が、ソロンの主張の骨子である。そこには、フランスの文化と伝統とに根ざし発展してきた予審制度に対する深い愛着と、欠陥だらけの弾劾手続に取り替えようとの予審廃止論に対する強い苛立ち、そして予審制度の効用についての啓蒙精神に満ちているといってよいであろう。

彼の糺問制度への賛辞および弾劾制度への批判の当否はさておき、フランスの予審制度が、糺問的性格を有する制度だということを理由に、否定されるべきものではないことは明らかである。

さらにいうならば、フランスの予審制度は、革命の精神と長年の伝統とを織り込んできた注目すべき司法文化の一つであり、公判前手続の研究に有用な視点を多く与えてくれるものである。

フランスが治罪法典から今日にいたるまで予審判事による予審制度を墨守してきたのは、公平かつ客観的な司法官が犯罪捜査の権限を掌握することで、もっぱら有罪の証拠の発見と収集に傾斜する検察や警察を、小さな専制君主もしくは暴君にしないためのものである。実際に、捜査・取調べの重要な場面を担う司法警察官を駆使する検察官予審が、予審判事に依拠する予審制度よりも「市民的自由」の保護により接近するとの保障はない。これに対して、フランスの改革された予審は、未決勾留と警察捜査等に問題は残しつつも、「市民的自由」の保護の拡充策を絶えず施してきた。その意味では、ソロンが主張するように国家による個人保護の機能を営む制度といってよいであろう。

問題は、どちらが、人権宣言の描いた「市民的自由」と「社会的安全」を統合する「市民的保護」の理念に適しているかである。その議論もしくはその検証に向けての努力なしには、予審判事による改革された糺問的予審と弾劾制度との優劣の比較は無意味である。なぜなら、人権宣言は「市民的自由」と「社会的安全」の統一による「市民的保護」を近代法の普遍的テーゼとしており、現代の刑事法が、国民国家、市民国家もしくは民主国家における刑事法である限り、そのテーゼが失われることはないからである。

（1）ソロンの主張は次の論文による。Jean-Luc Sauron, Les vertus de l'inquisitoire, ou l'État au service des droit, Pouvoires no55, 1990. なお、同論文のより具体的な内容については、同論文の紹介と要訳である拙稿「フランス刑事法の新動向（二）」國學院法学三〇巻三号（一九九二年）一二九頁以下を参照されたい。

（2）小島武司他編『フランスの裁判法制』（日本比較法研究所中央大学出版部、一九九一年）二〇七頁。

結語

市民的保護の理念と刑事人権の豊饒化

フランス人権宣言は、市民が享有する自然権を確保するためには、国家権力から不当に自然権が侵害されないと同時に（「市民的自由」）、犯罪からも自然権が侵害されないこと（「社会的安全」）を不可欠として、二つの暴力から市民の自然権を保護すること、すなわち「市民的保護」を刑事権力と刑事人権とのありようとして描いた。したがって、刑事法は、この「市民的保護」を実践する国民の一般意思の表明として位置づけられるものである。

この人権宣言の理念をもっとも忠実に刑事立法において実践しようとしたのが、人権宣言の理論的指導者でもあったデュポール（Duport）であった。デュポールは、憲法制定議会での一七九一年刑事訴訟法（治安警察、刑事司法および陪審員の設置に関するデクレ）の提案趣旨説明において、自由の遭遇する二つの危険として、「万人に対する抑制を生み出す公権力の濫用と、悪人による善人への抑圧を生み出す法律の侵犯」を指摘し、「これらを避ける唯一の手段、それは注意深く権力を組織し、厳密にそれら（権力）を制限し、正しくそれらの目的に向かって導き、一般的有用性の上にそれらを基礎づけること」[1]であると主張している。デュポールのこの言葉は、刑事権力の抑制による「市民的自由」と犯罪の抑圧による「社会的安全」の二つが紛れもなく近代刑事法の原点であることを如実に語っている。

こうして革命が人権宣言に「市民的保護」として統一した「市民的自由」と「社会的安全」は、現実の刑法および刑事訴訟法において、それぞれの史的展開の軌跡を鮮明にその歴史に刻んでいく。一言でいえば、それは、折々に「社会的安全」のために強化されていく刑事権力を、「市民的自由」の視座からいかに抑制するかというその実践の歴史である。

第一部では、アンシャン・レジームから現代までの刑法学派の流れを、「市民的自由」と「社会的安全」という近代刑事法の本質的テーゼを視点に、刑罰と責任の問題を中心に取り上げ論じてきた。その中でも、古典主義を中心に据えたのであるが、それは、一九世紀の新古典主義が、ナポレオン刑法典の自然権思想を超えた刑事権力に対する明らかな抑制原理を、刑罰論と責任論の結合によって確立した刑法学理だからである。

人権宣言は、古典主義刑法思想を基礎に、近代における刑事権力と刑事人権のありようの真髄を素描した。一七九一年の革命刑法典は、そのありようを追求しようと、「市民的自由」の城壁である罪刑法定主義に刑事権力の恣意をかたくなにまで控制する固定刑制度（絶対的法定刑主義）を導入した。陪審制度の導入により、陪審員がその「市民的自由」の城壁監視役となった。しかし、その弾力性を失った量刑システムは、刑事権力に強い警戒心を抱く陪審員にかえって受け入れられずに、やがて瓦解するにいたる。ルー（Roux）によれば、「革命立法者は詳細な刑の計量によりその固有の原理を破産させた」(2)のである。ここで留意すべきは、人権宣言の自然権思想に基づく「罪刑最小主義」に基礎をおいた一七九一年刑法典にあっても、固定された刑は「市民的自由」を不当に抑圧するものとしての様相を呈していたことである。すなわち、刑事立法権力が、犯罪者の「市民的自由」を侵害するものとして、市民たる陪審員に認識されたのである。それ故に、陪審員は、被告人が犯人であるとの確信をもっていても、起訴陪審においては嫌疑なしの評決を、判決陪審においては無罪の評決を頻繁に下した。皮肉なことに、刑事司法権力を固定刑制度という法定のコルセットの中に封じ込め、その恣意的行使を防止した代償が、陪審制度の機能不全を招き「社会的安全」を憂慮すべき状況に追い込んだのである。

一八一〇年の刑法典、いわゆるナポレオン刑法典は、ベンサム（Bentham）の功利主義思想を基礎に、重罰・厳罰による威嚇主義の一般予防を、換言すれば威嚇主義的刑事政策を推進した。刑法の全般的な重罰化と犯罪化の拡大により、犯罪の禁圧を目指したのである。同刑法典は、量刑に裁判官の裁量権を認める相対的法定刑主義を採用したが、死刑または無期という固定刑を定める犯罪も残り、また相対的法定刑の下限をもってしてもなお刑罰が重かった。しかも、制定時の刑法典は、法定刑の下限を下回る刑を言い渡すことのできる軽減事情をほとんど認めなかった。したがって、刑の下限をもってしても量刑が重すぎる場合には、陪審員は固定刑制度時代と同じように無罪判決を頻発させた。周知のとおり、ナポレオン・ボナパルト（Napoléon Bonapart）はフランス刑事法から陪審制度を排除することをはかった。これは、刑事権力に対する監視役を犯罪鎮圧の弊害となると考えたからであり、刑事司法権力を市民的控制から解き放ち、国家の掌中に排他的に掌握しようとしたからにほかならない。

かくして、一八一〇年刑法典は、固定刑制度とともに人権宣言の「罪刑最小主義」のイデーを放棄し、一八〇八年の治罪法典は、起訴陪審制度を廃止して訴追権力に対する市民的控制の精神を放棄した。同時にそれは、人権宣言の精神の基といえる自然権思想の放棄であり、国民主権を排除する帝政の主権原理が（法律は一般意思の表明であるという）一般意思論を放逐することによってそれを可能とした。こうして、ナポレオン法典における刑事権力と刑事人権のありようは、「市民的自由」よりも「社会的安全」を重視し優越させるものとなった。

一九世紀の新古典主義は、そうしたナポレオン刑法典の社会的・国家的功利偏重の権威主義的な重罰・厳罰から脱却し、正義の回復を目指す学理であった。この正義と功利の折衷的刑罰思想は、人権宣言が描いた「罪刑最小主義」とは異なるものの、精神においてはそれに相通ずるものであった。そして、この折衷的刑罰論は、重罰・厳罰志向から脱却するため、責任と刑の比例原則という新たな学理の展開を不可欠とした。その折衷主義は、また、犯罪化についても、量刑についても、刑事権力が宗教的道徳的重罰・厳罰志向のみならず社会功利的重罰・厳罰志向に結びつくことを防止し、刑事権力を適正なものに抑制しようとする学理であった[3]。その意味で、新古典主義は、「市民的自由」の回復を目指す注目すべき学理であったといえる。

以後の諸学派の誕生と学派間の対立は、人間諸科学の発展の中で形成されていく刑事政策の見地から、功利・効用の内容を犯罪者の社会復帰もしくは再社会化に移して展開していく。

それまでフランスにおける学派の対立は、古典学派を克服する新古典学派というように、同じ古典主義思想の範疇で展開されてきたが、一九世紀の後半に本質的に異なる思想に基づく学派との間に対立が生じた。犯罪者の科学的な研究と再犯防止のための処分による社会防衛を達成しようとする実証学派と、刑罰による懲治的改善により特別予防を視野に入れながらも一般予防思想に重心をおく新古典学派との対立である。それは、「社会的安全」をめぐる思想的対立である。ここから、社会防衛思想と新古典主義思想との相剋が始まりそして続くことになる。

現在、両思想の対立は、新古典学派と新社会防衛学派との相剋としてなお両派の間に、思想的深淵を挟んで対立している。前者は、科学的な再社化処遇を志向しながらも、自己の行為には刑罰的に責任（非難）を負うという応報刑思想を基礎に据え、後者は、刑法的非難性を否定し再社会化のための社会防衛処分を追求する新社会防衛思想を基礎に据えている。しかし、両派の関心事は、もはや「市民的自由」にではなく「社会的安全」に向かうものである。換言すれば、両派の対立点である制裁もしくは処遇と責任との問題は、もはや「市民的自由」に関わる争点としての地位を形成していない。

第一部第六章で述べたように、メルル（Merle）＝ヴィチュ（Vitu）は「責任と刑の比例原則」を否定し、法定刑内において犯罪者が再社会化の効果を上げるまで非難を捨て去らない刑事処遇に付すことを可能とする。しかし、メルルの唱えるシステムにおいては、「市民的自由」は、もはや刑事権力から脅かされることはありえないのだろうか。刑事処遇が基本的に応報刑であり非難の性格を有するものである以上、その自由の剥奪の程度は非難の程度に比例するというのが市民的な正義の感覚ではないのだろうか。それとも、それは一八世紀末葉の革命刑法典や一九世紀のナポレオン刑法典下だけのものなのであろうか。犯罪者の再社会化は決して容易ではないことから、いきおい法定刑内といっても上限に近い期間、刑事処遇の対象とされる可能性が少なくないのではなかろうか。そうであれば、非難の強弱の程度に関わらず再社会化のためならば、許容される限界まで刑事処遇を受ける義務を犯罪者は負っていることになる。そのことは、「責任と刑罰の比例原則」による贖罪と、犯罪者の再社会化のための刑事処遇とが、本質的に一致しないということを明瞭に教示している。そこには、その必要を認めながらも、刑事権力に常に懐疑的であった、古典主義的な「市民的自由」に対する厳格なイデーはないように思われる。それ故、メルルは、応報思想と再社会化処遇とを統合し、旧来の新古典主義を新たに脱皮させようとしたのである。それは、ある意味では、古典主義の限界への野心的な挑戦のようにも思われる。

現代の新古典主義について、とくにメルルの学説を新社会防衛論と対比するために取りあげたが、現代の新古典主義は決して方向を一にしているわけではない。それでも、その特徴として掲げることができるのは、一九世紀の新古典主義への部分的な回帰の傾向である。そして、現代の新古典主義は、責任のイデーを復興しながら、次の二つの方向を示しているように思われる。

一つの方向は、メルルに見られるように新社会防衛論と接近する方向である。現代の新古典主義は、心理学や精神医学の科学的考察からと同時に、人間は自己の行為に答えるべきであるという庶民的感情からも、あらためて責任に対する存在価値を認める。(4) さらに、新社会防衛論の「責任感覚の再教育（réapprentissage du sens de la responsabilité）」は判決を非難から解き放つものであるが、現代の新古典主義は非難になお価値を認めてそのイデーを維持すべきであるとする。したがって、現代の新古典主義は、一九世紀の新古典主義と次の二つの点で異なる。まず、刑の決定に心理学の手助けを不可欠なものとする点ある。それは、サレイユ（Saleilles）の主張した刑の個別化理論から導かれている。次に、刑の量と道徳的責任との間の緊密な比例関係が放棄されたという点である。たとえば、メルルの唱える新々古典主義は、心理学的な犯罪者の刑事制裁を内容とする刑事政策の下に、一九世紀の新古典主義が構築した「責任と刑の比例原則」に基づく刑事権力抑制原理を終焉させた。

現代の新古典主義の示すもう一つの方向は、近年の犯罪の増加に起因するものであり、司法官や法律学教授による犯罪に対する強固な鎮圧を目指すものである。彼らは、予防、個別化および社会復帰の思想を「度を越した三姉妹（trois soeurs abusives）」として批判し、持論を各方面で展開した。刑務所は犯罪者を無力化し（neutraliser）威嚇することができるだけで再教育などできない、処罰だけが暴力に対して恐怖となるのものであり、善良な人々を安心させるものである、あるいは必要なのは強力な警察である。等々。彼らは、刑罰に、威嚇と予防さらに古い贖罪のイデーを復活すべきであると主張する。(5)

現代の新古典主義における後者の方向は、鎮圧の強化の方向を示すものである。鎮圧の強化は、すでに一九世紀から二〇世紀の変わり目にかけて、多方面で行われた。たとえば、一九二三年三月二七日の法律は堕胎（avortement）を重罪から軽罪に罪名（罪質）を変更したが、これは堕胎を重罪院の陪審の寛容から免れさせ処罰を厳格にしようとするものであったといわれている。また、武器携帯の窃盗に対する死刑（一九五〇年一一月二三日の法律）、子供に対する虐待死に対する死刑（一九五四年四月一三日の法律）等、死刑を科す犯罪を増やした。あるいはまた、売春斡旋に対する拘禁期間の増強（一九七五年七月一一日の法律）、航空機乗取りの犯罪化（一九七〇年七月一五日の法律）等が行われた。

ところで、一九世紀の新古典主義は、その正義と功利の折衷的刑罰論から、犯罪化のみならず刑罰化についても抑制的機能を果たす学理であったが、今日、刑罰のインフレーション（inflation pénale）が指摘されている。プラデル（Pradel）は、刑罰のインフレーションの著しい結果について、次の四点を指摘する。①一つの同じ行為が多くの条文の下におかれるようになる。②今や罪刑法定主義は、市民の自由よりも罪質決定（qualification）を尊重するので、罪刑法定主義の意味を変容させる。③条文の増加により「法の不知を恕せず（Nul n'est censé ignorer la loi）」の原則が不自然なものとなる。④有罪判決において、特別刑法の大部分が適用されていない。(6) かかる刑罰のインフレーションは、フランス人権宣言が樹立した最小限主義に立脚する罪刑法定主義の精神を、刑罰の多用によりを変容させていないかが懸念されるところである。

いずれにせよ、近代に比べ人道主義や人権思想が普及した現在でも、刑法の領域においての「市民的自由」と「社会的安全」のテーゼは、資本主義経済の高度化、高度情報化、社会と個人の関わりの変化、それらを通じての人格の歪、あるいは犯罪の複雑化、組織化等々を通して、その兼ね合いが困難であることに変わりはない。そして、学派間の相剋は、「市民的自由」と「社会的安全」の相剋の歴史を今なお刻んでいるといえよう。

以上のことを踏まえ、「市民的自由」と「社会的安全」の視点から、各学派の特徴を簡潔に表現すれば、次のようにいえるであろう。

初期古典主義は、「市民的自由」と「社会的安全」のテーゼを、犯罪と権力から自然権を保護するために「市民的保護」に統合することによって自由主義刑法を標榜した。人権宣言は、この統合を革命の普遍的原理として宣言したものの、その後革命の極端さに対する揺り戻し現象が生じ、「市民的自由」と「社会的安全」とは互いに対抗する様相を呈するにいたった。爾後、学派の相剋は、この「自由」と「安全」の再統合をめぐり展開した。表現の不適切さを顧みずあえていえば、新古典学派は正義と功利による再統合を、実証学派は排害的社会防衛思想と排害的保安処分による再統合を、新しい新古典学派は非難を基底とする応報思想と科学的所与を導入した再社会化の刑事処遇との再統合を、そして新社会防衛学派は共存的社会防衛思想と刑法的非難を否定する人道的で科学的な社会防衛処分との再統合をはかるものであった。

このように、学派の相剋の歴史は「市民的自由」と「社会的安全」との相剋の軌跡であり、この「自由」と「安全」の対抗を縦軸に、学派は功利・効用の内容として漸次犯罪者の社会復帰論・再社会化論を展開しつつ、そこに様々な対抗座標点を描き出してきた。今日では、「市民的自由」と「社会的安全」との相剋は、現代の新古典学派と新社会防衛学派との接近により、外形的にはかつての新古典学派と実証学派におけるほどの尖鋭的な対抗関係にはない。しかし、応報システムにおける「自由」と「安全」と、非難を排した社会防衛システムにおける「自由」と「安全」との間には、なお交わり難い本質的な隔たりがあるものといえる。

さらに、実証主義と新古典主義の自由意思と責任をめぐる学派の不毛の対立の後、犯罪と社会の闘争の深刻化に、社会防衛の見地から犯罪者の処遇のありようが大きなテーマとなり、新しい刑法の必要性が責任論の再検討を要請するにいたった。それはフランス固有の問題ではなく、ヨーロッパの主だった国々に共通の問題であった。とりわけ、精神医学の見地から新古典主義刑法の責任能力観念に対する批判がなされた。ヨーロッパにおける複数の国際的な共同研究において、精神医学者らは、責任能力や限定責任能力の観念を有しておらず刑法の精神鑑定にもはや資するものではない、医学の本来の役割が患者の治療であるように、むしろ犯罪者の処遇に直接関わるべきであると主張した。

こうした主張は、責任感覚を再社会化の原動力として利用しようとする新社会防衛論とも結びつき、古典的伝統的な刑事責任に強く見直しを求めるものであった。精神医学からの刑事責任に対する批判は、今日、責任無能力に対する刑罰化を内容とするラジカルな責任化の主張すらみられるほどになった。こうした主張は、必ずしも立法への強い影響をもたらしはしなかったが、刑事責任とはなにか、あるいは犯罪者の処遇における刑事責任とはなにかという刑事責任の根源的な問題をあらためて提起するものである。

二〇世紀末葉のフランスの特徴は、第二部とも関わるのであるが、刑事政策における「処罰モデル」と「処遇モデル」の二つが刑事立法を指導している点である。処罰モデルは、鎮圧強化に立法を導き、その意味で「市民的自由」を抑制する方向をたどる。これに対して、「処遇モデル」は、再社会化政策の推進による犯罪防止とともに、刑罰権（刑事権力）の濫用から「市民的自由」を守る方策も強化することを目指すとされている(7)。そして、新社会防衛論の影響の下で押し進められてきた刑事政策の有効性に対する危機感を契機として、指標となるモデルが、保守革新の政権の目まぐるしい交代とともに入れ替わり、「市民的自由」重視と「社会的安全」重視とが短期間において対抗的に振幅する現象が生じた(8)。

このような近年のフランスにおける周期の短い振幅は、深刻な様相を濃厚にしつつある犯罪現象に有効に対処するには、いずれのシステム、いずれのモデルにその基本的態度を求めるべきかというフランス社会の苦悩のあらわれである。それはまた、現実の犯罪との闘争において複雑に錯綜し深刻に対抗する、「自由」と「安全」の有効かつ調和のとれた再統合へ向けての新たな模索でもある。こうしたフランスにおけるたゆみない「自由」と「安全」の緊張関係そのものは、しかし同時に、フランスに人権宣言の自由の理念が深く根づいていることを物語っているといえよう。

第二部では、予審制度およびそれに関連して警察捜査について、「市民的自由」と「社会的安全」の視座から、その歴史的展開をみてきた。その歴史的展開において、予審制度には二つの機能が分析される。一つは、アンシャン・

レジーム期のオルドナンス（王令）および治罪法典の糺問的予審に顕現した捜査機能・犯罪鎮圧機能であり、もう一つが一七九一年刑事訴訟の弾劾的予審に顕現した人権保障機能である。

刑事司法権力の近代化は、「社会的安全」の使命を担う刑事権力の犯罪鎮圧機能に、「市民的自由」の保護を担う人権保障機能を組み込み、これを拡充する過程である。この人権保障機能が具体的にどのようなもので、どのように拡充したかが、「市民的自由」の具体的内容となる。その意味で、予審における刑事権力の近代化の要素として、次のものをとくに重要なものとして析出することができる。

(1) 予審への市民参加（起訴陪審制度による予審の弾劾化）

(2) 権力分立の思想に基づく予審機能の分離（起訴陪審創設、評議部創設、訴追と予審の分立、予審の二審化、予審官と警察官との職務分離）

(3) 公判前における身体的自由の拘束（勾留、身元確認、仮留置）に対する法規制と防御権の拡充

(4) 予審における防御権の拡充強化（とくに弁護人援助権）

右の要素を視座に据えると、刑事訴訟法の「自由」と「安全」の史的展開は次のように分析することができるであろう。

一七九一年刑事訴訟法は、自然権の「市民的保護」を実現するために、起訴陪審制度を創設することにより予審構造を弾劾化し刷新した。人権宣言の描く「市民的保護」を実践するために、予審の付公判可否に関する司法的判断を市民の手に委ねて、刑事権力を控制しようとしたのである。この時代、固定刑制度にみられるように、司法官の権限を抑制し権力の濫用を生ぜしめない配慮が極めて強く作用した。弾劾的予審を主催する（起訴）陪審指導判事に対しても同様であった。この予審構造の弾劾化により、告訴・告発された予審被告人は尋問されるのではなく聴問の客体となった。

起訴陪審は、革命の自由主義思想をもっとも端的に表現する制度である。このことは、公判裁判にいたるまでの被

告人の自由の剥奪は、犯罪の鎮圧に必要不可欠な範囲で行わなければならないが、そのため警察官による自由の拘束が不可避であるとしても、市民の自由を剥奪する権利を有するのは唯一同胞たる市民だけであるという起訴陪審設置の理由からも明らかである。(9)

さらに、起訴陪審の役割は、略式予審を行う警察官の違法なまたは軽率な訴追を排除することにある。このことは、一七九五年の罪刑法典において、陪審員への説示規定で明記されている。このように、一七九一年刑事訴訟法は、警察官訴追に対する人権保障機能として、訴追の吟味点検機能および訴追における不当な拘束からの自由回復機能を、起訴陪審に付与したのである。立法者にとって、起訴陪審は、訴追権力に対する市民的控制と予審の権限分割とを同時に実現する理想的な「市民的保護」の制度であった。

しかし、起訴陪審員は刑事権力への強い反動から免訴評決（不起訴評決）を濫用したため、犯罪鎮圧機能を衰弱させ、結果的に犯罪からの安全すなわち「社会的安全」が深刻な状況に陥っていった。こうして、革命期の実務は「市民的自由」に重心をおきすぎ、「市民的保護」の理念の実現には及ばなかった。

このときから、「市民的保護」に統一されていた「市民的自由」と「社会的安全」とが、早くも現実において対抗現象を示し始めた。そして、革命立法から治罪法典の成立までの刑事訴訟法の立法過程は、革命派と保守派の間に展開された「市民的自由」と「社会的安全」との相剋の過程であった。そして、その過程は、後者が前者を凌駕する糺問主義的予審制度への回帰の軌跡を描いた。

罪刑法典および一八〇一年法は、犯罪の鎮圧機能を強化するために陪審指導判事を漸次予審官化していった。とくに、一八〇一年法は、訴追を強化するために、公訴の提起権と公判での訴追の追行権を政府委員に掌握させて訴追権を強化し、さらに起訴陪審の免訴権濫用を抑止するためにそれまで口頭であった起訴陪審の面前での手続を書面によるものにし、さらにまた予審被告人を聴問ではなく尋問を受ける者とした。すなわち、同法は、予審判事の権力化もしくは予審における司法の権力化を押し進め、事実上起訴陪審制度の精神を形骸化せしめたといえる。公判への訴追権強化のための予審の糾問化は、刑事司法権力を強化する一方で、近代的検察官の原型を創設し、その結果訴追と予審の分離という刑事司法権力の分立を促進し、制度面においては刑事訴訟法の近代化を推進するものでもあった。

いずれにしても、ルーの言葉を借りれば、「この時代に、アンシャン・レジームの諸制度に対する追放が終焉したのである。」[10] そして、予審の完全なる糾問化を復興したのが一八〇八年の治罪法典であった。治罪法典は、起訴陪審を廃止し、陪審指導判事を糾問的予審官にし、主要な諸手続を糾問主義に復帰せしめ、弾劾的予審制度を完全に糾問的予審制度に変えた。そして、この糾問的予審制度に犯罪鎮圧機能を託した。

治罪法典の立法過程を概括すれば、一七九一年刑事訴訟法の「市民的保護」のための「市民的自由」重視型の予審制度を、「社会的安全」重視型に転換していく過程であるが、しかし治罪法典の立法者が革命の所産である人権思想を全く否定したわけではなく、彼らには、糾問的予審を復活しても、弾劾主義構造の公判手続を維持することにより、革命の精神を担保しうるとの思いがあったと思われる。その思いが、歴史的にまったく異なる時代に異なる精神の下で生成し発達したところの、二つの異質な手続を接合するという特異な刑事訴訟構造誕生の思想的素地をなしていたといえる。

しかし、治罪法典は、単純に予審を糾問化したわけではない。憲法上必要とされていた起訴陪審を廃止した代わりに、評議部と重罪起訴部を創設し、予審の捜査機能と裁判機能をやはり分割し、前者の機能を予審判事に後者の機能を評議部に委ね、さらに予審統制（監督）権を付与する重罪起訴部を創設し予審に二審制の構造を創出した。とくに、評議部は検察官訴追の強権性からその必要性が導かれており、その役割は当事者でない完全に公平を維持できる司法官に検察官訴追の適否を判定せしめることにあった。[11] すなわち、評議部は、検察官の専制的訴追の危険性を、予審において排除する期待を担った「第一審の予審機関」[12] である。その限りでは、予審機能の分割により予審判事の強大な権力化を抑止し、公判への訴追の濫用を防止して、市民を不当な訴追に巻き込まないよう「市民的自由」の保護を配慮した立法である。

このように、治罪法典は、予審には鎮圧の効率を高めるべく糺問主義を、公判には被告人の人権を保障すべく陪審制による弾劾主義の構造を採用し、このまったく異なる本質をもつ手続構造を組み合わせることにより、「市民的自由」と「社会的安全」の均衡を、言い換えれば人権と治安の調和をはかろうとした。その現実的な折衷的思想とそれを体現する手続構造として、治罪法典は当時近代化の道を歩み始めた諸外国から高い評価を受けたのである。

しかし、自然権思想と市民的控制の原理を放棄した治罪法典の糺問的予審は、アンシャン・レジームの糺問的審問を近代的に刷新したものとはいえ、「市民的自由」の保護よりも犯罪の訴追を強化するための捜査機能（とりわけ自白採取機能）を優先させるシステムとして創設されたものであった。立法者から鎮圧機能の期待を託された予審は、人権（「市民的自由」）と治安（「社会的安全」）の調和という近代的精神とは裏腹に、被告人の地位を防禦権とは程遠い劣悪な状態においた。治罪法典は、被告人に対する嫌疑の告知を廃止し、密室での尋問を復活し、予審を厳格に秘密主義化した。予審のこのような密行主義は、自白採取目的の下に、期限のない予防拘禁（détention préventive）（後に、一九七〇年七月一七日の法律で仮拘禁（détention provisoire）に改正）や接見交通禁止を必然化するものであった。宣誓や身体的拷問こそ禁止されていたが、予審は、アンシャン・レジームにおける特別手続同様に、再び自白採取のメカニズムを発達させた。かくして、予審被告人は、防御の手段なしに予審判事の尋問にさらされ、再び糺問的捜査の暗部におかれたのである。

なお、一七九一年刑事訴訟法の弾劾的予審においては、予審被告人は尋問の対象ではなく聴問の対象にすぎなかった。治罪法典には証人の尋問方式に関する規定がないので、法文からそれを具体的に知ることはできないが、聴問は予審判事の質問に逐一答えるのではなく事の次第を道筋を追いながら叙述する方式とされ、これに対して尋問は予審判事の質問に答えなければならないという形式をとるものとされている(13)。いうまでもなく、尋問は糺問手続の本質である。しかし、エリ（Hélie）は、治罪法典における尋問について、被告人が自らの弁解を通して自分を保護する方法なので、虚偽の質問、偽計または詐術を用いることが禁じられると説明する。また、弱い立場の者は強い立場の者に必ず論駁されてしまうので、予審判事は予審被告人の答弁に対して論駁することも禁じられると述べている[14]。前者はともかくとして、後者が尋問の原則であるならば、それは実質的に聴問と異ならないのではないかとの疑義を禁じえない。さらに、後に弁護人立会いが認められるようになると予審判事の尋問の機能が低落し、警察捜査に捜査の比重が移されていくことから、現実の尋問はエリの想定とは相当な隔たりがあったものと思われる。

エリの見解とは対照的に、ガロー（Garraud）は、予審の現実につき、「犯人を発見すべく経験を積んだ司法官と、防禦においては無能で勾留により意気消沈し、危険な告白をなさんとしてる個人との継続的な差し向いにおいて展開した[15]」と述べている。また、ルーは、立法者が防禦の自由にもっとも望ましいと考えられる方法等につき規定をとくにもうけなかったので、これらの防禦の手続を排除する不正が行われたと述べ、防禦権に関する規定の沈黙が意図的に利用され予審被告人が防禦から遠ざけられていたことを指摘している[16]。

以上から、治罪法典は、訴追の強化のために予審により強力な鎮圧機能を託した代償として、予審段階での被告人の人権保障機能を犠牲にし、「市民的自由」を著しく後退させたといえる。治罪法典がフランスでの最初の近代的刑事訴訟法典という通説的な評価に立つならば、最初の近代刑事訴訟法典の歴史はまさに予審における人権抑圧から始まったといえるであろう。

治罪法典の立法者は、予審における多少の保障機能の欠落から生じる弊害は口頭・公開による弾劾主義の公判制度により補填しうると考えたが、現実には事態はそれほど楽観的なものではなかった。現実の予審における自白採取、および期限のない予防拘禁は、「市民的自由」に対する極めて深刻な歪をもたらした。したがって、治罪法典を起点に始まる一九世紀における刑事訴訟立法の課題は、社会秩序すなわち「社会的安全」に必要な保障と、「市民的自由」に必要な保障とを両立することであった。

以後、現行刑事訴訟法典制定までのフランス刑事訴訟法の近代化の過程は、治安と人権の調和をはかる精神によって行き過ぎた糺問的性格を緩和し、「社会的安全」重視に大きく傾斜した予審を、「市民的自由」の保護を回復する方向で修正を目指すものであった。むろん、その過程において、多少の揺り戻し現象は不可避的に生じた。

最初の大きな改革は、検察官の訴追をチェックする機関であったにもかかわらず、むしろ手続を遅らせ、かえって予審判事の予審（訴追判断）を妥当なものと権威づける役割を果した評議部の廃止であった。評議部の廃止は、とりわけ重罪についての付公判可否決定に、予審判事が決定的な主導権をもっていたことから生じた機能不全に起因する。この評議部の廃止により、予審判事は、捜査権限と司法権限を有する名実ともに完全な糺問的裁判官となった。

次に注目すべき改革は、予審被告人の自由の拘束についての考え方を変えていったことにある。予防拘禁（未決勾留）は逃亡防止と証拠隠滅防止を理由として行われたが、実際にはそれらの必要性以上に自白を引き出すための利便性故に利用された。未決勾留は、旧来の糺問手続の遺産である密室拘禁（mise au secret）の方法によったが、これは文書を含む厳しい接見交通の禁止（défense de communiquer）を伴うものであった。この密室拘禁は、予審被告人にとって極めて脅威であり、自白の採取に密接に結びついた。密室拘禁の危険性は、治罪法典の初期より懸念されており、一八一九年の司法大臣通達は、共謀・陰謀による重罪には必要であるが、すべての被告人に用いること、また一般的に勾留期間の延長を行うことは適切な司法と人権に反するものであり、その使用には慎重でなければならない旨を指示していた(17)。

一八六五年七月一四日法は、「自由」の精神に基づき仮の自由すなわち釈放（liberté provisoire 保釈）の範囲を広げた。さらに、一九三三年法は、勾留の過剰と長期化を回避するために、治罪法典制定時の「勾留が原則で自由は例外」というイデーを「自由が原則で勾留は例外」というイデーに反転させ、権利釈放の範囲を広げ、また釈放請求権を拡充するなど釈放制度を刷新した。これらの改革は、予審判事による勾留利用の抑制を促進しようとする改革ではあったが、当の予審判事に職務遂行上勾留を回避しようとの意識が希薄であり、完全な予審官となった予審判事の勾留権行使に対する自己抑制にはいたらなかった。したがって、この一般的な勾留の利用は、「社会的安全」に向けられた刑事司法権力の強大化をあらわすものとみることができる。同時にそれは、「市民的自由」に対し大きな脅威と制約を招くものといえる。このように、身体の自由剥奪に直結する勾留の一般的利用は、とりわけ人権宣言が描いた「市民的保護」のマスタープランを「社会的安全」重視型に変容させるものであったといいうる。

治罪法典における「市民的自由」回復に向けての最大の改革は、予審への弁護人の関与、すなわち弁護人援助権の確立である。前述したように、治罪法典は予審被告人を予防拘禁（未決勾留）下で糺問される地位においた。たとえ自供による被告人の協力を物理的・身体的に強要することができないとしても、そうした地位におくことが真実の発見に有用であるとしているので、予審被告人に黙秘権を保障する規定を設けなかった。こうして、予審は、未決勾留を利用した自白採取のメカニズムを、実質的に発達させていったのである。

一八九七年一二月八日法は、約二〇年に及ぶこの問題への立法的取組みの成果であった。予審被告人に黙秘権を認め、予審尋問への弁護人の立会いを権利として確立したことにより、予審判事による被告人尋問は被告人の供述を獲得する実質的機能を喪失した。糺問的予審へのこのような防御権の導入は、自白への圧迫から予審被告人を守り、「無罪の推定」の働く市民への不当な扱いを防止し、予審において「市民的自由」を大きく回復させるものであった。その意味で、予審判事の刑事司法権力に対する控制として、画期的な改革であったといえる。弁護人援助権は、予審における尋問から確実に自白を遠ざけた。予審の実質的な対審化の始まりである。現在では、勾留決定の際にも対審弁論にまで、弁護人援助権は及んでいる。

このように、予審における「市民的自由」は、人権宣言の描く「市民的保護」のマスタープランに添うべく大きく回転したのであるが、反面、別の次元で「市民的自由」の侵害が肥大化することになった。予審での弁護人援助権の結果、予審判事には自白の採取が困難になり、そのため自白の採取は非公式捜査として慣習的に行われていた警察捜査にその比重を移した。結局、被疑者の取調べが、予審権のないまたそのためにそれを抑制する法規制もなされていない警察に委ねられる現象を招き、今度は予審以前の被疑者の「市民的自由」が深刻に危殆化していったのである。

第二次世界大戦中のフランスは、実質的に憲法不在といわれた(18)。戦後は、戦時中のヴィシー政権時代に著しく後退した自由主義と人間の尊厳を回復することが望まれた。刑事訴訟法については、犯罪に対する司法の無力を解決する課題を背負い、かつ慣習的に暗黙裡に行われていた警察予審を排除すべく、検察官予審を構想するヴァーブル(Vabres)草案が作られた。警察捜査は、暴力的尋問、夜間尋問等により防御権のない被疑者の「市民的自由」を著しく侵害する事態にいたっていた。[19] しかし、それにもかかわらず、検察官予審が「市民的自由」を侵害する可能性が危惧された。かつて、刑事法典草案作成時に検察官予審が構想されたが、それに対して「市民的自由」侵害への強い懸念が示された。その懸念は、確たるものとして存続しており、とりわけ裁判所は検察官に予審権を委ねることを強く批判した。こうした強い反対に、検察官予審を構想したヴァーブル草案は頓挫した。

一九五九年に施行された現行刑事訴訟法典は、結局、従来の予審判事による予審制度を継承した。その約四〇年の歴史を顧みると、同法典の取り組んできた課題は大別して三つある。一つは、警察捜査の強化に対する防御権整備についての課題、第二は、予審手続の迅速化についての課題、そして第三は、勾留決定の抑制を目的とした勾留裁判機関の導入の適否についての課題である。

刑事訴訟法典は、「市民的自由」を深刻に危殆化させた警察捜査に法規制を加えるために、それまでの非公式捜査を予備捜査として法的に認知し、他方で自由を剥奪して犯罪の解決に有用な情報を収集することを認める無令状での仮留置制度を新設し、さらに、後に司法警察官に同様に無令状で身柄を拘束する身元確認(vérification d'identité)の権限を現行犯捜査について認めた。このように、刑事訴訟法典は、予備捜査を明文化して法規制を加えると同時に、警察捜査に強制力を与え、捜査機能を強化した。「社会的安全」の任を、明確に警察に委ねたことを物語る制度といえるであろう。

しかし、こうした無令状による強制処分に対して、刑事訴訟法典は、仮留置に付された者と弁護人との接見および警察の取調べに、弁護人が立ち会うことを認めなかった。また、刑事訴訟法典は、共和国検事に司法警察官の監督権を付与してはいたが、検察官による仮留置に対する監督は有名無実化していた。[20]

加えて、一九七〇年七月一七日法は、現行犯での身元確認の手続を予備捜査に一般化した。それは、警察官が、身元検査（contrôles d'identité）に基づき身元の証明を要求した際に、これを拒否した者または証明できない者を、所定の手続で一定時間身柄を拘束することができるという、新たな強制処分を警察捜査に一般化するものであった。しかも、これは仮留置に接続しうるものである。さらに、身元確認は、身元を証明しない者またはできない者に対して、指紋の採取と写真の撮影を認めるまでに強化された。このように、立法者は、犯罪の予防と捜査の必要性を理由に強制捜査の権限を増強していった。しかしながら、その増強に見合った防御権を即座に創設することはなかった。警察捜査に対し明確な防禦権が創設されたのは、一九九三年になってからのことである。

一九九三年一月四日法は、三〇余年の歳月を経てようやく警察捜査の改革に着手した。同法は、警察捜査を強化するために、捜査の必要性がある場合、司法警察官の呼出しに応ずることを義務化した。これも仮留置につながりうるものである。これに対して、仮留置にも大きな改革を実施した。まず、仮留置を共和国検事の監督下におく規定をもうけた。これにより、仮留置という自由剥奪処分は、一応司法官の監督に付されることが明示された。次に、仮留置に付された者に弁護人と接見する権利を認めた。すなわち、無令状で身柄拘束される被疑者に、弁護人援助権という防禦権を初めて認めたのである。同法は、二〇時間を経過した後に接見を認める暫定猶予規定をおいたが、暫定期間経過後は仮留置の最初から弁護士との接見を認めることを定めていた。仮留置の最初から弁護人との接見を認めるということは、防禦権のない仮留置が人権上極めて危険であるという事実と認識のあらわれである。そのほか、「市民的自由」の保護に向けて、仮留置の対象者が実質的に被疑者に限定されたこと、また仮留置の延長要件に訴追実行の可能性が掲げられた。

しかし、仮留置の最初からの接見は、一九九三年八月二四日法により修正され、接見は二〇時間を経過した後と新たに規定された。暫定猶予規定が本規定となったのである。その点で、この二〇時間の間、仮留置に付された者の「市民的自由」は後退することになった。

予審手続の迅速化について、一九八一年二月二日法は予審を経ない軽罪の手続を創設したが、一部の手続に予審を経ない検察官勾留請求を認める点で、「市民的自由」に問題を生ぜしめた。結局、同法に対する改正法により、迅速手続は現行犯に限定されることになった。予審手続の迅速化は、それだけ早く予審から予審被告人を解放することになるので、本来は被告人の利益となるものであるが、迅速のあり方によっては必ずしも被告人にとって利益となるわけではなかった。

最後に、予審判事の勾留権の問題は、予審における最大の課題である。

予審被告人は原則自由であるとのイデーの下で、予審判事にできるだけ未決勾留を回避させようと、立法者は一九八四年七月九日法により勾留決定に際して対審弁論を導入した。予審被告人と弁護人が、直接自由の剥奪に結びつく勾留裁判に立ち会うことは、糺問的予審の対審化・弾劾化を促進するものであり、予審の多少の支援が生じるものの、「市民的自由」の保護を強く志向する意義のある改革であったといえよう。ただし、対審弁論の制度は勾留の減少には結びつかなかった。また、勾留期間についても、一定の改革を施してきたが、これも勾留の問題を根本的に解決するものではなかった。

勾留の問題を根源的に解決するためには、他の機関に勾留権を委譲して、できるだけ勾留を減少させる具体的な方策が求められた。その方策として、一九八五年一二月一〇日法は「予審部（chambre d'instruction）」を創設した。勾留決定権を合議制に委ねる「予審部」の創設は、部分的にではあるが予審権を、捜査機能と裁判（司法）機能とに分割するものである。程なく一九八七年一二月三〇日法により「予審部」は勾留請求に関する「勾留処分請求部（chambres des démandes des mises en détention provisoire）」に改変されたが、これも一九八九年七月六日法により廃止された。一九九三年一月四日法は再び「勾留審査部（chambre d'examen des mises en détention provisoire）」を創設したが、これも一九九三年八月二四日法で中絶された。

この勾留裁判機関の創設をめぐる約一〇年間に及ぶ立法の揺らぎと、その振幅の短さには、立法の不安定さを強く感じる。かつて、メルル＝ヴィチュは、一九八〇年代後半に展開した勾留裁判機関の創設をめぐる頻繁な法改正に対し、この過ちの原因は改正のための改正という危険な偏執に犯された政治家の定見のなさ、ささいな事件を大袈裟に誇張し立法機関に強く圧力を加える無知なジャーナリスト、そして請負った事件を好機とばかりに自己宣伝する若干の弁護士にあるのであって、学者は予審判事をその中でもがかせている条文のガラクタの山を慨嘆するほかないと批判した(21)。

しかし、そうした状況はあるにせよ、歴史的展開においてみるとき、この勾留裁判機関による予審判事の勾留権の制限または剥奪の構想への固執は、フランス刑事司法における予審制度のある意味では克服しがたい性格に起因するものであることを改めて想起させる。それは、司法捜査官である予審判事が、予審被告人の「市民的自由」の司法的保障機能の担い手たりうるのかということである(22)。一八五六年七月一七日法による評議部の廃止は、制定時の治罪法典でさえ望まなかった勾留権限もった予審判事を創出した。以後の勾留制度改革の歴史は、立法者および司法省が予審判事の勾留権の抑制に取り組む歴史であったともいえる。予審判事が司法捜査官であるが故に、勾留の適正化をはかるべく様々な改革がなされてきたのである。そして、勾留期間やその更新を限定し、勾留の代替措置として司法統制（contrôe judiciare 司法監督）を創設し、勾留裁判を対審化しても、なお予審被告人は原則自由であるべきとのイデーに相応する勾留利用の削減が達成できないがために、幾たびも勾留裁判機関の問題が生ずるのである。この勾留裁判機関の創設が意味するものは、予審判事の勾留権限を抑制することで勾留を適正化することができるという確信の存在である。治罪法典が、評議部の創設により、予審権限を捜査機能と裁判（司法）機能とに分割をしたのは、検察官訴追に対する控制をはかると同時に、予審判事に刑事司法権力が集中することを抑制するためであった。勾留裁判機関の創設をめぐる本来的テーマも、伝統的ともいえるその確信に依拠しているものと思われる。

そして、この確信は予審の本質に関わる問題を提起する。すなわち、捜査の主体が捜査の客体の勾留を予審（捜査）の必要上認めることは、必要以上の勾留利用を生ぜしめる可能性・危険性を常にかつ不可避的に孕んでいるという問題である。これは理の当然であって、その意味では、予審判事による予審制度は未決勾留について本質的に制度的歪を抱え込んでいるといえよう。したがって、予審判事に勾留権を委ねることに起因する制度的歪に対して、「市民的自由」の見地から常に警戒が働くことも、これまた理の当然といえる。

以上、第一部および第二部で、刑法と刑事訴訟法における「市民的自由」と「社会的安全」の史的展開を、とくに主要なものについて論じてきた。フランスの刑事法は、革命以後二〇〇余年にわたり幾度かの揺り戻し現象を経験しつつも、また膨大な時間を費やしつつも、ほぼ一貫して刑事権力の近代化の道を非常に力強く歩んできたといってよいであろう。

その原動力は、やはり、革命という歴史的事実により築いた自由主義と個人主義であろう。人権宣言は、自然権思想、一般意思論、そしてそこから導き出される「刑事権力最小主義」（刑法においては「罪刑最小主義」、また刑事手続においては「刑事司法権力最小主義」）により、この自由主義と個人主義を「市民的保護」に統一した。より具体的にいえば、「犯罪からの安全」より導き出される「社会的安全」と、「権力からの安全」より導かれる「市民的自由」とを、「自然権」保護の見地より個人主義的に統一し、「市民的保護」の理念に昇華させたのである。そして、これが、フランスにおける刑事法の近代化のマスタープランとなり、刑事法近代化の原点となった。

やがて、自然権の明文規定が人権宣言から喪失し、さらに自然権保護という指針を失ったナポレオン刑法典および治罪法典が登場した。これらの法典は、自然権保護を超える重罰主義、厳罰主義、あるいは鎮圧強化主義を体現するものであった。このことは、自然権思想が、刑事権力の近代化（刑事権力の控制）にとって極めて重要なものであることを教えてくれる。刑法においては、自然権思想という指針を失い権力化した刑法典を「市民的保護」の理念に回帰させるべく、新古典学派が登場した。同学派は、自然権思想に代えて、「正義」と「功利」の相互抑制的折衷主義を掲げることにより、ナポレオン刑法典の重罰主義・厳罰主義を是正した。新古典主義は、以後、犯罪論の体系化・

精密化を進め、かつ責任と刑罰の比例原則を確立することにより「市民的自由」を、他方で一般予防を基盤としながら特別予防を刑罰論で展開することにより「社会的安全」を実現すべく配慮した。

こうして、新古典学派は、偉大な折衷学派と呼ばれ、内外の刑事立法にも大きな影響を与えた。しかし、その後、産業構造や経済構造の変化とともに犯罪現象が深刻な様相を帯び、やがて犯罪者の処罰だけでは「社会的安全」を維持することができないことが認識されるようになった。そして、「市民的自由」よりも「社会的安全」をいかに実践するかという関心が強まり、犯罪者の行刑に関する研究が萌芽した。そうした流れが、行刑学を生み、さらにそれまで実質的には刑罰政策であった刑事政策を、科学的に考察する方向に導いた。

現在、刑法には刑事政策的思考が不可欠となり、「社会的安全」のテーゼは犯罪者の行刑内容または処遇内容へと展開している。犯罪者の効果的行刑あるいは処遇は、新古典主義の構築した「責任と刑の比例原則」と相容れない性格を有する。たとえば、社会防衛論や新社会防衛論のように、犯罪者の再社会化を目指す処分や処遇は新古典主義の「責任と刑の比例原則」を受け入れない。さらに、現代の新古典主義においても、メルルの学説からは「責任と量刑の厳密な比例原則」は放棄されたといえよう。そもそも、「責任と刑の比例原則」の本質は、罪に対する「贖罪」であり、再社会化の射程とはその範囲が異なるからである。そして、現代の新古典主義（新古典学派）が応報原理によるこの「贖罪」をその刑法思想から捨てない限り、再社会化を主張しても、なお新社会防衛論（新社会防衛学派）との相剋を終焉させることはできないであろう。

ところで、再社会化思想の下で、「市民的自由」はもはや時代遅れのテーゼとなったのであろうか。新社会防衛論も新々古典主義も、人権保障を軽視するものではない。むしろ、尊厳ある人間として扱うことが、理念的には重視されているといえる。いうまでもなく、犯罪者の再社会化は、社会の保護につながるものであると同時に、犯罪者個人の保護にもつながる。新しい刑法が、グラヴァン（Graven）のいうように「保護の法」を志向するものであるならば、国家の犯罪統制として、犯罪者の処遇に対して行使される国家の刑事権力は増大する方向に結びつくであろう。そこでは、人権保障と「保護の法」とがどこまで手を携えることができるのかが問われることになるであろう。換言すれば、再社会化による「社会的安全」に真価を発揮させるためにも、「市民的自由」がより繊細に考察されなければならない。たとえば、処遇におけるパターナリズムとその限界が、あるいは権力から望まない干渉を受けない「自由」と「社会的安全」との関係が、「自由」と「安全」のテーゼの新たな課題となるであろう(23)。また、今日、刑罰のインフレーションによる罪刑法定主義の肥大化が、「市民的保護」の理念から大きく逸脱をしていることを強く推定させる。したがって、今後、この問題の解決も、刑法における刑事権力の近代化の明白な課題となることが予想される。

刑事訴訟法における予審については、揺り戻し現象はあるものの、「市民的保護」へ向けての展開を鮮明にその軌跡に描いている。

フランスは、治罪法典制定以降、約一九〇年間にわたり予審を裁判官である予審判事に委ね、予審判事による司法捜査を犯罪捜査の機軸としてきた。そして、現在もフランスは、予審判事による予審制度を放棄する気配がない。そこには、人権保障と治安とを、伝統的な予審判事による予審制度に委ねることへの期待が強く働いているといえよう。

捜査において強大な刑事権力を所有してきた糺問的予審判事に、今日にいたるまで予審を委ねたその最大の理由は、捜査に当たり裁判官としての公平な立場を期待できるということにあったと考えられる。予審判事は、犯罪捜査を、真実の顕現を目的として行うものである。有罪の探究（recherche de la culpabilité）を任とするものではない。それ故、公平の立場で捜査に臨み、証人を聴問し、予審被告人を尋問することが期待されている。そうした偏見のない目で捜査にあたり、検察官の訴追を厳格に吟味することが、不当なまたは安易な訴追から予審被告人の権利を守ることになるとの期待が込められている。そして、勾留権の問題を除けば、フランスは概ね予審判事の刑事司法権力の近代化を着実に推進してきたといえる。

視点を変えていえば、治罪法典と刑事訴訟法典の準備段階で検察官予審が構想されながらいずれも実現しなかった理由は、検察官予審は警察を駆使して本来的に有罪の探究を行うものであり、そこに被疑者の「市民的自由」が侵害される危険性を具体的にイメージするからであろう。すなわち、フランスでは今なお、警察を駆使する検察官予審に対する強い不信感と警戒感があり、人権宣言の描く「市民的保護」とは調和しないという信念が強固に存在するように思える。

このように、捜査機能の実効性はともあれ、裁判官による司法捜査こそが捜査における刑事司法権力をより適正に控制しうるのだという確信が、長い伝統の中でフランスに深く根づいている。しかし、他方で、犯罪の増加、多様化、粗暴化、複雑化、組織化、あるいはテロ活動等は、市民生活における安全すなわち「社会的安全」を脅かし、市民の不安感を募らせてきた。そうした現実に対応するには、他の犯罪鎮圧対策とともに警察捜査を増強することが不可欠となり、ますます予備捜査の強化が必要とされてきた。そして、今後も犯罪現象が深刻化すれば、「社会的安全」の任を担うべく捜査の比重は警察捜査にますます移るであろう。警察捜査が、さらに強制的性格を強めることも予想される。こうした「社会的安全」の強化策は、同時に「市民的自由」の保護に対する安全弁を必要とする。刑事権力の強化は、同時に人権保障の強化をもたらさなければならないからである。今後のフランス刑事法は、そうした「自由」と「安全」の緊張関係をさらに強めながら展開するものと思われる。

それ故、「市民的自由」に向けて二〇〇余年にわたり積み重ねてきた予審の近代化の成果を、真正のものとできるか否かは、今後、予審の前段階である警察捜査における刑事権力の近代化をどれほど推進できるかにかかっているといえる。なぜなら、人権宣言の国フランスにおいては、刑事権力の近代化を推進する過程でしか、犯罪の抑圧のための諸政策および諸制度が定着しないことを、その歴史が物語っているからである。

フランス刑事法の近代化の歴史は、刑事権力の近代化の歴史であり、その史的展開がわれわれに教えてくれるものは、その膨大なエネルギーの根源が革命に対するフランスの誇りと人権宣言の「市民的保護」の理念の崇高性にあるということである。そして、深刻化する犯罪状況の中でもなお、「市民的保護」のありようを模索し続け、予審および警察捜査における防禦権の拡充をはかり、またはかろうとしたところに、「自由」と「安全」の統一を強く志向した「革命精神」の現代性を見出すことができる。

確かに、フランスにおける近年の予審改革は、メルル＝ヴィチュが指摘するように、異常ともいえる現象かもしれない。その結果、次々と条文がつくられては廃棄され、予審判事ら関係者を困惑させ、学者を嘆かせたことは事実であろう。

けれども、とくに勾留裁判機関創設の改廃の根底には、議会すなわち刑事立法権力のみならずかつては司法省までもが、予審判事の刑事司法権力の削減に繰り返し挑みながらその度に挫折しているという極めて興味深い様相をみることができる。そして、この問題を中心とする予審をめぐる法律の改廃劇が、保革の政治勢力の変動によるものであるとしても、またそれがジャーナリズムの歪、政治的野心あるいは一部弁護士の野心に起因するものだとしても、こうした問題がジャーナリズムに取り上げられ、社会問題になり、そして政治の争点となること自体、革命の描いた「市民的保護」の理念が現在もなおフランス社会において息吹を続けていることを強く感じさせるのである。

翻ってわが国を顧みると、近代化の指標は決して人権宣言にひけをとらない。周知のとおり、日本国憲法には一一ヶ条にわたり刑事人権保障規定が華やかに規定されている。それはフランス人権宣言に比較し、よりきめの細かい多様な規定である。とりわけその総論的規定である適正手続を内容とする法定手続の規定は、個人の尊重を定める規定と相まって、刑事権力の不当な行使から国民を守ることを象徴的に宣言する刑事権力控制の規定である。

それにもかかわらず、わが国の現状をみるに、被疑者に対する国選弁護人制度の欠如、捜査の必要性を盾にした防禦権をないがしろにする接見交通の制限、黙秘権がありながら長時間に及ぶあるいは深夜に及ぶ弁護人の立会いのない尋問、先進国には例をみないほど長期間被疑者を捜査機関の手中におく勾留や保釈を認めない被疑者勾留、代用監獄等々、被疑者の防御権に対する無関心あるいは軽視を前提とした自白採取の捜査構造が確固として存在する。また、極めて安易に電話盗聴を認める判例や、一九七三年に最高裁で違憲判決を受けた尊属殺人罪規定が一九九五年の刑法改正まで改正も削除もされず放置されたこと等に鑑みると、政府あるいは国会は刑事人権に極めて関心が薄い、もしくは無関心である、といっても過言ではないであろう。しかし、それはまた国民の無関心ということでもあろう。

重要なのは、刑事人権規定の存在それ自体ではなく、その基たる人権宣言における自然権思想、一般意思論、そしてその論理的帰結である「刑事権力最小主義」の思想であり精神である。これこそが、人権宣言の描く刑事人権のありようを普遍的な原理に昇華するものであり、将来へ向けての発展の羅針盤たりうるものである。

そして、本書のテーマから教えられるもっとも平凡にしてかつ重要なことがらは、人権宣言の描く「市民的保護」の根底にある市民の尊厳、換言すれば刑事権力に掌握される人間の尊厳に真摯に向かい合うということである。そのことが、刑事法の近代化、すなわち「社会的安全」との調和をはかりうる刑事人権の真の豊饒化にもっとも必要なことといえよう。

（1）沢登佳人「近代刑事訴訟法の真髄デュポール報告について（フランス一七九一年刑事訴訟法典提案理由趣旨説明の解説と全訳）」法政理論一七巻三号（一九八四年）八四頁。

（2）J.-A.Roux, Cours de droit criminel français, T.II, 2e ed., 1927, 246.

（3）Jean Pradel, Droit pénal général, 11e ed., 1996, p.116.プラデルは、新古典主義の標語が犯罪を創設する国家の権限を著しく制限することを指摘し、ロッシが提示した殺人（meurtre）、高利（usure）および決闘（duel）の二つの例について次のように述べている。殺人は、その鎮圧が社会にとって有用であり、同時にそれを犯した者にとっても道徳的正義であるので、犯罪化すべきである。高利の犯罪化は有用であるが、その行為は処罰させるほどには十分に不道徳とはいえない。決闘の犯罪化は正しいが、社会的に十分危険な行為ではないのでその犯罪化は有用ではない。Pradel, ibid., p.116.

（4）Pradel, ibid., p., 126.

（5）Pradel, ibid., p.127.

（6）Pradel, ibid., p.131. 近年の刑罰のインフレーションについては、新倉修「新しいフランス刑法の光りと影」（法律時報第五八巻第一二号一九八六年）を参照されたい。

（7）澤登俊雄「市民的安全と市民的自由」法律時報第五八巻第一二号（一九八六年）四四頁。なお、近年の刑事政策の動向について、澤登俊雄「フランス刑事法の変遷と展望」ジュリスト九一九号（一九八八年）、澤登俊雄「市民的安全と市民的自由」、新倉修「新しいフランス刑法の光と影」、恒光徹「フランスにおける刑事政策の新たな展開」法律時報第五八巻第一二号（一九八六年）、恒光徹「現代フランスにおける刑事政策の動向」犯罪と刑罰一号（一九八五年）等参照。

（8）澤登俊雄・前掲四五頁以下参照。

（9）沢登佳人・前掲「デュポール報告」一三一頁。なお、デュポールは、起訴陪審制度の重要な機能として、偏見と中傷から市民を守ることをあげる。沢登佳人・前掲「デュポール報告」一三一—一三二頁。

（10）Roux, op.cit, p.16.

（11）Jean Pradel, L'instruction préparatoire, 1990, p.24. Esmein, Histoire de la procédure criminelle en France, 1882, pp.530 et 531.

（12）Faustin Hélie, Traité de l'instruction criminelle ou théorie du code d'instruction criminenlle,T.II, 1865, p.492.

（13）G.Stefani, G.Levasseur, B.Bouloc, Procédure pénale, 12e ed., 1980, p.488. G・ステファニ・G・ルヴァスール・B・ブーロック『フランス刑事法［刑事訴訟法］』（澤登佳人・澤登俊雄・新倉修訳・成文堂、一九八二年）三七七頁。

（14）エリー『佛國刑事實用』（司法省蔵版、一八八二年）一八六—一八八頁。

（15）R.Garraud, Préces de droit criminel, 7e ed., 1901, p.606.

（16）Roux, op.cit., p.17.

（17）J.Ortolan, Eléments de droit pénal, T.II, 4e ed., 1875, p.423.

（18）デュヴェルジエ『フランス憲法史』（時本義昭訳・みすず書房、一九九五年）一二六頁。

（19）白取祐司「外国の警察法制の動向　フランス」（法学セミナー増刊『警察の現在』一九八七年）三八六頁。

（20）白取・前掲三八七—三八六頁。

（21）Roger Merle et André Vitu, Triaté de droit criminel, T.II、Procédure pénale, 4e ed., 1989, p.454.

（22）予審判事の捜査権限と司法的保障権限の併有について、赤池一将「現代フランスにおける公判前手続改革の指標」八木國之先生古稀祝賀論文集『刑事法学の現代的展開（上巻）』（法学書院、一九九二年）四四頁以下参照。

（23）澤登俊雄「犯罪統制の近代化と刑事政策学（犯罪学）の現代的課題」柏木千秋先生喜寿記念論文集『近代刑事法の理念と現実』（立花書房、一九九一年）二〇一頁以下参照。

1987年月
精神医学による刑事責任の新しい思潮(二)　國學院女子短期大学紀要第6巻1988年3月

第2部

第1章　第2章
フランス刑事訴訟法における予審および免訴の形成過程とその機能(一)　國學院女子短期大学紀要第7巻1989年3月
第3章　第4章
フランス刑事訴訟法における予審および免訴の形成過程とその機能(二)　國學院短期大学紀要第10巻1992年3月
近代フランス刑事訴訟法における「自由と安全」のプログラム―予審を中心とした司法の非権力化―　法政理論（新潟大学）第25巻第4号1993年3月
第5章　第1節　第2節
フランス刑事訴訟法における予審および免訴の形成過程とその機能(三)　國學院短期大学紀要第12巻1994年3月
第5章　第3節
フランス刑事訴訟法における予審および免訴の形成過程とその機能(四)　國學院短期大学紀要第15巻1997年3月
第6章　第4節　第5節
フランス刑事訴訟法における予審および免訴の形成過程とその機能(五)　國學院短期大学紀要第16巻1998年3月
第6章　第6節　新稿
終　章
（紹介）ジャン・リュック・ソーロン著「糺問主義の長所または権利に奉する国家」（フランス刑事法の新動向(二)）　國學院法学第30巻第3号1992年12月

結　語　新稿

初出一覧

本書は、既発表の諸論文に加除修正を施し、さらに複数の新稿を加えて構成したものである。既発表の論文の初出は、以下のとおりである。ただし、本書の構成においてこれらを再構成している部分も多くあり、必ずしも本書の章節と完全に対応しているわけではないことをお断りしておく。

序　論　新稿

第１部
第１章　第１節　第２節　新稿
第１章第３節　第４章
　フランス刑法における刑事後見制度について　法研論叢第4号1978年２月
　フランスの刑事責任(二)—新古典主義の成立過程と刑罰論(1)—　國學院法政論叢第２輯1981年２月
　フランスの刑事責任(二)—新古典主義の成立過程と刑罰論(2)—　國學院法研論叢第８号1981年２月
　フランスの刑事責任(二)—新古典主義の成立過程と刑罰論(3)—　國學院法政論叢第３輯1982年２月
　フランスの刑事責任(二)—新古典主義の成立過程と刑罰論(4)—　國學院法研論叢第９号1982年３月
第５章
　フランスの刑事責任—オルトランの責任論—　國學院大學大学院紀要第９輯1979年３月
第６章
　フランスにおけるculpabiliteの諸相(一)　國學院女子短期大学紀要第２巻1984年3月
　フランスにおけるculpabiliteの諸相(二)　國學院女子短期大学紀要第３巻1985年３月
第７章
　フランス刑法における新旧両派の相剋　『近代刑事法の理念と現実』柏木千秋先生喜寿記念論文集　立花書房、1991年２月
終章
　精神医学による刑事責任の新しい思潮(一)　國學院女子短期大学紀要第５巻

人名索引

ア

イ

ウ

エ

オ

カ

キ

ク

ケ

コ

サ

シ

み

む

め

も

ゆ

よ

る

ち

つ

て

と

な

ね

は

ひ

ふ

へ

ほ

す

せ

そ

た

こ

さ

し

事項索引

著者略歴

平野泰樹（ひらの やすき）
1949年　広島県生まれ
1980年　國學院大學大学院法学研究科博士課程単位取得退学
現　在　國學院短期大學コミュニケーション学科教授
　　　　博士（法学）

編著書

（共編著）新倉修・横山実編集代表『少年法の展望』（澤登俊雄先生古希祝賀論文集　現代人文社、2000年）
（共著）後藤光男・猪股弘貴編著『憲法』（敬文堂、1999年）
（共著）陸路順子編『女性学・憲法』（学術図書出版、1993年）

近代フランス刑事法における自由と安全の史的展開

2002年2月20日　第1版第1刷

著　者：平野泰樹
発行人：成澤壽信
発行所：株式会社現代人文社
〒160-0016　東京都新宿区信濃町20　佐藤ビル201
振替：00130-3-52366
電話：03-5379-0307（代表）　FAX：03-5379-5388
E-Mail　daihyo@genjin.jp（代表）
hanbai@genjin.jp（販売）
Web　http://www.genjin.jp
発売所：株式会社大学図書
印刷所：株式会社ミツワ
装　丁：清水良洋

検印省略　PRINTED IN JAPAN
ISBN4-87798-085-7 C3032